Pechstein / Domröse

Europarecht
Textsammlung

Europarecht

Textsammlung

herausgegeben von

Matthias Pechstein
und
Ronny Domröse

3., aktualisierte Auflage

Mohr Siebeck

Matthias Pechstein, geboren 1958; 1987 Promotion; 1994 Habilitation; Inhaber des Jean-Monnet-Lehrstuhls für Öffentliches Recht mit Schwerpunkt Europarecht an der Europa-Universität Viadrina Frankfurt (Oder).

Ronny Domröse, geboren 1976; Notar in Potsdam und Lehrbeauftragter für Vertragsgestaltung an der Europa-Universität Viadrina Frankfurt (Oder).

ISBN 978-3-16-156134-4

Die Deutsche Nationalbibliothek verzeichnet diese Publikation in der Deutschen Nationalbibliographie; detaillierte bibliographische Daten sind im Internet über *http://dnb.dnb.de* abrufbar.

1. Auflage 2010
2. Auflage 2014

© 2018   Mohr Siebeck Tübingen. www.mohr.de

Das Werk einschließlich aller seiner Teile ist urheberrechtlich geschützt. Jede Verwertung außerhalb der engen Grenzen des Urheberrechtsgesetzes ist ohne Zustimmung des Verlags unzulässig und strafbar. Das gilt insbesondere für Vervielfältigungen, Übersetzungen, Mikroverfilmungen und die Einspeicherung und Verarbeitung in elektronischen Systemen.

Das Buch wurde von Martin Fischer in Tübingen aus der Minion-Antiqua gesetzt, von C. H. Beck in Nördlingen auf alterungsbeständiges Werkdruckpapier gedruckt und gebunden.

Zu dieser Textsammlung

Europarecht als Rechtsgebiet ist aus dem Fächerkanon der universitären Ausbildung nicht mehr wegzudenken. Die europarechtlichen Bezüge (§ 5a Abs. 2 S. 3 DRiG, § 3 Abs. 5 JAOBbg, § 3 Abs. 5 JAOBln) gehören heute zum Pflichtfachstoff des juristischen Studiums, zum Teil sind europarechtliche Aufgabenstellungen als eigenständige Prüfungsleistungen zu bearbeiten (vgl. § 5 Abs. 3 S. 2 JAOBbg, § 5 Abs. 3 S. 2 JAOBln). Mit dieser Textsammlung haben wir die europarechtlichen Rechtstexte zusammengestellt, die uns für den akademischen Unterricht und für die Praxis unverzichtbar erscheinen. Die Textsammlung ist zudem von dem Gemeinsamen Juristischen Prüfungsamt der Länder Berlin und Brandenburg als Hilfsmittel für das Pflichtfach Europarecht an der Europa-Universität Viadrina Frankfurt (Oder) zugelassen. Die Textsammlung befindet sich auf dem Rechtsstand vom 1. Februar 2018; sie berücksichtigt sämtliche Änderungen, die sich aus dem Inkrafttreten des Vertrages von Lissabon ergeben haben. Der Vertrag über die Europäische Union (**EUV**, Nr. 1), der Vertrag über die Arbeitsweise der Europäischen Union (**AEUV**, Nr. 2), die Charta der Grundrechte der Europäischen Union (**GRCh**, Nr. 3), die nunmehr rechtsverbindlich ist und im selben Rang wie die Verträge steht, sowie die zum Primärrecht gehörenden **Protokolle** (Nr. 5–15) sind in ihrer geltenden Fassung abgedruckt. In die Textsammlung aufgenommen haben wir auch die Erläuterungen zu den Bestimmungen der Charta der Grundrechte der Europäischen Union (**GRCh-Erläuterungen**, Nr. 4), die für die Auslegung der in der Charta niedergelegten Rechte, Freiheiten und Grundsätze von den Gerichten der Union und der Mitgliedstaaten zu berücksichtigen sind (Art. 6 Abs. Abs. 1 UAbs. 3 EUV, Präambel und Art. 52 Abs. 7 GRCh). EUV, AEUV und GRCh sind inzwischen als konsolidierte Fassungen verfügbar (ABl. 2016 C 202/1 und ABl. 2016 C 202/2). Weil die konsolidierten Fassungen nicht rechtsverbindlich sind und „den Benutzern lediglich eine leichtere Orientierung ermöglichen" sollen (ABl. C 202/3), haben wir uns entschieden, es jeweils bei der ursprünglichen Textfassung zu belassen. Aufgenommen haben wir auch die Konvention zum Schutze der Menschenrechte und Grundfreiheiten

(**EMRK**, Nr. 19) – einschließlich des **ersten Zusatzprotokolls** (Nr. 20) –, die zwar nicht zum Europarecht im engeren Sinne gehört, aber als Rechtsgewinnungsquelle für die Entwicklung des Grundrechtsschutzes in der Europäischen Union eine bedeutende Rolle gespielt hat und spielen wird. Art. 6 Abs. 2 EUV gibt der Union auf, der EMRK beizutreten; mit dem Änderungsprotokoll Nr. 14 ist nunmehr auch von Seiten des Europarates die Möglichkeit des Beitritts der Union gegeben (Art. 59 Abs. 2 EMRK n. F.). Da das Unionsprozessrecht in Ausbildung und Praxis eine immer wichtigere Rolle spielt, sind in dieser Textsammlung auch die Verfahrensordnungen des Gerichtshofs (**EuGH-VerfO**, Nr. 17) und des Gerichts (**EuG-VerfO**, Nr. 18), die – neben dem Protokoll über die Satzung des Gerichtshofs der Europäischen Union (**EuGH-Satzung**, Nr. 7) – die primärrechtlichen Vorschriften über die Unionsgerichte konkretisieren und ergänzen, abgedruckt. Endlich haben wir auch die Vorschriften des deutschen Rechts aufgenommen, die für den europäischen Integrationsprozess von Bedeutung sind. Dazu gehören zuerst die Regelungen des „nationalen Europaverfassungsrechts" im Grundgesetz (**GG**, Nr. 21), ferner die „Lissabon-Begleitgesetzte" – Gesetz über die Wahrnehmung der Integrationsverantwortung des Bundestages und des Bundesrates in Angelegenheiten der Europäischen Union (**IntVG**, Nr. 22), Gesetz über die Zusammenarbeit von Bundesregierung und Deutschem Bundestag (**EUZBBG**, Nr. 23) und Gesetz über die Zusammenarbeit von Bund und Ländern in Angelegenheiten der Europäischen Union (**EUZBLG**, Nr. 24) – sowie das Gesetz zur Lastentragung im Bund-Länder-Verhältnis bei Verletzung von supranationalen oder völkerrechtlichen Verpflichtungen (LastG, Nr. 25).

Frankfurt (Oder)/Potsdam,   Matthias Pechstein
den 22. Februar 2018   und Ronny Domröse

Inhaltsverzeichnis

	Nr.	S.

I. Europarecht

1. Vertrag über die Europäische Union (**EUV**) .... [1] 1
2. Vertrag über die Arbeitsweise der Europäischen Union (**AEUV**) .... [2] 48
3. Charta der Grundrechte der Europäischen Union und Erläuterungen
    a) Charta der Grundrechte der Europäischen Union (**GRCh**) .... [3] 268
    b) Erläuterungen zur Charta der Grundrechte (**GRCh-Erläuterungen**) .... [4] 287
4. Protokolle – Auszug
    a) Protokoll (Nr. 1) über die Rolle der nationalen Parlamente in der Europäischen Union (**Protokoll nationale Parlamente**) .... [5] 323
    b) Protokoll (Nr. 2) über die Anwendung der Grundsätze der Subsidiarität und der Verhältnismäßigkeit (**Subsidiaritäts-Protokoll**) .... [6] 328
    c) Protokoll (Nr. 3) über die Satzung des Gerichtshofs der Europäischen Union (**EuGH-Satzung**) .. [7] 334
    d) Protokoll (Nr. 6) über die Festlegung der Sitze der Organe und bestimmter Einrichtungen, sonstiger Stellen und Dienststellen der Europäischen Union (**Sitz-Protokoll**) .... [8] 360
    e) Protokoll (Nr. 8) zu Artikel 6 Absatz 2 des Vertrags über die Europäische Union über den Beitritt der Union zur Europäischen Konvention zum Schutz der Menschenrechte und Grundfreiheiten (**EMRK-Beitritts-Protokoll**) .... [9] 362
    f) Protokoll (Nr. 9) über die Anwendung des Artikels 16 des Vertrags über die Europäische Union und des Artikels 238 Absatz 2 des Vertrags über die Arbeitsweise der Europäischen Union zwischen dem 1. November 2014 und dem

	Nr.	S.

31. März 2017 einerseits und dem 1. April 2017 andererseits (**Protokoll zu Art. 16 EUV und Art. 238 Abs. 2 AEUV**) .... [10] 364

g) Protokoll (Nr. 10) über die ständige strukturierte Zusammenarbeit nach Artikel 42 des Vertrags über die Europäische Union (**Protokoll strukturierte Zusammenarbeit**) .... [11] 365

h) Protokoll (Nr. 23) über die Außenbeziehungen der Mitgliedstaaten hinsichtlich des Überschreitens der Außengrenzen (**Protokoll Außengrenzen**)................... [12] 369

i) Protokoll (Nr. 25) über die Ausübung der geteilten Zuständigkeit (**Protokoll geteilte Zuständigkeiten**) .... [13] 370

j) Protokoll (Nr. 30) über die Anwendung der Charta der Grundrechte der Europäischen Union auf Polen und das Vereinigte Königreich (**Protokoll Anwendung GRCh auf Polen und Vereinigtes Königreich**) .... [14] 371

k) Protokoll (Nr. 36) über die Übergangsbestimmungen (**Protokoll über Übergangsbestimmungen**) .... [15] 373

5. Erklärungen zur Schlussakte der Regierungskonferenz (**Schlussakte**)........................ [16] 383

6. Verfahrensordnung des Gerichtshofs (**EuGH-VerfO**) .... [17] 413

7. Verfahrensordnung des Gerichts (**EuG-VerfO**) ..... [18] 508

8. Konvention zum Schutz der Menschenrechte und Grundfreiheiten und Protokolle

a) Konvention zum Schutze der Menschenrechte und Grundfreiheiten (**EMRK**) .... [19] 618

b) Zusatzprotokoll zur Konvention zum Schutze der Menschenrechte und Grundfreiheiten (**EMRK-Zusatzprotokoll**).................... [20] 641

	Nr.	S.

II. Deutsches Integrationsrecht

1. Grundgesetz (**GG**) – Auszug .... [21] 644
2. Gesetz über die Wahrnehmung der Integrationsverantwortung des Bundestages und des Bundesrates in Angelegenheiten der Europäischen Union (**IntVG**) .... [22] 649
3. Gesetz über die Zusammenarbeit von Bundesregierung und Deutschem Bundestag in Angelegenheiten der Europäischen Union (**EUZBBG**).................................. [23] 657
4. Gesetz über die Zusammenarbeit von Bund und Ländern in Angelegenheiten der Europäischen Union (**EUZBLG**) .... [24] 669
5. Gesetz zur Lastentragung im Bund-Länder-Verhältnis bei Verletzung von supranationalen oder völkerrechtlichen Verpflichtungen (**LastG**) .... [25] 683

[1] Vertrag über die Europäische Union

vom 7. Februar 1992 (BGBl. II S. 1253); zuletzt geändert durch Gesetz zum Vertrag von Lissabon vom 13. Dezember 2007 (BGBl. II S. 1038).

Inhaltsübersicht[1]

Präambel

Titel I
Gemeinsame Bestimmungen

Artikel 1 [Gründung der Union, EUV und AEUV als Grundlage der Union, Rechtsnachfolge der EG]
Artikel 2 [Werte der Union]
Artikel 3 [Ziele der Union]
Artikel 4 [Zuständigkeiten der Union]
Artikel 5 [Grundsatz der begrenzten Einzelermächtigung, Subsidiaritätsprinzip, Verhältnismäßigkeitsgrundsatz]
Artikel 6 [Charta der Grundrechte, Beitritt zur EMRK, Unionsgrundrechte]
Artikel 7 [Schwerwiegende Verletzung der Werte der Union durch Mitgliedstaat]
Artikel 8 [Nachbarschaftspolitik]

Titel II
Bestimmungen über die demokratischen Grundsätze

Artikel 9 [Gleichheitsgrundsatz, Unionsbürgerschaft]
Artikel 10 [Grundsatz der repräsentativen Demokratie]
Artikel 11 [Beteiligung der Bürger]
Artikel 12 [Beteiligung der nationalen Parlamente]

Titel III
Bestimmungen über die Organe

Artikel 13 [Organe der Union]
Artikel 14 [Europäisches Parlament]
Artikel 15 [Europäischer Rat]
Artikel 16 [Rat]

---

[1] Inhaltsübersicht und Artikelüberschriften sind nicht amtlich.

Artikel 17 [Europäische Kommission]
Artikel 18 [Hoher Vertreter für Außen- und Sicherheitspolitik]
Artikel 19 [Gerichtshof]

Titel IV
Bestimmungen über eine verstärkte Zusammenarbeit

Artikel 20 [Bedingungen der Verstärkten Zusammenarbeit]

Titel V
Allgemeine Bestimmungen über das auswärtige Handeln der Union und besondere Bestimmungen über die gemeinsame Außen- und Sicherheitspolitik

Kapitel 1
Allgemeine Bestimmungen über das auswärtige Handeln der Union

Artikel 21 [Grundsätze und Ziele des auswärtigen Handelns der Union]
Artikel 22 [Festlegung der strategischen Interessen und Ziele der Union]

Kapitel 2
Besondere Bestimmungen über die gemeinsame Außen- und Sicherheitspolitik

Abschnitt 1
Gemeinsame Bestimmungen

Artikel 23 [Grundsätze des Handels der Union im Rahmen der GASP]
Artikel 24 [Zuständigkeit der Union, Verfahren und Ziele des Handelns im Bereich der GASP, Pflichten der Mitgliedstaaten]
Artikel 25 [Instrumente der GASP]
Artikel 26 [Gestaltung und Durchführung der GASP]
Artikel 27 [Aufgaben des Hohen Vertreters, Europäischer Auswärtiger Dienst]
Artikel 28 [Beschlüsse bei operativem Vorgehen der Union]
Artikel 29 [Beschlüsse zu Standpunkt der Union in bestimmter Frage]
Artikel 30 [Initiativ- und Vorschlagrecht, Eilentscheidung]
Artikel 31 [Verfahren der Beschlussfassung]
Artikel 32 [Zusammenarbeit der Mitgliedstaaten im Europäischen Rat und Rat]
Artikel 33 [Ernennung eines Sonderbeauftragten]
Artikel 34 [Koordiniertes Handeln der Mitgliedstaaten in internationalen Organisationen und auf internationalen Konferenzen]
Artikel 35 [Abstimmung der diplomatischen und konsularischen Vertretungen]

Artikel 36 [Beteiligung des Europäischen Parlaments]
Artikel 37 [Übereinkünfte mit Drittstaaten und internationalen Organisationen]
Artikel 38 [Politisches und Sicherheitspolitisches Komitee]
Artikel 39 [Datenschutz]
Artikel 40 [Verfahrens- und Kompetenzabgrenzung bei Durchführung der GASP]
Artikel 41 [Finanzierung]

Abschnitt 2
Bestimmungen über die gemeinsame Sicherheits- und Verteidigungspolitik

Artikel 42 [Grundlagen der Gemeinsamen Verteidigungspolitik]
Artikel 43 [Missionen der Union nach Art. 42 Abs. 1 EUV]
Artikel 44 [Übertragung der Durchführung von Missionen]
Artikel 45 [Aufgaben der Europäischen Verteidigungsagentur]
Artikel 46 [Ständige Strukturierte Zusammenarbeit]

Titel VI
Schlussbestimmungen

Artikel 47 [Rechtspersönlichkeit der Union]
Artikel 48 [Verfahren der Änderung der Verträge]
Artikel 49 [Beitritt zur Union]
Artikel 50 [Austritt aus der Union]
Artikel 51 [Protokolle und Anhänge]
Artikel 52 [Räumlicher Geltungsbereich der Verträge]
Artikel 53 [Geltungsdauer des EUV]
Artikel 54 [Ratifikationsbedürftigkeit und Inkrafttreten des EUV]
Artikel 55 [Verbindliche Sprachfassungen und Hinterlegung des EUV]

Präambel

SEINE MAJESTÄT DER KÖNIG DER BELGIER, IHRE MAJESTÄT DIE KÖNIGIN VON DÄNEMARK, DER PRÄSIDENT DER BUNDESREPUBLIK DEUTSCHLAND, DER PRÄSIDENT DER GRIECHISCHEN REPUBLIK, SEINE MAJESTÄT DER KÖNIG VON SPANIEN, DER PRÄSIDENT DER FRANZÖSISCHEN REPUBLIK, DER PRÄSIDENT IRLANDS, DER PRÄSIDENT DER ITALIENISCHEN REPUBLIK, SEINE KÖNIGLICHE HOHEIT DER GROSSHERZOG VON LUXEMBURG,

IHRE MAJESTÄT DIE KÖNIGIN DER NIEDERLANDE, DER PRÄSIDENT DER PORTUGIESISCHEN REPUBLIK, IHRE MAJESTÄT DIE KÖNIGIN DES VEREINIGTEN KÖNIGREICHS GROSSBRITANNIEN UND NORDIRLAND[1],

ENTSCHLOSSEN, den mit der Gründung der Europäischen Gemeinschaften eingeleiteten Prozess der europäischen Integration auf eine neue Stufe zu heben,

SCHÖPFEND aus dem kulturellen, religiösen und humanistischen Erbe Europas, aus dem sich die unverletzlichen und unveräußerlichen Rechte des Menschen sowie Freiheit, Demokratie, Gleichheit und Rechtsstaatlichkeit als universelle Werte entwickelt haben,

EINGEDENK der historischen Bedeutung der Überwindung der Teilung des europäischen Kontinents und der Notwendigkeit, feste Grundlagen für die Gestalt des zukünftigen Europas zu schaffen,

IN BESTÄTIGUNG ihres Bekenntnisses zu den Grundsätzen der Freiheit, der Demokratie und der Achtung der Menschenrechte und Grundfreiheiten und der Rechtsstaatlichkeit,

IN BESTÄTIGUNG der Bedeutung, die sie den sozialen Grundrechten beimessen, wie sie in der am 18. Oktober 1961 in Turin unterzeichneten Europäischen Sozialcharta und in der Unionscharta der sozialen Grundrechte der Arbeitnehmer von 1989 festgelegt sind,

IN DEM WUNSCH, die Solidarität zwischen ihren Völkern unter Achtung ihrer Geschichte, ihrer Kultur und ihrer Traditionen zu stärken,

IN DEM WUNSCH, Demokratie und Effizienz in der Arbeit der Organe weiter zu stärken, damit diese in die Lage versetzt werden, die ihnen übertragenen Aufgaben in einem einheitlichen institutionellen Rahmen besser wahrzunehmen,

---

[1] **Amtl. Hinweis:** Seit dem ursprünglichen Vertragsschluss sind Mitgliedstaaten der Europäischen Union geworden: die Republik Bulgarien, die Tschechische Republik, die Republik Estland, die Republik Zypern, die Republik Lettland, die Republik Litauen, die Republik Ungarn, die Republik Malta, die Republik Österreich, die Republik Polen, Rumänien, die Republik Slowenien, die Slowakische Republik, die Republik Finnland und das Königreich Schweden.

ENTSCHLOSSEN, die Stärkung und die Konvergenz ihrer Volkswirtschaften herbeizuführen und eine Wirtschafts- und Währungsunion zu errichten, die im Einklang mit diesem Vertrag und dem Vertrag über die Arbeitsweise der Europäischen Union eine einheitliche, stabile Währung einschließt,

IN DEM FESTEN WILLEN, im Rahmen der Verwirklichung des Binnenmarkts sowie der Stärkung des Zusammenhalts und des Umweltschutzes den wirtschaftlichen und sozialen Fortschritt ihrer Völker unter Berücksichtigung des Grundsatzes der nachhaltigen Entwicklung zu fördern und Politiken zu verfolgen, die gewährleisten, dass Fortschritte bei der wirtschaftlichen Integration mit parallelen Fortschritten auf anderen Gebieten einhergehen,

ENTSCHLOSSEN, eine gemeinsame Unionsbürgerschaft für die Staatsangehörigen ihrer Länder einzuführen,

ENTSCHLOSSEN, eine Gemeinsame Außen- und Sicherheitspolitik zu verfolgen, wozu nach Maßgabe des Artikels 42 auch die schrittweise Festlegung einer gemeinsamen Verteidigungspolitik gehört, die zu einer gemeinsamen Verteidigung führen könnte, und so die Identität und Unabhängigkeit Europas zu stärken, um Frieden, Sicherheit und Fortschritt in Europa und in der Welt zu fördern,

ENTSCHLOSSEN, die Freizügigkeit unter gleichzeitiger Gewährleistung der Sicherheit ihrer Bürger durch den Aufbau eines Raums der Freiheit, der Sicherheit und des Rechts nach Maßgabe der Bestimmungen dieses Vertrags und des Vertrags über die Arbeitsweise der Europäischen Union zu fördern,

ENTSCHLOSSEN, den Prozess der Schaffung einer immer engeren Union der Völker Europas, in der die Entscheidungen entsprechend dem Subsidiaritätsprinzip möglichst bürgernah getroffen werden, weiterzuführen,

IM HINBLICK auf weitere Schritte, die getan werden müssen, um die europäische Integration voranzutreiben,

HABEN BESCHLOSSEN, eine Europäische Union zu gründen; sie haben zu diesem Zweck zu ihren Bevollmächtigten ernannt:

(Aufzählung der Bevollmächtigten nicht wiedergegeben)

DIESE SIND nach Austausch ihrer als gut und gehörig befundenen Vollmachten wie folgt übereingekommen:

Titel I
Gemeinsame Bestimmungen

Artikel 1 (ex-Artikel 1 EUV) [Gründung der Union, EUV und AEUV als Grundlage der Union, Rechtsnachfolge der EG]

Durch diesen Vertrag gründen die HOHEN VERTRAGSPARTEIEN untereinander eine EUROPÄISCHE UNION (im Folgenden „Union"), der die Mitgliedstaaten Zuständigkeiten zur Verwirklichung ihrer gemeinsamen Ziele übertragen.

Dieser Vertrag stellt eine neue Stufe bei der Verwirklichung einer immer engeren Union der Völker Europas dar, in der die Entscheidungen möglichst offen und möglichst bürgernah getroffen werden.

[1]Grundlage der Union sind dieser Vertrag und der Vertrag über die Arbeitsweise der Europäischen Union (im Folgenden „Verträge"). [2]Beide Verträge sind rechtlich gleichrangig. [3]Die Union tritt an die Stelle der Europäischen Gemeinschaft, deren Rechtsnachfolgerin sie ist.

Artikel 2 [Werte der Union]

[1]Die Werte, auf die sich die Union gründet, sind die Achtung der Menschenwürde, Freiheit, Demokratie, Gleichheit, Rechtsstaatlichkeit und die Wahrung der Menschenrechte einschließlich der Rechte der Personen, die Minderheiten angehören. [2]Diese Werte sind allen Mitgliedstaaten in einer Gesellschaft gemeinsam, die sich durch Pluralismus, Nichtdiskriminierung, Toleranz, Gerechtigkeit, Solidarität und die Gleichheit von Frauen und Männern auszeichnet.

Artikel 3 (ex-Artikel 2 EUV) [Ziele der Union]

(1) Ziel der Union ist es, den Frieden, ihre Werte und das Wohlergehen ihrer Völker zu fördern.

(2) Die Union bietet ihren Bürgerinnen und Bürgern einen Raum der Freiheit, der Sicherheit und des Rechts ohne Binnengrenzen, in dem – in Verbindung mit geeigneten Maßnahmen in Bezug auf die Kontrollen an den Außengrenzen, das Asyl,

die Einwanderung sowie die Verhütung und Bekämpfung der Kriminalität – der freie Personenverkehr gewährleistet ist.

(3) ¹Die Union errichtet einen Binnenmarkt. ²Sie wirkt auf die nachhaltige Entwicklung Europas auf der Grundlage eines ausgewogenen Wirtschaftswachstums und von Preisstabilität, eine in hohem Maße wettbewerbsfähige soziale Marktwirtschaft, die auf Vollbeschäftigung und sozialen Fortschritt abzielt, sowie ein hohes Maß an Umweltschutz und Verbesserung der Umweltqualität hin. ³Sie fördert den wissenschaftlichen und technischen Fortschritt.

Sie bekämpft soziale Ausgrenzung und Diskriminierungen und fördert soziale Gerechtigkeit und sozialen Schutz, die Gleichstellung von Frauen und Männern, die Solidarität zwischen den Generationen und den Schutz der Rechte des Kindes.

Sie fördert den wirtschaftlichen, sozialen und territorialen Zusammenhalt und die Solidarität zwischen den Mitgliedstaaten.

Sie wahrt den Reichtum ihrer kulturellen und sprachlichen Vielfalt und sorgt für den Schutz und die Entwicklung des kulturellen Erbes Europas.

(4) Die Union errichtet eine Wirtschafts- und Währungsunion, deren Währung der Euro ist.

(5) ¹In ihren Beziehungen zur übrigen Welt schützt und fördert die Union ihre Werte und Interessen und trägt zum Schutz ihrer Bürgerinnen und Bürger bei. ²Sie leistet einen Beitrag zu Frieden, Sicherheit, globaler nachhaltiger Entwicklung, Solidarität und gegenseitiger Achtung unter den Völkern, zu freiem und gerechtem Handel, zur Beseitigung der Armut und zum Schutz der Menschenrechte, insbesondere der Rechte des Kindes, sowie zur strikten Einhaltung und Weiterentwicklung des Völkerrechts, insbesondere zur Wahrung der Grundsätze der Charta der Vereinten Nationen.

(6) Die Union verfolgt ihre Ziele mit geeigneten Mitteln entsprechend den Zuständigkeiten, die ihr in den Verträgen übertragen sind.

Artikel 4 [Zuständigkeiten der Union]

(1) Alle der Union nicht in den Verträgen übertragenen Zuständigkeiten verbleiben gemäß Artikel 5 bei den Mitgliedstaaten.

(2) ¹Die Union achtet die Gleichheit der Mitgliedstaaten vor den Verträgen und ihre jeweilige nationale Identität, die in ihren grundlegenden politischen und verfassungsmäßigen Strukturen einschließlich der regionalen und lokalen Selbstverwaltung zum Ausdruck kommt. ²Sie achtet die grundlegenden Funktionen des Staates, insbesondere die Wahrung der territorialen Unversehrtheit, die Aufrechterhaltung der öffentlichen Ordnung und den Schutz der nationalen Sicherheit. ³Insbesondere die nationale Sicherheit fällt weiterhin in die alleinige Verantwortung der einzelnen Mitgliedstaaten.

(3) Nach dem Grundsatz der loyalen Zusammenarbeit achten und unterstützen sich die Union und die Mitgliedstaaten gegenseitig bei der Erfüllung der Aufgaben, die sich aus den Verträgen ergeben.

Die Mitgliedstaaten ergreifen alle geeigneten Maßnahmen allgemeiner oder besonderer Art zur Erfüllung der Verpflichtungen, die sich aus den Verträgen oder den Handlungen der Organe der Union ergeben.

Die Mitgliedstaaten unterstützen die Union bei der Erfüllung ihrer Aufgabe und unterlassen alle Maßnahmen, die die Verwirklichung der Ziele der Union gefährden könnten.

Artikel 5 (ex-Artikel 5 EGV) [Grundsatz der begrenzten Einzelermächtigung, Subsidiaritätsprinzip, Verhältnismäßigkeitsgrundsatz]

(1) ¹Für die Abgrenzung der Zuständigkeiten der Union gilt der Grundsatz der begrenzten Einzelermächtigung. ²Für die Ausübung der Zuständigkeiten der Union gelten die Grundsätze der Subsidiarität und der Verhältnismäßigkeit.

(2) ¹Nach dem Grundsatz der begrenzten Einzelermächtigung wird die Union nur innerhalb der Grenzen der Zuständigkeiten tätig, die die Mitgliedstaaten ihr in den Verträgen zur Verwirklichung der darin niedergelegten Ziele übertragen haben. ²Alle der Union nicht in den Verträgen übertragenen Zuständigkeiten verbleiben bei den Mitgliedstaaten.

(3) Nach dem Subsidiaritätsprinzip wird die Union in den Bereichen, die nicht in ihre ausschließliche Zuständigkeit fallen, nur tätig, sofern und soweit die Ziele der in Betracht gezogenen

Maßnahmen von den Mitgliedstaaten weder auf zentraler noch auf regionaler oder lokaler Ebene ausreichend verwirklicht werden können, sondern vielmehr wegen ihres Umfangs oder ihrer Wirkungen auf Unionsebene besser zu verwirklichen sind.

¹Die Organe der Union wenden das Subsidiaritätsprinzip nach dem Protokoll über die Anwendung der Grundsätze der Subsidiarität und der Verhältnismäßigkeit an. ²Die nationalen Parlamente achten auf die Einhaltung des Subsidiaritätsprinzips nach dem in jenem Protokoll vorgesehenen Verfahren.

(4) Nach dem Grundsatz der Verhältnismäßigkeit gehen die Maßnahmen der Union inhaltlich wie formal nicht über das zur Erreichung der Ziele der Verträge erforderliche Maß hinaus.

Die Organe der Union wenden den Grundsatz der Verhältnismäßigkeit nach dem Protokoll über die Anwendung der Grundsätze der Subsidiarität und der Verhältnismäßigkeit an.

Artikel 6 (ex-Artikel 6 EUV) [Charta der Grundrechte, Beitritt zur EMRK, Unionsgrundrechte]

(1) Die Union erkennt die Rechte, Freiheiten und Grundsätze an, die in der Charta der Grundrechte der Europäischen Union vom 7. Dezember 2000 in der am 12. Dezember 2007 in Straßburg angepassten Fassung niedergelegt sind; die Charta der Grundrechte und die Verträge sind rechtlich gleichrangig.

Durch die Bestimmungen der Charta werden die in den Verträgen festgelegten Zuständigkeiten der Union in keiner Weise erweitert.

Die in der Charta niedergelegten Rechte, Freiheiten und Grundsätze werden gemäß den allgemeinen Bestimmungen des Titels VII der Charta, der ihre Auslegung und Anwendung regelt, und unter gebührender Berücksichtigung der in der Charta angeführten Erläuterungen, in denen die Quellen dieser Bestimmungen angegeben sind, ausgelegt.

(2) ¹Die Union tritt der Europäischen Konvention zum Schutz der Menschenrechte und Grundfreiheiten bei. ²Dieser Beitritt ändert nicht die in den Verträgen festgelegten Zuständigkeiten der Union.

(3) Die Grundrechte, wie sie in der Europäischen Konvention zum Schutz der Menschenrechte und Grundfreiheiten gewähr-

leistet sind und wie sie sich aus den gemeinsamen Verfassungsüberlieferungen der Mitgliedstaaten ergeben, sind als allgemeine Grundsätze Teil des Unionsrechts.

Artikel 7 (ex-Artikel 7 EUV) [Schwerwiegende Verletzung der Werte der Union durch Mitgliedstaat]

(1) [1]Auf begründeten Vorschlag eines Drittels der Mitgliedstaaten, des Europäischen Parlaments oder der Europäischen Kommission kann der Rat mit der Mehrheit von vier Fünfteln seiner Mitglieder nach Zustimmung des Europäischen Parlaments feststellen, dass die eindeutige Gefahr einer schwerwiegenden Verletzung der in Artikel 2 genannten Werte durch einen Mitgliedstaat besteht. [2]Der Rat hört, bevor er eine solche Feststellung trifft, den betroffenen Mitgliedstaat und kann Empfehlungen an ihn richten, die er nach demselben Verfahren beschließt.

Der Rat überprüft regelmäßig, ob die Gründe, die zu dieser Feststellung geführt haben, noch zutreffen.

(2) Auf Vorschlag eines Drittels der Mitgliedstaaten oder der Europäischen Kommission und nach Zustimmung des Europäischen Parlaments kann der Europäische Rat einstimmig feststellen, dass eine schwerwiegende und anhaltende Verletzung der in Artikel 2 genannten Werte durch einen Mitgliedstaat vorliegt, nachdem er den betroffenen Mitgliedstaat zu einer Stellungnahme aufgefordert hat.

(3) [1]Wurde die Feststellung nach Absatz 2 getroffen, so kann der Rat mit qualifizierter Mehrheit beschließen, bestimmte Rechte auszusetzen, die sich aus der Anwendung der Verträge auf den betroffenen Mitgliedstaat herleiten, einschließlich der Stimmrechte des Vertreters der Regierung dieses Mitgliedstaats im Rat. [2]Dabei berücksichtigt er die möglichen Auswirkungen einer solchen Aussetzung auf die Rechte und Pflichten natürlicher und juristischer Personen.

Die sich aus den Verträgen ergebenden Verpflichtungen des betroffenen Mitgliedstaats sind für diesen auf jeden Fall weiterhin verbindlich.

(4) Der Rat kann zu einem späteren Zeitpunkt mit qualifizierter Mehrheit beschließen, nach Absatz 3 getroffene Maßnahmen abzuändern oder aufzuheben, wenn in der Lage, die

zur Verhängung dieser Maßnahmen geführt hat, Änderungen eingetreten sind.

(5) Die Abstimmungsmodalitäten, die für die Zwecke dieses Artikels für das Europäische Parlament, den Europäischen Rat und den Rat gelten, sind in Artikel 354 des Vertrags über die Arbeitsweise der Europäischen Union festgelegt.

Artikel 8 [Nachbarschaftspolitik]

(1) Die Union entwickelt besondere Beziehungen zu den Ländern in ihrer Nachbarschaft, um einen Raum des Wohlstands und der guten Nachbarschaft zu schaffen, der auf den Werten der Union aufbaut und sich durch enge, friedliche Beziehungen auf der Grundlage der Zusammenarbeit auszeichnet.

(2) ¹Für die Zwecke des Absatzes 1 kann die Union spezielle Übereinkünfte mit den betreffenden Ländern schließen. ²Diese Übereinkünfte können gegenseitige Rechte und Pflichten umfassen und die Möglichkeit zu gemeinsamem Vorgehen eröffnen. ³Zur Durchführung der Übereinkünfte finden regelmäßige Konsultationen statt.

Titel II
Bestimmungen über die demokratischen Grundsätze

Artikel 9 [Gleichheitsgrundsatz, Unionsbürgerschaft]

¹Die Union achtet in ihrem gesamten Handeln den Grundsatz der Gleichheit ihrer Bürgerinnen und Bürger, denen ein gleiches Maß an Aufmerksamkeit seitens der Organe, Einrichtungen und sonstigen Stellen der Union zuteil wird. ²Unionsbürger ist, wer die Staatsangehörigkeit eines Mitgliedstaats besitzt. ³Die Unionsbürgerschaft tritt zur nationalen Staatsbürgerschaft hinzu, ersetzt sie aber nicht.

Artikel 10 [Grundsatz der repräsentativen Demokratie]

(1) Die Arbeitsweise der Union beruht auf der repräsentativen Demokratie.

(2) Die Bürgerinnen und Bürger sind auf Unionsebene unmittelbar im Europäischen Parlament vertreten.

Die Mitgliedstaaten werden im Europäischen Rat von ihrem jeweiligen Staats- oder Regierungschef und im Rat von ihrer jeweiligen Regierung vertreten, die ihrerseits in demokratischer Weise gegenüber ihrem nationalen Parlament oder gegenüber ihren Bürgerinnen und Bürgern Rechenschaft ablegen müssen.

(3) ¹Alle Bürgerinnen und Bürger haben das Recht, am demokratischen Leben der Union teilzunehmen. ²Die Entscheidungen werden so offen und bürgernah wie möglich getroffen.

(4) Politische Parteien auf europäischer Ebene tragen zur Herausbildung eines europäischen politischen Bewusstseins und zum Ausdruck des Willens der Bürgerinnen und Bürger der Union bei.

Artikel 11 [Beteiligung der Bürger]

(1) Die Organe geben den Bürgerinnen und Bürgern und den repräsentativen Verbänden in geeigneter Weise die Möglichkeit, ihre Ansichten in allen Bereichen des Handelns der Union öffentlich bekannt zu geben und auszutauschen.

(2) Die Organe pflegen einen offenen, transparenten und regelmäßigen Dialog mit den repräsentativen Verbänden und der Zivilgesellschaft.

(3) Um die Kohärenz und die Transparenz des Handelns der Union zu gewährleisten, führt die Europäische Kommission umfangreiche Anhörungen der Betroffenen durch.

(4) Unionsbürgerinnen und Unionsbürger, deren Anzahl mindestens eine Million betragen und bei denen es sich um Staatsangehörige einer erheblichen Anzahl von Mitgliedstaaten handeln muss, können die Initiative ergreifen und die Europäische Kommission auffordern, im Rahmen ihrer Befugnisse geeignete Vorschläge zu Themen zu unterbreiten, zu denen es nach Ansicht jener Bürgerinnen und Bürger eines Rechtsakts der Union bedarf, um die Verträge umzusetzen.

Die Verfahren und Bedingungen, die für eine solche Bürgerinitiative gelten, werden nach Artikel 24 Absatz 1 des Vertrags über die Arbeitsweise der Europäischen Union festgelegt.

Artikel 12 [Beteiligung der nationalen Parlamente]

Die nationalen Parlamente tragen aktiv zur guten Arbeitsweise der Union bei, indem sie

a) von den Organen der Union unterrichtet werden und ihnen die Entwürfe von Gesetzgebungsakten der Union gemäß dem Protokoll über die Rolle der nationalen Parlamente in der Europäischen Union zugeleitet werden;

b) dafür sorgen, dass der Grundsatz der Subsidiarität gemäß den in dem Protokoll über die Anwendung der Grundsätze der Subsidiarität und der Verhältnismäßigkeit vorgesehenen Verfahren beachtet wird;

c) sich im Rahmen des Raums der Freiheit, der Sicherheit und des Rechts an den Mechanismen zur Bewertung der Durchführung der Unionspolitiken in diesem Bereich nach Artikel 70 des Vertrags über die Arbeitsweise der Europäischen Union beteiligen und in die politische Kontrolle von Europol und die Bewertung der Tätigkeit von Eurojust nach den Artikeln 88 und 85 des genannten Vertrags einbezogen werden;

d) sich an den Verfahren zur Änderung der Verträge nach Artikel 48 dieses Vertrags beteiligen;

e) über Anträge auf Beitritt zur Union nach Artikel 49 dieses Vertrags unterrichtet werden;

f) sich an der interparlamentarischen Zusammenarbeit zwischen den nationalen Parlamenten und mit dem Europäischen Parlament gemäß dem Protokoll über die Rolle der nationalen Parlamente in der Europäischen Union beteiligen.

Titel III
Bestimmungen über die Organe

Artikel 13 [Organe der Union]

(1) Die Union verfügt über einen institutionellen Rahmen, der zum Zweck hat, ihren Werten Geltung zu verschaffen, ihre Ziele zu verfolgen, ihren Interessen, denen ihrer Bürgerinnen und Bürger und denen der Mitgliedstaaten zu dienen sowie die Kohärenz, Effizienz und Kontinuität ihrer Politik und ihrer Maßnahmen sicherzustellen.

Die Organe der Union sind
– das Europäische Parlament,
– der Europäische Rat,

– der Rat,
– die Europäische Kommission (im Folgenden „Kommission"),
– der Gerichtshof der Europäischen Union,
– die Europäische Zentralbank,
– der Rechnungshof.

(2) ¹Jedes Organ handelt nach Maßgabe der ihm in den Verträgen zugewiesenen Befugnisse nach den Verfahren, Bedingungen und Zielen, die in den Verträgen festgelegt sind. ²Die Organe arbeiten loyal zusammen.

(3) Die Bestimmungen über die Europäische Zentralbank und den Rechnungshof sowie die detaillierten Bestimmungen über die übrigen Organe sind im Vertrag über die Arbeitsweise der Europäischen Union enthalten.

(4) Das Europäische Parlament, der Rat und die Kommission werden von einem Wirtschafts- und Sozialausschuss sowie einem Ausschuss der Regionen unterstützt, die beratende Aufgaben wahrnehmen.

Artikel 14 [Europäisches Parlament]

(1) ¹Das Europäische Parlament wird gemeinsam mit dem Rat als Gesetzgeber tätig und übt gemeinsam mit ihm die Haushaltsbefugnisse aus. ²Es erfüllt Aufgaben der politischen Kontrolle und Beratungsfunktionen nach Maßgabe der Verträge. ³Es wählt den Präsidenten der Kommission.

(2) ¹Das Europäische Parlament setzt sich aus Vertretern der Unionsbürgerinnen und Unionsbürger zusammen. ²Ihre Anzahl darf 750 nicht überschreiten, zuzüglich des Präsidenten. ³Die Bürgerinnen und Bürger sind im Europäischen Parlament degressiv proportional, mindestens jedoch mit sechs Mitgliedern je Mitgliedstaat vertreten. ⁴Kein Mitgliedstaat erhält mehr als 96 Sitze.

Der Europäische Rat erlässt einstimmig auf Initiative des Europäischen Parlaments und mit dessen Zustimmung einen Beschluss über die Zusammensetzung des Europäischen Parlaments, in dem die in Unterabsatz 1 genannten Grundsätze gewahrt sind.

(3) Die Mitglieder des Europäischen Parlaments werden in allgemeiner, unmittelbarer, freier und geheimer Wahl für eine Amtszeit von fünf Jahren gewählt.

(4) Das Europäische Parlament wählt aus seiner Mitte seinen Präsidenten und sein Präsidium.

Artikel 15 [Europäischer Rat]

(1) ¹Der Europäische Rat gibt der Union die für ihre Entwicklung erforderlichen Impulse und legt die allgemeinen politischen Zielvorstellungen und Prioritäten hierfür fest. ²Er wird nicht gesetzgeberisch tätig.

(2) ¹Der Europäische Rat setzt sich zusammen aus den Staats- und Regierungschefs der Mitgliedstaaten sowie dem Präsidenten des Europäischen Rates und dem Präsidenten der Kommission. ²Der Hohe Vertreter der Union für Außen- und Sicherheitspolitik nimmt an seinen Arbeiten teil.

(3) ¹Der Europäische Rat tritt zweimal pro Halbjahr zusammen; er wird von seinem Präsidenten einberufen. ²Wenn es die Tagesordnung erfordert, können die Mitglieder des Europäischen Rates beschließen, sich jeweils von einem Minister oder – im Fall des Präsidenten der Kommission – von einem Mitglied der Kommission unterstützen zu lassen. ³Wenn es die Lage erfordert, beruft der Präsident eine außerordentliche Tagung des Europäischen Rates ein.

(4) Soweit in den Verträgen nichts anderes festgelegt ist, entscheidet der Europäische Rat im Konsens.

(5) ¹Der Europäische Rat wählt seinen Präsidenten mit qualifizierter Mehrheit für eine Amtszeit von zweieinhalb Jahren; der Präsident kann einmal wiedergewählt werden. ²Im Falle einer Verhinderung oder einer schweren Verfehlung kann der Europäische Rat ihn im Wege des gleichen Verfahrens von seinem Amt entbinden.

(6) Der Präsident des Europäischen Rates

a) führt den Vorsitz bei den Arbeiten des Europäischen Rates und gibt ihnen Impulse,

b) sorgt in Zusammenarbeit mit dem Präsidenten der Kommission auf der Grundlage der Arbeiten des Rates „Allgemeine Angelegenheiten" für die Vorbereitung und Kontinuität der Arbeiten des Europäischen Rates,

c) wirkt darauf hin, dass Zusammenhalt und Konsens im Europäischen Rat gefördert werden,

d) legt dem Europäischen Parlament im Anschluss an jede Tagung des Europäischen Rates einen Bericht vor.

Der Präsident des Europäischen Rates nimmt auf seiner Ebene und in seiner Eigenschaft, unbeschadet der Befugnisse des Hohen Vertreters der Union für Außen- und Sicherheitspolitik, die Außenvertretung der Union in Angelegenheiten der Gemeinsamen Außen- und Sicherheitspolitik wahr.

Der Präsident des Europäischen Rates darf kein einzelstaatliches Amt ausüben.

Artikel 16 [Rat]

(1) ¹Der Rat wird gemeinsam mit dem Europäischen Parlament als Gesetzgeber tätig und übt gemeinsam mit ihm die Haushaltsbefugnisse aus. ²Zu seinen Aufgaben gehört die Festlegung der Politik und die Koordinierung nach Maßgabe der Verträge.

(2) Der Rat besteht aus je einem Vertreter jedes Mitgliedstaats auf Ministerebene, der befugt ist, für die Regierung des von ihm vertretenen Mitgliedstaats verbindlich zu handeln und das Stimmrecht auszuüben.

(3) Soweit in den Verträgen nichts anderes festgelegt ist, beschließt der Rat mit qualifizierter Mehrheit.

(4) Ab dem 1. November 2014 gilt als qualifizierte Mehrheit eine Mehrheit von mindestens 55 % der Mitglieder des Rates, gebildet aus mindestens 15 Mitgliedern, sofern die von diesen vertretenen Mitgliedstaaten zusammen mindestens 65 % der Bevölkerung der Union ausmachen.

Für eine Sperrminorität sind mindestens vier Mitglieder des Rates erforderlich, andernfalls gilt die qualifizierte Mehrheit als erreicht.

Die übrigen Modalitäten für die Abstimmung mit qualifizierter Mehrheit sind in Artikel 238 Absatz 2 des Vertrags über die Arbeitsweise der Europäischen Union festgelegt.

(5) Die Übergangsbestimmungen für die Definition der qualifizierten Mehrheit, die bis zum 31. Oktober 2014 gelten, sowie die Übergangsbestimmungen, die zwischen dem 1. November 2014 und dem 31. März 2017 gelten, sind im Protokoll über die Übergangsbestimmungen festgelegt.

(6) Der Rat tagt in verschiedenen Zusammensetzungen; die Liste dieser Zusammensetzungen wird nach Artikel 236 des Vertrags über die Arbeitsweise der Europäischen Union angenommen.

[1]Als Rat „Allgemeine Angelegenheiten" sorgt er für die Kohärenz der Arbeiten des Rates in seinen verschiedenen Zusammensetzungen. [2]In Verbindung mit dem Präsidenten des Europäischen Rates und mit der Kommission bereitet er die Tagungen des Europäischen Rates vor und sorgt für das weitere Vorgehen.

Als Rat „Auswärtige Angelegenheiten" gestaltet er das auswärtige Handeln der Union entsprechend den strategischen Vorgaben des Europäischen Rates und sorgt für die Kohärenz des Handelns der Union.

(7) Ein Ausschuss der Ständigen Vertreter der Regierungen der Mitgliedstaaten ist für die Vorbereitung der Arbeiten des Rates verantwortlich.

(8) [1]Der Rat tagt öffentlich, wenn er über Entwürfe zu Gesetzgebungsakten berät und abstimmt. [2]Zu diesem Zweck wird jede Ratstagung in zwei Teile unterteilt, von denen der eine den Beratungen über die Gesetzgebungsakte der Union und der andere den nicht die Gesetzgebung betreffenden Tätigkeiten gewidmet ist.

(9) Der Vorsitz im Rat in allen seinen Zusammensetzungen mit Ausnahme des Rates „Auswärtige Angelegenheiten" wird von den Vertretern der Mitgliedstaaten im Rat unter Bedingungen, die gemäß Artikel 236 des Vertrags über die Arbeitsweise der Europäischen Union festgelegt werden, nach einem System der gleichberechtigten Rotation wahrgenommen.

Artikel 17 [Europäische Kommission]

(1) [1]Die Kommission fördert die allgemeinen Interessen der Union und ergreift geeignete Initiativen zu diesem Zweck. [2]Sie sorgt für die Anwendung der Verträge sowie der von den Organen kraft der Verträge erlassenen Maßnahmen. [3]Sie überwacht die Anwendung des Unionsrechts unter der Kontrolle des Gerichtshofs der Europäischen Union. [4]Sie führt den Haushaltsplan aus und verwaltet die Programme. [5]Sie übt nach Maßgabe der Verträge Koordinierungs-, Exekutiv- und Verwaltungsfunktionen aus. [6]Außer in der Gemeinsamen Außen- und Sicherheitspolitik

und den übrigen in den Verträgen vorgesehenen Fällen nimmt sie die Vertretung der Union nach außen wahr. ⁷Sie leitet die jährliche und die mehrjährige Programmplanung der Union mit dem Ziel ein, interinstitutionelle Vereinbarungen zu erreichen.

(2) ¹Soweit in den Verträgen nichts anderes festgelegt ist, darf ein Gesetzgebungsakt der Union nur auf Vorschlag der Kommission erlassen werden. ²Andere Rechtsakte werden auf der Grundlage eines Kommissionsvorschlags erlassen, wenn dies in den Verträgen vorgesehen ist.

(3) Die Amtszeit der Kommission beträgt fünf Jahre.

Die Mitglieder der Kommission werden aufgrund ihrer allgemeinen Befähigung und ihres Einsatzes für Europa unter Persönlichkeiten ausgewählt, die volle Gewähr für ihre Unabhängigkeit bieten.

¹Die Kommission übt ihre Tätigkeit in voller Unabhängigkeit aus. ²Die Mitglieder der Kommission dürfen unbeschadet des Artikels 18 Absatz 2 Weisungen von einer Regierung, einem Organ, einer Einrichtung oder jeder anderen Stelle weder einholen noch entgegennehmen. ³Sie enthalten sich jeder Handlung, die mit ihrem Amt oder der Erfüllung ihrer Aufgaben unvereinbar ist.

(4) Die Kommission, die zwischen dem Zeitpunkt des Inkrafttretens des Vertrags von Lissabon und dem 31. Oktober 2014 ernannt wird, besteht einschließlich ihres Präsidenten und des Hohen Vertreters der Union für Außen- und Sicherheitspolitik, der einer der Vizepräsidenten der Kommission ist, aus je einem Staatsangehörigen jedes Mitgliedstaats.

(5) Ab dem 1. November 2014 besteht die Kommission, einschließlich ihres Präsidenten und des Hohen Vertreters der Union für Außen- und Sicherheitspolitik, aus einer Anzahl von Mitgliedern, die zwei Dritteln der Zahl der Mitgliedstaaten entspricht, sofern der Europäische Rat nicht einstimmig eine Änderung dieser Anzahl beschließt.

¹Die Mitglieder der Kommission werden unter den Staatsangehörigen der Mitgliedstaaten in einem System der strikt gleichberechtigten Rotation zwischen den Mitgliedstaaten so ausgewählt, dass das demografische und geografische Spektrum der Gesamtheit der Mitgliedstaaten zum Ausdruck kommt. ²Dieses System wird vom Europäischen Rat nach Artikel 244 des Ver-

trags über die Arbeitsweise der Europäischen Union einstimmig festgelegt.

(6) Der Präsident der Kommission

a) legt die Leitlinien fest, nach denen die Kommission ihre Aufgaben ausübt,

b) beschließt über die interne Organisation der Kommission, um die Kohärenz, die Effizienz und das Kollegialitätsprinzip im Rahmen ihrer Tätigkeit sicherzustellen,

c) ernennt, mit Ausnahme des Hohen Vertreters der Union für Außen- und Sicherheitspolitik, die Vizepräsidenten aus dem Kreis der Mitglieder der Kommission.

[1]Ein Mitglied der Kommission legt sein Amt nieder, wenn es vom Präsidenten dazu aufgefordert wird. [2]Der Hohe Vertreter der Union für Außen- und Sicherheitspolitik legt sein Amt nach dem Verfahren des Artikels 18 Absatz 1 nieder, wenn er vom Präsidenten dazu aufgefordert wird.

(7) [1]Der Europäische Rat schlägt dem Europäischen Parlament nach entsprechenden Konsultationen mit qualifizierter Mehrheit einen Kandidaten für das Amt des Präsidenten der Kommission vor; dabei berücksichtigt er das Ergebnis der Wahlen zum Europäischen Parlament. [2]Das Europäische Parlament wählt diesen Kandidaten mit der Mehrheit seiner Mitglieder. [3]Erhält dieser Kandidat nicht die Mehrheit, so schlägt der Europäische Rat dem Europäischen Parlament innerhalb eines Monats mit qualifizierter Mehrheit einen neuen Kandidaten vor, für dessen Wahl das Europäische Parlament dasselbe Verfahren anwendet.

[1]Der Rat nimmt, im Einvernehmen mit dem gewählten Präsidenten, die Liste der anderen Persönlichkeiten an, die er als Mitglieder der Kommission vorschlägt. [2]Diese werden auf der Grundlage der Vorschläge der Mitgliedstaaten entsprechend den Kriterien nach Absatz 3 Unterabsatz 2 und Absatz 5 Unterabsatz 2 ausgewählt.

[1]Der Präsident, der Hohe Vertreter der Union für Außen- und Sicherheitspolitik und die übrigen Mitglieder der Kommission stellen sich als Kollegium einem Zustimmungsvotum des Europäischen Parlaments. [2]Auf der Grundlage dieser Zustimmung wird die Kommission vom Europäischen Rat mit qualifizierter Mehrheit ernannt.

(8) ¹Die Kommission ist als Kollegium dem Europäischen Parlament verantwortlich. ²Das Europäische Parlament kann nach Artikel 234 des Vertrags über die Arbeitsweise der Europäischen Union einen Misstrauensantrag gegen die Kommission annehmen. ³Wird ein solcher Antrag angenommen, so müssen die Mitglieder der Kommission geschlossen ihr Amt niederlegen, und der Hohe Vertreter der Union für Außen- und Sicherheitspolitik muss sein im Rahmen der Kommission ausgeübtes Amt niederlegen.

Artikel 18 [Hoher Vertreter für Außen- und Sicherheitspolitik]

(1) Der Europäische Rat ernennt mit qualifizierter Mehrheit und mit Zustimmung des Präsidenten der Kommission den Hohen Vertreter der Union für Außen- und Sicherheitspolitik. Der Europäische Rat kann die Amtszeit des Hohen Vertreters nach dem gleichen Verfahren beenden.

(2) ¹Der Hohe Vertreter leitet die Gemeinsame Außen- und Sicherheitspolitik der Union. ²Er trägt durch seine Vorschläge zur Festlegung dieser Politik bei und führt sie im Auftrag des Rates durch. ³Er handelt ebenso im Bereich der Gemeinsamen Sicherheits- und Verteidigungspolitik.

(3) Der Hohe Vertreter führt den Vorsitz im Rat „Auswärtige Angelegenheiten".

(4) ¹Der Hohe Vertreter ist einer der Vizepräsidenten der Kommission. ²Er sorgt für die Kohärenz des auswärtigen Handelns der Union. ³Er ist innerhalb der Kommission mit deren Zuständigkeiten im Bereich der Außenbeziehungen und mit der Koordinierung der übrigen Aspekte des auswärtigen Handelns der Union betraut. ⁴Bei der Wahrnehmung dieser Zuständigkeiten in der Kommission und ausschließlich im Hinblick auf diese Zuständigkeiten unterliegt der Hohe Vertreter den Verfahren, die für die Arbeitsweise der Kommission gelten, soweit dies mit den Absätzen 2 und 3 vereinbar ist.

Artikel 19 [Gerichtshof]

(1) ¹Der Gerichtshof der Europäischen Union umfasst den Gerichtshof, das Gericht und Fachgerichte. ²Er sichert die Wahrung

des Rechts bei der Auslegung und Anwendung der Verträge. ³Die Mitgliedstaaten schaffen die erforderlichen Rechtsbehelfe, damit ein wirksamer Rechtsschutz in den vom Unionsrecht erfassten Bereichen gewährleistet ist.

(2) ¹Der Gerichtshof besteht aus einem Richter je Mitgliedstaat. ²Er wird von Generalanwälten unterstützt.

Das Gericht besteht aus mindestens einem Richter je Mitgliedstaat.

¹Als Richter und Generalanwälte des Gerichtshofs und als Richter des Gerichts sind Persönlichkeiten auszuwählen, die jede Gewähr für Unabhängigkeit bieten und die Voraussetzungen der Artikel 253 und 254 des Vertrags über die Arbeitsweise der Europäischen Union erfüllen. ²Sie werden von den Regierungen der Mitgliedstaaten im gegenseitigen Einvernehmen für eine Amtszeit von sechs Jahren ernannt. ³Die Wiederernennung ausscheidender Richter und Generalanwälte ist zulässig.

(3) Der Gerichtshof der Europäischen Union entscheidet nach Maßgabe der Verträge

a) über Klagen eines Mitgliedstaats, eines Organs oder natürlicher oder juristischer Personen;

b) im Wege der Vorabentscheidung auf Antrag der einzelstaatlichen Gerichte über die Auslegung des Unionsrechts oder über die Gültigkeit der Handlungen der Organe;

c) in allen anderen in den Verträgen vorgesehenen Fällen.

Titel IV
Bestimmungen über eine verstärkte Zusammenarbeit

Artikel 20 (ex-Artikel 27a bis 27e, 40 bis 40b und 43 bis 45 EUV und ex-Artikel 11 und 11a EGV) [Bedingungen der Verstärkten Zusammenarbeit]

(1) Die Mitgliedstaaten, die untereinander eine Verstärkte Zusammenarbeit im Rahmen der nicht ausschließlichen Zuständigkeiten der Union begründen wollen, können, in den Grenzen und nach Maßgabe dieses Artikels und der Artikel 326 bis 334 des Vertrags über die Arbeitsweise der Europäischen Union, die Organe der Union in Anspruch nehmen und diese Zuständig-

keiten unter Anwendung der einschlägigen Bestimmungen der Verträge ausüben.
[1]Eine Verstärkte Zusammenarbeit ist darauf ausgerichtet, die Verwirklichung der Ziele der Union zu fördern, ihre Interessen zu schützen und ihren Integrationsprozess zu stärken. [2]Sie steht allen Mitgliedstaaten nach Artikel 328 des Vertrags über die Arbeitsweise der Europäischen Union jederzeit offen.

(2) [1]Der Beschluss über die Ermächtigung zu einer Verstärkten Zusammenarbeit wird vom Rat als letztes Mittel erlassen, wenn dieser feststellt, dass die mit dieser Zusammenarbeit angestrebten Ziele von der Union in ihrer Gesamtheit nicht innerhalb eines vertretbaren Zeitraums verwirklicht werden können, und sofern an der Zusammenarbeit mindestens neun Mitgliedstaaten beteiligt sind. [2]Der Rat beschließt nach dem in Artikel 329 des Vertrags über die Arbeitsweise der Europäischen Union vorgesehenen Verfahren.

(3) [1]Alle Mitglieder des Rates können an dessen Beratungen teilnehmen, aber nur die Mitglieder des Rates, die die an der Verstärkten Zusammenarbeit beteiligten Mitgliedstaaten vertreten, nehmen an der Abstimmung teil. [2]Die Abstimmungsmodalitäten sind in Artikel 330 des Vertrags über die Arbeitsweise der Europäischen Union vorgesehen.

(4) [1]An die im Rahmen einer Verstärkten Zusammenarbeit erlassenen Rechtsakte sind nur die an dieser Zusammenarbeit beteiligten Mitgliedstaaten gebunden. [2]Sie gelten nicht als Besitzstand, der von beitrittswilligen Staaten angenommen werden muss.

Titel V
Allgemeine Bestimmungen über das auswärtige Handeln der Union und besondere Bestimmungen über die gemeinsame Außen- und Sicherheitspolitik

Kapitel 1
Allgemeine Bestimmungen über das auswärtige Handeln der Union

Artikel 21 [Grundsätze und Ziele des auswärtigen Handelns der Union]

(1) Die Union lässt sich bei ihrem Handeln auf internationaler Ebene von den Grundsätzen leiten, die für ihre eigene Entstehung, Entwicklung und Erweiterung maßgebend waren und denen sie auch weltweit zu stärkerer Geltung verhelfen will: Demokratie, Rechtsstaatlichkeit, die universelle Gültigkeit und Unteilbarkeit der Menschenrechte und Grundfreiheiten, die Achtung der Menschenwürde, der Grundsatz der Gleichheit und der Grundsatz der Solidarität sowie die Achtung der Grundsätze der Charta der Vereinten Nationen und des Völkerrechts.

[1]Die Union strebt an, die Beziehungen zu Drittländern und zu regionalen oder weltweiten internationalen Organisationen, die die in Unterabsatz 1 aufgeführten Grundsätze teilen, auszubauen und Partnerschaften mit ihnen aufzubauen. [2]Sie setzt sich insbesondere im Rahmen der Vereinten Nationen für multilaterale Lösungen bei gemeinsamen Problemen ein.

(2) Die Union legt die gemeinsame Politik sowie Maßnahmen fest, führt diese durch und setzt sich für ein hohes Maß an Zusammenarbeit auf allen Gebieten der internationalen Beziehungen ein, um

a) ihre Werte, ihre grundlegenden Interessen, ihre Sicherheit, ihre Unabhängigkeit und ihre Unversehrtheit zu wahren;

b) Demokratie, Rechtsstaatlichkeit, die Menschenrechte und die Grundsätze des Völkerrechts zu festigen und zu fördern;

c) nach Maßgabe der Ziele und Grundsätze der Charta der Vereinten Nationen sowie der Prinzipien der Schlussakte von Helsinki und der Ziele der Charta von Paris, einschließlich derjenigen, die die Außengrenzen betreffen, den Frieden zu erhalten, Konflikte zu verhüten und die internationale Sicherheit zu stärken;

d) die nachhaltige Entwicklung in Bezug auf Wirtschaft, Gesellschaft und Umwelt in den Entwicklungsländern zu fördern mit dem vorrangigen Ziel, die Armut zu beseitigen;

e) die Integration aller Länder in die Weltwirtschaft zu fördern, unter anderem auch durch den schrittweisen Abbau internationaler Handelshemmnisse;

f) zur Entwicklung von internationalen Maßnahmen zur Erhaltung und Verbesserung der Qualität der Umwelt und der nachhaltigen Bewirtschaftung der weltweiten natürlichen Ressourcen beizutragen, um eine nachhaltige Entwicklung sicherzustellen;

g) den Völkern, Ländern und Regionen, die von Naturkatastrophen oder von vom Menschen verursachten Katastrophen betroffen sind, zu helfen; und

h) eine Weltordnung zu fördern, die auf einer verstärkten multilateralen Zusammenarbeit und einer verantwortungsvollen Weltordnungspolitik beruht.

(3) Die Union wahrt bei der Ausarbeitung und Umsetzung ihres auswärtigen Handelns in den verschiedenen unter diesen Titel und den Fünften Teil des Vertrags über die Arbeitsweise der Europäischen Union fallenden Bereichen sowie der externen Aspekte der übrigen Politikbereiche die in den Absätzen 1 und 2 genannten Grundsätze und Ziele.

[1]Die Union achtet auf die Kohärenz zwischen den einzelnen Bereichen ihres auswärtigen Handelns sowie zwischen diesen und ihren übrigen Politikbereichen. [2]Der Rat und die Kommission, die vom Hohen Vertreter der Union für Außen- und Sicherheitspolitik unterstützt werden, stellen diese Kohärenz sicher und arbeiten zu diesem Zweck zusammen.

Artikel 22 [Festlegung der strategischen Interessen und Ziele der Union]

(1) Auf der Grundlage der in Artikel 21 aufgeführten Grundsätze und Ziele legt der Europäische Rat die strategischen Interessen und Ziele der Union fest.

[1]Die Beschlüsse des Europäischen Rates über die strategischen Interessen und Ziele der Union erstrecken sich auf die Gemein-

same Außen- und Sicherheitspolitik sowie auf andere Bereiche des auswärtigen Handelns der Union. ²Sie können die Beziehungen der Union zu einem Land oder einer Region betreffen oder aber ein bestimmtes Thema zum Gegenstand haben. ³Sie enthalten Bestimmungen zu ihrer Geltungsdauer und zu den von der Union und den Mitgliedstaaten bereitzustellenden Mitteln.

¹Der Europäische Rat beschließt einstimmig auf Empfehlung des Rates, die dieser nach den für den jeweiligen Bereich vorgesehenen Regelungen abgibt. ²Die Beschlüsse des Europäischen Rates werden nach Maßgabe der in den Verträgen vorgesehenen Verfahren durchgeführt.

(2) Der Hohe Vertreter der Union für Außen- und Sicherheitspolitik und die Kommission können dem Rat gemeinsame Vorschläge vorlegen, wobei der Hohe Vertreter für den Bereich der Gemeinsamen Außen- und Sicherheitspolitik und die Kommission für die anderen Bereiche des auswärtigen Handelns zuständig ist.

Kapitel 2
Besondere Bestimmungen über die gemeinsame Außen- und Sicherheitspolitik

Abschnitt 1
Gemeinsame Bestimmungen

Artikel 23 [Grundsätze des Handels der Union im Rahmen der GASP]

Das Handeln der Union auf internationaler Ebene im Rahmen dieses Kapitels beruht auf den Grundsätzen des Kapitels 1, verfolgt die darin genannten Ziele und steht mit den allgemeinen Bestimmungen jenes Kapitels im Einklang.

Artikel 24 (ex-Artikel 11 EUV) [Zuständigkeit der Union, Verfahren und Ziele des Handelns im Bereich der GASP, Pflichten der Mitgliedstaaten]

(1) Die Zuständigkeit der Union in der Gemeinsamen Außen- und Sicherheitspolitik erstreckt sich auf alle Bereiche der Außen-

politik sowie auf sämtliche Fragen im Zusammenhang mit der Sicherheit der Union, einschließlich der schrittweisen Festlegung einer gemeinsamen Verteidigungspolitik, die zu einer gemeinsamen Verteidigung führen kann.

¹Für die Gemeinsame Außen- und Sicherheitspolitik gelten besondere Bestimmungen und Verfahren. ²Sie wird vom Europäischen Rat und vom Rat einstimmig festgelegt und durchgeführt, soweit in den Verträgen nichts anderes vorgesehen ist. ³Der Erlass von Gesetzgebungsakten ist ausgeschlossen. ⁴Die Gemeinsame Außen- und Sicherheitspolitik wird vom Hohen Vertreter der Union für Außen- und Sicherheitspolitik und von den Mitgliedstaaten gemäß den Verträgen durchgeführt. ⁵Die spezifische Rolle des Europäischen Parlaments und der Kommission in diesem Bereich ist in den Verträgen festgelegt. ⁶Der Gerichtshof der Europäischen Union ist in Bezug auf diese Bestimmungen nicht zuständig; hiervon ausgenommen ist die Kontrolle der Einhaltung des Artikels 40 dieses Vertrags und die Überwachung der Rechtmäßigkeit bestimmter Beschlüsse nach Artikel 275 Absatz 2 des Vertrags über die Arbeitsweise der Europäischen Union.

(2) Die Union verfolgt, bestimmt und verwirklicht im Rahmen der Grundsätze und Ziele ihres auswärtigen Handelns eine Gemeinsame Außen- und Sicherheitspolitik, die auf einer Entwicklung der gegenseitigen politischen Solidarität der Mitgliedstaaten, der Ermittlung der Fragen von allgemeiner Bedeutung und der Erreichung einer immer stärkeren Konvergenz des Handelns der Mitgliedstaaten beruht.

(3) Die Mitgliedstaaten unterstützen die Außen- und Sicherheitspolitik der Union aktiv und vorbehaltlos im Geiste der Loyalität und der gegenseitigen Solidarität und achten das Handeln der Union in diesem Bereich.

¹Die Mitgliedstaaten arbeiten zusammen, um ihre gegenseitige politische Solidarität zu stärken und weiterzuentwickeln. ²Sie enthalten sich jeder Handlung, die den Interessen der Union zuwiderläuft oder ihrer Wirksamkeit als kohärente Kraft in den internationalen Beziehungen schaden könnte.

Der Rat und der Hohe Vertreter tragen für die Einhaltung dieser Grundsätze Sorge.

Artikel 25 (ex-Artikel 12 EUV) [Instrumente der GASP]

Die Union verfolgt ihre Gemeinsame Außen- und Sicherheitspolitik, indem sie

a) die allgemeinen Leitlinien bestimmt,

b) Beschlüsse erlässt zur Festlegung

i) der von der Union durchzuführenden Aktionen,

ii) der von der Union einzunehmenden Standpunkte,

iii) der Einzelheiten der Durchführung der unter den Ziffern i und ii genannten Beschlüsse,

und

c) die systematische Zusammenarbeit der Mitgliedstaaten bei der Führung ihrer Politik ausbaut.

Artikel 26 (ex-Artikel 13 EUV) [Gestaltung und Durchführung der GASP]

(1) ¹Der Europäische Rat bestimmt die strategischen Interessen der Union und legt die Ziele und die allgemeinen Leitlinien der Gemeinsamen Außen- und Sicherheitspolitik fest, und zwar auch bei Fragen mit verteidigungspolitischen Bezügen. ²Er erlässt die erforderlichen Beschlüsse.

Wenn eine internationale Entwicklung es erfordert, beruft der Präsident des Europäischen Rates eine außerordentliche Tagung des Europäischen Rates ein, um die strategischen Vorgaben für die Politik der Union angesichts dieser Entwicklung festzulegen.

(2) Der Rat gestaltet die Gemeinsame Außen- und Sicherheitspolitik und fasst die für die Festlegung und Durchführung dieser Politik erforderlichen Beschlüsse auf der Grundlage der vom Europäischen Rat festgelegten allgemeinen Leitlinien und strategischen Vorgaben.

Der Rat und der Hohe Vertreter der Union für Außen- und Sicherheitspolitik tragen für ein einheitliches, kohärentes und wirksames Vorgehen der Union Sorge.

(3) Die Gemeinsame Außen- und Sicherheitspolitik wird vom Hohen Vertreter und von den Mitgliedstaaten mit einzelstaatlichen Mitteln und den Mitteln der Union durchgeführt.

Artikel 27 [Aufgaben des Hohen Vertreters, Europäischer Auswärtiger Dienst]

(1) Der Hohe Vertreter der Union für Außen- und Sicherheitspolitik, der im Rat „Auswärtige Angelegenheiten" den Vorsitz führt, trägt durch seine Vorschläge zur Festlegung der Gemeinsamen Außen- und Sicherheitspolitik bei und stellt sicher, dass die vom Europäischen Rat und vom Rat erlassenen Beschlüsse durchgeführt werden.

(2) [1]Der Hohe Vertreter vertritt die Union in den Bereichen der Gemeinsamen Außen- und Sicherheitspolitik. [2]Er führt im Namen der Union den politischen Dialog mit Dritten und vertritt den Standpunkt der Union in internationalen Organisationen und auf internationalen Konferenzen.

(3) [1]Bei der Erfüllung seines Auftrags stützt sich der Hohe Vertreter auf einen Europäischen Auswärtigen Dienst. [2]Dieser Dienst arbeitet mit den diplomatischen Diensten der Mitgliedstaaten zusammen und umfasst Beamte aus den einschlägigen Abteilungen des Generalsekretariats des Rates und der Kommission sowie abgeordnetes Personal der nationalen diplomatischen Dienste. [3]Die Organisation und die Arbeitsweise des Europäischen Auswärtigen Dienstes werden durch einen Beschluss des Rates festgelegt. [4]Der Rat beschließt auf Vorschlag des Hohen Vertreters nach Anhörung des Europäischen Parlaments und nach Zustimmung der Kommission.

Artikel 28 (ex-Artikel 14 EUV) [Beschlüsse bei operativem Vorgehen der Union]

(1) [1]Verlangt eine internationale Situation ein operatives Vorgehen der Union, so erlässt der Rat die erforderlichen Beschlüsse. [2]In den Beschlüssen sind ihre Ziele, ihr Umfang, die der Union zur Verfügung zu stellenden Mittel sowie die Bedingungen und erforderlichenfalls der Zeitraum für ihre Durchführung festgelegt.

Tritt eine Änderung der Umstände mit erheblichen Auswirkungen auf eine Angelegenheit ein, die Gegenstand eines solchen Beschlusses ist, so überprüft der Rat die Grundsätze und Ziele dieses Beschlusses und erlässt die erforderlichen Beschlüsse.

(2) Die Beschlüsse nach Absatz 1 sind für die Mitgliedstaaten bei ihren Stellungnahmen und ihrem Vorgehen bindend.

(3) ¹Jede einzelstaatliche Stellungnahme oder Maßnahme, die im Rahmen eines Beschlusses nach Absatz 1 geplant ist, wird von dem betreffenden Mitgliedstaat so rechtzeitig mitgeteilt, dass erforderlichenfalls eine vorherige Abstimmung im Rat stattfinden kann. ²Die Pflicht zur vorherigen Unterrichtung gilt nicht für Maßnahmen, die eine bloße praktische Umsetzung der Beschlüsse des Rates auf einzelstaatlicher Ebene darstellen.

(4) ¹Bei zwingender Notwendigkeit aufgrund der Entwicklung der Lage und falls eine Überprüfung des Beschlusses des Rates nach Absatz 1 nicht stattfindet, können die Mitgliedstaaten unter Berücksichtigung der allgemeinen Ziele des genannten Beschlusses die erforderlichen Sofortmaßnahmen ergreifen. ²Der betreffende Mitgliedstaat unterrichtet den Rat sofort über derartige Maßnahmen.

(5) ¹Ein Mitgliedstaat befasst den Rat, wenn sich bei der Durchführung eines Beschlusses nach diesem Artikel größere Schwierigkeiten ergeben; der Rat berät darüber und sucht nach angemessenen Lösungen. ²Diese dürfen nicht im Widerspruch zu den Zielen des Beschlusses nach Absatz 1 stehen oder seiner Wirksamkeit schaden.

Artikel 29 (ex-Artikel 15 EUV) [Beschlüsse zu Standpunkt der Union in bestimmter Frage]

¹Der Rat erlässt Beschlüsse, in denen der Standpunkt der Union zu einer bestimmten Frage geografischer oder thematischer Art bestimmt wird. ²Die Mitgliedstaaten tragen dafür Sorge, dass ihre einzelstaatliche Politik mit den Standpunkten der Union in Einklang steht.

Artikel 30 (ex-Artikel 22 EUV) [Initiativ- und Vorschlagrecht, Eilentscheidung]

(1) Jeder Mitgliedstaat, der Hohe Vertreter der Union für Außen- und Sicherheitspolitik oder der Hohe Vertreter mit Unterstützung der Kommission kann den Rat mit einer Frage der Gemeinsamen Außen- und Sicherheitspolitik befassen und ihm Initiativen beziehungsweise Vorschläge unterbreiten.

(2) In den Fällen, in denen eine rasche Entscheidung notwendig ist, beruft der Hohe Vertreter von sich aus oder auf Antrag

eines Mitgliedstaats innerhalb von 48 Stunden, bei absoluter Notwendigkeit in kürzerer Zeit, eine außerordentliche Tagung des Rates ein.

Artikel 31 (ex-Artikel 23 EUV) [Verfahren der Beschlussfassung]

(1) ¹Beschlüsse nach diesem Kapitel werden vom Europäischen Rat und vom Rat einstimmig gefasst, soweit in diesem Kapitel nichts anderes festgelegt ist. ²Der Erlass von Gesetzgebungsakten ist ausgeschlossen.

¹Bei einer Stimmenthaltung kann jedes Ratsmitglied zu seiner Enthaltung eine förmliche Erklärung im Sinne dieses Unterabsatzes abgeben. ²In diesem Fall ist es nicht verpflichtet, den Beschluss durchzuführen, akzeptiert jedoch, dass der Beschluss für die Union bindend ist. ³Im Geiste gegenseitiger Solidarität unterlässt der betreffende Mitgliedstaat alles, was dem auf diesem Beschluss beruhenden Vorgehen der Union zuwiderlaufen oder es behindern könnte, und die anderen Mitgliedstaaten respektieren seinen Standpunkt. ⁴Vertreten die Mitglieder des Rates, die bei ihrer Stimmenthaltung eine solche Erklärung abgeben, mindestens ein Drittel der Mitgliedstaaten, die mindestens ein Drittel der Unionsbevölkerung ausmachen, so wird der Beschluss nicht erlassen.

(2) Abweichend von Absatz 1 beschließt der Rat mit qualifizierter Mehrheit, wenn er

– auf der Grundlage eines Beschlusses des Europäischen Rates über die strategischen Interessen und Ziele der Union nach Artikel 22 Absatz 1 einen Beschluss erlässt, mit dem eine Aktion oder ein Standpunkt der Union festgelegt wird;

– auf einen Vorschlag hin, den ihm der Hohe Vertreter der Union für Außen- und Sicherheitspolitik auf spezielles Ersuchen des Europäischen Rates unterbreitet hat, das auf dessen eigene Initiative oder auf eine Initiative des Hohen Vertreters zurückgeht, einen Beschluss erlässt, mit dem eine Aktion oder ein Standpunkt der Union festgelegt wird;

– einen Beschluss zur Durchführung eines Beschlusses, mit dem eine Aktion oder ein Standpunkt der Union festgelegt wird, erlässt,

– nach Artikel 33 einen Sonderbeauftragten ernennt.

¹Erklärt ein Mitglied des Rates, dass es aus wesentlichen Gründen der nationalen Politik, die es auch nennen muss, die Absicht hat, einen mit qualifizierter Mehrheit zu fassenden Beschluss abzulehnen, so erfolgt keine Abstimmung. ²Der Hohe Vertreter bemüht sich in engem Benehmen mit dem betroffenen Mitgliedstaat um eine für diesen Mitgliedstaat annehmbare Lösung. ³Gelingt dies nicht, so kann der Rat mit qualifizierter Mehrheit veranlassen, dass die Frage im Hinblick auf einen einstimmigen Beschluss an den Europäischen Rat verwiesen wird.

(3) Der Europäische Rat kann einstimmig einen Beschluss erlassen, in dem vorgesehen ist, dass der Rat in anderen als den in Absatz 2 genannten Fällen mit qualifizierter Mehrheit beschließt.

(4) Die Absätze 2 und 3 gelten nicht für Beschlüsse mit militärischen oder verteidigungspolitischen Bezügen.

(5) In Verfahrensfragen beschließt der Rat mit der Mehrheit seiner Mitglieder.

Artikel 32 (ex-Artikel 16 EUV) [Zusammenarbeit der Mitgliedstaaten im Europäischen Rat und Rat]

¹Die Mitgliedstaaten stimmen sich im Europäischen Rat und im Rat zu jeder außen- und sicherheitspolitischen Frage von allgemeiner Bedeutung ab, um ein gemeinsames Vorgehen festzulegen. ²Bevor ein Mitgliedstaat in einer Weise, die die Interessen der Union berühren könnte, auf internationaler Ebene tätig wird oder eine Verpflichtung eingeht, konsultiert er die anderen Mitgliedstaaten im Europäischen Rat oder im Rat. ³Die Mitgliedstaaten gewährleisten durch konvergentes Handeln, dass die Union ihre Interessen und ihre Werte auf internationaler Ebene geltend machen kann. ⁴Die Mitgliedstaaten sind untereinander solidarisch.

Hat der Europäische Rat oder der Rat ein gemeinsames Vorgehen der Union im Sinne des Absatzes 1 festgelegt, so koordinieren der Hohe Vertreter der Union für Außen- und Sicherheitspolitik und die Minister für auswärtige Angelegenheiten der Mitgliedstaaten ihre Tätigkeiten im Rat.

Die diplomatischen Vertretungen der Mitgliedstaaten und die Delegationen der Union in Drittländern und bei internationalen

Organisationen arbeiten zusammen und tragen zur Festlegung und Durchführung des gemeinsamen Vorgehens bei.

Artikel 33 (ex-Artikel 18 EUV) [**Ernennung eines Sonderbeauftragten**]
¹Der Rat kann auf Vorschlag des Hohen Vertreters der Union für Außen- und Sicherheitspolitik einen Sonderbeauftragten für besondere politische Fragen ernennen. ²Der Sonderbeauftragte übt sein Mandat unter der Verantwortung des Hohen Vertreters aus.

Artikel 34 (ex-Artikel 19 EUV) [**Koordiniertes Handeln der Mitgliedstaaten in internationalen Organisationen und auf internationalen Konferenzen**]
(1) ¹Die Mitgliedstaaten koordinieren ihr Handeln in internationalen Organisationen und auf internationalen Konferenzen. Sie treten dort für die Standpunkte der Union ein. ²Der Hohe Vertreter der Union für Außen- und Sicherheitspolitik trägt für die Organisation dieser Koordinierung Sorge.

In den internationalen Organisationen und auf internationalen Konferenzen, bei denen nicht alle Mitgliedstaaten vertreten sind, setzen sich die dort vertretenen Mitgliedstaaten für die Standpunkte der Union ein.

(2) Nach Artikel 24 Absatz 3 unterrichten die Mitgliedstaaten, die in internationalen Organisationen oder auf internationalen Konferenzen vertreten sind, die dort nicht vertretenen Mitgliedstaaten und den Hohen Vertreter laufend über alle Fragen von gemeinsamem Interesse.

¹Die Mitgliedstaaten, die auch Mitglieder des Sicherheitsrats der Vereinten Nationen sind, stimmen sich ab und unterrichten die übrigen Mitgliedstaaten sowie den Hohen Vertreter in vollem Umfang. ²Die Mitgliedstaaten, die Mitglieder des Sicherheitsrats sind, setzen sich bei der Wahrnehmung ihrer Aufgaben unbeschadet ihrer Verantwortlichkeiten aufgrund der Charta der Vereinten Nationen für die Standpunkte und Interessen der Union ein.

Wenn die Union einen Standpunkt zu einem Thema festgelegt hat, das auf der Tagesordnung des Sicherheitsrats der Vereinten Nationen steht, beantragen die dort vertretenen Mitgliedstaaten, dass der Hohe Vertreter gebeten wird, den Standpunkt der Union vorzutragen.

Artikel 35 (ex-Artikel 20 EUV) [Abstimmung der diplomatischen und konsularischen Vertretungen]

Die diplomatischen und konsularischen Vertretungen der Mitgliedstaaten und die Delegationen der Union in dritten Ländern und auf internationalen Konferenzen sowie ihre Vertretungen bei internationalen Organisationen stimmen sich ab, um die Einhaltung und Durchführung der nach diesem Kapitel erlassenen Beschlüsse, mit denen Standpunkte und Aktionen der Union festgelegt werden, zu gewährleisten.

Sie intensivieren ihre Zusammenarbeit durch Informationsaustausch und gemeinsame Bewertungen.

Sie tragen zur Verwirklichung des in Artikel 20 Absatz 2 Buchstabe c des Vertrags über die Arbeitsweise der Europäischen Union genannten Rechts der Unionsbürgerinnen und Unionsbürger auf Schutz im Hoheitsgebiet von Drittländern und zur Durchführung der nach Artikel 23 des genannten Vertrags erlassenen Maßnahmen bei.

Artikel 36 (ex-Artikel 21 EUV) [Beteiligung des Europäischen Parlaments]

[1]Der Hohe Vertreter der Union für Außen- und Sicherheitspolitik hört das Europäische Parlament regelmäßig zu den wichtigsten Aspekten und den grundlegenden Weichenstellungen der Gemeinsamen Außen- und Sicherheitspolitik und der Gemeinsamen Sicherheits- und Verteidigungspolitik und unterrichtet es über die Entwicklung der Politik in diesen Bereichen. [2]Er achtet darauf, dass die Auffassungen des Europäischen Parlaments gebührend berücksichtigt werden. [3]Die Sonderbeauftragten können zur Unterrichtung des Europäischen Parlaments mit herangezogen werden.

[1]Das Europäische Parlament kann Anfragen oder Empfehlungen an den Rat und den Hohen Vertreter richten. [2]Zweimal jährlich führt es eine Aussprache über die Fortschritte bei der Durchführung der Gemeinsamen Außen- und Sicherheitspolitik, einschließlich der Gemeinsamen Sicherheits- und Verteidigungspolitik.

Artikel 37 (ex-Artikel 24 EUV) [**Übereinkünfte mit Drittstaaten und internationalen Organisationen**]

Die Union kann in den unter dieses Kapitel fallenden Bereichen Übereinkünfte mit einem oder mehreren Staaten oder internationalen Organisationen schließen.

Artikel 38 (ex-Artikel 25 EUV) [**Politisches und Sicherheitspolitisches Komitee**]

[1]Unbeschadet des Artikels 240 des Vertrags über die Arbeitsweise der Europäischen Union verfolgt ein Politisches und Sicherheitspolitisches Komitee die internationale Lage in den Bereichen der Gemeinsamen Außen- und Sicherheitspolitik und trägt auf Ersuchen des Rates, des Hohen Vertreters der Union für Außen- und Sicherheitspolitik oder von sich aus durch an den Rat gerichtete Stellungnahmen zur Festlegung der Politiken bei. [2]Ferner überwacht es die Durchführung vereinbarter Politiken; dies gilt unbeschadet der Zuständigkeiten des Hohen Vertreters.

Im Rahmen dieses Kapitels nimmt das Politische und Sicherheitspolitische Komitee unter der Verantwortung des Rates und des Hohen Vertreters die politische Kontrolle und strategische Leitung von Krisenbewältigungsoperationen im Sinne des Artikels 43 wahr.

Der Rat kann das Komitee für den Zweck und die Dauer einer Operation zur Krisenbewältigung, die vom Rat festgelegt werden, ermächtigen, geeignete Beschlüsse hinsichtlich der politischen Kontrolle und strategischen Leitung der Operation zu fassen.

Artikel 39 [**Datenschutz**]

[1]Gemäß Artikel 16 des Vertrags über die Arbeitsweise der Europäischen Union und abweichend von Absatz 2 des genannten Artikels erlässt der Rat einen Beschluss zur Festlegung von Vorschriften über den Schutz natürlicher Personen bei der Verarbeitung personenbezogener Daten durch die Mitgliedstaaten im Rahmen der Ausübung von Tätigkeiten, die in den Anwendungsbereich dieses Kapitels fallen, und über den freien Datenverkehr. [2]Die Einhaltung dieser Vorschriften wird von unabhängigen Behörden überwacht.

Artikel 40 (ex-Artikel 47 EUV) [Verfahrens- und Kompetenzabgrenzung bei Durchführung der GASP]

Die Durchführung der Gemeinsamen Außen- und Sicherheitspolitik lässt die Anwendung der Verfahren und den jeweiligen Umfang der Befugnisse der Organe, die in den Verträgen für die Ausübung der in den Artikeln 3 bis 6 des Vertrags über die Arbeitsweise der Europäischen Union aufgeführten Zuständigkeiten der Union vorgesehen sind, unberührt.

Ebenso lässt die Durchführung der Politik nach den genannten Artikeln die Anwendung der Verfahren und den jeweiligen Umfang der Befugnisse der Organe, die in den Verträgen für die Ausübung der Zuständigkeiten der Union nach diesem Kapitel vorgesehen sind, unberührt.

Artikel 41 (ex-Artikel 28 EUV) [Finanzierung]

(1) Die Verwaltungsausgaben, die den Organen aus der Durchführung dieses Kapitels entstehen, gehen zulasten des Haushalts der Union.

(2) Die operativen Ausgaben im Zusammenhang mit der Durchführung dieses Kapitels gehen ebenfalls zulasten des Haushalts der Union, mit Ausnahme der Ausgaben aufgrund von Maßnahmen mit militärischen oder verteidigungspolitischen Bezügen und von Fällen, in denen der Rat einstimmig etwas anderes beschließt.

¹In Fällen, in denen die Ausgaben nicht zulasten des Haushalts der Union gehen, gehen sie nach dem Bruttosozialprodukt-Schlüssel zulasten der Mitgliedstaaten, sofern der Rat nicht einstimmig etwas anderes beschließt. ²Die Mitgliedstaaten, deren Vertreter im Rat eine förmliche Erklärung nach Artikel 31 Absatz 1 Unterabsatz 2 abgegeben haben, sind nicht verpflichtet, zur Finanzierung von Ausgaben für Maßnahmen mit militärischen oder verteidigungspolitischen Bezügen beizutragen.

(3) ¹Der Rat erlässt einen Beschluss zur Festlegung besonderer Verfahren, um den schnellen Zugriff auf die Haushaltsmittel der Union zu gewährleisten, die für die Sofortfinanzierung von Initiativen im Rahmen der Gemeinsamen Außen- und Sicherheitspolitik, insbesondere von Tätigkeiten zur Vorbereitung einer Mis-

sion nach Artikel 42 Absatz 1 und Artikel 43 bestimmt sind. ²Er beschließt nach Anhörung des Europäischen Parlaments.

Die Tätigkeiten zur Vorbereitung der in Artikel 42 Absatz 1 und in Artikel 43 genannten Missionen, die nicht zulasten des Haushalts der Union gehen, werden aus einem aus Beiträgen der Mitgliedstaaten gebildeten Anschubfonds finanziert.

Der Rat erlässt mit qualifizierter Mehrheit auf Vorschlag des Hohen Vertreters der Union für Außen- und Sicherheitspolitik die Beschlüsse über

a) die Einzelheiten für die Bildung und die Finanzierung des Anschubfonds, insbesondere die Höhe der Mittelzuweisungen für den Fonds;

b) die Einzelheiten für die Verwaltung des Anschubfonds;

c) die Einzelheiten für die Finanzkontrolle.

¹Kann die geplante Mission nach Artikel 42 Absatz 1 und Artikel 43 nicht aus dem Haushalt der Union finanziert werden, so ermächtigt der Rat den Hohen Vertreter zur Inanspruchnahme dieses Fonds. ²Der Hohe Vertreter erstattet dem Rat Bericht über die Erfüllung dieses Mandats.

Abschnitt 2
Bestimmungen über die Gemeinsame Sicherheits- und Verteidigungspolitik

Artikel 42 (ex-Artikel 17 EUV) [Grundlagen der Gemeinsamen Verteidigungspolitik]

(1) ¹Die Gemeinsame Sicherheits- und Verteidigungspolitik ist integraler Bestandteil der Gemeinsamen Außen- und Sicherheitspolitik. ²Sie sichert der Union eine auf zivile und militärische Mittel gestützte Operationsfähigkeit. ³Auf diese kann die Union bei Missionen außerhalb der Union zur Friedenssicherung, Konfliktverhütung und Stärkung der internationalen Sicherheit in Übereinstimmung mit den Grundsätzen der Charta der Vereinten Nationen zurückgreifen. ⁴Sie erfüllt diese Aufgaben mit Hilfe der Fähigkeiten, die von den Mitgliedstaaten bereitgestellt werden.

(2) ¹Die Gemeinsame Sicherheits- und Verteidigungspolitik umfasst die schrittweise Festlegung einer gemeinsamen Ver-

teidigungspolitik der Union. ²Diese führt zu einer gemeinsamen Verteidigung, sobald der Europäische Rat dies einstimmig beschlossen hat. ³Er empfiehlt in diesem Fall den Mitgliedstaaten, einen Beschluss in diesem Sinne im Einklang mit ihren verfassungsrechtlichen Vorschriften zu erlassen.

Die Politik der Union nach diesem Abschnitt berührt nicht den besonderen Charakter der Sicherheits- und Verteidigungspolitik bestimmter Mitgliedstaaten; sie achtet die Verpflichtungen einiger Mitgliedstaaten, die ihre gemeinsame Verteidigung in der Nordatlantikvertrags-Organisation (NATO) verwirklicht sehen, aus dem Nordatlantikvertrag und ist vereinbar mit der in jenem Rahmen festgelegten gemeinsamen Sicherheits- und Verteidigungspolitik.

(3) ¹Die Mitgliedstaaten stellen der Union für die Umsetzung der Gemeinsamen Sicherheits- und Verteidigungspolitik zivile und militärische Fähigkeiten als Beitrag zur Verwirklichung der vom Rat festgelegten Ziele zur Verfügung. ²Die Mitgliedstaaten, die zusammen multinationale Streitkräfte aufstellen, können diese auch für die Gemeinsame Sicherheits- und Verteidigungspolitik zur Verfügung stellen.

¹Die Mitgliedstaaten verpflichten sich, ihre militärischen Fähigkeiten schrittweise zu verbessern. ²Die Agentur für die Bereiche Entwicklung der Verteidigungsfähigkeiten, Forschung, Beschaffung und Rüstung (im Folgenden „Europäische Verteidigungsagentur") ermittelt den operativen Bedarf und fördert Maßnahmen zur Bedarfsdeckung, trägt zur Ermittlung von Maßnahmen zur Stärkung der industriellen und technologischen Basis des Verteidigungssektors bei und führt diese Maßnahmen gegebenenfalls durch, beteiligt sich an der Festlegung einer europäischen Politik im Bereich der Fähigkeiten und der Rüstung und unterstützt den Rat bei der Beurteilung der Verbesserung der militärischen Fähigkeiten.

(4) ¹Beschlüsse zur Gemeinsamen Sicherheits- und Verteidigungspolitik, einschließlich der Beschlüsse über die Einleitung einer Mission nach diesem Artikel, werden vom Rat einstimmig auf Vorschlag des Hohen Vertreters der Union für Außen- und Sicherheitspolitik oder auf Initiative eines Mitgliedstaats erlassen. ²Der Hohe Vertreter kann gegebenenfalls gemeinsam mit der

Kommission den Rückgriff auf einzelstaatliche Mittel sowie auf Instrumente der Union vorschlagen.

(5) ¹Der Rat kann zur Wahrung der Werte der Union und im Dienste ihrer Interessen eine Gruppe von Mitgliedstaaten mit der Durchführung einer Mission im Rahmen der Union beauftragen. ²Die Durchführung einer solchen Mission fällt unter Artikel 44.

(6) ¹Die Mitgliedstaaten, die anspruchsvollere Kriterien in Bezug auf die militärischen Fähigkeiten erfüllen und die im Hinblick auf Missionen mit höchsten Anforderungen untereinander weiter gehende Verpflichtungen eingegangen sind, begründen eine Ständige Strukturierte Zusammenarbeit im Rahmen der Union. ²Diese Zusammenarbeit erfolgt nach Maßgabe von Artikel 46. ³Sie berührt nicht die Bestimmungen des Artikels 43.

(7) ¹Im Falle eines bewaffneten Angriffs auf das Hoheitsgebiet eines Mitgliedstaats schulden die anderen Mitgliedstaaten ihm alle in ihrer Macht stehende Hilfe und Unterstützung, im Einklang mit Artikel 51 der Charta der Vereinten Nationen. ²Dies lässt den besonderen Charakter der Sicherheits- und Verteidigungspolitik bestimmter Mitgliedstaaten unberührt.

Die Verpflichtungen und die Zusammenarbeit in diesem Bereich bleiben im Einklang mit den im Rahmen der Nordatlantikvertrags-Organisation eingegangenen Verpflichtungen, die für die ihr angehörenden Staaten weiterhin das Fundament ihrer kollektiven Verteidigung und das Instrument für deren Verwirklichung ist.

Artikel 43 [Missionen der Union nach Art. 42 Abs. 1 EUV]

(1) ¹Die in Artikel 42 Absatz 1 vorgesehenen Missionen, bei deren Durchführung die Union auf zivile und militärische Mittel zurückgreifen kann, umfassen gemeinsame Abrüstungsmaßnahmen, humanitäre Aufgaben und Rettungseinsätze, Aufgaben der militärischen Beratung und Unterstützung, Aufgaben der Konfliktverhütung und der Erhaltung des Friedens sowie Kampfeinsätze im Rahmen der Krisenbewältigung einschließlich Frieden schaffender Maßnahmen und Operationen zur Stabilisierung der Lage nach Konflikten. ²Mit allen diesen Missionen kann zur Bekämpfung des Terrorismus beigetragen werden, unter anderem

auch durch die Unterstützung für Drittländer bei der Bekämpfung des Terrorismus in ihrem Hoheitsgebiet.

(2) ¹Der Rat erlässt die Beschlüsse über Missionen nach Absatz 1; in den Beschlüssen sind Ziel und Umfang der Missionen sowie die für sie geltenden allgemeinen Durchführungsbestimmungen festgelegt. ²Der Hohe Vertreter der Union für Außen- und Sicherheitspolitik sorgt unter Aufsicht des Rates und in engem und ständigem Benehmen mit dem Politischen und Sicherheitspolitischen Komitee für die Koordinierung der zivilen und militärischen Aspekte dieser Missionen.

Artikel 44 [Übertragung der Durchführung von Missionen]

(1) ¹Im Rahmen der nach Artikel 43 erlassenen Beschlüsse kann der Rat die Durchführung einer Mission einer Gruppe von Mitgliedstaaten übertragen, die dies wünschen und über die für eine derartige Mission erforderlichen Fähigkeiten verfügen. ²Die betreffenden Mitgliedstaaten vereinbaren in Absprache mit dem Hohen Vertreter der Union für Außen- und Sicherheitspolitik untereinander die Ausführung der Mission.

(2) ¹Die an der Durchführung der Mission teilnehmenden Mitgliedstaaten unterrichten den Rat von sich aus oder auf Antrag eines anderen Mitgliedstaats regelmäßig über den Stand der Mission. ²Die teilnehmenden Mitgliedstaaten befassen den Rat sofort, wenn sich aus der Durchführung der Mission schwerwiegende Konsequenzen ergeben oder das Ziel der Mission, ihr Umfang oder die für sie geltenden Regelungen, wie sie in den in Absatz 1 genannten Beschlüssen festgelegt sind, geändert werden müssen. ³Der Rat erlässt in diesen Fällen die erforderlichen Beschlüsse.

Artikel 45 [Aufgaben der Europäischen Verteidigungsagentur]

(1) Aufgabe der in Artikel 42 Absatz 3 genannten, dem Rat unterstellten Europäischen Verteidigungsagentur ist es,

a) bei der Ermittlung der Ziele im Bereich der militärischen Fähigkeiten der Mitgliedstaaten und der Beurteilung, ob die von den Mitgliedstaaten in Bezug auf diese Fähigkeiten eingegangenen Verpflichtungen erfüllt wurden, mitzuwirken;

b) auf eine Harmonisierung des operativen Bedarfs sowie die Festlegung effizienter und kompatibler Beschaffungsverfahren hinzuwirken;

c) multilaterale Projekte zur Erfüllung der Ziele im Bereich der militärischen Fähigkeiten vorzuschlagen und für die Koordinierung der von den Mitgliedstaaten durchgeführten Programme sowie die Verwaltung spezifischer Kooperationsprogramme zu sorgen;

d) die Forschung auf dem Gebiet der Verteidigungstechnologie zu unterstützen, gemeinsame Forschungsaktivitäten sowie Studien zu technischen Lösungen, die dem künftigen operativen Bedarf gerecht werden, zu koordinieren und zu planen;

e) dazu beizutragen, dass zweckdienliche Maßnahmen zur Stärkung der industriellen und technologischen Basis des Verteidigungssektors und für einen wirkungsvolleren Einsatz der Verteidigungsausgaben ermittelt werden, und diese Maßnahmen gegebenenfalls durchzuführen.

(2) [1]Alle Mitgliedstaaten können auf Wunsch an der Arbeit der Europäischen Verteidigungsagentur teilnehmen. [2]Der Rat erlässt mit qualifizierter Mehrheit einen Beschluss, in dem die Rechtsstellung, der Sitz und die Funktionsweise der Agentur festgelegt werden. [3]Dieser Beschluss trägt dem Umfang der effektiven Beteiligung an den Tätigkeiten der Agentur Rechnung. [4]Innerhalb der Agentur werden spezielle Gruppen gebildet, in denen Mitgliedstaaten zusammenkommen, die gemeinsame Projekte durchführen. [5]Die Agentur versieht ihre Aufgaben erforderlichenfalls in Verbindung mit der Kommission.

Artikel 46 [Ständige Strukturierte Zusammenarbeit]

(1) Die Mitgliedstaaten, die sich an der Ständigen Strukturierten Zusammenarbeit im Sinne des Artikels 42 Absatz 6 beteiligen möchten und hinsichtlich der militärischen Fähigkeiten die Kriterien erfüllen und die Verpflichtungen eingehen, die in dem Protokoll über die Ständige Strukturierte Zusammenarbeit enthalten sind, teilen dem Rat und dem Hohen Vertreter der Union für Außen- und Sicherheitspolitik ihre Absicht mit.

(2) [1]Der Rat erlässt binnen drei Monaten nach der in Absatz 1 genannten Mitteilung einen Beschluss über die Begründung der

Ständigen Strukturierten Zusammenarbeit und über die Liste der daran teilnehmenden Mitgliedstaaten. ²Der Rat beschließt nach Anhörung des Hohen Vertreters mit qualifizierter Mehrheit.

(3) Jeder Mitgliedstaat, der sich zu einem späteren Zeitpunkt an der Ständigen Strukturierten Zusammenarbeit beteiligen möchte, teilt dem Rat und dem Hohen Vertreter seine Absicht mit.

¹Der Rat erlässt einen Beschluss, in dem die Teilnahme des betreffenden Mitgliedstaats, der die Kriterien und Verpflichtungen nach den Artikeln 1 und 2 des Protokolls über die Ständige Strukturierte Zusammenarbeit erfüllt beziehungsweise eingeht, bestätigt wird. ²Der Rat beschließt mit qualifizierter Mehrheit nach Anhörung des Hohen Vertreters. ³Nur die Mitglieder des Rates, die die teilnehmenden Mitgliedstaaten vertreten, sind stimmberechtigt.

Die qualifizierte Mehrheit bestimmt sich nach Artikel 238 Absatz 3 Buchstabe a des Vertrags über die Arbeitsweise der Europäischen Union.

(4) Erfüllt ein teilnehmender Mitgliedstaat die Kriterien nach den Artikeln 1 und 2 des Protokolls über die Ständige Strukturierte Zusammenarbeit nicht mehr oder kann er den darin genannten Verpflichtungen nicht mehr nachkommen, so kann der Rat einen Beschluss erlassen, durch den die Teilnahme dieses Staates ausgesetzt wird.

¹Der Rat beschließt mit qualifizierter Mehrheit. ²Nur die Mitglieder des Rates, die die teilnehmenden Mitgliedstaaten mit Ausnahme des betroffenen Mitgliedstaats vertreten, sind stimmberechtigt.

Die qualifizierte Mehrheit bestimmt sich nach Artikel 238 Absatz 3 Buchstabe a des Vertrags über die Arbeitsweise der Europäischen Union.

(5) Wünscht ein teilnehmender Mitgliedstaat, von der Ständigen Strukturierten Zusammenarbeit Abstand zu nehmen, so teilt er seine Entscheidung dem Rat mit, der zur Kenntnis nimmt, dass die Teilnahme des betreffenden Mitgliedstaats beendet ist.

(6) ¹Mit Ausnahme der Beschlüsse nach den Absätzen 2 bis 5 erlässt der Rat die Beschlüsse und Empfehlungen im Rahmen der Ständigen Strukturierten Zusammenarbeit einstimmig. ²Für

die Zwecke dieses Absatzes bezieht sich die Einstimmigkeit allein auf die Stimmen der Vertreter der an der Zusammenarbeit teilnehmenden Mitgliedstaaten.

**Titel VI
Schlussbestimmungen**

Artikel 47 [Rechtspersönlichkeit der Union]
Die Union besitzt Rechtspersönlichkeit.

Artikel 48 (ex-Artikel 48 EUV) [Verfahren der Änderung der Verträge]

(1) ¹Die Verträge können gemäß dem ordentlichen Änderungsverfahren geändert werden. ²Sie können ebenfalls nach vereinfachten Änderungsverfahren geändert werden.

Ordentliches Änderungsverfahren

(2) ¹Die Regierung jedes Mitgliedstaats, das Europäische Parlament oder die Kommission kann dem Rat Entwürfe zur Änderung der Verträge vorlegen. ²Diese Entwürfe können unter anderem eine Ausdehnung oder Verringerung der der Union in den Verträgen übertragenen Zuständigkeiten zum Ziel haben. ³Diese Entwürfe werden vom Rat dem Europäischen Rat übermittelt und den nationalen Parlamenten zur Kenntnis gebracht.

(3) ¹Beschließt der Europäische Rat nach Anhörung des Europäischen Parlaments und der Kommission mit einfacher Mehrheit die Prüfung der vorgeschlagenen Änderungen, so beruft der Präsident des Europäischen Rates einen Konvent von Vertretern der nationalen Parlamente, der Staats- und Regierungschefs der Mitgliedstaaten, des Europäischen Parlaments und der Kommission ein. ²Bei institutionellen Änderungen im Währungsbereich wird auch die Europäische Zentralbank gehört. ³Der Konvent prüft die Änderungsentwürfe und nimmt im Konsensverfahren eine Empfehlung an, die an eine Konferenz der Vertreter der Regierungen der Mitgliedstaaten nach Absatz 4 gerichtet ist.

¹Der Europäische Rat kann mit einfacher Mehrheit nach Zustimmung des Europäischen Parlaments beschließen, keinen Konvent einzuberufen, wenn seine Einberufung aufgrund des

Umfangs der geplanten Änderungen nicht gerechtfertigt ist. ²In diesem Fall legt der Europäische Rat das Mandat für eine Konferenz der Vertreter der Regierungen der Mitgliedstaaten fest.

(4) Eine Konferenz der Vertreter der Regierungen der Mitgliedstaaten wird vom Präsidenten des Rates einberufen, um die an den Verträgen vorzunehmenden Änderungen zu vereinbaren.

Die Änderungen treten in Kraft, nachdem sie von allen Mitgliedstaaten nach Maßgabe ihrer verfassungsrechtlichen Vorschriften ratifiziert worden sind.

(5) Haben nach Ablauf von zwei Jahren nach der Unterzeichnung eines Vertrags zur Änderung der Verträge vier Fünftel der Mitgliedstaaten den genannten Vertrag ratifiziert und sind in einem Mitgliedstaat oder mehreren Mitgliedstaaten Schwierigkeiten bei der Ratifikation aufgetreten, so befasst sich der Europäische Rat mit der Frage.

Vereinfachte Änderungsverfahren

(6) Die Regierung jedes Mitgliedstaats, das Europäische Parlament oder die Kommission kann dem Europäischen Rat Entwürfe zur Änderung aller oder eines Teils der Bestimmungen des Dritten Teils des Vertrags über die Arbeitsweise der Europäischen Union über die internen Politikbereiche der Union vorlegen.

¹Der Europäische Rat kann einen Beschluss zur Änderung aller oder eines Teils der Bestimmungen des Dritten Teils des Vertrags über die Arbeitsweise der Europäischen Union erlassen. ²Der Europäische Rat beschließt einstimmig nach Anhörung des Europäischen Parlaments und der Kommission sowie, bei institutionellen Änderungen im Währungsbereich, der Europäischen Zentralbank. ³Dieser Beschluss tritt erst nach Zustimmung der Mitgliedstaaten im Einklang mit ihren jeweiligen verfassungsrechtlichen Vorschriften in Kraft.

Der Beschluss nach Unterabsatz 2 darf nicht zu einer Ausdehnung der der Union im Rahmen der Verträge übertragenen Zuständigkeiten führen.

(7) ¹In Fällen, in denen der Rat nach Maßgabe des Vertrags über die Arbeitsweise der Europäischen Union oder des Titels V dieses Vertrags in einem Bereich oder in einem bestimmten Fall einstimmig beschließt, kann der Europäische Rat einen Beschluss erlassen, wonach der Rat in diesem Bereich oder in diesem Fall

mit qualifizierter Mehrheit beschließen kann. ²Dieser Unterabsatz gilt nicht für Beschlüsse mit militärischen oder verteidigungspolitischen Bezügen.

In Fällen, in denen nach Maßgabe des Vertrags über die Arbeitsweise der Europäischen Union Gesetzgebungsakte vom Rat gemäß einem besonderen Gesetzgebungsverfahren erlassen werden müssen, kann der Europäische Rat einen Beschluss erlassen, wonach die Gesetzgebungsakte gemäß dem ordentlichen Gesetzgebungsverfahren erlassen werden können.

¹Jede vom Europäischen Rat auf der Grundlage von Unterabsatz 1 oder Unterabsatz 2 ergriffene Initiative wird den nationalen Parlamenten übermittelt. ²Wird dieser Vorschlag innerhalb von sechs Monaten nach der Übermittlung von einem nationalen Parlament abgelehnt, so wird der Beschluss nach Unterabsatz 1 oder Unterabsatz 2 nicht erlassen. ³Wird die Initiative nicht abgelehnt, so kann der Europäische Rat den Beschluss erlassen.

Der Europäische Rat erlässt die Beschlüsse nach den Unterabsätzen 1 oder 2 einstimmig nach Zustimmung des Europäischen Parlaments, das mit der Mehrheit seiner Mitglieder beschließt.

Artikel 49 (ex-Artikel 49 EUV) [Beitritt zur Union]

¹Jeder europäische Staat, der die in Artikel 2 genannten Werte achtet und sich für ihre Förderung einsetzt, kann beantragen, Mitglied der Union zu werden. ²Das Europäische Parlament und die nationalen Parlamente werden über diesen Antrag unterrichtet. ³Der antragstellende Staat richtet seinen Antrag an den Rat; dieser beschließt einstimmig nach Anhörung der Kommission und nach Zustimmung des Europäischen Parlaments, das mit der Mehrheit seiner Mitglieder beschließt. ⁴Die vom Europäischen Rat vereinbarten Kriterien werden berücksichtigt.

¹Die Aufnahmebedingungen und die durch eine Aufnahme erforderlich werdenden Anpassungen der Verträge, auf denen die Union beruht, werden durch ein Abkommen zwischen den Mitgliedstaaten und dem antragstellenden Staat geregelt. ²Das Abkommen bedarf der Ratifikation durch alle Vertragsstaaten gemäß ihren verfassungsrechtlichen Vorschriften.

Artikel 50 [Austritt aus der Union]

(1) Jeder Mitgliedstaat kann im Einklang mit seinen verfassungsrechtlichen Vorschriften beschließen, aus der Union auszutreten.

(2) ¹Ein Mitgliedstaat, der auszutreten beschließt, teilt dem Europäischen Rat seine Absicht mit. ²Auf der Grundlage der Leitlinien des Europäischen Rates handelt die Union mit diesem Staat ein Abkommen über die Einzelheiten des Austritts aus und schließt das Abkommen, wobei der Rahmen für die künftigen Beziehungen dieses Staates zur Union berücksichtigt wird. ³Das Abkommen wird nach Artikel 218 Absatz 3 des Vertrags über die Arbeitsweise der Europäischen Union ausgehandelt. ⁴Es wird vom Rat im Namen der Union geschlossen; der Rat beschließt mit qualifizierter Mehrheit nach Zustimmung des Europäischen Parlaments.

(3) Die Verträge finden auf den betroffenen Staat ab dem Tag des Inkrafttretens des Austrittsabkommens oder andernfalls zwei Jahre nach der in Absatz 2 genannten Mitteilung keine Anwendung mehr, es sei denn, der Europäische Rat beschließt im Einvernehmen mit dem betroffenen Mitgliedstaat einstimmig, diese Frist zu verlängern.

(4) Für die Zwecke der Absätze 2 und 3 nimmt das Mitglied des Europäischen Rates und des Rates, das den austretenden Mitgliedstaat vertritt, weder an den diesen Mitgliedstaat betreffenden Beratungen noch an der entsprechenden Beschlussfassung des Europäischen Rates oder des Rates teil.

Die qualifizierte Mehrheit bestimmt sich nach Artikel 238 Absatz 3 Buchstabe b des Vertrags über die Arbeitsweise der Europäischen Union.

(5) Ein Staat, der aus der Union ausgetreten ist und erneut Mitglied werden möchte, muss dies nach dem Verfahren des Artikels 49 beantragen.

Artikel 51 [Protokolle und Anhänge]

Die Protokolle und Anhänge der Verträge sind Bestandteil der Verträge.

Artikel 52 [Räumlicher Geltungsbereich der Verträge]

(1) Die Verträge gelten für das Königreich Belgien, die Republik Bulgarien, die Tschechische Republik, das Königreich Dänemark, die Bundesrepublik Deutschland, die Republik Estland, Irland, die Hellenische Republik, das Königreich Spanien, die Französische Republik, die Republik Kroatien, die Italienische Republik, die Republik Zypern, die Republik Lettland, die Republik Litauen, das Großherzogtum Luxemburg, die Republik Ungarn, die Republik Malta, das Königreich der Niederlande, die Republik Österreich, die Republik Polen, die Portugiesische Republik, Rumänien, die Republik Slowenien, die Slowakische Republik, die Republik Finnland, das Königreich Schweden und das Vereinigte Königreich Großbritannien und Nordirland.

(2) Der räumliche Geltungsbereich der Verträge wird in Artikel 355 des Vertrags über die Arbeitsweise der Europäischen Union im Einzelnen angegeben.

Artikel 53 (ex-Artikel 51 EUV) [Geltungsdauer des EUV]

Dieser Vertrag gilt auf unbegrenzte Zeit.

Artikel 54 (ex-Artikel 52 EUV) [Ratifikationsbedürftigkeit und Inkrafttreten des EUV]

(1) [1]Dieser Vertrag bedarf der Ratifikation durch die Hohen Vertragsparteien gemäß ihren verfassungsrechtlichen Vorschriften. [2]Die Ratifikationsurkunden werden bei der Regierung der Italienischen Republik hinterlegt.

(2) Dieser Vertrag tritt am 1. Januar 1993 in Kraft, sofern alle Ratifikationsurkunden hinterlegt worden sind, oder andernfalls am ersten Tag des auf die Hinterlegung der letzten Ratifikationsurkunde folgenden Monats.

Artikel 55 (ex-Artikel 53 EUV) [Verbindliche Sprachfassungen und Hinterlegung des EUV]

(1) Dieser Vertrag ist in einer Urschrift in bulgarischer, dänischer, deutscher, englischer, estnischer, finnischer, französischer, griechischer, irischer, italienischer, kroatischer, lettischer, litauischer, maltesischer, niederländischer, polnischer, portugie-

sischer, rumänischer, schwedischer, slowakischer, slowenischer, spanischer, tschechischer und ungarischer Sprache abgefasst, wobei jeder Wortlaut gleichermaßen verbindlich ist; er wird im Archiv der Regierung der Italienischen Republik hinterlegt; diese übermittelt der Regierung jedes anderen Unterzeichnerstaats eine beglaubigte Abschrift.

(2) ¹Dieser Vertrag kann ferner in jede andere von den Mitgliedstaaten bestimmte Sprache übersetzt werden, sofern diese Sprache nach der Verfassungsordnung des jeweiligen Mitgliedstaats in dessen gesamtem Hoheitsgebiet oder in Teilen davon Amtssprache ist. ²Die betreffenden Mitgliedstaaten stellen eine beglaubigte Abschrift dieser Übersetzungen zur Verfügung, die in den Archiven des Rates hinterlegt wird.

ZU URKUND DESSEN haben die unterzeichneten Bevollmächtigten ihre Unterschriften unter diesen Vertrag gesetzt.

Geschehen zu Maastricht am siebten Februar neunzehnhundertzweiundneunzig. *(Aufzählung der Unterzeichner nicht wiedergegeben)*

[2] Vertrag über die Arbeitsweise der Europäischen Union

vom 25. März 1957 (BGBl. II S. 766); zuletzt geändert durch Gesetz zum Vertrag von Lissabon vom 13. Dezember 2007 (BGBl. II S. 1038).

Inhaltsübersicht[1]

Präambel

Erster Teil
Grundsätze

Artikel 1 [Regelungsbereich]

Titel I
Arten und Bereiche der Zuständigkeit der Union

Artikel 2 [Arten der Zuständigkeiten der Union]
Artikel 3 [Ausschließliche Zuständigkeit]
Artikel 4 [Geteilte Zuständigkeit]
Artikel 5 [Zuständigkeit für Koordinierung der Wirtschafts-, Beschäftigungs- und Sozialpolitik]
Artikel 6 [Zuständigkeit der Union für Durchführung mitgliedstaatlicher Maßnahmen in bestimmten Bereichen]

Titel II
Allgemein geltende Bestimmungen

Artikel 7 [Kohärenzprinzip]
Artikel 8 [Querschnittklausel Gleichbehandlung und Gleichstellung]
Artikel 9 [Querschnittklausel sozialer Schutz]
Artikel 10 [Querschnittklausel Diskriminierungsschutz]
Artikel 11 [Querschnittklausel Umweltschutz]
Artikel 12 [Querschnittklausel Verbraucherschutz]
Artikel 13 [Querschnittklausel Tierschutz]
Artikel 14 [Dienste von allgemeinem wirtschaftlichen Interesse]
Artikel 15 [Grundsatz der Offenheit]
Artikel 16 [Datenschutz]
Artikel 17 [Achtung der Kirchen, religiösen Vereinigungen und Gemeinschaften]

---

[1] Inhaltsübersicht und Artikelüberschriften sind nicht amtlich.

Zweiter Teil
Nichtdiskriminierung und Unionsbürgerschaft

Artikel 18 [Allgemeines Diskriminierungsverbot]
Artikel 19 [Kompetenz für Diskriminierungsschutz]
Artikel 20 [Unionsbürgerschaft]
Artikel 21 [Unionsbürgerliches Freizügigkeitsrecht]
Artikel 22 [Wahlrecht]
Artikel 23 [Diplomatischer und konsularischer Schutz]
Artikel 24 [Petitionsrecht]
Artikel 25 [Berichtspflicht]

Dritter Teil
Die internen Politiken und Maßnahmen der Union

Titel I
Der Binnenmarkt

Artikel 26 [Verwirklichung des Binnenmarktes, Binnenmarktbegriff]
Artikel 27 [Unterschiedlicher Entwicklungsstand]

Titel II
Der Freie Warenverkehr

Artikel 28 [Zollunion, Anwendungsbereich des freien Warenverkehrs]
Artikel 29 [Freier Verkehr von Waren aus Drittstaaten]

Kapitel 1
Die Zollunion

Artikel 30 [Verbot von Zöllen und Abgaben gleicher Wirkung]
Artikel 31 [Festlegung des Gemeinsamen Zolltarifs]
Artikel 32 [Maximen der Zollpolitik]

Kapitel 2
Die Zusammenarbeit im Zollwesen

Artikel 33 [Ausbau der Zusammenarbeit]

Kapitel 3
Verbot von mengenmäßigen Beschränkungen zwischen den Mitgliedstaaten

Artikel 34 [Verbot mengenmäßiger Einfuhrbeschränkungen und Maßnahmen gleicher Wirkung]

Artikel 35 [Verbot mengenmäßiger Ausfuhrbeschränkungen und Maßnahmen gleicher Wirkung]
Artikel 36 [Rechtfertigung von Verboten oder Beschränkungen]
Artikel 37 [Staatliche Handelsmonopole]

Titel III
Die Landwirtschaft und die Fischerei

Artikel 38 [Gemeinsame Agrar- und Fischereipolitik]
Artikel 39 [Ziele der gemeinsamen Agrarpolitik]
Artikel 40 [Gemeinsame Organisation der Agrarmärkte]
Artikel 41 [Maßnahmen im Rahmen der gemeinsamen Agrarpolitik]
Artikel 42 [Anwendung der Wettbewerbsregeln, Beihilfengewährung]
Artikel 43 [Gestaltung und Durchführung der gemeinsamen Agrarpolitik]
Artikel 44 [Erhebung von Ausgleichsabgaben]

Titel IV
Die Freizügigkeit, der freie Dienstleistungs- und Kapitalverkehr

Kapitel 1
Die Arbeitskräfte

Artikel 45 [Arbeitnehmerfreizügigkeit]
Artikel 46 [Kompetenz für Herstellung der Arbeitnehmerfreizügigkeit]
Artikel 47 [Förderung des Austauschs junger Arbeitskräfte]
Artikel 48 [Kompetenz für Sicherstellung der sozialen Sicherheit]

Kapitel 2
Das Niederlassungsrecht

Artikel 49 [Niederlassungsfreiheit]
Artikel 50 [Kompetenz für Verwirklichung der Niederlassungsfreiheit]
Artikel 51 [Ausübung öffentlicher Gewalt, Festlegung von Ausnahmen]
Artikel 52 [Sonderreglungen für Ausländer, Koordinierungskompetenz]
Artikel 53 [Anerkennung von Befähigungsnachweisen]
Artikel 54 [Gleichstellung der Gesellschaften mit natürlichen Personen]
Artikel 55 [Gleichstellungsgebot bei Kapitalbeteiligung]

Kapitel 3
Dienstleistungen

Artikel 56 [Dienstleistungsfreiheit]
Artikel 57 [Begriff der Dienstleistung]

Artikel 58 [Dienstleistungen auf dem Gebiet des Verkehrs und des Kapitalverkehrs]
Artikel 59 [Kompetenz für Liberalisierung bestimmter Dienstleistungen]
Artikel 60 [Weitergehende Liberalisierungsbemühungen der Mitgliedstaaten]
Artikel 61 [Übergangsregelung]
Artikel 62 [Anwendung von Vorschriften über das Niederlassungsrecht]

Kapitel 4
Der Kapital- und Zahlungsverkehr

Artikel 63 [Kapital- und Zahlungsverkehrsfreiheit]
Artikel 64 [Kapitalverkehr mit Drittstaaten]
Artikel 65 [Zulässige Beschränkungen]
Artikel 66 [Befristete Schutzmaßnahmen]

Titel V
Der Raum der Freiheit, der Sicherheit und des Rechts

Kapitel 1
Allgemeine Bestimmungen

Artikel 67 [Grundsätze]
Artikel 68 [Festlegung strategischer Leitlinien]
Artikel 69 [Achtung des Subsidiaritätsprinzips]
Artikel 70 [Kontrolle der mitgliedstaatlichen Durchführung der Regelungen über den Raum der Freiheit, der Sicherheit und des Rechts]
Artikel 71 [Ständiger Ausschuss]
Artikel 72 [Vorbehalt der öffentlichen Sicherheit und Schutz der inneren Sicherheit]
Artikel 73 [Befugnis der Mitgliedstaaten zur Zusammenarbeit und Koordinierung]
Artikel 74 [Kompetenz für Verwaltungszusammenarbeit]
Artikel 75 [Kompetenz für Bekämpfung der Terrorismusfinanzierung]
Artikel 76 [Initiativrecht]

Kapitel 2
Politik im Bereich Grenzkontrollen, Asyl und Einwanderung

Artikel 77 [Wegfall der Personenkontrollen, Visa]
Artikel 78 [Asylpolitik]
Artikel 79 [Einwanderungspolitik]
Artikel 80 [Grundsatz der Solidarität]

Kapitel 3
Justizielle Zusammenarbeit in Zivilsachen

Artikel 81 [Justizielle Zusammenarbeit mit grenzüberschreitendem Bezug]

Kapitel 4
Justizielle Zusammenarbeit in Strafsachen

Artikel 82 [Justizielle Zusammenarbeit in Strafsachen]
Artikel 83 [Straftaten mit grenzüberschreitender Dimension]
Artikel 84 [Förderung und Unterstützung der Kriminalprävention]
Artikel 85 [Eurojust]
Artikel 86 [Europäische Staatsanwaltschaft]

Kapitel 5
Polizeiliche Zusammenarbeit

Artikel 87 [Polizeiliche Zusammenarbeit]
Artikel 88 [Europol]
Artikel 89 [Bedingungen und Grenzen extraterritorialer Behördentätigkeit]

Titel VI
Der Verkehr

Artikel 90 [Gemeinsame Verkehrspolitik]
Artikel 91 [Kompetenz zur Verwirklichung der gemeinsamen Verkehrspolitik]
Artikel 92 [Verbot der Diskriminierung ausländischer Verkehrsunternehmer]
Artikel 93 [Zulässigkeit von Verkehrsbeihilfen]
Artikel 94 [Beförderungsentgelte und -bedingungen]
Artikel 95 [Diskriminierungsverbot]
Artikel 96 [Verbot der Unterstützung von Verkehrsunternehmen]
Artikel 97 [Abgaben und Gebühren beim Grenzübergang]
Artikel 98 [Ausgleich von Nachteilen der Teilung Deutschlands]
Artikel 99 [Beratender Ausschuss]
Artikel 100 [Geltungsbereich]

Titel VII
Gemeinsame Regeln betreffend Wettbewerb, Steuerfragen und Angleichung der Rechtsvorschriften

Kapitel 1
Wettbewerbsregeln

Abschnitt 1
Vorschriften für Unternehmen

Artikel 101 [Verbot von Wettbewerbsbeschränkungen]
Artikel 102 [Verbot missbräuchlicher Ausnutzung einer marktbeherrschenden Stellung]
Artikel 103 [Kompetenz zum Erlass von Verordnungen und Richtlinien]
Artikel 104 [Fortgeltung mitgliedstaatlichen Wettbewerbsrechts]
Artikel 105 [Wettbewerbsaufsicht der Kommission]
Artikel 106 [Öffentliche Unternehmen]

Abschnitt 2
Staatliche Beihilfen

Artikel 107 [Beihilfeverbot]
Artikel 108 [Beihilfeaufsicht der Kommission]
Artikel 109 [Durchführungsverordnungen]

Kapitel 2
Steuerliche Vorschriften

Artikel 110 [Verbot steuerlicher Diskriminierung, Protektionsverbot]
Artikel 111 [Verbot überhöhter Rückvergütungen inländischer Abgaben]
Artikel 112 [Genehmigung von Entlastungen und Rückvergütungen]
Artikel 113 [Harmonisierung der Rechtsvorschriften über indirekte Steuern]

Kapitel 3
Angleichung der Rechtsvorschriften

Artikel 114 [Binnenmarktkompetenz]
Artikel 115 [Richtlinien zur Rechtsangleichung]
Artikel 116 [Wettbewerbsverfälschende Vorschriften]
Artikel 117 [Erlass oder Änderung wettbewerbsverfälschender Vorschriften]
Artikel 118 [Schutz der Rechte des geistigen Eigentums in der Union]

Titel VIII
Die Wirtschafts- und Währungspolitik

Artikel 119 [Grundsätze]

Kapitel 1
Die Wirtschaftspolitik

Artikel 120 [Grundsatz der offenen Marktwirtschaft]
Artikel 121 [Koordinierung der Wirtschaftspolitik]
Artikel 122 [Notfallmaßnahmen]
Artikel 123 [Verbot von Kreditfazilitäten]
Artikel 124 [Verbot des bevorrechtigten Zugangs zu Finanzinstituten]
Artikel 125 [Haftungsausschlüsse für Verbindlichkeiten]
Artikel 126 [Vermeidung übermäßiger Defizite, Haushaltsdisziplin]

Kapitel 2
Die Währungspolitik

Artikel 127 [Ziele und Aufgaben des ESZB]
Artikel 128 [Ausgabe von Banknoten und Münzen]
Artikel 129 [Leitung des ESZB, Satzung]
Artikel 130 [Unabhängigkeit der EZB]
Artikel 131 [Pflicht der Mitgliedstaaten zur Rechtsanpassung]
Artikel 132 [Handlungsinstrumente]
Artikel 133 [Maßnahmen zur Verwendung des Euro]

Kapitel 3
Institutionelle Bestimmungen

Artikel 134 [Wirtschafts- und Finanzausschuss]
Artikel 135 [Einholung von Kommissionsvorschlägen oder -empfehlungen]

Kapitel 4
Besondere Bestimmungen für die Mitgliedstaaten, deren Währung der Euro ist

Artikel 136 [Haushaltsdisziplin]
Artikel 137 [Tagungen der Euro-Gruppe]
Artikel 138 [Stellung des Euro im internationalen Währungssystem]

Kapitel 5
Übergangsbestimmungen

Artikel 139 [Ausnahmen für Mitgliedstaaten mit Ausnahmeregelung]

Artikel 140 [Berichtspflicht]
Artikel 141 [Errichtung des Erweiterten Rats der EZB]
Artikel 142 [Wechselkurspolitik]
Artikel 143 [Schwierigkeiten betreffend Zahlungsbilanz]
Artikel 144 [Zahlungsbilanzkrise]

Titel IX
Beschäftigung

Artikel 145 [Entwicklung einer koordinierten Beschäftigungsstrategie]
Artikel 146 [Abgestimmte Beschäftigungspolitik der Mitgliedstaaten]
Artikel 147 [Hohes Beschäftigungsniveau]
Artikel 148 [Beschäftigungslage in der Union, Festlegung beschäftigungspolitischer Leitlinien]
Artikel 149 [Anreizmaßnahmen zur Förderung der Zusammenarbeit]
Artikel 150 [Beschäftigungsausschuss]

Titel X
Sozialpolitik

Artikel 151 [Ziele und Maßnahmen]
Artikel 152 [Sozialpartner auf Ebene der Union, sozialer Dialog]
Artikel 153 [Kompetenzen der Union]
Artikel 154 [Anhörung der Sozialpartner]
Artikel 155 [Dialog zwischen den Sozialpartnern]
Artikel 156 [Fördermaßnahmen der Kommission]
Artikel 157 [Verbot der Geschlechtsdiskriminierung im Hinblick auf das Entgelt]
Artikel 158 [Bezahlte Freizeit]
Artikel 159 [Bericht zur Verwirklichung der beschäftigungspolitischen Ziele und über die demografische Lage]
Artikel 160 [Ausschuss für Sozialschutz]
Artikel 161 [Bericht über soziale Lage]

Titel XI
Der Europäische Sozialfonds

Artikel 162 [Errichtung und Ziele]
Artikel 163 [Verwaltung des Fonds]
Artikel 164 [Durchführungsverordnungen]

Titel XII
Allgemeine und berufliche Bildung, Jugend und Sport

Artikel 165 [Beitrag, Ziele und Kompetenzen der Union]
Artikel 166 [Politik der beruflichen Bildung]

Titel XIII
Kultur

Artikel 167 [Beitrag, Ziele und Kompetenzen der Union]

Titel XIV
Gesundheitswesen

Artikel 168 [Beitrag, Ziele und Kompetenzen der Union]

Titel XV
Verbraucherschutz

Artikel 169 [Beitrag, Ziele und Kompetenzen der Union]

Titel XVI
Transeuropäische Netze

Artikel 170 [Beitrag und Ziele der Union]
Artikel 171 [Handlungsinstrumente]
Artikel 172 [Beschlussfassung]

Titel XVII
Industrie

Artikel 173 [Förderung der Wettbewerbsfähigkeit]

Titel XVIII
Wirtschaftlicher, sozialer und territorialer Zusammenhalt

Artikel 174 [Ziele]
Artikel 175 [Rolle der Strukturfonds]
Artikel 176 [Aufgabe des Europäischen Fonds für regionale Entwicklung]
Artikel 177 [Ziele und Organisation der Strukturfonds]
Artikel 178 [Durchführungsverordnungen]

Titel XIX
Forschung, technologische Entwicklung und Raumfahrt

Artikel 179 [Ziele der Union]
Artikel 180 [Ergänzende Maßnahmen der Union]
Artikel 181 [Kohärenzgebot]
Artikel 182 [Mehrjähriges Rahmenprogramm, spezifische Programme]
Artikel 183 [Durchführung des mehrjährigen Rahmenprogramms]
Artikel 184 [Zusatzprogramme]
Artikel 185 [Beteiligung der Union an Programmen der Mitgliedstaaten]

Artikel 186 [Zusammenarbeit der Union mit Drittstaaten und
internationalen Organisationen]
Artikel 187 [Gemeinsame Unternehmen]
Artikel 188 [Beschlussfassung]
Artikel 189 [Europäische Raumfahrtpolitik]
Artikel 190 [Berichtspflicht der Kommission]

**Titel XX
Umwelt**

Artikel 191 [Ziele]
Artikel 192 [Beschlussfassung, Finanzierung, Verursacherprinzip]
Artikel 193 [Schutzmaßnahmen]

**Titel XXI
Energie**

Artikel 194 [Ziele und Maßnahmen]

**Titel XXII
Tourismus**

Artikel 195 [Ziele und Maßnahmen]

**Titel XXIII
Katastrophenschutz**

Artikel 196 [Ziele und Maßnahmen]

**Titel XXIV
Verwaltungszusammenarbeit**

Artikel 197 [Durchführung des Unionsrechts, Unterstützung der
Mitgliedstaaten]

**Vierter Teil
Die Assoziierung der überseeischen Länder und Hoheitsgebiete**

Artikel 198 [Ziele der Assoziierung]
Artikel 199 [Zwecke der Assoziierung]]
Artikel 200 [Verbot von Zöllen]
Artikel 201 [Schutzklausel]
Artikel 202 [Freizügigkeit der Arbeitskräfte]
Artikel 203 [Durchführungsbestimmungen]
Artikel 204 [Anwendung auf Grönland]

Fünfter Teil
Das auswärtige Handeln der Union

Titel I
Allgemeine Bestimmungen über das auswärtige Handeln der Union

Artikel 205 [Grundsätze des Handelns auf internationaler Ebene]

Titel II
Gemeinsame Handelspolitik

Artikel 206 [Zollunion]
Artikel 207 [Ziele der Handlungspolitik]

Titel III
Zusammenarbeit mit Drittländern und humanitäre Hilfe

Kapitel 1
Entwicklungszusammenarbeit

Artikel 208 [Ziele]
Artikel 209 [Kompetenzen und Handlungsinstrumente]
Artikel 210 [Koordinierung der Politik auf dem Gebiet der Entwicklungszusammenarbeit]
Artikel 211 [Zusammenarbeit mit Drittländern und internationalen Organisationen]

Kapitel 2
Wirtschaftliche, finanzielle und technische Zusammenarbeit mit Drittländern

Artikel 212 [Zusammenarbeit mit Drittstaaten, die keine Entwicklungsländer sind]
Artikel 213 [Finanzielle Hilfe der Union]

Kapitel 3
Humanitäre Hilfe

Artikel 214 [Maßnahmen]

Titel IV
Restriktive Maßnahmen

Artikel 215 [Wirtschaftssanktionen]

**Titel V
Internationale Übereinkünfte**

Artikel 216 [Vertragsabschlusskompetenz der Union]
Artikel 217 [Assoziierungsabkommen]
Artikel 218 [Aushandlung und Abschluss von Abkommen, Zuständigkeit des Gerichtshofs für Gutachten über Vereinbarkeit von Abkommen mit Unionsprimärrecht]
Artikel 219 [Wechselkursfestlegung nach außen, internationale Vereinbarungen]

**Titel VI
Beziehungen der Union zu internationalen Organisationen und Drittländern sowie Delegationen der Union**

Artikel 220 [Beziehungen zu internationalen Organisationen]
Artikel 221 [Delegationen der Union]

**Titel VII
Solidaritätsklausel**

Artikel 222 [Solidarität bei Terroranschlägen und Katastrophen]

**Sechster Teil
Institutionelle Bestimmungen und Finanzvorschriften**

**Titel I
Vorschriften über die Organe**

**Kapitel 1
Die Organe**

**Abschnitt 1
Das Europäische Parlament**

Artikel 223 [Mitgliederwahl]
Artikel 224 [Politische Parteien auf europäischer Ebene]
Artikel 225 [Mittelbares Initiativrecht]
Artikel 226 [Untersuchungsausschuss]
Artikel 227 [Petitionsrecht]
Artikel 228 [Europäischer Bürgerbeauftragter]
Artikel 229 [Sitzungsperiode]
Artikel 230 [Anhörungsrecht von Kommission, Rat und Europäischem Rat]
Artikel 231 [Beschlussfassung]
Artikel 232 [Geschäftsordnung, Verhandlungsniederschriften]

Artikel 233 [Jährlicher Gesamtbericht]
Artikel 234 [Misstrauensantrag gegen die Kommission]

Abschnitt 2
Der Europäische Rat

Artikel 235 [Verfahrensmodalitäten]
Artikel 236 [Beschluss zur Festlegung der Zusammensetzung und Vorsitz des Europäischen Rates]

Abschnitt 3
Der Rat

Artikel 237 [Einberufung]
Artikel 238 [Beschlussfassung]
Artikel 239 [Stimmrechtsübertragung]
Artikel 240 [Ausschuss der Ständigen Vertreter der Regierungen]
Artikel 241 [Recht zur Aufforderung der Kommission zur Vornahme von Untersuchungen]
Artikel 242 [Regelung der Stellung der Ausschüsse]
Artikel 243 [Gehälter, Vergütungen und Ruhegehälter]

Abschnitt 4
Die Kommission

Artikel 244 [Zusammensetzung durch Rotationssytem]
Artikel 245 [Unabhängigkeit, Neutralität und Nebentätigkeitsverbot der Kommissionsmitglieder]
Artikel 246 [Amtszeit]
Artikel 247 [Amtsenthebung]
Artikel 248 [Zuständigkeitsverteilung zwischen den Kommissionsmitgliedern]
Artikel 249 [Geschäftsordnung, jährlicher Gesamtbericht]
Artikel 250 [Beschlussfassung und -fähigkeit]

Abschnitt 5
Der Gerichtshof der Europäischen Union

Artikel 251 [Spruchkörper]
Artikel 252 [Generalanwälte]
Artikel 253 [Auswahl von Richtern und Generalanwälten des Gerichtshofs, Wahl des Präsidenten, Kanzler, Verfahrensordnung]
Artikel 254 [Auswahl von Richtern des Gerichts, Wahl des Präsidenten, Kanzler, Verfahrensordnung]
Artikel 255 [Bewerberausschuss]

Artikel 256 [Zuständigkeitsverteilung zwischen Gerichtshof, Gericht und Fachgerichten]
Artikel 257 [Fachgerichte]
Artikel 258 [Vertragsverletzungsverfahren, Aufsichtsklage]
Artikel 259 [Vertragsverletzungsverfahren, Staatenklage]
Artikel 260 [Wirkung und Durchsetzung des Feststellungsurteils]
Artikel 261 [Ermessensnachprüfung von Zwangsmaßnahmen]
Artikel 262 [Zuständigkeit für den Bereich des geistigen Eigentums]
Artikel 263 [Nichtigkeitsklage]
Artikel 264 [Nichtigerklärung des Gerichtshofs]
Artikel 265 [Untätigkeitsklage]
Artikel 266 [Verpflichtungen der Unionsorgane, Einrichtungen und sonstigen Stellen aus dem Urteil]
Artikel 267 [Vorabentscheidungsverfahren]
Artikel 268 [Schadensersatzklage]
Artikel 269 [Einschränkung der Zuständigkeit des Gerichtshofs bei Suspendierung von Rechten eines Mitgliedstaats]
Artikel 270 [Streitsachen zwischen der Union und ihren Bediensteten]
Artikel 271 [Streitsachen betreffend Europäische Investitionsbank und EZB]
Artikel 272 [Zuständigkeit aufgrund einer Schiedsklausel]
Artikel 273 [Zuständigkeit aufgrund eines Schiedsvertrags]
Artikel 274 [Zuständigkeit einzelstaatlicher Gerichte]
Artikel 275 [Unzuständigkeit des Gerichtshofs im Bereich der Außen- und Sicherheitspolitik]
Artikel 276 [Unzuständigkeit des Gerichtshofs für Kontrolle mitgliedstaatlicher Maßnahmen der Polizei und Strafverfolgungsbehörden]
Artikel 277 [Inzidentkontrolle von Unionsrechtsakten]
Artikel 278 [Wirkung von Klagen beim Gerichtshof]
Artikel 279 [Einstweilige Anordnungen]
Artikel 280 [Vollstreckbarkeit der Urteile]
Artikel 281 [EuGH-Satzung]

Abschnitt 6
Die Europäische Zentralbank

Artikel 282 [Grundfragen]
Artikel 283 [Rat der EZB, Direktorium]
Artikel 284 [Teilnahmerecht]

Abschnitt 7
Der Rechnungshof

Artikel 285 [Aufgabe, Zusammensetzung]

Artikel 286 [Mitglieder des Rechnungshofs]
Artikel 287 [Rechnungsprüfung]

Kapitel 2
Rechtsakte der Union, Annahmeverfahren und sonstige Vorschriften

Abschnitt 1
Die Rechtsakte der Union

Artikel 288 [Rechtsakte der Union]
Artikel 289 [Ordentliches und besonderes Gesetzgebungsverfahren]
Artikel 290 [Delegation von Rechtsetzungsbefugnissen auf die Kommission]
Artikel 291 [Durchführung verbindlicher Rechtsakte durch die Mitgliedstaaten, Übertragung von Durchführungsbefugnissen auf den Rat]
Artikel 292 [Empfehlungen des Rates und der Kommission]

Abschnitt 2
Annahmeverfahren und sonstige Vorschriften

Artikel 293 [Einstimmiger Ratsbeschluss, Änderungsrecht der Kommission]
Artikel 294 [Ordentliches Gesetzgebungsverfahren]
Artikel 295 [Zusammenarbeit des Europäischen Parlaments, des Rats und der Kommission, interinstitutionelle Vereinbarungen]
Artikel 296 [Wahl der Handlungsform, Begründungserfordernis]
Artikel 297 [Unterzeichnung, Veröffentlichung und Inkrafttreten der Rechtsakte]
Artikel 298 [Europäische Verwaltung]
Artikel 299 [Vollstreckbarkeit der Rechtsakte]

Kapitel 3
Die beratenden Einrichtungen der Union

Artikel 300 [Wirtschafts- und Sozialausschuss, Ausschuss der Regionen]

Abschnitt 1
Der Wirtschafts- und Sozialausschuss

Artikel 301 [Zusammensetzung]
Artikel 302 [Mitglieder des Ausschusses]
Artikel 303 [Präsident und Präsidium]
Artikel 304 [Anhörungsrechte]

Abschnitt 2
Der Ausschuss der Regionen

Artikel 305 [Zusammensetzung]
Artikel 306 [Präsident und Präsidium]
Artikel 307 [Anhörungsrechte]

Kapitel 4
Die Europäische Investitionsbank

Artikel 308 [Rechtspersönlichkeit, Mitglieder, Satzung]
Artikel 309 [Aufgabe der EIB]

Titel II
Finanzvorschriften

Artikel 310 [Haushaltsplan]

Kapitel 1
Die Eigenmittel der Union

Artikel 311 [Mittelausstattung]

Kapitel 2
Der mehrjährige Finanzrahmen

Artikel 312 [Mehrjähriger Finanzrahmen]

Kapitel 3
Der Jahreshaushaltsplan der Union

Artikel 313 [Beginn und Ende des Haushaltsjahrs]
Artikel 314 [Festlegung des Jahreshaushaltsplans]
Artikel 315 [Nothaushalt]
Artikel 316 [Übertragbarkeit von Mitteln, Bewilligung von Ausgaben]

Kapitel 4
Ausführung des Haushaltsplans und Entlastung

Artikel 317 [Ausführung des Haushaltsplans]
Artikel 318 [Rechnungslegung]
Artikel 319 [Entlastung]

Kapitel 5
Gemeinsame Bestimmungen

Artikel 320 [Aufstellung in Euro]
Artikel 321 [Währungstransfer]
Artikel 322 [Festlegung der Haushaltsvorschriften]
Artikel 323 [Finanzmittel]
Artikel 324 [Einberufung von Treffen]

Kapitel 6
Betrugsbekämpfung

Artikel 325 [Reichweite und Gestaltung der Betrugsbekämpfung]

Titel III
Verstärkte Zusammenarbeit

Artikel 326 [Grundsätze]
Artikel 327 [Respektierung nicht an der Zusammenarbeit beteiligter Mitgliedstaaten]
Artikel 328 [Offenheit gegenüber Mitgliedstaaten]
Artikel 329 [Verfahrensmodalitäten]
Artikel 330 [Teilnahme an Beratungen des Rates]
Artikel 331 [Teilnahme von Mitgliedstaaten]
Artikel 332 [Ausgabenlast]
Artikel 333 [Beschlussfassung]
Artikel 334 [Kohärenzgebot]

Siebter Teil
Allgemeine und Schlussbestimmungen

Artikel 335 [Rechts- und Geschäftsfähigkeit und Vertretung der Union]
Artikel 336 [Statut der Beamten der Union]
Artikel 337 [Nachprüfungsrecht der Kommission]
Artikel 338 [Erstellung von Statistiken]
Artikel 339 [Geheimhaltungspflicht der Mitglieder der Unionseinrichtungen]
Artikel 340 [Vertragliche und außervertragliche Haftung der Union]
Artikel 341 [Sitz der Organe]
Artikel 342 [Sprachenfrage]
Artikel 343 [Vorrechte und Befreiungen der Union]
Artikel 344 [Ausschließliche Zuständigkeit des Gerichtshofs]
Artikel 345 [Eigentumsordnung der Mitgliedstaaten]
Artikel 346 [Vorbehalt nationaler Regelungen bei Sicherheitsinteressen]

Artikel 347 [Vorgehen bei Beeinträchtigungen des Binnenmarktes durch innerstaatliche Störungen]
Artikel 348 [Verfälschung der Wettbewerbsbedingungen, unmittelbare Anrufung des Gerichtshofs im Vertragsverletzungsverfahren]
Artikel 349 [Sonderreglungen für bestimmte Gebiete]
Artikel 350 [Zusammenschluss der Benelux-Staaten]
Artikel 351 [Verhältnis von EUV und AEUV zu früheren Verträgen der Mitgliedstaaten]
Artikel 352 [Kompetenzabrundungsklausel]
Artikel 353 [Ausnahme von Art. 48 Abs. 7 EUV]
Artikel 354 [Aussetzung von Stimmrechten eines Mitgliedstaats]
Artikel 355 [Räumlicher Geltungsbereich der Verträge]
Artikel 356 (Geltungsdauer des AEUV]
Artikel 357 [Ratifikationsbedürftigkeit und Inkrafttreten des AEUV]
Artikel 358 [Verbindliche Sprachfassungen und Hinterlegung des AEUV]

Anhänge

Anhang I Liste zu Artikel 38 des Vertrags über die Arbeitsweise der Europäischen Union
Anhang II Überseeische Länder und Hoheitsgebiete, auf welche der vierte Teil des Vertrags über die Arbeitsweise der Europäischen Union Anwendung findet

Präambel

SEINE MAJESTÄT DER KÖNIG DER BELGIER, DER PRÄSIDENT DER BUNDESREPUBLIK DEUTSCHLAND, DER PRÄSIDENT DER FRANZÖSISCHEN REPUBLIK, DER PRÄSIDENT DER ITALIENISCHEN REPUBLIK, IHRE KÖNIGLICHE HOHEIT DIE GROSSHERZOGIN VON LUXEMBURG, IHRE MAJESTÄT DIE KÖNIGIN DER NIEDERLANDE [1],

---

[1] **Amtl. Hinweis:** Seit dem ursprünglichen Vertragsschluss sind Mitgliedstaaten der Europäischen Union geworden: die Republik Bulgarien, die Tschechische Republik, das Königreich Dänemark, die Republik Estland, Irland, die Hellenische Republik, das Königreich Spanien, die Republik Zypern, die Republik Lettland, die Republik Litauen, die Republik Ungarn, die Republik Malta, die Republik Österreich, die Republik Polen, die Portugiesische Republik, Rumänien, die Republik Slowenien, die Slo-

IN DEM FESTEN WILLEN, die Grundlagen für einen immer engeren Zusammenschluss der europäischen Völker zu schaffen,

ENTSCHLOSSEN, durch gemeinsames Handeln den wirtschaftlichen und sozialen Fortschritt ihrer Staaten zu sichern, indem sie die Europa trennenden Schranken beseitigen,

IN DEM VORSATZ, die stetige Besserung der Lebens- und Beschäftigungsbedingungen ihrer Völker als wesentliches Ziel anzustreben,

IN DER ERKENNTNIS, dass zur Beseitigung der bestehenden Hindernisse ein einverständliches Vorgehen erforderlich ist, um eine beständige Wirtschaftsausweitung, einen ausgewogenen Handelsverkehr und einen redlichen Wettbewerb zu gewährleisten,

IN DEM BESTREBEN, ihre Volkswirtschaften zu einigen und deren harmonische Entwicklung zu fördern, indem sie den Abstand zwischen einzelnen Gebieten und den Rückstand weniger begünstigter Gebiete verringern,

IN DEM WUNSCH, durch eine gemeinsame Handelspolitik zur fortschreitenden Beseitigung der Beschränkungen im zwischenstaatlichen Wirtschaftsverkehr beizutragen,

IN DER ABSICHT, die Verbundenheit Europas mit den überseeischen Ländern zu bekräftigen, und in dem Wunsch, entsprechend den Grundsätzen der Satzung der Vereinten Nationen den Wohlstand der überseeischen Länder zu fördern,

ENTSCHLOSSEN, durch diesen Zusammenschluss ihrer Wirtschaftskräfte Frieden und Freiheit zu wahren und zu festigen, und mit der Aufforderung an die anderen Völker Europas, die sich zu dem gleichen hohen Ziel bekennen, sich diesen Bestrebungen anzuschließen,

ENTSCHLOSSEN, durch umfassenden Zugang zur Bildung und durch ständige Weiterbildung auf einen möglichst hohen Wissensstand ihrer Völker hinzuwirken,

HABEN zu diesem Zweck zu ihren Bevollmächtigten ERNANNT

(Aufzählung der Bevollmächtigten nicht wiedergegeben)

---

wakische Republik, die Republik Finnland, das Königreich Schweden und das Vereinigte Königreich Großbritannien und Nordirland.

DIESE SIND nach Austausch ihrer als gut und gehörig befundenen Vollmachten wie folgt übereingekommen:

Erster Teil
Grundsätze

Artikel 1 [Regelungsbereich]

(1) Dieser Vertrag regelt die Arbeitsweise der Union und legt die Bereiche, die Abgrenzung und die Einzelheiten der Ausübung ihrer Zuständigkeiten fest.

(2) ¹Dieser Vertrag und der Vertrag über die Europäische Union bilden die Verträge, auf die sich die Union gründet. ²Diese beiden Verträge, die rechtlich gleichrangig sind, werden als „die Verträge" bezeichnet.

Titel I
Arten und Bereiche der Zuständigkeit der Union

Artikel 2 [Arten der Zuständigkeiten der Union]

(1) Übertragen die Verträge der Union für einen bestimmten Bereich eine ausschließliche Zuständigkeit, so kann nur die Union gesetzgeberisch tätig werden und verbindliche Rechtsakte erlassen; die Mitgliedstaaten dürfen in einem solchen Fall nur tätig werden, wenn sie von der Union hierzu ermächtigt werden, oder um Rechtsakte der Union durchzuführen.

(2) ¹Übertragen die Verträge der Union für einen bestimmten Bereich eine mit den Mitgliedstaaten geteilte Zuständigkeit, so können die Union und die Mitgliedstaaten in diesem Bereich gesetzgeberisch tätig werden und verbindliche Rechtsakte erlassen. ²Die Mitgliedstaaten nehmen ihre Zuständigkeit wahr, sofern und soweit die Union ihre Zuständigkeit nicht ausgeübt hat. ³Die Mitgliedstaaten nehmen ihre Zuständigkeit erneut wahr, sofern und soweit die Union entschieden hat, ihre Zuständigkeit nicht mehr auszuüben.

(3) Die Mitgliedstaaten koordinieren ihre Wirtschafts- und Beschäftigungspolitik im Rahmen von Regelungen nach Maßgabe dieses Vertrags, für deren Festlegung die Union zuständig ist.

(4) Die Union ist nach Maßgabe des Vertrags über die Europäische Union dafür zuständig, eine gemeinsame Außen- und Sicherheitspolitik einschließlich der schrittweisen Festlegung einer gemeinsamen Verteidigungspolitik zu erarbeiten und zu verwirklichen.

(5) In bestimmten Bereichen ist die Union nach Maßgabe der Verträge dafür zuständig, Maßnahmen zur Unterstützung, Koordinierung oder Ergänzung der Maßnahmen der Mitgliedstaaten durchzuführen, ohne dass dadurch die Zuständigkeit der Union für diese Bereiche an die Stelle der Zuständigkeit der Mitgliedstaaten tritt.

Die verbindlichen Rechtsakte der Union, die aufgrund der diese Bereiche betreffenden Bestimmungen der Verträge erlassen werden, dürfen keine Harmonisierung der Rechtsvorschriften der Mitgliedstaaten beinhalten.

(6) Der Umfang der Zuständigkeiten der Union und die Einzelheiten ihrer Ausübung ergeben sich aus den Bestimmungen der Verträge zu den einzelnen Bereichen.

Artikel 3 [Ausschließliche Zuständigkeit]

(1) Die Union hat ausschließliche Zuständigkeit in folgenden Bereichen:

a) Zollunion,

b) Festlegung der für das Funktionieren des Binnenmarkts erforderlichen Wettbewerbsregeln,

c) Währungspolitik für die Mitgliedstaaten, deren Währung der Euro ist,

d) Erhaltung der biologischen Meeresschätze im Rahmen der gemeinsamen Fischereipolitik,

e) gemeinsame Handelspolitik.

(2) Die Union hat ferner die ausschließliche Zuständigkeit für den Abschluss internationaler Übereinkünfte, wenn der Abschluss einer solchen Übereinkunft in einem Gesetzgebungsakt der Union vorgesehen ist, wenn er notwendig ist, damit sie ihre interne Zuständigkeit ausüben kann, oder soweit er gemeinsame Regeln beeinträchtigen oder deren Tragweite verändern könnte.

Artikel 4 [Geteilte Zuständigkeit]

(1) Die Union teilt ihre Zuständigkeit mit den Mitgliedstaaten, wenn ihr die Verträge außerhalb der in den Artikeln 3 und 6 genannten Bereiche eine Zuständigkeit übertragen.

(2) Die von der Union mit den Mitgliedstaaten geteilte Zuständigkeit erstreckt sich auf die folgenden Hauptbereiche:

a) Binnenmarkt,

b) Sozialpolitik hinsichtlich der in diesem Vertrag genannten Aspekte,

c) wirtschaftlicher, sozialer und territorialer Zusammenhalt,

d) Landwirtschaft und Fischerei, ausgenommen die Erhaltung der biologischen Meeresschätze,

e) Umwelt,

f) Verbraucherschutz,

g) Verkehr,

h) transeuropäische Netze,

i) Energie,

j) Raum der Freiheit, der Sicherheit und des Rechts,

k) gemeinsame Sicherheitsanliegen im Bereich der öffentlichen Gesundheit hinsichtlich der in diesem Vertrag genannten Aspekte.

(3) In den Bereichen Forschung, technologische Entwicklung und Raumfahrt erstreckt sich die Zuständigkeit der Union darauf, Maßnahmen zu treffen, insbesondere Programme zu erstellen und durchzuführen, ohne dass die Ausübung dieser Zuständigkeit die Mitgliedstaaten hindert, ihre Zuständigkeit auszuüben.

(4) In den Bereichen Entwicklungszusammenarbeit und humanitäre Hilfe erstreckt sich die Zuständigkeit der Union darauf, Maßnahmen zu treffen und eine gemeinsame Politik zu verfolgen, ohne dass die Ausübung dieser Zuständigkeit die Mitgliedstaaten hindert, ihre Zuständigkeit auszuüben.

Artikel 5 [Zuständigkeit für Koordinierung der Wirtschafts-, Beschäftigungs- und Sozialpolitik]

(1) ¹Die Mitgliedstaaten koordinieren ihre Wirtschaftspolitik innerhalb der Union. ²Zu diesem Zweck erlässt der Rat Maßnahmen; insbesondere beschließt er die Grundzüge dieser Politik.

Für die Mitgliedstaaten, deren Währung der Euro ist, gelten besondere Regelungen.

(2) Die Union trifft Maßnahmen zur Koordinierung der Beschäftigungspolitik der Mitgliedstaaten, insbesondere durch die Festlegung von Leitlinien für diese Politik.

(3) Die Union kann Initiativen zur Koordinierung der Sozialpolitik der Mitgliedstaaten ergreifen.

Artikel 6 [Zuständigkeit der Union für Durchführung mitgliedstaatlicher Maßnahmen in bestimmten Bereichen]

¹Die Union ist für die Durchführung von Maßnahmen zur Unterstützung, Koordinierung oder Ergänzung der Maßnahmen der Mitgliedstaaten zuständig. ²Diese Maßnahmen mit europäischer Zielsetzung können in folgenden Bereichen getroffen werden:
  a) Schutz und Verbesserung der menschlichen Gesundheit,
  b) Industrie,
  c) Kultur,
  d) Tourismus,
  e) allgemeine und berufliche Bildung, Jugend und Sport,
  f) Katastrophenschutz,
  g) Verwaltungszusammenarbeit.

Titel II
Allgemein geltende Bestimmungen

Artikel 7 [Kohärenzprinzip]

Die Union achtet auf die Kohärenz zwischen ihrer Politik und ihren Maßnahmen in den verschiedenen Bereichen und trägt dabei unter Einhaltung des Grundsatzes der begrenzten Einzelermächtigung ihren Zielen in ihrer Gesamtheit Rechnung.

Artikel 8 (ex-Artikel 3 Absatz 2 EGV)
[Querschnittklausel Gleichbehandlung und Gleichstellung]

Bei allen ihren Tätigkeiten wirkt die Union darauf hin, Ungleichheiten zu beseitigen und die Gleichstellung von Männern und Frauen zu fördern.

Artikel 9 [Querschnittklausel sozialer Schutz]

Bei der Festlegung und Durchführung ihrer Politik und ihrer Maßnahmen trägt die Union den Erfordernissen im Zusammenhang mit der Förderung eines hohen Beschäftigungsniveaus, mit der Gewährleistung eines angemessenen sozialen Schutzes, mit der Bekämpfung der sozialen Ausgrenzung sowie mit einem hohen Niveau der allgemeinen und beruflichen Bildung und des Gesundheitsschutzes Rechnung.

Artikel 10 [Querschnittklausel Diskriminierungsschutz]

Bei der Festlegung und Durchführung ihrer Politik und ihrer Maßnahmen zielt die Union darauf ab, Diskriminierungen aus Gründen des Geschlechts, der Rasse, der ethnischen Herkunft, der Religion oder der Weltanschauung, einer Behinderung, des Alters oder der sexuellen Ausrichtung zu bekämpfen.

Artikel 11 (ex-Artikel 6 EGV) [Querschnittklausel Umweltschutz]

Die Erfordernisse des Umweltschutzes müssen bei der Festlegung und Durchführung der Unionspolitiken und -maßnahmen insbesondere zur Förderung einer nachhaltigen Entwicklung einbezogen werden.

Artikel 12 (ex-Artikel 153 Absatz 2 EGV)
[Querschnittklausel Verbraucherschutz]

Den Erfordernissen des Verbraucherschutzes wird bei der Festlegung und Durchführung der anderen Unionspolitiken und -maßnahmen Rechnung getragen.

Artikel 13 [Querschnittklausel Tierschutz]

Bei der Festlegung und Durchführung der Politik der Union in den Bereichen Landwirtschaft, Fischerei, Verkehr, Binnenmarkt, Forschung, technologische Entwicklung und Raumfahrt tragen die Union und die Mitgliedstaaten den Erfordernissen des Wohlergehens der Tiere als fühlende Wesen in vollem Umfang Rechnung; sie berücksichtigen hierbei die Rechts- und Verwaltungsvorschriften und die Gepflogenheiten der Mitgliedstaaten insbesondere in Bezug auf religiöse Riten, kulturelle Traditionen und das regionale Erbe.

Artikel 14 (ex-Artikel 16 EGV) [Dienste von allgemeinem wirtschaftlichen Interesse]

[1]Unbeschadet des Artikels 4 des Vertrags über die Europäische Union und der Artikel 93, 106 und 107 dieses Vertrags und in Anbetracht des Stellenwerts, den Dienste von allgemeinem wirtschaftlichem Interesse innerhalb der gemeinsamen Werte der Union einnehmen, sowie ihrer Bedeutung bei der Förderung des sozialen und territorialen Zusammenhalts tragen die Union und die Mitgliedstaaten im Rahmen ihrer jeweiligen Befugnisse im Anwendungsbereich der Verträge dafür Sorge, dass die Grundsätze und Bedingungen, insbesondere jene wirtschaftlicher und finanzieller Art, für das Funktionieren dieser Dienste so gestaltet sind, dass diese ihren Aufgaben nachkommen können. [2]Diese Grundsätze und Bedingungen werden vom Europäischen Parlament und vom Rat durch Verordnungen gemäß dem ordentlichen Gesetzgebungsverfahren festgelegt, unbeschadet der Zuständigkeit der Mitgliedstaaten, diese Dienste im Einklang mit den Verträgen zur Verfügung zu stellen, in Auftrag zu geben und zu finanzieren.

Artikel 15 (ex-Artikel 255 EGV) [Grundsatz der Offenheit]

(1) Um eine verantwortungsvolle Verwaltung zu fördern und die Beteiligung der Zivilgesellschaft sicherzustellen, handeln die Organe, Einrichtungen und sonstigen Stellen der Union unter weitestgehender Beachtung des Grundsatzes der Offenheit.

(2) Das Europäische Parlament tagt öffentlich; dies gilt auch für den Rat, wenn er über Entwürfe zu Gesetzgebungsakten berät oder abstimmt.

(3) Jeder Unionsbürger sowie jede natürliche oder juristische Person mit Wohnsitz oder satzungsgemäßem Sitz in einem Mitgliedstaat hat das Recht auf Zugang zu Dokumenten der Organe, Einrichtungen und sonstigen Stellen der Union, unabhängig von der Form der für diese Dokumente verwendeten Träger, vorbehaltlich der Grundsätze und Bedingungen, die nach diesem Absatz festzulegen sind.

Die allgemeinen Grundsätze und die aufgrund öffentlicher oder privater Interessen geltenden Einschränkungen für die Ausübung dieses Rechts auf Zugang zu Dokumenten werden vom Europäischen Parlament und vom Rat durch Verordnungen gemäß dem ordentlichen Gesetzgebungsverfahren festgelegt.

Die Organe, Einrichtungen und sonstigen Stellen gewährleisten die Transparenz ihrer Tätigkeit und legen im Einklang mit den in Unterabsatz 2 genannten Verordnungen in ihrer Geschäftsordnung Sonderbestimmungen hinsichtlich des Zugangs zu ihren Dokumenten fest.

Dieser Absatz gilt für den Gerichtshof der Europäischen Union, die Europäische Zentralbank und die Europäische Investitionsbank nur dann, wenn sie Verwaltungsaufgaben wahrnehmen.

Das Europäische Parlament und der Rat sorgen dafür, dass die Dokumente, die die Gesetzgebungsverfahren betreffen, nach Maßgabe der in Unterabsatz 2 genannten Verordnungen öffentlich zugänglich gemacht werden.

Artikel 16 (ex-Artikel 286 EGV) [Datenschutz]

(1) Jede Person hat das Recht auf Schutz der sie betreffenden personenbezogenen Daten.

(2) [1]Das Europäische Parlament und der Rat erlassen gemäß dem ordentlichen Gesetzgebungsverfahren Vorschriften über den Schutz natürlicher Personen bei der Verarbeitung personenbezogener Daten durch die Organe, Einrichtungen und sonstigen Stellen der Union sowie durch die Mitgliedstaaten im Rahmen der Ausübung von Tätigkeiten, die in den Anwendungsbereich des Unionsrechts fallen, und über den freien Datenverkehr. [2]Die Einhaltung dieser Vorschriften wird von unabhängigen Behörden überwacht.

Die auf der Grundlage dieses Artikels erlassenen Vorschriften lassen die spezifischen Bestimmungen des Artikels 39 des Vertrags über die Europäische Union unberührt.

Artikel 17 [Achtung der Kirchen, religiösen Vereinigungen und Gemeinschaften]

(1) Die Union achtet den Status, den Kirchen und religiöse Vereinigungen oder Gemeinschaften in den Mitgliedstaaten nach deren Rechtsvorschriften genießen, und beeinträchtigt ihn nicht.

(2) Die Union achtet in gleicher Weise den Status, den weltanschauliche Gemeinschaften nach den einzelstaatlichen Rechtsvorschriften genießen.

(3) Die Union pflegt mit diesen Kirchen und Gemeinschaften in Anerkennung ihrer Identität und ihres besonderen Beitrags einen offenen, transparenten und regelmäßigen Dialog.

Zweiter Teil
Nichtdiskriminierung und Unionsbürgerschaft

Artikel 18 (ex-Artikel 12 EGV) [Allgemeines Diskriminierungsverbot]

Unbeschadet besonderer Bestimmungen der Verträge ist in ihrem Anwendungsbereich jede Diskriminierung aus Gründen der Staatsangehörigkeit verboten.

Das Europäische Parlament und der Rat können gemäß dem ordentlichen Gesetzgebungsverfahren Regelungen für das Verbot solcher Diskriminierungen treffen.

Artikel 19 (ex-Artikel 13 EGV) [Kompetenz für Diskriminierungsschutz]

(1) Unbeschadet der sonstigen Bestimmungen der Verträge kann der Rat im Rahmen der durch die Verträge auf die Union übertragenen Zuständigkeiten gemäß einem besonderen Gesetzgebungsverfahren und nach Zustimmung des Europäischen Parlaments einstimmig geeignete Vorkehrungen treffen, um Diskriminierungen aus Gründen des Geschlechts, der Rasse, der ethnischen Herkunft, der Religion oder der Weltanschauung,

einer Behinderung, des Alters oder der sexuellen Ausrichtung zu bekämpfen.

(2) Abweichend von Absatz 1 können das Europäische Parlament und der Rat gemäß dem ordentlichen Gesetzgebungsverfahren die Grundprinzipien für Fördermaßnahmen der Union unter Ausschluss jeglicher Harmonisierung der Rechts- und Verwaltungsvorschriften der Mitgliedstaaten zur Unterstützung der Maßnahmen festlegen, die die Mitgliedstaaten treffen, um zur Verwirklichung der in Absatz 1 genannten Ziele beizutragen.

Artikel 20 (ex-Artikel 17 EGV) [Unionsbürgerschaft]

(1) [1]Es wird eine Unionsbürgerschaft eingeführt. [2]Unionsbürger ist, wer die Staatsangehörigkeit eines Mitgliedstaats besitzt. [3]Die Unionsbürgerschaft tritt zur nationalen Staatsbürgerschaft hinzu, ersetzt sie aber nicht.

(2) [1]Die Unionsbürgerinnen und Unionsbürger haben die in den Verträgen vorgesehenen Rechte und Pflichten. [2]Sie haben unter anderem

a) das Recht, sich im Hoheitsgebiet der Mitgliedstaaten frei zu bewegen und aufzuhalten;

b) in dem Mitgliedstaat, in dem sie ihren Wohnsitz haben, das aktive und passive Wahlrecht bei den Wahlen zum Europäischen Parlament und bei den Kommunalwahlen, wobei für sie dieselben Bedingungen gelten wie für die Angehörigen des betreffenden Mitgliedstaats;

c) im Hoheitsgebiet eines Drittlands, in dem der Mitgliedstaat, dessen Staatsangehörigkeit sie besitzen, nicht vertreten ist, Recht auf Schutz durch die diplomatischen und konsularischen Behörden eines jeden Mitgliedstaats unter denselben Bedingungen wie Staatsangehörige dieses Staates;

d) das Recht, Petitionen an das Europäische Parlament zu richten und sich an den Europäischen Bürgerbeauftragten zu wenden, sowie das Recht, sich in einer der Sprachen der Verträge an die Organe und die beratenden Einrichtungen der Union zu wenden und eine Antwort in derselben Sprache zu erhalten.

Diese Rechte werden unter den Bedingungen und innerhalb der Grenzen ausgeübt, die in den Verträgen und durch die in Anwendung der Verträge erlassenen Maßnahmen festgelegt sind.

Artikel 21 (ex-Artikel 18 EGV) [Unionsbürgerliches Freizügigkeitsrecht]

(1) Jeder Unionsbürger hat das Recht, sich im Hoheitsgebiet der Mitgliedstaaten vorbehaltlich der in den Verträgen und in den Durchführungsvorschriften vorgesehenen Beschränkungen und Bedingungen frei zu bewegen und aufzuhalten.

(2) Erscheint zur Erreichung dieses Ziels ein Tätigwerden der Union erforderlich und sehen die Verträge hierfür keine Befugnisse vor, so können das Europäische Parlament und der Rat gemäß dem ordentlichen Gesetzgebungsverfahren Vorschriften erlassen, mit denen die Ausübung der Rechte nach Absatz 1 erleichtert wird.

(3) [1]Zu den gleichen wie den in Absatz 1 genannten Zwecken kann der Rat, sofern die Verträge hierfür keine Befugnisse vorsehen, gemäß einem besonderen Gesetzgebungsverfahren Maßnahmen erlassen, die die soziale Sicherheit oder den sozialen Schutz betreffen. [2]Der Rat beschließt einstimmig nach Anhörung des Europäischen Parlaments.

Artikel 22 (ex-Artikel 19 EGV) [Wahlrecht]

(1) [1]Jeder Unionsbürger mit Wohnsitz in einem Mitgliedstaat, dessen Staatsangehörigkeit er nicht besitzt, hat in dem Mitgliedstaat, in dem er seinen Wohnsitz hat, das aktive und passive Wahlrecht bei Kommunalwahlen, wobei für ihn dieselben Bedingungen gelten wie für die Angehörigen des betreffenden Mitgliedstaats. [2]Dieses Recht wird vorbehaltlich der Einzelheiten ausgeübt, die vom Rat einstimmig gemäß einem besonderen Gesetzgebungsverfahren und nach Anhörung des Europäischen Parlaments festgelegt werden; in diesen können Ausnahmeregelungen vorgesehen werden, wenn dies aufgrund besonderer Probleme eines Mitgliedstaats gerechtfertigt ist.

(2) [1]Unbeschadet des Artikels 223 Absatz 1 und der Bestimmungen zu dessen Durchführung besitzt jeder Unionsbürger mit Wohnsitz in einem Mitgliedstaat, dessen Staatsangehörigkeit er nicht besitzt, in dem Mitgliedstaat, in dem er seinen Wohnsitz hat, das aktive und passive Wahlrecht bei den Wahlen zum Europäischen Parlament, wobei für ihn dieselben Bedingungen gelten wie für die Angehörigen des betreffenden Mitgliedstaats.

²Dieses Recht wird vorbehaltlich der Einzelheiten ausgeübt, die vom Rat einstimmig gemäß einem besonderen Gesetzgebungsverfahren und nach Anhörung des Europäischen Parlaments festgelegt werden; in diesen können Ausnahmeregelungen vorgesehen werden, wenn dies aufgrund besonderer Probleme eines Mitgliedstaats gerechtfertigt ist.

Artikel 23 (ex-Artikel 20 EGV) [Diplomatischer und konsularischer Schutz]

¹Jeder Unionsbürger genießt im Hoheitsgebiet eines dritten Landes, in dem der Mitgliedstaat, dessen Staatsangehörigkeit er besitzt, nicht vertreten ist, den diplomatischen und konsularischen Schutz eines jeden Mitgliedstaats unter denselben Bedingungen wie Staatsangehörige dieses Staates. ²Die Mitgliedstaaten treffen die notwendigen Vorkehrungen und leiten die für diesen Schutz erforderlichen internationalen Verhandlungen ein.

Der Rat kann gemäß einem besonderen Gesetzgebungsverfahren und nach Anhörung des Europäischen Parlaments Richtlinien zur Festlegung der notwendigen Koordinierungs- und Kooperationsmaßnahmen zur Erleichterung dieses Schutzes erlassen.

Artikel 24 (ex-Artikel 21 EGV) [Petitionsrecht]

Die Bestimmungen über die Verfahren und Bedingungen, die für eine Bürgerinitiative im Sinne des Artikels 11 des Vertrags über die Europäische Union gelten, einschließlich der Mindestzahl der Mitgliedstaaten, aus denen die Bürgerinnen und Bürger, die diese Initiative ergreifen, kommen müssen, werden vom Europäischen Parlament und vom Rat gemäß dem ordentlichen Gesetzgebungsverfahren durch Verordnungen festgelegt.

Jeder Unionsbürger besitzt das Petitionsrecht beim Europäischen Parlament nach Artikel 227.

Jeder Unionsbürger kann sich an den nach Artikel 228 eingesetzten Bürgerbeauftragten wenden.

Jeder Unionsbürger kann sich schriftlich in einer der in Artikel 55 Absatz 1 des Vertrags über die Europäische Union genannten Sprachen an jedes Organ oder an jede Einrichtung wenden, die in dem vorliegenden Artikel oder in Artikel 13 des genannten Vertrags genannt sind, und eine Antwort in derselben Sprache erhalten.

Artikel 25 (ex-Artikel 22 EGV) [Berichtspflicht]

¹Die Kommission erstattet dem Europäischen Parlament, dem Rat und dem Wirtschafts- und Sozialausschuss alle drei Jahre über die Anwendung dieses Teils Bericht. ²In dem Bericht wird der Fortentwicklung der Union Rechnung getragen.

¹Auf dieser Grundlage kann der Rat unbeschadet der anderen Bestimmungen der Verträge zur Ergänzung der in Artikel 20 Absatz 2 aufgeführten Rechte einstimmig gemäß einem besonderen Gesetzgebungsverfahren nach Zustimmung des Europäischen Parlaments Bestimmungen erlassen. ²Diese Bestimmungen treten nach Zustimmung der Mitgliedstaaten im Einklang mit ihren jeweiligen verfassungsrechtlichen Vorschriften in Kraft.

Dritter Teil
Die internen Politiken und Maßnahmen der Union

Titel I
Der Binnenmarkt

Artikel 26 (ex-Artikel 14 EGV) [Verwirklichung des Binnenmarktes, Binnenmarktbegriff]

(1) Die Union erlässt die erforderlichen Maßnahmen, um nach Maßgabe der einschlägigen Bestimmungen der Verträge den Binnenmarkt zu verwirklichen beziehungsweise dessen Funktionieren zu gewährleisten.

(2) Der Binnenmarkt umfasst einen Raum ohne Binnengrenzen, in dem der freie Verkehr von Waren, Personen, Dienstleistungen und Kapital gemäß den Bestimmungen der Verträge gewährleistet ist.

(3) Der Rat legt auf Vorschlag der Kommission die Leitlinien und Bedingungen fest, die erforderlich sind, um in allen betroffenen Sektoren einen ausgewogenen Fortschritt zu gewährleisten.

Artikel 27 (ex-Artikel 15 EGV) [Unterschiedlicher Entwicklungsstand]

Bei der Formulierung ihrer Vorschläge zur Verwirklichung der Ziele des Artikels 26 berücksichtigt die Kommission den Umfang der Anstrengungen, die einigen Volkswirtschaften mit unterschiedlichem Entwicklungsstand für die Errichtung des Binnenmarkts abverlangt werden, und kann geeignete Bestimmungen vorschlagen.

Erhalten diese Bestimmungen die Form von Ausnahmeregelungen, so müssen sie vorübergehender Art sein und dürfen das Funktionieren des Binnenmarkts so wenig wie möglich stören.

Titel II
Der freie Warenverkehr

Artikel 28 (ex-Artikel 23 EGV) [Zollunion, Anwendungsbereich des freien Warenverkehrs]

(1) Die Union umfasst eine Zollunion, die sich auf den gesamten Warenaustausch erstreckt; sie umfasst das Verbot, zwischen den Mitgliedstaaten Ein- und Ausfuhrzölle und Abgaben gleicher Wirkung zu erheben, sowie die Einführung eines Gemeinsamen Zolltarifs gegenüber dritten Ländern.

(2) Artikel 30 und Kapitel 3 dieses Titels gelten für die aus den Mitgliedstaaten stammenden Waren sowie für diejenigen Waren aus dritten Ländern, die sich in den Mitgliedstaaten im freien Verkehr befinden.

Artikel 29 (ex-Artikel 24 EGV) [Freier Verkehr von Waren aus Drittstaaten]

Als im freien Verkehr eines Mitgliedstaats befindlich gelten diejenigen Waren aus dritten Ländern, für die in dem betreffenden Mitgliedstaat die Einfuhrförmlichkeiten erfüllt sowie die vorgeschriebenen Zölle und Abgaben gleicher Wirkung erhoben und nicht ganz oder teilweise rückvergütet worden sind.

Kapitel 1
Die Zollunion

Artikel 30 (ex-Artikel 25 EGV) [Verbot von Zöllen und Abgaben gleicher Wirkung]

¹Ein- und Ausfuhrzölle oder Abgaben gleicher Wirkung sind zwischen den Mitgliedstaaten verboten. ²Dieses Verbot gilt auch für Finanzzölle.

Artikel 31 (ex-Artikel 26 EGV) [Festlegung des Gemeinsamen Zolltarifs]

Der Rat legt die Sätze des Gemeinsamen Zolltarifs auf Vorschlag der Kommission fest.

Artikel 32 (ex-Artikel 27 EGV) [Maximen der Zollpolitik]

Bei der Ausübung der ihr aufgrund dieses Kapitels übertragenen Aufgaben geht die Kommission von folgenden Gesichtspunkten aus:

a) der Notwendigkeit, den Handelsverkehr zwischen den Mitgliedstaaten und dritten Ländern zu fördern;

b) der Entwicklung der Wettbewerbsbedingungen innerhalb der Union, soweit diese Entwicklung zu einer Zunahme der Wettbewerbsfähigkeit der Unternehmen führt;

c) dem Versorgungsbedarf der Union an Rohstoffen und Halbfertigwaren; hierbei achtet die Kommission darauf, zwischen den Mitgliedstaaten die Wettbewerbsbedingungen für Fertigwaren nicht zu verfälschen;

d) der Notwendigkeit, ernsthafte Störungen im Wirtschaftsleben der Mitgliedstaaten zu vermeiden und eine rationelle Entwicklung der Erzeugung sowie eine Ausweitung des Verbrauchs innerhalb der Union zu gewährleisten.

Kapitel 2
Die Zusammenarbeit im Zollwesen

Artikel 33 (ex-Artikel 135 EGV) [Ausbau der Zusammenarbeit]

Das Europäische Parlament und der Rat treffen im Rahmen des Geltungsbereichs der Verträge gemäß dem ordentlichen Gesetzgebungsverfahren Maßnahmen zum Ausbau der Zusammenarbeit im Zollwesen zwischen den Mitgliedstaaten sowie zwischen den Mitgliedstaaten und der Kommission.

Kapitel 3
Verbot von mengenmäßigen Beschränkungen zwischen den Mitgliedstaaten

Artikel 34 (ex-Artikel 28 EGV) [Verbot mengenmäßiger Einfuhrbeschränkungen und Maßnahmen gleicher Wirkung]

Mengenmäßige Einfuhrbeschränkungen sowie alle Maßnahmen gleicher Wirkung sind zwischen den Mitgliedstaaten verboten.

Artikel 35 (ex-Artikel 29 EGV) [Verbot mengenmäßiger Ausfuhrbeschränkungen und Maßnahmen gleicher Wirkung]

Mengenmäßige Ausfuhrbeschränkungen sowie alle Maßnahmen gleicher Wirkung sind zwischen den Mitgliedstaaten verboten.

Artikel 36 (ex-Artikel 30 EGV) [Rechtfertigung von Verboten oder Beschränkungen]

[1]Die Bestimmungen der Artikel 34 und 35 stehen Einfuhr-, Ausfuhr- und Durchfuhrverboten oder -beschränkungen nicht entgegen, die aus Gründen der öffentlichen Sittlichkeit, Ordnung und Sicherheit, zum Schutze der Gesundheit und des Lebens von Menschen, Tieren oder Pflanzen, des nationalen Kulturguts von künstlerischem, geschichtlichem oder archäologischem Wert

oder des gewerblichen und kommerziellen Eigentums gerechtfertigt sind. ²Diese Verbote oder Beschränkungen dürfen jedoch weder ein Mittel zur willkürlichen Diskriminierung noch eine verschleierte Beschränkung des Handels zwischen den Mitgliedstaaten darstellen.

Artikel 37 (ex-Artikel 31 EGV) [Staatliche Handelsmonopole]

(1) Die Mitgliedstaaten formen ihre staatlichen Handelsmonopole derart um, dass jede Diskriminierung in den Versorgungs- und Absatzbedingungen zwischen den Angehörigen der Mitgliedstaaten ausgeschlossen ist.

¹Dieser Artikel gilt für alle Einrichtungen, durch die ein Mitgliedstaat unmittelbar oder mittelbar die Einfuhr oder die Ausfuhr zwischen den Mitgliedstaaten rechtlich oder tatsächlich kontrolliert, lenkt oder merklich beeinflusst. ²Er gilt auch für die von einem Staat auf andere Rechtsträger übertragenen Monopole.

(2) Die Mitgliedstaaten unterlassen jede neue Maßnahme, die den in Absatz 1 genannten Grundsätzen widerspricht oder die Tragweite der Artikel über das Verbot von Zöllen und mengenmäßigen Beschränkungen zwischen den Mitgliedstaaten einengt.

(3) Ist mit einem staatlichen Handelsmonopol eine Regelung zur Erleichterung des Absatzes oder der Verwertung landwirtschaftlicher Erzeugnisse verbunden, so sollen bei der Anwendung dieses Artikels gleichwertige Sicherheiten für die Beschäftigung und Lebenshaltung der betreffenden Erzeuger gewährleistet werden.

Titel III
Die Landwirtschaft und die Fischerei

Artikel 38 (ex-Artikel 32 EGV) [Gemeinsame Agrar- und Fischereipolitik]

(1) Die Union legt eine gemeinsame Agrar- und Fischereipolitik fest und führt sie durch.

¹Der Binnenmarkt umfasst auch die Landwirtschaft, die Fischerei und den Handel mit landwirtschaftlichen Erzeugnissen.

²Unter landwirtschaftlichen Erzeugnissen sind die Erzeugnisse des Bodens, der Viehzucht und der Fischerei sowie die mit diesen in unmittelbarem Zusammenhang stehenden Erzeugnisse der ersten Verarbeitungsstufe zu verstehen. ³Die Bezugnahmen auf die gemeinsame Agrarpolitik oder auf die Landwirtschaft und die Verwendung des Wortes „landwirtschaftlich" sind in dem Sinne zu verstehen, dass damit unter Berücksichtigung der besonderen Merkmale des Fischereisektors auch die Fischerei gemeint ist.

(2) Die Vorschriften für die Errichtung oder das Funktionieren des Binnenmarkts finden auf die landwirtschaftlichen Erzeugnisse Anwendung, soweit in den Artikeln 39 bis 44 nicht etwas anderes bestimmt ist.

(3) Die Erzeugnisse, für welche die Artikel 39 bis 44 gelten, sind in Anhang I aufgeführt.

(4) Mit dem Funktionieren und der Entwicklung des Binnenmarkts für landwirtschaftliche Erzeugnisse muss die Gestaltung einer gemeinsamen Agrarpolitik Hand in Hand gehen.

Artikel 39 (ex-Artikel 33 EGV) [Ziele der gemeinsamen Agrarpolitik]

(1) Ziel der gemeinsamen Agrarpolitik ist es,

a) die Produktivität der Landwirtschaft durch Förderung des technischen Fortschritts, Rationalisierung der landwirtschaftlichen Erzeugung und den bestmöglichen Einsatz der Produktionsfaktoren, insbesondere der Arbeitskräfte, zu steigern;

b) auf diese Weise der landwirtschaftlichen Bevölkerung, insbesondere durch Erhöhung des Pro-Kopf- Einkommens der in der Landwirtschaft tätigen Personen, eine angemessene Lebenshaltung zu gewährleisten;

c) die Märkte zu stabilisieren;

d) die Versorgung sicherzustellen;

e) für die Belieferung der Verbraucher zu angemessenen Preisen Sorge zu tragen.

(2) Bei der Gestaltung der gemeinsamen Agrarpolitik und der hierfür anzuwendenden besonderen Methoden ist Folgendes zu berücksichtigen:

a) die besondere Eigenart der landwirtschaftlichen Tätigkeit, die sich aus dem sozialen Aufbau der Landwirtschaft und den strukturellen und naturbedingten Unterschieden der verschiedenen landwirtschaftlichen Gebiete ergibt;

b) die Notwendigkeit, die geeigneten Anpassungen stufenweise durchzuführen;

c) die Tatsache, dass die Landwirtschaft in den Mitgliedstaaten einen mit der gesamten Volkswirtschaft eng verflochtenen Wirtschaftsbereich darstellt.

Artikel 40 (ex-Artikel 34 EGV) [Gemeinsame Organisation der Agrarmärkte]

(1) Um die Ziele des Artikels 39 zu erreichen, wird eine gemeinsame Organisation der Agrarmärkte geschaffen.

Diese besteht je nach Erzeugnis aus einer der folgenden Organisationsformen:

a) gemeinsame Wettbewerbsregeln,

b) bindende Koordinierung der verschiedenen einzelstaatlichen Marktordnungen,

c) eine europäische Marktordnung.

(2) Die nach Absatz 1 gestaltete gemeinsame Organisation kann alle zur Durchführung des Artikels 39 erforderlichen Maßnahmen einschließen, insbesondere Preisregelungen, Beihilfen für die Erzeugung und die Verteilung der verschiedenen Erzeugnisse, Einlagerungs- und Ausgleichsmaßnahmen, gemeinsame Einrichtungen zur Stabilisierung der Ein- oder Ausfuhr.

Die gemeinsame Organisation hat sich auf die Verfolgung der Ziele des Artikels 39 zu beschränken und jede Diskriminierung zwischen Erzeugern oder Verbrauchern innerhalb der Union auszuschließen.

Eine etwaige gemeinsame Preispolitik muss auf gemeinsamen Grundsätzen und einheitlichen Berechnungsmethoden beruhen.

(3) Um der in Absatz 1 genannten gemeinsamen Organisation die Erreichung ihrer Ziele zu ermöglichen, können ein oder mehrere Ausrichtungs- oder Garantiefonds für die Landwirtschaft geschaffen werden.

Artikel 41 (ex-Artikel 35 EGV) [Maßnahmen im Rahmen der gemeinsamen Agrarpolitik]

Um die Ziele des Artikels 39 zu erreichen, können im Rahmen der gemeinsamen Agrarpolitik folgende Maßnahmen vorgesehen werden:

a) eine wirksame Koordinierung der Bestrebungen auf dem Gebiet der Berufsausbildung, der Forschung und der Verbreitung landwirtschaftlicher Fachkenntnisse; hierbei können Vorhaben oder Einrichtungen gemeinsam finanziert werden;

b) gemeinsame Maßnahmen zur Förderung des Verbrauchs bestimmter Erzeugnisse.

Artikel 42 (ex-Artikel 36 EGV) [Anwendung der Wettbewerbsregeln, Beihilfengewährung]

Das Kapitel über die Wettbewerbsregeln findet auf die Produktion landwirtschaftlicher Erzeugnisse und den Handel mit diesen nur insoweit Anwendung, als das Europäische Parlament und der Rat dies unter Berücksichtigung der Ziele des Artikels 39 im Rahmen des Artikels 43 Absatz 2 und gemäß dem dort vorgesehenen Verfahren bestimmt.

Der Rat kann auf Vorschlag der Kommission genehmigen, dass Beihilfen gewährt werden

a) zum Schutz von Betrieben, die durch strukturelle oder naturgegebene Bedingungen benachteiligt sind, oder

b) im Rahmen wirtschaftlicher Entwicklungsprogramme.

Artikel 43 (ex-Artikel 37 EGV) [Gestaltung und Durchführung der gemeinsamen Agrarpolitik]

(1) Die Kommission legt zur Gestaltung und Durchführung der gemeinsamen Agrarpolitik Vorschläge vor, welche unter anderem die Ablösung der einzelstaatlichen Marktordnungen durch eine der in Artikel 40 Absatz 1 vorgesehenen gemeinsamen Organisationsformen sowie die Durchführung der in diesem Titel bezeichneten Maßnahmen vorsehen.

Diese Vorschläge müssen dem inneren Zusammenhang der in diesem Titel aufgeführten landwirtschaftlichen Fragen Rechnung tragen.

(2) Das Europäische Parlament und der Rat legen gemäß dem ordentlichen Gesetzgebungsverfahren und nach Anhörung des Wirtschafts- und Sozialausschusses die gemeinsame Organisation der Agrarmärkte nach Artikel 40 Absatz 1 sowie die anderen Bestimmungen fest, die für die Verwirklichung der Ziele der gemeinsamen Agrar- und Fischereipolitik notwendig sind.

(3) Der Rat erlässt auf Vorschlag der Kommission die Maßnahmen zur Festsetzung der Preise, der Abschöpfungen, der Beihilfen und der mengenmäßigen Beschränkungen sowie zur Festsetzung und Aufteilung der Fangmöglichkeiten in der Fischerei.

(4) Die einzelstaatlichen Marktordnungen können nach Maßgabe des Absatzes 2 durch die in Artikel 40 Absatz 1 vorgesehene gemeinsame Organisation ersetzt werden,

a) wenn sie den Mitgliedstaaten, die sich gegen diese Maßnahme ausgesprochen haben und eine eigene Marktordnung für die in Betracht kommende Erzeugung besitzen, gleichwertige Sicherheiten für die Beschäftigung und Lebenshaltung der betreffenden Erzeuger bietet; hierbei sind die im Zeitablauf möglichen Anpassungen und erforderlichen Spezialisierungen zu berücksichtigen, und

b) wenn die gemeinsame Organisation für den Handelsverkehr innerhalb der Union Bedingungen sicherstellt, die denen eines Binnenmarkts entsprechen.

(5) Wird eine gemeinsame Organisation für bestimmte Rohstoffe geschaffen, bevor eine gemeinsame Organisation für die entsprechenden weiterverarbeiteten Erzeugnisse besteht, so können die betreffenden Rohstoffe aus Ländern außerhalb der Union eingeführt werden, wenn sie für weiterverarbeitete Erzeugnisse verwendet werden, die zur Ausfuhr nach dritten Ländern bestimmt sind.

Artikel 44 (ex-Artikel 38 EGV) [Erhebung von Ausgleichsabgaben]

Besteht in einem Mitgliedstaat für ein Erzeugnis eine innerstaatliche Marktordnung oder Regelung gleicher Wirkung und wird dadurch eine gleichartige Erzeugung in einem anderen Mitgliedstaat in ihrer Wettbewerbslage beeinträchtigt, so erheben die Mitgliedstaaten bei der Einfuhr des betreffenden Erzeugnisses aus dem Mitgliedstaat, in dem die genannte Marktordnung oder Regelung besteht, eine Ausgleichsabgabe, es sei denn, dass dieser Mitgliedstaat eine Ausgleichsabgabe bei der Ausfuhr erhebt.

Die Kommission setzt diese Abgaben in der zur Wiederherstellung des Gleichgewichts erforderlichen Höhe fest; sie kann auch andere Maßnahmen genehmigen, deren Bedingungen und Einzelheiten sie festlegt.

Titel IV
Die Freizügigkeit, der freie Dienstleistungs- und Kapitalverkehr

Kapitel 1
Die Arbeitskräfte

Artikel 45 (ex-Artikel 39 EGV)
[Arbeitnehmerfreizügigkeit]

(1) Innerhalb der Union ist die Freizügigkeit der Arbeitnehmer gewährleistet.

(2) Sie umfasst die Abschaffung jeder auf der Staatsangehörigkeit beruhenden unterschiedlichen Behandlung der Arbeitnehmer der Mitgliedstaaten in Bezug auf Beschäftigung, Entlohnung und sonstige Arbeitsbedingungen.

(3) Sie gibt – vorbehaltlich der aus Gründen der öffentlichen Ordnung, Sicherheit und Gesundheit gerechtfertigten Beschränkungen – den Arbeitnehmern das Recht,

a) sich um tatsächlich angebotene Stellen zu bewerben;

b) sich zu diesem Zweck im Hoheitsgebiet der Mitgliedstaaten frei zu bewegen;

c) sich in einem Mitgliedstaat aufzuhalten, um dort nach den für die Arbeitnehmer dieses Staates geltenden Rechts- und Verwaltungsvorschriften eine Beschäftigung auszuüben;

d) nach Beendigung einer Beschäftigung im Hoheitsgebiet eines Mitgliedstaats unter Bedingungen zu verbleiben, welche die Kommission durch Verordnungen festlegt.

(4) Dieser Artikel findet keine Anwendung auf die Beschäftigung in der öffentlichen Verwaltung.

Artikel 46 (ex-Artikel 40 EGV) [Kompetenz für Herstellung der Arbeitnehmerfreizügigkeit]

Das Europäische Parlament und der Rat treffen gemäß dem ordentlichen Gesetzgebungsverfahren und nach Anhörung des Wirtschafts- und Sozialausschusses durch Richtlinien oder Verordnungen alle erforderlichen Maßnahmen, um die Freizügigkeit der Arbeitnehmer im Sinne des Artikels 45 herzustellen, insbesondere

a) durch Sicherstellung einer engen Zusammenarbeit zwischen den einzelstaatlichen Arbeitsverwaltungen;

b) durch die Beseitigung der Verwaltungsverfahren und -praktiken sowie der für den Zugang zu verfügbaren Arbeitsplätzen vorgeschriebenen Fristen, die sich aus innerstaatlichen Rechtsvorschriften oder vorher zwischen den Mitgliedstaaten geschlossenen Übereinkünften ergeben und deren Beibehaltung die Herstellung der Freizügigkeit der Arbeitnehmer hindert;

c) durch die Beseitigung aller Fristen und sonstigen Beschränkungen, die in innerstaatlichen Rechtsvorschriften oder vorher zwischen den Mitgliedstaaten geschlossenen Übereinkünften vorgesehen sind und die den Arbeitnehmern der anderen Mitgliedstaaten für die freie Wahl des Arbeitsplatzes andere Bedingungen als den inländischen Arbeitnehmern auferlegen;

d) durch die Schaffung geeigneter Verfahren für die Zusammenführung und den Ausgleich von Angebot und Nachfrage auf dem Arbeitsmarkt zu Bedingungen, die eine ernstliche Gefährdung der Lebenshaltung und des Beschäftigungsstands in einzelnen Gebieten und Industrien ausschließen.

Artikel 47 (ex-Artikel 41 EGV) [Förderung des Austauschs junger Arbeitskräfte]

Die Mitgliedstaaten fördern den Austausch junger Arbeitskräfte im Rahmen eines gemeinsamen Programms.

Artikel 48 (ex-Artikel 42 EGV) [Kompetenz für Sicherstellung der sozialen Sicherheit]

Das Europäische Parlament und der Rat beschließen gemäß dem ordentlichen Gesetzgebungsverfahren die auf dem Gebiet der sozialen Sicherheit für die Herstellung der Freizügigkeit der

Arbeitnehmer notwendigen Maßnahmen; zu diesem Zweck führen sie insbesondere ein System ein, das zu- und abwandernden Arbeitnehmern und Selbstständigen sowie deren anspruchsberechtigten Angehörigen Folgendes sichert:

a) die Zusammenrechnung aller nach den verschiedenen innerstaatlichen Rechtsvorschriften berücksichtigten Zeiten für den Erwerb und die Aufrechterhaltung des Leistungsanspruchs sowie für die Berechnung der Leistungen;

b) die Zahlung der Leistungen an Personen, die in den Hoheitsgebieten der Mitgliedstaaten wohnen.

[1]Erklärt ein Mitglied des Rates, dass ein Entwurf eines Gesetzgebungsakts nach Absatz 1 wichtige Aspekte seines Systems der sozialen Sicherheit, insbesondere dessen Geltungsbereich, Kosten oder Finanzstruktur, verletzen oder dessen finanzielles Gleichgewicht beeinträchtigen würde, so kann es beantragen, dass der Europäische Rat befasst wird. [2]In diesem Fall wird das ordentliche Gesetzgebungsverfahren ausgesetzt. [3]Nach einer Aussprache geht der Europäische Rat binnen vier Monaten nach Aussetzung des Verfahrens wie folgt vor:

a) er verweist den Entwurf an den Rat zurück, wodurch die Aussetzung des ordentlichen Gesetzgebungsverfahrens beendet wird, oder

b) er sieht von einem Tätigwerden ab, oder aber er ersucht die Kommission um Vorlage eines neuen Vorschlags; in diesem Fall gilt der ursprünglich vorgeschlagene Rechtsakt als nicht erlassen.

Kapitel 2
Das Niederlassungsrecht

Artikel 49 (ex-Artikel 43 EGV) [Niederlassungsfreiheit]

[1]Die Beschränkungen der freien Niederlassung von Staatsangehörigen eines Mitgliedstaats im Hoheitsgebiet eines anderen Mitgliedstaats sind nach Maßgabe der folgenden Bestimmungen verboten. [2]Das Gleiche gilt für Beschränkungen der Gründung von Agenturen, Zweigniederlassungen oder Tochtergesellschaften durch Angehörige eines Mitgliedstaats, die im Hoheitsgebiet eines Mitgliedstaats ansässig sind.

Vorbehaltlich des Kapitels über den Kapitalverkehr umfasst die Niederlassungsfreiheit die Aufnahme und Ausübung selbstständiger Erwerbstätigkeiten sowie die Gründung und Leitung von Unternehmen, insbesondere von Gesellschaften im Sinne des Artikels 54 Absatz 2, nach den Bestimmungen des Aufnahmestaats für seine eigenen Angehörigen.

Artikel 50 (ex-Artikel 44 EGV) [Kompetenz für Verwirklichung der Niederlassungsfreiheit]

(1) Das Europäische Parlament und der Rat erlassen gemäß dem ordentlichen Gesetzgebungsverfahren und nach Anhörung des Wirtschafts- und Sozialausschusses Richtlinien zur Verwirklichung der Niederlassungsfreiheit für eine bestimmte Tätigkeit.

(2) Das Europäische Parlament, der Rat und die Kommission erfüllen die Aufgaben, die ihnen aufgrund der obigen Bestimmungen übertragen sind, indem sie insbesondere

a) im Allgemeinen diejenigen Tätigkeiten mit Vorrang behandeln, bei denen die Niederlassungsfreiheit die Entwicklung der Produktion und des Handels in besonderer Weise fördert;

b) eine enge Zusammenarbeit zwischen den zuständigen Verwaltungen der Mitgliedstaaten sicherstellen, um sich über die besondere Lage auf den verschiedenen Tätigkeitsgebieten innerhalb der Union zu unterrichten;

c) die aus innerstaatlichen Rechtsvorschriften oder vorher zwischen den Mitgliedstaaten geschlossenen Übereinkünften abgeleiteten Verwaltungsverfahren und -praktiken ausschalten, deren Beibehaltung der Niederlassungsfreiheit entgegensteht;

d) dafür Sorge tragen, dass Arbeitnehmer eines Mitgliedstaats, die im Hoheitsgebiet eines anderen Mitgliedstaats beschäftigt sind, dort verbleiben und eine selbstständige Tätigkeit unter denselben Voraussetzungen ausüben können, die sie erfüllen müssten, wenn sie in diesen Staat erst zu dem Zeitpunkt einreisen würden, in dem sie diese Tätigkeit aufzunehmen beabsichtigen;

e) den Erwerb und die Nutzung von Grundbesitz im Hoheitsgebiet eines Mitgliedstaats durch Angehörige eines anderen Mitgliedstaats ermöglichen, soweit hierdurch die Grundsätze des Artikels 39 Absatz 2 nicht beeinträchtigt werden;

f) veranlassen, dass bei jedem in Betracht kommenden Wirtschaftszweig die Beschränkungen der Niederlassungsfreiheit in Bezug auf die Voraussetzungen für die Errichtung von Agenturen, Zweigniederlassungen und Tochtergesellschaften im Hoheitsgebiet eines Mitgliedstaats sowie für den Eintritt des Personals der Hauptniederlassung in ihre Leitungs- oder Überwachungsorgane schrittweise aufgehoben werden;

g) soweit erforderlich, die Schutzbestimmungen koordinieren, die in den Mitgliedstaaten den Gesellschaften im Sinne des Artikels 54 Absatz 2 im Interesse der Gesellschafter sowie Dritter vorgeschrieben sind, um diese Bestimmungen gleichwertig zu gestalten;

h) sicherstellen, dass die Bedingungen für die Niederlassung nicht durch Beihilfen der Mitgliedstaaten verfälscht werden.

Artikel 51 (ex-Artikel 45 EGV) [Ausübung öffentlicher Gewalt, Festlegung von Ausnahmen]

Auf Tätigkeiten, die in einem Mitgliedstaat dauernd oder zeitweise mit der Ausübung öffentlicher Gewalt verbunden sind, findet dieses Kapitel in dem betreffenden Mitgliedstaat keine Anwendung.

Das Europäische Parlament und der Rat können gemäß dem ordentlichen Gesetzgebungsverfahren beschließen, dass dieses Kapitel auf bestimmte Tätigkeiten keine Anwendung findet.

Artikel 52 (ex-Artikel 46 EGV) [Sonderreglungen für Ausländer, Koordinierungskompetenz]

(1) Dieses Kapitel und die aufgrund desselben getroffenen Maßnahmen beeinträchtigen nicht die Anwendbarkeit der Rechts- und Verwaltungsvorschriften, die eine Sonderregelung für Ausländer vorsehen und aus Gründen der öffentlichen Ordnung, Sicherheit oder Gesundheit gerechtfertigt sind.

(2) Das Europäische Parlament und der Rat erlassen gemäß dem ordentlichen Gesetzgebungsverfahren Richtlinien für die Koordinierung der genannten Vorschriften.

Artikel 53 (ex-Artikel 47 EGV) [Anerkennung von Befähigungsnachweisen]

(1) Um die Aufnahme und Ausübung selbstständiger Tätigkeiten zu erleichtern, erlassen das Europäische Parlament und der Rat gemäß dem ordentlichen Gesetzgebungsverfahren Richtlinien für die gegenseitige Anerkennung der Diplome, Prüfungszeugnisse und sonstigen Befähigungsnachweise sowie für die Koordinierung der Rechts- und Verwaltungsvorschriften der Mitgliedstaaten über die Aufnahme und Ausübung selbstständiger Tätigkeiten.

(2) Die schrittweise Aufhebung der Beschränkungen für die ärztlichen, arztähnlichen und pharmazeutischen Berufe setzt die Koordinierung der Bedingungen für die Ausübung dieser Berufe in den einzelnen Mitgliedstaaten voraus.

Artikel 54 (ex-Artikel 48 EGV) [Gleichstellung der Gesellschaften mit natürlichen Personen]

Für die Anwendung dieses Kapitels stehen die nach den Rechtsvorschriften eines Mitgliedstaats gegründeten Gesellschaften, die ihren satzungsmäßigen Sitz, ihre Hauptverwaltung oder ihre Hauptniederlassung innerhalb der Union haben, den natürlichen Personen gleich, die Angehörige der Mitgliedstaaten sind.

Als Gesellschaften gelten die Gesellschaften des bürgerlichen Rechts und des Handelsrechts einschließlich der Genossenschaften und die sonstigen juristischen Personen des öffentlichen und privaten Rechts mit Ausnahme derjenigen, die keinen Erwerbszweck verfolgen.

Artikel 55 (ex-Artikel 294 EGV) [Gleichstellungsgebot bei Kapitalbeteiligung]

Unbeschadet der sonstigen Bestimmungen der Verträge stellen die Mitgliedstaaten die Staatsangehörigen der anderen Mitgliedstaaten hinsichtlich ihrer Beteiligung am Kapital von Gesellschaften im Sinne des Artikels 54 den eigenen Staatsangehörigen gleich.

Kapitel 3
Dienstleistungen

Artikel 56 (ex-Artikel 49 EGV) [Dienstleistungsfreiheit]

Die Beschränkungen des freien Dienstleistungsverkehrs innerhalb der Union für Angehörige der Mitgliedstaaten, die in einem anderen Mitgliedstaat als demjenigen des Leistungsempfängers ansässig sind, sind nach Maßgabe der folgenden Bestimmungen verboten.

Das Europäische Parlament und der Rat können gemäß dem ordentlichen Gesetzgebungsverfahren beschließen, dass dieses Kapitel auch auf Erbringer von Dienstleistungen Anwendung findet, welche die Staatsangehörigkeit eines dritten Landes besitzen und innerhalb der Union ansässig sind.

Artikel 57 (ex-Artikel 50 EGV) [Begriff der Dienstleistung]

Dienstleistungen im Sinne der Verträge sind Leistungen, die in der Regel gegen Entgelt erbracht werden, soweit sie nicht den Vorschriften über den freien Waren- und Kapitalverkehr und über die Freizügigkeit der Personen unterliegen.

Als Dienstleistungen gelten insbesondere:
a) gewerbliche Tätigkeiten,
b) kaufmännische Tätigkeiten,
c) handwerkliche Tätigkeiten,
d) freiberufliche Tätigkeiten.

Unbeschadet des Kapitels über die Niederlassungsfreiheit kann der Leistende zwecks Erbringung seiner Leistungen seine Tätigkeit vorübergehend in dem Mitgliedstaat ausüben, in dem die Leistung erbracht wird, und zwar unter den Voraussetzungen, welche dieser Mitgliedstaat für seine eigenen Angehörigen vorschreibt.

Artikel 58 (ex-Artikel 51 EGV) [Dienstleistungen auf dem Gebiet des Verkehrs und des Kapitalverkehrs]

(1) Für den freien Dienstleistungsverkehr auf dem Gebiet des Verkehrs gelten die Bestimmungen des Titels über den Verkehr.

(2) Die Liberalisierung der mit dem Kapitalverkehr verbundenen Dienstleistungen der Banken und Versicherungen wird im Einklang mit der Liberalisierung des Kapitalverkehrs durchgeführt.

Artikel 59 (ex-Artikel 52 EGV) [Kompetenz für Liberalisierung bestimmter Dienstleistungen]

(1) Das Europäische Parlament und der Rat erlassen gemäß dem ordentlichen Gesetzgebungsverfahren und nach Anhörung des Wirtschafts- und Sozialausschusses Richtlinien zur Liberalisierung einer bestimmten Dienstleistung.

(2) Bei den in Absatz 1 genannten Richtlinien sind im Allgemeinen mit Vorrang diejenigen Dienstleistungen zu berücksichtigen, welche die Produktionskosten unmittelbar beeinflussen oder deren Liberalisierung zur Förderung des Warenverkehrs beiträgt.

Artikel 60 (ex-Artikel 53 EGV) [Weitergehende Liberalisierungsbemühungen der Mitgliedstaaten]

Die Mitgliedstaaten bemühen sich, über das Ausmaß der Liberalisierung der Dienstleistungen, zu dem sie aufgrund der Richtlinien gemäß Artikel 59 Absatz 1 verpflichtet sind, hinauszugehen, falls ihre wirtschaftliche Gesamtlage und die Lage des betreffenden Wirtschaftszweigs dies zulassen.

Die Kommission richtet entsprechende Empfehlungen an die betreffenden Staaten.

Artikel 61 (ex-Artikel 54 EGV) [Übergangsregelung]

Solange die Beschränkungen des freien Dienstleistungsverkehrs nicht aufgehoben sind, wendet sie jeder Mitgliedstaat ohne Unterscheidung nach Staatsangehörigkeit oder Aufenthaltsort auf alle in Artikel 56 Absatz 1 bezeichneten Erbringer von Dienstleistungen an.

Artikel 62 (ex-Artikel 55 EGV) [Anwendung von Vorschriften über das Niederlassungsrecht]

Die Bestimmungen der Artikel 51 bis 54 finden auf das in diesem Kapitel geregelte Sachgebiet Anwendung.

Kapitel 4
Der Kapital- und Zahlungsverkehr

Artikel 63 (ex-Artikel 56 EGV) [Kapital- und Zahlungsverkehrsfreiheit]

(1) Im Rahmen der Bestimmungen dieses Kapitels sind alle Beschränkungen des Kapitalverkehrs zwischen den Mitgliedstaaten sowie zwischen den Mitgliedstaaten und dritten Ländern verboten.

(2) Im Rahmen der Bestimmungen dieses Kapitels sind alle Beschränkungen des Zahlungsverkehrs zwischen den Mitgliedstaaten sowie zwischen den Mitgliedstaaten und dritten Ländern verboten.

Artikel 64 (ex-Artikel 57 EGV) [Kapitalverkehr mit Drittstaaten]

(1) [1]Artikel 63 berührt nicht die Anwendung derjenigen Beschränkungen auf dritte Länder, die am 31. Dezember 1993 aufgrund einzelstaatlicher Rechtsvorschriften oder aufgrund von Rechtsvorschriften der Union für den Kapitalverkehr mit dritten Ländern im Zusammenhang mit Direktinvestitionen einschließlich Anlagen in Immobilien, mit der Niederlassung, der Erbringung von Finanzdienstleistungen oder der Zulassung von Wertpapieren zu den Kapitalmärkten bestehen. [2]Für in Bulgarien, Estland und Ungarn bestehende Beschränkungen nach innerstaatlichem Recht ist der maßgebliche Zeitpunkt der 31. Dezember 1999. [3]Für in Kroatien nach innerstaatlichem Recht bestehende Beschränkungen ist der maßgebliche Zeitpunkt der 31. Dezember 2002.

(2) Unbeschadet der anderen Kapitel der Verträge sowie ihrer Bemühungen um eine möglichst weit gehende Verwirklichung des Zieles eines freien Kapitalverkehrs zwischen den Mitgliedstaaten und dritten Ländern beschließen das Europäische Parlament und der Rat gemäß dem ordentlichen Gesetzgebungsverfahren Maßnahmen für den Kapitalverkehr mit dritten Ländern im Zusammenhang mit Direktinvestitionen einschließlich Anlagen in Immobilien, mit der Niederlassung, der Erbringung von Finanzdienstleistungen oder der Zulassung von Wertpapieren zu den Kapitalmärkten.

(3) Abweichend von Absatz 2 kann nur der Rat gemäß einem besonderen Gesetzgebungsverfahren und nach Anhörung des Europäischen Parlaments Maßnahmen einstimmig beschließen, die im Rahmen des Unionsrechts für die Liberalisierung des Kapitalverkehrs mit Drittländern einen Rückschritt darstellen.

Artikel 65 (ex-Artikel 58 EGV) [Zulässige Beschränkungen]

(1) Artikel 63 berührt nicht das Recht der Mitgliedstaaten,

a) die einschlägigen Vorschriften ihres Steuerrechts anzuwenden, die Steuerpflichtige mit unterschiedlichem Wohnort oder Kapitalanlageort unterschiedlich behandeln,

b) die unerlässlichen Maßnahmen zu treffen, um Zuwiderhandlungen gegen innerstaatliche Rechts- und Verwaltungsvorschriften, insbesondere auf dem Gebiet des Steuerrechts und der Aufsicht über Finanzinstitute, zu verhindern, sowie Meldeverfahren für den Kapitalverkehr zwecks administrativer oder statistischer Information vorzusehen oder Maßnahmen zu ergreifen, die aus Gründen der öffentlichen Ordnung oder Sicherheit gerechtfertigt sind.

(2) Dieses Kapitel berührt nicht die Anwendbarkeit von Beschränkungen des Niederlassungsrechts, die mit den Verträgen vereinbar sind.

(3) Die in den Absätzen 1 und 2 genannten Maßnahmen und Verfahren dürfen weder ein Mittel zur willkürlichen Diskriminierung noch eine verschleierte Beschränkung des freien Kapital- und Zahlungsverkehrs im Sinne des Artikels 63 darstellen.

(4) [1]Sind keine Maßnahmen nach Artikel 64 Absatz 3 erlassen worden, so kann die Kommission oder, wenn diese binnen drei Monaten nach der Vorlage eines entsprechenden Antrags des betreffenden Mitgliedstaats keinen Beschluss erlassen hat, der Rat einen Beschluss erlassen, mit dem festgelegt wird, dass die von einem Mitgliedstaat in Bezug auf ein oder mehrere Drittländer getroffenen restriktiven steuerlichen Maßnahmen insofern als mit den Verträgen vereinbar anzusehen sind, als sie durch eines der Ziele der Union gerechtfertigt und mit dem ordnungsgemäßen Funktionieren des Binnenmarkts vereinbar sind. [2]Der Rat beschließt einstimmig auf Antrag eines Mitgliedstaats.

Artikel 66 (ex-Artikel 59 EGV) [Befristete Schutzmaßnahmen]
Falls Kapitalbewegungen nach oder aus dritten Ländern unter außergewöhnlichen Umständen das Funktionieren der Wirtschafts- und Währungsunion schwerwiegend stören oder zu stören drohen, kann der Rat auf Vorschlag der Kommission und nach Anhörung der Europäischen Zentralbank gegenüber dritten Ländern Schutzmaßnahmen mit einer Geltungsdauer von höchstens sechs Monaten treffen, wenn diese unbedingt erforderlich sind.

Titel V
Der Raum der Freiheit, der Sicherheit und des Rechts

Kapitel 1
Allgemeine Bestimmungen

Artikel 67 (ex-Artikel 61 EGV und ex-Artikel 29 EUV) [Grundsätze]
(1) Die Union bildet einen Raum der Freiheit, der Sicherheit und des Rechts, in dem die Grundrechte und die verschiedenen Rechtsordnungen und -traditionen der Mitgliedstaaten geachtet werden.

(2) [1]Sie stellt sicher, dass Personen an den Binnengrenzen nicht kontrolliert werden, und entwickelt eine gemeinsame Politik in den Bereichen Asyl, Einwanderung und Kontrollen an den Außengrenzen, die sich auf die Solidarität der Mitgliedstaaten gründet und gegenüber Drittstaatsangehörigen angemessen ist. [2]Für die Zwecke dieses Titels werden Staatenlose den Drittstaatsangehörigen gleichgestellt.

(3) Die Union wirkt darauf hin, durch Maßnahmen zur Verhütung und Bekämpfung von Kriminalität sowie von Rassismus und Fremdenfeindlichkeit, zur Koordinierung und Zusammenarbeit von Polizeibehörden und Organen der Strafrechtspflege und den anderen zuständigen Behörden sowie durch die gegenseitige Anerkennung strafrechtlicher Entscheidungen und erforderlichenfalls durch die Angleichung der strafrechtlichen Rechtsvorschriften ein hohes Maß an Sicherheit zu gewährleisten.

(4) Die Union erleichtert den Zugang zum Recht, insbesondere durch den Grundsatz der gegenseitigen Anerkennung gerichtlicher und außergerichtlicher Entscheidungen in Zivilsachen.

Artikel 68 [Festlegung strategischer Leitlinien]

Der Europäische Rat legt die strategischen Leitlinien für die gesetzgeberische und operative Programmplanung im Raum der Freiheit, der Sicherheit und des Rechts fest.

Artikel 69 [Achtung des Subsidiaritätsprinzips]

Die nationalen Parlamente tragen bei Gesetzgebungsvorschlägen und -initiativen, die im Rahmen der Kapitel 4 und 5 vorgelegt werden, Sorge für die Achtung des Subsidiaritätsprinzips nach Maßgabe des Protokolls über die Anwendung der Grundsätze der Subsidiarität und der Verhältnismäßigkeit.

Artikel 70 [Kontrolle der mitgliedstaatlichen Durchführung der Regelungen über den Raum der Freiheit, der Sicherheit und des Rechts]

[1]Unbeschadet der Artikel 258, 259 und 260 kann der Rat auf Vorschlag der Kommission Maßnahmen erlassen, mit denen Einzelheiten festgelegt werden, nach denen die Mitgliedstaaten in Zusammenarbeit mit der Kommission eine objektive und unparteiische Bewertung der Durchführung der unter diesen Titel fallenden Unionspolitik durch die Behörden der Mitgliedstaaten vornehmen, insbesondere um die umfassende Anwendung des Grundsatzes der gegenseitigen Anerkennung zu fördern. [2]Das Europäische Parlament und die nationalen Parlamente werden vom Inhalt und den Ergebnissen dieser Bewertung unterrichtet.

Artikel 71 (ex-Artikel 36 EUV) [Ständiger Ausschuss]

[1]Im Rat wird ein ständiger Ausschuss eingesetzt, um sicherzustellen, dass innerhalb der Union die operative Zusammenarbeit im Bereich der inneren Sicherheit gefördert und verstärkt wird. [2]Er fördert unbeschadet des Artikels 240 die Koordinierung der Maßnahmen der zuständigen Behörden der Mitgliedstaaten. [3]Die Vertreter der betroffenen Einrichtungen und sonstigen Stellen der Union können an den Arbeiten des Ausschusses be-

teilgt werden. ⁴Das Europäische Parlament und die nationalen Parlamente werden über die Arbeiten des Ausschusses auf dem Laufenden gehalten.

Artikel 72 (ex-Artikel 64 Absatz 1 EGV und ex-Artikel 33 EUV) [Vorbehalt der öffentlichen Sicherheit und Schutz der inneren Sicherheit]

Dieser Titel berührt nicht die Wahrnehmung der Zuständigkeiten der Mitgliedstaaten für die Aufrechterhaltung der öffentlichen Ordnung und den Schutz der inneren Sicherheit.

Artikel 73 [Befugnis der Mitgliedstaaten zur Zusammenarbeit und Koordinierung]

Es steht den Mitgliedstaaten frei, untereinander und in eigener Verantwortung Formen der Zusammenarbeit und Koordinierung zwischen den zuständigen Dienststellen ihrer für den Schutz der nationalen Sicherheit verantwortlichen Verwaltungen einzurichten, die sie für geeignet halten.

Artikel 74 (ex-Artikel 66 EGV) [Kompetenz für Verwaltungszusammenarbeit]

¹Der Rat erlässt Maßnahmen, um die Verwaltungszusammenarbeit zwischen den zuständigen Dienststellen der Mitgliedstaaten in den Bereichen dieses Titels sowie die Zusammenarbeit zwischen diesen Dienststellen und der Kommission zu gewährleisten. ²Dabei beschließt er auf Vorschlag der Kommission vorbehaltlich des Artikels 76 und nach Anhörung des Europäischen Parlaments.

Artikel 75 (ex-Artikel 60 EGV) [Kompetenz für Bekämpfung der Terrorismusfinanzierung]

Sofern dies notwendig ist, um die Ziele des Artikels 67 in Bezug auf die Verhütung und Bekämpfung von Terrorismus und damit verbundener Aktivitäten zu verwirklichen, schaffen das Europäische Parlament und der Rat gemäß dem ordentlichen Gesetzgebungsverfahren durch Verordnungen einen Rahmen für Verwaltungsmaßnahmen in Bezug auf Kapitalbewegungen und Zahlungen, wozu das Einfrieren von Geldern, finanziellen Vermögenswerten oder wirtschaftlichen Erträgen gehören kann, deren Eigentümer oder Besitzer natürliche oder juristische Personen, Gruppierungen oder nichtstaatliche Einheiten sind.

Der Rat erlässt auf Vorschlag der Kommission Maßnahmen zur Umsetzung des in Absatz 1 genannten Rahmens.

In den Rechtsakten nach diesem Artikel müssen die erforderlichen Bestimmungen über den Rechtsschutz vorgesehen sein.

Artikel 76 [Initiativrecht]

Die in den Kapiteln 4 und 5 genannten Rechtsakte sowie die in Artikel 74 genannten Maßnahmen, mit denen die Verwaltungszusammenarbeit in den Bereichen der genannten Kapitel gewährleistet wird, werden wie folgt erlassen:

a) auf Vorschlag der Kommission oder
b) auf Initiative eines Viertels der Mitgliedstaaten.

Kapitel 2
Politik im Bereich Grenzkontrollen, Asyl und Einwanderung

Artikel 77 (ex-Artikel 62 EGV) [Wegfall der Personenkontrollen, Visa]

(1) Die Union entwickelt eine Politik, mit der

a) sichergestellt werden soll, dass Personen unabhängig von ihrer Staatsangehörigkeit beim Überschreiten der Binnengrenzen nicht kontrolliert werden;

b) die Personenkontrolle und die wirksame Überwachung des Grenzübertritts an den Außengrenzen sichergestellt werden soll;

c) schrittweise ein integriertes Grenzschutzsystem an den Außengrenzen eingeführt werden soll.

(2) Für die Zwecke des Absatzes 1 erlassen das Europäische Parlament und der Rat gemäß dem ordentlichen Gesetzgebungsverfahren Maßnahmen, die folgende Bereiche betreffen:

a) die gemeinsame Politik in Bezug auf Visa und andere kurzfristige Aufenthaltstitel;

b) die Kontrollen, denen Personen beim Überschreiten der Außengrenzen unterzogen werden;

c) die Voraussetzungen, unter denen sich Drittstaatsangehörige innerhalb der Union während eines kurzen Zeitraums frei bewegen können;

d) alle Maßnahmen, die für die schrittweise Einführung eines integrierten Grenzschutzsystems an den Außengrenzen erforderlich sind;

e) die Abschaffung der Kontrolle von Personen gleich welcher Staatsangehörigkeit beim Überschreiten der Binnengrenzen.

(3) [1]Erscheint zur Erleichterung der Ausübung des in Artikel 20 Absatz 2 Buchstabe a genannten Rechts ein Tätigwerden der Union erforderlich, so kann der Rat gemäß einem besonderen Gesetzgebungsverfahren Bestimmungen betreffend Pässe, Personalausweise, Aufenthaltstitel oder diesen gleichgestellte Dokumente erlassen, sofern die Verträge hierfür anderweitig keine Befugnisse vorsehen. [2]Der Rat beschließt einstimmig nach Anhörung des Europäischen Parlaments.

(4) Dieser Artikel berührt nicht die Zuständigkeit der Mitgliedstaaten für die geografische Festlegung ihrer Grenzen nach dem Völkerrecht.

Artikel 78 (ex-Artikel 63 Nummern 1 und 2 und ex-Artikel 64 Absatz 2 EGV) [Asylpolitik]

(1) [1]Die Union entwickelt eine gemeinsame Politik im Bereich Asyl, subsidiärer Schutz und vorübergehender Schutz, mit der jedem Drittstaatsangehörigen, der internationalen Schutz benötigt, ein angemessener Status angeboten und die Einhaltung des Grundsatzes der Nicht-Zurückweisung gewährleistet werden soll. [2]Diese Politik muss mit dem Genfer Abkommen vom 28. Juli 1951 und dem Protokoll vom 31. Januar 1967 über die Rechtsstellung der Flüchtlinge sowie den anderen einschlägigen Verträgen im Einklang stehen.

(2) Für die Zwecke des Absatzes 1 erlassen das Europäische Parlament und der Rat gemäß dem ordentlichen Gesetzgebungsverfahren Maßnahmen in Bezug auf ein gemeinsames europäisches Asylsystem, das Folgendes umfasst:

a) einen in der ganzen Union gültigen einheitlichen Asylstatus für Drittstaatsangehörige;

b) einen einheitlichen subsidiären Schutzstatus für Drittstaatsangehörige, die keinen europäischen Asylstatus erhalten, aber internationalen Schutz benötigen;

c) eine gemeinsame Regelung für den vorübergehenden Schutz von Vertriebenen im Falle eines Massenzustroms;

d) gemeinsame Verfahren für die Gewährung und den Entzug des einheitlichen Asylstatus beziehungsweise des subsidiären Schutzstatus;

e) Kriterien und Verfahren zur Bestimmung des Mitgliedstaats, der für die Prüfung eines Antrags auf Asyl oder subsidiären Schutz zuständig ist;

f) Normen über die Aufnahmebedingungen von Personen, die Asyl oder subsidiären Schutz beantragen;

g) Partnerschaft und Zusammenarbeit mit Drittländern zur Steuerung des Zustroms von Personen, die Asyl oder subsidiären beziehungsweise vorübergehenden Schutz beantragen.

(3) [1]Befinden sich ein oder mehrere Mitgliedstaaten aufgrund eines plötzlichen Zustroms von Drittstaatsangehörigen in einer Notlage, so kann der Rat auf Vorschlag der Kommission vorläufige Maßnahmen zugunsten der betreffenden Mitgliedstaaten erlassen. [2]Er beschließt nach Anhörung des Europäischen Parlaments.

Artikel 79 (ex-Artikel 63 Nummern 3 und 4 EGV)
[Einwanderungspolitik]

(1) Die Union entwickelt eine gemeinsame Einwanderungspolitik, die in allen Phasen eine wirksame Steuerung der Migrationsströme, eine angemessene Behandlung von Drittstaatsangehörigen, die sich rechtmäßig in einem Mitgliedstaat aufhalten, sowie die Verhütung und verstärkte Bekämpfung von illegaler Einwanderung und Menschenhandel gewährleisten soll.

(2) Für die Zwecke des Absatzes 1 erlassen das Europäische Parlament und der Rat gemäß dem ordentlichen Gesetzgebungsverfahren Maßnahmen in folgenden Bereichen:

a) Einreise- und Aufenthaltsvoraussetzungen sowie Normen für die Erteilung von Visa und Aufenthaltstiteln für einen langfristigen Aufenthalt, einschließlich solcher zur Familienzusammenführung, durch die Mitgliedstaaten;

b) Festlegung der Rechte von Drittstaatsangehörigen, die sich rechtmäßig in einem Mitgliedstaat aufhalten, einschließlich der Bedingungen, unter denen sie sich in den anderen Mitgliedstaaten frei bewegen und aufhalten dürfen;

c) illegale Einwanderung und illegaler Aufenthalt, einschließlich Abschiebung und Rückführung solcher Personen, die sich illegal in einem Mitgliedstaat aufhalten;

d) Bekämpfung des Menschenhandels, insbesondere des Handels mit Frauen und Kindern.

(3) Die Union kann mit Drittländern Übereinkünfte über eine Rückübernahme von Drittstaatsangehörigen in ihr Ursprungs- oder Herkunftsland schließen, die die Voraussetzungen für die Einreise in das Hoheitsgebiet eines der Mitgliedstaaten oder die Anwesenheit oder den Aufenthalt in diesem Gebiet nicht oder nicht mehr erfüllen.

(4) Das Europäische Parlament und der Rat können gemäß dem ordentlichen Gesetzgebungsverfahren unter Ausschluss jeglicher Harmonisierung der Rechtsvorschriften der Mitgliedstaaten Maßnahmen festlegen, mit denen die Bemühungen der Mitgliedstaaten um die Integration der sich rechtmäßig in ihrem Hoheitsgebiet aufhaltenden Drittstaatsangehörigen gefördert und unterstützt werden.

(5) Dieser Artikel berührt nicht das Recht der Mitgliedstaaten, festzulegen, wie viele Drittstaatsangehörige aus Drittländern in ihr Hoheitsgebiet einreisen dürfen, um dort als Arbeitnehmer oder Selbstständige Arbeit zu suchen.

Artikel 80 [Grundsatz der Solidarität]

[1]Für die unter dieses Kapitel fallende Politik der Union und ihre Umsetzung gilt der Grundsatz der Solidarität und der gerechten Aufteilung der Verantwortlichkeiten unter den Mitgliedstaaten, einschließlich in finanzieller Hinsicht. [2]Die aufgrund dieses Kapitels erlassenen Rechtsakte der Union enthalten, immer wenn dies erforderlich ist, entsprechende Maßnahmen für die Anwendung dieses Grundsatzes.

Kapitel 3
Justizielle Zusammenarbeit in Zivilsachen

Artikel 81 (ex-Artikel 65 EGV) [Justizielle Zusammenarbeit mit grenzüberschreitendem Bezug]

(1) ¹Die Union entwickelt eine justizielle Zusammenarbeit in Zivilsachen mit grenzüberschreitendem Bezug, die auf dem Grundsatz der gegenseitigen Anerkennung gerichtlicher und außergerichtlicher Entscheidungen beruht. ²Diese Zusammenarbeit kann den Erlass von Maßnahmen zur Angleichung der Rechtsvorschriften der Mitgliedstaaten umfassen.

(2) Für die Zwecke des Absatzes 1 erlassen das Europäische Parlament und der Rat, insbesondere wenn dies für das reibungslose Funktionieren des Binnenmarkts erforderlich ist, gemäß dem ordentlichen Gesetzgebungsverfahren Maßnahmen, die Folgendes sicherstellen sollen:

a) die gegenseitige Anerkennung und die Vollstreckung gerichtlicher und außergerichtlicher Entscheidungen zwischen den Mitgliedstaaten;

b) die grenzüberschreitende Zustellung gerichtlicher und außergerichtlicher Schriftstücke;

c) die Vereinbarkeit der in den Mitgliedstaaten geltenden Kollisionsnormen und Vorschriften zur Vermeidung von Kompetenzkonflikten;

d) die Zusammenarbeit bei der Erhebung von Beweismitteln;

e) einen effektiven Zugang zum Recht;

f) die Beseitigung von Hindernissen für die reibungslose Abwicklung von Zivilverfahren, erforderlichenfalls durch Förderung der Vereinbarkeit der in den Mitgliedstaaten geltenden zivilrechtlichen Verfahrensvorschriften;

g) die Entwicklung von alternativen Methoden für die Beilegung von Streitigkeiten;

h) die Förderung der Weiterbildung von Richtern und Justizbediensteten.

(3) ¹Abweichend von Absatz 2 werden Maßnahmen zum Familienrecht mit grenzüberschreitendem Bezug vom Rat gemäß einem besonderen Gesetzgebungsverfahren festgelegt. ²Dieser beschließt einstimmig nach Anhörung des Europäischen Parlaments.

¹Der Rat kann auf Vorschlag der Kommission einen Beschluss erlassen, durch den die Aspekte des Familienrechts mit grenzüberschreitendem Bezug bestimmt werden, die Gegenstand von Rechtsakten sein können, die gemäß dem ordentlichen Gesetzgebungsverfahren erlassen werden. ²Der Rat beschließt einstimmig nach Anhörung des Europäischen Parlaments.

¹Der in Unterabsatz 2 genannte Vorschlag wird den nationalen Parlamenten übermittelt. ²Wird dieser Vorschlag innerhalb von sechs Monaten nach der Übermittlung von einem nationalen Parlament abgelehnt, so wird der Beschluss nicht erlassen. ³Wird der Vorschlag nicht abgelehnt, so kann der Rat den Beschluss erlassen.

Kapitel 4
Justizielle Zusammenarbeit in Strafsachen

Artikel 82 (ex-Artikel 31 EUV) [Justizielle Zusammenarbeit in Strafsachen]

(1) ¹Die justizielle Zusammenarbeit in Strafsachen in der Union beruht auf dem Grundsatz der gegenseitigen Anerkennung gerichtlicher Urteile und Entscheidungen und umfasst die Angleichung der Rechtsvorschriften der Mitgliedstaaten in den in Absatz 2 und in Artikel 83 genannten Bereichen. ²Das Europäische Parlament und der Rat erlassen gemäß dem ordentlichen Gesetzgebungsverfahren Maßnahmen, um

a) Regeln und Verfahren festzulegen, mit denen die Anerkennung aller Arten von Urteilen und gerichtlichen Entscheidungen in der gesamten Union sichergestellt wird;

b) Kompetenzkonflikte zwischen den Mitgliedstaaten zu verhindern und beizulegen;

c) die Weiterbildung von Richtern und Staatsanwälten sowie Justizbediensteten zu fördern;

d) die Zusammenarbeit zwischen den Justizbehörden oder entsprechenden Behörden der Mitgliedstaaten im Rahmen der Strafverfolgung sowie des Vollzugs und der Vollstreckung von Entscheidungen zu erleichtern.

(2) ¹Soweit dies zur Erleichterung der gegenseitigen Anerkennung gerichtlicher Urteile und Entscheidungen und der poli-

zeilichen und justiziellen Zusammenarbeit in Strafsachen mit grenzüberschreitender Dimension erforderlich ist, können das Europäische Parlament und der Rat gemäß dem ordentlichen Gesetzgebungsverfahren durch Richtlinien Mindestvorschriften festlegen. ²Bei diesen Mindestvorschriften werden die Unterschiede zwischen den Rechtsordnungen und -traditionen der Mitgliedstaaten berücksichtigt.

Die Vorschriften betreffen Folgendes:

a) die Zulässigkeit von Beweismitteln auf gegenseitiger Basis zwischen den Mitgliedstaaten;

b) die Rechte des Einzelnen im Strafverfahren;

c) die Rechte der Opfer von Straftaten;

d) sonstige spezifische Aspekte des Strafverfahrens, die zuvor vom Rat durch Beschluss bestimmt worden sind; dieser Beschluss wird vom Rat einstimmig nach Zustimmung des Europäischen Parlaments erlassen.

Der Erlass von Mindestvorschriften nach diesem Absatz hindert die Mitgliedstaaten nicht daran, ein höheres Schutzniveau für den Einzelnen beizubehalten oder einzuführen.

(3) ¹Ist ein Mitglied des Rates der Auffassung, dass ein Entwurf einer Richtlinie nach Absatz 2 grundlegende Aspekte seiner Strafrechtsordnung berühren würde, so kann es beantragen, dass der Europäische Rat befasst wird. ²In diesem Fall wird das ordentliche Gesetzgebungsverfahren ausgesetzt. ³Nach einer Aussprache verweist der Europäische Rat im Falle eines Einvernehmens den Entwurf binnen vier Monaten nach Aussetzung des Verfahrens an den Rat zurück, wodurch die Aussetzung des ordentlichen Gesetzgebungsverfahrens beendet wird.

¹Sofern kein Einvernehmen erzielt wird, mindestens neun Mitgliedstaaten aber eine Verstärkte Zusammenarbeit auf der Grundlage des betreffenden Entwurfs einer Richtlinie begründen möchten, teilen diese Mitgliedstaaten dies binnen derselben Frist dem Europäischen Parlament, dem Rat und der Kommission mit. ²In diesem Fall gilt die Ermächtigung zu einer Verstärkten Zusammenarbeit nach Artikel 20 Absatz 2 des Vertrags über die Europäische Union und Artikel 329 Absatz 1 dieses Vertrags als erteilt, und die Bestimmungen über die Verstärkte Zusammenarbeit finden Anwendung.

Artikel 83 (ex-Artikel 31 EUV) [Straftaten mit grenzüberschreitender Dimension]

(1) Das Europäische Parlament und der Rat können gemäß dem ordentlichen Gesetzgebungsverfahren durch Richtlinien Mindestvorschriften zur Festlegung von Straftaten und Strafen in Bereichen besonders schwerer Kriminalität festlegen, die aufgrund der Art oder der Auswirkungen der Straftaten oder aufgrund einer besonderen Notwendigkeit, sie auf einer gemeinsamen Grundlage zu bekämpfen, eine grenzüberschreitende Dimension haben.

Derartige Kriminalitätsbereiche sind: Terrorismus, Menschenhandel und sexuelle Ausbeutung von Frauen und Kindern, illegaler Drogenhandel, illegaler Waffenhandel, Geldwäsche, Korruption, Fälschung von Zahlungsmitteln, Computerkriminalität und organisierte Kriminalität.

[1]Je nach Entwicklung der Kriminalität kann der Rat einen Beschluss erlassen, in dem andere Kriminalitätsbereiche bestimmt werden, die die Kriterien dieses Absatzes erfüllen. [2]Er beschließt einstimmig nach Zustimmung des Europäischen Parlaments.

(2) [1]Erweist sich die Angleichung der strafrechtlichen Rechtsvorschriften der Mitgliedstaaten als unerlässlich für die wirksame Durchführung der Politik der Union auf einem Gebiet, auf dem Harmonisierungsmaßnahmen erfolgt sind, so können durch Richtlinien Mindestvorschriften für die Festlegung von Straftaten und Strafen auf dem betreffenden Gebiet festgelegt werden. [2]Diese Richtlinien werden unbeschadet des Artikels 76 gemäß dem gleichen ordentlichen oder besonderen Gesetzgebungsverfahren wie die betreffenden Harmonisierungsmaßnahmen erlassen.

(3) [1]Ist ein Mitglied des Rates der Auffassung, dass der Entwurf einer Richtlinie nach den Absätzen 1 oder 2 grundlegende Aspekte seiner Strafrechtsordnung berühren würde, so kann es beantragen, dass der Europäische Rat befasst wird. [2]In diesem Fall wird das ordentliche Gesetzgebungsverfahren ausgesetzt. [3]Nach einer Aussprache verweist der Europäische Rat im Falle eines Einvernehmens den Entwurf binnen vier Monaten nach Aussetzung des Verfahrens an den Rat zurück, wodurch die Aussetzung des ordentlichen Gesetzgebungsverfahrens beendet wird.

[1]Sofern kein Einvernehmen erzielt wird, mindestens neun Mitgliedstaaten aber eine Verstärkte Zusammenarbeit auf der

Grundlage des betreffenden Entwurfs einer Richtlinie begründen möchten, teilen diese Mitgliedstaaten dies binnen derselben Frist dem Europäischen Parlament, dem Rat und der Kommission mit. ²In diesem Fall gilt die Ermächtigung zu einer Verstärkten Zusammenarbeit nach Artikel 20 Absatz 2 des Vertrags über die Europäische Union und Artikel 329 Absatz 1 dieses Vertrags als erteilt, und die Bestimmungen über die Verstärkte Zusammenarbeit finden Anwendung.

Artikel 84 [Förderung und Unterstützung der Kriminalprävention]

Das Europäische Parlament und der Rat können gemäß dem ordentlichen Gesetzgebungsverfahren unter Ausschluss jeglicher Harmonisierung der Rechtsvorschriften der Mitgliedstaaten Maßnahmen festlegen, um das Vorgehen der Mitgliedstaaten im Bereich der Kriminalprävention zu fördern und zu unterstützen.

Artikel 85 (ex-Artikel 31 EUV) [Eurojust]

(1) Eurojust hat den Auftrag, die Koordinierung und Zusammenarbeit zwischen den nationalen Behörden zu unterstützen und zu verstärken, die für die Ermittlung und Verfolgung von schwerer Kriminalität zuständig sind, wenn zwei oder mehr Mitgliedstaaten betroffen sind oder eine Verfolgung auf gemeinsamer Grundlage erforderlich ist; Eurojust stützt sich dabei auf die von den Behörden der Mitgliedstaaten und von Europol durchgeführten Operationen und gelieferten Informationen.

¹Zu diesem Zweck legen das Europäische Parlament und der Rat gemäß dem ordentlichen Gesetzgebungsverfahren durch Verordnungen den Aufbau, die Arbeitsweise, den Tätigkeitsbereich und die Aufgaben von Eurojust fest. ²Zu diesen Aufgaben kann Folgendes gehören:

a) Einleitung von strafrechtlichen Ermittlungsmaßnahmen sowie Vorschläge zur Einleitung von strafrechtlichen Verfolgungsmaßnahmen, die von den zuständigen nationalen Behörden durchgeführt werden, insbesondere bei Straftaten zum Nachteil der finanziellen Interessen der Union;

b) Koordinierung der unter Buchstabe a genannten Ermittlungs- und Verfolgungsmaßnahmen;

c) Verstärkung der justiziellen Zusammenarbeit, unter anderem auch durch die Beilegung von Kompetenzkonflikten und eine enge Zusammenarbeit mit dem Europäischen Justiziellen Netz.

Durch diese Verordnungen werden ferner die Einzelheiten für die Beteiligung des Europäischen Parlaments und der nationalen Parlamente an der Bewertung der Tätigkeit von Eurojust festgelegt.

(2) Im Rahmen der Strafverfolgungsmaßnahmen nach Absatz 1 werden die förmlichen Prozesshandlungen unbeschadet des Artikels 86 durch die zuständigen einzelstaatlichen Bediensteten vorgenommen.

Artikel 86 [Europäische Staatsanwaltschaft]

(1) ¹Zur Bekämpfung von Straftaten zum Nachteil der finanziellen Interessen der Union kann der Rat gemäß einem besonderen Gesetzgebungsverfahren durch Verordnungen ausgehend von Eurojust eine Europäische Staatsanwaltschaft einsetzen. ²Der Rat beschließt einstimmig nach Zustimmung des Europäischen Parlaments.

¹Sofern keine Einstimmigkeit besteht, kann eine Gruppe von mindestens neun Mitgliedstaaten beantragen, dass der Europäische Rat mit dem Entwurf einer Verordnung befasst wird. ²In diesem Fall wird das Verfahren im Rat ausgesetzt. ³Nach einer Aussprache verweist der Europäische Rat im Falle eines Einvernehmens den Entwurf binnen vier Monaten nach Aussetzung des Verfahrens an den Rat zur Annahme zurück.

¹Sofern kein Einvernehmen erzielt wird, mindestens neun Mitgliedstaaten aber eine Verstärkte Zusammenarbeit auf der Grundlage des betreffenden Entwurfs einer Verordnung begründen möchten, teilen diese Mitgliedstaaten dies binnen derselben Frist dem Europäischen Parlament, dem Rat und der Kommission mit. ²In diesem Fall gilt die Ermächtigung zu einer Verstärkten Zusammenarbeit nach Artikel 20 Absatz 2 des Vertrags über die Europäische Union und Artikel 329 Absatz 1 dieses Vertrags als erteilt, und die Bestimmungen über die Verstärkte Zusammenarbeit finden Anwendung.

(2) ¹Die Europäische Staatsanwaltschaft ist, gegebenenfalls in Verbindung mit Europol, zuständig für die strafrechtliche

Untersuchung und Verfolgung sowie die Anklageerhebung in Bezug auf Personen, die als Täter oder Teilnehmer Straftaten zum Nachteil der finanziellen Interessen der Union begangen haben, die in der Verordnung nach Absatz 1 festgelegt sind. [2]Die Europäische Staatsanwaltschaft nimmt bei diesen Straftaten vor den zuständigen Gerichten der Mitgliedstaaten die Aufgaben der Staatsanwaltschaft wahr.

(3) Die in Absatz 1 genannte Verordnung legt die Satzung der Europäischen Staatsanwaltschaft, die Einzelheiten für die Erfüllung ihrer Aufgaben, die für ihre Tätigkeit geltenden Verfahrensvorschriften sowie die Regeln für die Zulässigkeit von Beweismitteln und für die gerichtliche Kontrolle der von der Europäischen Staatsanwaltschaft bei der Erfüllung ihrer Aufgaben vorgenommenen Prozesshandlungen fest.

(4) [1]Der Europäische Rat kann gleichzeitig mit der Annahme der Verordnung oder im Anschluss daran einen Beschluss zur Änderung des Absatzes 1 mit dem Ziel einer Ausdehnung der Befugnisse der Europäischen Staatsanwaltschaft auf die Bekämpfung der schweren Kriminalität mit grenzüberschreitender Dimension und zur entsprechenden Änderung des Absatzes 2 hinsichtlich Personen, die als Täter oder Teilnehmer schwere, mehr als einen Mitgliedstaat betreffende Straftaten begangen haben, erlassen. [2]Der Europäische Rat beschließt einstimmig nach Zustimmung des Europäischen Parlaments und nach Anhörung der Kommission.

Kapitel 5
Polizeiliche Zusammenarbeit

Artikel 87 (ex-Artikel 30 EUV) [Polizeiliche Zusammenarbeit]

(1) Die Union entwickelt eine polizeiliche Zusammenarbeit zwischen allen zuständigen Behörden der Mitgliedstaaten, einschließlich der Polizei, des Zolls und anderer auf die Verhütung oder die Aufdeckung von Straftaten sowie entsprechende Ermittlungen spezialisierter Strafverfolgungsbehörden.

(2) Für die Zwecke des Absatzes 1 können das Europäische Parlament und der Rat gemäß dem ordentlichen Gesetzgebungsverfahren Maßnahmen erlassen, die Folgendes betreffen:

a) Einholen, Speichern, Verarbeiten, Analysieren und Austauschen sachdienlicher Informationen;

b) Unterstützung bei der Aus- und Weiterbildung von Personal sowie Zusammenarbeit in Bezug auf den Austausch von Personal, die Ausrüstungsgegenstände und die kriminaltechnische Forschung;

c) gemeinsame Ermittlungstechniken zur Aufdeckung schwerwiegender Formen der organisierten Kriminalität.

(3) ¹Der Rat kann gemäß einem besonderen Gesetzgebungsverfahren Maßnahmen erlassen, die die operative Zusammenarbeit zwischen den in diesem Artikel genannten Behörden betreffen. ²Der Rat beschließt einstimmig nach Anhörung des Europäischen Parlaments.

¹Sofern keine Einstimmigkeit besteht, kann eine Gruppe von mindestens neun Mitgliedstaaten beantragen, dass der Europäische Rat mit dem Entwurf von Maßnahmen befasst wird. ²In diesem Fall wird das Verfahren im Rat ausgesetzt. ³Nach einer Aussprache verweist der Europäische Rat im Falle eines Einvernehmens den Entwurf binnen vier Monaten nach Aussetzung des Verfahrens an den Rat zur Annahme zurück.

¹Sofern kein Einvernehmen erzielt wird, mindestens neun Mitgliedstaaten aber eine Verstärkte Zusammenarbeit auf der Grundlage des betreffenden Entwurfs von Maßnahmen begründen möchten, teilen diese Mitgliedstaaten dies binnen derselben Frist dem Europäischen Parlament, dem Rat und der Kommission mit. ²In diesem Fall gilt die Ermächtigung zu einer Verstärkten Zusammenarbeit nach Artikel 20 Absatz 2 des Vertrags über die Europäische Union und Artikel 329 Absatz 1 dieses Vertrags als erteilt, und die Bestimmungen über die Verstärkte Zusammenarbeit finden Anwendung.

Das besondere Verfahren nach den Unterabsätzen 2 und 3 gilt nicht für Rechtsakte, die eine Weiterentwicklung des Schengen-Besitzstands darstellen.

Artikel 88 (ex-Artikel 30 EUV) [Europol]

(1) Europol hat den Auftrag, die Tätigkeit der Polizeibehörden und der anderen Strafverfolgungsbehörden der Mitgliedstaaten sowie deren gegenseitige Zusammenarbeit bei der Verhütung und Bekämpfung der zwei oder mehr Mitgliedstaaten betreffenden schweren Kriminalität, des Terrorismus und der Kriminalitätsformen, die ein gemeinsames Interesse verletzen, das Gegenstand einer Politik der Union ist, zu unterstützen und zu verstärken.

(2) ¹Das Europäische Parlament und der Rat legen gemäß dem ordentlichen Gesetzgebungsverfahren durch Verordnungen den Aufbau, die Arbeitsweise, den Tätigkeitsbereich und die Aufgaben von Europol fest. ²Zu diesen Aufgaben kann Folgendes gehören:

a) Einholen, Speichern, Verarbeiten, Analysieren und Austauschen von Informationen, die insbesondere von den Behörden der Mitgliedstaaten oder Drittländern beziehungsweise Stellen außerhalb der Union übermittelt werden;

b) Koordinierung, Organisation und Durchführung von Ermittlungen und von operativen Maßnahmen, die gemeinsam mit den zuständigen Behörden der Mitgliedstaaten oder im Rahmen gemeinsamer Ermittlungsgruppen durchgeführt werden, gegebenenfalls in Verbindung mit Eurojust.

Durch diese Verordnungen werden ferner die Einzelheiten für die Kontrolle der Tätigkeiten von Europol durch das Europäische Parlament festgelegt; an dieser Kontrolle werden die nationalen Parlamente beteiligt.

(3) ¹Europol darf operative Maßnahmen nur in Verbindung und in Absprache mit den Behörden des Mitgliedstaats oder der Mitgliedstaaten ergreifen, deren Hoheitsgebiet betroffen ist. ²Die Anwendung von Zwangsmaßnahmen bleibt ausschließlich den zuständigen einzelstaatlichen Behörden vorbehalten.

Artikel 89 (ex-Artikel 32 EUV) [Bedingungen und Grenzen extraterritorialer Behördentätigkeit]

¹Der Rat legt gemäß einem besonderen Gesetzgebungsverfahren fest, unter welchen Bedingungen und innerhalb welcher Grenzen die in den Artikeln 82 und 87 genannten zuständigen Behörden der Mitgliedstaaten im Hoheitsgebiet eines anderen

Mitgliedstaats in Verbindung und in Absprache mit dessen Behörden tätig werden dürfen. ²Der Rat beschließt einstimmig nach Anhörung des Europäschen Parlaments.

**Titel VI
Der Verkehr**

Artikel 90 (ex-Artikel 70 EGV) [Gemeinsame Verkehrspolitik]

Auf dem in diesem Titel geregelten Sachgebiet werden die Ziele der Verträge im Rahmen einer gemeinsamen Verkehrspolitik verfolgt.

Artikel 91 (ex-Artikel 71 EGV) [Kompetenz zur Verwirklichung der gemeinsamen Verkehrspolitik]

(1) Zur Durchführung des Artikels 90 werden das Europäische Parlament und der Rat unter Berücksichtigung der Besonderheiten des Verkehrs gemäß dem ordentlichen Gesetzgebungsverfahren und nach Anhörung des Wirtschafts- und Sozialausschusses sowie des Ausschusses der Regionen

a) für den internationalen Verkehr aus oder nach dem Hoheitsgebiet eines Mitgliedstaats oder für den Durchgangsverkehr durch das Hoheitsgebiet eines oder mehrerer Mitgliedstaaten gemeinsame Regeln aufstellen;

b) für die Zulassung von Verkehrsunternehmern zum Verkehr innerhalb eines Mitgliedstaats, in dem sie nicht ansässig sind, die Bedingungen festlegen;

c) Maßnahmen zur Verbesserung der Verkehrssicherheit erlassen;

d) alle sonstigen zweckdienlichen Vorschriften erlassen.

(2) Beim Erlass von Maßnahmen nach Absatz 1 wird den Fällen Rechnung getragen, in denen die Anwendung den Lebensstandard und die Beschäftigungslage in bestimmten Regionen sowie den Betrieb der Verkehrseinrichtungen ernstlich beeinträchtigen könnte.

Artikel 92 (ex-Artikel 72 EGV) [Verbot der Diskriminierung ausländischer Verkehrsunternehmer]

Bis zum Erlass der in Artikel 91 Absatz 1 genannten Vorschriften darf ein Mitgliedstaat die verschiedenen, am 1. Januar 1958 oder, im Falle später beigetretener Staaten, zum Zeitpunkt ihres Beitritts auf diesem Gebiet geltenden Vorschriften in ihren unmittelbaren oder mittelbaren Auswirkungen auf die Verkehrsunternehmer anderer Mitgliedstaaten im Vergleich zu den inländischen Verkehrsunternehmern nicht ungünstiger gestalten, es sei denn, dass der Rat einstimmig eine Maßnahme billigt, die eine Ausnahmeregelung gewährt.

Artikel 93 (ex-Artikel 73 EGV) [Zulässigkeit von Verkehrsbeihilfen]

Mit den Verträgen vereinbar sind Beihilfen, die den Erfordernissen der Koordinierung des Verkehrs oder der Abgeltung bestimmter, mit dem Begriff des öffentlichen Dienstes zusammenhängender Leistungen entsprechen.

Artikel 94 (ex-Artikel 74 EGV) [Beförderungsentgelte und -bedingungen]

Jede Maßnahme auf dem Gebiet der Beförderungsentgelte und -bedingungen, die im Rahmen der Verträge getroffen wird, hat der wirtschaftlichen Lage der Verkehrsunternehmer Rechnung zu tragen.

Artikel 95 (ex-Artikel 75 EGV) [Diskriminierungsverbot]

(1) Im Verkehr innerhalb der Union sind Diskriminierungen verboten, die darin bestehen, dass ein Verkehrsunternehmer in denselben Verkehrsverbindungen für die gleichen Güter je nach ihrem Herkunfts- oder Bestimmungsland unterschiedliche Frachten und Beförderungsbedingungen anwendet.

(2) Absatz 1 schließt sonstige Maßnahmen nicht aus, die das Europäische Parlament und der Rat gemäß Artikel 91 Absatz 1 treffen können.

(3) Der Rat trifft auf Vorschlag der Kommission und nach Anhörung des Europäischen Parlaments und des Wirtschafts-

und Sozialausschusses eine Regelung zur Durchführung des Absatzes 1.

Er kann insbesondere die erforderlichen Vorschriften erlassen, um es den Organen der Union zu ermöglichen, für die Beachtung des Absatzes 1 Sorge zu tragen, und um den Verkehrsnutzern die Vorteile dieser Bestimmung voll zukommen zu lassen.

(4) Die Kommission prüft von sich aus oder auf Antrag eines Mitgliedstaats die Diskriminierungsfälle des Absatzes 1 und erlässt nach Beratung mit jedem in Betracht kommenden Mitgliedstaat die erforderlichen Beschlüsse im Rahmen der gemäß Absatz 3 getroffenen Regelung.

Artikel 96 (ex-Artikel 76 EGV) [Verbot der Unterstützung von Verkehrsunternehmen]

(1) Im Verkehr innerhalb der Union sind die von einem Mitgliedstaat auferlegten Frachten und Beförderungsbedingungen verboten, die in irgendeiner Weise der Unterstützung oder dem Schutz eines oder mehrerer bestimmter Unternehmen oder Industrien dienen, es sei denn, dass die Kommission die Genehmigung hierzu erteilt.

(2) Die Kommission prüft von sich aus oder auf Antrag eines Mitgliedstaats die in Absatz 1 bezeichneten Frachten und Beförderungsbedingungen; hierbei berücksichtigt sie insbesondere sowohl die Erfordernisse einer angemessenen Standortpolitik, die Bedürfnisse der unterentwickelten Gebiete und die Probleme der durch politische Umstände schwer betroffenen Gebiete als auch die Auswirkungen dieser Frachten und Beförderungsbedingungen auf den Wettbewerb zwischen den Verkehrsarten.

Die Kommission erlässt die erforderlichen Beschlüsse nach Beratung mit jedem in Betracht kommenden Mitgliedstaat.

(3) Das in Absatz 1 genannte Verbot trifft nicht die Wettbewerbstarife.

Artikel 97 (ex-Artikel 77 EGV) [Abgaben und Gebühren beim Grenzübergang]

Die Abgaben oder Gebühren, die ein Verkehrsunternehmer neben den Frachten beim Grenzübergang in Rechnung stellt, dürfen unter Berücksichtigung der hierdurch tatsächlich verursachten Kosten eine angemessene Höhe nicht übersteigen.

Die Mitgliedstaaten werden bemüht sein, diese Kosten schrittweise zu verringern.

Die Kommission kann zur Durchführung dieses Artikels Empfehlungen an die Mitgliedstaaten richten.

Artikel 98 (ex-Artikel 78 EGV) [Ausgleich von Nachteilen der Teilung Deutschlands]

[1]Die Bestimmungen dieses Titels stehen Maßnahmen in der Bundesrepublik Deutschland nicht entgegen, soweit sie erforderlich sind, um die wirtschaftlichen Nachteile auszugleichen, die der Wirtschaft bestimmter, von der Teilung Deutschlands betroffener Gebiete der Bundesrepublik aus dieser Teilung entstehen. [2]Der Rat kann fünf Jahre nach dem Inkrafttreten des Vertrags von Lissabon auf Vorschlag der Kommission einen Beschluss erlassen, mit dem dieser Artikel aufgehoben wird.

Artikel 99 (ex-Artikel 79 EGV) [Beratender Ausschuss]

[1]Bei der Kommission wird ein beratender Ausschuss gebildet; er besteht aus Sachverständigen, die von den Regierungen der Mitgliedstaaten ernannt werden. [2]Die Kommission hört den Ausschuss je nach Bedarf in Verkehrsfragen an.

Artikel 100 (ex-Artikel 80 EGV) [Geltungsbereich]

(1) Dieser Titel gilt für die Beförderungen im Eisenbahn-, Straßen- und Binnenschiffsverkehr.

(2) [1]Das Europäische Parlament und der Rat können gemäß dem ordentlichen Gesetzgebungsverfahren geeignete Vorschriften für die Seeschifffahrt und die Luftfahrt erlassen. [2]Sie beschließen nach Anhörung des Wirtschafts- und Sozialausschusses und des Ausschusses der Regionen.

Titel VII
Gemeinsame Regeln betreffend Wettbewerb, Steuerfragen und Angleichung der Rechtsvorschriften

Kapitel 1
Wettbewerbsregeln

Abschnitt 1
Vorschriften für Unternehmen

Artikel 101 (ex-Artikel 81 EGV) [Verbot von Wettbewerbsbeschränkungen]

(1) Mit dem Binnenmarkt unvereinbar und verboten sind alle Vereinbarungen zwischen Unternehmen, Beschlüsse von Unternehmensvereinigungen und aufeinander abgestimmte Verhaltensweisen, welche den Handel zwischen Mitgliedstaaten zu beeinträchtigen geeignet sind und eine Verhinderung, Einschränkung oder Verfälschung des Wettbewerbs innerhalb des Binnenmarkts bezwecken oder bewirken, insbesondere

a) die unmittelbare oder mittelbare Festsetzung der An- oder Verkaufspreise oder sonstiger Geschäftsbedingungen;

b) die Einschränkung oder Kontrolle der Erzeugung, des Absatzes, der technischen Entwicklung oder der Investitionen;

c) die Aufteilung der Märkte oder Versorgungsquellen;

d) die Anwendung unterschiedlicher Bedingungen bei gleichwertigen Leistungen gegenüber Handelspartnern, wodurch diese im Wettbewerb benachteiligt werden;

e) die an den Abschluss von Verträgen geknüpfte Bedingung, dass die Vertragspartner zusätzliche Leistungen annehmen, die weder sachlich noch nach Handelsbrauch in Beziehung zum Vertragsgegenstand stehen.

(2) Die nach diesem Artikel verbotenen Vereinbarungen oder Beschlüsse sind nichtig.

(3) Die Bestimmungen des Absatzes 1 können für nicht anwendbar erklärt werden auf

– Vereinbarungen oder Gruppen von Vereinbarungen zwischen Unternehmen,

– Beschlüsse oder Gruppen von Beschlüssen von Unternehmensvereinigungen,
– aufeinander abgestimmte Verhaltensweisen oder Gruppen von solchen,

die unter angemessener Beteiligung der Verbraucher an dem entstehenden Gewinn zur Verbesserung der Warenerzeugung oder -verteilung oder zur Förderung des technischen oder wirtschaftlichen Fortschritts beitragen, ohne dass den beteiligten Unternehmen

a) Beschränkungen auferlegt werden, die für die Verwirklichung dieser Ziele nicht unerlässlich sind, oder

b) Möglichkeiten eröffnet werden, für einen wesentlichen Teil der betreffenden Waren den Wettbewerb auszuschalten.

Artikel 102 (ex-Artikel 82 EGV) [Verbot missbräuchlicher Ausnutzung einer marktbeherrschenden Stellung]

Mit dem Binnenmarkt unvereinbar und verboten ist die missbräuchliche Ausnutzung einer beherrschenden Stellung auf dem Binnenmarkt oder auf einem wesentlichen Teil desselben durch ein oder mehrere Unternehmen, soweit dies dazu führen kann, den Handel zwischen Mitgliedstaaten zu beeinträchtigen.

Dieser Missbrauch kann insbesondere in Folgendem bestehen:

a) der unmittelbaren oder mittelbaren Erzwingung von unangemessenen Einkaufs- oder Verkaufspreisen oder sonstigen Geschäftsbedingungen;

b) der Einschränkung der Erzeugung, des Absatzes oder der technischen Entwicklung zum Schaden der Verbraucher;

c) der Anwendung unterschiedlicher Bedingungen bei gleichwertigen Leistungen gegenüber Handelspartnern, wodurch diese im Wettbewerb benachteiligt werden;

d) der an den Abschluss von Verträgen geknüpften Bedingung, dass die Vertragspartner zusätzliche Leistungen annehmen, die weder sachlich noch nach Handelsbrauch in Beziehung zum Vertragsgegenstand stehen.

Artikel 103 (ex-Artikel 83 EGV) [Kompetenz zum Erlass von Verordnungen und Richtlinien]

(1) Die zweckdienlichen Verordnungen oder Richtlinien zur Verwirklichung der in den Artikeln 101 und 102 niedergelegten Grundsätze werden vom Rat auf Vorschlag der Kommission und nach Anhörung des Europäischen Parlaments beschlossen.

(2) Die in Absatz 1 vorgesehenen Vorschriften bezwecken insbesondere,

a) die Beachtung der in Artikel 101 Absatz 1 und Artikel 102 genannten Verbote durch die Einführung von Geldbußen und Zwangsgeldern zu gewährleisten;

b) die Einzelheiten der Anwendung des Artikels 101 Absatz 3 festzulegen; dabei ist dem Erfordernis einer wirksamen Überwachung bei möglichst einfacher Verwaltungskontrolle Rechnung zu tragen;

c) gegebenenfalls den Anwendungsbereich der Artikel 101 und 102 für die einzelnen Wirtschaftszweige näher zu bestimmen;

d) die Aufgaben der Kommission und des Gerichtshofs der Europäischen Union bei der Anwendung der in diesem Absatz vorgesehenen Vorschriften gegeneinander abzugrenzen;

e) das Verhältnis zwischen den innerstaatlichen Rechtsvorschriften einerseits und den in diesem Abschnitt enthaltenen oder aufgrund dieses Artikels getroffenen Bestimmungen andererseits festzulegen.

Artikel 104 (ex-Artikel 84 EGV) [Fortgeltung mitgliedstaatlichen Wettbewerbsrechts]

Bis zum Inkrafttreten der gemäß Artikel 103 erlassenen Vorschriften entscheiden die Behörden der Mitgliedstaaten im Einklang mit ihren eigenen Rechtsvorschriften und den Bestimmungen der Artikel 101, insbesondere Absatz 3, und 102 über die Zulässigkeit von Vereinbarungen, Beschlüssen und aufeinander abgestimmten Verhaltensweisen sowie über die missbräuchliche Ausnutzung einer beherrschenden Stellung auf dem Binnenmarkt.

Artikel 105 (ex-Artikel 85 EGV) [Wettbewerbsaufsicht der Kommission]

(1) ¹Unbeschadet des Artikels 104 achtet die Kommission auf die Verwirklichung der in den Artikeln 101 und 102 niedergelegten Grundsätze. ²Sie untersucht auf Antrag eines Mitgliedstaats oder von Amts wegen in Verbindung mit den zuständigen Behörden der Mitgliedstaaten, die ihr Amtshilfe zu leisten haben, die Fälle, in denen Zuwiderhandlungen gegen diese Grundsätze vermutet werden. ³Stellt sie eine Zuwiderhandlung fest, so schlägt sie geeignete Mittel vor, um diese abzustellen.

(2) ¹Wird die Zuwiderhandlung nicht abgestellt, so trifft die Kommission in einem mit Gründen versehenen Beschluss die Feststellung, dass eine derartige Zuwiderhandlung vorliegt. ²Sie kann den Beschluss veröffentlichen und die Mitgliedstaaten ermächtigen, die erforderlichen Abhilfemaßnahmen zu treffen, deren Bedingungen und Einzelheiten sie festlegt.

(3) Die Kommission kann Verordnungen zu den Gruppen von Vereinbarungen erlassen, zu denen der Rat nach Artikel 103 Absatz 2 Buchstabe b eine Verordnung oder Richtlinie erlassen hat.

Artikel 106 (ex-Artikel 86 EGV) [Öffentliche Unternehmen]

(1) Die Mitgliedstaaten werden in Bezug auf öffentliche Unternehmen und auf Unternehmen, denen sie besondere oder ausschließliche Rechte gewähren, keine den Verträgen und insbesondere den Artikeln 18 und 101 bis 109 widersprechende Maßnahmen treffen oder beibehalten.

(2) ¹Für Unternehmen, die mit Dienstleistungen von allgemeinem wirtschaftlichem Interesse betraut sind oder den Charakter eines Finanzmonopols haben, gelten die Vorschriften der Verträge, insbesondere die Wettbewerbsregeln, soweit die Anwendung dieser Vorschriften nicht die Erfüllung der ihnen übertragenen besonderen Aufgabe rechtlich oder tatsächlich verhindert. ²Die Entwicklung des Handelsverkehrs darf nicht in einem Ausmaß beeinträchtigt werden, das dem Interesse der Union zuwiderläuft.

(3) Die Kommission achtet auf die Anwendung dieses Artikels und richtet erforderlichenfalls geeignete Richtlinien oder Beschlüsse an die Mitgliedstaaten.

Abschnitt 2
Staatliche Beihilfen

Artikel 107 (ex-Artikel 87 EGV) [Beihilfeverbot]

(1) Soweit in den Verträgen nicht etwas anderes bestimmt ist, sind staatliche oder aus staatlichen Mitteln gewährte Beihilfen gleich welcher Art, die durch die Begünstigung bestimmter Unternehmen oder Produktionszweige den Wettbewerb verfälschen oder zu verfälschen drohen, mit dem Binnenmarkt unvereinbar, soweit sie den Handel zwischen Mitgliedstaaten beeinträchtigen.

(2) Mit dem Binnenmarkt vereinbar sind:

a) Beihilfen sozialer Art an einzelne Verbraucher, wenn sie ohne Diskriminierung nach der Herkunft der Waren gewährt werden;

b) Beihilfen zur Beseitigung von Schäden, die durch Naturkatastrophen oder sonstige außergewöhnliche Ereignisse entstanden sind;

c) Beihilfen für die Wirtschaft bestimmter, durch die Teilung Deutschlands betroffener Gebiete der Bundesrepublik Deutschland, soweit sie zum Ausgleich der durch die Teilung verursachten wirtschaftlichen Nachteile erforderlich sind. Der Rat kann fünf Jahre nach dem Inkrafttreten des Vertrags von Lissabon auf Vorschlag der Kommission einen Beschluss erlassen, mit dem dieser Buchstabe aufgehoben wird.

(3) Als mit dem Binnenmarkt vereinbar können angesehen werden:

a) Beihilfen zur Förderung der wirtschaftlichen Entwicklung von Gebieten, in denen die Lebenshaltung außergewöhnlich niedrig ist oder eine erhebliche Unterbeschäftigung herrscht, sowie der in Artikel 349 genannten Gebiete unter Berücksichtigung ihrer strukturellen, wirtschaftlichen und sozialen Lage;

b) Beihilfen zur Förderung wichtiger Vorhaben von gemeinsamem europäischem Interesse oder zur Behebung einer beträchtlichen Störung im Wirtschaftsleben eines Mitgliedstaats;

c) Beihilfen zur Förderung der Entwicklung gewisser Wirtschaftszweige oder Wirtschaftsgebiete, soweit sie die Handelsbedingungen nicht in einer Weise verändern, die dem gemeinsamen Interesse zuwiderläuft;

d) Beihilfen zur Förderung der Kultur und der Erhaltung des kulturellen Erbes, soweit sie die Handels- und Wettbewerbsbedingungen in der Union nicht in einem Maß beeinträchtigen, das dem gemeinsamen Interesse zuwiderläuft;

e) sonstige Arten von Beihilfen, die der Rat durch einen Beschluss auf Vorschlag der Kommission bestimmt.

Artikel 108 (ex-Artikel 88 EGV) [Beihilfeaufsicht der Kommission]

(1) [1]Die Kommission überprüft fortlaufend in Zusammenarbeit mit den Mitgliedstaaten die in diesen bestehenden Beihilferegelungen. [2]Sie schlägt ihnen die zweckdienlichen Maßnahmen vor, welche die fortschreitende Entwicklung und das Funktionieren des Binnenmarkts erfordern.

(2) Stellt die Kommission fest, nachdem sie den Beteiligten eine Frist zur Äußerung gesetzt hat, dass eine von einem Staat oder aus staatlichen Mitteln gewährte Beihilfe mit dem Binnenmarkt nach Artikel 107 unvereinbar ist oder dass sie missbräuchlich angewandt wird, so beschließt sie, dass der betreffende Staat sie binnen einer von ihr bestimmten Frist aufzuheben oder umzugestalten hat.

Kommt der betreffende Staat diesem Beschluss innerhalb der festgesetzten Frist nicht nach, so kann die Kommission oder jeder betroffene Staat in Abweichung von den Artikeln 258 und 259 den Gerichtshof der Europäischen Union unmittelbar anrufen.

[1]Der Rat kann einstimmig auf Antrag eines Mitgliedstaats beschließen, dass eine von diesem Staat gewährte oder geplante Beihilfe in Abweichung von Artikel 107 oder von den nach Artikel 109 erlassenen Verordnungen als mit dem Binnenmarkt vereinbar gilt, wenn außergewöhnliche Umstände einen solchen Beschluss rechtfertigen. [2]Hat die Kommission bezüglich dieser Beihilfe das in Unterabsatz 1 dieses Absatzes vorgesehene Verfahren bereits eingeleitet, so bewirkt der Antrag des betreffenden Staates an den Rat die Aussetzung dieses Verfahrens, bis der Rat sich geäußert hat.

Äußert sich der Rat nicht binnen drei Monaten nach Antragstellung, so beschließt die Kommission.

(3) ¹Die Kommission wird von jeder beabsichtigten Einführung oder Umgestaltung von Beihilfen so rechtzeitig unterrichtet, dass sie sich dazu äußern kann. ²Ist sie der Auffassung, dass ein derartiges Vorhaben nach Artikel 107 mit dem Binnenmarkt unvereinbar ist, so leitet sie unverzüglich das in Absatz 2 vorgesehene Verfahren ein. ³Der betreffende Mitgliedstaat darf die beabsichtigte Maßnahme nicht durchführen, bevor die Kommission einen abschließenden Beschluss erlassen hat.

(4) Die Kommission kann Verordnungen zu den Arten von staatlichen Beihilfen erlassen, für die der Rat nach Artikel 109 festgelegt hat, dass sie von dem Verfahren nach Absatz 3 ausgenommen werden können.

Artikel 109 (ex-Artikel 89 EGV)
[Durchführungsverordnungen]

Der Rat kann auf Vorschlag der Kommission und nach Anhörung des Europäischen Parlaments alle zweckdienlichen Durchführungsverordnungen zu den Artikeln 107 und 108 erlassen und insbesondere die Bedingungen für die Anwendung des Artikels 108 Absatz 3 sowie diejenigen Arten von Beihilfen festlegen, die von diesem Verfahren ausgenommen sind.

Kapitel 2
Steuerliche Vorschriften

Artikel 110 (ex-Artikel 90 EGV) [Verbot steuerlicher Diskriminierung, Protektionsverbot]

Die Mitgliedstaaten erheben auf Waren aus anderen Mitgliedstaaten weder unmittelbar noch mittelbar höhere inländische Abgaben gleich welcher Art, als gleichartige inländische Waren unmittelbar oder mittelbar zu tragen haben.

Die Mitgliedstaaten erheben auf Waren aus anderen Mitgliedstaaten keine inländischen Abgaben, die geeignet sind, andere Produktionen mittelbar zu schützen.

Artikel 111 (ex-Artikel 91 EGV) [Verbot überhöhter Rückvergütungen inländischer Abgaben]

Werden Waren in das Hoheitsgebiet eines Mitgliedstaats ausgeführt, so darf die Rückvergütung für inländische Abgaben nicht höher sein als die auf die ausgeführten Waren mittelbar oder unmittelbar erhobenen inländischen Abgaben.

Artikel 112 (ex-Artikel 92 EGV) [Genehmigung von Entlastungen und Rückvergütungen]

Für Abgaben außer Umsatzsteuern, Verbrauchsabgaben und sonstigen indirekten Steuern sind Entlastungen und Rückvergütungen bei der Ausfuhr nach anderen Mitgliedstaaten sowie Ausgleichsabgaben bei der Einfuhr aus den Mitgliedstaaten nur zulässig, soweit der Rat sie vorher auf Vorschlag der Kommission für eine begrenzte Frist genehmigt hat.

Artikel 113 (ex-Artikel 93 EGV) [Harmonisierung der Rechtsvorschriften über indirekte Steuern]

Der Rat erlässt gemäß einem besonderen Gesetzgebungsverfahren und nach Anhörung des Europäischen Parlaments und des Wirtschafts- und Sozialausschusses einstimmig die Bestimmungen zur Harmonisierung der Rechtsvorschriften über die Umsatzsteuern, die Verbrauchsabgaben und sonstige indirekte Steuern, soweit diese Harmonisierung für die Errichtung und das Funktionieren des Binnenmarkts und die Vermeidung von Wettbewerbsverzerrungen notwendig ist.

Kapitel 3
Angleichung der Rechtsvorschriften

Artikel 114 (ex-Artikel 95 EGV) [Binnenmarktkompetenz]

(1) ¹Soweit in den Verträgen nichts anderes bestimmt ist, gilt für die Verwirklichung der Ziele des Artikels 26 die nachstehende Regelung. ²Das Europäische Parlament und der Rat erlassen gemäß dem ordentlichen Gesetzgebungsverfahren und nach Anhörung des Wirtschafts- und Sozialausschusses die Maßnahmen

zur Angleichung der Rechts- und Verwaltungsvorschriften der Mitgliedstaaten, welche die Errichtung und das Funktionieren des Binnenmarkts zum Gegenstand haben.

(2) Absatz 1 gilt nicht für die Bestimmungen über die Steuern, die Bestimmungen über die Freizügigkeit und die Bestimmungen über die Rechte und Interessen der Arbeitnehmer.

(3) ¹Die Kommission geht in ihren Vorschlägen nach Absatz 1 in den Bereichen Gesundheit, Sicherheit, Umweltschutz und Verbraucherschutz von einem hohen Schutzniveau aus und berücksichtigt dabei insbesondere alle auf wissenschaftliche Ergebnisse gestützten neuen Entwicklungen. ²Im Rahmen ihrer jeweiligen Befugnisse streben das Europäische Parlament und der Rat dieses Ziel ebenfalls an.

(4) Hält es ein Mitgliedstaat nach dem Erlass einer Harmonisierungsmaßnahme durch das Europäische Parlament und den Rat beziehungsweise durch den Rat oder die Kommission für erforderlich, einzelstaatliche Bestimmungen beizubehalten, die durch wichtige Erfordernisse im Sinne des Artikels 36 oder in Bezug auf den Schutz der Arbeitsumwelt oder den Umweltschutz gerechtfertigt sind, so teilt er diese Bestimmungen sowie die Gründe für ihre Beibehaltung der Kommission mit.

(5) Unbeschadet des Absatzes 4 teilt ferner ein Mitgliedstaat, der es nach dem Erlass einer Harmonisierungsmaßnahme durch das Europäische Parlament und den Rat beziehungsweise durch den Rat oder die Kommission für erforderlich hält, auf neue wissenschaftliche Erkenntnisse gestützte einzelstaatliche Bestimmungen zum Schutz der Umwelt oder der Arbeitsumwelt aufgrund eines spezifischen Problems für diesen Mitgliedstaat, das sich nach dem Erlass der Harmonisierungsmaßnahme ergibt, einzuführen, die in Aussicht genommenen Bestimmungen sowie die Gründe für ihre Einführung der Kommission mit.

(6) Die Kommission beschließt binnen sechs Monaten nach den Mitteilungen nach den Absätzen 4 und 5, die betreffenden einzelstaatlichen Bestimmungen zu billigen oder abzulehnen, nachdem sie geprüft hat, ob sie ein Mittel zur willkürlichen Diskriminierung und eine verschleierte Beschränkung des Handels zwischen den Mitgliedstaaten darstellen und ob sie das Funktionieren des Binnenmarkts behindern.

Erlässt die Kommission innerhalb dieses Zeitraums keinen Beschluss, so gelten die in den Absätzen 4 und 5 genannten einzelstaatlichen Bestimmungen als gebilligt.

Die Kommission kann, sofern dies aufgrund des schwierigen Sachverhalts gerechtfertigt ist und keine Gefahr für die menschliche Gesundheit besteht, dem betreffenden Mitgliedstaat mitteilen, dass der in diesem Absatz genannte Zeitraum gegebenenfalls um einen weiteren Zeitraum von bis zu sechs Monaten verlängert wird.

(7) Wird es einem Mitgliedstaat nach Absatz 6 gestattet, von der Harmonisierungsmaßnahme abweichende einzelstaatliche Bestimmungen beizubehalten oder einzuführen, so prüft die Kommission unverzüglich, ob sie eine Anpassung dieser Maßnahme vorschlägt.

(8) Wirft ein Mitgliedstaat in einem Bereich, der zuvor bereits Gegenstand von Harmonisierungsmaßnahmen war, ein spezielles Gesundheitsproblem auf, so teilt er dies der Kommission mit, die dann umgehend prüft, ob sie dem Rat entsprechende Maßnahmen vorschlägt.

(9) In Abweichung von dem Verfahren der Artikel 258 und 259 kann die Kommission oder ein Mitgliedstaat den Gerichtshof der Europäischen Union unmittelbar anrufen, wenn die Kommission oder der Staat der Auffassung ist, dass ein anderer Mitgliedstaat die in diesem Artikel vorgesehenen Befugnisse missbraucht.

(10) Die vorgenannten Harmonisierungsmaßnahmen sind in geeigneten Fällen mit einer Schutzklausel verbunden, welche die Mitgliedstaaten ermächtigt, aus einem oder mehreren der in Artikel 36 genannten nicht wirtschaftlichen Gründe vorläufige Maßnahmen zu treffen, die einem Kontrollverfahren der Union unterliegen.

Artikel 115 (ex-Artikel 94 EGV) [Richtlinien zur Rechtsangleichung]

Unbeschadet des Artikels 114 erlässt der Rat gemäß einem besonderen Gesetzgebungsverfahren einstimmig und nach Anhörung des Europäischen Parlaments und des Wirtschafts- und Sozialausschusses Richtlinien für die Angleichung derjenigen Rechts- und Verwaltungsvorschriften der Mitgliedstaaten, die sich unmittelbar auf die Errichtung oder das Funktionieren des Binnenmarkts auswirken.

Artikel 116 (ex-Artikel 96 EGV)
[Wettbewerbsverfälschende Vorschriften]

Stellt die Kommission fest, dass vorhandene Unterschiede in den Rechts- und Verwaltungsvorschriften der Mitgliedstaaten die Wettbewerbsbedingungen auf dem Binnenmarkt verfälschen und dadurch eine Verzerrung hervorrufen, die zu beseitigen ist, so tritt sie mit den betreffenden Mitgliedstaaten in Beratungen ein.

[1]Führen diese Beratungen nicht zur Beseitigung dieser Verzerrung, so erlassen das Europäische Parlament und der Rat gemäß dem ordentlichen Gesetzgebungsverfahren die erforderlichen Richtlinien. [2]Es können alle sonstigen in den Verträgen vorgesehenen zweckdienlichen Maßnahmen erlassen werden.

Artikel 117 (ex-Artikel 97 EGV) [Erlass oder Änderung wettbewerbsverfälschender Vorschriften]

(1) [1]Ist zu befürchten, dass der Erlass oder die Änderung einer Rechts- oder Verwaltungsvorschrift eine Verzerrung im Sinne des Artikels 116 verursacht, so setzt sich der Mitgliedstaat, der diese Maßnahme beabsichtigt, mit der Kommission ins Benehmen. [2]Diese empfiehlt nach Beratung mit den Mitgliedstaaten den beteiligten Staaten die zur Vermeidung dieser Verzerrung geeigneten Maßnahmen.

(2) [1]Kommt der Staat, der innerstaatliche Vorschriften erlassen oder ändern will, der an ihn gerichteten Empfehlung der Kommission nicht nach, so kann nicht gemäß Artikel 116 verlangt werden, dass die anderen Mitgliedstaaten ihre innerstaatlichen Vorschriften ändern, um die Verzerrung zu beseitigen. [2]Verursacht ein Mitgliedstaat, der die Empfehlung der Kommission außer Acht lässt, eine Verzerrung lediglich zu seinem eigenen Nachteil, so findet Artikel 116 keine Anwendung.

Artikel 118 [Schutz der Rechte des geistigen Eigentums in der Union]

Im Rahmen der Verwirklichung oder des Funktionierens des Binnenmarkts erlassen das Europäische Parlament und der Rat gemäß dem ordentlichen Gesetzgebungsverfahren Maßnahmen zur Schaffung europäischer Rechtstitel über einen einheitlichen Schutz der Rechte des geistigen Eigentums in der Union sowie zur Einführung von zentralisierten Zulassungs-, Koordinierungs- und Kontrollregelungen auf Unionsebene.

[1]Der Rat legt gemäß einem besonderen Gesetzgebungsverfahren durch Verordnungen die Sprachenregelungen für die europäischen Rechtstitel fest. [2]Der Rat beschließt einstimmig nach Anhörung des Europäischen Parlaments.

**Titel VIII
Die Wirtschafts- und Währungspolitik**

Artikel 119 (ex-Artikel 4 EGV) [Grundsätze]

(1) Die Tätigkeit der Mitgliedstaaten und der Union im Sinne des Artikels 3 des Vertrags über die Europäische Union umfasst nach Maßgabe der Verträge die Einführung einer Wirtschaftspolitik, die auf einer engen Koordinierung der Wirtschaftspolitik der Mitgliedstaaten, dem Binnenmarkt und der Festlegung gemeinsamer Ziele beruht und dem Grundsatz einer offenen Marktwirtschaft mit freiem Wettbewerb verpflichtet ist.

(2) Parallel dazu umfasst diese Tätigkeit nach Maßgabe der Verträge und der darin vorgesehenen Verfahren eine einheitliche Währung, den Euro, sowie die Festlegung und Durchführung einer einheitlichen Geld- sowie Wechselkurspolitik, die beide vorrangig das Ziel der Preisstabilität verfolgen und unbeschadet dieses Zieles die allgemeine Wirtschaftspolitik in der Union unter Beachtung des Grundsatzes einer offenen Marktwirtschaft mit freiem Wettbewerb unterstützen sollen.

(3) Diese Tätigkeit der Mitgliedstaaten und der Union setzt die Einhaltung der folgenden richtungweisenden Grundsätze voraus: stabile Preise, gesunde öffentliche Finanzen und monetäre Rahmenbedingungen sowie eine dauerhaft finanzierbare Zahlungsbilanz.

Kapitel 1
Die Wirtschaftspolitik

Artikel 120 (ex-Artikel 98 EGV) [Grundsatz der offenen Marktwirtschaft]

¹Die Mitgliedstaaten richten ihre Wirtschaftspolitik so aus, dass sie im Rahmen der in Artikel 121 Absatz 2 genannten Grundzüge zur Verwirklichung der Ziele der Union im Sinne des Artikels 3 des Vertrags über die Europäische Union beitragen. ²Die Mitgliedstaaten und die Union handeln im Einklang mit dem Grundsatz einer offenen Marktwirtschaft mit freiem Wettbewerb, wodurch ein effizienter Einsatz der Ressourcen gefördert wird, und halten sich dabei an die in Artikel 119 genannten Grundsätze.

Artikel 121 (ex-Artikel 99 EGV) [Koordinierung der Wirtschaftspolitik]

(1) Die Mitgliedstaaten betrachten ihre Wirtschaftspolitik als eine Angelegenheit von gemeinsamem Interesse und koordinieren sie im Rat nach Maßgabe des Artikels 120.

(2) Der Rat erstellt auf Empfehlung der Kommission einen Entwurf für die Grundzüge der Wirtschaftspolitik der Mitgliedstaaten und der Union und erstattet dem Europäischen Rat hierüber Bericht.

Der Europäische Rat erörtert auf der Grundlage dieses Berichtes des Rates eine Schlussfolgerung zu den Grundzügen der Wirtschaftspolitik der Mitgliedstaaten und der Union.

¹Auf der Grundlage dieser Schlussfolgerung verabschiedet der Rat eine Empfehlung, in der diese Grundzüge dargelegt werden. ²Der Rat unterrichtet das Europäische Parlament über seine Empfehlung.

(3) Um eine engere Koordinierung der Wirtschaftspolitik und eine dauerhafte Konvergenz der Wirtschaftsleistungen der Mitgliedstaaten zu gewährleisten, überwacht der Rat anhand von Berichten der Kommission die wirtschaftliche Entwicklung in jedem Mitgliedstaat und in der Union sowie die Vereinbarkeit der Wirtschaftspolitik mit den in Absatz 2 genannten Grundzügen und nimmt in regelmäßigen Abständen eine Gesamtbewertung vor.

Zum Zwecke dieser multilateralen Überwachung übermitteln die Mitgliedstaaten der Kommission Angaben zu wichtigen einzelstaatlichen Maßnahmen auf dem Gebiet ihrer Wirtschaftspolitik sowie weitere von ihnen für erforderlich erachtete Angaben.

(4) [1]Wird im Rahmen des Verfahrens nach Absatz 3 festgestellt, dass die Wirtschaftspolitik eines Mitgliedstaats nicht mit den in Absatz 2 genannten Grundzügen vereinbar ist oder das ordnungsgemäße Funktionieren der Wirtschafts- und Währungsunion zu gefährden droht, so kann die Kommission eine Verwarnung an den betreffenden Mitgliedstaat richten. [2]Der Rat kann auf Empfehlung der Kommission die erforderlichen Empfehlungen an den betreffenden Mitgliedstaat richten. [3]Der Rat kann auf Vorschlag der Kommission beschließen, seine Empfehlungen zu veröffentlichen.

Der Rat beschließt im Rahmen dieses Absatzes ohne Berücksichtigung der Stimme des den betreffenden Mitgliedstaat vertretenden Mitglieds des Rates.

Die qualifizierte Mehrheit der übrigen Mitglieder des Rates bestimmt sich nach Artikel 238 Absatz 3 Buchstabe a.

(5) [1]Der Präsident des Rates und die Kommission erstatten dem Europäischen Parlament über die Ergebnisse der multilateralen Überwachung Bericht. [2]Der Präsident des Rates kann ersucht werden, vor dem zuständigen Ausschuss des Europäischen Parlaments zu erscheinen, wenn der Rat seine Empfehlungen veröffentlicht hat.

(6) Das Europäische Parlament und der Rat können gemäß dem ordentlichen Gesetzgebungsverfahren durch Verordnungen die Einzelheiten des Verfahrens der multilateralen Überwachung im Sinne der Absätze 3 und 4 festlegen.

Artikel 122 (ex-Artikel 100 EGV) [Notfallmaßnahmen]

(1) Der Rat kann auf Vorschlag der Kommission unbeschadet der sonstigen in den Verträgen vorgesehenen Verfahren im Geiste der Solidarität zwischen den Mitgliedstaaten über die der Wirtschaftslage angemessenen Maßnahmen beschließen, insbesondere falls gravierende Schwierigkeiten in der Versorgung mit bestimmten Waren, vor allem im Energiebereich, auftreten.

(2) ¹Ist ein Mitgliedstaat aufgrund von Naturkatastrophen oder außergewöhnlichen Ereignissen, die sich seiner Kontrolle entziehen, von Schwierigkeiten betroffen oder von gravierenden Schwierigkeiten ernstlich bedroht, so kann der Rat auf Vorschlag der Kommission beschließen, dem betreffenden Mitgliedstaat unter bestimmten Bedingungen einen finanziellen Beistand der Union zu gewähren. ²Der Präsident des Rates unterrichtet das Europäische Parlament über den Beschluss.

Artikel 123 (ex-Artikel 101 EGV) [Verbot von Kreditfazilitäten]

(1) Überziehungs- oder andere Kreditfazilitäten bei der Europäischen Zentralbank oder den Zentralbanken der Mitgliedstaaten (im Folgenden als „nationale Zentralbanken" bezeichnet) für Organe, Einrichtungen oder sonstige Stellen der Union, Zentralregierungen, regionale oder lokale Gebietskörperschaften oder andere öffentlich-rechtliche Körperschaften, sonstige Einrichtungen des öffentlichen Rechts oder öffentliche Unternehmen der Mitgliedstaaten sind ebenso verboten wie der unmittelbare Erwerb von Schuldtiteln von diesen durch die Europäische Zentralbank oder die nationalen Zentralbanken.

(2) Die Bestimmungen des Absatzes 1 gelten nicht für Kreditinstitute in öffentlichem Eigentum; diese werden von der jeweiligen nationalen Zentralbank und der Europäischen Zentralbank, was die Bereitstellung von Zentralbankgeld betrifft, wie private Kreditinstitute behandelt.

Artikel 124 (ex-Artikel 102 EGV) [Verbot des bevorrechtigten Zugangs zu Finanzinstituten]

Maßnahmen, die nicht aus aufsichtsrechtlichen Gründen getroffen werden und einen bevorrechtigten Zugang der Organe, Einrichtungen oder sonstigen Stellen der Union, der Zentralregierungen, der regionalen oder lokalen Gebietskörperschaften oder anderen öffentlich-rechtlichen Körperschaften, sonstiger Einrichtungen des öffentlichen Rechts oder öffentlicher Unternehmen der Mitgliedstaaten zu den Finanzinstituten schaffen, sind verboten.

Artikel 125 (ex-Artikel 103 EGV) [Haftungsausschlüsse für Verbindlichkeiten]

(1) ¹Die Union haftet nicht für die Verbindlichkeiten der Zentralregierungen, der regionalen oder lokalen Gebietskörperschaften oder anderen öffentlich-rechtlichen Körperschaften, sonstiger Einrichtungen des öffentlichen Rechts oder öffentlicher Unternehmen von Mitgliedstaaten und tritt nicht für derartige Verbindlichkeiten ein; dies gilt unbeschadet der gegenseitigen finanziellen Garantien für die gemeinsame Durchführung eines bestimmten Vorhabens. ²Ein Mitgliedstaat haftet nicht für die Verbindlichkeiten der Zentralregierungen, der regionalen oder lokalen Gebietskörperschaften oder anderen öffentlich-rechtlichen Körperschaften, sonstiger Einrichtungen des öffentlichen Rechts oder öffentlicher Unternehmen eines anderen Mitgliedstaats und tritt nicht für derartige Verbindlichkeiten ein; dies gilt unbeschadet der gegenseitigen finanziellen Garantien für die gemeinsame Durchführung eines bestimmten Vorhabens.

(2) Der Rat kann erforderlichenfalls auf Vorschlag der Kommission und nach Anhörung des Europäischen Parlaments die Definitionen für die Anwendung der in den Artikeln 123 und 124 sowie in diesem Artikel vorgesehenen Verbote näher bestimmen.

Artikel 126 (ex-Artikel 104 EGV) [Vermeidung übermäßiger Defizite, Haushaltsdisziplin]

(1) Die Mitgliedstaaten vermeiden übermäßige öffentliche Defizite.

(2) ¹Die Kommission überwacht die Entwicklung der Haushaltslage und der Höhe des öffentlichen Schuldenstands in den Mitgliedstaaten im Hinblick auf die Feststellung schwerwiegender Fehler. ²Insbesondere prüft sie die Einhaltung der Haushaltsdisziplin anhand von zwei Kriterien, nämlich daran,

a) ob das Verhältnis des geplanten oder tatsächlichen öffentlichen Defizits zum Bruttoinlandsprodukt einen bestimmten Referenzwert überschreitet, es sei denn, dass

– entweder das Verhältnis erheblich und laufend zurückgegangen ist und einen Wert in der Nähe des Referenzwerts erreicht hat

– oder der Referenzwert nur ausnahmsweise und vorübergehend überschritten wird und das Verhältnis in der Nähe des Referenzwerts bleibt,

b) ob das Verhältnis des öffentlichen Schuldenstands zum Bruttoinlandsprodukt einen bestimmten Referenzwert überschreitet, es sei denn, dass das Verhältnis hinreichend rückläufig ist und sich rasch genug dem Referenzwert nähert.

³Die Referenzwerte werden in einem den Verträgen beigefügten Protokoll über das Verfahren bei einem übermäßigen Defizit im Einzelnen festgelegt.

(3) ¹Erfüllt ein Mitgliedstaat keines oder nur eines dieser Kriterien, so erstellt die Kommission einen Bericht. ²In diesem Bericht wird berücksichtigt, ob das öffentliche Defizit die öffentlichen Ausgaben für Investitionen übertrifft; berücksichtigt werden ferner alle sonstigen einschlägigen Faktoren, einschließlich der mittelfristigen Wirtschafts- und Haushaltslage des Mitgliedstaats.

Die Kommission kann ferner einen Bericht erstellen, wenn sie ungeachtet der Erfüllung der Kriterien der Auffassung ist, dass in einem Mitgliedstaat die Gefahr eines übermäßigen Defizits besteht.

(4) Der Wirtschafts- und Finanzausschuss gibt eine Stellungnahme zu dem Bericht der Kommission ab.

(5) Ist die Kommission der Auffassung, dass in einem Mitgliedstaat ein übermäßiges Defizit besteht oder sich ergeben könnte, so legt sie dem betreffenden Mitgliedstaat eine Stellungnahme vor und unterrichtet den Rat.

(6) Der Rat beschließt auf Vorschlag der Kommission und unter Berücksichtigung der Bemerkungen, die der betreffende Mitgliedstaat gegebenenfalls abzugeben wünscht, nach Prüfung der Gesamtlage, ob ein übermäßiges Defizit besteht.

(7) ¹Stellt der Rat nach Absatz 6 ein übermäßiges Defizit fest, so richtet er auf Empfehlung der Kommission unverzüglich Empfehlungen an den betreffenden Mitgliedstaat mit dem Ziel, dieser Lage innerhalb einer bestimmten Frist abzuhelfen. ²Vorbehaltlich des Absatzes 8 werden diese Empfehlungen nicht veröffentlicht.

(8) Stellt der Rat fest, dass seine Empfehlungen innerhalb der gesetzten Frist keine wirksamen Maßnahmen ausgelöst haben, so kann er seine Empfehlungen veröffentlichen.

(9) Falls ein Mitgliedstaat den Empfehlungen des Rates weiterhin nicht Folge leistet, kann der Rat beschließen, den Mitgliedstaat mit der Maßgabe in Verzug zu setzen, innerhalb einer bestimmten Frist Maßnahmen für den nach Auffassung des Rates zur Sanierung erforderlichen Defizitabbau zu treffen.

Der Rat kann in diesem Fall den betreffenden Mitgliedstaat ersuchen, nach einem konkreten Zeitplan Berichte vorzulegen, um die Anpassungsbemühungen des Mitgliedstaats überprüfen zu können.

(10) Das Recht auf Klageerhebung nach den Artikeln 258 und 259 kann im Rahmen der Absätze 1 bis 9 dieses Artikels nicht ausgeübt werden.

(11) Solange ein Mitgliedstaat einen Beschluss nach Absatz 9 nicht befolgt, kann der Rat beschließen, eine oder mehrere der nachstehenden Maßnahmen anzuwenden oder gegebenenfalls zu verschärfen, nämlich

– von dem betreffenden Mitgliedstaat verlangen, vor der Emission von Schuldverschreibungen und sonstigen Wertpapieren vom Rat näher zu bezeichnende zusätzliche Angaben zu veröffentlichen,

– die Europäische Investitionsbank ersuchen, ihre Darlehenspolitik gegenüber dem Mitgliedstaat zu überprüfen,

– von dem Mitgliedstaat verlangen, eine unverzinsliche Einlage in angemessener Höhe bei der Union zu hinterlegen, bis das übermäßige Defizit nach Ansicht des Rates korrigiert worden ist,

– Geldbußen in angemessener Höhe verhängen.

Der Präsident des Rates unterrichtet das Europäische Parlament von den Beschlüssen.

(12) [1]Der Rat hebt einige oder sämtliche Beschlüsse oder Empfehlungen nach den Absätzen 6 bis 9 und 11 so weit auf, wie das übermäßige Defizit in dem betreffenden Mitgliedstaat nach Ansicht des Rates korrigiert worden ist. [2]Hat der Rat zuvor Empfehlungen veröffentlicht, so stellt er, sobald der Beschluss nach Absatz 8 aufgehoben worden ist, in einer öffentlichen Erklärung fest, dass in dem betreffenden Mitgliedstaat kein übermäßiges Defizit mehr besteht.

(13) Die Beschlussfassung und die Empfehlungen des Rates nach den Absätzen 8, 9, 11 und 12 erfolgen auf Empfehlung der Kommission.

Erlässt der Rat Maßnahmen nach den Absätzen 6 bis 9 sowie den Absätzen 11 und 12, so beschließt er ohne Berücksichtigung der Stimme des den betreffenden Mitgliedstaat vertretenden Mitglieds des Rates.

Die qualifizierte Mehrheit der übrigen Mitglieder des Rates bestimmt sich nach Artikel 238 Absatz 3 Buchstabe a.

(14) Weitere Bestimmungen über die Durchführung des in diesem Artikel beschriebenen Verfahrens sind in dem den Verträgen beigefügten Protokoll über das Verfahren bei einem übermäßigen Defizit enthalten.

Der Rat verabschiedet gemäß einem besonderen Gesetzgebungsverfahren einstimmig und nach Anhörung des Europäischen Parlaments sowie der Europäischen Zentralbank die geeigneten Bestimmungen, die sodann das genannte Protokoll ablösen.

Der Rat beschließt vorbehaltlich der sonstigen Bestimmungen dieses Absatzes auf Vorschlag der Kommission und nach Anhörung des Europäischen Parlaments nähere Einzelheiten und Begriffsbestimmungen für die Durchführung des genannten Protokolls.

Kapitel 2
Die Währungspolitik

Artikel 127 (ex-Artikel 105 EGV) [Ziele und Aufgaben des ESZB]

(1) ¹Das vorrangige Ziel des Europäischen Systems der Zentralbanken (im Folgenden „ESZB") ist es, die Preisstabilität zu gewährleisten. ²Soweit dies ohne Beeinträchtigung des Zieles der Preisstabilität möglich ist, unterstützt das ESZB die allgemeine Wirtschaftspolitik in der Union, um zur Verwirklichung der in Artikel 3 des Vertrags über die Europäische Union festgelegten Ziele der Union beizutragen. ³Das ESZB handelt im Einklang mit dem Grundsatz einer offenen Marktwirtschaft mit freiem Wettbewerb, wodurch ein effizienter Einsatz der Ressourcen ge-

fördert wird, und hält sich dabei an die in Artikel 119 genannten Grundsätze.

(2) Die grundlegenden Aufgaben des ESZB bestehen darin,
– die Geldpolitik der Union festzulegen und auszuführen,
– Devisengeschäfte im Einklang mit Artikel 219 durchzuführen,
– die offiziellen Währungsreserven der Mitgliedstaaten zu halten und zu verwalten,
– das reibungslose Funktionieren der Zahlungssysteme zu fördern.

(3) Absatz 2 dritter Gedankenstrich berührt nicht die Haltung und Verwaltung von Arbeitsguthaben in Fremdwährungen durch die Regierungen der Mitgliedstaaten.

(4) Die Europäische Zentralbank wird gehört
– zu allen Vorschlägen für Rechtsakte der Union im Zuständigkeitsbereich der Europäischen Zentralbank,
– von den nationalen Behörden zu allen Entwürfen für Rechtsvorschriften im Zuständigkeitsbereich der Europäischen Zentralbank, und zwar innerhalb der Grenzen und unter den Bedingungen, die der Rat nach dem Verfahren des Artikels 129 Absatz 4 festlegt.

Die Europäische Zentralbank kann gegenüber den zuständigen Organen, Einrichtungen oder sonstigen Stellen der Union und gegenüber den nationalen Behörden Stellungnahmen zu in ihren Zuständigkeitsbereich fallenden Fragen abgeben.

(5) Das ESZB trägt zur reibungslosen Durchführung der von den zuständigen Behörden auf dem Gebiet der Aufsicht über die Kreditinstitute und der Stabilität des Finanzsystems ergriffenen Maßnahmen bei.

(6) Der Rat kann einstimmig durch Verordnungen gemäß einem besonderen Gesetzgebungsverfahren und nach Anhörung des Europäischen Parlaments und der Europäischen Zentralbank besondere Aufgaben im Zusammenhang mit der Aufsicht über Kreditinstitute und sonstige Finanzinstitute mit Ausnahme von Versicherungsunternehmen der Europäischen Zentralbank übertragen.

Artikel 128 (ex-Artikel 106 EGV) [Ausgabe von Banknoten und Münzen]

(1) ¹Die Europäische Zentralbank hat das ausschließliche Recht, die Ausgabe von Euro-Banknoten innerhalb der Union zu genehmigen. ²Die Europäische Zentralbank und die nationalen Zentralbanken sind zur Ausgabe dieser Banknoten berechtigt. ³Die von der Europäischen Zentralbank und den nationalen Zentralbanken ausgegebenen Banknoten sind die einzigen Banknoten, die in der Union als gesetzliches Zahlungsmittel gelten.

(2) ¹Die Mitgliedstaaten haben das Recht zur Ausgabe von Euro-Münzen, wobei der Umfang dieser Ausgabe der Genehmigung durch die Europäische Zentralbank bedarf. ²Der Rat kann auf Vorschlag der Kommission und nach Anhörung des Europäischen Parlaments und der Europäischen Zentralbank Maßnahmen erlassen, um die Stückelung und die technischen Merkmale aller für den Umlauf bestimmten Münzen so weit zu harmonisieren, wie dies für deren reibungslosen Umlauf innerhalb der Union erforderlich ist.

Artikel 129 (ex-Artikel 107 EGV) [Leitung des ESZB, Satzung]

(1) Das ESZB wird von den Beschlussorganen der Europäischen Zentralbank, nämlich dem Rat der Europäischen Zentralbank und dem Direktorium, geleitet.

(2) Die Satzung des Europäischen Systems der Zentralbanken und der Europäischen Zentralbank (im Folgenden „Satzung des ESZB und der EZB") ist in einem den Verträgen beigefügten Protokoll festgelegt.

(3) ¹Das Europäische Parlament und der Rat können die Artikel 5.1, 5.2, 5.3, 17, 18, 19.1, 22, 23, 24, 26, 32.2, 32.3, 32.4, 32.6, 33.1 Buchstabe a und 36 der Satzung des ESZB und der EZB gemäß dem ordentlichen Gesetzgebungsverfahren ändern. ²Sie beschließen entweder auf Empfehlung der Europäischen Zentralbank nach Anhörung der Kommission oder auf Empfehlung der Kommission nach Anhörung der Europäischen Zentralbank.

(4) Der Rat erlässt entweder auf Vorschlag der Kommission und nach Anhörung des Europäischen Parlaments und der Europäischen Zentralbank oder auf Empfehlung der Europäischen

Zentralbank und nach Anhörung des Europäischen Parlaments und der Kommission die in den Artikeln 4, 5.4, 19.2, 20, 28.1, 29.2, 30.4 und 34.3 der Satzung des ESZB und der EZB genannten Bestimmungen.

Artikel 130 (ex-Artikel 108 EGV) [Unabhängigkeit der EZB]

[1]Bei der Wahrnehmung der ihnen durch die Verträge und die Satzung des ESZB und der EZB übertragenen Befugnisse, Aufgaben und Pflichten darf weder die Europäische Zentralbank noch eine nationale Zentralbank noch ein Mitglied ihrer Beschlussorgane Weisungen von Organen, Einrichtungen oder sonstigen Stellen der Union, Regierungen der Mitgliedstaaten oder anderen Stellen einholen oder entgegennehmen. [2]Die Organe, Einrichtungen oder sonstigen Stellen der Union sowie die Regierungen der Mitgliedstaaten verpflichten sich, diesen Grundsatz zu beachten und nicht zu versuchen, die Mitglieder der Beschlussorgane der Europäischen Zentralbank oder der nationalen Zentralbanken bei der Wahrnehmung ihrer Aufgaben zu beeinflussen.

Artikel 131 (ex-Artikel 109 EGV) [Pflicht der Mitgliedstaaten zur Rechtsanpassung]

Jeder Mitgliedstaat stellt sicher, dass seine innerstaatlichen Rechtsvorschriften einschließlich der Satzung seiner nationalen Zentralbank mit den Verträgen sowie mit der Satzung des ESZB und der EZB im Einklang stehen.

Artikel 132 (ex-Artikel 110 EGV) [Handlungsinstrumente]

(1) Zur Erfüllung der dem ESZB übertragenen Aufgaben werden von der Europäischen Zentralbank gemäß den Verträgen und unter den in der Satzung des ESZB und der EZB vorgesehenen Bedingungen

– Verordnungen erlassen, insoweit dies für die Erfüllung der in Artikel 3.1 erster Gedankenstrich, Artikel 19.1, Artikel 22 oder Artikel 25.2 der Satzung des ESZB und der EZB festgelegten Aufgaben erforderlich ist; sie erlässt Verordnungen ferner in den Fällen, die in den Rechtsakten des Rates nach Artikel 129 Absatz 4 vorgesehen werden,

– Beschlüsse erlassen, die zur Erfüllung der dem ESZB nach den Verträgen und der Satzung des ESZB und der EZB übertragenen Aufgaben erforderlich sind,
– Empfehlungen und Stellungnahmen abgegeben.

(2) Die Europäische Zentralbank kann die Veröffentlichung ihrer Beschlüsse, Empfehlungen und Stellungnahmen beschließen.

(3) Innerhalb der Grenzen und unter den Bedingungen, die der Rat nach dem Verfahren des Artikels 129 Absatz 4 festlegt, ist die Europäische Zentralbank befugt, Unternehmen bei Nichteinhaltung der Verpflichtungen, die sich aus ihren Verordnungen und Beschlüssen ergeben, mit Geldbußen oder in regelmäßigen Abständen zu zahlenden Zwangsgeldern zu belegen.

Artikel 133 [Maßnahmen zur Verwendung des Euro]

[1]Unbeschadet der Befugnisse der Europäischen Zentralbank erlassen das Europäische Parlament und der Rat gemäß dem ordentlichen Gesetzgebungsverfahren die Maßnahmen, die für die Verwendung des Euro als einheitliche Währung erforderlich sind. [2]Diese Maßnahmen werden nach Anhörung der Europäischen Zentralbank erlassen.

Kapitel 3
Institutionelle Bestimmungen

Artikel 134 (ex-Artikel 114 EGV) [Wirtschafts- und Finanzausschuss]

(1) Um die Koordinierung der Politiken der Mitgliedstaaten in dem für das Funktionieren des Binnenmarkts erforderlichen Umfang zu fördern, wird ein Wirtschafts- und Finanzausschuss eingesetzt.

(2) Der Wirtschafts- und Finanzausschuss hat die Aufgabe,
– auf Ersuchen des Rates oder der Kommission oder von sich aus Stellungnahmen an diese Organe abzugeben;
– die Wirtschafts- und Finanzlage der Mitgliedstaaten und der Union zu beobachten und dem Rat und der Kommission regelmäßig darüber Bericht zu erstatten, insbesondere über die

finanziellen Beziehungen zu dritten Ländern und internationalen Einrichtungen;

– unbeschadet des Artikels 240 an der Vorbereitung der in Artikel 66, Artikel 75, Artikel 121 Absätze 2, 3, 4 und 6, Artikel 122, Artikel 124, Artikel 125, Artikel 126, Artikel 127 Absatz 6, Artikel 128 Absatz 2, Artikel 129 Absätze 3 und 4, Artikel 138, Artikel 140 Absätze 2 und 3, Artikel 143, Artikel 144 Absätze 2 und 3 und Artikel 219 genannten Arbeiten des Rates mitzuwirken und die sonstigen ihm vom Rat übertragenen Beratungsaufgaben und vorbereitenden Arbeiten auszuführen;

– mindestens einmal jährlich die Lage hinsichtlich des Kapitalverkehrs und der Freiheit des Zahlungsverkehrs, wie sie sich aus der Anwendung der Verträge und der Maßnahmen des Rates ergeben, zu prüfen; die Prüfung erstreckt sich auf alle Maßnahmen im Zusammenhang mit dem Kapital- und Zahlungsverkehr; der Ausschuss erstattet der Kommission und dem Rat Bericht über das Ergebnis dieser Prüfung.

Jeder Mitgliedstaat sowie die Kommission und die Europäische Zentralbank ernennen jeweils höchstens zwei Mitglieder des Ausschusses.

(3) [1]Der Rat legt auf Vorschlag der Kommission und nach Anhörung der Europäischen Zentralbank und des in diesem Artikel genannten Ausschusses im Einzelnen fest, wie sich der Wirtschafts- und Finanzausschuss zusammensetzt. [2]Der Präsident des Rates unterrichtet das Europäische Parlament über diesen Beschluss.

(4) Sofern und solange es Mitgliedstaaten gibt, für die eine Ausnahmeregelung nach Artikel 139 gilt, hat der Ausschuss zusätzlich zu den in Absatz 2 beschriebenen Aufgaben die Währungs- und Finanzlage sowie den allgemeinen Zahlungsverkehr der betreffenden Mitgliedstaaten zu beobachten und dem Rat und der Kommission regelmäßig darüber Bericht zu erstatten.

Artikel 135 (ex-Artikel 115 EGV) [Einholung von Kommissionsvorschlägen oder -empfehlungen]

[1]Bei Fragen, die in den Geltungsbereich von Artikel 121 Absatz 4, Artikel 126 mit Ausnahme von Absatz 14, Artikel 138, Artikel 140 Absatz 1, Artikel 140 Absatz 2 Unterabsatz 1, Ar-

tikel 140 Absatz 3 und Artikel 219 fallen, kann der Rat oder ein Mitgliedstaat die Kommission ersuchen, je nach Zweckmäßigkeit eine Empfehlung oder einen Vorschlag zu unterbreiten. ²Die Kommission prüft dieses Ersuchen und unterbreitet dem Rat umgehend ihre Schlussfolgerungen.

Kapitel 4
Besondere Bestimmungen für die Mitgliedstaaten, deren Währung der Euro ist

Artikel 136 [Haushaltsdisziplin]

(1) Im Hinblick auf das reibungslose Funktionieren der Wirtschafts- und Währungsunion erlässt der Rat für die Mitgliedstaaten, deren Währung der Euro ist, Maßnahmen nach den einschlägigen Bestimmungen der Verträge und dem entsprechenden Verfahren unter den in den Artikeln 121 und 126 genannten Verfahren, mit Ausnahme des in Artikel 126 Absatz 14 genannten Verfahrens, um

a) die Koordinierung und Überwachung ihrer Haushaltsdisziplin zu verstärken,

b) für diese Staaten Grundzüge der Wirtschaftspolitik auszuarbeiten, wobei darauf zu achten ist, dass diese mit den für die gesamte Union angenommenen Grundzügen der Wirtschaftspolitik vereinbar sind, und ihre Einhaltung zu überwachen.

(2) Bei den in Absatz 1 genannten Maßnahmen sind nur die Mitglieder des Rates stimmberechtigt, die die Mitgliedstaaten vertreten, deren Währung der Euro ist.

Die qualifizierte Mehrheit dieser Mitglieder bestimmt sich nach Artikel 238 Absatz 3 Buchstabe a.

(3) ¹Die Mitgliedstaaten, deren Währung der Euro ist, können einen Stabilitätsmechanismus einrichten, der aktiviert wird, wenn dies unabdingbar ist, um die Stabilität des Euro-Währungsgebiets insgesamt zu wahren. ²Die Gewährung aller erforderlichen Finanzhilfen im Rahmen des Mechanismus wird strengen Auflagen unterliegen.

Artikel 137 [Tagungen der Euro-Gruppe]

Die Einzelheiten für die Tagungen der Minister der Mitgliedstaaten, deren Währung der Euro ist, sind in dem Protokoll betreffend die Euro-Gruppe festgelegt.

Artikel 138 (ex-Artikel 111 Absatz 4 EGV) [Stellung des Euro im internationalen Währungssystem]

(1) [1]Zur Gewährleistung der Stellung des Euro im internationalen Währungssystem erlässt der Rat auf Vorschlag der Kommission einen Beschluss zur Festlegung der innerhalb der zuständigen internationalen Einrichtungen und Konferenzen im Finanzbereich einzunehmenden gemeinsamen Standpunkte zu den Fragen, die von besonderer Bedeutung für die Wirtschafts- und Währungsunion sind. [2]Der Rat beschließt nach Anhörung der Europäischen Zentralbank.

(2) [1]Der Rat kann auf Vorschlag der Kommission geeignete Maßnahmen mit dem Ziel erlassen, eine einheitliche Vertretung bei den internationalen Einrichtungen und Konferenzen im Finanzbereich sicherzustellen. [2]Der Rat beschließt nach Anhörung der Europäischen Zentralbank.

(3) Bei den in den Absätzen 1 und 2 genannten Maßnahmen sind nur die Mitglieder des Rates stimmberechtigt, die die Mitgliedstaaten vertreten, deren Währung der Euro ist.

Die qualifizierte Mehrheit dieser Mitglieder bestimmt sich nach Artikel 238 Absatz 3 Buchstabe a.

Kapitel 5
Übergangsbestimmungen

Artikel 139 [Ausnahmen für Mitgliedstaaten mit Ausnahmeregelung]

(1) Die Mitgliedstaaten, für die der Rat nicht beschlossen hat, dass sie die erforderlichen Voraussetzungen für die Einführung des Euro erfüllen, werden im Folgenden als „Mitgliedstaaten, für die eine Ausnahmeregelung gilt" oder „Mitgliedstaaten mit Ausnahmeregelung" bezeichnet.

(2) Auf die Mitgliedstaaten, für die eine Ausnahmeregelung gilt, finden die im Folgenden aufgeführten Bestimmungen der Verträge keine Anwendung:

a) Annahme der das Euro-Währungsgebiet generell betreffenden Teile der Grundzüge der Wirtschaftspolitik (Artikel 121 Absatz 2);

b) Zwangsmittel zum Abbau eines übermäßigen Defizits (Artikel 126 Absätze 9 und 11);

c) Ziele und Aufgaben des ESZB (Artikel 127 Absätze 1, 2, 3 und 5);

d) Ausgabe des Euro (Artikel 128);

e) Rechtsakte der Europäischen Zentralbank (Artikel 132);

f) Maßnahmen bezüglich der Verwendung des Euro (Artikel 133);

g) Währungsvereinbarungen und andere Maßnahmen bezüglich der Wechselkurspolitik (Artikel 219);

h) Ernennung der Mitglieder des Direktoriums der Europäischen Zentralbank (Artikel 283 Absatz 2);

i) Beschlüsse zur Festlegung der innerhalb der zuständigen internationalen Einrichtungen und Konferenzen im Finanzbereich einzunehmenden gemeinsamen Standpunkte zu den Fragen, die von besonderer Bedeutung für die Wirtschafts- und Währungsunion sind (Artikel 138 Absatz 1);

j) Maßnahmen zur Sicherstellung einer einheitlichen Vertretung bei den internationalen Einrichtungen und Konferenzen im Finanzbereich (Artikel 138 Absatz 2).

Somit sind „Mitgliedstaaten" im Sinne der in den Buchstaben a bis j genannten Artikel die Mitgliedstaaten, deren Währung der Euro ist.

(3) Die Mitgliedstaaten, für die eine Ausnahmeregelung gilt, und deren nationale Zentralbanken sind nach Kapitel IX der Satzung des ESZB und der EZB von den Rechten und Pflichten im Rahmen des ESZB ausgeschlossen.

(4) Das Stimmrecht der Mitglieder des Rates, die Mitgliedstaaten mit Ausnahmeregelung vertreten, ruht beim Erlass von Maßnahmen nach den in Absatz 2 genannten Artikeln durch den Rat sowie bei

a) Empfehlungen an die Mitgliedstaaten, deren Währung der Euro ist, im Rahmen der multilateralen Überwachung, einschließlich Empfehlungen zu den Stabilitätsprogrammen und Verwarnungen (Artikel 121 Absatz 4);

b) Maßnahmen bei übermäßigem Defizit von Mitgliedstaaten, deren Währung der Euro ist (Artikel 126 Absätze 6, 7, 8, 12 und 13).

Die qualifizierte Mehrheit der übrigen Mitglieder des Rates bestimmt sich nach Artikel 238 Absatz 3 Buchstabe a.

Artikel 140 (ex-Artikel 121 Absatz 1, ex-Artikel 122 Absatz 2 Satz 2 und ex-Artikel 123 Absatz 5 EGV)
[Berichtspflicht]

(1) [1]Mindestens einmal alle zwei Jahre oder auf Antrag eines Mitgliedstaats, für den eine Ausnahmeregelung gilt, berichten die Kommission und die Europäische Zentralbank dem Rat, inwieweit die Mitgliedstaaten, für die eine Ausnahmeregelung gilt, bei der Verwirklichung der Wirtschafts- und Währungsunion ihren Verpflichtungen bereits nachgekommen sind. [2]In ihren Berichten wird auch die Frage geprüft, inwieweit die innerstaatlichen Rechtsvorschriften jedes einzelnen dieser Mitgliedstaaten einschließlich der Satzung der jeweiligen nationalen Zentralbank mit Artikel 130 und Artikel 131 sowie der Satzung des ESZB und der EZB vereinbar sind. [3]Ferner wird darin geprüft, ob ein hoher Grad an dauerhafter Konvergenz erreicht ist; Maßstab hierfür ist, ob die einzelnen Mitgliedstaaten folgende Kriterien erfüllen:

– Erreichung eines hohen Grades an Preisstabilität, ersichtlich aus einer Inflationsrate, die der Inflationsrate jener – höchstens drei – Mitgliedstaaten nahe kommt, die auf dem Gebiet der Preisstabilität das beste Ergebnis erzielt haben;

– eine auf Dauer tragbare Finanzlage der öffentlichen Hand, ersichtlich aus einer öffentlichen Haushaltslage ohne übermäßiges Defizit im Sinne des Artikels 126 Absatz 6;

– Einhaltung der normalen Bandbreiten des Wechselkursmechanismus des Europäischen Währungssystems seit mindestens zwei Jahren ohne Abwertung gegenüber dem Euro;

– Dauerhaftigkeit der von dem Mitgliedstaat mit Ausnahmeregelung erreichten Konvergenz und seiner Teilnahme am Wechselkursmechanismus, die im Niveau der langfristigen Zinssätze zum Ausdruck kommt.

¹Die vier Kriterien in diesem Absatz sowie die jeweils erforderliche Dauer ihrer Einhaltung sind in einem den Verträgen beigefügten Protokoll näher festgelegt. ²Die Berichte der Kommission und der Europäischen Zentralbank berücksichtigen auch die Ergebnisse bei der Integration der Märkte, den Stand und die Entwicklung der Leistungsbilanzen, die Entwicklung bei den Lohnstückkosten und andere Preisindizes.

(2) Der Rat beschließt nach Anhörung des Europäischen Parlaments und nach Aussprache im Europäischen Rat auf Vorschlag der Kommission, welche der Mitgliedstaaten, für die eine Ausnahmeregelung gilt, die auf den Kriterien des Absatzes 1 beruhenden Voraussetzungen erfüllen, und hebt die Ausnahmeregelungen der betreffenden Mitgliedstaaten auf.

¹Der Rat beschließt auf Empfehlung einer qualifizierten Mehrheit derjenigen seiner Mitglieder, die Mitgliedstaaten vertreten, deren Währung der Euro ist. ²Diese Mitglieder beschließen innerhalb von sechs Monaten nach Eingang des Vorschlags der Kommission beim Rat.

Die in Unterabsatz 2 genannte qualifizierte Mehrheit dieser Mitglieder bestimmt sich nach Artikel 238 Absatz 3 Buchstabe a.

(3) Wird nach dem Verfahren des Absatzes 2 beschlossen, eine Ausnahmeregelung aufzuheben, so legt der Rat aufgrund eines einstimmigen Beschlusses der Mitgliedstaaten, deren Währung der Euro ist, und des betreffenden Mitgliedstaats auf Vorschlag der Kommission und nach Anhörung der Europäischen Zentralbank den Kurs, zu dem dessen Währung durch den Euro ersetzt wird, unwiderruflich fest und ergreift die sonstigen erforderlichen Maßnahmen zur Einführung des Euro als einheitliche Währung in dem betreffenden Mitgliedstaat.

Artikel 141 (ex-Artikel 123 Absatz 3 und ex-Artikel 117 Absatz 2 erster bis fünfter Gedankenstrich EGV)
[Errichtung des Erweiterten Rats der EZB]

(1) Sofern und solange es Mitgliedstaaten gibt, für die eine Ausnahmeregelung gilt, wird unbeschadet des Artikels 129 Absatz 1 der in Artikel 44 der Satzung des ESZB und der EZB

bezeichnete Erweiterte Rat der Europäischen Zentralbank als drittes Beschlussorgan der Europäischen Zentralbank errichtet.

(2) Sofern und solange es Mitgliedstaaten gibt, für die eine Ausnahmeregelung gilt, ist es die Aufgabe der Europäischen Zentralbank, in Bezug auf diese Mitgliedstaaten

– die Zusammenarbeit zwischen den nationalen Zentralbanken zu verstärken;

– die Koordinierung der Geldpolitiken der Mitgliedstaaten mit dem Ziel zu verstärken, die Preisstabilität aufrechtzuerhalten;

– das Funktionieren des Wechselkursmechanismus zu überwachen;

– Konsultationen zu Fragen durchzuführen, die in die Zuständigkeit der nationalen Zentralbanken fallen und die Stabilität der Finanzinstitute und -märkte berühren;

– die seinerzeitigen Aufgaben des Europäischen Fonds für währungspolitische Zusammenarbeit, die zuvor vom Europäischen Währungsinstitut übernommen worden waren, wahrzunehmen.

Artikel 142 (ex-Artikel 124 Absatz 1 EGV)
[Wechselkurspolitik]

¹Jeder Mitgliedstaat, für den eine Ausnahmeregelung gilt, behandelt seine Wechselkurspolitik als eine Angelegenheit von gemeinsamem Interesse. ²Er berücksichtigt dabei die Erfahrungen, die bei der Zusammenarbeit im Rahmen des Wechselkursmechanismus gesammelt worden sind.

Artikel 143 (ex-Artikel 119 EGV) [Schwierigkeiten betreffend Zahlungsbilanz]

(1) ¹Ist ein Mitgliedstaat, für den eine Ausnahmeregelung gilt, hinsichtlich seiner Zahlungsbilanz von Schwierigkeiten betroffen oder ernstlich bedroht, die sich entweder aus einem Ungleichgewicht seiner Gesamtzahlungsbilanz oder aus der Art der ihm zur Verfügung stehenden Devisen ergeben, und sind diese Schwierigkeiten geeignet, insbesondere das Funktionieren des Binnenmarkts oder die Verwirklichung der gemeinsamen Handelspolitik zu gefährden, so prüft die Kommission unverzüglich die Lage dieses Staates sowie die Maßnahmen, die er getroffen hat oder unter Einsatz aller ihm zur Verfügung stehenden Mittel

nach den Verträgen treffen kann. ²Die Kommission gibt die Maßnahmen an, die sie dem betreffenden Mitgliedstaat empfiehlt.

Erweisen sich die von einem Mitgliedstaat mit Ausnahmeregelung ergriffenen und die von der Kommission angeregten Maßnahmen als unzureichend, die aufgetretenen oder drohenden Schwierigkeiten zu beheben, so empfiehlt die Kommission dem Rat nach Anhörung des Wirtschafts- und Finanzausschusses einen gegenseitigen Beistand und die dafür geeigneten Methoden.

Die Kommission unterrichtet den Rat regelmäßig über die Lage und ihre Entwicklung.

(2) ¹Der Rat gewährt den gegenseitigen Beistand; er erlässt Richtlinien oder Beschlüsse, welche die Bedingungen und Einzelheiten hierfür festlegen. ²Der gegenseitige Beistand kann insbesondere erfolgen

a) durch ein abgestimmtes Vorgehen bei anderen internationalen Organisationen, an die sich die Mitgliedstaaten, für die eine Ausnahmeregelung gilt, wenden können;

b) durch Maßnahmen, die notwendig sind, um Verlagerungen von Handelsströmen zu vermeiden, falls der in Schwierigkeiten befindliche Mitgliedstaat mit Ausnahmeregelung mengenmäßige Beschränkungen gegenüber dritten Ländern beibehält oder wieder einführt;

c) durch Bereitstellung von Krediten in begrenzter Höhe seitens anderer Mitgliedstaaten; hierzu ist ihr Einverständnis erforderlich.

(3) Stimmt der Rat dem von der Kommission empfohlenen gegenseitigen Beistand nicht zu oder sind der gewährte Beistand und die getroffenen Maßnahmen unzureichend, so ermächtigt die Kommission den in Schwierigkeiten befindlichen Mitgliedstaat mit Ausnahmeregelung, Schutzmaßnahmen zu treffen, deren Bedingungen und Einzelheiten sie festlegt.

Der Rat kann diese Ermächtigung aufheben und die Bedingungen und Einzelheiten ändern.

Artikel 144 (ex-Artikel 120 EGV) [Zahlungsbilanzkrise]

(1) ¹Gerät ein Mitgliedstaat, für den eine Ausnahmeregelung gilt, in eine plötzliche Zahlungsbilanzkrise und wird ein Beschluss im Sinne des Artikels 143 Absatz 2 nicht unverzüglich getroffen, so kann der betreffende Staat vorsorglich die erforderlichen

Schutzmaßnahmen ergreifen. ²Sie dürfen nur ein Mindestmaß an Störungen im Funktionieren des Binnenmarkts hervorrufen und nicht über das zur Behebung der plötzlich aufgetretenen Schwierigkeiten unbedingt erforderliche Ausmaß hinausgehen.

(2) ¹Die Kommission und die anderen Mitgliedstaaten werden über die Schutzmaßnahmen spätestens bei deren Inkrafttreten unterrichtet. ²Die Kommission kann dem Rat den gegenseitigen Beistand nach Artikel 143 empfehlen.

(3) Auf Empfehlung der Kommission und nach Anhörung des Wirtschafts- und Finanzausschusses kann der Rat beschließen, dass der betreffende Mitgliedstaat diese Schutzmaßnahmen zu ändern, auszusetzen oder aufzuheben hat.

**Titel IX
Beschäftigung**

Artikel 145 (ex-Artikel 125 EGV) [Entwicklung einer koordinierten Beschäftigungsstrategie]

Die Mitgliedstaaten und die Union arbeiten nach diesem Titel auf die Entwicklung einer koordinierten Beschäftigungsstrategie und insbesondere auf die Förderung der Qualifizierung, Ausbildung und Anpassungsfähigkeit der Arbeitnehmer sowie der Fähigkeit der Arbeitsmärkte hin, auf die Erfordernisse des wirtschaftlichen Wandels zu reagieren, um die Ziele des Artikels 3 des Vertrags über die Europäische Union zu erreichen.

Artikel 146 (ex-Artikel 126 EGV) [Abgestimmte Beschäftigungspolitik der Mitgliedstaaten]

(1) Die Mitgliedstaaten tragen durch ihre Beschäftigungspolitik im Einklang mit den nach Artikel 121 Absatz 2 verabschiedeten Grundzügen der Wirtschaftspolitik der Mitgliedstaaten und der Union zur Erreichung der in Artikel 145 genannten Ziele bei.

(2) Die Mitgliedstaaten betrachten die Förderung der Beschäftigung als Angelegenheit von gemeinsamem Interesse und stimmen ihre diesbezüglichen Tätigkeiten nach Maßgabe des Artikels 148 im Rat aufeinander ab, wobei die einzelstaatlichen

Gepflogenheiten in Bezug auf die Verantwortung der Sozialpartner berücksichtigt werden.

Artikel 147 (ex-Artikel 127 EGV) [Hohes Beschäftigungsniveau]

(1) ¹Die Union trägt zu einem hohen Beschäftigungsniveau bei, indem sie die Zusammenarbeit zwischen den Mitgliedstaaten fördert und deren Maßnahmen in diesem Bereich unterstützt und erforderlichenfalls ergänzt. ²Hierbei wird die Zuständigkeit der Mitgliedstaaten beachtet.

(2) Das Ziel eines hohen Beschäftigungsniveaus wird bei der Festlegung und Durchführung der Unionspolitiken und -maßnahmen berücksichtigt.

Artikel 148 (ex-Artikel 128 EGV) [Beschäftigungslage in der Union, Festlegung beschäftigungspolitischer Leitlinien]

(1) Anhand eines gemeinsamen Jahresberichts des Rates und der Kommission prüft der Europäische Rat jährlich die Beschäftigungslage in der Union und nimmt hierzu Schlussfolgerungen an.

(2) ¹Anhand der Schlussfolgerungen des Europäischen Rates legt der Rat auf Vorschlag der Kommission und nach Anhörung des Europäischen Parlaments, des Wirtschafts- und Sozialausschusses, des Ausschusses der Regionen und des in Artikel 150 genannten Beschäftigungsausschusses jährlich Leitlinien fest, welche die Mitgliedstaaten in ihrer Beschäftigungspolitik berücksichtigen. ²Diese Leitlinien müssen mit den nach Artikel 121 Absatz 2 verabschiedeten Grundzügen in Einklang stehen.

(3) Jeder Mitgliedstaat übermittelt dem Rat und der Kommission jährlich einen Bericht über die wichtigsten Maßnahmen, die er zur Durchführung seiner Beschäftigungspolitik im Lichte der beschäftigungspolitischen Leitlinien nach Absatz 2 getroffen hat.

(4) ¹Anhand der in Absatz 3 genannten Berichte und nach Stellungnahme des Beschäftigungsausschusses unterzieht der Rat die Durchführung der Beschäftigungspolitik der Mitgliedstaaten im Lichte der beschäftigungspolitischen Leitlinien jährlich einer Prüfung. ²Der Rat kann dabei auf Empfehlung der Kommission

Empfehlungen an die Mitgliedstaaten richten, wenn er dies aufgrund der Ergebnisse dieser Prüfung für angebracht hält.

(5) Auf der Grundlage der Ergebnisse der genannten Prüfung erstellen der Rat und die Kommission einen gemeinsamen Jahresbericht für den Europäischen Rat über die Beschäftigungslage in der Union und über die Umsetzung der beschäftigungspolitischen Leitlinien.

Artikel 149 (ex-Artikel 129 EGV) [Anreizmaßnahmen zur Förderung der Zusammenarbeit]

Das Europäische Parlament und der Rat können gemäß dem ordentlichen Gesetzgebungsverfahren und nach Anhörung des Wirtschafts- und Sozialausschusses sowie des Ausschusses der Regionen Anreizmaßnahmen zur Förderung der Zusammenarbeit zwischen den Mitgliedstaaten und zur Unterstützung ihrer Beschäftigungsmaßnahmen durch Initiativen beschließen, die darauf abzielen, den Austausch von Informationen und bewährten Verfahren zu entwickeln, vergleichende Analysen und Gutachten bereitzustellen sowie innovative Ansätze zu fördern und Erfahrungen zu bewerten, und zwar insbesondere durch den Rückgriff auf Pilotvorhaben.

Diese Maßnahmen schließen keinerlei Harmonisierung der Rechts- und Verwaltungsvorschriften der Mitgliedstaaten ein.

Artikel 150 (ex-Artikel 130 EGV)
[Beschäftigungsausschuss]

¹Der Rat, der mit einfacher Mehrheit beschließt, setzt nach Anhörung des Europäischen Parlaments einen Beschäftigungsausschuss mit beratender Funktion zur Förderung der Koordinierung der Beschäftigungs- und Arbeitsmarktpolitik der Mitgliedstaaten ein. ²Der Ausschuss hat folgende Aufgaben:

– Er verfolgt die Beschäftigungslage und die Beschäftigungspolitik in den Mitgliedstaaten und der Union;

– er gibt unbeschadet des Artikels 240 auf Ersuchen des Rates oder der Kommission oder von sich aus Stellungnahmen ab und trägt zur Vorbereitung der in Artikel 148 genannten Beratungen des Rates bei.

Bei der Erfüllung seines Auftrags hört der Ausschuss die Sozialpartner.

Jeder Mitgliedstaat und die Kommission entsenden zwei Mitglieder in den Ausschuss.

Titel X
Sozialpolitik

Artikel 151 (ex-Artikel 136 EGV) [Ziele und Maßnahmen]

Die Union und die Mitgliedstaaten verfolgen eingedenk der sozialen Grundrechte, wie sie in der am 18. Oktober 1961 in Turin unterzeichneten Europäischen Sozialcharta und in der Gemeinschaftscharta der sozialen Grundrechte der Arbeitnehmer von 1989 festgelegt sind, folgende Ziele: die Förderung der Beschäftigung, die Verbesserung der Lebens- und Arbeitsbedingungen, um dadurch auf dem Wege des Fortschritts ihre Angleichung zu ermöglichen, einen angemessenen sozialen Schutz, den sozialen Dialog, die Entwicklung des Arbeitskräftepotenzials im Hinblick auf ein dauerhaft hohes Beschäftigungsniveau und die Bekämpfung von Ausgrenzungen.

Zu diesem Zweck führen die Union und die Mitgliedstaaten Maßnahmen durch, die der Vielfalt der einzelstaatlichen Gepflogenheiten, insbesondere in den vertraglichen Beziehungen, sowie der Notwendigkeit, die Wettbewerbsfähigkeit der Wirtschaft der Union zu erhalten, Rechnung tragen.

Sie sind der Auffassung, dass sich eine solche Entwicklung sowohl aus dem eine Abstimmung der Sozialordnungen begünstigenden Wirken des Binnenmarkts als auch aus den in den Verträgen vorgesehenen Verfahren sowie aus der Angleichung ihrer Rechts- und Verwaltungsvorschriften ergeben wird.

Artikel 152 [Sozialpartner auf Ebene der Union, sozialer Dialog]

[1]Die Union anerkennt und fördert die Rolle der Sozialpartner auf Ebene der Union unter Berücksichtigung der Unterschiedlich-

keit der nationalen Systeme. ²Sie fördert den sozialen Dialog und achtet dabei die Autonomie der Sozialpartner.

Der Dreigliedrige Sozialgipfel für Wachstum und Beschäftigung trägt zum sozialen Dialog bei.

Artikel 153 (ex-Artikel 137 EGV) [Kompetenzen der Union]

(1) Zur Verwirklichung der Ziele des Artikels 151 unterstützt und ergänzt die Union die Tätigkeit der Mitgliedstaaten auf folgenden Gebieten:

a) Verbesserung insbesondere der Arbeitsumwelt zum Schutz der Gesundheit und der Sicherheit der Arbeitnehmer,

b) Arbeitsbedingungen,

c) soziale Sicherheit und sozialer Schutz der Arbeitnehmer,

d) Schutz der Arbeitnehmer bei Beendigung des Arbeitsvertrags,

e) Unterrichtung und Anhörung der Arbeitnehmer,

f) Vertretung und kollektive Wahrnehmung der Arbeitnehmer- und Arbeitgeberinteressen, einschließlich der Mitbestimmung, vorbehaltlich des Absatzes 5,

g) Beschäftigungsbedingungen der Staatsangehörigen dritter Länder, die sich rechtmäßig im Gebiet der Union aufhalten,

h) berufliche Eingliederung der aus dem Arbeitsmarkt ausgegrenzten Personen, unbeschadet des Artikels 166,

i) Chancengleichheit von Männern und Frauen auf dem Arbeitsmarkt und Gleichbehandlung am Arbeitsplatz,

j) Bekämpfung der sozialen Ausgrenzung,

k) Modernisierung der Systeme des sozialen Schutzes, unbeschadet des Buchstabens c.

(2) Zu diesem Zweck können das Europäische Parlament und der Rat

a) unter Ausschluss jeglicher Harmonisierung der Rechts- und Verwaltungsvorschriften der Mitgliedstaaten Maßnahmen annehmen, die dazu bestimmt sind, die Zusammenarbeit zwischen den Mitgliedstaaten durch Initiativen zu fördern, die die Verbesserung des Wissensstands, die Entwicklung des Austauschs von Informationen und bewährten Verfahren, die Förderung innovativer Ansätze und die Bewertung von Erfahrungen zum Ziel haben;

b) in den in Absatz 1 Buchstaben a bis i genannten Bereichen unter Berücksichtigung der in den einzelnen Mitgliedstaaten bestehenden Bedingungen und technischen Regelungen durch Richtlinien Mindestvorschriften erlassen, die schrittweise anzuwenden sind. Diese Richtlinien sollen keine verwaltungsmäßigen, finanziellen oder rechtlichen Auflagen vorschreiben, die der Gründung und Entwicklung von kleinen und mittleren Unternehmen entgegenstehen.

Das Europäische Parlament und der Rat beschließen gemäß dem ordentlichen Gesetzgebungsverfahren nach Anhörung des Wirtschafts- und Sozialausschusses und des Ausschusses der Regionen.

In den in Absatz 1 Buchstaben c, d, f und g genannten Bereichen beschließt der Rat einstimmig gemäß einem besonderen Gesetzgebungsverfahren nach Anhörung des Europäischen Parlaments und der genannten Ausschüsse.

Der Rat kann einstimmig auf Vorschlag der Kommission nach Anhörung des Europäischen Parlaments beschließen, dass das ordentliche Gesetzgebungsverfahren auf Absatz 1 Buchstaben d, f und g angewandt wird.

(3) Ein Mitgliedstaat kann den Sozialpartnern auf deren gemeinsamen Antrag die Durchführung von aufgrund des Absatzes 2 angenommenen Richtlinien oder gegebenenfalls die Durchführung eines nach Artikel 155 erlassenen Beschlusses des Rates übertragen.

In diesem Fall vergewissert sich der Mitgliedstaat, dass die Sozialpartner spätestens zu dem Zeitpunkt, zu dem eine Richtlinie umgesetzt oder ein Beschluss durchgeführt sein muss, im Wege einer Vereinbarung die erforderlichen Vorkehrungen getroffen haben; dabei hat der Mitgliedstaat alle erforderlichen Maßnahmen zu treffen, um jederzeit gewährleisten zu können, dass die durch diese Richtlinie oder diesen Beschluss vorgeschriebenen Ergebnisse erzielt werden.

(4) Die aufgrund dieses Artikels erlassenen Bestimmungen
– berühren nicht die anerkannte Befugnis der Mitgliedstaaten, die Grundprinzipien ihres Systems der sozialen Sicherheit festzulegen, und dürfen das finanzielle Gleichgewicht dieser Systeme nicht erheblich beeinträchtigen;

– hindern die Mitgliedstaaten nicht daran, strengere Schutzmaßnahmen beizubehalten oder zu treffen, die mit den Verträgen vereinbar sind.

(5) Dieser Artikel gilt nicht für das Arbeitsentgelt, das Koalitionsrecht, das Streikrecht sowie das Aussperrungsrecht.

Artikel 154 (ex-Artikel 138 EGV) [Anhörung der Sozialpartner]

(1) Die Kommission hat die Aufgabe, die Anhörung der Sozialpartner auf Unionsebene zu fördern, und erlässt alle zweckdienlichen Maßnahmen, um den Dialog zwischen den Sozialpartnern zu erleichtern, wobei sie für Ausgewogenheit bei der Unterstützung der Parteien sorgt.

(2) Zu diesem Zweck hört die Kommission vor Unterbreitung von Vorschlägen im Bereich der Sozialpolitik die Sozialpartner zu der Frage, wie eine Unionsaktion gegebenenfalls ausgerichtet werden sollte.

(3) [1]Hält die Kommission nach dieser Anhörung eine Unionsmaßnahme für zweckmäßig, so hört sie die Sozialpartner zum Inhalt des in Aussicht genommenen Vorschlags. [2]Die Sozialpartner übermitteln der Kommission eine Stellungnahme oder gegebenenfalls eine Empfehlung.

(4) [1]Bei den Anhörungen nach den Absätzen 2 und 3 können die Sozialpartner der Kommission mitteilen, dass sie den Prozess nach Artikel 155 in Gang setzen wollen. [2]Die Dauer dieses Prozesses darf höchstens neun Monate betragen, sofern die betroffenen Sozialpartner und die Kommission nicht gemeinsam eine Verlängerung beschließen.

Artikel 155 (ex-Artikel 139 EGV) [Dialog zwischen den Sozialpartnern]

(1) Der Dialog zwischen den Sozialpartnern auf Unionsebene kann, falls sie es wünschen, zur Herstellung vertraglicher Beziehungen einschließlich des Abschlusses von Vereinbarungen führen.

(2) [1]Die Durchführung der auf Unionsebene geschlossenen Vereinbarungen erfolgt entweder nach den jeweiligen Verfahren und Gepflogenheiten der Sozialpartner und der Mitgliedstaaten

oder – in den durch Artikel 153 erfassten Bereichen – auf gemeinsamen Antrag der Unterzeichnerparteien durch einen Beschluss des Rates auf Vorschlag der Kommission. ²Das Europäische Parlament wird unterrichtet.

Der Rat beschließt einstimmig, sofern die betreffende Vereinbarung eine oder mehrere Bestimmungen betreffend einen der Bereiche enthält, für die nach Artikel 153 Absatz 2 Einstimmigkeit erforderlich ist.

Artikel 156 (ex-Artikel 140 EGV) [Fördermaßnahmen der Kommission]

Unbeschadet der sonstigen Bestimmungen der Verträge fördert die Kommission im Hinblick auf die Erreichung der Ziele des Artikels 151 die Zusammenarbeit zwischen den Mitgliedstaaten und erleichtert die Abstimmung ihres Vorgehens in allen unter dieses Kapitel fallenden Bereichen der Sozialpolitik, insbesondere auf dem Gebiet

– der Beschäftigung,
– des Arbeitsrechts und der Arbeitsbedingungen,
– der beruflichen Ausbildung und Fortbildung,
– der sozialen Sicherheit,
– der Verhütung von Berufsunfällen und Berufskrankheiten,
– des Gesundheitsschutzes bei der Arbeit,
– des Koalitionsrechts und der Kollektivverhandlungen zwischen Arbeitgebern und Arbeitnehmern.

¹Zu diesem Zweck wird die Kommission in enger Verbindung mit den Mitgliedstaaten durch Untersuchungen, Stellungnahmen und die Durchführung von Konsultationen in Bezug auf innerstaatlich oder in den internationalen Organisationen zu behandelnde Fragen tätig, und zwar insbesondere im Wege von Initiativen, die darauf abzielen, Leitlinien und Indikatoren festzulegen, den Austausch bewährter Verfahren durchzuführen und die erforderlichen Elemente für eine regelmäßige Überwachung und Bewertung auszuarbeiten. ²Das Europäische Parlament wird in vollem Umfang unterrichtet.

Vor Abgabe der in diesem Artikel vorgesehenen Stellungnahmen hört die Kommission den Wirtschafts- und Sozialausschuss.

Artikel 157 (ex-Artikel 141 EGV) [Verbot der Geschlechtsdiskriminierung im Hinblick auf das Entgelt]

(1) Jeder Mitgliedstaat stellt die Anwendung des Grundsatzes des gleichen Entgelts für Männer und Frauen bei gleicher oder gleichwertiger Arbeit sicher.

(2) Unter „Entgelt" im Sinne dieses Artikels sind die üblichen Grund- oder Mindestlöhne und -gehälter sowie alle sonstigen Vergütungen zu verstehen, die der Arbeitgeber aufgrund des Dienstverhältnisses dem Arbeitnehmer unmittelbar oder mittelbar in bar oder in Sachleistungen zahlt.

Gleichheit des Arbeitsentgelts ohne Diskriminierung aufgrund des Geschlechts bedeutet,

a) dass das Entgelt für eine gleiche nach Akkord bezahlte Arbeit aufgrund der gleichen Maßeinheit festgesetzt wird,

b) dass für eine nach Zeit bezahlte Arbeit das Entgelt bei gleichem Arbeitsplatz gleich ist.

(3) Das Europäische Parlament und der Rat beschließen gemäß dem ordentlichen Gesetzgebungsverfahren und nach Anhörung des Wirtschafts- und Sozialausschusses Maßnahmen zur Gewährleistung der Anwendung des Grundsatzes der Chancengleichheit und der Gleichbehandlung von Männern und Frauen in Arbeits- und Beschäftigungsfragen, einschließlich des Grundsatzes des gleichen Entgelts bei gleicher oder gleichwertiger Arbeit.

(4) Im Hinblick auf die effektive Gewährleistung der vollen Gleichstellung von Männern und Frauen im Arbeitsleben hindert der Grundsatz der Gleichbehandlung die Mitgliedstaaten nicht daran, zur Erleichterung der Berufstätigkeit des unterrepräsentierten Geschlechts oder zur Verhinderung bzw. zum Ausgleich von Benachteiligungen in der beruflichen Laufbahn spezifische Vergünstigungen beizubehalten oder zu beschließen.

Artikel 158 (ex-Artikel 142 EGV) [Bezahlte Freizeit]

Die Mitgliedstaaten sind bestrebt, die bestehende Gleichwertigkeit der Ordnungen über die bezahlte Freizeit beizubehalten.

Artikel 159 (ex-Artikel 143 EGV) [Bericht zur Verwirklichung der beschäftigungspolitischen Ziele und über die demografische Lage]

¹Die Kommission erstellt jährlich einen Bericht über den Stand der Verwirklichung der in Artikel 151 genannten Ziele sowie über die demografische Lage in der Union. ²Sie übermittelt diesen Bericht dem Europäischen Parlament, dem Rat und dem Wirtschafts- und Sozialausschuss.

Artikel 160 (ex-Artikel 144 EGV) [Ausschuss für Sozialschutz]

¹Der Rat, der mit einfacher Mehrheit beschließt, setzt nach Anhörung des Europäischen Parlaments einen Ausschuss für Sozialschutz mit beratender Aufgabe ein, um die Zusammenarbeit im Bereich des sozialen Schutzes zwischen den Mitgliedstaaten und mit der Kommission zu fördern. ²Der Ausschuss hat folgende Aufgaben:

– Er verfolgt die soziale Lage und die Entwicklung der Politiken im Bereich des sozialen Schutzes in den Mitgliedstaaten und der Union;

– er fördert den Austausch von Informationen, Erfahrungen und bewährten Verfahren zwischen den Mitgliedstaaten und mit der Kommission;

– unbeschadet des Artikels 240 arbeitet er auf Ersuchen des Rates oder der Kommission oder von sich aus in seinem Zuständigkeitsbereich Berichte aus, gibt Stellungnahmen ab oder wird auf andere Weise tätig.

Bei der Erfüllung seines Auftrags stellt der Ausschuss geeignete Kontakte zu den Sozialpartnern.

Jeder Mitgliedstaat und die Kommission ernennen zwei Mitglieder des Ausschusses.

Artikel 161 (ex-Artikel 145 EGV) [Bericht über soziale Lage]

Der Jahresbericht der Kommission an das Europäische Parlament hat stets ein besonderes Kapitel über die Entwicklung der sozialen Lage in der Union zu enthalten.

Das Europäische Parlament kann die Kommission auffordern, Berichte über besondere, die soziale Lage betreffende Fragen auszuarbeiten.

**Titel XI
Der Europäische Sozialfonds**

Artikel 162 (ex-Artikel 146 EGV) [Errichtung und Ziele]

Um die Beschäftigungsmöglichkeiten der Arbeitskräfte im Binnenmarkt zu verbessern und damit zur Hebung der Lebenshaltung beizutragen, wird nach Maßgabe der folgenden Bestimmungen ein Europäischer Sozialfonds errichtet, dessen Ziel es ist, innerhalb der Union die berufliche Verwendbarkeit und die örtliche und berufliche Mobilität der Arbeitskräfte zu fördern sowie die Anpassung an die industriellen Wandlungsprozesse und an Veränderungen der Produktionssysteme insbesondere durch berufliche Bildung und Umschulung zu erleichtern.

Artikel 163 (ex-Artikel 147 EGV) [Verwaltung des Fonds]

Die Verwaltung des Fonds obliegt der Kommission.

Die Kommission wird hierbei von einem Ausschuss unterstützt, der aus Vertretern der Regierungen sowie der Arbeitgeber- und der Arbeitnehmerverbände besteht; den Vorsitz führt ein Mitglied der Kommission.

Artikel 164 (ex-Artikel 148 EGV) [Durchführungsverordnungen]

Das Europäische Parlament und der Rat erlassen gemäß dem ordentlichen Gesetzgebungsverfahren und nach Anhörung des Wirtschafts- und Sozialausschusses sowie des Ausschusses der Regionen die den Europäischen Sozialfonds betreffenden Durchführungsverordnungen.

Titel XII
Allgemeine und Berufliche Bildung, Jugend und Sport

Artikel 165 (ex-Artikel 149 EGV) [Beitrag, Ziele und Kompetenzen der Union]

(1) Die Union trägt zur Entwicklung einer qualitativ hoch stehenden Bildung dadurch bei, dass sie die Zusammenarbeit zwischen den Mitgliedstaaten fördert und die Tätigkeit der Mitgliedstaaten unter strikter Beachtung der Verantwortung der Mitgliedstaaten für die Lehrinhalte und die Gestaltung des Bildungssystems sowie der Vielfalt ihrer Kulturen und Sprachen erforderlichenfalls unterstützt und ergänzt.

Die Union trägt zur Förderung der europäischen Dimension des Sports bei und berücksichtigt dabei dessen besondere Merkmale, dessen auf freiwilligem Engagement basierende Strukturen sowie dessen soziale und pädagogische Funktion.

(2) Die Tätigkeit der Union hat folgende Ziele:
– Entwicklung der europäischen Dimension im Bildungswesen, insbesondere durch Erlernen und Verbreitung der Sprachen der Mitgliedstaaten;
– Förderung der Mobilität von Lernenden und Lehrenden, auch durch die Förderung der akademischen Anerkennung der Diplome und Studienzeiten;
– Förderung der Zusammenarbeit zwischen den Bildungseinrichtungen;
– Ausbau des Informations- und Erfahrungsaustauschs über gemeinsame Probleme im Rahmen der Bildungssysteme der Mitgliedstaaten;
– Förderung des Ausbaus des Jugendaustauschs und des Austauschs sozialpädagogischer Betreuer und verstärkte Beteiligung der Jugendlichen am demokratischen Leben in Europa;
– Förderung der Entwicklung der Fernlehre;
– Entwicklung der europäischen Dimension des Sports durch Förderung der Fairness und der Offenheit von Sportwettkämpfen und der Zusammenarbeit zwischen den für den Sport verantwortlichen Organisationen sowie durch den Schutz der körperlichen und seelischen Unversehrtheit der Sportler, insbesondere der jüngeren Sportler.

(3) Die Union und die Mitgliedstaaten fördern die Zusammenarbeit mit dritten Ländern und den für den Bildungsbereich und den Sport zuständigen internationalen Organisationen, insbesondere dem Europarat.

(4) Als Beitrag zur Verwirklichung der Ziele dieses Artikels
– erlassen das Europäische Parlament und der Rat gemäß dem ordentlichen Gesetzgebungsverfahren und nach Anhörung des Wirtschafts- und Sozialausschusses und des Ausschusses der Regionen Fördermaßnahmen unter Ausschluss jeglicher Harmonisierung der Rechts- und Verwaltungsvorschriften der Mitgliedstaaten;
– erlässt der Rat auf Vorschlag der Kommission Empfehlungen.

Artikel 166 (ex-Artikel 150 EGV) [Politik der beruflichen Bildung]

(1) Die Union führt eine Politik der beruflichen Bildung, welche die Maßnahmen der Mitgliedstaaten unter strikter Beachtung der Verantwortung der Mitgliedstaaten für Inhalt und Gestaltung der beruflichen Bildung unterstützt und ergänzt.

(2) Die Tätigkeit der Union hat folgende Ziele:
– Erleichterung der Anpassung an die industriellen Wandlungsprozesse, insbesondere durch berufliche Bildung und Umschulung;
– Verbesserung der beruflichen Erstausbildung und Weiterbildung zur Erleichterung der beruflichen Eingliederung und Wiedereingliederung in den Arbeitsmarkt;
– Erleichterung der Aufnahme einer beruflichen Bildung sowie Förderung der Mobilität der Ausbilder und der in beruflicher Bildung befindlichen Personen, insbesondere der Jugendlichen;
– Förderung der Zusammenarbeit in Fragen der beruflichen Bildung zwischen Unterrichtsanstalten und Unternehmen;
– Ausbau des Informations- und Erfahrungsaustauschs über gemeinsame Probleme im Rahmen der Berufsbildungssysteme der Mitgliedstaaten.

(3) Die Union und die Mitgliedstaaten fördern die Zusammenarbeit mit dritten Ländern und den für die berufliche Bildung zuständigen internationalen Organisationen.

(4) Das Europäische Parlament und der Rat erlassen gemäß dem ordentlichen Gesetzgebungsverfahren und nach Anhörung

des Wirtschafts- und Sozialausschusses sowie des Ausschusses der Regionen Maßnahmen, die zur Verwirklichung der Ziele dieses Artikels beitragen, unter Ausschluss jeglicher Harmonisierung der Rechts- und Verwaltungsvorschriften der Mitgliedstaaten, und der Rat erlässt auf Vorschlag der Kommission Empfehlungen.

Titel XIII
Kultur

Artikel 167 (ex-Artikel 151 EGV) [Beitrag, Ziele und Kompetenzen der Union]

(1) Die Union leistet einen Beitrag zur Entfaltung der Kulturen der Mitgliedstaaten unter Wahrung ihrer nationalen und regionalen Vielfalt sowie gleichzeitiger Hervorhebung des gemeinsamen kulturellen Erbes.

(2) Die Union fördert durch ihre Tätigkeit die Zusammenarbeit zwischen den Mitgliedstaaten und unterstützt und ergänzt erforderlichenfalls deren Tätigkeit in folgenden Bereichen:
– Verbesserung der Kenntnis und Verbreitung der Kultur und Geschichte der europäischen Völker,
– Erhaltung und Schutz des kulturellen Erbes von europäischer Bedeutung,
– nichtkommerzieller Kulturaustausch,
– künstlerisches und literarisches Schaffen, einschließlich im audiovisuellen Bereich.

(3) Die Union und die Mitgliedstaaten fördern die Zusammenarbeit mit dritten Ländern und den für den Kulturbereich zuständigen internationalen Organisationen, insbesondere mit dem Europarat.

(4) Die Union trägt bei ihrer Tätigkeit aufgrund anderer Bestimmungen der Verträge den kulturellen Aspekten Rechnung, insbesondere zur Wahrung und Förderung der Vielfalt ihrer Kulturen.

(5) Als Beitrag zur Verwirklichung der Ziele dieses Artikels
– erlassen das Europäische Parlament und der Rat gemäß dem ordentlichen Gesetzgebungsverfahren und nach Anhörung des Ausschusses der Regionen Fördermaßnahmen unter Ausschluss

jeglicher Harmonisierung der Rechts- und Verwaltungsvorschriften der Mitgliedstaaten.

– erlässt der Rat auf Vorschlag der Kommission Empfehlungen.

**Titel XIV
Gesundheitswesen**

Artikel 168 (ex-Artikel 152 EGV) [Beitrag, Ziele und Kompetenzen der Union]

(1) Bei der Festlegung und Durchführung aller Unionspolitiken und -maßnahmen wird ein hohes Gesundheitsschutzniveau sichergestellt.

¹Die Tätigkeit der Union ergänzt die Politik der Mitgliedstaaten und ist auf die Verbesserung der Gesundheit der Bevölkerung, die Verhütung von Humankrankheiten und die Beseitigung von Ursachen für die Gefährdung der körperlichen und geistigen Gesundheit gerichtet. ²Sie umfasst die Bekämpfung der weit verbreiteten schweren Krankheiten, wobei die Erforschung der Ursachen, der Übertragung und der Verhütung dieser Krankheiten sowie Gesundheitsinformation und -erziehung gefördert werden; außerdem umfasst sie die Beobachtung, frühzeitige Meldung und Bekämpfung schwerwiegender grenzüberschreitender Gesundheitsgefahren.

Die Union ergänzt die Maßnahmen der Mitgliedstaaten zur Verringerung drogenkonsumbedingter Gesundheitsschäden einschließlich der Informations- und Vorbeugungsmaßnahmen.

(2) ¹Die Union fördert die Zusammenarbeit zwischen den Mitgliedstaaten in den in diesem Artikel genannten Bereichen und unterstützt erforderlichenfalls deren Tätigkeit. ²Sie fördert insbesondere die Zusammenarbeit zwischen den Mitgliedstaaten, die darauf abzielt, die Komplementarität ihrer Gesundheitsdienste in den Grenzgebieten zu verbessern.

¹Die Mitgliedstaaten koordinieren untereinander im Benehmen mit der Kommission ihre Politiken und Programme in den in Absatz 1 genannten Bereichen. ²Die Kommission kann in enger Verbindung mit den Mitgliedstaaten alle Initiativen ergreifen, die dieser Koordinierung förderlich sind, insbesondere Initiativen,

die darauf abzielen, Leitlinien und Indikatoren festzulegen, den Austausch bewährter Verfahren durchzuführen und die erforderlichen Elemente für eine regelmäßige Überwachung und Bewertung auszuarbeiten. ³Das Europäische Parlament wird in vollem Umfang unterrichtet.

(3) Die Union und die Mitgliedstaaten fördern die Zusammenarbeit mit dritten Ländern und den für das Gesundheitswesen zuständigen internationalen Organisationen.

(4) Abweichend von Artikel 2 Absatz 5 und Artikel 6 Buchstabe a tragen das Europäische Parlament und der Rat nach Artikel 4 Absatz 2 Buchstabe k gemäß dem ordentlichen Gesetzgebungsverfahren und nach Anhörung des Wirtschafts- und Sozialausschusses sowie des Ausschusses der Regionen mit folgenden Maßnahmen zur Verwirklichung der Ziele dieses Artikels bei, um den gemeinsamen Sicherheitsanliegen Rechnung zu tragen:

a) Maßnahmen zur Festlegung hoher Qualitäts- und Sicherheitsstandards für Organe und Substanzen menschlichen Ursprungs sowie für Blut und Blutderivate; diese Maßnahmen hindern die Mitgliedstaaten nicht daran, strengere Schutzmaßnahmen beizubehalten oder einzuführen;

b) Maßnahmen in den Bereichen Veterinärwesen und Pflanzenschutz, die unmittelbar den Schutz der Gesundheit der Bevölkerung zum Ziel haben;

c) Maßnahmen zur Festlegung hoher Qualitäts- und Sicherheitsstandards für Arzneimittel und Medizinprodukte.

(5) Das Europäische Parlament und der Rat können unter Ausschluss jeglicher Harmonisierung der Rechtsvorschriften der Mitgliedstaaten gemäß dem ordentlichen Gesetzgebungsverfahren und nach Anhörung des Wirtschafts- und Sozialausschusses und des Ausschusses der Regionen auch Fördermaßnahmen zum Schutz und zur Verbesserung der menschlichen Gesundheit sowie insbesondere zur Bekämpfung der weit verbreiteten schweren grenzüberschreitenden Krankheiten, Maßnahmen zur Beobachtung, frühzeitigen Meldung und Bekämpfung schwerwiegender grenzüberschreitender Gesundheitsgefahren sowie Maßnahmen, die unmittelbar den Schutz der Gesundheit der Bevölkerung vor Tabakkonsum und Alkoholmissbrauch zum Ziel haben, erlassen.

(6) Der Rat kann ferner auf Vorschlag der Kommission für die in diesem Artikel genannten Zwecke Empfehlungen erlassen.

(7) ¹Bei der Tätigkeit der Union wird die Verantwortung der Mitgliedstaaten für die Festlegung ihrer Gesundheitspolitik sowie für die Organisation des Gesundheitswesens und die medizinische Versorgung gewahrt. ²Die Verantwortung der Mitgliedstaaten umfasst die Verwaltung des Gesundheitswesens und der medizinischen Versorgung sowie die Zuweisung der dafür bereitgestellten Mittel. ³Die Maßnahmen nach Absatz 4 Buchstabe a lassen die einzelstaatlichen Regelungen über die Spende oder die medizinische Verwendung von Organen und Blut unberührt.

Titel XV
Verbraucherschutz

Artikel 169 (ex-Artikel 153 EGV) [Beitrag, Ziele und Kompetenzen der Union]

(1) Zur Förderung der Interessen der Verbraucher und zur Gewährleistung eines hohen Verbraucherschutzniveaus leistet die Union einen Beitrag zum Schutz der Gesundheit, der Sicherheit und der wirtschaftlichen Interessen der Verbraucher sowie zur Förderung ihres Rechtes auf Information, Erziehung und Bildung von Vereinigungen zur Wahrung ihrer Interessen.

(2) Die Union leistet einen Beitrag zur Erreichung der in Absatz 1 genannten Ziele durch

a) Maßnahmen, die sie im Rahmen der Verwirklichung des Binnenmarkts nach Artikel 114 erlässt;

b) Maßnahmen zur Unterstützung, Ergänzung und Überwachung der Politik der Mitgliedstaaten.

(3) Das Europäische Parlament und der Rat beschließen gemäß dem ordentlichen Gesetzgebungsverfahren und nach Anhörung des Wirtschafts- und Sozialausschusses die Maßnahmen nach Absatz 2 Buchstabe b.

(4) ¹Die nach Absatz 3 beschlossenen Maßnahmen hindern die einzelnen Mitgliedstaaten nicht daran, strengere Schutzmaßnahmen beizubehalten oder zu ergreifen. ²Diese Maßnahmen müssen mit den Verträgen vereinbar sein. ³Sie werden der Kommission mitgeteilt.

Titel XVI
Transeuropäische Netze

Artikel 170 (ex-Artikel 154 EGV) [Beitrag und Ziele der Union]

(1) Um einen Beitrag zur Verwirklichung der Ziele der Artikel 26 und 174 zu leisten und den Bürgern der Union, den Wirtschaftsbeteiligten sowie den regionalen und lokalen Gebietskörperschaften in vollem Umfang die Vorteile zugute kommen zu lassen, die sich aus der Schaffung eines Raumes ohne Binnengrenzen ergeben, trägt die Union zum Auf- und Ausbau transeuropäischer Netze in den Bereichen der Verkehrs-, Telekommunikations- und Energieinfrastruktur bei.

(2) ¹Die Tätigkeit der Union zielt im Rahmen eines Systems offener und wettbewerbsorientierter Märkte auf die Förderung des Verbunds und der Interoperabilität der einzelstaatlichen Netze sowie des Zugangs zu diesen Netzen ab. ²Sie trägt insbesondere der Notwendigkeit Rechnung, insulare, eingeschlossene und am Rande gelegene Gebiete mit den zentralen Gebieten der Union zu verbinden.

Artikel 171 (ex-Artikel 155 EGV)
[Handlungsinstrumente]

(1) Zur Erreichung der Ziele des Artikels 170 geht die Union wie folgt vor:

– Sie stellt eine Reihe von Leitlinien auf, in denen die Ziele, die Prioritäten und die Grundzüge der im Bereich der transeuropäischen Netze in Betracht gezogenen Aktionen erfasst werden; in diesen Leitlinien werden Vorhaben von gemeinsamem Interesse ausgewiesen;

– sie führt jede Aktion durch, die sich gegebenenfalls als notwendig erweist, um die Interoperabilität der Netze zu gewährleisten, insbesondere im Bereich der Harmonisierung der technischen Normen;

– sie kann von den Mitgliedstaaten unterstützte Vorhaben von gemeinsamem Interesse, die im Rahmen der Leitlinien gemäß dem ersten Gedankenstrich ausgewiesen sind, insbesondere in Form von Durchführbarkeitsstudien, Anleihebürgschaften oder Zinszuschüssen unterstützen; die Union kann auch über den nach Artikel 177 errichteten Kohäsionsfonds zu spezifischen Verkehrsinfrastrukturvorhaben in den Mitgliedstaaten finanziell beitragen.

Die Union berücksichtigt bei ihren Maßnahmen die potenzielle wirtschaftliche Lebensfähigkeit der Vorhaben.

(2) ¹Die Mitgliedstaaten koordinieren untereinander in Verbindung mit der Kommission die einzelstaatlichen Politiken, die sich erheblich auf die Verwirklichung der Ziele des Artikels 170 auswirken können. ²Die Kommission kann in enger Zusammenarbeit mit den Mitgliedstaaten alle Initiativen ergreifen, die dieser Koordinierung förderlich sind.

(3) Die Union kann beschließen, mit dritten Ländern zur Förderung von Vorhaben von gemeinsamem Interesse sowie zur Sicherstellung der Interoperabilität der Netze zusammenzuarbeiten.

Artikel 172 (ex-Artikel 156 EGV) [Beschlussfassung]

Die Leitlinien und die übrigen Maßnahmen nach Artikel 171 Absatz 1 werden vom Europäischen Parlament und vom Rat gemäß dem ordentlichen Gesetzgebungsverfahren und nach Anhörung des Wirtschafts- und Sozialausschusses und des Ausschusses der Regionen festgelegt.

Leitlinien und Vorhaben von gemeinsamem Interesse, die das Hoheitsgebiet eines Mitgliedstaats betreffen, bedürfen der Billigung des betroffenen Mitgliedstaats.

Titel XVII
Industrie

Artikel 173 (ex-Artikel 157 EGV) [Förderung der Wettbewerbsfähigkeit]

(1) Die Union und die Mitgliedstaaten sorgen dafür, dass die notwendigen Voraussetzungen für die Wettbewerbsfähigkeit der Industrie der Union gewährleistet sind.

Zu diesem Zweck zielt ihre Tätigkeit entsprechend einem System offener und wettbewerbsorientierter Märkte auf Folgendes ab:
– Erleichterung der Anpassung der Industrie an die strukturellen Veränderungen;
– Förderung eines für die Initiative und Weiterentwicklung der Unternehmen in der gesamten Union, insbesondere der kleinen und mittleren Unternehmen, günstigen Umfelds;
– Förderung eines für die Zusammenarbeit zwischen Unternehmen günstigen Umfelds;
– Förderung einer besseren Nutzung des industriellen Potenzials der Politik in den Bereichen Innovation, Forschung und technologische Entwicklung.

(2) [1]Die Mitgliedstaaten konsultieren einander in Verbindung mit der Kommission und koordinieren, soweit erforderlich, ihre Maßnahmen. [2]Die Kommission kann alle Initiativen ergreifen, die dieser Koordinierung förderlich sind, insbesondere Initiativen, die darauf abzielen, Leitlinien und Indikatoren festzulegen, den Austausch bewährter Verfahren durchzuführen und die erforderlichen Elemente für eine regelmäßige Überwachung und Bewertung auszuarbeiten. [3]Das Europäische Parlament wird in vollem Umfang unterrichtet.

(3) [1]Die Union trägt durch die Politik und die Maßnahmen, die sie aufgrund anderer Bestimmungen der Verträge durchführt, zur Erreichung der Ziele des Absatzes 1 bei. [2]Das Europäische Parlament und der Rat können unter Ausschluss jeglicher Harmonisierung der Rechtsvorschriften der Mitgliedstaaten gemäß dem ordentlichen Gesetzgebungsverfahren und nach Anhörung des Wirtschafts- und Sozialausschusses spezifische Maßnahmen zur Unterstützung der in den Mitgliedstaaten durchgeführten Maßnahmen im Hinblick auf die Verwirklichung der Ziele des Absatzes 1 beschließen.

Dieser Titel bietet keine Grundlage dafür, dass die Union irgendeine Maßnahme einführt, die zu Wettbewerbsverzerrungen führen könnte oder steuerliche Vorschriften oder Bestimmungen betreffend die Rechte und Interessen der Arbeitnehmer enthält.

Titel XVIII
Wirtschaftlicher, sozialer und territorialer Zusammenhalt

Artikel 174 (ex-Artikel 158 EGV) [Ziele]

Die Union entwickelt und verfolgt weiterhin ihre Politik zur Stärkung ihres wirtschaftlichen, sozialen und territorialen Zusammenhalts, um eine harmonische Entwicklung der Union als Ganzes zu fördern.

Die Union setzt sich insbesondere zum Ziel, die Unterschiede im Entwicklungsstand der verschiedenen Regionen und den Rückstand der am stärksten benachteiligten Gebiete zu verringern.

Unter den betreffenden Gebieten gilt besondere Aufmerksamkeit den ländlichen Gebieten, den vom industriellen Wandel betroffenen Gebieten und den Gebieten mit schweren und dauerhaften natürlichen oder demografischen Nachteilen, wie den nördlichsten Regionen mit sehr geringer Bevölkerungsdichte sowie den Insel-, Grenz- und Bergregionen.

Artikel 175 (ex-Artikel 159 EGV) [Rolle der Strukturfonds]

[1]Die Mitgliedstaaten führen und koordinieren ihre Wirtschaftspolitik in der Weise, dass auch die in Artikel 174 genannten Ziele erreicht werden. [2]Die Festlegung und Durchführung der Politiken und Aktionen der Union sowie die Errichtung des Binnenmarkts berücksichtigen die Ziele des Artikels 174 und tragen zu deren Verwirklichung bei. [3]Die Union unterstützt auch diese Bemühungen durch die Politik, die sie mit Hilfe der Strukturfonds (Europäischer Ausrichtungs- und Garantiefonds für die Landwirtschaft — Abteilung Ausrichtung, Europäischer Sozialfonds, Europäischer Fonds für regionale Entwicklung), der Europäischen Investitionsbank und der sonstigen vorhandenen Finanzierungsinstrumente führt.

[1]Die Kommission erstattet dem Europäischen Parlament, dem Rat, dem Wirtschafts- und Sozialausschuss und dem Ausschuss der Regionen alle drei Jahre Bericht über die Fortschritte bei der Verwirklichung des wirtschaftlichen, sozialen und territorialen Zusammenhalts und über die Art und Weise, in der die in diesem

Artikel vorgesehenen Mittel hierzu beigetragen haben. ²Diesem Bericht werden erforderlichenfalls entsprechende Vorschläge beigefügt.

Falls sich spezifische Aktionen außerhalb der Fonds und unbeschadet der im Rahmen der anderen Politiken der Union beschlossenen Maßnahmen als erforderlich erweisen, so können sie vom Europäischen Parlament und vom Rat gemäß dem ordentlichen Gesetzgebungsverfahren nach Anhörung des Wirtschafts- und Sozialausschusses und des Ausschusses der Regionen beschlossen werden.

Artikel 176 (ex-Artikel 160 EGV) [Aufgabe des Europäischen Fonds für regionale Entwicklung]

Aufgabe des Europäischen Fonds für regionale Entwicklung ist es, durch Beteiligung an der Entwicklung und an der strukturellen Anpassung der rückständigen Gebiete und an der Umstellung der Industriegebiete mit rückläufiger Entwicklung zum Ausgleich der wichtigsten regionalen Ungleichgewichte in der Union beizutragen.

Artikel 177 (ex-Artikel 161 EGV) [Ziele und Organisation der Strukturfonds]

¹Unbeschadet des Artikels 178 legen das Europäische Parlament und der Rat durch Verordnungen gemäß dem ordentlichen Gesetzgebungsverfahren und nach Anhörung des Wirtschafts- und Sozialausschusses und des Ausschusses der Regionen die Aufgaben, die vorrangigen Ziele und die Organisation der Strukturfonds fest, was ihre Neuordnung einschließen kann. ²Nach demselben Verfahren werden ferner die für die Fonds geltenden allgemeinen Regeln sowie die Bestimmungen festgelegt, die zur Gewährleistung einer wirksamen Arbeitsweise und zur Koordinierung der Fonds sowohl untereinander als auch mit den anderen vorhandenen Finanzierungsinstrumenten erforderlich sind.

Ein nach demselben Verfahren errichteter Kohäsionsfonds trägt zu Vorhaben in den Bereichen Umwelt und transeuropäische Netze auf dem Gebiet der Verkehrsinfrastruktur finanziell bei.

Artikel 178 (ex-Artikel 162 EGV)
[Durchführungsverordnungen]

Die den Europäischen Fonds für regionale Entwicklung betreffenden Durchführungsverordnungen werden vom Europäischen Parlament und vom Rat gemäß dem ordentlichen Gesetzgebungsverfahren und nach Anhörung des Wirtschafts- und Sozialausschusses sowie des Ausschusses der Regionen gefasst.

Für den Europäischen Ausrichtungs- und Garantiefonds für die Landwirtschaft, Abteilung Ausrichtung, und den Europäischen Sozialfonds sind die Artikel 43 bzw. 164 weiterhin anwendbar.

Titel XIX
Forschung, technologische Entwicklung und Raumfahrt

Artikel 179 (ex-Artikel 163 EGV) [Ziele der Union]

(1) Die Union hat zum Ziel, ihre wissenschaftlichen und technologischen Grundlagen dadurch zu stärken, dass ein europäischer Raum der Forschung geschaffen wird, in dem Freizügigkeit für Forscher herrscht und wissenschaftliche Erkenntnisse und Technologien frei ausgetauscht werden, die Entwicklung ihrer Wettbewerbsfähigkeit einschließlich der ihrer Industrie zu fördern sowie alle Forschungsmaßnahmen zu unterstützen, die aufgrund anderer Kapitel der Verträge für erforderlich gehalten werden.

(2) In diesem Sinne unterstützt sie in der gesamten Union die Unternehmen – einschließlich der kleinen und mittleren Unternehmen –, die Forschungszentren und die Hochschulen bei ihren Bemühungen auf dem Gebiet der Forschung und technologischen Entwicklung von hoher Qualität; sie fördert ihre Zusammenarbeitsbestrebungen, damit vor allem die Forscher ungehindert über die Grenzen hinweg zusammenarbeiten und die Unternehmen die Möglichkeiten des Binnenmarkts in vollem Umfang nutzen können, und zwar insbesondere durch Öffnen des einzelstaatlichen öffentlichen Auftragswesens, Festlegung gemeinsamer Normen und Beseitigung der dieser Zusammenarbeit entgegenstehenden rechtlichen und steuerlichen Hindernisse.

(3) Alle Maßnahmen der Union aufgrund der Verträge auf dem Gebiet der Forschung und der technologischen Entwicklung einschließlich der Demonstrationsvorhaben werden nach Maßgabe dieses Titels beschlossen und durchgeführt.

Artikel 180 (ex-Artikel 164 EGV) [Ergänzende Maßnahmen der Union]

Zur Erreichung dieser Ziele trifft die Union folgende Maßnahmen, welche die in den Mitgliedstaaten durchgeführten Aktionen ergänzen:

a) Durchführung von Programmen für Forschung, technologische Entwicklung und Demonstration unter Förderung der Zusammenarbeit mit und zwischen Unternehmen, Forschungszentren und Hochschulen;

b) Förderung der Zusammenarbeit mit dritten Ländern und internationalen Organisationen auf dem Gebiet der Forschung der Union, technologischen Entwicklung und Demonstration;

c) Verbreitung und Auswertung der Ergebnisse der Tätigkeiten auf dem Gebiet der Forschung der Union, technologischen Entwicklung und Demonstration;

d) Förderung der Ausbildung und der Mobilität der Forscher aus der Union.

Artikel 181 (ex-Artikel 165 EGV) [Kohärenzgebot]

(1) Die Union und die Mitgliedstaaten koordinieren ihre Tätigkeiten auf dem Gebiet der Forschung und der technologischen Entwicklung, um die Kohärenz der einzelstaatlichen Politiken und der Politik der Union sicherzustellen.

(2) [1]Die Kommission kann in enger Zusammenarbeit mit den Mitgliedstaaten alle Initiativen ergreifen, die der Koordinierung nach Absatz 1 förderlich sind, insbesondere Initiativen, die darauf abzielen, Leitlinien und Indikatoren festzulegen, den Austausch bewährter Verfahren durchzuführen und die erforderlichen Elemente für eine regelmäßige Überwachung und Bewertung auszuarbeiten. [2]Das Europäische Parlament wird in vollem Umfang unterrichtet.

Artikel 182 (ex-Artikel 166 EGV) [**Mehrjähriges Rahmenprogramm, spezifische Programme**]

(1) Das Europäische Parlament und der Rat stellen gemäß dem ordentlichen Gesetzgebungsverfahren und nach Anhörung des Wirtschafts- und Sozialausschusses ein mehrjähriges Rahmenprogramm auf, in dem alle Aktionen der Union zusammengefasst werden.

In dem Rahmenprogramm werden

– die wissenschaftlichen und technologischen Ziele, die mit den Maßnahmen nach Artikel 180 erreicht werden sollen, sowie die jeweiligen Prioritäten festgelegt;

– die Grundzüge dieser Maßnahmen angegeben;

– der Gesamthöchstbetrag und die Einzelheiten der finanziellen Beteiligung der Union am Rahmenprogramm sowie die jeweiligen Anteile der vorgesehenen Maßnahmen festgelegt.

(2) Das Rahmenprogramm wird je nach Entwicklung der Lage angepasst oder ergänzt.

(3) [1]Die Durchführung des Rahmenprogramms erfolgt durch spezifische Programme, die innerhalb einer jeden Aktion entwickelt werden. [2]In jedem spezifischen Programm werden die Einzelheiten seiner Durchführung, seine Laufzeit und die für notwendig erachteten Mittel festgelegt. [3]Die Summe der in den spezifischen Programmen für notwendig erachteten Beträge darf den für das Rahmenprogramm und für jede Aktion festgesetzten Gesamthöchstbetrag nicht überschreiten.

(4) Die spezifischen Programme werden vom Rat gemäß einem besonderen Gesetzgebungsverfahren nach Anhörung des Europäischen Parlaments und des Wirtschafts- und Sozialausschusses beschlossen.

(5) Ergänzend zu den in dem mehrjährigen Rahmenprogramm vorgesehenen Aktionen erlassen das Europäische Parlament und der Rat gemäß dem ordentlichen Gesetzgebungsverfahren und nach Anhörung des Wirtschafts- und Sozialausschusses die Maßnahmen, die für die Verwirklichung des Europäischen Raums der Forschung notwendig sind.

Artikel 183 (ex-Artikel 167 EGV) [Durchführung des mehrjährigen Rahmenprogramms]

Zur Durchführung des mehrjährigen Rahmenprogramms legt die Union Folgendes fest:
– die Regeln für die Beteiligung der Unternehmen, der Forschungszentren und der Hochschulen;
– die Regeln für die Verbreitung der Forschungsergebnisse.

Artikel 184 (ex-Artikel 168 EGV) [Zusatzprogramme]

Bei der Durchführung des mehrjährigen Rahmenprogramms können Zusatzprogramme beschlossen werden, an denen nur bestimmte Mitgliedstaaten teilnehmen, die sie vorbehaltlich einer etwaigen Beteiligung der Union auch finanzieren.

Die Union legt die Regeln für die Zusatzprogramme fest, insbesondere hinsichtlich der Verbreitung der Kenntnisse und des Zugangs anderer Mitgliedstaaten.

Artikel 185 (ex-Artikel 169 EGV) [Beteiligung der Union an Programmen der Mitgliedstaaten]

Die Union kann im Einvernehmen mit den betreffenden Mitgliedstaaten bei der Durchführung des mehrjährigen Rahmenprogramms eine Beteiligung an Forschungs- und Entwicklungsprogrammen mehrerer Mitgliedstaaten, einschließlich der Beteiligung an den zu ihrer Durchführung geschaffenen Strukturen, vorsehen.

Artikel 186 (ex-Artikel 170 EGV) [Zusammenarbeit der Union mit Drittstaaten und internationalen Organisationen]

Die Union kann bei der Durchführung des mehrjährigen Rahmenprogramms eine Zusammenarbeit auf dem Gebiet der Forschung, technologischen Entwicklung und Demonstration der Union mit dritten Ländern oder internationalen Organisationen vorsehen.

Die Einzelheiten dieser Zusammenarbeit können Gegenstand von Abkommen zwischen der Union und den betreffenden dritten Parteien sein.

Artikel 187 (ex-Artikel 171 EGV) [Gemeinsame Unternehmen]

Die Union kann gemeinsame Unternehmen gründen oder andere Strukturen schaffen, die für die ordnungsgemäße Durchführung der Programme für Forschung, technologische Entwicklung und Demonstration der Union erforderlich sind.

Artikel 188 (ex-Artikel 172) [Beschlussfassung]

Der Rat legt auf Vorschlag der Kommission und nach Anhörung des Europäischen Parlaments und des Wirtschafts- und Sozialausschusses die in Artikel 187 vorgesehenen Bestimmungen fest.

[1]Das Europäische Parlament und der Rat legen gemäß dem ordentlichen Gesetzgebungsverfahren und nach Anhörung des Wirtschafts- und Sozialausschusses die in den Artikeln 183, 184 und 185 vorgesehenen Bestimmungen fest. [2]Für die Verabschiedung der Zusatzprogramme ist die Zustimmung der daran beteiligten Mitgliedstaaten erforderlich.

Artikel 189 [Europäische Raumfahrtpolitik]

(1) [1]Zur Förderung des wissenschaftlichen und technischen Fortschritts, der Wettbewerbsfähigkeit der Industrie und der Durchführung ihrer Politik arbeitet die Union eine europäische Raumfahrtpolitik aus. [2]Sie kann zu diesem Zweck gemeinsame Initiativen fördern, die Forschung und technologische Entwicklung unterstützen und die Anstrengungen zur Erforschung und Nutzung des Weltraums koordinieren.

(2) Als Beitrag zur Erreichung der Ziele des Absatzes 1 werden vom Europäischen Parlament und vom Rat unter Ausschluss jeglicher Harmonisierung der Rechtsvorschriften der Mitgliedstaaten gemäß dem ordentlichen Gesetzgebungsverfahren die notwendigen Maßnahmen erlassen, was in Form eines europäischen Raumfahrtprogramms geschehen kann.

(3) Die Union stellt die zweckdienlichen Verbindungen zur Europäischen Weltraumorganisation her.

(4) Dieser Artikel gilt unbeschadet der sonstigen Bestimmungen dieses Titels.

Artikel 190 (ex-Artikel 173 EGV) [Berichtspflicht der Kommission]
¹Zu Beginn jedes Jahres unterbreitet die Kommission dem Europäischen Parlament und dem Rat einen Bericht. ²Dieser Bericht erstreckt sich insbesondere auf die Tätigkeiten auf dem Gebiet der Forschung und technologischen Entwicklung und der Verbreitung der Ergebnisse dieser Tätigkeiten während des Vorjahres sowie auf das Arbeitsprogramm des laufenden Jahres.

Titel XX
Umwelt

Artikel 191 (ex-Artikel 174 EGV) [Ziele]
(1) Die Umweltpolitik der Union trägt zur Verfolgung der nachstehenden Ziele bei:
– Erhaltung und Schutz der Umwelt sowie Verbesserung ihrer Qualität;
– Schutz der menschlichen Gesundheit;
– umsichtige und rationelle Verwendung der natürlichen Ressourcen;
– Förderung von Maßnahmen auf internationaler Ebene zur Bewältigung regionaler oder globaler Umweltprobleme und insbesondere zur Bekämpfung des Klimawandels.
(2) ¹Die Umweltpolitik der Union zielt unter Berücksichtigung der unterschiedlichen Gegebenheiten in den einzelnen Regionen der Union auf ein hohes Schutzniveau ab. ²Sie beruht auf den Grundsätzen der Vorsorge und Vorbeugung, auf dem Grundsatz, Umweltbeeinträchtigungen mit Vorrang an ihrem Ursprung zu bekämpfen, sowie auf dem Verursacherprinzip.
Im Hinblick hierauf umfassen die den Erfordernissen des Umweltschutzes entsprechenden Harmonisierungsmaßnahmen gegebenenfalls eine Schutzklausel, mit der die Mitgliedstaaten ermächtigt werden, aus nicht wirtschaftlich bedingten umweltpolitischen Gründen vorläufige Maßnahmen zu treffen, die einem Kontrollverfahren der Union unterliegen.
(3) Bei der Erarbeitung ihrer Umweltpolitik berücksichtigt die Union

– die verfügbaren wissenschaftlichen und technischen Daten;
– die Umweltbedingungen in den einzelnen Regionen der Union;
– die Vorteile und die Belastung aufgrund des Tätigwerdens bzw. eines Nichttätigwerdens;
– die wirtschaftliche und soziale Entwicklung der Union insgesamt sowie die ausgewogene Entwicklung ihrer Regionen.

(4) ¹Die Union und die Mitgliedstaaten arbeiten im Rahmen ihrer jeweiligen Befugnisse mit dritten Ländern und den zuständigen internationalen Organisationen zusammen. ²Die Einzelheiten der Zusammenarbeit der Union können Gegenstand von Abkommen zwischen dieser und den betreffenden dritten Parteien sein.

Unterabsatz 1 berührt nicht die Zuständigkeit der Mitgliedstaaten, in internationalen Gremien zu verhandeln und internationale Abkommen zu schließen.

Artikel 192 (ex-Artikel 175 EGV) [Beschlussfassung, Finanzierung, Verursacherprinzip]

(1) Das Europäische Parlament und der Rat beschließen gemäß dem ordentlichen Gesetzgebungsverfahren und nach Anhörung des Wirtschafts- und Sozialausschusses sowie des Ausschusses der Regionen über das Tätigwerden der Union zur Erreichung der in Artikel 191 genannten Ziele.

(2) Abweichend von dem Beschlussverfahren des Absatzes 1 und unbeschadet des Artikels 114 erlässt der Rat gemäß einem besonderen Gesetzgebungsverfahren nach Anhörung des Europäischen Parlaments, des Wirtschafts- und Sozialausschusses sowie des Ausschusses der Regionen einstimmig

a) Vorschriften überwiegend steuerlicher Art;
b) Maßnahmen, die
– die Raumordnung berühren,
– die mengenmäßige Bewirtschaftung der Wasserressourcen berühren oder die Verfügbarkeit dieser Ressourcen mittelbar oder unmittelbar betreffen,
– die Bodennutzung mit Ausnahme der Abfallbewirtschaftung berühren;

c) Maßnahmen, welche die Wahl eines Mitgliedstaats zwischen verschiedenen Energiequellen und die allgemeine Struktur seiner Energieversorgung erheblich berühren.

Der Rat kann auf Vorschlag der Kommission und nach Anhörung des Europäischen Parlaments, des Wirtschafts- und Sozialausschusses und des Ausschusses der Regionen einstimmig festlegen, dass für die in Unterabsatz 1 genannten Bereiche das ordentliche Gesetzgebungsverfahren gilt.

(3) Das Europäische Parlament und der Rat beschließen gemäß dem ordentlichen Gesetzgebungsverfahren und nach Anhörung des Wirtschafts- und Sozialausschusses sowie des Ausschusses der Regionen allgemeine Aktionsprogramme, in denen die vorrangigen Ziele festgelegt werden.

Die zur Durchführung dieser Programme erforderlichen Maßnahmen werden, je nach Fall, nach dem in Absatz 1 beziehungsweise Absatz 2 vorgesehenen Verfahren erlassen.

(4) Unbeschadet bestimmter Maßnahmen der Union tragen die Mitgliedstaaten für die Finanzierung und Durchführung der Umweltpolitik Sorge.

(5) Sofern eine Maßnahme nach Absatz 1 mit unverhältnismäßig hohen Kosten für die Behörden eines Mitgliedstaats verbunden ist, werden darin unbeschadet des Verursacherprinzips geeignete Bestimmungen in folgender Form vorgesehen:
– vorübergehende Ausnahmeregelungen und/oder
– eine finanzielle Unterstützung aus dem nach Artikel 177 errichteten Kohäsionsfonds.

Artikel 193 (ex-Artikel 176 EGV) [Schutzmaßnahmen]

[1]Die Schutzmaßnahmen, die aufgrund des Artikels 192 getroffen werden, hindern die einzelnen Mitgliedstaaten nicht daran, verstärkte Schutzmaßnahmen beizubehalten oder zu ergreifen. [2]Die betreffenden Maßnahmen müssen mit den Verträgen vereinbar sein. [3]Sie werden der Kommission notifiziert.

Titel XXI
Energie

Artikel 194 [Ziele und Maßnahmen]

(1) Die Energiepolitik der Union verfolgt im Geiste der Solidarität zwischen den Mitgliedstaaten im Rahmen der Verwirklichung oder des Funktionierens des Binnenmarkts und unter Berücksichtigung der Notwendigkeit der Erhaltung und Verbesserung der Umwelt folgende Ziele:

a) Sicherstellung des Funktionierens des Energiemarkts;

b) Gewährleistung der Energieversorgungssicherheit in der Union;

c) Förderung der Energieeffizienz und von Energieeinsparungen sowie Entwicklung neuer und erneuerbarer Energiequellen und

d) Förderung der Interkonnektion der Energienetze.

(2) [1]Unbeschadet der Anwendung anderer Bestimmungen der Verträge erlassen das Europäische Parlament und der Rat gemäß dem ordentlichen Gesetzgebungsverfahren die Maßnahmen, die erforderlich sind, um die Ziele nach Absatz 1 zu verwirklichen. [2]Der Erlass dieser Maßnahmen erfolgt nach Anhörung des Wirtschafts- und Sozialausschusses und des Ausschusses der Regionen.

Diese Maßnahmen berühren unbeschadet des Artikels 192 Absatz 2 Buchstabe c nicht das Recht eines Mitgliedstaats, die Bedingungen für die Nutzung seiner Energieressourcen, seine Wahl zwischen verschiedenen Energiequellen und die allgemeine Struktur seiner Energieversorgung zu bestimmen.

(3) Abweichend von Absatz 2 erlässt der Rat die darin genannten Maßnahmen gemäß einem besonderen Gesetzgebungsverfahren einstimmig nach Anhörung des Europäischen Parlaments, wenn sie überwiegend steuerlicher Art sind.

Titel XXII
Tourismus

Artikel 195 [Ziele und Maßnahmen]

(1) Die Union ergänzt die Maßnahmen der Mitgliedstaaten im Tourismussektor, insbesondere durch die Förderung der Wettbewerbsfähigkeit der Unternehmen der Union in diesem Sektor.

Die Union verfolgt zu diesem Zweck mit ihrer Tätigkeit das Ziel,

a) die Schaffung eines günstigen Umfelds für die Entwicklung der Unternehmen in diesem Sektor anzuregen;

b) die Zusammenarbeit zwischen den Mitgliedstaaten insbesondere durch den Austausch bewährter Praktiken zu unterstützen.

(2) Das Europäische Parlament und der Rat erlassen unter Ausschluss jeglicher Harmonisierung der Rechtsvorschriften der Mitgliedstaaten gemäß dem ordentlichen Gesetzgebungsverfahren die spezifischen Maßnahmen zur Ergänzung der Maßnahmen, die die Mitgliedstaaten zur Verwirklichung der in diesem Artikel genannten Ziele durchführen.

Titel XXIII
Katastrophenschutz

Artikel 196 [Ziele und Maßnahmen]

(1) Die Union fördert die Zusammenarbeit zwischen den Mitgliedstaaten, um die Systeme zur Verhütung von Naturkatastrophen oder von vom Menschen verursachten Katastrophen und zum Schutz vor solchen Katastrophen wirksamer zu gestalten.

Die Tätigkeit der Union hat folgende Ziele:

a) Unterstützung und Ergänzung der Tätigkeit der Mitgliedstaaten auf nationaler, regionaler und kommunaler Ebene im Hinblick auf die Risikoprävention, auf die Ausbildung der in den Mitgliedstaaten am Katastrophenschutz Beteiligten und auf Einsätze im Falle von Naturkatastrophen oder von vom Menschen verursachten Katastrophen in der Union;

b) Förderung einer schnellen und effizienten Zusammenarbeit in der Union zwischen den einzelstaatlichen Katastrophenschutzstellen;

c) Verbesserung der Kohärenz der Katastrophenschutzmaßnahmen auf internationaler Ebene.

(2) Das Europäische Parlament und der Rat erlassen unter Ausschluss jeglicher Harmonisierung der Rechtsvorschriften der Mitgliedstaaten gemäß dem ordentlichen Gesetzgebungsverfahren die erforderlichen Maßnahmen zur Verfolgung der Ziele des Absatzes 1.

Titel XXIV
Verwaltungszusammenarbeit

Artikel 197 [Durchführung des Unionsrechts, Unterstützung der Mitgliedstaaten]

(1) Die für das ordnungsgemäße Funktionieren der Union entscheidende effektive Durchführung des Unionsrechts durch die Mitgliedstaaten ist als Frage von gemeinsamem Interesse anzusehen.

(2) [1]Die Union kann die Mitgliedstaaten in ihren Bemühungen um eine Verbesserung der Fähigkeit ihrer Verwaltung zur Durchführung des Unionsrechts unterstützen. [2]Dies kann insbesondere die Erleichterung des Austauschs von Informationen und von Beamten sowie die Unterstützung von Aus- und Weiterbildungsprogrammen beinhalten. [3]Die Mitgliedstaaten müssen diese Unterstützung nicht in Anspruch nehmen. [4]Das Europäische Parlament und der Rat erlassen die erforderlichen Maßnahmen unter Ausschluss jeglicher Harmonisierung der Rechtsvorschriften der Mitgliedstaaten durch Verordnungen gemäß dem ordentlichen Gesetzgebungsverfahren.

(3) [1]Dieser Artikel berührt weder die Verpflichtung der Mitgliedstaaten, das Unionsrecht durchzuführen, noch die Befugnisse und Pflichten der Kommission. [2]Er berührt auch nicht die übrigen Bestimmungen der Verträge, in denen eine Verwaltungszusammenarbeit unter den Mitgliedstaaten sowie zwischen diesen und der Union vorgesehen ist.

Vierter Teil
Die Assoziierung der überseeischen Länder und Hoheitsgebiete

Artikel 198 (ex-Artikel 182 EGV) [Ziele der Assoziierung]

¹Die Mitgliedstaaten kommen überein, die außereuropäischen Länder und Hoheitsgebiete, die mit Dänemark, Frankreich, den Niederlanden und dem Vereinigten Königreich besondere Beziehungen unterhalten, der Union zu assoziieren. ²Diese Länder und Hoheitsgebiete, im Folgenden als „Länder und Hoheitsgebiete" bezeichnet, sind in Anhang II aufgeführt.

Ziel der Assoziierung ist die Förderung der wirtschaftlichen und sozialen Entwicklung der Länder und Hoheitsgebiete und die Herstellung enger Wirtschaftsbeziehungen zwischen ihnen und der gesamten Union.

Entsprechend den in der Präambel dieses Vertrags aufgestellten Grundsätzen soll die Assoziierung in erster Linie den Interessen der Einwohner dieser Länder und Hoheitsgebiete dienen und ihren Wohlstand fördern, um sie der von ihnen erstrebten wirtschaftlichen, sozialen und kulturellen Entwicklung entgegenzuführen.

Artikel 199 (ex-Artikel 183 EGV) [Zwecke der Assoziierung]]

Mit der Assoziierung werden folgende Zwecke verfolgt:

1. Die Mitgliedstaaten wenden auf ihren Handelsverkehr mit den Ländern und Hoheitsgebieten das System an, das sie aufgrund der Verträge untereinander anwenden.

2. Jedes Land oder Hoheitsgebiet wendet auf seinen Handelsverkehr mit den Mitgliedstaaten und den anderen Ländern und Hoheitsgebieten das System an, das es auf den europäischen Staat anwendet, mit dem es besondere Beziehungen unterhält.

3. Die Mitgliedstaaten beteiligen sich an den Investitionen, welche die fortschreitende Entwicklung dieser Länder und Hoheitsgebiete erfordert.

4. Bei Ausschreibungen und Lieferungen für Investitionen, die von der Union finanziert werden, steht die Beteiligung zu gleichen

Bedingungen allen natürlichen und juristischen Personen offen, welche die Staatsangehörigkeit der Mitgliedstaaten oder der Länder oder Hoheitsgebiete besitzen.

5. Soweit aufgrund des Artikels 203 nicht Sonderregelungen getroffen werden, gelten zwischen den Mitgliedstaaten und den Ländern und Hoheitsgebieten für das Niederlassungsrecht ihrer Staatsangehörigen und Gesellschaften die Bestimmungen und Verfahrensregeln des Kapitels Niederlassungsfreiheit, und zwar unter Ausschluss jeder Diskriminierung.

Artikel 200 (ex-Artikel 184 EGV) [Verbot von Zöllen]

(1) Zölle bei der Einfuhr von Waren aus den Ländern und Hoheitsgebieten in die Mitgliedstaaten sind verboten; dies geschieht nach Maßgabe des in den Verträgen vorgesehenen Verbots von Zöllen zwischen den Mitgliedstaaten.

(2) In jedem Land und Hoheitsgebiet sind Zölle bei der Einfuhr von Waren aus den Mitgliedstaaten und den anderen Ländern und Hoheitsgebieten nach Maßgabe des Artikels 30 verboten.

(3) Die Länder und Hoheitsgebiete können jedoch Zölle erheben, die den Erfordernissen ihrer Entwicklung und Industrialisierung entsprechen oder als Finanzzölle der Finanzierung ihres Haushalts dienen.

Die in Unterabsatz 1 genannten Zölle dürfen nicht höher sein als diejenigen, die für die Einfuhr von Waren aus dem Mitgliedstaat gelten, mit dem das entsprechende Land oder Hoheitsgebiet besondere Beziehungen unterhält.

(4) Absatz 2 gilt nicht für die Länder und Hoheitsgebiete, die aufgrund besonderer internationaler Verpflichtungen bereits einen nichtdiskriminierenden Zolltarif anwenden.

(5) Die Festlegung oder Änderung der Zollsätze für Waren, die in die Länder und Hoheitsgebiete eingeführt werden, darf weder rechtlich noch tatsächlich zu einer mittelbaren oder unmittelbaren Diskriminierung zwischen den Einfuhren aus den einzelnen Mitgliedstaaten führen.

Artikel 201 (ex-Artikel 185 EGV) [Schutzklausel]

Ist die Höhe der Zollsätze, die bei der Einfuhr in ein Land oder Hoheitsgebiet für Waren aus einem dritten Land gelten, bei

Anwendung des Artikels 200 Absatz 1 geeignet, Verkehrsverlagerungen zum Nachteil eines Mitgliedstaats hervorzurufen, so kann dieser die Kommission ersuchen, den anderen Mitgliedstaaten die erforderlichen Abhilfemaßnahmen vorzuschlagen.

Artikel 202 (ex-Artikel 186 EGV) [Freizügigkeit der Arbeitskräfte]

Vorbehaltlich der Bestimmungen über die Volksgesundheit und die öffentliche Sicherheit und Ordnung werden für die Freizügigkeit der Arbeitskräfte aus den Ländern und Hoheitsgebieten in den Mitgliedstaaten und der Arbeitskräfte aus den Mitgliedstaaten in den Ländern und Hoheitsgebieten Rechtsakte nach Artikel 203 erlassen.

Artikel 203 (ex-Artikel 187 EGV) [Durchführungsbestimmungen]

[1]Der Rat erlässt einstimmig auf Vorschlag der Kommission und aufgrund der im Rahmen der Assoziierung der Länder und Hoheitsgebiete an die Union erzielten Ergebnisse und der Grundsätze der Verträge die Bestimmungen über die Einzelheiten und das Verfahren für die Assoziierung der Länder und Hoheitsgebiete an die Union. [2]Werden diese Bestimmungen vom Rat gemäß einem besonderen Gesetzgebungsverfahren angenommen, so beschließt er einstimmig auf Vorschlag der Kommission nach Anhörung des Europäischen Parlaments.

Artikel 204 (ex-Artikel 188 EGV) [Anwendung auf Grönland]

Die Artikel 198 bis 203 sind auf Grönland anwendbar, vorbehaltlich der spezifischen Bestimmungen für Grönland in dem Protokoll über die Sonderregelung für Grönland im Anhang zu den Verträgen.

**Fünfter Teil
Das auswärtige Handeln der Union**

**Titel I
Allgemeine Bestimmungen über das auswärtige Handeln der Union**

Artikel 205 [Grundsätze des Handelns auf internationaler Ebene]

Das Handeln der Union auf internationaler Ebene im Rahmen dieses Teils wird von den Grundsätzen bestimmt, von den Zielen geleitet und an den allgemeinen Bestimmungen ausgerichtet, die in Titel V Kapitel 1 des Vertrags über die Europäische Union niedergelegt sind.

**Titel II
Gemeinsame Handelspolitik**

Artikel 206 (ex-Artikel 131 EGV) [Zollunion]

Durch die Schaffung einer Zollunion nach den Artikeln 28 bis 32 trägt die Union im gemeinsamen Interesse zur harmonischen Entwicklung des Welthandels, zur schrittweisen Beseitigung der Beschränkungen im internationalen Handelsverkehr und bei den ausländischen Direktinvestitionen sowie zum Abbau der Zollschranken und anderer Schranken bei.

Artikel 207 (ex-Artikel 133 EGV) [Ziele der Handlungspolitik]

(1) ¹Die gemeinsame Handelspolitik wird nach einheitlichen Grundsätzen gestaltet; dies gilt insbesondere für die Änderung von Zollsätzen, für den Abschluss von Zoll- und Handelsabkommen, die den Handel mit Waren und Dienstleistungen betreffen, und für die Handelsaspekte des geistigen Eigentums, die ausländischen Direktinvestitionen, die Vereinheitlichung der Liberalisierungsmaßnahmen, die Ausfuhrpolitik sowie die handelspolitischen Schutzmaßnahmen, zum Beispiel im Fall von Dumping und Subventionen. ²Die gemeinsame Handelspolitik wird im Rahmen

der Grundsätze und Ziele des auswärtigen Handelns der Union gestaltet.

(2) Das Europäische Parlament und der Rat erlassen durch Verordnungen gemäß dem ordentlichen Gesetzgebungsverfahren die Maßnahmen, mit denen der Rahmen für die Umsetzung der gemeinsamen Handelspolitik bestimmt wird.

(3) Sind mit einem oder mehreren Drittländern oder internationalen Organisationen Abkommen auszuhandeln und zu schließen, so findet Artikel 218 vorbehaltlich der besonderen Bestimmungen dieses Artikels Anwendung.

[1]Die Kommission legt dem Rat Empfehlungen vor; dieser ermächtigt die Kommission zur Aufnahme der erforderlichen Verhandlungen. [2]Der Rat und die Kommission haben dafür Sorge zu tragen, dass die ausgehandelten Abkommen mit der internen Politik und den internen Vorschriften der Union vereinbar sind.

[1]Die Kommission führt diese Verhandlungen im Benehmen mit einem zu ihrer Unterstützung vom Rat bestellten Sonderausschuss und nach Maßgabe der Richtlinien, die ihr der Rat erteilen kann. [2]Die Kommission erstattet dem Sonderausschuss sowie dem Europäischen Parlament regelmäßig Bericht über den Stand der Verhandlungen.

(4) Über die Aushandlung und den Abschluss der in Absatz 3 genannten Abkommen beschließt der Rat mit qualifizierter Mehrheit.

Über die Aushandlung und den Abschluss eines Abkommens über den Dienstleistungsverkehr, über Handelsaspekte des geistigen Eigentums oder über ausländische Direktinvestitionen beschließt der Rat einstimmig, wenn das betreffende Abkommen Bestimmungen enthält, bei denen für die Annahme interner Vorschriften Einstimmigkeit erforderlich ist.

Der Rat beschließt ebenfalls einstimmig über die Aushandlung und den Abschluss von Abkommen in den folgenden Bereichen:

a) Handel mit kulturellen und audiovisuellen Dienstleistungen, wenn diese Abkommen die kulturelle und sprachliche Vielfalt in der Union beeinträchtigen könnten;

b) Handel mit Dienstleistungen des Sozial-, des Bildungs- und des Gesundheitssektors, wenn diese Abkommen die einzelstaatliche Organisation dieser Dienstleistungen ernsthaft stören und die Verantwortlichkeit der Mitgliedstaaten für ihre Erbringung beinträchtigen könnten.

(5) Für die Aushandlung und den Abschluss von internationalen Abkommen im Bereich des Verkehrs gelten der Dritte Teil Titel VI sowie Artikel 218.

(6) Die Ausübung der durch diesen Artikel übertragenen Zuständigkeiten im Bereich der gemeinsamen Handelspolitik hat keine Auswirkungen auf die Abgrenzung der Zuständigkeiten zwischen der Union und den Mitgliedstaaten und führt nicht zu einer Harmonisierung der Rechtsvorschriften der Mitgliedstaaten, soweit eine solche Harmonisierung in den Verträgen ausgeschlossen wird.

Titel III
Zusammenarbeit mit Drittländern und humanitäre Hilfe

Kapitel 1
Entwicklungszusammenarbeit

Artikel 208 (ex-Artikel 177 EGV) [Ziele]

(1) [1]Die Politik der Union auf dem Gebiet der Entwicklungszusammenarbeit wird im Rahmen der Grundsätze und Ziele des auswärtigen Handelns der Union durchgeführt. [2]Die Politik der Union und die Politik der Mitgliedstaaten auf dem Gebiet der Entwicklungszusammenarbeit ergänzen und verstärken sich gegenseitig.
[1]Hauptziel der Unionspolitik in diesem Bereich ist die Bekämpfung und auf längere Sicht die Beseitigung der Armut. [2]Bei der Durchführung politischer Maßnahmen, die sich auf die Entwicklungsländer auswirken können, trägt die Union den Zielen der Entwicklungszusammenarbeit Rechnung.

(2) Die Union und die Mitgliedstaaten kommen den im Rahmen der Vereinten Nationen und anderer zuständiger internationaler Organisationen gegebenen Zusagen nach und berücksichtigen die in diesem Rahmen gebilligten Zielsetzungen.

Artikel 209 (ex-Artikel 179 EGV) [Kompetenzen und Handlungsinstrumente]

(1) Das Europäische Parlament und der Rat erlassen gemäß dem ordentlichen Gesetzgebungsverfahren die zur Durchführung der Politik im Bereich der Entwicklungszusammenarbeit erforderlichen Maßnahmen; diese Maßnahmen können Mehrjahresprogramme für die Zusammenarbeit mit Entwicklungsländern oder thematische Programme betreffen.

(2) Die Union kann mit Drittländern und den zuständigen internationalen Organisationen alle Übereinkünfte schließen, die zur Verwirklichung der Ziele des Artikels 21 des Vertrags über die Europäische Union und des Artikels 208 dieses Vertrags beitragen.

Unterabsatz 1 berührt nicht die Zuständigkeit der Mitgliedstaaten, in internationalen Gremien zu verhandeln und Übereinkünfte zu schließen.

(3) Die Europäische Investitionsbank trägt nach Maßgabe ihrer Satzung zur Durchführung der Maßnahmen im Sinne des Absatzes 1 bei.

Artikel 210 (ex-Artikel 180 EGV) [Koordinierung der Politik auf dem Gebiet der Entwicklungszusammenarbeit]

(1) [1]Die Union und die Mitgliedstaaten koordinieren ihre Politik auf dem Gebiet der Entwicklungszusammenarbeit und stimmen ihre Hilfsprogramme aufeinander ab, auch in internationalen Organisationen und auf internationalen Konferenzen, damit ihre Maßnahmen einander besser ergänzen und wirksamer sind. [2]Sie können gemeinsame Maßnahmen ergreifen. [3]Die Mitgliedstaaten tragen erforderlichenfalls zur Durchführung der Hilfsprogramme der Union bei.

(2) Die Kommission kann alle Initiativen ergreifen, die der in Absatz 1 genannten Koordinierung förderlich sind.

Artikel 211 (ex-Artikel 181 EGV) [Zusammenarbeit mit Drittländern und internationalen Organisationen]

Die Union und die Mitgliedstaaten arbeiten im Rahmen ihrer jeweiligen Befugnisse mit dritten Ländern und den zuständigen internationalen Organisationen zusammen.

Kapitel 2
Wirtschaftliche, finanzielle und technische Zusammenarbeit mit Drittländern

Artikel 212 (ex-Artikel 181a EGV) [Zusammenarbeit mit Drittstaaten, die keine Entwicklungsländer sind]

(1) ¹Unbeschadet der übrigen Bestimmungen der Verträge, insbesondere der Artikel 208 bis 211, führt die Union mit Drittländern, die keine Entwicklungsländer sind, Maßnahmen der wirtschaftlichen, finanziellen und technischen Zusammenarbeit durch, die auch Unterstützung, insbesondere im finanziellen Bereich, einschließen. ²Diese Maßnahmen stehen mit der Entwicklungspolitik der Union im Einklang und werden im Rahmen der Grundsätze und Ziele ihres auswärtigen Handelns durchgeführt. ³Die Maßnahmen der Union und die Maßnahmen der Mitgliedstaaten ergänzen und verstärken sich gegenseitig.

(2) Das Europäische Parlament und der Rat erlassen gemäß dem ordentlichen Gesetzgebungsverfahren die zur Durchführung des Absatzes 1 erforderlichen Maßnahmen.

(3) ¹Die Union und die Mitgliedstaaten arbeiten im Rahmen ihrer jeweiligen Zuständigkeiten mit Drittländern und den zuständigen internationalen Organisationen zusammen. ²Die Einzelheiten der Zusammenarbeit der Union können in Abkommen zwischen dieser und den betreffenden dritten Parteien geregelt werden.

Unterabsatz 1 berührt nicht die Zuständigkeit der Mitgliedstaaten, in internationalen Gremien zu verhandeln und internationale Abkommen zu schließen.

Artikel 213 [Finanzielle Hilfe der Union]

Ist es aufgrund der Lage in einem Drittland notwendig, dass die Union umgehend finanzielle Hilfe leistet, so erlässt der Rat auf Vorschlag der Kommission die erforderlichen Beschlüsse.

Kapitel 3
Humanitäre Hilfe

Artikel 214 [Maßnahmen]

(1) ¹Den Rahmen für die Maßnahmen der Union im Bereich der humanitären Hilfe bilden die Grundsätze und Ziele des auswärtigen Handelns der Union. ²Die Maßnahmen dienen dazu, Einwohnern von Drittländern, die von Naturkatastrophen oder von vom Menschen verursachten Katastrophen betroffen sind, gezielt Hilfe, Rettung und Schutz zu bringen, damit die aus diesen Notständen resultierenden humanitären Bedürfnisse gedeckt werden können. ³Die Maßnahmen der Union und die Maßnahmen der Mitgliedstaaten ergänzen und verstärken sich gegenseitig.

(2) Die Maßnahmen der humanitären Hilfe werden im Einklang mit den Grundsätzen des Völkerrechts sowie den Grundsätzen der Unparteilichkeit, der Neutralität und der Nichtdiskriminierung durchgeführt.

(3) Das Europäische Parlament und der Rat legen gemäß dem ordentlichen Gesetzgebungsverfahren die Maßnahmen zur Festlegung des Rahmens fest, innerhalb dessen die Maßnahmen der humanitären Hilfe der Union durchgeführt werden.

(4) Die Union kann mit Drittländern und den zuständigen internationalen Organisationen alle Übereinkünfte schließen, die zur Verwirklichung der Ziele des Absatzes 1 und des Artikels 21 des Vertrags über die Europäische Union beitragen.

Unterabsatz 1 berührt nicht die Zuständigkeit der Mitgliedstaaten, in internationalen Gremien zu verhandeln und Übereinkünfte zu schließen.

(5) ¹Als Rahmen für gemeinsame Beiträge der jungen Europäer zu den Maßnahmen der humanitären Hilfe der Union wird ein Europäisches Freiwilligenkorps für humanitäre Hilfe geschaffen. ²Das Europäische Parlament und der Rat legen gemäß dem ordentlichen Gesetzgebungsverfahren durch Verordnungen die Rechtsstellung und die Einzelheiten der Arbeitsweise des Korps fest.

(6) Die Kommission kann alle Initiativen ergreifen, die der Koordinierung zwischen den Maßnahmen der Union und denen

der Mitgliedstaaten förderlich sind, damit die Programme der Union und der Mitgliedstaaten im Bereich der humanitären Hilfe wirksamer sind und einander besser ergänzen.

(7) Die Union trägt dafür Sorge, dass ihre Maßnahmen der humanitären Hilfe mit den Maßnahmen der internationalen Organisationen und Einrichtungen, insbesondere derer, die zum System der Vereinten Nationen gehören, abgestimmt werden und im Einklang mit ihnen stehen.

Titel IV
Restriktive Maßnahmen

Artikel 215 (ex-Artikel 301 EGV)
[Wirtschaftssanktionen]

(1) ¹Sieht ein nach Titel V Kapitel 2 des Vertrags über die Europäische Union erlassener Beschluss die Aussetzung, Einschränkung oder vollständige Einstellung der Wirtschafts- und Finanzbeziehungen zu einem oder mehreren Drittländern vor, so erlässt der Rat die erforderlichen Maßnahmen mit qualifizierter Mehrheit auf gemeinsamen Vorschlag des Hohen Vertreters der Union für Außen- und Sicherheitspolitik und der Kommission. ²Er unterrichtet hierüber das Europäische Parlament.

(2) Sieht ein nach Titel V Kapitel 2 des Vertrags über die Europäische Union erlassener Beschluss dies vor, so kann der Rat nach dem Verfahren des Absatzes 1 restriktive Maßnahmen gegen natürliche oder juristische Personen sowie Gruppierungen oder nichtstaatliche Einheiten erlassen.

(3) In den Rechtsakten nach diesem Artikel müssen die erforderlichen Bestimmungen über den Rechtsschutz vorgesehen sein.

Titel V
Internationale Übereinkünfte

Artikel 216 [Vertragsabschlusskompetenz der Union]

(1) Die Union kann mit einem oder mehreren Drittländern oder einer oder mehreren internationalen Organisationen eine

Übereinkunft schließen, wenn dies in den Verträgen vorgesehen ist oder wenn der Abschluss einer Übereinkunft im Rahmen der Politik der Union entweder zur Verwirklichung eines der in den Verträgen festgesetzten Ziele erforderlich oder in einem verbindlichen Rechtsakt der Union vorgesehen ist oder aber gemeinsame Vorschriften beeinträchtigen oder deren Anwendungsbereich ändern könnte.

(2) Die von der Union geschlossenen Übereinkünfte binden die Organe der Union und die Mitgliedstaaten.

Artikel 217 (ex-Artikel 310 EGV)
[Assoziierungsabkommen]

Die Union kann mit einem oder mehreren Drittländern oder einer oder mehreren internationalen Organisationen Abkommen schließen, die eine Assoziierung mit gegenseitigen Rechten und Pflichten, gemeinsamem Vorgehen und besonderen Verfahren herstellen.

Artikel 218 (ex-Artikel 300 EGV) [Aushandlung und Abschluss von Abkommen, Zuständigkeit des Gerichtshofs für Gutachten über Vereinbarkeit von Abkommen mit Unionsprimärrecht]

(1) Unbeschadet der besonderen Bestimmungen des Artikels 207 werden Übereinkünfte zwischen der Union und Drittländern oder internationalen Organisationen nach dem im Folgenden beschriebenen Verfahren ausgehandelt und geschlossen.

(2) Der Rat erteilt eine Ermächtigung zur Aufnahme von Verhandlungen, legt Verhandlungsrichtlinien fest, genehmigt die Unterzeichnung und schließt die Übereinkünfte.

(3) Die Kommission oder, wenn sich die geplante Übereinkunft ausschließlich oder hauptsächlich auf die Gemeinsame Außen- und Sicherheitspolitik bezieht, der Hohe Vertreter der Union für Außen- und Sicherheitspolitik legt dem Rat Empfehlungen vor; dieser erlässt einen Beschluss über die Ermächtigung zur Aufnahme von Verhandlungen und über die Benennung, je nach dem Gegenstand der geplanten Übereinkunft, des Verhandlungsführers oder des Leiters des Verhandlungsteams der Union.

(4) Der Rat kann dem Verhandlungsführer Richtlinien erteilen und einen Sonderausschuss bestellen; die Verhandlungen sind im Benehmen mit diesem Ausschuss zu führen.

(5) Der Rat erlässt auf Vorschlag des Verhandlungsführers einen Beschluss, mit dem die Unterzeichnung der Übereinkunft und gegebenenfalls deren vorläufige Anwendung vor dem Inkrafttreten genehmigt werden.

(6) Der Rat erlässt auf Vorschlag des Verhandlungsführers einen Beschluss über den Abschluss der Übereinkunft.

[1]Mit Ausnahme der Übereinkünfte, die ausschließlich die Gemeinsame Außen- und Sicherheitspolitik betreffen, erlässt der Rat den Beschluss über den Abschluss der Übereinkunft

a) nach Zustimmung des Europäischen Parlaments in folgenden Fällen:

i) Assoziierungsabkommen;

ii) Übereinkunft über den Beitritt der Union zur Europäischen Konvention zum Schutz der Menschenrechte und Grundfreiheiten;

iii) Übereinkünfte, die durch die Einführung von Zusammenarbeitsverfahren einen besonderen institutionellen Rahmen schaffen;

iv) Übereinkünfte mit erheblichen finanziellen Folgen für die Union;

v) Übereinkünfte in Bereichen, für die entweder das ordentliche Gesetzgebungsverfahren oder, wenn die Zustimmung des Europäischen Parlaments erforderlich ist, das besondere Gesetzgebungsverfahren gilt.

Das Europäische Parlament und der Rat können in dringenden Fällen eine Frist für die Zustimmung vereinbaren.

b) nach Anhörung des Europäischen Parlaments in den übrigen Fällen. [2]Das Europäische Parlament gibt seine Stellungnahme innerhalb einer Frist ab, die der Rat entsprechend der Dringlichkeit festlegen kann. [3]Ergeht innerhalb dieser Frist keine Stellungnahme, so kann der Rat einen Beschluss fassen.

(7) [1]Abweichend von den Absätzen 5, 6 und 9 kann der Rat den Verhandlungsführer bei Abschluss einer Übereinkunft ermächtigen, im Namen der Union Änderungen der Übereinkunft zu billigen, wenn die Übereinkunft vorsieht, dass diese Änderungen im Wege eines vereinfachten Verfahrens oder durch ein durch die Übereinkunft eingesetztes Gremium anzunehmen sind. ²Der Rat kann diese Ermächtigung gegebenenfalls mit besonderen Bedingungen verbinden.

(8) Der Rat beschließt während des gesamten Verfahrens mit qualifizierter Mehrheit.

¹Er beschließt jedoch einstimmig, wenn die Übereinkunft einen Bereich betrifft, in dem für den Erlass eines Rechtsakts der Union Einstimmigkeit erforderlich ist, sowie bei Assoziierungsabkommen und Übereinkünften nach Artikel 212 mit beitrittswilligen Staaten. ²Auch über die Übereinkunft über den Beitritt der Union zur Europäischen Konvention zum Schutz der Menschenrechte und Grundfreiheiten beschließt der Rat einstimmig; der Beschluss zum Abschluss dieser Übereinkunft tritt in Kraft, nachdem die Mitgliedstaaten im Einklang mit ihren jeweiligen verfassungsrechtlichen Vorschriften zugestimmt haben.

(9) Der Rat erlässt auf Vorschlag der Kommission oder des Hohen Vertreters der Union für Außen- und Sicherheitspolitik einen Beschluss über die Aussetzung der Anwendung einer Übereinkunft und zur Festlegung der Standpunkte, die im Namen der Union in einem durch eine Übereinkunft eingesetzten Gremium zu vertreten sind, sofern dieses Gremium rechtswirksame Akte, mit Ausnahme von Rechtsakten zur Ergänzung oder Änderung des institutionellen Rahmens der betreffenden Übereinkunft, zu erlassen hat.

(10) Das Europäische Parlament wird in allen Phasen des Verfahrens unverzüglich und umfassend unterrichtet.

(11) ¹Ein Mitgliedstaat, das Europäische Parlament, der Rat oder die Kommission können ein Gutachten des Gerichtshofs über die Vereinbarkeit einer geplanten Übereinkunft mit den Verträgen einholen. ²Ist das Gutachten des Gerichtshofs ablehnend, so kann die geplante Übereinkunft nur in Kraft treten, wenn sie oder die Verträge geändert werden.

Artikel 219 (ex-Artikel 111 Absätze 1 bis 3 und Absatz 5 EGV) [Wechselkursfestlegung nach außen, internationale Vereinbarungen]

(1) ¹Abweichend von Artikel 218 kann der Rat entweder auf Empfehlung der Europäischen Zentralbank oder auf Empfehlung

der Kommission und nach Anhörung der Europäischen Zentralbank in dem Bemühen, zu einem mit dem Ziel der Preisstabilität im Einklang stehenden Konsens zu gelangen, förmliche Vereinbarungen über ein Wechselkurssystem für den Euro gegenüber den Währungen von Drittstaaten treffen. ²Der Rat beschließt nach dem Verfahren des Absatzes 3 einstimmig nach Anhörung des Europäischen Parlaments.

¹Der Rat kann entweder auf Empfehlung der Europäischen Zentralbank oder auf Empfehlung der Kommission und nach Anhörung der Europäischen Zentralbank in dem Bemühen, zu einem mit dem Ziel der Preisstabilität im Einklang stehenden Konsens zu gelangen, die Euro-Leitkurse innerhalb des Wechselkurssystems festlegen, ändern oder aufgeben. ²Der Präsident des Rates unterrichtet das Europäische Parlament von der Festlegung, Änderung oder Aufgabe der Euro-Leitkurse.

(2) ¹Besteht gegenüber einer oder mehreren Währungen von Drittstaaten kein Wechselkurssystem nach Absatz 1, so kann der Rat entweder auf Empfehlung der Kommission und nach Anhörung der Europäischen Zentralbank oder auf Empfehlung der Europäischen Zentralbank allgemeine Orientierungen für die Wechselkurspolitik gegenüber diesen Währungen aufstellen. ²Diese allgemeinen Orientierungen dürfen das vorrangige Ziel des ESZB, die Preisstabilität zu gewährleisten, nicht beeinträchtigen.

(3) ¹Wenn von der Union mit einem oder mehreren Drittstaaten oder internationalen Organisationen Vereinbarungen im Zusammenhang mit Währungsfragen oder Devisenregelungen auszuhandeln sind, beschließt der Rat abweichend von Artikel 218 auf Empfehlung der Kommission und nach Anhörung der Europäischen Zentralbank die Modalitäten für die Aushandlung und den Abschluss solcher Vereinbarungen. ²Mit diesen Modalitäten wird gewährleistet, dass die Union einen einheitlichen Standpunkt vertritt. ³Die Kommission wird an den Verhandlungen in vollem Umfang beteiligt.

(4) Die Mitgliedstaaten haben das Recht, unbeschadet der Unionszuständigkeit und der Unionsvereinbarungen über die Wirtschafts- und Währungsunion in internationalen Gremien Verhandlungen zu führen und internationale Vereinbarungen zu treffen.

Titel VI
Beziehungen der Union zu internationalen Organisationen und Drittländern sowie Delegationen der Union

Artikel 220 (ex-Artikel 302 bis 304 EGV) [Beziehungen zu internationalen Organisationen]

(1) Die Union betreibt jede zweckdienliche Zusammenarbeit mit den Organen der Vereinten Nationen und ihrer Sonderorganisationen, dem Europarat, der Organisation für Sicherheit und Zusammenarbeit in Europa und der Organisation für wirtschaftliche Zusammenarbeit und Entwicklung.

Die Union unterhält ferner, soweit zweckdienlich, Beziehungen zu anderen internationalen Organisationen.

(2) Die Durchführung dieses Artikels obliegt dem Hohen Vertreter der Union für Außen- und Sicherheitspolitik und der Kommission.

Artikel 221 [Delegationen der Union]

(1) Die Delegationen der Union in Drittländern und bei internationalen Organisationen sorgen für die Vertretung der Union.

(2) ¹Die Delegationen der Union unterstehen der Leitung des Hohen Vertreters der Union für Außen- und Sicherheitspolitik. ²Sie werden in enger Zusammenarbeit mit den diplomatischen und konsularischen Vertretungen der Mitgliedstaaten tätig.

Titel VII
Solidaritätsklausel

Artikel 222 [Solidarität bei Terroranschlägen und Katastrophen]

(1) ¹Die Union und ihre Mitgliedstaaten handeln gemeinsam im Geiste der Solidarität, wenn ein Mitgliedstaat von einem Terroranschlag, einer Naturkatastrophe oder einer vom Menschen verursachten Katastrophe betroffen ist. ²Die Union mobilisiert alle ihr zur Verfügung stehenden Mittel, einschließlich der ihr von den Mitgliedstaaten bereitgestellten militärischen Mittel, um

a) – terroristische Bedrohungen im Hoheitsgebiet von Mitgliedstaaten abzuwenden;
– die demokratischen Institutionen und die Zivilbevölkerung vor etwaigen Terroranschlägen zu schützen;
– im Falle eines Terroranschlags einen Mitgliedstaat auf Ersuchen seiner politischen Organe innerhalb seines Hoheitsgebiets zu unterstützen;
b) im Falle einer Naturkatastrophe oder einer vom Menschen verursachten Katastrophe einen Mitgliedstaat auf Ersuchen seiner politischen Organe innerhalb seines Hoheitsgebiets zu unterstützen.

(2) ¹Ist ein Mitgliedstaat von einem Terroranschlag, einer Naturkatastrophe oder einer vom Menschen verursachten Katastrophe betroffen, so leisten die anderen Mitgliedstaaten ihm auf Ersuchen seiner politischen Organe Unterstützung. ²Zu diesem Zweck sprechen die Mitgliedstaaten sich im Rat ab.

(3) ¹Die Einzelheiten für die Anwendung dieser Solidaritätsklausel durch die Union werden durch einen Beschluss festgelegt, den der Rat aufgrund eines gemeinsamen Vorschlags der Kommission und des Hohen Vertreters der Union für Außen- und Sicherheitspolitik erlässt. ²Hat dieser Beschluss Auswirkungen im Bereich der Verteidigung, so beschließt der Rat nach Artikel 31 Absatz 1 des Vertrags über die Europäische Union. ³Das Europäische Parlament wird darüber unterrichtet.

Für die Zwecke dieses Absatzes unterstützen den Rat unbeschadet des Artikels 240 das Politische und Sicherheitspolitische Komitee, das sich hierbei auf die im Rahmen der Gemeinsamen Sicherheits- und Verteidigungspolitik entwickelten Strukturen stützt, sowie der Ausschuss nach Artikel 71, die dem Rat gegebenenfalls gemeinsame Stellungnahmen vorlegen.

(4) Damit die Union und ihre Mitgliedstaaten auf effiziente Weise tätig werden können, nimmt der Europäische Rat regelmäßig eine Einschätzung der Bedrohungen vor, denen die Union ausgesetzt ist.

Sechster Teil
Institutionelle Bestimmungen und Finanzvorschriften

Titel I
Vorschriften über die Organe

Kapitel 1
Die Organe

Abschnitt 1
Das Europäische Parlament

Artikel 223 (ex-Artikel 190 Absätze 4 und 5 EGV) [Mitgliederwahl]

(1) Das Europäische Parlament erstellt einen Entwurf der erforderlichen Bestimmungen für die allgemeine unmittelbare Wahl seiner Mitglieder nach einem einheitlichen Verfahren in allen Mitgliedstaaten oder im Einklang mit den allen Mitgliedstaaten gemeinsamen Grundsätzen.

¹Der Rat erlässt die erforderlichen Bestimmungen einstimmig gemäß einem besonderen Gesetzgebungsverfahren und nach Zustimmung des Europäischen Parlaments, die mit der Mehrheit seiner Mitglieder erteilt wird. ²Diese Bestimmungen treten nach Zustimmung der Mitgliedstaaten im Einklang mit ihren jeweiligen verfassungsrechtlichen Vorschriften in Kraft.

(2) ¹Das Europäische Parlament legt aus eigener Initiative gemäß einem besonderen Gesetzgebungsverfahren durch Verordnungen nach Anhörung der Kommission und mit Zustimmung des Rates die Regelungen und allgemeinen Bedingungen für die Wahrnehmung der Aufgaben seiner Mitglieder fest. ²Alle Vorschriften und Bedingungen, die die Steuerregelung für die Mitglieder oder ehemaligen Mitglieder betreffen, sind vom Rat einstimmig festzulegen.

Artikel 224 (ex-Artikel 191 Absatz 2 EGV) [Politische Parteien auf europäischer Ebene]

Das Europäische Parlament und der Rat legen gemäß dem ordentlichen Gesetzgebungsverfahren durch Verordnungen die

Regelungen für die politischen Parteien auf europäischer Ebene nach Artikel 10 Absatz 4 des Vertrags über die Europäische Union und insbesondere die Vorschriften über ihre Finanzierung fest.

Artikel 225 (ex-Artikel 192 Absatz 2 EGV) [Mittelbares Initiativrecht]

¹Das Europäische Parlament kann mit der Mehrheit seiner Mitglieder die Kommission auffordern, geeignete Vorschläge zu Fragen zu unterbreiten, die nach seiner Auffassung die Ausarbeitung eines Unionsakts zur Durchführung der Verträge erfordern. ²Legt die Kommission keinen Vorschlag vor, so teilt sie dem Europäischen Parlament die Gründe dafür mit.

Artikel 226 (ex-Artikel 193 EGV) [Untersuchungsausschuss]

Das Europäische Parlament kann bei der Erfüllung seiner Aufgaben auf Antrag eines Viertels seiner Mitglieder die Einsetzung eines nichtständigen Untersuchungsausschusses beschließen, der unbeschadet der Befugnisse, die anderen Organen oder Einrichtungen durch die Verträge übertragen sind, behauptete Verstöße gegen das Unionsrecht oder Missstände bei der Anwendung desselben prüft; dies gilt nicht, wenn ein Gericht mit den behaupteten Sachverhalten befasst ist, solange das Gerichtsverfahren nicht abgeschlossen ist.

Mit der Vorlage seines Berichts hört der nichtständige Untersuchungsausschuss auf zu bestehen.

Die Einzelheiten der Ausübung des Untersuchungsrechts werden vom Europäischen Parlament festgelegt, das aus eigener Initiative gemäß einem besonderen Gesetzgebungsverfahren durch Verordnungen nach Zustimmung des Rates und der Kommission beschließt.

Artikel 227 (ex-Artikel 194 EGV) [Petitionsrecht]

Jeder Bürger der Union sowie jede natürliche oder juristische Person mit Wohnort oder satzungsmäßigem Sitz in einem Mitgliedstaat kann allein oder zusammen mit anderen Bürgern oder Personen in Angelegenheiten, die in die Tätigkeitsbereiche der

Union fallen und die ihn oder sie unmittelbar betreffen, eine Petition an das Europäische Parlament richten.

Artikel 228 (ex-Artikel 195 EGV) [Europäischer Bürgerbeauftragter]

(1) ¹Ein vom Europäischen Parlament gewählter Europäischer Bürgerbeauftragter ist befugt, Beschwerden von jedem Bürger der Union oder von jeder natürlichen oder juristischen Person mit Wohnort oder satzungsmäßigem Sitz in einem Mitgliedstaat über Missstände bei der Tätigkeit der Organe, Einrichtungen oder sonstigen Stellen der Union, mit Ausnahme des Gerichtshofs der Europäischen Union in Ausübung seiner Rechtsprechungsbefugnisse, entgegenzunehmen. ²Er untersucht diese Beschwerden und erstattet darüber Bericht.

¹Der Bürgerbeauftragte führt im Rahmen seines Auftrags von sich aus oder aufgrund von Beschwerden, die ihm unmittelbar oder über ein Mitglied des Europäischen Parlaments zugehen, Untersuchungen durch, die er für gerechtfertigt hält; dies gilt nicht, wenn die behaupteten Sachverhalte Gegenstand eines Gerichtsverfahrens sind oder waren. ²Hat der Bürgerbeauftragte einen Missstand festgestellt, so befasst er das betreffende Organ, die betreffende Einrichtung oder sonstige Stelle, das bzw. die über eine Frist von drei Monaten verfügt, um ihm seine bzw. ihre Stellungnahme zu übermitteln. ³Der Bürgerbeauftragte legt anschließend dem Europäischen Parlament und dem betreffenden Organ, der betreffenden Einrichtung oder sonstigen Stelle einen Bericht vor. ⁴Der Beschwerdeführer wird über das Ergebnis dieser Untersuchungen unterrichtet.

Der Bürgerbeauftragte legt dem Europäischen Parlament jährlich einen Bericht über die Ergebnisse seiner Untersuchungen vor.

(2) ¹Der Bürgerbeauftragte wird nach jeder Wahl des Europäischen Parlaments für die Dauer der Wahlperiode gewählt. ²Wiederwahl ist zulässig.

Der Bürgerbeauftragte kann auf Antrag des Europäischen Parlaments vom Gerichtshof seines Amtes enthoben werden, wenn er die Voraussetzungen für die Ausübung seines Amtes nicht mehr erfüllt oder eine schwere Verfehlung begangen hat.

(3) ¹Der Bürgerbeauftragte übt sein Amt in völliger Unabhängigkeit aus. ²Er darf bei der Erfüllung seiner Pflichten von keiner Regierung, keinem Organ, keiner Einrichtung oder sonstigen Stelle Weisungen einholen oder entgegennehmen. ³Der Bürgerbeauftragte darf während seiner Amtszeit keine andere entgeltliche oder unentgeltliche Berufstätigkeit ausüben.

(4) Das Europäische Parlament legt aus eigener Initiative gemäß einem besonderen Gesetzgebungsverfahren durch Verordnungen nach Stellungnahme der Kommission und nach Zustimmung des Rates die Regelungen und allgemeinen Bedingungen für die Ausübung der Aufgaben des Bürgerbeauftragten fest.

Artikel 229 (ex-Artikel 196 EGV) [Sitzungsperiode]

¹Das Europäische Parlament hält jährlich eine Sitzungsperiode ab. ²Es tritt, ohne dass es einer Einberufung bedarf, am zweiten Dienstag des Monats März zusammen.

Das Europäische Parlament kann auf Antrag der Mehrheit seiner Mitglieder sowie auf Antrag des Rates oder der Kommission zu einer außerordentlichen Sitzungsperiode zusammentreten.

Artikel 230 (ex-Artikel 197 Absätze 2, 3 und 4 EGV) [Anhörungsrecht von Kommission, Rat und Europäischem Rat]

Die Kommission kann an allen Sitzungen des Europäischen Parlaments teilnehmen und wird auf ihren Antrag gehört.

Die Kommission antwortet mündlich oder schriftlich auf die ihr vom Europäischen Parlament oder von dessen Mitgliedern gestellten Fragen.

Der Europäische Rat und der Rat werden vom Europäischen Parlament nach Maßgabe der Geschäftsordnung des Europäischen Rates und der Geschäftsordnung des Rates gehört.

Artikel 231 (ex-Artikel 198 EGV) [Beschlussfassung]

Soweit die Verträge nicht etwas anderes bestimmen, beschließt das Europäische Parlament mit der Mehrheit der abgegebenen Stimmen.

Die Geschäftsordnung legt die Beschlussfähigkeit fest.

Artikel 232 (ex-Artikel 199 EGV) [Geschäftsordnung, Verhandlungsniederschriften]

Das Europäische Parlament gibt sich seine Geschäftsordnung; hierzu sind die Stimmen der Mehrheit seiner Mitglieder erforderlich.

Die Verhandlungsniederschriften des Europäischen Parlaments werden nach Maßgabe der Verträge und seiner Geschäftsordnung veröffentlicht.

Artikel 233 (ex-Artikel 200 EGV) [Jährlicher Gesamtbericht]

Das Europäische Parlament erörtert in öffentlicher Sitzung den jährlichen Gesamtbericht, der ihm von der Kommission vorgelegt wird.

Artikel 234 (ex-Artikel 201 EGV) [Misstrauensantrag gegen die Kommission]

Wird wegen der Tätigkeit der Kommission ein Misstrauensantrag eingebracht, so darf das Europäische Parlament nicht vor Ablauf von drei Tagen nach seiner Einbringung und nur in offener Abstimmung darüber entscheiden.

[1]Wird der Misstrauensantrag mit der Mehrheit von zwei Dritteln der abgegebenen Stimmen und mit der Mehrheit der Mitglieder des Europäischen Parlaments angenommen, so legen die Mitglieder der Kommission geschlossen ihr Amt nieder, und der Hohe Vertreter der Union für Außen- und Sicherheitspolitik legt sein im Rahmen der Kommission ausgeübtes Amt nieder. [2]Sie bleiben im Amt und führen die laufenden Geschäfte bis zu ihrer Ersetzung nach Artikel 17 des Vertrags über die Europäische Union weiter. [3]In diesem Fall endet die Amtszeit der zu ihrer Ersetzung ernannten Mitglieder der Kommission zu dem Zeitpunkt, zu dem die Amtszeit der Mitglieder der Kommission, die ihr Amt geschlossen niederlegen mussten, geendet hätte.

Abschnitt 2
Der Europäische Rat

Artikel 235 [Verfahrensmodalitäten]

(1) Jedes Mitglied des Europäischen Rates kann sich das Stimmrecht höchstens eines anderen Mitglieds übertragen lassen.

[1]Beschließt der Europäische Rat mit qualifizierter Mehrheit, so gelten für ihn Artikel 16 Absatz 4 des Vertrags über die Europäische Union und Artikel 238 Absatz 2 dieses Vertrags. [2]An Abstimmungen im Europäischen Rat nehmen dessen Präsident und der Präsident der Kommission nicht teil.

Die Stimmenthaltung von anwesenden oder vertretenen Mitgliedern steht dem Zustandekommen von Beschlüssen des Europäischen Rates, zu denen Einstimmigkeit erforderlich ist, nicht entgegen.

(2) Der Präsident des Europäischen Parlaments kann vom Europäischen Rat gehört werden.

(3) Der Europäische Rat beschließt mit einfacher Mehrheit über Verfahrensfragen sowie über den Erlass seiner Geschäftsordnung.

(4) Der Europäische Rat wird vom Generalsekretariat des Rates unterstützt.

Artikel 236 [Beschluss zur Festlegung der Zusammensetzung und Vorsitz des Europäischen Rates]

Der Europäische Rat erlässt mit qualifizierter Mehrheit

a) einen Beschluss zur Festlegung der Zusammensetzungen des Rates, mit Ausnahme des Rates „Allgemeine Angelegenheiten" und des Rates „Auswärtige Angelegenheiten" nach Artikel 16 Absatz 6 des Vertrags über die Europäische Union;

b) einen Beschluss nach Artikel 16 Absatz 9 des Vertrags über die Europäische Union zur Festlegung des Vorsitzes im Rat in allen seinen Zusammensetzungen mit Ausnahme des Rates „Auswärtige Angelegenheiten".

Abschnitt 3
Der Rat

Artikel 237 (ex-Artikel 204 EGV) [Einberufung]

Der Rat wird von seinem Präsidenten aus eigenem Entschluss oder auf Antrag eines seiner Mitglieder oder der Kommission einberufen.

Artikel 238 (ex-Artikel 205 Absätze 1 und 2 EGV) [Beschlussfassung]

(1) Ist zu einem Beschluss des Rates die einfache Mehrheit erforderlich, so beschließt der Rat mit der Mehrheit seiner Mitglieder.

(2) Beschließt der Rat nicht auf Vorschlag der Kommission oder des Hohen Vertreters der Union für Außen- und Sicherheitspolitik, so gilt ab dem 1. November 2014 abweichend von Artikel 16 Absatz 4 des Vertrags über die Europäische Union und vorbehaltlich der Vorschriften des Protokolls über die Übergangsbestimmungen als qualifizierte Mehrheit eine Mehrheit von mindestens 72 % der Mitglieder des Rates, sofern die von ihnen vertretenen Mitgliedstaaten zusammen mindestens 65 % der Bevölkerung der Union ausmachen.

(3) In den Fällen, in denen in Anwendung der Verträge nicht alle Mitglieder des Rates stimmberechtigt sind, gilt ab dem 1. November 2014 vorbehaltlich der Vorschriften des Protokolls über die Übergangsbestimmungen für die qualifizierte Mehrheit Folgendes:

a) Als qualifizierte Mehrheit gilt eine Mehrheit von mindestens 55 % derjenigen Mitglieder des Rates, die die beteiligten Mitgliedstaaten vertreten, sofern die von ihnen vertretenen Mitgliedstaaten zusammen mindestens 65 % der Bevölkerung der beteiligten Mitgliedstaaten ausmachen.

Für eine Sperrminorität bedarf es mindestens der Mindestzahl von Mitgliedern des Rates, die zusammen mehr als 35 % der Bevölkerung der beteiligten Mitgliedstaaten vertreten, zuzüglich eines Mitglieds; andernfalls gilt die qualifizierte Mehrheit als erreicht.

b) Beschließt der Rat nicht auf Vorschlag der Kommission oder des Hohen Vertreters der Union für Außen- und Sicherheitspolitik, so gilt abweichend von Buchstabe a als qualifizierte Mehrheit eine Mehrheit von mindestens 72 % derjenigen Mitglieder des Rates, die die beteiligten Mitgliedstaaten vertreten, sofern die von ihnen vertretenen Mitgliedstaaten zusammen mindestens 65 % der Bevölkerung der beteiligten Mitgliedstaaten ausmachen.

(4) Die Stimmenthaltung von anwesenden oder vertretenen Mitgliedern steht dem Zustandekommen von Beschlüssen des Rates, zu denen Einstimmigkeit erforderlich ist, nicht entgegen.

Artikel 239 (ex-Artikel 206 EGV)
[Stimmrechtsübertragung]

Jedes Mitglied kann sich das Stimmrecht höchstens eines anderen Mitglieds übertragen lassen.

Artikel 240 (ex-Artikel 207 EGV) [Ausschuss der Ständigen Vertreter der Regierungen]

(1) ¹Ein Ausschuss, der sich aus den Ständigen Vertretern der Regierungen der Mitgliedstaaten zusammensetzt, trägt die Verantwortung, die Arbeiten des Rates vorzubereiten und die ihm vom Rat übertragenen Aufträge auszuführen. ²Der Ausschuss kann in Fällen, die in der Geschäftsordnung des Rates vorgesehen sind, Verfahrensbeschlüsse fassen.

(2) Der Rat wird von einem Generalsekretariat unterstützt, das einem vom Rat ernannten Generalsekretär untersteht.

Der Rat beschließt mit einfacher Mehrheit über die Organisation des Generalsekretariats.

(3) Der Rat beschließt mit einfacher Mehrheit über Verfahrensfragen sowie über den Erlass seiner Geschäftsordnung.

Artikel 241 (ex-Artikel 208 EGV) [Recht zur Aufforderung der Kommission zur Vornahme von Untersuchungen]

¹Der Rat, der mit einfacher Mehrheit beschließt, kann die Kommission auffordern, die nach seiner Ansicht zur Verwirklichung der gemeinsamen Ziele geeigneten Untersuchungen vorzunehmen und ihm entsprechende Vorschläge zu unterbreiten.

²Legt die Kommission keinen Vorschlag vor, so teilt sie dem Rat die Gründe dafür mit.

Artikel 242 (ex-Artikel 209 EGV) [Regelung der Stellung der Ausschüsse]

Der Rat, der mit einfacher Mehrheit beschließt, regelt nach Anhörung der Kommission die rechtliche Stellung der in den Verträgen vorgesehenen Ausschüsse.

Artikel 243 (ex-Artikel 210 EGV) [Gehälter, Vergütungen und Ruhegehälter]

¹Der Rat setzt die Gehälter, Vergütungen und Ruhegehälter für den Präsidenten des Europäischen Rates, den Präsidenten der Kommission, den Hohen Vertreter der Union für Außen- und Sicherheitspolitik, die Mitglieder der Kommission, die Präsidenten, die Mitglieder und die Kanzler des Gerichtshofs der Europäischen Union sowie den Generalsekretär des Rates fest. ²Er setzt ebenfalls alle als Entgelt gezahlten Vergütungen fest.

Abschnitt 4
Die Kommission

Artikel 244 [Zusammensetzung durch Rotationssytem]

Gemäß Artikel 17 Absatz 5 des Vertrags über die Europäische Union werden die Kommissionsmitglieder in einem vom Europäischen Rat einstimmig festgelegten System der Rotation ausgewählt, das auf folgenden Grundsätzen beruht:

a) Die Mitgliedstaaten werden bei der Festlegung der Reihenfolge und der Dauer der Amtszeiten ihrer Staatsangehörigen in der Kommission vollkommen gleich behandelt; demzufolge kann die Gesamtzahl der Mandate, welche Staatsangehörige zweier beliebiger Mitgliedstaaten innehaben, niemals um mehr als eines voneinander abweichen.

b) Vorbehaltlich des Buchstabens a ist jede der aufeinander folgenden Kommissionen so zusammengesetzt, dass das demografische und geografische Spektrum der Gesamtheit der Mitgliedstaaten auf zufrieden stellende Weise zum Ausdruck kommt.

Artikel 245 (ex-Artikel 213 EGV) [Unabhängigkeit, Neutralität und Nebentätigkeitsverbot der Kommissionsmitglieder]

[1]Die Mitglieder der Kommission haben jede Handlung zu unterlassen, die mit ihren Aufgaben unvereinbar ist. [2]Die Mitgliedstaaten achten ihre Unabhängigkeit und versuchen nicht, sie bei der Erfüllung ihrer Aufgaben zu beeinflussen.

[1]Die Mitglieder der Kommission dürfen während ihrer Amtszeit keine andere entgeltliche oder unentgeltliche Berufstätigkeit ausüben. [2]Bei der Aufnahme ihrer Tätigkeit übernehmen sie die feierliche Verpflichtung, während der Ausübung und nach Ablauf ihrer Amtstätigkeit die sich aus ihrem Amt ergebenden Pflichten zu erfüllen, insbesondere die Pflicht, bei der Annahme gewisser Tätigkeiten oder Vorteile nach Ablauf dieser Tätigkeit ehrenhaft und zurückhaltend zu sein. [3]Werden diese Pflichten verletzt, so kann der Gerichtshof auf Antrag des Rates, der mit einfacher Mehrheit beschließt, oder der Kommission das Mitglied je nach Lage des Falles gemäß Artikel 247 seines Amtes entheben oder ihm seine Ruhegehaltsansprüche oder andere an ihrer Stelle gewährte Vergünstigungen aberkennen.

Artikel 246 (ex-Artikel 215 EGV) [Amtszeit]

Abgesehen von den regelmäßigen Neubesetzungen und von Todesfällen endet das Amt eines Mitglieds der Kommission durch Rücktritt oder Amtsenthebung.

Für ein zurückgetretenes, seines Amtes enthobenes oder verstorbenes Mitglied wird für die verbleibende Amtszeit vom Rat mit Zustimmung des Präsidenten der Kommission nach Anhörung des Europäischen Parlaments und nach den Anforderungen des Artikels 17 Absatz 3 Unterabsatz 2 des Vertrags über die Europäische Union ein neues Mitglied derselben Staatsangehörigkeit ernannt.

Der Rat kann auf Vorschlag des Präsidenten der Kommission einstimmig beschließen, dass ein ausscheidendes Mitglied der Kommission für die verbleibende Amtszeit nicht ersetzt werden muss, insbesondere wenn es sich um eine kurze Zeitspanne handelt.

¹Bei Rücktritt, Amtsenthebung oder Tod des Präsidenten wird für die verbleibende Amtszeit ein Nachfolger ernannt. ²Für die Ersetzung findet das Verfahren des Artikels 17 Absatz 7 Unterabsatz 1 des Vertrags über die Europäische Union Anwendung.

Bei Rücktritt, Amtsenthebung oder Tod des Hohen Vertreters der Union für die Außen- und Sicherheitspolitik wird für die verbleibende Amtszeit nach Artikel 18 Absatz 1 des Vertrags über die Europäische Union ein Nachfolger ernannt.

Bei Rücktritt aller Mitglieder der Kommission bleiben diese bis zur Neubesetzung ihres Sitzes nach Artikel 17 des Vertrags über die Europäische Union für die verbleibende Amtszeit im Amt und führen die laufenden Geschäfte weiter.

Artikel 247 (ex-Artikel 216 EGV) [Amtsenthebung]

Jedes Mitglied der Kommission, das die Voraussetzungen für die Ausübung seines Amtes nicht mehr erfüllt oder eine schwere Verfehlung begangen hat, kann auf Antrag des Rates, der mit einfacher Mehrheit beschließt, oder der Kommission durch den Gerichtshof seines Amtes enthoben werden.

Artikel 248 (ex-Artikel 217 Absatz 2 EGV) [Zuständigkeitsverteilung zwischen den Kommissionsmitgliedern]

¹Die Zuständigkeiten der Kommission werden unbeschadet des Artikels 18 Absatz 4 des Vertrags über die Europäische Union von ihrem Präsidenten nach Artikel 17 Absatz 6 des genannten Vertrags gegliedert und zwischen ihren Mitgliedern aufgeteilt. ²Der Präsident kann diese Zuständigkeitsverteilung im Laufe der Amtszeit ändern. ³Die Mitglieder der Kommission üben die ihnen vom Präsidenten übertragenen Aufgaben unter dessen Leitung aus.

Artikel 249 (ex-Artikel 218 Absatz 2 und ex-Artikel 212 EGV) [Geschäftsordnung, jährlicher Gesamtbericht]

(1) ¹Die Kommission gibt sich eine Geschäftsordnung, um ihr ordnungsgemäßes Arbeiten und das ihrer Dienststellen zu gewährleisten. ²Sie sorgt für die Veröffentlichung dieser Geschäftsordnung.

(2) Die Kommission veröffentlicht jährlich, und zwar spätestens einen Monat vor Beginn der Sitzungsperiode des Europäischen Parlaments, einen Gesamtbericht über die Tätigkeit der Union.

Artikel 250 (ex-Artikel 219 EGV) [Beschlussfassung und -fähigkeit]

Die Beschlüsse der Kommission werden mit der Mehrheit ihrer Mitglieder gefasst.

Die Beschlussfähigkeit wird in ihrer Geschäftsordnung festgelegt.

Abschnitt 5
Der Gerichtshof der Europäischen Union

Artikel 251 (ex-Artikel 221 EGV) [Spruchkörper]

Der Gerichtshof tagt in Kammern oder als Große Kammer entsprechend den hierfür in der Satzung des Gerichtshofs der Europäischen Union vorgesehenen Regeln.

Wenn die Satzung es vorsieht, kann der Gerichtshof auch als Plenum tagen.

Artikel 252 (ex-Artikel 222 EGV) [Generalanwälte]

[1]Der Gerichtshof wird von acht Generalanwälten unterstützt. [2]Auf Antrag des Gerichtshofs kann der Rat einstimmig die Zahl der Generalanwälte erhöhen.

Der Generalanwalt hat öffentlich in völliger Unparteilichkeit und Unabhängigkeit begründete Schlussanträge zu den Rechtssachen zu stellen, in denen nach der Satzung des Gerichtshofs der Europäischen Union seine Mitwirkung erforderlich ist.

Artikel 253 (ex-Artikel 223 EGV) [Auswahl von Richtern und Generalanwälten des Gerichtshofs, Wahl des Präsidenten, Kanzler, Verfahrensordnung]

Zu Richtern und Generalanwälten des Gerichtshofs sind Persönlichkeiten auszuwählen, die jede Gewähr für Unabhängigkeit bieten und in ihrem Staat die für die höchsten richterlichen Ämter erforderlichen Voraussetzungen erfüllen oder Juristen von anerkannt hervorragender Befähigung sind; sie werden von den Regierungen der Mitgliedstaaten im gegenseitigen Einvernehmen nach Anhörung des in Artikel 255 vorgesehenen Ausschusses auf sechs Jahre ernannt.

Alle drei Jahre findet nach Maßgabe der Satzung des Gerichtshofs der Europäischen Union eine teilweise Neubesetzung der Stellen der Richter und Generalanwälte statt.

[1]Die Richter wählen aus ihrer Mitte den Präsidenten des Gerichtshofs für die Dauer von drei Jahren. [2]Wiederwahl ist zulässig.

Die Wiederernennung ausscheidender Richter und Generalanwälte ist zulässig.

Der Gerichtshof ernennt seinen Kanzler und bestimmt dessen Stellung.

[1]Der Gerichtshof erlässt seine Verfahrensordnung. [2]Sie bedarf der Genehmigung des Rates.

Artikel 254 (ex-Artikel 224 EGV) [Auswahl von Richtern des Gerichts, Wahl des Präsidenten, Kanzler, Verfahrensordnung]

[1]Die Zahl der Richter des Gerichts wird in der Satzung des Gerichtshofs der Europäischen Union festgelegt. [2]In der Satzung kann vorgesehen werden, dass das Gericht von Generalanwälten unterstützt wird.

[1]Zu Mitgliedern des Gerichts sind Personen auszuwählen, die jede Gewähr für Unabhängigkeitbieten und über die Befähigung zur Ausübung hoher richterlicher Tätigkeiten verfügen. [2]Sie werden von den Regierungen der Mitgliedstaaten im gegenseitigen Einvernehmen nach Anhörung des in Artikel 255 vorgesehenen Ausschusses für sechs Jahre ernannt. [3]Alle drei Jahre wird das Gericht teilweise neu besetzt. [4]Die Wiederernennung ausscheidender Mitglieder ist zulässig.

[1]Die Richter wählen aus ihrer Mitte den Präsidenten des Gerichts für die Dauer von drei Jahren. [2]Wiederwahl ist zulässig.

Das Gericht ernennt seinen Kanzler und bestimmt dessen Stellung.

¹Das Gericht erlässt seine Verfahrensordnung im Einvernehmen mit dem Gerichtshof. ²Sie bedarf der Genehmigung des Rates.

Soweit die Satzung des Gerichtshofs der Europäischen Union nichts anderes vorsieht, finden die den Gerichtshof betreffenden Bestimmungen der Verträge auf das Gericht Anwendung.

Artikel 255 [Bewerberausschuss]

Es wird ein Ausschuss eingerichtet, der die Aufgabe hat, vor einer Ernennung durch die Regierungen der Mitgliedstaaten nach den Artikeln 253 und 254 eine Stellungnahme zur Eignung der Bewerber für die Ausübung des Amts eines Richters oder Generalanwalts beim Gerichtshof oder beim Gericht abzugeben.

¹Der Ausschuss setzt sich aus sieben Persönlichkeiten zusammen, die aus dem Kreis ehemaliger Mitglieder des Gerichtshofs und des Gerichts, der Mitglieder der höchsten einzelstaatlichen Gerichte und der Juristen von anerkannt hervorragender Befähigung ausgewählt werden, von denen einer vom Europäischen Parlament vorgeschlagen wird. ²Der Rat erlässt einen Beschluss zur Festlegung der Vorschriften für die Arbeitsweise und einen Beschluss zur Ernennung der Mitglieder dieses Ausschusses. ³Er beschließt auf Initiative des Präsidenten des Gerichtshofs.

Artikel 256 (ex-Artikel 225 EGV)
[Zuständigkeitsverteilung zwischen Gerichtshof, Gericht und Fachgerichten]

(1) ¹Das Gericht ist für Entscheidungen im ersten Rechtszug über die in den Artikeln 263, 265, 268, 270 und 272 genannten Klagen zuständig, mit Ausnahme derjenigen Klagen, die einem nach Artikel 257 gebildeten Fachgericht übertragen werden, und der Klagen, die gemäß der Satzung dem Gerichtshof vorbehalten sind. ²In der Satzung kann vorgesehen werden, dass das Gericht für andere Kategorien von Klagen zuständig ist.

Gegen die Entscheidungen des Gerichts aufgrund dieses Absatzes kann nach Maßgabe der Bedingungen und innerhalb der Grenzen, die in der Satzung vorgesehen sind, beim Gerichtshof ein auf Rechtsfragen beschränktes Rechtsmittel eingelegt werden.

(2) Das Gericht ist für Entscheidungen über Rechtsmittel gegen die Entscheidungen der Fachgerichte zuständig.

Die Entscheidungen des Gerichts aufgrund dieses Absatzes können nach Maßgabe der Bedingungen und innerhalb der Grenzen, die in der Satzung vorgesehen sind, in Ausnahmefällen vom Gerichtshof überprüft werden, wenn die ernste Gefahr besteht, dass die Einheit oder Kohärenz des Unionsrechts berührt wird.

(3) Das Gericht ist in besonderen in der Satzung festgelegten Sachgebieten für Vorabentscheidungen nach Artikel 267 zuständig.

Wenn das Gericht der Auffassung ist, dass eine Rechtssache eine Grundsatzentscheidung erfordert, die die Einheit oder die Kohärenz des Unionsrechts berühren könnte, kann es die Rechtssache zur Entscheidung an den Gerichtshof verweisen.

Die Entscheidungen des Gerichts über Anträge auf Vorabentscheidung können nach Maßgabe der Bedingungen und innerhalb der Grenzen, die in der Satzung vorgesehen sind, in Ausnahmefällen vom Gerichtshof überprüft werden, wenn die ernste Gefahr besteht, dass die Einheit oder die Kohärenz des Unionsrechts berührt wird.

Artikel 257 (ex-Artikel 225a EGV) [Fachgerichte]

¹Das Europäische Parlament und der Rat können gemäß dem ordentlichen Gesetzgebungsverfahren dem Gericht beigeordnete Fachgerichte bilden, die für Entscheidungen im ersten Rechtszug über bestimmte Kategorien von Klagen zuständig sind, die auf besonderen Sachgebieten erhoben werden. ²Das Europäische Parlament und der Rat beschließen durch Verordnungen entweder auf Vorschlag der Kommission nach Anhörung des Gerichtshofs oder auf Antrag des Gerichtshofs nach Anhörung der Kommission.

In der Verordnung über die Bildung eines Fachgerichts werden die Regeln für die Zusammensetzung dieses Gerichts und der ihm übertragene Zuständigkeitsbereich festgelegt.

Gegen die Entscheidungen der Fachgerichte kann vor dem Gericht ein auf Rechtsfragen beschränktes Rechtsmittel oder, wenn die Verordnung über die Bildung des Fachgerichts dies vorsieht, ein auch Sachfragen betreffendes Rechtsmittel eingelegt werden.

¹Zu Mitgliedern der Fachgerichte sind Personen auszuwählen, die jede Gewähr für Unabhängigkeit bieten und über die Befähigung zur Ausübung richterlicher Tätigkeiten verfügen. ²Sie werden einstimmig vom Rat ernannt.

¹Die Fachgerichte erlassen ihre Verfahrensordnung im Einvernehmen mit dem Gerichtshof. ²Diese Verfahrensordnung bedarf der Genehmigung des Rates.

¹Soweit die Verordnung über die Bildung der Fachgerichte nichts anderes vorsieht, finden die den Gerichtshof der Europäischen Union betreffenden Bestimmungen der Verträge und die Satzung des Gerichtshofs der Europäischen Union auf die Fachgerichte Anwendung. ²Titel I und Artikel 64 der Satzung gelten auf jeden Fall für die Fachgerichte.

Artikel 258 (ex-Artikel 226 EGV)
[Vertragsverletzungsverfahren, Aufsichtsklage]

Hat nach Auffassung der Kommission ein Mitgliedstaat gegen eine Verpflichtung aus den Verträgen verstoßen, so gibt sie eine mit Gründen versehene Stellungnahme hierzu ab; sie hat dem Staat zuvor Gelegenheit zur Äußerung zu geben.

Kommt der Staat dieser Stellungnahme innerhalb der von der Kommission gesetzten Frist nicht nach, so kann die Kommission den Gerichtshof der Europäischen Union anrufen.

Artikel 259 (ex-Artikel 227 EGV)
[Vertragsverletzungsverfahren, Staatenklage]

Jeder Mitgliedstaat kann den Gerichtshof der Europäischen Union anrufen, wenn er der Auffassung ist, dass ein anderer Mitgliedstaat gegen eine Verpflichtung aus den Verträgen verstoßen hat.

Bevor ein Mitgliedstaat wegen einer angeblichen Verletzung der Verpflichtungen aus den Verträgen gegen einen anderen Staat Klage erhebt, muss er die Kommission damit befassen.

Die Kommission erlässt eine mit Gründen versehene Stellungnahme; sie gibt den beteiligten Staaten zuvor Gelegenheit zu schriftlicher und mündlicher Äußerung in einem kontradiktorischen Verfahren.

Gibt die Kommission binnen drei Monaten nach dem Zeitpunkt, in dem ein entsprechender Antrag gestellt wurde, keine Stellungnahme ab, so kann ungeachtet des Fehlens der Stellungnahme vor dem Gerichtshof geklagt werden.

Artikel 260 (ex-Artikel 228 EGV) [Wirkung und Durchsetzung des Feststellungsurteils]

(1) Stellt der Gerichtshof der Europäischen Union fest, dass ein Mitgliedstaat gegen eine Verpflichtung aus den Verträgen verstoßen hat, so hat dieser Staat die Maßnahmen zu ergreifen, die sich aus dem Urteil des Gerichtshofs ergeben.

(2) [1]Hat der betreffende Mitgliedstaat die Maßnahmen, die sich aus dem Urteil des Gerichtshofs ergeben, nach Auffassung der Kommission nicht getroffen, so kann die Kommission den Gerichtshof anrufen, nachdem sie diesem Staat zuvor Gelegenheit zur Äußerung gegeben hat. [2]Hierbei benennt sie die Höhe des von dem betreffenden Mitgliedstaat zu zahlenden Pauschalbetrags oder Zwangsgelds, die sie den Umständen nach für angemessen hält.

Stellt der Gerichtshof fest, dass der betreffende Mitgliedstaat seinem Urteil nicht nachgekommen ist, so kann er die Zahlung eines Pauschalbetrags oder Zwangsgelds verhängen.

Dieses Verfahren lässt den Artikel 259 unberührt.

(3) Erhebt die Kommission beim Gerichtshof Klage nach Artikel 258, weil sie der Auffassung ist, dass der betreffende Mitgliedstaat gegen seine Verpflichtung verstoßen hat, Maßnahmen zur Umsetzung einer gemäß einem Gesetzgebungsverfahren erlassenen Richtlinie mitzuteilen, so kann sie, wenn sie dies für zweckmäßig hält, die Höhe des von dem betreffenden Mitgliedstaat zu zahlenden Pauschalbetrags oder Zwangsgelds benennen, die sie den Umständen nach für angemessen hält.

[1]Stellt der Gerichtshof einen Verstoß fest, so kann er gegen den betreffenden Mitgliedstaat die Zahlung eines Pauschalbetrags oder eines Zwangsgelds bis zur Höhe des von der Kommission genannten Betrags verhängen. [2]Die Zahlungsverpflichtung gilt ab dem vom Gerichtshof in seinem Urteil festgelegten Zeitpunkt.

Artikel 261 (ex-Artikel 229 EGV)
[Ermessensnachprüfung von Zwangsmaßnahmen]

Aufgrund der Verträge vom Europäischen Parlament und vom Rat gemeinsam sowie vom Rat erlassene Verordnungen können hinsichtlich der darin vorgesehenen Zwangsmaßnahmen dem Gerichtshof der Europäischen Union eine Zuständigkeit übertragen, welche die Befugnis zu unbeschränkter Ermessensnachprüfung und zur Änderung oder Verhängung solcher Maßnahmen umfasst.

Artikel 262 (ex-Artikel 229a EGV) [Zuständigkeit für den Bereich des geistigen Eigentums]

¹Unbeschadet der sonstigen Bestimmungen der Verträge kann der Rat gemäß einem besonderen Gesetzgebungsverfahren nach Anhörung des Europäischen Parlaments einstimmig Bestimmungen erlassen, mit denen dem Gerichtshof der Europäischen Union in dem vom Rat festgelegten Umfang die Zuständigkeit übertragen wird, über Rechtsstreitigkeiten im Zusammenhang mit der Anwendung von aufgrund der Verträge erlassenen Rechtsakten, mit denen europäische Rechtstitel für das geistige Eigentum geschaffen werden, zu entscheiden. ²Diese Bestimmungen treten nach Zustimmung der Mitgliedstaaten im Einklang mit ihren jeweiligen verfassungsrechtlichen Vorschriften in Kraft.

Artikel 263 (ex-Artikel 230 EGV) [Nichtigkeitsklage]

¹Der Gerichtshof der Europäischen Union überwacht die Rechtmäßigkeit der Gesetzgebungsakte sowie der Handlungen des Rates, der Kommission und der Europäischen Zentralbank, soweit es sich nicht um Empfehlungen oder Stellungnahmen handelt, und der Handlungen des Europäischen Parlaments und des Europäischen Rates mit Rechtswirkung gegenüber Dritten. ²Er überwacht ebenfalls die Rechtmäßigkeit der Handlungen der Einrichtungen oder sonstigen Stellen der Union mit Rechtswirkung gegenüber Dritten.

Zu diesem Zweck ist der Gerichtshof der Europäischen Union für Klagen zuständig, die ein Mitgliedstaat, das Europäische Parlament, der Rat oder die Kommission wegen Unzuständigkeit, Verletzung wesentlicher Formvorschriften, Verletzung der

Verträge oder einer bei seiner[1] Durchführung anzuwendenden Rechtsnorm oder wegen Ermessensmissbrauchs erhebt.

Der Gerichtshof der Europäischen Union ist unter den gleichen Voraussetzungen zuständig für Klagen des Rechnungshofs, der Europäischen Zentralbank und des Ausschusses der Regionen, die auf die Wahrung ihrer Rechte abzielen.

Jede natürliche oder juristische Person kann unter den Bedingungen nach den Absätzen 1 und 2 gegen die an sie gerichteten oder sie unmittelbar und individuell betreffenden Handlungen sowie gegen Rechtsakte mit Verordnungscharakter, die sie unmittelbar betreffen und keine Durchführungsmaßnahmen nach sich ziehen, Klage erheben.

In den Rechtsakten zur Gründung von Einrichtungen und sonstigen Stellen der Union können besondere Bedingungen und Einzelheiten für die Erhebung von Klagen von natürlichen oder juristischen Personen gegen Handlungen dieser Einrichtungen und sonstigen Stellen vorgesehen werden, die eine Rechtswirkung gegenüber diesen Personen haben.

Die in diesem Artikel vorgesehenen Klagen sind binnen zwei Monaten zu erheben; diese Frist läuft je nach Lage des Falles von der Bekanntgabe der betreffenden Handlung, ihrer Mitteilung an den Kläger oder in Ermangelung dessen von dem Zeitpunkt an, zu dem der Kläger von dieser Handlung Kenntnis erlangt hat.

Artikel 264 (ex-Artikel 231 EGV) [Nichtigerklärung des Gerichtshofs]

Ist die Klage begründet, so erklärt der Gerichtshof der Europäischen Union die angefochtene Handlung für nichtig.

Erklärt der Gerichtshof eine Handlung für nichtig, so bezeichnet er, falls er dies für notwendig hält, diejenigen ihrer Wirkungen, die als fortgeltend zu betrachten sind.

---

[1] Hinweis der Hrsg.: Es handelt sich vermutlich um ein Redaktionsversehen. Richtig muss es heißen „ihrer" (Plural „die Verträge"); so jetzt auch die konsolidierte Fassung des Vertrages über die Arbeitsweise der Europäischen Union v. 7. Juni 2016 (ABl. C 202/47).

Artikel 265 (ex-Artikel 232 EGV) [Untätigkeitsklage]

¹Unterlässt es das Europäische Parlament, der Europäische Rat, der Rat, die Kommission oder die Europäische Zentralbank unter Verletzung der Verträge, einen Beschluss zu fassen, so können die Mitgliedstaaten und die anderen Organe der Union beim Gerichtshof der Europäischen Union Klage auf Feststellung dieser Vertragsverletzung erheben. ²Dieser Artikel gilt entsprechend für die Einrichtungen und sonstigen Stellen der Union, die es unterlassen, tätig zu werden.

¹Diese Klage ist nur zulässig, wenn das in Frage stehende Organ, die in Frage stehende Einrichtung oder sonstige Stelle zuvor aufgefordert worden ist, tätig zu werden. ²Hat es bzw. sie binnen zwei Monaten nach dieser Aufforderung nicht Stellung genommen, so kann die Klage innerhalb einer weiteren Frist von zwei Monaten erhoben werden.

Jede natürliche oder juristische Person kann nach Maßgabe der Absätze 1 und 2 vor dem Gerichtshof Beschwerde darüber führen, dass ein Organ oder eine Einrichtung oder sonstige Stelle der Union es unterlassen hat, einen anderen Akt als eine Empfehlung oder eine Stellungnahme an sie zu richten.

Artikel 266 (ex-Artikel 233 EGV) [Verpflichtungen der Unionsorgane, Einrichtungen und sonstigen Stellen aus dem Urteil]

Die Organe, Einrichtungen oder sonstigen Stellen, denen das für nichtig erklärte Handeln zur Last fällt oder deren Untätigkeit als vertragswidrig erklärt worden ist, haben die sich aus dem Urteil des Gerichtshofs der Europäischen Union ergebenden Maßnahmen zu ergreifen.

Diese Verpflichtung besteht unbeschadet der Verpflichtungen, die sich aus der Anwendung des Artikels 340 Absatz 2 ergeben.

Artikel 267 (ex-Artikel 234 EGV) [Vorabentscheidungsverfahren]

Der Gerichtshof der Europäischen Union entscheidet im Wege der Vorabentscheidung

a) über die Auslegung der Verträge,

b) über die Gültigkeit und die Auslegung der Handlungen der Organe, Einrichtungen oder sonstigen Stellen der Union.

Wird eine derartige Frage einem Gericht eines Mitgliedstaats gestellt und hält dieses Gericht eine Entscheidung darüber zum Erlass seines Urteils für erforderlich, so kann es diese Frage dem Gerichtshof zur Entscheidung vorlegen.

Wird eine derartige Frage in einem schwebenden Verfahren bei einem einzelstaatlichen Gericht gestellt, dessen Entscheidungen selbst nicht mehr mit Rechtsmitteln des innerstaatlichen Rechts angefochten werden können, so ist dieses Gericht zur Anrufung des Gerichtshofs verpflichtet.

Wird eine derartige Frage in einem schwebenden Verfahren, das eine inhaftierte Person betrifft, bei einem einzelstaatlichen Gericht gestellt, so entscheidet der Gerichtshof innerhalb kürzester Zeit.

Artikel 268 (ex-Artikel 235 EGV) [Schadensersatzklage]

Der Gerichtshof der Europäischen Union ist für Streitsachen über den in Artikel 340 Absätze 2 und 3 vorgesehenen Schadensersatz zuständig.

Artikel 269 [Einschränkung der Zuständigkeit des Gerichtshofs bei Suspendierung von Rechten eines Mitgliedstaats]

Der Gerichtshof ist für Entscheidungen über die Rechtmäßigkeit eines nach Artikel 7 des Vertrags über die Europäische Union erlassenen Rechtsakts des Europäischen Rates oder des Rates nur auf Antrag des von einer Feststellung des Europäischen Rates oder des Rates betroffenen Mitgliedstaats und lediglich im Hinblick auf die Einhaltung der in dem genannten Artikel vorgesehenen Verfahrensbestimmungen zuständig.

[1]Der Antrag muss binnen eines Monats nach der jeweiligen Feststellung gestellt werden. [2]Der Gerichtshof entscheidet binnen eines Monats nach Antragstellung.

Artikel 270 (ex-Artikel 236 EGV) [Streitsachen zwischen der Union und ihren Bediensteten]

Der Gerichtshof der Europäischen Union ist für alle Streitsachen zwischen der Union und deren Bediensteten innerhalb der

Grenzen und nach Maßgabe der Bedingungen zuständig, die im Statut der Beamten der Union und in den Beschäftigungsbedingungen für die sonstigen Bediensteten der Union festgelegt sind.

Artikel 271 (ex-Artikel 237 EGV) [Streitsachen betreffend Europäische Investitionsbank und EZB]

Der Gerichtshof der Europäischen Union ist nach Maßgabe der folgenden Bestimmungen zuständig in Streitsachen über

a) die Erfüllung der Verpflichtungen der Mitgliedstaaten aus der Satzung der Europäischen Investitionsbank. Der Verwaltungsrat der Bank besitzt hierbei die der Kommission in Artikel 258 übertragenen Befugnisse;

b) die Beschlüsse des Rates der Gouverneure der Europäischen Investitionsbank. Jeder Mitgliedstaat, die Kommission und der Verwaltungsrat der Bank können hierzu nach Maßgabe des Artikels 263 Klage erheben;

c) die Beschlüsse des Verwaltungsrats der Europäischen Investitionsbank. Diese können nach Maßgabe des Artikels 263 nur von Mitgliedstaaten oder der Kommission und lediglich wegen Verletzung der Formvorschriften des Artikels 19 Absatz 2 und Absätze 5 bis 7 der Satzung der Investitionsbank angefochten werden;

d) die Erfüllung der sich aus den Verträgen und der Satzung des ESZB und der EZB ergebenden Verpflichtungen durch die nationalen Zentralbanken. Der Rat der Gouverneure der Europäischen Zentralbank besitzt hierbei gegenüber den nationalen Zentralbanken die Befugnisse, die der Kommission in Artikel 258 gegenüber den Mitgliedstaaten eingeräumt werden. Stellt der Gerichtshof der Europäischen Union fest, dass eine nationale Zentralbank gegen eine Verpflichtung aus den Verträgen verstoßen hat, so hat diese Bank die Maßnahmen zu ergreifen, die sich aus dem Urteil des Gerichtshofs ergeben.

Artikel 272 (ex-Artikel 238 EGV) [Zuständigkeit aufgrund einer Schiedsklausel]

Der Gerichtshof der Europäischen Union ist für Entscheidungen aufgrund einer Schiedsklausel zuständig, die in einem von der Union oder für ihre Rechnung abgeschlossenen öffentlich-rechtlichen oder privatrechtlichen Vertrag enthalten ist.

Artikel 273 (ex-Artikel 239 EGV) [Zuständigkeit aufgrund eines Schiedsvertrags]

Der Gerichtshof ist für jede mit dem Gegenstand der Verträge in Zusammenhang stehende Streitigkeit zwischen Mitgliedstaaten zuständig, wenn diese bei ihm aufgrund eines Schiedsvertrags anhängig gemacht wird.

Artikel 274 (ex-Artikel 240 EGV) [Zuständigkeit einzelstaatlicher Gerichte]

Soweit keine Zuständigkeit des Gerichtshofs der Europäischen Union aufgrund der Verträge besteht, sind Streitsachen, bei denen die Union Partei ist, der Zuständigkeit der einzelstaatlichen Gerichte nicht entzogen.

Artikel 275 [Unzuständigkeit des Gerichtshofs im Bereich der Außen- und Sicherheitspolitik]

Der Gerichtshof der Europäischen Union ist nicht zuständig für die Bestimmungen hinsichtlich der Gemeinsamen Außen- und Sicherheitspolitik und für die auf der Grundlage dieser Bestimmungen erlassenen Rechtsakte.

Der Gerichtshof ist jedoch zuständig für die Kontrolle der Einhaltung von Artikel 40 des Vertrags über die Europäische Union und für die unter den Voraussetzungen des Artikels 263 Absatz 4 dieses Vertrags erhobenen Klagen im Zusammenhang mit der Überwachung der Rechtmäßigkeit von Beschlüssen über restriktive Maßnahmen gegenüber natürlichen oder juristischen Personen, die der Rat auf der Grundlage von Titel V Kapitel 2 des Vertrags über die Europäische Union erlassen hat.

Artikel 276 [Unzuständigkeit des Gerichtshofs für Kontrolle mitgliedstaatlicher Maßnahmen der Polizei und Strafverfolgungsbehörden]

Bei der Ausübung seiner Befugnisse im Rahmen der Bestimmungen des Dritten Teils Titel V Kapitel 4 und 5 über den Raum der Freiheit, der Sicherheit und des Rechts ist der Gerichtshof der Europäischen Union nicht zuständig für die Überprüfung der Gültigkeit oder Verhältnismäßigkeit von Maßnahmen der Polizei oder anderer Strafverfolgungsbehörden eines Mitgliedstaats oder

der Wahrnehmung der Zuständigkeiten der Mitgliedstaaten für die Aufrechterhaltung der öffentlichen Ordnung und den Schutz der inneren Sicherheit.

Artikel 277 (ex-Artikel 241 EGV) [Inzidentkontrolle von Unionsrechtsakten]

Ungeachtet des Ablaufs der in Artikel 263 Absatz 6 genannten Frist kann jede Partei in einem Rechtsstreit, bei dem die Rechtmäßigkeit eines von einem Organ, einer Einrichtung oder einer sonstigen Stelle der Union erlassenen Rechtsakts mit allgemeiner Geltung angefochten wird, vor dem Gerichtshof der Europäischen Union die Unanwendbarkeit dieses Rechtsakts aus den in Artikel 263 Absatz 2 genannten Gründen geltend machen.

Artikel 278 (ex-Artikel 242 EGV) [Wirkung von Klagen beim Gerichtshof]

¹Klagen bei dem Gerichtshof der Europäischen Union haben keine aufschiebende Wirkung. ²Der Gerichtshof kann jedoch, wenn er dies den Umständen nach für nötig hält, die Durchführung der angefochtenen Handlung aussetzen.

Artikel 279 (ex-Artikel 243 EGV) [Einstweilige Anordnungen]

Der Gerichtshof der Europäischen Union kann in den bei ihm anhängigen Sachen die erforderlichen einstweiligen Anordnungen treffen.

Artikel 280 (ex-Artikel 244 EGV) [Vollstreckbarkeit der Urteile]

Die Urteile des Gerichtshofs der Europäischen Union sind gemäß Artikel 299 vollstreckbar.

Artikel 281 (ex-Artikel 245 EGV) [EuGH-Satzung]

Die Satzung des Gerichtshofs der Europäischen Union wird in einem besonderen Protokoll festgelegt.

¹Das Europäische Parlament und der Rat können gemäß dem ordentlichen Gesetzgebungsverfahren die Satzung mit Ausnahme ihres Titels I und ihres Artikels 64 ändern. ²Das Europäische

Parlament und der Rat beschließen entweder auf Antrag des Gerichtshofs nach Anhörung der Kommission oder auf Vorschlag der Kommission nach Anhörung des Gerichtshofs.

**Abschnitt 6
Die Europäische Zentralbank**

Artikel 282 [Grundfragen]

(1) ¹Die Europäische Zentralbank und die nationalen Zentralbanken bilden das Europäische System der Zentralbanken (ESZB). ²Die Europäische Zentralbank und die nationalen Zentralbanken der Mitgliedstaaten, deren Währung der Euro ist, bilden das Eurosystem und betreiben die Währungspolitik der Union.

(2) ¹Das ESZB wird von den Beschlussorganen der Europäischen Zentralbank geleitet. Sein vorrangiges Ziel ist es, die Preisstabilität zu gewährleisten. ²Unbeschadet dieses Zieles unterstützt es die allgemeine Wirtschaftspolitik in der Union, um zur Verwirklichung ihrer Ziele beizutragen.

(3) ¹Die Europäische Zentralbank besitzt Rechtspersönlichkeit. ²Sie allein ist befugt, die Ausgabe des Euro zu genehmigen. ³Sie ist in der Ausübung ihrer Befugnisse und der Verwaltung ihrer Mittel unabhängig. ⁴Die Organe, Einrichtungen und sonstigen Stellen der Union sowie die Regierungen der Mitgliedstaaten achten diese Unabhängigkeit.

(4) ¹Die Europäische Zentralbank erlässt die für die Erfüllung ihrer Aufgaben erforderlichen Maßnahmen nach den Artikeln 127 bis 133 und Artikel 138 und nach Maßgabe der Satzung des ESZB und der EZB. ²Nach diesen Artikeln behalten die Mitgliedstaaten, deren Währung nicht der Euro ist, sowie deren Zentralbanken ihre Zuständigkeiten im Währungsbereich.

(5) Die Europäische Zentralbank wird in den Bereichen, auf die sich ihre Befugnisse erstrecken, zu allen Entwürfen für Rechtsakte der Union sowie zu allen Entwürfen für Rechtsvorschriften auf einzelstaatlicher Ebene gehört und kann Stellungnahmen abgeben.

Artikel 283 (ex-Artikel 112 EGV) [Rat der EZB, Direktorium]

(1) Der Rat der Europäischen Zentralbank besteht aus den Mitgliedern des Direktoriums der Europäischen Zentralbank und den Präsidenten der nationalen Zentralbanken der Mitgliedstaaten, deren Währung der Euro ist.

(2) Das Direktorium besteht aus dem Präsidenten, dem Vizepräsidenten und vier weiteren Mitgliedern.

Der Präsident, der Vizepräsident und die weiteren Mitglieder des Direktoriums werden vom Europäischen Rat auf Empfehlung des Rates, der hierzu das Europäische Parlament und den Rat der Europäischen Zentralbank anhört, aus dem Kreis der in Währungs- oder Bankfragen anerkannten und erfahrenen Persönlichkeiten mit qualifizierter Mehrheit ausgewählt und ernannt.

Ihre Amtszeit beträgt acht Jahre; Wiederernennung ist nicht zulässig.

Nur Staatsangehörige der Mitgliedstaaten können Mitglieder des Direktoriums werden.

Artikel 284 (ex-Artikel 113 EGV) [Teilnahmerecht]

(1) Der Präsident des Rates und ein Mitglied der Kommission können ohne Stimmrecht an den Sitzungen des Rates der Europäischen Zentralbank teilnehmen.

Der Präsident des Rates kann dem Rat der Europäischen Zentralbank einen Antrag zur Beratung vorlegen.

(2) Der Präsident der Europäischen Zentralbank wird zur Teilnahme an den Tagungen des Rates eingeladen, wenn dieser Fragen im Zusammenhang mit den Zielen und Aufgaben des ESZB erörtert.

(3) [1]Die Europäische Zentralbank unterbreitet dem Europäischen Parlament, dem Rat und der Kommission sowie auch dem Europäischen Rat einen Jahresbericht über die Tätigkeit des ESZB und die Geld- und Währungspolitik im vergangenen und im laufenden Jahr. [2]Der Präsident der Europäischen Zentralbank legt den Bericht dem Rat und dem Europäischen Parlament vor, das auf dieser Grundlage eine allgemeine Aussprache durchführen kann.

Der Präsident der Europäischen Zentralbank und die anderen Mitglieder des Direktoriums können auf Ersuchen des Europäischen Parlaments oder auf ihre Initiative hin von den zuständigen Ausschüssen des Europäischen Parlaments gehört werden.

Abschnitt 7
Der Rechnungshof

Artikel 285 (ex-Artikel 246 EGV) [Aufgabe, Zusammensetzung]

Der Rechnungshof nimmt die Rechnungsprüfung der Union wahr.

¹Der Rechnungshof besteht aus einem Staatsangehörigen je Mitgliedstaat. ²Seine Mitglieder üben ihre Aufgaben in voller Unabhängigkeit zum allgemeinen Wohl der Union aus.

Artikel 286 (ex-Artikel 247 EGV) [Mitglieder des Rechnungshofs]

(1) ¹Zu Mitgliedern des Rechnungshofs sind Persönlichkeiten auszuwählen, die in ihren Staaten Rechnungsprüfungsorganen angehören oder angehört haben oder die für dieses Amt besonders geeignet sind. ²Sie müssen jede Gewähr für Unabhängigkeit bieten.

(2) ¹Die Mitglieder des Rechnungshofs werden auf sechs Jahre ernannt. ²Der Rat nimmt die gemäß den Vorschlägen der einzelnen Mitgliedstaaten erstellte Liste der Mitglieder nach Anhörung des Europäischen Parlaments an. ³Die Wiederernennung der Mitglieder des Rechnungshofs ist zulässig.

¹Sie wählen aus ihrer Mitte den Präsidenten des Rechnungshofs für drei Jahre. ²Wiederwahl ist zulässig.

(3) ¹Die Mitglieder des Rechnungshofs dürfen bei der Erfüllung ihrer Pflichten Anweisungen von einer Regierung oder einer anderen Stelle weder anfordern noch entgegennehmen. ²Sie haben jede Handlung zu unterlassen, die mit ihren Aufgaben unvereinbar ist.

(4) ¹Die Mitglieder des Rechnungshofs dürfen während ihrer Amtszeit keine andere entgeltliche oder unentgeltliche Berufs-

tätigkeit ausüben. ²Bei der Aufnahme ihrer Tätigkeit übernehmen sie die feierliche Verpflichtung, während der Ausübung und nach Ablauf ihrer Amtstätigkeit die sich aus ihrem Amt ergebenden Pflichten zu erfüllen, insbesondere die Pflicht, bei der Annahme gewisser Tätigkeiten oder Vorteile nach Ablauf dieser Tätigkeit ehrenhaft und zurückhaltend zu sein.

(5) Abgesehen von regelmäßigen Neubesetzungen und von Todesfällen endet das Amt eines Mitglieds des Rechnungshofs durch Rücktritt oder durch Amtsenthebung durch den Gerichtshof gemäß Absatz 6.

Für das ausscheidende Mitglied wird für die verbleibende Amtszeit ein Nachfolger ernannt.

Außer im Fall der Amtsenthebung bleiben die Mitglieder des Rechnungshofs bis zur Neubesetzung ihres Sitzes im Amt.

(6) Ein Mitglied des Rechnungshofs kann nur dann seines Amtes enthoben oder seiner Ruhegehaltsansprüche oder anderer an ihrer Stelle gewährter Vergünstigungen für verlustig erklärt werden, wenn der Gerichtshof auf Antrag des Rechnungshofs feststellt, dass es nicht mehr die erforderlichen Voraussetzungen erfüllt oder den sich aus seinem Amt ergebenden Verpflichtungen nicht mehr nachkommt.

(7) ¹Der Rat setzt die Beschäftigungsbedingungen für den Präsidenten und die Mitglieder des Rechnungshofs fest, insbesondere die Gehälter, Vergütungen und Ruhegehälter. ²Er setzt alle sonstigen als Entgelt gezahlten Vergütungen fest.

(8) Die für die Richter des Gerichtshofs der Europäischen Union geltenden Bestimmungen des Protokolls über die Vorrechte und Befreiungen der Europäischen Union gelten auch für die Mitglieder des Rechnungshofs.

Artikel 287 (ex-Artikel 248 EGV) [Rechnungsprüfung]

(1) ¹Der Rechnungshof prüft die Rechnung über alle Einnahmen und Ausgaben der Union. ²Er prüft ebenfalls die Rechnung über alle Einnahmen und Ausgaben jeder von der Union geschaffenen Einrichtung oder sonstigen Stelle, soweit der Gründungsakt dies nicht ausschließt.

¹Der Rechnungshof legt dem Europäischen Parlament und dem Rat eine Erklärung über die Zuverlässigkeit der Rechnungs-

führung sowie die Rechtmäßigkeit und Ordnungsmäßigkeit der zugrunde liegenden Vorgänge vor, die im *Amtsblatt der Europäischen Union* veröffentlicht wird. ²Diese Erklärung kann durch spezifische Beurteilungen zu allen größeren Tätigkeitsbereichen der Union ergänzt werden.

(2) ¹Der Rechungshof prüft die Rechtmäßigkeit und Ordnungsmäßigkeit der Einnahmen und Ausgaben und überzeugt sich von der Wirtschaftlichkeit der Haushaltsführung. ²Dabei berichtet er insbesondere über alle Fälle von Unregelmäßigkeiten.

Die Prüfung der Einnahmen erfolgt anhand der Feststellungen und der Zahlungen der Einnahmen an die Union.

Die Prüfung der Ausgaben erfolgt anhand der Mittelbindungen und der Zahlungen.

Diese Prüfungen können vor Abschluss der Rechnung des betreffenden Haushaltsjahrs durchgeführt werden.

(3) ¹Die Prüfung wird anhand der Rechnungsunterlagen und erforderlichenfalls an Ort und Stelle bei den anderen Organen der Union, in den Räumlichkeiten der Einrichtungen oder sonstigen Stellen, die Einnahmen oder Ausgaben für Rechnung der Union verwalten, sowie der natürlichen und juristischen Personen, die Zahlungen aus dem Haushalt erhalten, und in den Mitgliedstaaten durchgeführt. ²Die Prüfung in den Mitgliedstaaten erfolgt in Verbindung mit den einzelstaatlichen Rechnungsprüfungsorganen oder, wenn diese nicht über die erforderliche Zuständigkeit verfügen, mit den zuständigen einzelstaatlichen Dienststellen. ³Der Rechnungshof und die einzelstaatlichen Rechnungsprüfungsorgane arbeiten unter Wahrung ihrer Unabhängigkeit vertrauensvoll zusammen. ⁴Diese Organe oder Dienststellen teilen dem Rechnungshof mit, ob sie an der Prüfung teilzunehmen beabsichtigen.

Die anderen Organe der Union, die Einrichtungen oder sonstigen Stellen, die Einnahmen oder Ausgaben für Rechnung der Union verwalten, die natürlichen oder juristischen Personen, die Zahlungen aus dem Haushalt erhalten, und die einzelstaatlichen Rechnungsprüfungsorgane oder, wenn diese nicht über die erforderliche Zuständigkeit verfügen, die zuständigen einzelstaatlichen Dienststellen übermitteln dem Rechnungshof auf dessen Antrag die für die Erfüllung seiner Aufgabe erforderlichen Unterlagen oder Informationen.

¹Die Rechte des Rechnungshofs auf Zugang zu Informationen der Europäischen Investitionsbank im Zusammenhang mit deren Tätigkeit bei der Verwaltung von Einnahmen und Ausgaben der Union werden in einer Vereinbarung zwischen dem Rechnungshof, der Bank und der Kommission geregelt. ²Der Rechnungshof hat auch dann Recht auf Zugang zu den Informationen, die für die Prüfung der von der Bank verwalteten Einnahmen und Ausgaben der Union erforderlich sind, wenn eine entsprechende Vereinbarung nicht besteht.

(4) ¹Der Rechnungshof erstattet nach Abschluss eines jeden Haushaltsjahrs einen Jahresbericht. ²Dieser Bericht wird den anderen Organen der Union vorgelegt und im *Amtsblatt der Europäischen Union* zusammen mit den Antworten dieser Organe auf die Bemerkungen des Rechnungshofs veröffentlicht.

Der Rechnungshof kann ferner jederzeit seine Bemerkungen zu besonderen Fragen vorlegen, insbesondere in Form von Sonderberichten, und auf Antrag eines der anderen Organe der Union Stellungnahmen abgeben.

¹Er nimmt seine jährlichen Berichte, Sonderberichte oder Stellungnahmen mit der Mehrheit seiner Mitglieder an. ²Er kann jedoch für die Annahme bestimmter Arten von Berichten oder Stellungnahmen nach Maßgabe seiner Geschäftsordnung Kammern bilden.

Er unterstützt das Europäische Parlament und den Rat bei der Kontrolle der Ausführung des Haushaltsplans.

¹Der Rechnungshof gibt sich eine Geschäftsordnung. ²Diese bedarf der Genehmigung des Rates.

Kapitel 2
Rechtsakte der Union, Annahmeverfahren und sonstige Vorschriften

Abschnitt 1
Die Rechtsakte der Union

Artikel 288 (ex-Artikel 249 EGV) [Rechtsakte der Union]

Für die Ausübung der Zuständigkeiten der Union nehmen die Organe Verordnungen, Richtlinien, Beschlüsse, Empfehlungen und Stellungnahmen an.

[1]Die Verordnung hat allgemeine Geltung. [2]Sie ist in allen ihren Teilen verbindlich und gilt unmittelbar in jedem Mitgliedstaat.

Die Richtlinie ist für jeden Mitgliedstaat, an den sie gerichtet wird, hinsichtlich des zu erreichenden Ziels verbindlich, überlässt jedoch den innerstaatlichen Stellen die Wahl der Form und der Mittel.

[1]Beschlüsse sind in allen ihren Teilen verbindlich. [2]Sind sie an bestimmte Adressaten gerichtet, so sind sie nur für diese verbindlich.

Die Empfehlungen und Stellungnahmen sind nicht verbindlich.

Artikel 289 [Ordentliches und besonderes Gesetzgebungsverfahren]

(1) [1]Das ordentliche Gesetzgebungsverfahren besteht in der gemeinsamen Annahme einer Verordnung, einer Richtlinie oder eines Beschlusses durch das Europäische Parlament und den Rat auf Vorschlag der Kommission. [2]Dieses Verfahren ist in Artikel 294 festgelegt.

(2) In bestimmten, in den Verträgen vorgesehenen Fällen erfolgt als besonderes Gesetzgebungsverfahren die Annahme einer Verordnung, einer Richtlinie oder eines Beschlusses durch das Europäische Parlament mit Beteiligung des Rates oder durch den Rat mit Beteiligung des Europäischen Parlaments.

(3) Rechtsakte, die gemäß einem Gesetzgebungsverfahren angenommen werden, sind Gesetzgebungsakte.

(4) In bestimmten, in den Verträgen vorgesehenen Fällen können Gesetzgebungsakte auf Initiative einer Gruppe von Mitgliedstaaten oder des Europäischen Parlaments, auf Empfehlung der Europäischen Zentralbank oder auf Antrag des Gerichtshofs oder der Europäischen Investitionsbank erlassen werden.

Artikel 290 [Delegation von Rechtsetzungsbefugnissen auf die Kommission]

(1) In Gesetzgebungsakten kann der Kommission die Befugnis übertragen werden, Rechtsakte ohne Gesetzescharakter mit allgemeiner Geltung zur Ergänzung oder Änderung bestimmter nicht wesentlicher Vorschriften des betreffenden Gesetzgebungsaktes zu erlassen.

¹In den betreffenden Gesetzgebungsakten werden Ziele, Inhalt, Geltungsbereich und Dauer der Befugnisübertragung ausdrücklich festgelegt. ²Die wesentlichen Aspekte eines Bereichs sind dem Gesetzgebungsakt vorbehalten und eine Befugnisübertragung ist für sie deshalb ausgeschlossen.

(2) Die Bedingungen, unter denen die Übertragung erfolgt, werden in Gesetzgebungsakten ausdrücklich festgelegt, wobei folgende Möglichkeiten bestehen:

a) Das Europäische Parlament oder der Rat kann beschließen, die Übertragung zu widerrufen.

b) Der delegierte Rechtsakt kann nur in Kraft treten, wenn das Europäische Parlament oder der Rat innerhalb der im Gesetzgebungsakt festgelegten Frist keine Einwände erhebt.

Für die Zwecke der Buchstaben a und b beschließt das Europäische Parlament mit der Mehrheit seiner Mitglieder und der Rat mit qualifizierter Mehrheit.

(3) In den Titel der delegierten Rechtsakte wird das Wort „delegiert" eingefügt.

Artikel 291 [Durchführung verbindlicher Rechtsakte durch die Mitgliedstaaten, Übertragung von Durchführungsbefugnissen auf den Rat]

(1) Die Mitgliedstaaten ergreifen alle zur Durchführung der verbindlichen Rechtsakte der Union erforderlichen Maßnahmen nach innerstaatlichem Recht.

(2) Bedarf es einheitlicher Bedingungen für die Durchführung der verbindlichen Rechtsakte der Union, so werden mit diesen Rechtsakten der Kommission oder, in entsprechend begründeten Sonderfällen und in den in den Artikeln 24 und 26 des Vertrags über die Europäische Union vorgesehenen Fällen, dem Rat Durchführungsbefugnisse übertragen.

(3) Für die Zwecke des Absatzes 2 legen das Europäische Parlament und der Rat gemäß dem ordentlichen Gesetzgebungsverfahren durch Verordnungen im Voraus allgemeine Regeln und Grundsätze fest, nach denen die Mitgliedstaaten die Wahrnehmung der Durchführungsbefugnisse durch die Kommission kontrollieren.

(4) In den Titel der Durchführungsrechtsakte wird der Wortteil „Durchführungs-" eingefügt.

Artikel 292 [Empfehlungen des Rates und der Kommission]

[1]Der Rat gibt Empfehlungen ab. [2]Er beschließt auf Vorschlag der Kommission in allen Fällen, in denen er nach Maßgabe der Verträge Rechtsakte auf Vorschlag der Kommission erlässt. [3]In den Bereichen, in denen für den Erlass eines Rechtsakts der Union Einstimmigkeit vorgesehen ist, beschließt er einstimmig. [4]Die Kommission und, in bestimmten in den Verträgen vorgesehenen Fällen, die Europäische Zentralbank geben Empfehlungen ab.

Abschnitt 2
Annahmeverfahren und sonstige Vorschriften

Artikel 293 (ex-Artikel 250 EGV) [Einstimmiger Ratsbeschluss, Änderungsrecht der Kommission]

(1) Wird der Rat aufgrund der Verträge auf Vorschlag der Kommission tätig, so kann er diesen Vorschlag nur einstimmig abändern; dies gilt nicht in den Fällen nach Artikel 294 Absätze 10 und 13, nach Artikel 310, Artikel 312, Artikel 314 und nach Artikel 315 Absatz 2.

(2) Solange ein Beschluss des Rates nicht ergangen ist, kann die Kommission ihren Vorschlag jederzeit im Verlauf der Verfahren zur Annahme eines Rechtsakts der Union ändern.

Artikel 294 (ex-Artikel 251 EGV) [Ordentliches Gesetzgebungsverfahren]

(1) Wird in den Verträgen hinsichtlich der Annahme eines Rechtsakts auf das ordentliche Gesetzgebungsverfahren Bezug genommen, so gilt das nachstehende Verfahren.

(2) Die Kommission unterbreitet dem Europäischen Parlament und dem Rat einen Vorschlag.

Erste Lesung

(3) Das Europäische Parlament legt seinen Standpunkt in erster Lesung fest und übermittelt ihn dem Rat.

(4) Billigt der Rat den Standpunkt des Europäischen Parlaments, so ist der betreffende Rechtsakt in der Fassung des Standpunkts des Europäischen Parlaments erlassen.

(5) Billigt der Rat den Standpunkt des Europäischen Parlaments nicht, so legt er seinen Standpunkt in erster Lesung fest und übermittelt ihn dem Europäischen Parlament.

(6) [1]Der Rat unterrichtet das Europäische Parlament in allen Einzelheiten über die Gründe, aus denen er seinen Standpunkt in erster Lesung festgelegt hat. [2]Die Kommission unterrichtet das Europäische Parlament in vollem Umfang über ihren Standpunkt.

Zweite Lesung

(7) Hat das Europäische Parlament binnen drei Monaten nach der Übermittlung

a) den Standpunkt des Rates in erster Lesung gebilligt oder sich nicht geäußert, so gilt der betreffende Rechtsakt als in der Fassung des Standpunkts des Rates erlassen;

b) den Standpunkt des Rates in erster Lesung mit der Mehrheit seiner Mitglieder abgelehnt, so gilt der vorgeschlagene Rechtsakt als nicht erlassen;

c) mit der Mehrheit seiner Mitglieder Abänderungen an dem Standpunkt des Rates in erster Lesung vorgeschlagen, so wird die abgeänderte Fassung dem Rat und der Kommission zugeleitet; die Kommission gibt eine Stellungnahme zu diesen Abänderungen ab.

(8) Hat der Rat binnen drei Monaten nach Eingang der Abänderungen des Europäischen Parlaments mit qualifizierter Mehrheit

a) alle diese Abänderungen gebilligt, so gilt der betreffende Rechtsakt als erlassen;

b) nicht alle Abänderungen gebilligt, so beruft der Präsident des Rates im Einvernehmen mit dem Präsidenten des Europäischen Parlaments binnen sechs Wochen den Vermittlungsausschuss ein.

(9) Über Abänderungen, zu denen die Kommission eine ablehnende Stellungnahme abgegeben hat, beschließt der Rat einstimmig.

Vermittlung

(10) Der Vermittlungsausschuss, der aus den Mitgliedern des Rates oder deren Vertretern und ebenso vielen das Europäische Parlament vertretenden Mitgliedern besteht, hat die Aufgabe, mit der qualifizierten Mehrheit der Mitglieder des Rates oder deren Vertretern und der Mehrheit der das Europäische Parlament vertretenden Mitglieder binnen sechs Wochen nach seiner Einberufung eine Einigung auf der Grundlage der Standpunkte des Europäischen Parlaments und des Rates in zweiter Lesung zu erzielen.

(11) Die Kommission nimmt an den Arbeiten des Vermittlungsausschusses teil und ergreift alle erforderlichen Initiativen, um auf eine Annäherung der Standpunkte des Europäischen Parlaments und des Rates hinzuwirken.

(12) Billigt der Vermittlungsausschuss binnen sechs Wochen nach seiner Einberufung keinen gemeinsamen Entwurf, so gilt der vorgeschlagene Rechtsakt als nicht erlassen.

Dritte Lesung

(13) [1]Billigt der Vermittlungsausschuss innerhalb dieser Frist einen gemeinsamen Entwurf, so verfügen das Europäische Parlament und der Rat ab dieser Billigung über eine Frist von sechs Wochen, um den betreffenden Rechtsakt entsprechend diesem Entwurf zu erlassen, wobei im Europäischen Parlament die Mehrheit der abgegebenen Stimmen und im Rat die qualifizierte Mehrheit erforderlich ist. [2]Andernfalls gilt der vorgeschlagene Rechtsakt als nicht erlassen.

(14) Die in diesem Artikel genannten Fristen von drei Monaten beziehungsweise sechs Wochen werden auf Initiative des Europäischen Parlaments oder des Rates um höchstens einen Monat beziehungsweise zwei Wochen verlängert.

Besondere Bestimmungen

(15) Wird in den in den Verträgen vorgesehenen Fällen ein Gesetzgebungsakt auf Initiative einer Gruppe von Mitgliedstaaten, auf Empfehlung der Europäischen Zentralbank oder auf Antrag des Gerichtshofs im ordentlichen Gesetzgebungsverfahren erlassen, so finden Absatz 2, Absatz 6 Satz 2 und Absatz 9 keine Anwendung.

[1]In diesen Fällen übermitteln das Europäische Parlament und der Rat der Kommission den Entwurf des Rechtsakts sowie ihre jeweiligen Standpunkte in erster und zweiter Lesung. [2]Das Europäische Parlament oder der Rat kann die Kommission während des gesamten Verfahrens um eine Stellungnahme bitten, die die Kommission auch von sich aus abgeben kann. [3]Sie kann auch nach Maßgabe des Absatzes 11 an dem Vermittlungsausschuss teilnehmen, sofern sie dies für erforderlich hält.

Artikel 295 [Zusammenarbeit des Europäischen Parlaments, des Rats und der Kommission, interinstitutionelle Vereinbarungen]

[1]Das Europäische Parlament, der Rat und die Kommission beraten sich und regeln einvernehmlich die Einzelheiten ihrer Zusammenarbeit. [2]Dazu können sie unter Wahrung der Verträge interinstitutionelle Vereinbarungen schließen, die auch bindenden Charakter haben können.

Artikel 296 (ex-Artikel 253 EGV) [Wahl der Handlungsform, Begründungserfordernis]

Wird die Art des zu erlassenden Rechtsakts von den Verträgen nicht vorgegeben, so entscheiden die Organe darüber von Fall zu Fall unter Einhaltung der geltenden Verfahren und des Grundsatzes der Verhältnismäßigkeit.

Die Rechtsakte sind mit einer Begründung zu versehen und nehmen auf die in den Verträgen vorgesehenen Vorschläge, Initiativen, Empfehlungen, Anträge oder Stellungnahmen Bezug.

Werden das Europäische Parlament und der Rat mit dem Entwurf eines Gesetzgebungsakts befasst, so nehmen sie keine Rechtsakte an, die gemäß dem für den betreffenden Bereich geltenden Gesetzgebungsverfahren nicht vorgesehen sind.

Artikel 297 (ex-Artikel 254 EGV) [Unterzeichnung, Veröffentlichung und Inkrafttreten der Rechtsakte]

(1) [1]Gesetzgebungsakte, die gemäß dem ordentlichen Gesetzgebungsverfahren erlassen wurden, werden vom Präsidenten des Europäischen Parlaments und vom Präsidenten des Rates unterzeichnet. [2]Gesetzgebungsakte, die gemäß einem besonderen Gesetzgebungsverfahren erlassen wurden, werden vom Präsidenten des Organs unterzeichnet, das sie erlassen hat.

[1]Die Gesetzgebungsakte werden im *Amtsblatt der Europäischen Union* veröffentlicht. [2]Sie treten zu dem durch sie festgelegten Zeitpunkt oder anderenfalls am zwanzigsten Tag nach ihrer Veröffentlichung in Kraft.

(2) Rechtsakte ohne Gesetzescharakter, die als Verordnung, Richtlinie oder Beschluss, der an keinen bestimmten Adressaten gerichtet ist, erlassen wurden, werden vom Präsidenten des Organs unterzeichnet, das sie erlassen hat.

[1]Verordnungen, Richtlinien, die an alle Mitgliedstaaten gerichtet sind, sowie Beschlüsse, die an keinen bestimmten Adressaten gerichtet sind, werden im *Amtsblatt der Europäischen Union* veröffentlicht. [2]Sie treten zu dem durch sie festgelegten Zeitpunkt oder anderenfalls am zwanzigsten Tag nach ihrer Veröffentlichung in Kraft.

Die anderen Richtlinien sowie die Beschlüsse, die an einen bestimmten Adressaten gerichtet sind, werden denjenigen, für die sie bestimmt sind, bekannt gegeben und durch diese Bekanntgabe wirksam.

Artikel 298 [Europäische Verwaltung]

(1) Zur Ausübung ihrer Aufgaben stützen sich die Organe, Einrichtungen und sonstigen Stellen der Union auf eine offene, effiziente und unabhängige europäische Verwaltung.

(2) Die Bestimmungen zu diesem Zweck werden unter Beachtung des Statuts und der Beschäftigungsbedingungen nach

Artikel 336 vom Europäischen Parlament und vom Rat gemäß dem ordentlichen Gesetzgebungsverfahren durch Verordnungen erlassen.

Artikel 299 (ex-Artikel 256 EGV) [Vollstreckbarkeit der Rechtsakte]

Die Rechtsakte des Rates, der Kommission oder der Europäischen Zentralbank, die eine Zahlung auferlegen, sind vollstreckbare Titel; dies gilt nicht gegenüber Staaten.

[1]Die Zwangsvollstreckung erfolgt nach den Vorschriften des Zivilprozessrechts des Staates, in dessen Hoheitsgebiet sie stattfindet. [2]Die Vollstreckungsklausel wird nach einer Prüfung, die sich lediglich auf die Echtheit des Titels erstrecken darf, von der staatlichen Behörde erteilt, welche die Regierung jedes Mitgliedstaats zu diesem Zweck bestimmt und der Kommission und dem Gerichtshof der Europäischen Union benennt.

Sind diese Formvorschriften auf Antrag der die Vollstreckung betreibenden Partei erfüllt, so kann diese die Zwangsvollstreckung nach innerstaatlichem Recht betreiben, indem sie die zuständige Stelle unmittelbar anruft.

[1]Die Zwangsvollstreckung kann nur durch eine Entscheidung des Gerichtshofs der Europäischen Union ausgesetzt werden. [2]Für die Prüfung der Ordnungsmäßigkeit der Vollstreckungsmaßnahmen sind jedoch die einzelstaatlichen Rechtsprechungsorgane zuständig.

Kapitel 3
Die beratenden Einrichtungen der Union

Artikel 300 [Wirtschafts- und Sozialausschuss, Ausschuss der Regionen]

(1) Das Europäische Parlament, der Rat und die Kommission werden von einem Wirtschafts- und Sozialausschuss sowie einem Ausschuss der Regionen unterstützt, die beratende Aufgaben wahrnehmen.

(2) Der Wirtschafts- und Sozialausschuss setzt sich zusammen aus Vertretern der Organisationen der Arbeitgeber und der Ar-

beitnehmer sowie anderen Vertretern der Zivilgesellschaft, insbesondere aus dem sozialen und wirtschaftlichen, dem staatsbürgerlichen, dem beruflichen und dem kulturellen Bereich.

(3) Der Ausschuss der Regionen setzt sich zusammen aus Vertretern der regionalen und lokalen Gebietskörperschaften, die entweder ein auf Wahlen beruhendes Mandat in einer regionalen oder lokalen Gebietskörperschaft innehaben oder gegenüber einer gewählten Versammlung politisch verantwortlich sind.

(4) ¹Die Mitglieder des Wirtschafts- und Sozialausschusses und des Ausschusses der Regionen sind an keine Weisungen gebunden. ²Sie üben ihre Tätigkeit in voller Unabhängigkeit zum allgemeinen Wohl der Union aus.

(5) ¹Die Vorschriften der Absätze 2 und 3 über die Art der Zusammensetzung dieser Ausschüsse werden in regelmäßigen Abständen vom Rat überprüft, um der wirtschaftlichen, sozialen und demografischen Entwicklung in der Union Rechnung zu tragen. ²Der Rat erlässt auf Vorschlag der Kommission Beschlüsse zu diesem Zweck.

**Abschnitt 1
Der Wirtschafts- und Sozialausschuss**

Artikel 301 (ex-Artikel 258 EGV) [Zusammensetzung]

Der Wirtschafts- und Sozialausschuss hat höchstens dreihundertfünfzig Mitglieder.

Der Rat erlässt einstimmig auf Vorschlag der Kommission einen Beschluss über die Zusammensetzung des Ausschusses.

Der Rat setzt die Vergütungen für die Mitglieder des Ausschusses fest.

Artikel 302 (ex-Artikel 259 EGV) [Mitglieder des Ausschusses]

(1) ¹Die Mitglieder des Ausschusses werden für fünf Jahre ernannt. ²Der Rat nimmt die gemäß den Vorschlägen der einzelnen Mitgliedstaaten erstellte Liste der Mitglieder an. ³Die Wiederernennung der Mitglieder des Ausschusses ist zulässig.

(2) ¹Der Rat beschließt nach Anhörung der Kommission. ²Er kann die Meinung der maßgeblichen europäischen Organisationen der verschiedenen Zweige des Wirtschafts- und Sozialslebens und der Zivilgesellschaft einholen, die von der Tätigkeit der Union betroffen sind.

Artikel 303 (ex-Artikel 260 EGV) [Präsident und Präsidium]

Der Ausschuss wählt aus seiner Mitte seinen Präsidenten und sein Präsidium auf zweieinhalb Jahre.

Er gibt sich eine Geschäftsordnung.

¹Der Ausschuss wird von seinem Präsidenten auf Antrag des Europäischen Parlaments, des Rates oder der Kommission einberufen. ²Er kann auch von sich aus zusammentreten.

Artikel 304 (ex-Artikel 262 EGV) [Anhörungsrechte]

¹Der Ausschuss wird vom Europäischen Parlament, vom Rat oder der Kommission in den in den Verträgen vorgesehenen Fällen gehört. ²Er kann von diesen Organen in allen Fällen gehört werden, in denen diese es für zweckmäßig erachten. ³Er kann von sich aus eine Stellungnahme in den Fällen abgeben, in denen er dies für zweckmäßig erachtet.

¹Wenn das Europäische Parlament, der Rat oder die Kommission es für notwendig erachten, setzen sie dem Ausschuss für die Vorlage seiner Stellungnahme eine Frist; diese beträgt mindestens einen Monat, vom Eingang der Mitteilung beim Präsidenten des Ausschusses an gerechnet. ²Nach Ablauf der Frist kann das Fehlen einer Stellungnahme unberücksichtigt bleiben.

Die Stellungnahmen des Ausschusses sowie ein Bericht über die Beratungen werden dem Europäischen Parlament, dem Rat und der Kommission übermittelt.

Abschnitt 2
Der Ausschuss der Regionen

Artikel 305 (ex-Artikel 263 Absätze 2, 3 und 4 EGV) [Zusammensetzung]

Der Ausschuss der Regionen hat höchstens dreihundertfünfzig Mitglieder.

Der Rat erlässt einstimmig auf Vorschlag der Kommission einen Beschluss über die Zusammensetzung des Ausschusses.

[1]Die Mitglieder des Ausschusses sowie eine gleiche Anzahl von Stellvertretern werden auf fünf Jahre ernannt. [2]Wiederernennung ist zulässig. [3]Der Rat nimmt die gemäß den Vorschlägen der einzelnen Mitgliedstaaten erstellte Liste der Mitglieder und Stellvertreter an. [4]Die Amtszeit der Mitglieder des Ausschusses endet automatisch bei Ablauf des in Artikel 300 Absatz 3 genannten Mandats, aufgrund dessen sie vorgeschlagen wurden; für die verbleibende Amtszeit wird nach demselben Verfahren ein Nachfolger ernannt. [5]Ein Mitglied des Ausschusses darf nicht gleichzeitig Mitglied des Europäischen Parlaments sein.

Artikel 306 (ex-Artikel 264 EGV) [Präsident und Präsidium]

Der Ausschuss der Regionen wählt aus seiner Mitte seinen Präsidenten und sein Präsidium auf zweieinhalb Jahre.

Er gibt sich eine Geschäftsordnung.

[1]Der Ausschuss wird von seinem Präsidenten auf Antrag des Europäischen Parlaments, des Rates oder der Kommission einberufen. [2]Er kann auch von sich aus zusammentreten.

Artikel 307 (ex-Artikel 265 EGV) [Anhörungsrechte]

Der Ausschuss der Regionen wird vom Europäischen Parlament, vom Rat oder von der Kommission in den in den Verträgen vorgesehenen Fällen und in allen anderen Fällen gehört, in denen eines dieser Organe dies für zweckmäßig erachtet, insbesondere in Fällen, welche die grenzüberschreitende Zusammenarbeit betreffen.

[1]Wenn das Europäische Parlament, der Rat oder die Kommission es für notwendig erachten, setzen sie dem Ausschuss für die

Vorlage seiner Stellungnahme eine Frist; diese beträgt mindestens einen Monat, vom Eingang der diesbezüglichen Mitteilung beim Präsidenten des Ausschusses an gerechnet. ²Nach Ablauf der Frist kann das Fehlen einer Stellungnahme unberücksichtigt bleiben.

¹Wird der Wirtschafts- und Sozialausschuss nach Artikel 304 gehört, so wird der Ausschuss der Regionen vom Europäischen Parlament, vom Rat oder von der Kommission über dieses Ersuchen um Stellungnahme unterrichtet. ²Der Ausschuss der Regionen kann, wenn er der Auffassung ist, dass spezifische regionale Interessen berührt werden, eine entsprechende Stellungnahme abgeben.

Er kann, wenn er dies für zweckdienlich erachtet, von sich aus eine Stellungnahme abgeben.

Die Stellungnahme des Ausschusses sowie ein Bericht über die Beratungen werden dem Europäischen Parlament, dem Rat und der Kommission übermittelt.

Kapitel 4
Die Europäische Investitionsbank

Artikel 308 (ex-Artikel 266 EGV) [Rechtspersönlichkeit, Mitglieder, Satzung]

Die Europäische Investitionsbank besitzt Rechtspersönlichkeit. Mitglieder der Europäischen Investitionsbank sind die Mitgliedstaaten.

¹Die Satzung der Europäischen Investitionsbank ist den Verträgen als Protokoll beigefügt. ²Der Rat kann auf Antrag der Europäischen Investitionsbank und nach Anhörung des Europäischen Parlaments und der Kommission oder auf Vorschlag der Kommission und nach Anhörung des Europäischen Parlaments und der Europäischen Investitionsbank die Satzung der Bank einstimmig gemäß einem besonderen Gesetzgebungsverfahren ändern.

Artikel 309 (ex-Artikel 267 EGV) [Aufgabe der EIB]

¹Aufgabe der Europäischen Investitionsbank ist es, zu einer ausgewogenen und reibungslosen Entwicklung des Binnenmarkts im Interesse der Union beizutragen; hierbei bedient sie sich des Kapi-

talmarkts sowie ihrer eigenen Mittel. ²In diesem Sinne erleichtert sie ohne Verfolgung eines Erwerbszwecks durch Gewährung von Darlehen und Bürgschaften die Finanzierung der nachstehend bezeichneten Vorhaben in allen Wirtschaftszweigen:

a) Vorhaben zur Erschließung der weniger entwickelten Gebiete;

b) Vorhaben zur Modernisierung oder Umstellung von Unternehmen oder zur Schaffung neuer Arbeitsmöglichkeiten, die sich aus der Errichtung oder dem Funktionieren des Binnenmarkts ergeben und wegen ihres Umfangs oder ihrer Art mit den in den einzelnen Mitgliedstaaten vorhandenen Mitteln nicht vollständig finanziert werden können;

c) Vorhaben von gemeinsamem Interesse für mehrere Mitgliedstaaten, die wegen ihres Umfangs oder ihrer Art mit den in den einzelnen Mitgliedstaaten vorhandenen Mitteln nicht vollständig finanziert werden können.

In Erfüllung ihrer Aufgabe erleichtert die Bank die Finanzierung von Investitionsprogrammen in Verbindung mit der Unterstützung aus den Strukturfonds und anderen Finanzierungsinstrumenten der Union.

Titel II
Finanzvorschriften

Artikel 310 (ex-Artikel 268 EGV) [Haushaltsplan]

(1) Alle Einnahmen und Ausgaben der Union werden für jedes Haushaltsjahr veranschlagt und in den Haushaltsplan eingesetzt.

Der jährliche Haushaltsplan der Union wird vom Europäischen Parlament und vom Rat nach Maßgabe des Artikels 314 aufgestellt.

Der Haushaltsplan ist in Einnahmen und Ausgaben auszugleichen.

(2) Die in den Haushaltsplan eingesetzten Ausgaben werden für ein Haushaltsjahr entsprechend der Verordnung nach Artikel 322 bewilligt.

(3) Die Ausführung der in den Haushaltsplan eingesetzten Ausgaben setzt den Erlass eines verbindlichen Rechtsakts der

Union voraus, mit dem die Maßnahme der Union und die Ausführung der entsprechenden Ausgabe entsprechend der Verordnung nach Artikel 322 eine Rechtsgrundlage erhalten, soweit nicht diese Verordnung Ausnahmen vorsieht.

(4) Um die Haushaltsdisziplin sicherzustellen, erlässt die Union keine Rechtsakte, die erhebliche Auswirkungen auf den Haushaltsplan haben könnten, ohne die Gewähr zu bieten, dass die mit diesen Rechtsakten verbundenen Ausgaben im Rahmen der Eigenmittel der Union und unter Einhaltung des mehrjährigen Finanzrahmens nach Artikel 312 finanziert werden können.

(5) ¹Der Haushaltsplan wird entsprechend dem Grundsatz der Wirtschaftlichkeit der Haushaltsführung ausgeführt. ²Die Mitgliedstaaten arbeiten mit der Union zusammen, um sicherzustellen, dass die in den Haushaltsplan eingesetzten Mittel nach diesem Grundsatz verwendet werden.

(6) Die Union und die Mitgliedstaaten bekämpfen nach Artikel 325 Betrügereien und sonstige gegen die finanziellen Interessen der Union gerichtete rechtswidrige Handlungen.

Kapitel 1
Die Eigenmittel der Union

Artikel 311 (ex-Artikel 269 EGV) [Mittelausstattung]

Die Union stattet sich mit den erforderlichen Mitteln aus, um ihre Ziele erreichen und ihre Politik durchführen zu können.

Der Haushalt wird unbeschadet der sonstigen Einnahmen vollständig aus Eigenmitteln finanziert.

¹Der Rat erlässt gemäß einem besonderen Gesetzgebungsverfahren einstimmig und nach Anhörung des Europäischen Parlaments einen Beschluss, mit dem die Bestimmungen über das System der Eigenmittel der Union festgelegt werden. ²Darin können neue Kategorien von Eigenmitteln eingeführt oder bestehende Kategorien abgeschafft werden. ³Dieser Beschluss tritt erst nach Zustimmung der Mitgliedstaaten im Einklang mit ihren jeweiligen verfassungsrechtlichen Vorschriften in Kraft.

¹Der Rat legt gemäß einem besonderen Gesetzgebungsverfahren durch Verordnungen Durchführungsmaßnahmen zu dem

System der Eigenmittel der Union fest, sofern dies in dem nach Absatz 3 erlassenen Beschluss vorgesehen ist. ²Der Rat beschließt nach Zustimmung des Europäischen Parlaments.

Kapitel 2
Der mehrjährige Finanzrahmen

Artikel 312 [Mehrjähriger Finanzrahmen]

(1) Mit dem mehrjährigen Finanzrahmen soll sichergestellt werden, dass die Ausgaben der Union innerhalb der Grenzen ihrer Eigenmittel eine geordnete Entwicklung nehmen.

Er wird für einen Zeitraum von mindestens fünf Jahren aufgestellt.

Bei der Aufstellung des jährlichen Haushaltsplans der Union ist der mehrjährige Finanzrahmen einzuhalten.

(2) ¹Der Rat erlässt gemäß einem besonderen Gesetzgebungsverfahren eine Verordnung zur Festlegung des mehrjährigen Finanzrahmens. ²Er beschließt einstimmig nach Zustimmung des Europäischen Parlaments, die mit der Mehrheit seiner Mitglieder erteilt wird.

Der Europäische Rat kann einstimmig einen Beschluss fassen, wonach der Rat mit qualifizierter Mehrheit beschließen kann, wenn er die in Unterabsatz 1 genannte Verordnung erlässt.

(3) ¹In dem Finanzrahmen werden die jährlichen Obergrenzen der Mittel für Verpflichtungen je Ausgabenkategorie und die jährliche Obergrenze der Mittel für Zahlungen festgelegt. ²Die Ausgabenkategorien, von denen es nur wenige geben darf, entsprechen den Haupttätigkeitsbereichen der Union.

Der Finanzrahmen enthält auch alle sonstigen für den reibungslosen Ablauf des jährlichen Haushaltsverfahrens sachdienlichen Bestimmungen.

(4) Hat der Rat bis zum Ablauf des vorangegangenen Finanzrahmens keine Verordnung zur Aufstellung eines neuen Finanzrahmens erlassen, so werden die Obergrenzen und sonstigen Bestimmungen des letzten Jahres des vorangegangenen Finanzrahmens bis zum Erlass dieses Rechtsakts fortgeschrieben.

(5) Das Europäische Parlament, der Rat und die Kommission treffen während des gesamten Verfahrens zur Annahme des Finanzrahmens alle erforderlichen Maßnahmen, um den Erlass des Rechtsakts zu erleichtern.

Kapitel 3
Der Jahreshaushaltsplan der Union

Artikel 313 (ex-Artikel 272 Absatz 1 EGV) [Beginn und Ende des Haushaltsjahrs]

Das Haushaltsjahr beginnt am 1. Januar und endet am 31. Dezember.

Artikel 314 (ex-Artikel 272 Absätze 2 bis 10 EGV) [Festlegung des Jahreshaushaltsplans]

Das Europäische Parlament und der Rat legen den Jahreshaushaltsplan der Union im Rahmen eines besonderen Gesetzgebungsverfahrens nach den folgenden Bestimmungen fest:

(1) [1]Jedes Organ, mit Ausnahme der Europäischen Zentralbank, stellt vor dem 1. Juli einen Haushaltsvoranschlag für seine Ausgaben für das folgende Haushaltsjahr auf. [2]Die Kommission fasst diese Voranschläge in einem Entwurf für den Haushaltsplan zusammen, der abweichende Voranschläge enthalten kann.

Dieser Entwurf umfasst den Ansatz der Einnahmen und den Ansatz der Ausgaben.

(2) Die Kommission legt dem Europäischen Parlament und dem Rat spätestens am 1. September des Jahres, das dem entsprechenden Haushaltsjahr vorausgeht, einen Vorschlag mit dem Entwurf des Haushaltsplans vor.

Die Kommission kann den Entwurf des Haushaltsplans während des laufenden Verfahrens bis zur Einberufung des in Absatz 5 genannten Vermittlungsausschusses ändern.

(3) [1]Der Rat legt seinen Standpunkt zu dem Entwurf des Haushaltsplans fest und leitet ihn spätestens am 1. Oktober des Jahres, das dem entsprechenden Haushaltsjahr vorausgeht, dem Europäischen Parlament zu. [2]Er unterrichtet das Europäische Par-

lament in vollem Umfang über die Gründe, aus denen er seinen Standpunkt festgelegt hat.

(4) ¹Hat das Europäische Parlament binnen 42 Tagen nach der Übermittlung

a) den Standpunkt des Rates gebilligt, so ist der Haushaltsplan erlassen;

b) keinen Beschluss gefasst, so gilt der Haushaltsplan als erlassen;

c) mit der Mehrheit seiner Mitglieder Abänderungen angenommen, so wird die abgeänderte Fassung des Entwurfs dem Rat und der Kommission zugeleitet. ²Der Präsident des Europäischen Parlaments beruft im Einvernehmen mit dem Präsidenten des Rates umgehend den Vermittlungsausschuss ein. ³Der Vermittlungsausschuss tritt jedoch nicht zusammen, wenn der Rat dem Europäischen Parlament binnen zehn Tagen nach der Übermittlung des geänderten Entwurfs mitteilt, dass er alle seine Abänderungen billigt.

(5) Der Vermittlungsausschuss, der aus den Mitgliedern des Rates oder deren Vertretern und ebenso vielen das Europäische Parlament vertretenden Mitgliedern besteht, hat die Aufgabe, binnen 21 Tagen nach seiner Einberufung auf der Grundlage der Standpunkte des Europäischen Parlaments und des Rates mit der qualifizierten Mehrheit der Mitglieder des Rates oder deren Vertretern und der Mehrheit der das Europäische Parlament vertretenden Mitglieder eine Einigung über einen gemeinsamen Entwurf zu erzielen.

Die Kommission nimmt an den Arbeiten des Vermittlungsausschusses teil und ergreift alle erforderlichen Initiativen, um eine Annäherung der Standpunkte des Europäischen Parlaments und des Rates zu bewirken.

(6) Einigt sich der Vermittlungsausschuss innerhalb der in Absatz 5 genannten Frist von 21 Tagen auf einen gemeinsamen Entwurf, so verfügen das Europäische Parlament und der Rat ab dieser Einigung über eine Frist von 14 Tagen, um den gemeinsamen Entwurf zu billigen.

(7) Wenn innerhalb der in Absatz 6 genannten Frist von 14 Tagen

a) der gemeinsame Entwurf sowohl vom Europäischen Parlament als auch vom Rat gebilligt wird oder beide keinen Beschluss fassen oder eines dieser Organe den gemeinsamen Entwurf billigt, während das andere Organ keinen Beschluss fasst, so gilt der Haushaltsplan als entsprechend dem gemeinsamen Entwurf endgültig erlassen, oder

b) der gemeinsame Entwurf sowohl vom Europäischen Parlament mit der Mehrheit seiner Mitglieder als auch vom Rat abgelehnt wird oder eines dieser Organe den gemeinsamen Entwurf ablehnt, während das andere Organ keinen Beschluss fasst, so legt die Kommission einen neuen Entwurf für den Haushaltsplan vor, oder

c) der gemeinsame Entwurf vom Europäischen Parlament mit der Mehrheit seiner Mitglieder abgelehnt wird, während er vom Rat gebilligt wird, so legt die Kommission einen neuen Entwurf für den Haushaltsplan vor, oder

d) der gemeinsame Entwurf vom Europäischen Parlament gebilligt wird, während er vom Rat abgelehnt wird, so kann das Europäische Parlament binnen 14 Tagen ab dem Tag der Ablehnung durch den Rat mit der Mehrheit seiner Mitglieder und drei Fünfteln der abgegebenen Stimmen beschließen, alle oder einige der in Absatz 4 Buchstabe c genannten Abänderungen zu bestätigen. Wird eine Abänderung des Europäischen Parlaments nicht bestätigt, so wird der im Vermittlungsausschuss vereinbarte Standpunkt zu dem Haushaltsposten, der Gegenstand der Abänderung ist, übernommen. Der Haushaltsplan gilt als auf dieser Grundlage endgültig erlassen.

(8) Einigt sich der Vermittlungsausschuss nicht binnen der in Absatz 5 genannten Frist von 21 Tagen auf einen gemeinsamen Entwurf, so legt die Kommission einen neuen Entwurf für den Haushaltsplan vor.

(9) Nach Abschluss des Verfahrens dieses Artikels stellt der Präsident des Europäischen Parlaments fest, dass der Haushaltsplan endgültig erlassen ist.

(10) Jedes Organ übt die ihm aufgrund dieses Artikels zufallenden Befugnisse unter Wahrung der Verträge und der Rechtsakte aus, die auf der Grundlage der Verträge insbesondere im

Bereich der Eigenmittel der Union und des Gleichgewichts von Einnahmen und Ausgaben erlassen wurden.

Artikel 315 (ex-Artikel 273 EGV) [Nothaushalt]

Ist zu Beginn eines Haushaltsjahres der Haushaltsplan noch nicht endgültig erlassen, so können nach der gemäß Artikel 322 festgelegten Haushaltsordnung für jedes Kapitel monatliche Ausgaben bis zur Höhe eines Zwölftels der im betreffenden Kapitel des Haushaltsplans des vorangegangenen Haushaltsjahres eingesetzten Mittel vorgenommen werden, die jedoch ein Zwölftel der Mittelansätze des gleichen Kapitels des Haushaltsplanentwurfs nicht überschreiten dürfen.

[1]Der Rat kann auf Vorschlag der Kommission unter Beachtung der sonstigen Bestimmungen des Absatzes 1 entsprechend der nach Artikel 322 erlassenen Verordnung Ausgaben genehmigen, die über dieses Zwölftel hinausgehen. [2]Er leitet seinen Beschluss unverzüglich dem Europäischen Parlament zu.

In dem Beschluss nach Absatz 2 werden unter Beachtung der in Artikel 311 genannten Rechtsakte die zur Durchführung dieses Artikels erforderlichen Maßnahmen betreffend die Mittel vorgesehen.

Der Beschluss tritt 30 Tage nach seinem Erlass in Kraft, sofern das Europäische Parlament nicht innerhalb dieser Frist mit der Mehrheit seiner Mitglieder beschließt, diese Ausgaben zu kürzen.

Artikel 316 (ex-Artikel 271 EGV) [Übertragbarkeit von Mitteln, Bewilligung von Ausgaben]

Nach Maßgabe der aufgrund des Artikels 322 erlassenen Vorschriften dürfen die nicht für Personalausgaben vorgesehenen Mittel, die bis zum Ende der Durchführungszeit eines Haushaltsplans nicht verbraucht worden sind, lediglich auf das nächste Haushaltsjahr übertragen werden.

Die vorgesehenen Mittel werden nach Kapiteln gegliedert, in denen die Ausgaben nach Art oder Bestimmung zusammengefasst sind; die Kapitel werden nach der gemäß Artikel 322 festgelegten Haushaltsordnung unterteilt.

Die Ausgaben des Europäischen Parlaments, des Europäischen Rates und des Rates, der Kommission sowie des Gerichtshofs der Europäischen Union werden unbeschadet einer besonderen Regelung für bestimmte gemeinsame Ausgaben in gesonderten Teilen des Haushaltsplans aufgeführt.

Kapitel 4
Ausführung des Haushaltsplans und Entlastung

Artikel 317 (ex-Artikel 274 EGV) [Ausführung des Haushaltsplans]

[1]Die Kommission führt den Haushaltsplan zusammen mit den Mitgliedstaaten gemäß der nach Artikel 322 festgelegten Haushaltsordnung in eigener Verantwortung und im Rahmen der zugewiesenen Mittel entsprechend dem Grundsatz der Wirtschaftlichkeit der Haushaltsführung aus. [2]Die Mitgliedstaaten arbeiten mit der Kommission zusammen, um sicherzustellen, dass die Mittel nach dem Grundsatz der Wirtschaftlichkeit der Haushaltsführung verwendet werden.

[1]In der Haushaltsordnung sind die Kontroll- und Wirtschaftsprüfungspflichten der Mitgliedstaaten bei der Ausführung des Haushaltsplans sowie die damit verbundenen Verantwortlichkeiten geregelt. [2]Darin sind ferner die Verantwortlichkeiten und die besonderen Einzelheiten geregelt, nach denen jedes Organ an der Vornahme seiner Ausgaben beteiligt ist.

Die Kommission kann nach der gemäß Artikel 322 festgelegten Haushaltsordnung Mittel von Kapitel zu Kapitel oder von Untergliederung zu Untergliederung übertragen.

Artikel 318 (ex-Artikel 275 EGV) [Rechnungslegung]

[1]Die Kommission legt dem Europäischen Parlament und dem Rat jährlich die Rechnung des abgelaufenen Haushaltsjahres für die Rechnungsvorgänge des Haushaltsplans vor. [2]Sie übermittelt ihnen ferner eine Übersicht über das Vermögen und die Schulden der Union.

Die Kommission legt dem Europäischen Parlament und dem Rat ferner einen Evaluierungsbericht zu den Finanzen der Union vor, der sich auf die Ergebnisse stützt, die insbesondere in Bezug auf die Vorgaben erzielt wurden, die vom Europäischen Parlament und vom Rat nach Artikel 319 erteilt wurden.

Artikel 319 (ex-Artikel 276 EGV) [Entlastung]

(1) ¹Auf Empfehlung des Rates erteilt das Europäische Parlament der Kommission Entlastung zur Ausführung des Haushaltsplans. ²Zu diesem Zweck prüft es nach dem Rat die Rechnung, die Übersicht und den Evaluierungsbericht nach Artikel 318 sowie den Jahresbericht des Rechnungshofs zusammen mit den Antworten der kontrollierten Organe auf dessen Bemerkungen, die in Artikel 287 Absatz 1 Unterabsatz 2 genannte Zuverlässigkeitserklärung und die einschlägigen Sonderberichte des Rechnungshofs.

(2) ¹Das Europäische Parlament kann vor der Entlastung der Kommission sowie auch zu anderen Zwecken im Zusammenhang mit der Ausübung ihrer Haushaltsbefugnisse die Kommission auffordern, Auskunft über die Vornahme der Ausgaben oder die Arbeitsweise der Finanzkontrollsysteme zu erteilen. ²Die Kommission legt dem Europäischen Parlament auf dessen Ersuchen alle notwendigen Informationen vor.

(3) Die Kommission trifft alle zweckdienlichen Maßnahmen, um den Bemerkungen in den Entlastungsbeschlüssen und anderen Bemerkungen des Europäischen Parlaments zur Vornahme der Ausgaben sowie den Erläuterungen, die den Entlastungsempfehlungen des Rates beigefügt sind, nachzukommen.

¹Auf Ersuchen des Europäischen Parlaments oder des Rates erstattet die Kommission Bericht über die Maßnahmen, die aufgrund dieser Bemerkungen und Erläuterungen getroffen wurden, insbesondere über die Weisungen, die den für die Ausführung des Haushaltsplans zuständigen Dienststellen erteilt worden sind. ²Diese Berichte sind auch dem Rechnungshof zuzuleiten.

**Kapitel 5
Gemeinsame Bestimmungen**

Artikel 320 (ex-Artikel 277 EGV) [Aufstellung in Euro]

Der mehrjährige Finanzrahmen und der Jahreshaushaltsplan werden in Euro aufgestellt.

Artikel 321 (ex-Artikel 278 EGV) [Währungstransfer]

¹Die Kommission kann vorbehaltlich der Unterrichtung der zuständigen Behörden der betreffenden Mitgliedstaaten ihre Guthaben in der Währung eines dieser Staaten in die Währung eines anderen Mitgliedstaats transferieren, soweit dies erforderlich ist, um diese Guthaben für die in den Verträgen vorgesehenen Zwecke zu verwenden. ²Besitzt die Kommission verfügbare oder flüssige Guthaben in der benötigten Währung, so vermeidet sie soweit möglich derartige Transferierungen.

¹Die Kommission verkehrt mit jedem Mitgliedstaat über die von diesem bezeichnete Behörde. ²Bei der Durchführung ihrer Finanzgeschäfte nimmt sie die Notenbank des betreffenden Mitgliedstaats oder ein anderes von diesem genehmigtes Finanzinstitut in Anspruch.

Artikel 322 (ex-Artikel 279 EGV) [Festlegung der Haushaltsvorschriften]

(1) Das Europäische Parlament und der Rat erlassen gemäß dem ordentlichen Gesetzgebungsverfahren durch Verordnungen nach Anhörung des Rechnungshofs

a) die Haushaltsvorschriften, in denen insbesondere die Aufstellung und Ausführung des Haushaltsplans sowie die Rechnungslegung und Rechnungsprüfung im Einzelnen geregelt werden;

b) die Vorschriften, die die Kontrolle der Verantwortung der Finanzakteure und insbesondere der Anweisungsbefugten und der Rechnungsführer regeln.

(2) Der Rat legt auf Vorschlag der Kommission und nach Anhörung des Europäischen Parlaments und des Rechnungshofs die Einzelheiten und das Verfahren fest, nach denen die Haushaltseinnahmen, die in der Regelung über die Eigenmittel der Union vorgesehen sind, der Kommission zur Verfügung gestellt werden, sowie die Maßnahmen, die zu treffen sind, um gegebenenfalls die erforderlichen Kassenmittel bereitzustellen.

Artikel 323 [Finanzmittel]

Das Europäische Parlament, der Rat und die Kommission stellen sicher, dass der Union die Finanzmittel zur Verfügung stehen, die es ihr ermöglichen, ihren rechtlichen Verpflichtungen gegenüber Dritten nachzukommen.

Artikel 324 [Einberufung von Treffen]
¹Auf Initiative der Kommission werden im Rahmen der nach diesem Titel vorgesehenen Haushaltsverfahren regelmäßige Treffen der Präsidenten des Europäischen Parlaments, des Rates und der Kommission einberufen. ²Diese treffen alle erforderlichen Maßnahmen, um die Abstimmung und Annäherung der Standpunkte der Organe, denen sie vorstehen, zu fördern und so die Durchführung dieses Titels zu erleichtern.

Kapitel 6
Betrugsbekämpfung

Artikel 325 (ex-Artikel 280 EGV) [Reichweite und Gestaltung der Betrugsbekämpfung]
(1) Die Union und die Mitgliedstaaten bekämpfen Betrügereien und sonstige gegen die finanziellen Interessen der Union gerichtete rechtswidrige Handlungen mit Maßnahmen nach diesem Artikel, die abschreckend sind und in den Mitgliedstaaten sowie in den Organen, Einrichtungen und sonstigen Stellen der Union einen effektiven Schutz bewirken.

(2) Zur Bekämpfung von Betrügereien, die sich gegen die finanziellen Interessen der Union richten, ergreifen die Mitgliedstaaten die gleichen Maßnahmen, die sie auch zur Bekämpfung von Betrügereien ergreifen, die sich gegen ihre eigenen finanziellen Interessen richten.

(3) ¹Die Mitgliedstaaten koordinieren unbeschadet der sonstigen Bestimmungen der Verträge ihre Tätigkeit zum Schutz der finanziellen Interessen der Union vor Betrügereien. ²Sie sorgen zu diesem Zweck zusammen mit der Kommission für eine enge, regelmäßige Zusammenarbeit zwischen den zuständigen Behörden.

(4) Zur Gewährleistung eines effektiven und gleichwertigen Schutzes in den Mitgliedstaaten sowie in den Organen, Einrichtungen und sonstigen Stellen der Union beschließen das Europäische Parlament und der Rat gemäß dem ordentlichen

Gesetzgebungsverfahren nach Anhörung des Rechnungshofs die erforderlichen Maßnahmen zur Verhütung und Bekämpfung von Betrügereien, die sich gegen die finanziellen Interessen der Union richten.

(5) Die Kommission legt in Zusammenarbeit mit den Mitgliedstaaten dem Europäischen Parlament und dem Rat jährlich einen Bericht über die Maßnahmen vor, die zur Durchführung dieses Artikels getroffen wurden.

**Titel III
Verstärkte Zusammenarbeit**

Artikel 326 (ex-Artikel 27a bis 27e, 40 bis 40b und 43 bis 45 EUV sowie ex-Artikel 11 und 11a EGV) [Grundsätze]

Eine Verstärkte Zusammenarbeit achtet die Verträge und das Recht der Union.

[1]Sie darf weder den Binnenmarkt noch den wirtschaftlichen, sozialen und territorialen Zusammenhalt beeinträchtigen. [2]Sie darf für den Handel zwischen den Mitgliedstaaten weder ein Hindernis noch eine Diskriminierung darstellen noch darf sie zu Verzerrungen des Wettbewerbs zwischen den Mitgliedstaaten führen.

Artikel 327 (ex-Artikel 27a bis 27e, 40 bis 40b und 43 bis 45 EUV sowie ex-Artikel 11 und 11a EGV) [Respektierung nicht an der Zusammenarbeit beteiligter Mitgliedstaaten]

[1]Eine Verstärkte Zusammenarbeit achtet die Zuständigkeiten, Rechte und Pflichten der nicht an der Zusammenarbeit beteiligten Mitgliedstaaten. [2]Diese stehen der Durchführung der Verstärkten Zusammenarbeit durch die daran beteiligten Mitgliedstaaten nicht im Wege.

Artikel 328 (ex-Artikel 27a bis 27e, 40 bis 40b und 43 bis 45 EUV sowie ex-Artikel 11 und 11a EGV) [Offenheit gegenüber Mitgliedstaaten]

(1) [1]Bei ihrer Begründung steht eine Verstärkte Zusammenarbeit allen Mitgliedstaaten offen, sofern sie die in dem hierzu

ermächtigenden Beschluss gegebenenfalls festgelegten Teilnahmevoraussetzungen erfüllen. ²Dies gilt auch zu jedem anderen Zeitpunkt, sofern sie neben den genannten Voraussetzungen auch die in diesem Rahmen bereits erlassenen Rechtsakte beachten.

Die Kommission und die an einer Verstärkten Zusammenarbeit teilnehmenden Mitgliedstaaten tragen dafür Sorge, dass die Teilnahme möglichst vieler Mitgliedstaaten gefördert wird.

(2) Die Kommission und gegebenenfalls der Hohe Vertreter der Union für die Außen- und Sicherheitspolitik unterrichten das Europäische Parlament und den Rat regelmäßig über die Entwicklung einer Verstärkten Zusammenarbeit.

Artikel 329 (ex-Artikel 27a bis 27e, 40 bis 40b und 43 bis 45 EUV sowie ex-Artikel 11 und 11a EGV) [Verfahrensmodalitäten]

(1) ¹Die Mitgliedstaaten, die in einem der Bereiche der Verträge – mit Ausnahme der Bereiche, für die die Union die ausschließliche Zuständigkeit besitzt, und der Gemeinsamen Außen- und Sicherheitspolitik – untereinander eine Verstärkte Zusammenarbeit begründen möchten, richten einen Antrag an die Kommission, in dem der Anwendungsbereich und die Ziele aufgeführt werden, die mit der beabsichtigten Verstärkten Zusammenarbeit angestrebt werden. ²Die Kommission kann dem Rat einen entsprechenden Vorschlag vorlegen. ³Legt die Kommission keinen Vorschlag vor, so teilt sie den betroffenen Mitgliedstaaten ihre Gründe dafür mit.

Die Ermächtigung zur Einleitung einer Verstärkten Zusammenarbeit nach Unterabsatz 1 wird vom Rat auf Vorschlag der Kommission und nach Zustimmung des Europäischen Parlaments erteilt.

(2) ¹Der Antrag der Mitgliedstaaten, die untereinander im Rahmen der Gemeinsamen Außen- und Sicherheitspolitik eine Verstärkte Zusammenarbeit begründen möchten, wird an den Rat gerichtet. ²Er wird dem Hohen Vertreter der Union für die Außen- und Sicherheitspolitik, der zur Kohärenz der beabsichtigten Verstärkten Zusammenarbeit mit der Gemeinsamen Außen- und Sicherheitspolitik der Union Stellung nimmt, sowie der Kommission übermittelt, die insbesondere zur Kohärenz der beabsich-

tigten Verstärkten Zusammenarbeit mit der Politik der Union in anderen Bereichen Stellung nimmt. ³Der Antrag wird ferner dem Europäischen Parlament zur Unterrichtung übermittelt.

Die Ermächtigung zur Einleitung einer Verstärkten Zusammenarbeit wird mit einem Beschluss des Rates erteilt, der einstimmig beschließt.

Artikel 330 (ex-Artikel 27a bis 27e, 40 bis 40b und 43 bis 45 EUV sowie ex-Artikel 11 und 11a EGV) [Teilnahme an Beratungen des Rates]

Alle Mitglieder des Rates können an dessen Beratungen teilnehmen, aber nur die Mitglieder des Rates, die die an der Verstärkten Zusammenarbeit beteiligten Mitgliedstaaten vertreten, sind stimmberechtigt.

Die Einstimmigkeit bezieht sich allein auf die Stimmen der Vertreter der an der Verstärkten Zusammenarbeit beteiligten Mitgliedstaaten.

Die qualifizierte Mehrheit bestimmt sich nach Artikel 238 Absatz 3.

Artikel 331 (ex-Artikel 27a bis 27e, 40 bis 40b und 43 bis 45 EUV sowie ex-Artikel 11 und 11a EGV) [Teilnahme von Mitgliedstaaten]

(1) Jeder Mitgliedstaat, der sich einer bestehenden Verstärkten Zusammenarbeit in einem der in Artikel 329 Absatz 1 genannten Bereiche anschließen will, teilt dem Rat und der Kommission seine Absicht mit.

¹Die Kommission bestätigt binnen vier Monaten nach Eingang der Mitteilung die Beteiligung des betreffenden Mitgliedstaats. ²Dabei stellt sie gegebenenfalls fest, dass die Beteiligungsvoraussetzungen erfüllt sind, und erlässt die notwendigen Übergangsmaßnahmen zur Anwendung der im Rahmen der Verstärkten Zusammenarbeit bereits erlassenen Rechtsakte.

¹Ist die Kommission jedoch der Auffassung, dass die Beteiligungsvoraussetzungen nicht erfüllt sind, so gibt sie an, welche Bestimmungen zur Erfüllung dieser Voraussetzungen erlassen werden müssen, und legt eine Frist für die erneute Prüfung des Antrags fest. ²Nach Ablauf dieser Frist prüft sie den Antrag erneut

nach dem in Unterabsatz 2 vorgesehenen Verfahren. ³Ist die Kommission der Auffassung, dass die Beteiligungsvoraussetzungen weiterhin nicht erfüllt sind, so kann der betreffende Mitgliedstaat mit dieser Frage den Rat befassen, der über den Antrag befindet. ⁴Der Rat beschließt nach Artikel 330. ⁵Er kann außerdem auf Vorschlag der Kommission die in Unterabsatz 2 genannten Übergangsmaßnahmen erlassen.

(2) Jeder Mitgliedstaat, der an einer bestehenden Verstärkten Zusammenarbeit im Rahmen der Gemeinsamen Außen- und Sicherheitspolitik teilnehmen möchte, teilt dem Rat, dem Hohen Vertreter der Union für die Außen- und Sicherheitspolitik und der Kommission seine Absicht mit.

¹Der Rat bestätigt die Teilnahme des betreffenden Mitgliedstaats nach Anhörung des Hohen Vertreters der Union für die Außen- und Sicherheitspolitik und gegebenenfalls nach der Feststellung, dass die Teilnahmevoraussetzungen erfüllt sind. ²Der Rat kann auf Vorschlag des Hohen Vertreters ferner die notwendigen Übergangsmaßnahmen zur Anwendung der im Rahmen der Verstärkten Zusammenarbeit bereits erlassenen Rechtsakte treffen. ³Ist der Rat jedoch der Auffassung, dass die Teilnahmevoraussetzungen nicht erfüllt sind, so gibt er an, welche Schritte zur Erfüllung dieser Voraussetzungen notwendig sind, und legt eine Frist für die erneute Prüfung des Antrags auf Teilnahme fest.

Für die Zwecke dieses Absatzes beschließt der Rat einstimmig nach Artikel 330.

Artikel 332 (ex-Artikel 27a bis 27e, 40 bis 40b und 43 bis 45 EUV sowie ex-Artikel 11 und 11a EGV) [Ausgabenlast]

Die sich aus der Durchführung einer Verstärkten Zusammenarbeit ergebenden Ausgaben, mit Ausnahme der Verwaltungskosten der Organe, werden von den beteiligten Mitgliedstaaten getragen, sofern der Rat nicht nach Anhörung des Europäischen Parlaments durch einstimmigen Beschluss sämtlicher Mitglieder des Rates etwas anderes beschließt.

Artikel 333 (ex-Artikel 27a bis 27e, 40 bis 40b
und 43 bis 45 EUV sowie ex-Artikel 11 und 11a EGV)
[Beschlussfassung]

(1) Wenn nach einer Bestimmung der Verträge, die im Rahmen einer Verstärkten Zusammenarbeit angewendet werden könnte, der Rat einstimmig beschließen muss, kann der Rat nach Artikel 330 einstimmig einen Beschluss dahin gehend erlassen, dass er mit qualifizierter Mehrheit beschließt.

(2) [1]Wenn nach einer Bestimmung der Verträge, die im Rahmen einer Verstärkten Zusammenarbeit angewendet werden könnte, Rechtsakte vom Rat gemäß einem besonderen Gesetzgebungsverfahren erlassen werden müssen, kann der Rat nach Artikel 330 einstimmig einen Beschluss dahin gehend erlassen, dass er gemäß dem ordentlichen Gesetzgebungsverfahren beschließt. [2]Der Rat beschließt nach Anhörung des Europäischen Parlaments.

(3) Die Absätze 1 und 2 gelten nicht für Beschlüsse mit militärischen oder verteidigungspolitischen Bezügen.

Artikel 334 (ex-Artikel 27a bis 27e, 40 bis 40b
und 43 bis 45 EUV sowie ex-Artikel 11 und 11a EGV)
[Kohärenzgebot]

Der Rat und die Kommission stellen sicher, dass die im Rahmen einer Verstärkten Zusammenarbeit durchgeführten Maßnahmen untereinander und mit der Politik der Union im Einklang stehen, und arbeiten entsprechend zusammen.

**Siebter Teil
Allgemeine und Schlussbestimmungen**

Artikel 335 (ex-Artikel 282 EGV) [Rechts- und
Geschäftsfähigkeit und Vertretung der Union]

[1]Die Union besitzt in jedem Mitgliedstaat die weitestgehende Rechts- und Geschäftsfähigkeit, die juristischen Personen nach dessen Rechtsvorschriften zuerkannt ist; sie kann insbesondere bewegliches und unbewegliches Vermögen erwerben und veräußern sowie vor Gericht stehen. [2]Zu diesem Zweck wird sie von

der Kommission vertreten. ³In Fragen, die das Funktionieren der einzelnen Organe betreffen, wird die Union hingegen aufgrund von deren Verwaltungsautonomie von dem betreffenden Organ vertreten.

Artikel 336 (ex-Artikel 283 EGV) [Statut der Beamten der Union]

Das Europäische Parlament und der Rat erlassen gemäß dem ordentlichen Gesetzgebungsverfahren durch Verordnungen nach Anhörung der anderen betroffenen Organe das Statut der Beamten der Europäischen Union und die Beschäftigungsbedingungen für die sonstigen Bediensteten der Union.

Artikel 337 (ex-Artikel 284 EGV) [Nachprüfungsrecht der Kommission]

Zur Erfüllung der ihr übertragenen Aufgaben kann die Kommission alle erforderlichen Auskünfte einholen und alle erforderlichen Nachprüfungen vornehmen; der Rahmen und die nähere Maßgabe hierfür werden vom Rat, der mit einfacher Mehrheit beschließt, gemäß den Bestimmungen der Verträge festgelegt.

Artikel 338 (ex-Artikel 285 EGV) [Erstellung von Statistiken]

(1) Unbeschadet des Artikels 5 des Protokolls über die Satzung des Europäischen Systems der Zentralbanken und der Europäischen Zentralbank beschließen das Europäische Parlament und der Rat gemäß dem ordentlichen Gesetzgebungsverfahren Maßnahmen für die Erstellung von Statistiken, wenn dies für die Durchführung der Tätigkeiten der Union erforderlich ist.

(2) Die Erstellung der Unionsstatistiken erfolgt unter Wahrung der Unparteilichkeit, der Zuverlässigkeit, der Objektivität, der wissenschaftlichen Unabhängigkeit, der Kostenwirksamkeit und der statistischen Geheimhaltung; der Wirtschaft dürfen dadurch keine übermäßigen Belastungen entstehen.

Artikel 339 (ex-Artikel 287 EGV)
[Geheimhaltungspflicht der Mitglieder der Unionseinrichtungen]

Die Mitglieder der Organe der Union, die Mitglieder der Ausschüsse sowie die Beamten und sonstigen Bediensteten der Union sind verpflichtet, auch nach Beendigung ihrer Amtstätigkeit Auskünfte, die ihrem Wesen nach unter das Berufsgeheimnis fallen, nicht preiszugeben; dies gilt insbesondere für Auskünfte über Unternehmen sowie deren Geschäftsbeziehungen oder Kostenelemente.

Artikel 340 (ex-Artikel 288 EGV) [Vertragliche und außervertragliche Haftung der Union]

Die vertragliche Haftung der Union bestimmt sich nach dem Recht, das auf den betreffenden Vertrag anzuwenden ist.

Im Bereich der außervertraglichen Haftung ersetzt die Union den durch ihre Organe oder Bediensteten in Ausübung ihrer Amtstätigkeit verursachten Schaden nach den allgemeinen Rechtsgrundsätzen, die den Rechtsordnungen der Mitgliedstaaten gemeinsam sind.

Abweichend von Absatz 2 ersetzt die Europäische Zentralbank den durch sie oder ihre Bediensteten in Ausübung ihrer Amtstätigkeit verursachten Schaden nach den allgemeinen Rechtsgrundsätzen, die den Rechtsordnungen der Mitgliedstaaten gemeinsam sind.

Die persönliche Haftung der Bediensteten gegenüber der Union bestimmt sich nach den Vorschriften ihres Statuts oder der für sie geltenden Beschäftigungsbedingungen.

Artikel 341 (ex-Artikel 289 EGV) [Sitz der Organe]

Der Sitz der Organe der Union wird im Einvernehmen zwischen den Regierungen der Mitgliedstaaten bestimmt.

Artikel 342 (ex-Artikel 290 EGV) [Sprachenfrage]

Die Regelung der Sprachenfrage für die Organe der Union wird unbeschadet der Satzung des Gerichtshofs der Europäischen Union vom Rat einstimmig durch Verordnungen getroffen.

Artikel 343 (ex-Artikel 291 EGV) [Vorrechte und Befreiungen der Union]

¹Die Union genießt im Hoheitsgebiet der Mitgliedstaaten die zur Erfüllung ihrer Aufgabe erforderlichen Vorrechte und Befreiungen nach Maßgabe des Protokolls vom 8. April 1965 über die Vorrechte und Befreiungen der Europäischen Union. ²Dasselbe gilt für die Europäische Zentralbank und die Europäische Investitionsbank.

Artikel 344 (ex-Artikel 292 EGV) [Ausschließliche Zuständigkeit des Gerichtshofs]

Die Mitgliedstaaten verpflichten sich, Streitigkeiten über die Auslegung oder Anwendung der Verträge nicht anders als hierin vorgesehen zu regeln.

Artikel 345 (ex-Artikel 295 EGV) [Eigentumsordnung der Mitgliedstaaten]

Die Verträge lassen die Eigentumsordnung in den verschiedenen Mitgliedstaaten unberührt.

Artikel 346 (ex-Artikel 296 EGV) [Vorbehalt nationaler Regelungen bei Sicherheitsinteressen]

(1) Die Vorschriften der Verträge stehen folgenden Bestimmungen nicht entgegen:

a) Ein Mitgliedstaat ist nicht verpflichtet, Auskünfte zu erteilen, deren Preisgabe seines Erachtens seinen wesentlichen Sicherheitsinteressen widerspricht;

b) jeder Mitgliedstaat kann die Maßnahmen ergreifen, die seines Erachtens für die Wahrung seiner wesentlichen Sicherheitsinteressen erforderlich sind, soweit sie die Erzeugung von Waffen, Munition und Kriegsmaterial oder den Handel damit betreffen; diese Maßnahmen dürfen auf dem Binnenmarkt die Wettbewerbsbedingungen hinsichtlich der nicht eigens für militärische Zwecke bestimmten Waren nicht beeinträchtigen.

(2) Der Rat kann die von ihm am 15. April 1958 festgelegte Liste der Waren, auf die Absatz 1 Buchstabe b Anwendung findet, einstimmig auf Vorschlag der Kommission ändern.

Artikel 347 (ex-Artikel 297 EGV) [Vorgehen bei Beeinträchtigungen des Binnenmarktes durch innerstaatliche Störungen]

Die Mitgliedstaaten setzen sich miteinander ins Benehmen, um durch gemeinsames Vorgehen zu verhindern, dass das Funktionieren des Binnenmarkts durch Maßnahmen beeinträchtigt wird, die ein Mitgliedstaat bei einer schwerwiegenden innerstaatlichen Störung der öffentlichen Ordnung, im Kriegsfall, bei einer ernsten, eine Kriegsgefahr darstellenden internationalen Spannung oder in Erfüllung der Verpflichtungen trifft, die er im Hinblick auf die Aufrechterhaltung des Friedens und der internationalen Sicherheit übernommen hat.

Artikel 348 (ex-Artikel 298 EGV) [Verfälschung der Wettbewerbsbedingungen, unmittelbare Anrufung des Gerichtshofs im Vertragsverletzungsverfahren]

Werden auf dem Binnenmarkt die Wettbewerbsbedingungen durch Maßnahmen aufgrund der Artikel 346 und 347 verfälscht, so prüft die Kommission gemeinsam mit dem beteiligten Staat, wie diese Maßnahmen den Vorschriften der Verträge angepasst werden können.

[1]In Abweichung von dem in den Artikeln 258 und 259 vorgesehenen Verfahren kann die Kommission oder ein Mitgliedstaat den Gerichtshof unmittelbar anrufen, wenn die Kommission oder der Staat der Auffassung ist, dass ein anderer Mitgliedstaat die in den Artikeln 346 und 347 vorgesehenen Befugnisse missbraucht. [2]Der Gerichtshof entscheidet unter Ausschluss der Öffentlichkeit.

Artikel 349 (ex-Artikel 299 Absatz 2 Unterabsätze 2, 3 und 4 EGV) [Sonderreglungen für bestimmte Gebiete]

[1]Unter Berücksichtigung der strukturbedingten sozialen und wirtschaftlichen Lage von Guadeloupe, Französisch-Guayana, Martinique, Réunion, Saint-Barthélemy und Saint-Martin, der Azoren, Madeiras und der Kanarischen Inseln, die durch die Faktoren Abgelegenheit, Insellage, geringe Größe, schwierige Relief- und Klimabedingungen und wirtschaftliche Abhängigkeit von einigen wenigen Erzeugnissen erschwert wird, die als ständige Gegebenheiten und durch ihr Zusammenwirken die Entwick-

lung schwer beeinträchtigen, beschließt der Rat auf Vorschlag der Kommission nach Anhörung des Europäischen Parlaments spezifische Maßnahmen, die insbesondere darauf abzielen, die Bedingungen für die Anwendung der Verträge auf die genannten Gebiete, einschließlich gemeinsamer Politiken, festzulegen. ²Werden die betreffenden spezifischen Maßnahmen vom Rat gemäß einem besonderen Gesetzgebungsverfahren erlassen, so beschließt er ebenfalls auf Vorschlag der Kommission und nach Anhörung des Europäischen Parlaments.

Die Maßnahmen nach Absatz 1 betreffen insbesondere die Zoll- und Handelspolitik, Steuerpolitik, Freizonen, Agrar- und Fischereipolitik, die Bedingungen für die Versorgung mit Rohstoffen und grundlegenden Verbrauchsgütern, staatliche Beihilfen sowie die Bedingungen für den Zugang zu den Strukturfonds und zu den horizontalen Unionsprogrammen.

Der Rat beschließt die in Absatz 1 genannten Maßnahmen unter Berücksichtigung der besonderen Merkmale und Zwänge der Gebiete in äußerster Randlage, ohne dabei die Integrität und Kohärenz der Rechtsordnung der Union, die auch den Binnenmarkt und die gemeinsamen Politiken umfasst, auszuhöhlen.

Artikel 350 (ex-Artikel 306 EGV) [Zusammenschluss der Benelux-Staaten]

Die Verträge stehen dem Bestehen und der Durchführung der regionalen Zusammenschlüsse zwischen Belgien und Luxemburg sowie zwischen Belgien, Luxemburg und den Niederlanden nicht entgegen, soweit die Ziele dieser Zusammenschlüsse durch Anwendung der Verträge nicht erreicht sind.

Artikel 351 (ex-Artikel 307 EGV) [Verhältnis von EUV und AEUV zu früheren Verträgen der Mitgliedstaaten]

Die Rechte und Pflichten aus Übereinkünften, die vor dem 1. Januar 1958 oder, im Falle später beigetretener Staaten, vor dem Zeitpunkt ihres Beitritts zwischen einem oder mehreren Mitgliedstaaten einerseits und einem oder mehreren dritten Ländern andererseits geschlossen wurden, werden durch die Verträge nicht berührt.

¹Soweit diese Übereinkünfte mit den Verträgen nicht vereinbar sind, wenden der oder die betreffenden Mitgliedstaaten alle geeigneten Mittel an, um die festgestellten Unvereinbarkeiten zu beheben. ²Erforderlichenfalls leisten die Mitgliedstaaten zu diesem Zweck einander Hilfe; sie nehmen gegebenenfalls eine gemeinsame Haltung ein.

Bei Anwendung der in Absatz 1 bezeichneten Übereinkünfte tragen die Mitgliedstaaten dem Umstand Rechnung, dass die in den Verträgen von jedem Mitgliedstaat gewährten Vorteile Bestandteil der Errichtung der Union sind und daher in untrennbarem Zusammenhang stehen mit der Schaffung gemeinsamer Organe, der Übertragung von Zuständigkeiten auf diese und der Gewährung der gleichen Vorteile durch alle anderen Mitgliedstaaten.

Artikel 352 (ex-Artikel 308 EGV)
[Kompetenzabrundungsklausel]

(1) ¹Erscheint ein Tätigwerden der Union im Rahmen der in den Verträgen festgelegten Politikbereiche erforderlich, um eines der Ziele der Verträge zu verwirklichen, und sind in den Verträgen die hierfür erforderlichen Befugnisse nicht vorgesehen, so erlässt der Rat einstimmig auf Vorschlag der Kommission und nach Zustimmung des Europäischen Parlaments die geeigneten Vorschriften. ²Werden diese Vorschriften vom Rat gemäß einem besonderen Gesetzgebungsverfahren erlassen, so beschließt er ebenfalls einstimmig auf Vorschlag der Kommission und nach Zustimmung des Europäischen Parlaments.

(2) Die Kommission macht die nationalen Parlamente im Rahmen des Verfahrens zur Kontrolle der Einhaltung des Subsidiaritätsprinzips nach Artikel 5 Absatz 3 des Vertrags über die Europäische Union auf die Vorschläge aufmerksam, die sich auf diesen Artikel stützen.

(3) Die auf diesem Artikel beruhenden Maßnahmen dürfen keine Harmonisierung der Rechtsvorschriften der Mitgliedstaaten in den Fällen beinhalten, in denen die Verträge eine solche Harmonisierung ausschließen.

(4) Dieser Artikel kann nicht als Grundlage für die Verwirklichung von Zielen der Gemeinsamen Außen- und Sicherheits-

politik dienen, und Rechtsakte, die nach diesem Artikel erlassen werden, müssen innerhalb der in Artikel 40 Absatz 2 des Vertrags über die Europäische Union festgelegten Grenzen bleiben.

Artikel 353 [Ausnahme von Art. 48 Abs. 7 EUV]

Artikel 48 Absatz 7 des Vertrags über die Europäische Union findet keine Anwendung auf die folgenden Artikel:
- Artikel 311 Absätze 3 und 4,
- Artikel 312 Absatz 2 Unterabsatz 1,
- Artikel 352 und
- Artikel 354.

Artikel 354 (ex-Artikel 309 EGV) [Aussetzung von Stimmrechten eines Mitgliedstaats]

¹Für die Zwecke des Artikels 7 des Vertrags über die Europäische Union über die Aussetzung bestimmter mit der Zugehörigkeit zur Union verbundener Rechte ist das Mitglied des Europäischen Rates oder des Rates, das den betroffenen Mitgliedstaat vertritt, nicht stimmberechtigt und der betreffende Mitgliedstaat wird bei der Berechnung des Drittels oder der vier Fünftel der Mitgliedstaaten nach den Absätzen 1 und 2 des genannten Artikels nicht berücksichtigt. ²Die Stimmenthaltung von anwesenden oder vertretenen Mitgliedern steht dem Erlass von Beschlüssen nach Absatz 2 des genannten Artikels nicht entgegen.

Für den Erlass von Beschlüssen nach Artikel 7 Absätze 3 und 4 des Vertrags über die Europäische Union bestimmt sich die qualifizierte Mehrheit nach Artikel 238 Absatz 3 Buchstabe b dieses Vertrags.

Beschließt der Rat nach dem Erlass eines Beschlusses über die Aussetzung der Stimmrechte nach Artikel 7 Absatz 3 des Vertrags über die Europäische Union auf der Grundlage einer Bestimmung der Verträge mit qualifizierter Mehrheit, so bestimmt sich die qualifizierte Mehrheit hierfür nach Artikel 238 Absatz 3 Buchstabe b dieses Vertrags oder, wenn der Rat auf Vorschlag der Kommission oder des Hohen Vertreters der Union für die Außen- und Sicherheitspolitik handelt, nach Artikel 238 Absatz 3 Buchstabe a.

Für die Zwecke des Artikels 7 des Vertrags über die Europäische Union beschließt das Europäische Parlament mit der Mehrheit von zwei Dritteln der abgegebenen Stimmen und mit der Mehrheit seiner Mitglieder.

Artikel 355 (ex-Artikel 299 Absatz 2 Unterabsatz 1 und Absätze 3 bis 6 EGV) [Räumlicher Geltungsbereich der Verträge]

Zusätzlich zu den Bestimmungen des Artikels 52 des Vertrags über die Europäische Union über den räumlichen Geltungsbereich der Verträge gelten folgende Bestimmungen:

(1) Die Verträge gelten nach Artikel 349 für Guadeloupe, Französisch-Guayana, Martinique, Réunion, Saint Barthélemy, Saint Martin, die Azoren, Madeira und die Kanarischen Inseln.

(2) Für die in Anhang II aufgeführten überseeischen Länder und Hoheitsgebiete gilt das besondere Assoziierungssystem, das im Vierten Teil festgelegt ist.

Die Verträge finden keine Anwendung auf die überseeischen Länder und Hoheitsgebiete, die besondere Beziehungen zum Vereinigten Königreich Großbritannien und Nordirland unterhalten und die in dem genannten Anhang nicht aufgeführt sind.

(3) Die Verträge finden auf die europäischen Hoheitsgebiete Anwendung, deren auswärtige Beziehungen ein Mitgliedstaat wahrnimmt.

(4) Die Verträge finden entsprechend den Bestimmungen des Protokolls Nr. 2 zur Akte über die Bedingungen des Beitritts der Republik Österreich, der Republik Finnland und des Königreichs Schweden auf die Ålandinseln Anwendung.

(5) Abweichend von Artikel 52 des Vertrags über die Europäische Union und von den Absätzen 1 bis 4 dieses Artikels gilt:

a) Die Verträge finden auf die Färöer keine Anwendung.

b) Die Verträge finden auf die Hoheitszonen des Vereinigten Königreichs auf Zypern, Akrotiri und Dhekelia, nur insoweit Anwendung, als dies erforderlich ist, um die Anwendung der Regelungen des Protokolls über die Hoheitszonen des Vereinigten Königreichs Großbritannien und Nordirland in Zypern, das der Akte über die Bedingungen des Beitritts der Tschechischen Republik, der Republik Estland, der Republik Zypern, der Republik Lettland, der Republik Litauen, der Republik Ungarn, der Republik Malta, der Republik Polen, der Republik Slowenien und der Slowakischen Republik zur Europäischen Union beigefügt ist, nach Maßgabe jenes Protokolls sicherzustellen.

c) Die Verträge finden auf die Kanalinseln und die Insel Man nur insoweit Anwendung, als dies erforderlich ist, um die Anwendung der Regelung sicherzustellen, die in dem am 22. Januar 1972 unterzeichneten Vertrag über den Beitritt neuer Mitgliedstaaten zur Europäischen Wirtschaftsgemeinschaft und zur Europäischen Atomgemeinschaft für diese Inseln vorgesehen ist.

(6) [1]Der Europäische Rat kann auf Initiative des betroffenen Mitgliedstaats einen Beschluss zur Änderung des Status eines in den Absätzen 1 und 2 genannten dänischen, französischen oder niederländischen Landes oder Hoheitsgebiets gegenüber der Union erlassen. [2]Der Europäische Rat beschließt einstimmig nach Anhörung der Kommission.

Artikel 356 (ex-Artikel 312 EGV) (Geltungsdauer des AEUV]

Dieser Vertrag gilt auf unbegrenzte Zeit.

Artikel 357 (ex-Artikel 313 EGV)
[Ratifikationsbedürftigkeit und Inkrafttreten des AEUV]

[1]Dieser Vertrag bedarf der Ratifizierung durch die Hohen Vertragsparteien gemäß ihren verfassungsrechtlichen Vorschriften. [2]Die Ratifikationsurkunden werden bei der Regierung der Italienischen Republik hinterlegt.

[1]Dieser Vertrag tritt am ersten Tag des auf die Hinterlegung der letzten Ratifikationsurkunde folgenden Monats in Kraft. [2]Findet diese Hinterlegung weniger als fünfzehn Tage vor Beginn des folgenden Monats statt, so tritt der Vertrag am ersten Tag des zweiten Monats nach dieser Hinterlegung in Kraft.

Artikel 358 [Verbindliche Sprachfassungen und Hinterlegung des AEUV]

Die Bestimmungen des Artikels 55 des Vertrags über die Europäische Union sind auf diesen Vertrag anwendbar.

ZU URKUND DESSEN haben die unterzeichneten Bevollmächtigten ihre Unterschriften unter diesen Vertrag gesetzt.

Geschehen zu Rom am fünfundzwanzigsten März neunzehnhundertsiebenundfünfzig.

(Aufzählung der Unterzeichner nicht wiedergegeben)

Anhänge

Anhang I
Liste zu Artikel 38 des Vertrags über die Arbeitsweise der Europäischen Union

– 1 – Nummer des Brüsseler Zolltarifschemas	– 2 – Warenbezeichnung
Kapitel 1	Lebende Tiere
Kapitel 2	Fleisch und genießbarer Schlachtabfall
Kapitel 3	Fische, Krebstiere und Weichtiere
Kapitel 4	Milch und Milcherzeugnisse, Vogeleier; natürlicher Honig
Kapitel 5 05.04	Därme, Blasen und Mägen von anderen Tieren als Fischen, ganz oder geteilt
05.15	Waren tierischen Ursprungs, anderweit weder genannt noch inbegriffen; nicht lebende Tiere des Kapitels 1 oder 3, ungenießbar
Kapitel 6	Lebende Pflanzen und Waren des Blumenhandels
Kapitel 7	Gemüse, Pflanzen, Wurzeln und Knollen, die zu Ernährungszwecken verwendet werden
Kapitel 8	Genießbare Früchte, Schalen von Zitrusfrüchten oder von Melonen
Kapitel 9	Kaffee, Tee und Gewürze, ausgenommen Mate (Position 09.03)
Kapitel 10	Getreide
Kapitel 11	Müllereierzeugnisse, Malz; Stärke; Kleber, Inulin
Kapitel 12	Ölsaaten und ölhaltige Früchte; verschiedene Samen und Früchte; Pflanzen zum Gewerbe- oder Heilgebrauch, Stroh und Futter
Kapitel 13 ex 13.03	Pektin

– 1 – Nummer des Brüsseler Zolltarifschemas	– 2 – Warenbezeichnung
Kapitel 15	
15.01	Schweineschmalz; Geflügelfett, ausgepresst oder ausgeschmolzen
15.02	Talg von Rindern, Schafen oder Ziegen, roh oder ausgeschmolzen, einschließlich Premier Jus
15.03	Schmalzstearin; Oleostearin; Schmalzöl, Oleomargarine und Talgöl, weder emulgiert, vermischt noch anders verarbeitet
15.04	Fette und Öle von Fischen oder Meeressäugetieren, auch raffiniert
15.07	Fette pflanzliche Öle, flüssig oder fest, roh, gereinigt oder raffiniert
15.12	Tierische und pflanzliche Fette und Öle, gehärtet, auch raffiniert, jedoch nicht weiter verarbeitet
15.13	Margarine, Kunstspeisefett und andere genießbare verarbeitete Fette
15.17	Rückstände aus der Verarbeitung von Fettstoffen oder von tierischen oder pflanzlichen Wachsen
Kapitel 16	Zubereitungen von Fleisch, Fischen, Krebstieren und Weichtieren
Kapitel 17	
17.01	Rüben- und Rohrzucker, fest
17.02	Andere Zucker; Sirupe; Kunsthonig, auch mit natürlichem Honig vermischt; Zucker und Melassen, karamellisiert
17.03	Melassen, auch entfärbt
17.05 (*)	Zucker, Sirupe und Melassen, aromatisiert oder gefärbt (einschließlich Vanille- und Vanillinzucker), ausgenommen Fruchtsäfte mit beliebigem Zusatz von Zucker
Kapitel 18	
18.01	Kakaobohnen, auch Bruch, roh oder geröstet
18.02	Kakaoschalen, Kakaohäutchen und anderer Kakaoabfall

(*) Position eingefügt gemäß Artikel 1 der Verordnung Nr. 7a des Rates der Europäischen Wirtschaftsgemeinschaft vom 18.12.1959 (ABl. 7 vom 30.1.1961, S. 71/61).

– 1 – Nummer des Brüsseler Zolltarifschemas	– 2 – Warenbezeichnung
Kapitel 20	Zubereitungen von Gemüse, Küchenkräutern, Früchten und anderen Pflanzen oder Pflanzenteilen
Kapitel 22	
22.04	Traubenmost, teilweise vergoren, auch ohne Alkohol stummgemacht
22.05	Wein aus frischen Weintrauben; mit Alkohol stummgemachter Most aus frischen Weintrauben
22.07	Apfelwein, Birnenwein, Met und andere gegorene Getränke
ex 22.08 (*)	Äthylalkohol und Sprit, vergällt und unvergällt, mit einem beliebigen
ex 22.09 (*)	Äthylalkoholgehalt, hergestellt aus landwirtschaftlichen Erzeugnissen, die in Anhang I aufgeführt sind (ausgenommen Branntwein, Likör und andere alkoholische Getränke, zusammengesetzte alkoholische Zubereitungen – Essenzen – zur Herstellung von Getränken)
22.10 (*)	Speiseessig
Kapitel 23	Rückstände und Abfälle der Lebensmittelindustrie; zubereitetes Futter
Kapitel 24	
24.01	Tabak, unverarbeitet; Tabakabfälle
Kapitel 45	
45.01	Naturkork, unbearbeitet, und Korkabfälle; Korkschrot, Korkmehl
Kapitel 54	
54.01	Flachs, roh, geröstet, geschwungen, gehechelt oder anders bearbeitet, jedoch nicht versponnen; Werg und Abfälle (einschließlich Reißspinnstoff)
Kapitel 57	
57.01	Hanf (*Cannabis sativa*), roh, geröstet, geschwungen, gehechelt oder anders bearbeitet, jedoch nicht versponnen; Werg und Abfälle (einschließlich Reißspinnstoff)

Anhang II
Überseeische Länder und Hoheitsgebiete, auf welche der Vierte Teil des Vertrags über die Arbeitsweise der Europäischen Union Anwendung findet

- Grönland
- Neukaledonien und Nebengebiete
- Französisch-Polynesien
- Französische Süd- und Antarktisgebiete
- Wallis und Futuna
- Mayotte
- St. Pierre und Miquelon
- Aruba
- Niederländische Antillen:
  - Bonaire
  - Curaçao
  - Saba
  - Sint Eustatius
  - Sint Maarten
- Anguilla
- Kaimaninseln
- Falklandinseln
- Südgeorgien und südliche Sandwichinseln
- Montserrat
- Pitcairn
- St. Helena und Nebengebiete
- Britisches Antarktis-Territorium
- Britisches Territorium im Indischen Ozean
- Turks- und Caicosinseln
- Britische Jungferninseln
- Bermuda

[3] Charta der Grundrechte der Europäischen Union

feierlich proklamiert am 7. Dezember 2000 (ABl. C 364/1); ersetzt durch Proklamierung des Europäischen Parlaments, des Rates und der Kommission vom 12. Dezember 2007 (ABl. C 303/1).

Inhaltsübersicht[1]

Präambel

Titel I
Würde des Menschen

Artikel 1 Würde des Menschen
Artikel 2 Recht auf Leben
Artikel 3 Recht auf Unversehrtheit
Artikel 4 Verbot der Folter und unmenschlicher oder erniedrigender Strafe oder Behandlung
Artikel 5 Verbot der Sklaverei und der Zwangsarbeit

Titel II
Freiheiten

Artikel 6 Recht auf Freiheit und Sicherheit
Artikel 7 Achtung des Privat- und Familienlebens
Artikel 8 Schutz personenbezogener Daten
Artikel 9 Recht, eine Ehe einzugehen und eine Familie zu gründen
Artikel 10 Gedanken-, Gewissens- und Religionsfreiheit
Artikel 11 Freiheit der Meinungsäußerung und Informationsfreiheit
Artikel 12 Versammlungs- und Vereinigungsfreiheit
Artikel 13 Freiheit der Kunst und der Wissenschaft
Artikel 14 Recht auf Bildung
Artikel 15 Berufsfreiheit und Recht zu arbeiten
Artikel 16 Unternehmerische Freiheit
Artikel 17 Eigentumsrecht
Artikel 18 Asylrecht
Artikel 19 Schutz bei Abschiebung, Ausweisung und Auslieferung

---

[1] Die Inhaltsübersicht ist nicht amtlich; die Artikelüberschriften sind amtlich.

Titel III
Gleichheit

Artikel 20 Gleichheit vor dem Gesetz
Artikel 21 Nichtdiskriminierung
Artikel 22 Vielfalt der Kulturen, Religionen und Sprachen
Artikel 23 Gleichheit von Frauen und Männern
Artikel 24 Rechte des Kindes
Artikel 25 Rechte älterer Menschen
Artikel 26 Integration von Menschen mit Behinderung

Titel IV
Solidarität

Artikel 27 Recht auf Unterrichtung und Anhörung der Arbeitnehmerinnen und Arbeitnehmer im Unternehmen
Artikel 28 Recht auf Kollektivverhandlungen und Kollektivmaßnahmen
Artikel 29 Recht auf Zugang zu einem Arbeitsvermittlungsdienst
Artikel 30 Schutz bei ungerechtfertigter Entlassung
Artikel 31 Gerechte und angemessene Arbeitsbedingungen
Artikel 32 Verbot der Kinderarbeit und Schutz der Jugendlichen am Arbeitsplatz
Artikel 33 Familien- und Berufsleben
Artikel 34 Soziale Sicherheit und soziale Unterstützung
Artikel 35 Gesundheitsschutz
Artikel 36 Zugang zu Dienstleistungen von allgemeinem wirtschaftlichen Interesse
Artikel 37 Umweltschutz
Artikel 38 Verbraucherschutz

Titel V
Bürgerrechte

Artikel 39 Aktives und passives Wahlrecht bei den Wahlen zum Europäischen Parlament
Artikel 40 Aktives und passives Wahlrecht bei den Kommunalwahlen
Artikel 41 Recht auf eine gute Verwaltung
Artikel 42 Recht auf Zugang zu Dokumenten
Artikel 43 Der Europäische Bürgerbeauftragte
Artikel 44 Petitionsrecht
Artikel 45 Freizügigkeit und Aufenthaltsfreiheit
Artikel 46 Diplomatischer und konsularischer Schutz

**Titel VI
Justizielle Rechte**

Artikel 47 Recht auf einen wirksamen Rechtsbehelf und ein unparteiisches Gericht
Artikel 48 Unschuldsvermutung und Verteidigungsrechte
Artikel 49 Grundsätze der Gesetzmäßigkeit und der Verhältnismäßigkeit im Zusammenhang mit Straftaten und Strafen
Artikel 50 Recht, wegen derselben Straftat nicht zweimal strafrechtlich verfolgt oder bestraft zu werden

**Titel VII
Allgemeine Bestimmungen über die Auslegung und Anwendung der Charta**

Artikel 51 Anwendungsbereich
Artikel 52 Tragweite und Auslegung der Rechte und Grundsätze
Artikel 53 Schutzniveau
Artikel 54 Verbot des Missbrauchs der Rechte

Das Europäische Parlament, der Rat und die Kommission proklamieren feierlich den nachstehenden Text als Charta der Grundrechte der Europäischen Union:
CHARTA DER GRUNDRECHTE DER EUROPÄISCHEN UNION

Präambel
Die Völker Europas sind entschlossen, auf der Grundlage gemeinsamer Werte eine friedliche Zukunft zu teilen, indem sie sich zu einer immer engeren Union verbinden.
¹In dem Bewusstsein ihres geistig-religiösen und sittlichen Erbes gründet sich die Union auf die unteilbaren und universellen Werte der Würde des Menschen, der Freiheit, der Gleichheit und der Solidarität. ²Sie beruht auf den Grundsätzen der Demokratie und der Rechtsstaatlichkeit. ³Sie stellt den Menschen in den Mittelpunkt ihres Handelns, indem sie die Unionsbürgerschaft und einen Raum der Freiheit, der Sicherheit und des Rechts begründet.

Die Union trägt zur Erhaltung und zur Entwicklung dieser gemeinsamen Werte unter Achtung der Vielfalt der Kulturen und Traditionen der Völker Europas sowie der nationalen Identität der Mitgliedstaaten und der Organisation ihrer staatlichen Gewalt auf nationaler, regionaler und lokaler Ebene bei.

Sie ist bestrebt, eine ausgewogene und nachhaltige Entwicklung zu fördern und stellt den freien Personen-, Dienstleistungs-, Waren- und Kapitalverkehr sowie die Niederlassungsfreiheit sicher.

Zu diesem Zweck ist es notwendig, angesichts der Weiterentwicklung der Gesellschaft, des sozialen Fortschritts und der wissenschaftlichen und technologischen Entwicklungen den Schutz der Grundrechte zu stärken, indem sie in einer Charta sichtbarer gemacht werden.

[1]Diese Charta bekräftigt unter Achtung der Zuständigkeiten und Aufgaben der Union und des Subsidiaritätsprinzips die Rechte, die sich vor allem aus den gemeinsamen Verfassungstraditionen und den gemeinsamen internationalen Verpflichtungen der Mitgliedstaaten, aus der Europäischen Konvention zum Schutz der Menschenrechte und Grundfreiheiten, aus den von der Union und dem Europarat beschlossenen Sozialchartas sowie aus der Rechtsprechung des Gerichtshofs der Europäischen Union und des Europäischen Gerichtshofs für Menschenrechte ergeben. [2]In diesem Zusammenhang erfolgt die Auslegung der Charta durch die Gerichte der Union und der Mitgliedstaaten unter gebührender Berücksichtigung der Erläuterungen, die unter der Leitung des Präsidiums des Konvents zur Ausarbeitung der Charta formuliert und unter der Verantwortung des Präsidiums des Europäischen Konvents aktualisiert wurden.

Die Ausübung dieser Rechte ist mit Verantwortung und mit Pflichten sowohl gegenüber den Mitmenschen als auch gegenüber der menschlichen Gemeinschaft und den künftigen Generationen verbunden.

Daher erkennt die Union die nachstehend aufgeführten Rechte, Freiheiten und Grundsätze an.

Titel I
Würde des Menschen

Artikel 1 Würde des Menschen
¹Die Würde des Menschen ist unantastbar. ²Sie ist zu achten und zu schützen.

Artikel 2 Recht auf Leben
(1) Jeder Mensch hat das Recht auf Leben.

(2) Niemand darf zur Todesstrafe verurteilt oder hingerichtet werden.

Artikel 3 Recht auf Unversehrtheit
(1) Jeder Mensch hat das Recht auf körperliche und geistige Unversehrtheit.

(2) Im Rahmen der Medizin und der Biologie muss insbesondere Folgendes beachtet werden:

a) die freie Einwilligung des Betroffenen nach vorheriger Aufklärung entsprechend den gesetzlich festgelegten Einzelheiten,

b) das Verbot eugenischer Praktiken, insbesondere derjenigen, welche die Selektion von Menschen zum Ziel haben,

c) das Verbot, den menschlichen Körper und Teile davon als solche zur Erzielung von Gewinnen zu nutzen,

d) das Verbot des reproduktiven Klonens von Menschen.

Artikel 4 Verbot der Folter und unmenschlicher oder erniedrigender Strafe oder Behandlung
Niemand darf der Folter oder unmenschlicher oder erniedrigender Strafe oder Behandlung unterworfen werden.

Artikel 5 Verbot der Sklaverei und der Zwangsarbeit
(1) Niemand darf in Sklaverei oder Leibeigenschaft gehalten werden.

(2) Niemand darf gezwungen werden, Zwangs- oder Pflichtarbeit zu verrichten.

(3) Menschenhandel ist verboten.

Titel II
Freiheiten

Artikel 6 Recht auf Freiheit und Sicherheit
Jeder Mensch hat das Recht auf Freiheit und Sicherheit.

Artikel 7 Achtung des Privat- und Familienlebens
Jede Person hat das Recht auf Achtung ihres Privat- und Familienlebens, ihrer Wohnung sowie ihrer Kommunikation.

Artikel 8 Schutz personenbezogener Daten
(1) Jede Person hat das Recht auf Schutz der sie betreffenden personenbezogenen Daten.

(2) ¹Diese Daten dürfen nur nach Treu und Glauben für festgelegte Zwecke und mit Einwilligung der betroffenen Person oder auf einer sonstigen gesetzlich geregelten legitimen Grundlage verarbeitet werden. ²Jede Person hat das Recht, Auskunft über die sie betreffenden erhobenen Daten zu erhalten und die Berichtigung der Daten zu erwirken.

(3) Die Einhaltung dieser Vorschriften wird von einer unabhängigen Stelle überwacht.

Artikel 9 Recht, eine Ehe einzugehen und eine Familie zu gründen
Das Recht, eine Ehe einzugehen, und das Recht, eine Familie zu gründen, werden nach den einzelstaatlichen Gesetzen gewährleistet, welche die Ausübung dieser Rechte regeln.

Artikel 10 Gedanken-, Gewissens- und Religionsfreiheit
(1) ¹Jede Person hat das Recht auf Gedanken-, Gewissens- und Religionsfreiheit. ²Dieses Recht umfasst die Freiheit, die Religion oder Weltanschauung zu wechseln, und die Freiheit, seine Religion oder Weltanschauung einzeln oder gemeinsam mit anderen öffentlich oder privat durch Gottesdienst, Unterricht, Bräuche und Riten zu bekennen.

(2) Das Recht auf Wehrdienstverweigerung aus Gewissensgründen wird nach den einzelstaatlichen Gesetzen anerkannt, welche die Ausübung dieses Rechts regeln.

Artikel 11 Freiheit der Meinungsäußerung und Informationsfreiheit

(1) ¹Jede Person hat das Recht auf freie Meinungsäußerung. ²Dieses Recht schließt die Meinungsfreiheit und die Freiheit ein, Informationen und Ideen ohne behördliche Eingriffe und ohne Rücksicht auf Staatsgrenzen zu empfangen und weiterzugeben.

(2) Die Freiheit der Medien und ihre Pluralität werden geachtet.

Artikel 12 Versammlungs- und Vereinigungsfreiheit

(1) Jede Person hat das Recht, sich insbesondere im politischen, gewerkschaftlichen und zivilgesellschaftlichen Bereich auf allen Ebenen frei und friedlich mit anderen zu versammeln und frei mit anderen zusammenzuschließen, was das Recht jeder Person umfasst, zum Schutz ihrer Interessen Gewerkschaften zu gründen und Gewerkschaften beizutreten.

(2) Politische Parteien auf der Ebene der Union tragen dazu bei, den politischen Willen der Unionsbürgerinnen und Unionsbürger zum Ausdruck zu bringen.

Artikel 13 Freiheit der Kunst und der Wissenschaft

¹Kunst und Forschung sind frei. ²Die akademische Freiheit wird geachtet.

Artikel 14 Recht auf Bildung

(1) Jede Person hat das Recht auf Bildung sowie auf Zugang zur beruflichen Ausbildung und Weiterbildung.

(2) Dieses Recht umfasst die Möglichkeit, unentgeltlich am Pflichtschulunterricht teilzunehmen.

(3) Die Freiheit zur Gründung von Lehranstalten unter Achtung der demokratischen Grundsätze sowie das Recht der Eltern, die Erziehung und den Unterricht ihrer Kinder entsprechend ihren eigenen religiösen, weltanschaulichen und erzieherischen Überzeugungen sicherzustellen, werden nach den einzelstaatlichen Gesetzen geachtet, welche ihre Ausübung regeln.

Artikel 15 Berufsfreiheit und Recht zu arbeiten

(1) Jede Person hat das Recht, zu arbeiten und einen frei gewählten oder angenommenen Beruf auszuüben.

(2) Alle Unionsbürgerinnen und Unionsbürger haben die Freiheit, in jedem Mitgliedstaat Arbeit zu suchen, zu arbeiten, sich niederzulassen oder Dienstleistungen zu erbringen.

(3) Die Staatsangehörigen dritter Länder, die im Hoheitsgebiet der Mitgliedstaaten arbeiten dürfen, haben Anspruch auf Arbeitsbedingungen, die denen der Unionsbürgerinnen und Unionsbürger entsprechen.

Artikel 16 Unternehmerische Freiheit

Die unternehmerische Freiheit wird nach dem Unionsrecht und den einzelstaatlichen Rechtsvorschriften und Gepflogenheiten anerkannt.

Artikel 17 Eigentumsrecht

(1) [1]Jede Person hat das Recht, ihr rechtmäßig erworbenes Eigentum zu besitzen, zu nutzen, darüber zu verfügen und es zu vererben. [2]Niemandem darf sein Eigentum entzogen werden, es sei denn aus Gründen des öffentlichen Interesses in den Fällen und unter den Bedingungen, die in einem Gesetz vorgesehen sind, sowie gegen eine rechtzeitige angemessene Entschädigung für den Verlust des Eigentums. [3]Die Nutzung des Eigentums kann gesetzlich geregelt werden, soweit dies für das Wohl der Allgemeinheit erforderlich ist.

(2) Geistiges Eigentum wird geschützt.

Artikel 18 Asylrecht

Das Recht auf Asyl wird nach Maßgabe des Genfer Abkommens vom 28. Juli 1951 und des Protokolls vom 31. Januar 1967 über die Rechtsstellung der Flüchtlinge sowie nach Maßgabe des Vertrags über die Europäische Union und des Vertrags über die Arbeitsweise der Europäischen Union (im Folgenden „die Verträge") gewährleistet.

Artikel 19 Schutz bei Abschiebung, Ausweisung und Auslieferung

(1) Kollektivausweisungen sind nicht zulässig.

(2) Niemand darf in einen Staat abgeschoben oder ausgewiesen oder an einen Staat ausgeliefert werden, in dem für sie oder ihn das ernsthafte Risiko der Todesstrafe, der Folter oder einer anderen unmenschlichen oder erniedrigenden Strafe oder Behandlung besteht.

**Titel III
Gleichheit**

Artikel 20 Gleichheit vor dem Gesetz
Alle Personen sind vor dem Gesetz gleich.

Artikel 21 Nichtdiskriminierung

(1) Diskriminierungen insbesondere wegen des Geschlechts, der Rasse, der Hautfarbe, der ethnischen oder sozialen Herkunft, der genetischen Merkmale, der Sprache, der Religion oder der Weltanschauung, der politischen oder sonstigen Anschauung, der Zugehörigkeit zu einer nationalen Minderheit, des Vermögens, der Geburt, einer Behinderung, des Alters oder der sexuellen Ausrichtung sind verboten.

(2) Unbeschadet besonderer Bestimmungen der Verträge ist in ihrem Anwendungsbereich jede Diskriminierung aus Gründen der Staatsangehörigkeit verboten.

Artikel 22 Vielfalt der Kulturen, Religionen und Sprachen
Die Union achtet die Vielfalt der Kulturen, Religionen und Sprachen.

Artikel 23 Gleichheit von Frauen und Männern
Die Gleichheit von Frauen und Männern ist in allen Bereichen, einschließlich der Beschäftigung, der Arbeit und des Arbeitsentgelts, sicherzustellen.

Der Grundsatz der Gleichheit steht der Beibehaltung oder der Einführung spezifischer Vergünstigungen für das unterrepräsentierte Geschlecht nicht entgegen.

Artikel 24 Rechte des Kindes

(1) ¹Kinder haben Anspruch auf den Schutz und die Fürsorge, die für ihr Wohlergehen notwendig sind. ²Sie können ihre Meinung frei äußern. ³Ihre Meinung wird in den Angelegenheiten, die sie betreffen, in einer ihrem Alter und ihrem Reifegrad entsprechenden Weise berücksichtigt.

(2) Bei allen Kinder betreffenden Maßnahmen öffentlicher Stellen oder privater Einrichtungen muss das Wohl des Kindes eine vorrangige Erwägung sein.

(3) Jedes Kind hat Anspruch auf regelmäßige persönliche Beziehungen und direkte Kontakte zu beiden Elternteilen, es sei denn, dies steht seinem Wohl entgegen.

Artikel 25 Rechte älterer Menschen

Die Union anerkennt und achtet das Recht älterer Menschen auf ein würdiges und unabhängiges Leben und auf Teilnahme am sozialen und kulturellen Leben.

Artikel 26 Integration von Menschen mit Behinderung

Die Union anerkennt und achtet den Anspruch von Menschen mit Behinderung auf Maßnahmen zur Gewährleistung ihrer Eigenständigkeit, ihrer sozialen und beruflichen Eingliederung und ihrer Teilnahme am Leben der Gemeinschaft.

Titel IV
Solidarität

Artikel 27 Recht auf Unterrichtung und Anhörung der Arbeitnehmerinnen und Arbeitnehmer im Unternehmen

Für die Arbeitnehmerinnen und Arbeitnehmer oder ihre Vertreter muss auf den geeigneten Ebenen eine rechtzeitige Unterrichtung und Anhörung in den Fällen und unter den Voraussetzungen gewährleistet sein, die nach dem Unionsrecht und den einzelstaatlichen Rechtsvorschriften und Gepflogenheiten vorgesehen sind.

Artikel 28 Recht auf Kollektivverhandlungen und Kollektivmaßnahmen

Die Arbeitnehmerinnen und Arbeitnehmer sowie die Arbeitgeberinnen und Arbeitgeber oder ihre jeweiligen Organisationen haben nach dem Unionsrecht und den einzelstaatlichen Rechtsvorschriften und Gepflogenheiten das Recht, Tarifverträge auf den geeigneten Ebenen auszuhandeln und zu schließen sowie bei Interessenkonflikten kollektive Maßnahmen zur Verteidigung ihrer Interessen, einschließlich Streiks, zu ergreifen.

Artikel 29 Recht auf Zugang zu einem Arbeitsvermittlungsdienst

Jeder Mensch hat das Recht auf Zugang zu einem unentgeltlichen Arbeitsvermittlungsdienst.

Artikel 30 Schutz bei ungerechtfertigter Entlassung

Jede Arbeitnehmerin und jeder Arbeitnehmer hat nach dem Unionsrecht und den einzelstaatlichen Rechtsvorschriften und Gepflogenheiten Anspruch auf Schutz vor ungerechtfertigter Entlassung.

Artikel 31 Gerechte und angemessene Arbeitsbedingungen

(1) Jede Arbeitnehmerin und jeder Arbeitnehmer hat das Recht auf gesunde, sichere und würdige Arbeitsbedingungen.

(2) Jede Arbeitnehmerin und jeder Arbeitnehmer hat das Recht auf eine Begrenzung der Höchstarbeitszeit, auf tägliche und wöchentliche Ruhezeiten sowie auf bezahlten Jahresurlaub.

Artikel 32 Verbot der Kinderarbeit und Schutz der Jugendlichen am Arbeitsplatz

[1]Kinderarbeit ist verboten. [2]Unbeschadet günstigerer Vorschriften für Jugendliche und abgesehen von begrenzten Ausnahmen darf das Mindestalter für den Eintritt in das Arbeitsleben das Alter, in dem die Schulpflicht endet, nicht unterschreiten.

Zur Arbeit zugelassene Jugendliche müssen ihrem Alter angepasste Arbeitsbedingungen erhalten und vor wirtschaftlicher Ausbeutung und vor jeder Arbeit geschützt werden, die ihre Sicherheit, ihre Gesundheit, ihre körperliche, geistige, sittliche oder soziale Entwicklung beeinträchtigen oder ihre Erziehung gefährden könnte.

Artikel 33 Familien- und Berufsleben

(1) Der rechtliche, wirtschaftliche und soziale Schutz der Familie wird gewährleistet.

(2) Um Familien- und Berufsleben miteinander in Einklang bringen zu können, hat jeder Mensch das Recht auf Schutz vor Entlassung aus einem mit der Mutterschaft zusammenhängenden Grund sowie den Anspruch auf einen bezahlten Mutterschaftsurlaub und auf einen Elternurlaub nach der Geburt oder Adoption eines Kindes.

Artikel 34 Soziale Sicherheit und soziale Unterstützung

(1) Die Union anerkennt und achtet das Recht auf Zugang zu den Leistungen der sozialen Sicherheit und zu den sozialen Diensten, die in Fällen wie Mutterschaft, Krankheit, Arbeitsunfall, Pflegebedürftigkeit oder im Alter sowie bei Verlust des Arbeitsplatzes Schutz gewährleisten, nach Maßgabe des Unionsrechts und der einzelstaatlichen Rechtsvorschriften und Gepflogenheiten.

(2) Jeder Mensch, der in der Union seinen rechtmäßigen Wohnsitz hat und seinen Aufenthalt rechtmäßig wechselt, hat Anspruch auf die Leistungen der sozialen Sicherheit und die sozialen Vergünstigungen nach dem Unionsrecht und den einzelstaatlichen Rechtsvorschriften und Gepflogenheiten.

(3) Um die soziale Ausgrenzung und die Armut zu bekämpfen, anerkennt und achtet die Union das Recht auf eine soziale Unterstützung und eine Unterstützung für die Wohnung, die allen, die nicht über ausreichende Mittel verfügen, ein menschenwürdiges Dasein sicherstellen sollen, nach Maßgabe des Unionsrechts und der einzelstaatlichen Rechtsvorschriften und Gepflogenheiten.

Artikel 35 Gesundheitsschutz

¹Jeder Mensch hat das Recht auf Zugang zur Gesundheitsvorsorge und auf ärztliche Versorgung nach Maßgabe der einzelstaatlichen Rechtsvorschriften und Gepflogenheiten. ²Bei der Festlegung und Durchführung der Politik und Maßnahmen der Union in allen Bereichen wird ein hohes Gesundheitsschutzniveau sichergestellt.

Artikel 36 Zugang zu Dienstleistungen von allgemeinem wirtschaftlichen Interesse

Die Union anerkennt und achtet den Zugang zu Dienstleistungen von allgemeinem wirtschaftlichen Interesse, wie er durch die einzelstaatlichen Rechtsvorschriften und Gepflogenheiten im Einklang mit den Verträgen geregelt ist, um den sozialen und territorialen Zusammenhalt der Union zu fördern.

Artikel 37 Umweltschutz

Ein hohes Umweltschutzniveau und die Verbesserung der Umweltqualität müssen in die Politik der Union einbezogen und nach dem Grundsatz der nachhaltigen Entwicklung sichergestellt werden.

Artikel 38 Verbraucherschutz

Die Politik der Union stellt ein hohes Verbraucherschutzniveau sicher.

Titel V
Bürgerrechte

Artikel 39 Aktives und passives Wahlrecht bei den Wahlen zum Europäischen Parlament

(1) Die Unionsbürgerinnen und Unionsbürger besitzen in dem Mitgliedstaat, in dem sie ihren Wohnsitz haben, das aktive und passive Wahlrecht bei den Wahlen zum Europäischen Parlament unter denselben Bedingungen wie die Angehörigen des betreffenden Mitgliedstaats.

(2) Die Mitglieder des Europäischen Parlaments werden in allgemeiner, unmittelbarer, freier und geheimer Wahl gewählt.

Artikel 40 Aktives und passives Wahlrecht bei den Kommunalwahlen

Die Unionsbürgerinnen und Unionsbürger besitzen in dem Mitgliedstaat, in dem sie ihren Wohnsitz haben, das aktive und passive Wahlrecht bei Kommunalwahlen unter denselben Bedingungen wie die Angehörigen des betreffenden Mitgliedstaats.

Artikel 41 Recht auf eine gute Verwaltung

(1) Jede Person hat ein Recht darauf, dass ihre Angelegenheiten von den Organen, Einrichtungen und sonstigen Stellen der Union unparteiisch, gerecht und innerhalb einer angemessenen Frist behandelt werden.

(2) Dieses Recht umfasst insbesondere

a) das Recht jeder Person, gehört zu werden, bevor ihr gegenüber eine für sie nachteilige individuelle Maßnahme getroffen wird,

b) das Recht jeder Person auf Zugang zu den sie betreffenden Akten unter Wahrung des berechtigten Interesses der Vertraulichkeit sowie des Berufs- und Geschäftsgeheimnisses,

c) die Verpflichtung der Verwaltung, ihre Entscheidungen zu begründen.

(3) Jede Person hat Anspruch darauf, dass die Union den durch ihre Organe oder Bediensteten in Ausübung ihrer Amtstätigkeit verursachten Schaden nach den allgemeinen Rechtsgrundsätzen ersetzt, die den Rechtsordnungen der Mitgliedstaaten gemeinsam sind.

(4) Jede Person kann sich in einer der Sprachen der Verträge an die Organe der Union wenden und muss eine Antwort in derselben Sprache erhalten.

Artikel 42 Recht auf Zugang zu Dokumenten

Die Unionsbürgerinnen und Unionsbürger sowie jede natürliche oder juristische Person mit Wohnsitz oder satzungsmäßigem Sitz in einem Mitgliedstaat haben das Recht auf Zugang zu den Dokumenten der Organe, Einrichtungen und sonstigen Stellen der Union, unabhängig von der Form der für diese Dokumente verwendeten Träger.

Artikel 43 Der Europäische Bürgerbeauftragte

Die Unionsbürgerinnen und Unionsbürger sowie jede natürliche oder juristische Person mit Wohnsitz oder satzungsmäßigem Sitz in einem Mitgliedstaat haben das Recht, den Europäischen Bürgerbeauftragten im Falle von Missständen bei der Tätigkeit der Organe, Einrichtungen und sonstigen Stellen der Union, mit Ausnahme des Gerichtshofs der Europäischen Union in Ausübung seiner Rechtsprechungsbefugnisse, zu befassen.

Artikel 44 Petitionsrecht

Die Unionsbürgerinnen und Unionsbürger sowie jede natürliche oder juristische Person mit Wohnsitz oder satzungsmäßigem Sitz in einem Mitgliedstaat haben das Recht, eine Petition an das Europäische Parlament zu richten.

Artikel 45 Freizügigkeit und Aufenthaltsfreiheit

(1) Die Unionsbürgerinnen und Unionsbürger haben das Recht, sich im Hoheitsgebiet der Mitgliedstaaten frei zu bewegen und aufzuhalten.

(2) Staatsangehörigen von Drittländern, die sich rechtmäßig im Hoheitsgebiet eines Mitgliedstaats aufhalten, kann nach Maßgabe der Verträge Freizügigkeit und Aufenthaltsfreiheit gewährt werden.

Artikel 46 Diplomatischer und konsularischer Schutz

Die Unionsbürgerinnen und Unionsbürger genießen im Hoheitsgebiet eines Drittlands, in dem der Mitgliedstaat, dessen Staatsangehörigkeit sie besitzen, nicht vertreten ist, den Schutz durch die diplomatischen und konsularischen Behörden eines jeden Mitgliedstaats unter denselben Bedingungen wie Staatsangehörige dieses Staates.

Titel VI
Justizielle Rechte

Artikel 47 Recht auf einen wirksamen Rechtsbehelf und ein unparteiisches Gericht

Jede Person, deren durch das Recht der Union garantierte Rechte oder Freiheiten verletzt worden sind, hat das Recht, nach Maßgabe der in diesem Artikel vorgesehenen Bedingungen bei einem Gericht einen wirksamen Rechtsbehelf einzulegen.

[1]Jede Person hat ein Recht darauf, dass ihre Sache von einem unabhängigen, unparteiischen und zuvor durch Gesetz errichteten Gericht in einem fairen Verfahren, öffentlich und innerhalb angemessener Frist verhandelt wird. [2]Jede Person kann sich beraten, verteidigen und vertreten lassen.

Personen, die nicht über ausreichende Mittel verfügen, wird Prozesskostenhilfe bewilligt, soweit diese Hilfe erforderlich ist, um den Zugang zu den Gerichten wirksam zu gewährleisten.

Artikel 48 Unschuldsvermutung und Verteidigungsrechte

(1) Jeder Angeklagte gilt bis zum rechtsförmlich erbrachten Beweis seiner Schuld als unschuldig.

(2) Jedem Angeklagten wird die Achtung der Verteidigungsrechte gewährleistet.

Artikel 49 Grundsätze der Gesetzmäßigkeit und der Verhältnismäßigkeit im Zusammenhang mit Straftaten und Strafen

(1) [1]Niemand darf wegen einer Handlung oder Unterlassung verurteilt werden, die zur Zeit ihrer Begehung nach innerstaatlichem oder internationalem Recht nicht strafbar war. [2]Es darf auch keine schwerere Strafe als die zur Zeit der Begehung angedrohte Strafe verhängt werden. [3]Wird nach Begehung einer Straftat durch Gesetz eine mildere Strafe eingeführt, so ist diese zu verhängen.

(2) Dieser Artikel schließt nicht aus, dass eine Person wegen einer Handlung oder Unterlassung verurteilt oder bestraft wird, die zur Zeit ihrer Begehung nach den allgemeinen, von der Gesamtheit der Nationen anerkannten Grundsätzen strafbar war.

(3) Das Strafmaß darf zur Straftat nicht unverhältnismäßig sein.

Artikel 50 Recht, wegen derselben Straftat nicht zweimal strafrechtlich verfolgt oder bestraft zu werden

Niemand darf wegen einer Straftat, derentwegen er bereits in der Union nach dem Gesetz rechtskräftig verurteilt oder freigesprochen worden ist, in einem Strafverfahren erneut verfolgt oder bestraft werden.

Titel VII
Allgemeine Bestimmungen über die Auslegung und Anwendung der Charta

Artikel 51 Anwendungsbereich

(1) ¹Diese Charta gilt für die Organe, Einrichtungen und sonstigen Stellen der Union unter Wahrung des Subsidiaritätsprinzips und für die Mitgliedstaaten ausschließlich bei der Durchführung des Rechts der Union. ²Dementsprechend achten sie die Rechte, halten sie sich an die Grundsätze und fördern sie deren Anwendung entsprechend ihren jeweiligen Zuständigkeiten und unter Achtung der Grenzen der Zuständigkeiten, die der Union in den Verträgen übertragen werden.

(2) Diese Charta dehnt den Geltungsbereich des Unionsrechts nicht über die Zuständigkeiten der Union hinaus aus und begründet weder neue Zuständigkeiten noch neue Aufgaben für die Union, noch ändert sie die in den Verträgen festgelegten Zuständigkeiten und Aufgaben.

Artikel 52 Tragweite und Auslegung der Rechte und Grundsätze

(1) ¹Jede Einschränkung der Ausübung der in dieser Charta anerkannten Rechte und Freiheiten muss gesetzlich vorgesehen sein und den Wesensgehalt dieser Rechte und Freiheiten achten. ²Unter Wahrung des Grundsatzes der Verhältnismäßigkeit dürfen Einschränkungen nur vorgenommen werden, wenn sie erforderlich sind und den von der Union anerkannten dem Gemeinwohl

dienenden Zielsetzungen oder den Erfordernissen des Schutzes der Rechte und Freiheiten anderer tatsächlich entsprechen.

(2) Die Ausübung der durch diese Charta anerkannten Rechte, die in den Verträgen geregelt sind, erfolgt im Rahmen der in den Verträgen festgelegten Bedingungen und Grenzen.

(3) ¹Soweit diese Charta Rechte enthält, die den durch die Europäische Konvention zum Schutz der Menschenrechte und Grundfreiheiten garantierten Rechten entsprechen, haben sie die gleiche Bedeutung und Tragweite, wie sie ihnen in der genannten Konvention verliehen wird. ²Diese Bestimmung steht dem nicht entgegen, dass das Recht der Union einen weiter gehenden Schutz gewährt.

(4) Soweit in dieser Charta Grundrechte anerkannt werden, wie sie sich aus den gemeinsamen Verfassungsüberlieferungen der Mitgliedstaaten ergeben, werden sie im Einklang mit diesen Überlieferungen ausgelegt.

(5) ¹Die Bestimmungen dieser Charta, in denen Grundsätze festgelegt sind, können durch Akte der Gesetzgebung und der Ausführung der Organe, Einrichtungen und sonstigen Stellen der Union sowie durch Akte der Mitgliedstaaten zur Durchführung des Rechts der Union in Ausübung ihrer jeweiligen Zuständigkeiten umgesetzt werden. ²Sie können vor Gericht nur bei der Auslegung dieser Akte und bei Entscheidungen über deren Rechtmäßigkeit herangezogen werden.

(6) Den einzelstaatlichen Rechtsvorschriften und Gepflogenheiten ist, wie es in dieser Charta bestimmt ist, in vollem Umfang Rechnung zu tragen.

(7) Die Erläuterungen, die als Anleitung für die Auslegung dieser Charta verfasst wurden, sind von den Gerichten der Union und der Mitgliedstaaten gebührend zu berücksichtigen.

Artikel 53 Schutzniveau

Keine Bestimmung dieser Charta ist als eine Einschränkung oder Verletzung der Menschenrechte und Grundfreiheiten auszulegen, die in dem jeweiligen Anwendungsbereich durch das Recht der Union und das Völkerrecht sowie durch die internationalen Übereinkünfte, bei denen die Union oder alle Mitgliedstaaten Vertragsparteien sind, darunter insbesondere die

Europäische Konvention zum Schutz der Menschenrechte und Grundfreiheiten, sowie durch die Verfassungen der Mitgliedstaaten anerkannt werden.

Artikel 54 Verbot des Missbrauchs der Rechte

Keine Bestimmung dieser Charta ist so auszulegen, als begründe sie das Recht, eine Tätigkeit auszuüben oder eine Handlung vorzunehmen, die darauf abzielt, die in der Charta anerkannten Rechte und Freiheiten abzuschaffen oder sie stärker einzuschränken, als dies in der Charta vorgesehen ist.

Der vorstehende Wortlaut übernimmt mit Anpassungen die am 7. Dezember 2000 proklamierte Charta und ersetzt sie ab dem Zeitpunkt des Inkrafttretens des Vertrags von Lissabon.

[4] Erläuterungen zur Charta der Grundrechte

vom 14. Dezember 2007 (ABl. C 303/17).

Die nachstehenden Erläuterungen[*] wurden ursprünglich unter der Verantwortung des Präsidiums des Konvents, der die Charta der Grundrechte der Europäischen Union ausgearbeitet hat, formuliert. Sie wurden unter der Verantwortung des Präsidiums des Europäischen Konvents aufgrund der von diesem Konvent vorgenommenen Anpassungen des Wortlauts der Charta (insbesondere der Artikel 51 und 52) und der Fortentwicklung des Unionsrechts aktualisiert. Diese Erläuterungen haben als solche keinen rechtlichen Status, stellen jedoch eine nützliche Interpretationshilfe dar, die dazu dient, die Bestimmungen der Charta zu verdeutlichen.

Titel I – Würde des Menschen

Erläuterung zu **Artikel 1** – Würde des Menschen

Die Würde des Menschen ist nicht nur ein Grundrecht an sich, sondern bildet das eigentliche Fundament der Grundrechte. Die Allgemeine Erklärung der Menschenrechte von 1948 verankert die Menschenwürde in ihrer Präambel: „… da die Anerkennung der allen Mitgliedern der menschlichen Familie innewohnenden Würde und ihrer gleichen und unveräußerlichen Rechte die Grundlage der Freiheit, der Gerechtigkeit und des Friedens in der Welt bildet." In seinem Urteil vom 9. Oktober 2001 in der Rechtssache C-377/98, Niederlande gegen Europäisches Parlament und Rat, Slg. 2001, I-7079, Randnrn. 70–77 bestätigte der Gerichtshof, dass das Grundrecht auf Menschenwürde Teil des Unionsrechts ist.

Daraus ergibt sich insbesondere, dass keines der in dieser Charta festgelegten Rechte dazu verwendet werden darf, die

---

[*] **Amtl. Hinweis:** Anmerkung des Herausgebers: Die Verweise auf die Artikelnummerierung der Verträge wurden auf den neuesten Stand gebracht und einige Fehler wurden berichtigt.

Würde eines anderen Menschen zu verletzen, und dass die Würde des Menschen zum Wesensgehalt der in dieser Charta festgelegten Rechte gehört. Sie darf daher auch bei Einschränkungen eines Rechtes nicht angetastet werden.

Erläuterung zu **Artikel 2** – Recht auf Leben

1. Absatz 1 dieses Artikels basiert auf Artikel 2 Absatz 1 Satz 1 der Europäischen Menschenrechtskonvention (EMRK), der wie folgt lautet:

„1. Das Recht jedes Menschen auf Leben wird gesetzlich geschützt …".

2. Satz 2 der genannten Vorschrift, der die Todesstrafe zum Gegenstand hatte, ist durch das Inkrafttreten des Protokolls Nr. 6 zur EMRK hinfällig geworden, dessen Artikel 1 wie folgt lautet:

„Die Todesstrafe ist abgeschafft. Niemand darf zu dieser Strafe verurteilt oder hingerichtet werden."

Auf dieser Vorschrift beruht Artikel 2 Absatz 2 der Charta.

3. Die Bestimmungen des Artikels 2 der Charta entsprechen den Bestimmungen der genannten Artikel der EMRK und des Zusatzprotokolls. Sie haben nach Artikel 52 Absatz 3 der Charta die gleiche Bedeutung und Tragweite. So müssen die in der EMRK enthaltenen „Negativdefinitionen" auch als Teil der Charta betrachtet werden:

a) a) Artikel 2 Absatz 2 EMRK:

„Eine Tötung wird nicht als Verletzung dieses Artikels betrachtet, wenn sie durch eine Gewaltanwendung verursacht wird, die unbedingt erforderlich ist, um

a) jemanden gegen rechtswidrige Gewalt zu verteidigen;

b) jemanden rechtmäßig festzunehmen oder jemanden, dem die Freiheit rechtmäßig entzogen ist, an der Flucht zu hindern;

c) einen Aufruhr oder Aufstand rechtmäßig niederzuschlagen".

b) b) Artikel 2 des Protokolls Nr. 6 zur EMRK:

„Ein Staat kann in seinem Recht die Todesstrafe für Taten vorsehen, die in Kriegszeiten oder bei unmittelbarer Kriegsgefahr begangen werden; diese Strafe darf nur in den Fällen, die im Recht vorgesehen sind, und in Übereinstimmung mit dessen Bestimmungen angewendet werden …".

Erläuterung zu **Artikel 3** – Recht auf Unversehrtheit

1. In seinem Urteil vom 9. Oktober 2001 in der Rechtssache C-377/98, Niederlande gegen Europäisches Parlament und Rat, Slg. 2001, I-7079, Randnrn. 70, 78, 79 und 80, bestätigte der Gerichtshof, dass das Grundrecht auf Unversehrtheit Teil des Unionsrechts ist und im Bereich der Medizin und der Biologie die freie Einwilligung des Spenders und des Empfängers nach vorheriger Aufklärung umfasst.

2. Die Grundsätze des Artikels 3 der Charta sind bereits in dem im Rahmen des Europarates angenommenen Übereinkommen über Menschenrechte und Biomedizin (STE 164 und Zusatzprotokoll STE 168) enthalten. Die Charta will von diesen Bestimmungen nicht abweichen und verbietet daher lediglich das reproduktive Klonen. Die anderen Formen des Klonens werden von der Charta weder gestattet noch verboten. Sie hindert den Gesetzgeber also keineswegs daran, auch die anderen Formen des Klonens zu verbieten.

3. Durch den Hinweis auf eugenische Praktiken, insbesondere diejenigen, welche die Selektion von Menschen zum Ziel haben, soll die Möglichkeit erfasst werden, dass Selektionsprogramme organisiert und durchgeführt werden, die beispielsweise Sterilisierungskampagnen, erzwungene Schwangerschaften, die Pflicht, den Ehepartner in der gleichen Volksgruppe zu wählen, usw. umfassen; derartige Handlungen werden in dem am 17. Juli 1998 in Rom verabschiedeten Statut des Internationalen Strafgerichtshofs (siehe Artikel 7 Absatz 1 Buchstabe g) als internationale Verbrechen betrachtet.

Erläuterung zu **Artikel 4** – Verbot der Folter und unmenschlicher oder erniedrigender Strafe oder Behandlung

Das Recht nach Artikel 4 entspricht dem Recht, das durch den gleich lautenden Artikel 3 EMRK garantiert ist: „Niemand darf der Folter oder unmenschlicher oder erniedrigender Strafe oder Behandlung unterworfen werden." Nach Artikel 52 Absatz 3 der Charta hat Artikel 4 also die gleiche Bedeutung und Tragweite wie Artikel 3 EMRK.

Erläuterung zu Artikel 5 – Verbot der Sklaverei und der Zwangsarbeit

1. Das Recht nach Artikel 5 Absätze 1 und 2 entspricht dem gleich lautenden Artikel 4 Absätze 1 und 2 EMRK. Nach Artikel 52 Absatz 3 der Charta hat dieses Recht also die gleiche Bedeutung und Tragweite wie Artikel 4 EMRK. Daraus folgt:

– Eine legitime Einschränkung des Rechts nach Absatz 1 kann es nicht geben.

– In Absatz 2 müssen in Bezug auf die Begriffe „Zwangs- oder Pflichtarbeit" die „negativen" Definitionen nach Artikel 4 Absatz 3 EMRK berücksichtigt werden:

„Nicht als Zwangs- oder Pflichtarbeit im Sinne dieses Artikels gilt

a) eine Arbeit, die üblicherweise von einer Person verlangt wird, der unter den Voraussetzungen des Artikels 5 die Freiheit entzogen oder die bedingt entlassen worden ist;

b) eine Dienstleistung militärischer Art oder eine Dienstleistung, die an die Stelle des im Rahmen der Wehrpflicht zu leistenden Dienstes tritt, in Ländern, wo die Dienstverweigerung aus Gewissensgründen anerkannt ist;

c) eine Dienstleistung, die verlangt wird, wenn Notstände oder Katastrophen das Leben oder das Wohl der Gemeinschaft bedrohen;

d) eine Arbeit oder Dienstleistung, die zu den üblichen Bürgerpflichten gehört."

2. Absatz 3 ergibt sich unmittelbar aus der Menschenwürde und trägt neueren Entwicklungen auf dem Gebiet der organisierten Kriminalität wie der Schleuserkriminalität oder der organisierten sexuellen Ausbeutung Rechnung. Das Europol-Übereinkommen enthält im Anhang folgende Definition, die den Menschenhandel zum Zwecke der sexuellen Ausbeutung betrifft: „Menschenhandel: tatsächliche und rechtswidrige Unterwerfung einer Person unter den Willen anderer Personen mittels Gewalt, Drohung oder Täuschung oder unter Ausnutzung eines Abhängigkeitsverhältnisses insbesondere mit folgendem Ziel: Ausbeutung der Prostitution, Ausbeutung von Minderjährigen, sexuelle Gewalt gegenüber Minderjährigen oder Handel im Zusammenhang mit Kindesaussetzung." Kapitel VI des Schengener Durchführungs-

übereinkommens, das in den Besitzstand der Union integriert worden ist und an dem sich das Vereinigte Königreich und Irland beteiligen, enthält in Artikel 27 Absatz 1 folgende auf die Schleuseraktivitäten zielende Bestimmung: „Die Vertragsparteien verpflichten sich, angemessene Sanktionen gegen jede Person vorzusehen, die zu Erwerbszwecken einem Drittausländer hilft oder zu helfen versucht, in das Hoheitsgebiet einer der Vertragsparteien unter Verletzung ihrer Rechtsvorschriften in Bezug auf die Einreise und den Aufenthalt von Drittausländern einzureisen oder sich dort aufzuhalten." Am 19. Juli 2002 nahm der Rat einen Rahmenbeschluss zur Bekämpfung des Menschenhandels (ABl. L 203 vom 1.8.2002, S. 1) an; in Artikel 1 dieses Rahmenbeschlusses sind die Handlungen im Zusammenhang mit dem Menschenhandel zum Zwecke der Ausbeutung von Arbeitskräften oder der sexuellen Ausbeutung näher bestimmt, die die Mitgliedstaaten aufgrund des genannten Rahmenbeschlusses unter Strafe stellen müssen.

Titel II – Freiheiten

Erläuterung zu **Artikel 6** – Recht auf Freiheit und Sicherheit

Die Rechte nach Artikel 6 entsprechen den Rechten, die durch Artikel 5 EMRK garantiert sind, denen sie nach Artikel 52 Absatz 3 der Charta an Bedeutung und Tragweite gleichkommen. Die Einschränkungen, die legitim an diesen Rechten vorgenommen werden können, dürfen daher nicht über die Einschränkungen hinausgehen, die im Rahmen des wie folgt lautenden Artikels 5 EMRK zulässig sind:

„1. Jeder Mensch hat das Recht auf Freiheit und Sicherheit. Die Freiheit darf nur in den folgenden Fällen und nur auf die gesetzlich vorgeschriebene Weise entzogen werden:

a) rechtmäßige Freiheitsentziehung nach Verurteilung durch ein zuständiges Gericht;

b) rechtmäßige Festnahme oder Freiheitsentziehung wegen Nichtbefolgung einer rechtmäßigen gerichtlichen Anordnung oder zur Erzwingung der Erfüllung einer gesetzlichen Verpflichtung;

c) rechtmäßige Festnahme oder Freiheitsentziehung zur Vorführung vor die zuständige Gerichtsbehörde, wenn hinreichender Verdacht besteht, dass die betreffende Person eine Straftat begangen hat, oder wenn begründeter Anlass zu der Annahme besteht, dass es notwendig ist, sie an der Begehung einer Straftat oder an der Flucht nach Begehung einer solchen zu hindern;

d) rechtmäßige Freiheitsentziehung bei Minderjährigen zum Zweck überwachter Erziehung oder zur Vorführung vor die zuständige Behörde;

e) rechtmäßige Freiheitsentziehung mit dem Ziel, eine Verbreitung ansteckender Krankheiten zu verhindern, sowie bei psychisch Kranken, Alkohol- oder Rauschgiftsüchtigen und Landstreichern;

f) rechtmäßige Festnahme oder Freiheitsentziehung zur Verhinderung der unerlaubten Einreise sowie bei Personen, gegen die ein Ausweisungs- oder Auslieferungsverfahren im Gange ist.

2. Jeder festgenommenen Person muss unverzüglich in einer ihr verständlichen Sprache mitgeteilt werden, welches die Gründe für ihre Festnahme sind und welche Beschuldigungen gegen sie erhoben werden.

3. Jede Person, die nach Absatz 1 Buchstabe c von Festnahme oder Freiheitsentziehung betroffen ist, muss unverzüglich einem Richter oder einer anderen gesetzlich zur Wahrnehmung richterlicher Aufgaben ermächtigten Person vorgeführt werden; sie hat Anspruch auf ein Urteil innerhalb angemessener Frist oder auf Entlassung während des Verfahrens. Die Entlassung kann von der Leistung einer Sicherheit für das Erscheinen vor Gericht abhängig gemacht werden.

4. Jede Person, die festgenommen oder der die Freiheit entzogen ist, hat das Recht, zu beantragen, dass ein Gericht innerhalb kurzer Frist über die Rechtmäßigkeit der Freiheitsentziehung entscheidet und ihre Entlassung anordnet, wenn die Freiheitsentziehung nicht rechtmäßig ist.

5. Jede Person, die unter Verletzung dieses Artikels von Festnahme oder Freiheitsentziehung betroffen ist, hat Anspruch auf Schadensersatz."

Die Rechte nach Artikel 6 müssen insbesondere dann geachtet werden, wenn das Europäische Parlament und der Rat Gesetzgebungsakte im Bereich der justiziellen Zusammenarbeit in Strafsachen auf der Grundlage der Artikel 82, 83 und 85 des Vertrags über die Arbeitsweise der Europäischen Union, insbesondere zur Festlegung gemeinsamer Mindestvorschriften über die Tatbestandsmerkmale strafbarer Handlungen und die Strafen sowie über bestimmte Aspekte des Verfahrensrechts erlassen.

Erläuterung zu Artikel 7 – Achtung des Privat- und Familienlebens

Die Rechte nach Artikel 7 entsprechen den Rechten, die durch Artikel 8 EMRK garantiert sind. Um der technischen Entwicklung Rechnung zu tragen, wurde der Begriff „Korrespondenz" durch „Kommunikation" ersetzt.

Nach Artikel 52 Absatz 3 haben diese Rechte die gleiche Bedeutung und Tragweite wie die Rechte aus dem entsprechenden Artikel der EMRK. Ihre möglichen legitimen Einschränkungen sind daher diejenigen, die der genannte Artikel 8 gestattet:

„1. Jede Person hat das Recht auf Achtung ihres Privat- und Familienlebens, ihrer Wohnung und ihrer Korrespondenz.

2. Eine Behörde darf in die Ausübung dieses Rechts nur eingreifen, soweit der Eingriff gesetzlich vorgesehen und in einer demokratischen Gesellschaft notwendig ist für die nationale oder öffentliche Sicherheit, für das wirtschaftliche Wohl des Landes, zur Aufrechterhaltung der Ordnung, zur Verhütung von Straftaten, zum Schutz der Gesundheit oder der Moral oder zum Schutz der Rechte und Freiheiten anderer."

Erläuterung zu Artikel 8 – Schutz personenbezogener Daten

Dieser Artikel stützte sich auf Artikel 286 des Vertrags zur Gründung der Europäischen Gemeinschaft und auf die Richtlinie 95/46/EG des Europäischen Parlaments und des Rates zum Schutz natürlicher Personen bei der Verarbeitung personenbezogener Daten und zum freien Datenverkehr (ABl. L 281 vom 23.11.1995, S. 31) sowie auf Artikel 8 EMRK und das Übereinkommen des Europarates vom 28. Januar 1981 zum Schutz des Menschen bei der automatischen Verarbeitung personenbezogener Daten, das von allen Mitgliedstaaten ratifiziert wurde. Artikel 286 EGV wird nunmehr durch Artikel 16 des Vertrags über die Arbeitsweise der Europäischen Union und Artikel 39 des Vertrags über die Europäische Union ersetzt. Es wird ferner auf die Verordnung (EG) Nr. 45/2001 des Europäischen Parlaments und des Rates zum Schutz natürlicher Personen bei der Verarbeitung personenbezogener Daten durch die Organe und Einrichtungen der Gemeinschaft und zum freien Datenverkehr (ABl. L 8 vom 12.1.2001, S. 1) verwiesen. Die genannte Richtlinie und Verordnung enthalten Bedingungen und Beschränkungen für die Wahrnehmung des Rechts auf den Schutz personenbezogener Daten.

Erläuterung zu Artikel 9 – Recht, eine Ehe einzugehen und eine Familie zu gründen

Dieser Artikel stützt sich auf Artikel 12 EMRK, der wie folgt lautet: „Männer und Frauen im heiratsfähigen Alter haben das Recht, nach den innerstaatlichen Gesetzen, welche die Ausübung dieses Rechts regeln, eine Ehe einzugehen und eine Familie zu gründen." Die Formulierung dieses Rechts wurde zeitgemäßer gestaltet, um Fälle zu erfassen, in denen nach den einzelstaatlichen Rechtsvorschriften andere Formen als die Heirat zur Gründung einer Familie anerkannt werden. Durch diesen Artikel wird es weder untersagt noch vorgeschrieben, Verbindungen von Menschen gleichen Geschlechts den Status der Ehe zu verleihen. Dieses Recht ist also dem von der EMRK vorgesehenen Recht ähnlich, es kann jedoch eine größere Tragweite haben, wenn die einzelstaatlichen Rechtsvorschriften dies vorsehen.

Erläuterung zu Artikel 10 – Gedanken-, Gewissens- und Religionsfreiheit

Das in Absatz 1 garantierte Recht entspricht dem Recht, das durch Artikel 9 EMRK garantiert ist, und hat nach Artikel 52 Absatz 3 der Charta die gleiche Bedeutung und die gleiche Tragweite wie dieses. Bei Einschränkungen muss daher Artikel 9 Absatz 2 EMRK gewahrt werden, der wie folgt lautet: „Die Freiheit, seine Religion oder Weltanschauung zu bekennen, darf nur Einschränkungen unterworfen werden, die gesetzlich vorgesehen und in einer demokratischen Gesellschaft notwendig sind für die öffentliche Sicherheit, zum Schutz der öffentlichen Ordnung, Gesundheit oder Moral oder zum Schutz der Rechte und Freiheiten anderer."

Das in Absatz 2 garantierte Recht entspricht den einzelstaatlichen Verfassungstraditionen und der Entwicklung der einzelstaatlichen Gesetzgebungen in diesem Punkt.

Erläuterung zu **Artikel 11** – Freiheit der Meinungsäußerung und Informationsfreiheit

1. Artikel 11 entspricht Artikel 10 EMRK, der wie folgt lautet:
„1. Jede Person hat das Recht auf freie Meinungsäußerung. Dieses Recht schließt die Meinungsfreiheit und die Freiheit ein, Informationen und Ideen ohne behördliche Eingriffe und ohne Rücksicht auf Staatsgrenzen zu empfangen und weiterzugeben. Dieser Artikel hindert die Staaten nicht, für Hörfunk-, Fernseh- oder Kinounternehmen eine Genehmigung vorzuschreiben.

2. Die Ausübung dieser Freiheiten ist mit Pflichten und Verantwortung verbunden; sie kann daher Formvorschriften, Bedingungen, Einschränkungen oder Strafdrohungen unterworfen werden, die gesetzlich vorgesehen und in einer demokratischen Gesellschaft notwendig sind für die nationale Sicherheit, die territoriale Unversehrtheit oder die öffentliche Sicherheit, zur Aufrechterhaltung der Ordnung oder zur Verhütung von Straftaten, zum Schutz der Gesundheit oder der Moral, zum Schutz des guten Rufes oder der Rechte anderer, zur Verhinderung der Verbreitung vertraulicher Informationen oder zur Wahrung der Autorität und der Unparteilichkeit der Rechtsprechung."

Nach Artikel 52 Absatz 3 der Charta hat dieses Recht die gleiche Bedeutung und Tragweite wie das durch die EMRK garantierte Recht. Die möglichen Einschränkungen dieses Rechts dürfen also nicht über die in Artikel 10 Absatz 2 vorgesehenen Einschränkungen hinausgehen, allerdings unbeschadet der Beschränkungen, die die Möglichkeit der Mitgliedstaaten, Genehmigungsregelungen nach Artikel 10 Absatz 1 Satz 3 der EMRK einzuführen, durch das Wettbewerbsrecht der Union erfahren kann.

2. Absatz 2 dieses Artikels erläutert die Auswirkungen von Absatz 1 hinsichtlich der Freiheit der Medien. Er stützt sich insbesondere auf die Rechtsprechung des Gerichtshofs bezüglich

des Fernsehens, insbesondere in der Rechtssache C-288/89 (Urteil vom 25. Juli 1991, Stichting Collectieve Antennevoorziening Gouda u. a.; Slg. 1991, I-4007), und auf das Protokoll über den öffentlich-rechtlichen Rundfunk in den Mitgliedstaaten, das dem EGV und nunmehr den Verträgen beigefügt ist, sowie auf die Richtlinie 89/552/EWG des Rates (siehe insbesondere Erwägungsgrund 17).

Erläuterung zu Artikel 12 – Versammlungs- und Vereinigungsfreiheit

1. Absatz 1 dieses Artikels entspricht Artikel 11 EMRK, der wie folgt lautet:

„1. Jede Person hat das Recht, sich frei und friedlich mit anderen zu versammeln und sich frei mit anderen zusammenzuschließen; dazu gehört auch das Recht, zum Schutz seiner Interessen Gewerkschaften zu gründen und Gewerkschaften beizutreten.

2. Die Ausübung dieser Rechte darf nur Einschränkungen unterworfen werden, die gesetzlich vorgesehen und in einer demokratischen Gesellschaft notwendig sind für die nationale oder öffentliche Sicherheit, zur Aufrechterhaltung der Ordnung oder zur Verhütung von Straftaten, zum Schutz der Gesundheit oder der Moral oder zum Schutz der Rechte und Freiheiten anderer. Dieser Artikel steht rechtmäßigen Einschränkungen der Ausübung dieser Rechte für Angehörige der Streitkräfte, der Polizei oder der Staatsverwaltung nicht entgegen."

Die Bestimmungen des Absatzes 1 dieses Artikels 12 haben die gleiche Bedeutung wie die Bestimmungen der EMRK; sie haben jedoch eine größere Tragweite, weil sie auf alle Ebenen, auch auf die europäische Ebene, Anwendung finden können. Nach Artikel 52 Absatz 3 der Charta dürfen die Einschränkungen dieses Rechts nicht über die Einschränkungen hinausgehen, die als mögliche rechtmäßige Einschränkungen im Sinne von Artikel 11 Absatz 2 EMRK gelten.

2. Dieses Recht stützt sich auch auf Artikel 11 der Gemeinschaftscharta der sozialen Grundrechte der Arbeitnehmer.

3. Absatz 2 dieses Artikels entspricht Artikel 10 Absatz 4 des Vertrags über die Europäische Union.

Erläuterung zu **Artikel 13** – Freiheit der Kunst und der Wissenschaft

Dieses Recht leitet sich in erster Linie aus der Gedankenfreiheit und der Freiheit der Meinungsäußerung ab. Seine Ausübung erfolgt unter Wahrung von Artikel 1, und es kann den durch Artikel 10 EMRK gestatteten Einschränkungen unterworfen werden.

Erläuterung zu **Artikel 14** – Recht auf Bildung

1. Dieser Artikel lehnt sich sowohl an die gemeinsamen verfassungsrechtlichen Traditionen der Mitgliedstaaten als auch an Artikel 2 des Zusatzprotokolls zur EMRK an, der folgenden Wortlaut hat:

„Niemandem darf das Recht auf Bildung verwehrt werden. Der Staat hat bei Ausübung der von ihm auf dem Gebiete der Erziehung und des Unterrichts übernommenen Aufgaben das Recht der Eltern zu achten, die Erziehung und den Unterricht entsprechend ihren eigenen religiösen und weltanschaulichen Überzeugungen sicherzustellen."

Es wurde für zweckmäßig erachtet, diesen Artikel auf den Zugang zur beruflichen Aus- und Weiterbildung auszudehnen (siehe Nummer 15 der Gemeinschaftscharta der sozialen Grundrechte der Arbeitnehmer sowie Artikel 10 der Europäischen Sozialcharta) und den Grundsatz der Unentgeltlichkeit des Pflichtschulunterrichts einzufügen. In seiner hier vorliegenden Fassung besagt dieser Grundsatz lediglich, dass in Bezug auf den Pflichtschulunterricht jedes Kind die Möglichkeit haben muss, eine schulische Einrichtung zu besuchen, die unentgeltlichen Unterricht erteilt. Er besagt nicht, dass alle – und insbesondere auch die privaten – schulischen Einrichtungen, die den betreffenden Unterricht oder berufliche Ausbildung und Weiterbildung anbieten, dies unentgeltlich tun müssen. Ebenso wenig verbietet er, dass bestimmte besondere Unterrichtsformen entgeltlich sein können, sofern der Staat Maßnahmen zur Gewährung eines finanziellen Ausgleichs trifft. Soweit die Charta für die Union gilt, bedeutet das, dass die Union im Rahmen ihrer bildungspolitischen Maßnahmen die Unentgeltlichkeit des Pflichtunterrichts achten muss, doch es erwachsen ihr daraus selbstverständlich keine neuen Zuständigkeiten. Was das Recht der Eltern anbelangt, so ist dieses in Verbindung mit Artikel 24 auszulegen.

2. Die Freiheit zur Gründung von öffentlichen oder privaten Lehranstalten wird als einer der Aspekte der unternehmerischen Freiheit garantiert, ihre Ausübung ist jedoch durch die Achtung der demokratischen Grundsätze eingeschränkt und erfolgt entsprechend den in den einzelstaatlichen Rechtsvorschriften festgelegten Einzelheiten.

Erläuterung zu **Artikel 15** – Berufsfreiheit und Recht zu arbeiten

Die in Artikel 15 Absatz 1 festgeschriebene Berufsfreiheit ist in der Rechtsprechung des Gerichtshofs anerkannt (siehe u. a. die Urteile vom 14. Mai 1974, Rechtssache 4/73, Nold, Slg. 1974, 491, Randnrn. 12 -14; vom 13. Dezember 1979, Rechtssache 44/79, Hauer, Slg. 1979, 3727; vom 8. Oktober 1986, Rechtssache 234/85, Keller, Slg. 1986, 2897, Randnr. 8).

Dieser Absatz lehnt sich ferner an Artikel 1 Absatz 2 der am 18. Oktober 1961 unterzeichneten und von allen Mitgliedstaaten ratifizierten Europäischen Sozialcharta und an Nummer 4 der Gemeinschaftscharta der sozialen Grundrechte der Arbeitnehmer vom 9. Dezember 1989 an. Der Ausdruck „Arbeitsbedingungen" ist im Sinne des Artikels 156 des Vertrags über die Arbeitsweise der Europäischen Union zu verstehen.

In Absatz 2 wurden die drei Freiheiten aufgenommen, die durch die Artikel 26 und 45, 49 und 56 des Vertrags über die Arbeitsweise der Europäischen Union garantiert sind, d. h. die Freizügigkeit der Arbeitnehmer, die Niederlassungsfreiheit und der freie Dienstleistungsverkehr.

Absatz 3 stützt sich auf Artikel 153 Absatz 1 Buchstabe g des Vertrags über die Arbeitsweise der Europäischen Union sowie auf Artikel 19 Absatz 4 der am 18. Oktober 1961 unterzeichneten und von allen Mitgliedstaaten ratifizierten Europäischen Sozialcharta. Somit findet Artikel 52 Absatz 2 der Charta Anwendung. Die Frage der Anheuerung von Seeleuten, die Staatsangehörige von Drittstaaten sind, in der Besatzung von Schiffen unter der Flagge eines Mitgliedstaats der Union wird durch das Unionsrecht und die einzelstaatlichen Rechtsvorschriften und Gepflogenheiten geregelt.

Erläuterung zu Artikel 16 – Unternehmerische Freiheit

Dieser Artikel stützt sich auf die Rechtsprechung des Gerichtshofs, der die Freiheit, eine Wirtschafts- oder Geschäftstätigkeit auszuüben, (siehe die Urteile vom 14. Mai 1974, Rechtssache 4/73, Nold, Slg. 1974, 491, Randnr. 14; und vom 27. September 1979, Rechtssache 230/78, SpA Eridania und andere, Slg. 1979, 2749, Randnrn. 20 und 31) und die Vertragsfreiheit (siehe u. a. die Urteile „Sukkerfabriken Nykoebing", Rechtssache 151/78, Slg. 1979, 1, Randnr. 19; und vom 5. Oktober 1999, Rechtssache C-240/97, Spanien gegen Kommission, Slg. 1999, I-6571, Randnr. 99) anerkannt hat, sowie auf Artikel 119 Absätze 1 und 3 des Vertrags über die Arbeitsweise der Europäischen Union, in dem der freie Wettbewerb anerkannt wird. Dieses Recht wird natürlich unter Einhaltung des Unionsrechts und der einzelstaatlichen Rechtsvorschriften ausgeübt. Es kann nach Artikel 52 Absatz 1 der Charta beschränkt werden.

Erläuterung zu Artikel 17 – Eigentumsrecht

Dieser Artikel entspricht Artikel 1 des Zusatzprotokolls zur EMRK:

„Jede natürliche oder juristische Person hat das Recht auf Achtung ihres Eigentums. Niemandem darf sein Eigentum entzogen werden, es sei denn, dass das öffentliche Interesse es verlangt, und nur unter den durch Gesetz und durch die allgemeinen Grundsätze des Völkerrechts vorgesehenen Bedingungen.

Absatz 1 beeinträchtigt jedoch nicht das Recht des Staates, diejenigen Gesetze anzuwenden, die er für die Regelung der Benutzung des Eigentums im Einklang mit dem allgemeinen Interesse oder zur Sicherung der Zahlung der Steuern oder sonstigen Abgaben oder von Geldstrafen für erforderlich hält."

Es handelt sich um ein gemeinsames Grundrecht aller einzelstaatlichen Verfassungen. Es wurde mehrfach durch die Rechtsprechung des Gerichtshofs – zum ersten Mal in dem Urteil Hauer (13. Dezember 1979, Slg. 1979, 3727) – bekräftigt. Die Formulierung wurde zeitgemäßer gestaltet, doch hat dieses Recht nach Artikel 52 Absatz 3 die gleiche Bedeutung und die gleiche Tragweite wie das in der EMRK garantierte Recht, wobei nicht über die in der EMRK vorgesehenen Einschränkungen hinausgegangen werden darf.

Der Schutz des geistigen Eigentums ist zwar ein Aspekt des Eigentumsrechts, er wird jedoch aufgrund seiner zunehmenden Bedeutung und aufgrund des abgeleiteten Gemeinschaftsrechts in Absatz 2 ausdrücklich aufgeführt. Das geistige Eigentum umfasst neben dem literarischen und dem künstlerischen Eigentum unter anderem das Patent- und Markenrecht sowie die verwandten Schutzrechte. Die in Absatz 1 vorgesehenen Garantien gelten sinngemäß für das geistige Eigentum.

Erläuterung zu **Artikel 18** – Asylrecht

Der Wortlaut des Artikels stützte sich auf Artikel 63 EGV, der nunmehr durch Artikel 78 des Vertrags über die Arbeitsweise der Europäischen Union ersetzt wurde und der die Union zur Einhaltung der Genfer Flüchtlingskonvention verpflichtet. Es sei auf die den Verträgen beigefügten Protokolle über das Vereinigte Königreich und Irland sowie Dänemark verwiesen, um zu bestimmen, inwieweit diese Mitgliedstaaten das diesbezügliche Unionsrecht anwenden und inwieweit dieser Artikel auf sie Anwendung findet. Dieser Artikel berücksichtigt das den Verträgen beigefügte Protokoll über die Gewährung von Asyl.

Erläuterung zu **Artikel 19** – Schutz bei Abschiebung, Ausweisung und Auslieferung

Absatz 1 dieses Artikels hat hinsichtlich der Kollektivausweisungen die gleiche Bedeutung und Tragweite wie Artikel 4 des Zusatzprotokolls Nr. 4 zur EMRK. Hiermit soll gewährleistet werden, dass jeder Beschluss gesondert geprüft wird und dass nicht beschlossen werden kann, alle Menschen, die die Staatsangehörigkeit eines bestimmten Staates besitzen, mit einer
einzigen Maßnahme auszuweisen (siehe auch Artikel 13 des Internationalen Pakts über bürgerliche und politische Rechte).

Mit Absatz 2 wird die einschlägige Rechtsprechung des Europäischen Gerichtshofs für Menschenrechte zu Artikel 3 EMRK (siehe Ahmed gegen Österreich, Urteil vom 17. Dezember 1996, Slg. EGMR 1996, VI-2206 und Soering, Urteil vom 7. Juli 1989) übernommen.

Titel III – Gleichheit

Erläuterung zu Artikel 20 – Gleichheit vor dem Gesetz

Dieser Artikel entspricht dem allgemeinen Rechtsprinzip, das in allen europäischen Verfassungen verankert ist und das der Gerichtshof als ein Grundprinzip des Gemeinschaftsrechts angesehen hat (Urteil vom 13. November 1984, Rechtssache 283/83, Racke, Slg. 1984, 3791, Urteil vom 17. April 1997, Rechtssache C-15/95, EARL, Slg. 1997, I-1961 und Urteil vom 13. April 2000, Rechtssache C-292/97, Karlsson, Slg. 2000, 2737).

Erläuterung zu Artikel 21 – Nichtdiskriminierung

Absatz 1 lehnt sich an Artikel 13 EGV, der nun durch Artikel 19 des Vertrags über die Arbeitsweise der Europäischen Union ersetzt wurde, und Artikel 14 EMRK sowie an Artikel 11 des Übereinkommens über Menschenrechte und Biomedizin in Bezug auf das genetische Erbe an. Soweit er mit Artikel 14 EMRK zusammenfällt, findet er nach diesem Artikel Anwendung.

Absatz 1 und Artikel 19 des Vertrags über die Arbeitsweise der Europäischen Union, der einen anderen Anwendungsbereich hat und einen anderen Zweck verfolgt, stehen nicht in Widerspruch zueinander und sind nicht unvereinbar miteinander: In Artikel 19 wird der Union die Zuständigkeit übertragen, Gesetzgebungsakte – unter anderem auch betreffend die Harmonisierung der Rechtsvorschriften der Mitgliedstaaten – zur Bekämpfung bestimmter Formen der Diskriminierung, die in diesem Artikel erschöpfend aufgezählt sind, zu erlassen. Diese Rechtsvorschriften können Maßnahmen der Behörden der Mitgliedstaaten (sowie die Beziehungen zwischen Privatpersonen) in jedem Bereich innerhalb der Grenzen der Zuständigkeiten der Union umfassen. In Absatz 1 des Artikels 21 hingegen wird weder eine Zuständigkeit zum Erlass von Antidiskriminierungsgesetzen in diesen Bereichen des Handelns von Mitgliedstaaten oder Privatpersonen geschaffen noch ein umfassendes Diskriminierungsverbot in diesen Bereichen festgelegt. Vielmehr behandelt er die Diskriminierung seitens der Organe und Einrichtungen der Union im Rahmen der Ausübung der ihr nach den Verträgen zugewiesenen Zuständigkeiten und seitens der Mitgliedstaaten im Rahmen der Umsetzung des Unionsrechts. Mit Absatz 1 wird daher weder der Umfang der nach Artikel 19 zugewiesenen Zuständigkeiten noch die Auslegung dieses Artikels geändert.

Absatz 2 entspricht Artikel 18 Absatz 1 des Vertrags über die Arbeitsweise der Europäischen Union und findet entsprechend Anwendung.

Erläuterung zu Artikel 22 – Vielfalt der Kulturen, Religionen und Sprachen

Dieser Artikel stützte sich auf Artikel 6 des Vertrags über die Europäische Union und auf Artikel 151 Absätze 1 und 4 EGV in Bezug auf die Kultur, der nunmehr durch Artikel 167 Absätze 1 und 4 des Vertrags über die Arbeitsweise der Europäischen Union ersetzt wurde. Die Achtung der kulturellen und sprachlichen Vielfalt ist nunmehr auch in Artikel 3 Absatz 3 des Vertrags über die Europäische Union verankert. Der vorliegende Artikel lehnt sich ebenfalls an die Erklärung Nr. 11 zur Schlussakte des Vertrags von Amsterdam betreffend den Status der Kirchen und weltanschauliche Gemeinschaften an, deren Inhalt nunmehr in Artikel 17 des Vertrags über die Arbeitsweise der Europäischen Union aufgenommen wurde.

Erläuterung zu Artikel 23 – Gleichheit von Frauen und Männern

Absatz 1 dieses Artikels stützte sich auf Artikel 2 und Artikel 3 Absatz 2 EGV, die nunmehr durch Artikel 3 des Vertrags über die Europäische Union und Artikel 8 des Vertrags über die Arbeitsweise der Europäischen Union ersetzt wurden und die die Union auf das Ziel der Förderung der Gleichstellung von Männern und Frauen verpflichten, sowie auf Artikel 157 Absatz 1 des Vertrags über die Arbeitsweise der Europäischen Union. Er lehnt sich an Artikel 20 der revidierten Europäischen Sozialcharta vom 3. Mai 1996 und an Nummer 16 der Gemeinschaftscharta der Arbeitnehmerrechte an.

Er stützt sich auch auf Artikel 157 Absatz 3 des Vertrags über die Arbeitsweise der Europäischen Union und auf Artikel 2 Absatz 4 der Richtlinie 76/207/EWG des Rates zur Verwirklichung des Grundsatzes der Gleichbehandlung von Männern und Frauen hinsichtlich des Zugangs zur Beschäftigung, zur Berufsbildung und zum beruflichen Aufstieg sowie in Bezug auf die Arbeitsbedingungen.

Absatz 2 übernimmt in einer kürzeren Formulierung Artikel 157 Absatz 4 des Vertrags über die Arbeitsweise der Europäischen Union, wonach der Grundsatz der Gleichbehandlung der Beibehaltung oder der Einführung spezifischer Vergünstigungen zur Erleichterung der Berufstätigkeit des unterrepräsentierten Geschlechts oder zur Verhinderung oder zum Ausgleich von Benachteiligungen in der beruflichen Laufbahn nicht entgegensteht. Nach Artikel 52 Absatz 2 ändert dieser Absatz nicht Artikel 157 Absatz 4.

Erläuterung zu Artikel 24 – Rechte des Kindes

Dieser Artikel stützt sich auf das am 20. November 1989 unterzeichnete und von allen Mitgliedstaaten ratifizierte Übereinkommen von New York über die Rechte des Kindes, insbesondere auf die Artikel 3, 9, 12 und 13 dieses Übereinkommens.

Mit Absatz 3 wird der Umstand berücksichtigt, dass als Teil der Errichtung des Raums der Freiheit, der Sicherheit und des Rechts die Gesetzgebung der Union in Bereichen des Zivilrechts mit grenzüberschreitenden Bezügen – für die in Artikel 81 des Vertrags über die Arbeitsweise der Europäischen Union die entsprechende Zuständigkeit vorgesehen ist – insbesondere auch das Umgangsrecht umfassen kann, mit dem sichergestellt wird, dass Kinder regelmäßige persönliche Beziehungen und direkte Kontakte zu beiden Elternteilen unterhalten können.

Erläuterung zu Artikel 25 – Rechte älterer Menschen

Dieser Artikel lehnt sich an Artikel 23 der revidierten Europäischen Sozialcharta und an die Artikel 24 und 25 der Gemeinschaftscharta der sozialen Grundrechte der Arbeitnehmer an. Die Teilnahme am sozialen und kulturellen Leben umfasst natürlich auch die Teilnahme am politischen Leben.

Erläuterung zu Artikel 26 – Integration von Menschen mit Behinderung

Der in diesem Artikel aufgeführte Grundsatz stützt sich auf Artikel 15 der Europäischen Sozialcharta und lehnt sich ferner an

Nummer 26 der Gemeinschaftscharta der sozialen Grundrechte der Arbeitnehmer an.

Titel IV – Solidarität

Erläuterung zu Artikel 27 – Recht auf Unterrichtung und Anhörung der Arbeitnehmerinnen und Arbeitnehmer im Unternehmen

Dieser Artikel ist in der revidierten Europäischen Sozialcharta (Artikel 21) und in der Gemeinschaftscharta der sozialen Grundrechte der Arbeitnehmer (Nummern 17 und 18) enthalten. Er gilt unter den im Unionsrecht und in den Rechtsvorschriften der Mitgliedstaaten vorgesehenen Bedingungen. Die Bezugnahme auf die geeigneten Ebenen verweist auf die nach dem Unionsrecht und den einzelstaatlichen Rechtsvorschriften vorgesehenen Ebenen, was die europäische Ebene einschließen kann, wenn die Rechtsvorschriften der Union dies vorsehen. Die Union verfügt diesbezüglich über einen beachtlichen Besitzstand: die Artikel 154 und 155 des Vertrags über die Arbeitsweise der Europäischen Union, die Richtlinien 2002/14/EG (allgemeiner Rahmen für die Unterrichtung und Anhörung der Arbeitnehmer in der Europäischen Gemeinschaft), 98/59/EG (Massenentlassungen), 2001/23/EG (Übergang von Unternehmen) und 94/45/EG (Europäischer Betriebsrat).

Erläuterung zu Artikel 28 – Recht auf Kollektivverhandlungen und Kollektivmaßnahmen

Dieser Artikel stützt sich auf Artikel 6 der Europäischen Sozialcharta sowie auf die Gemeinschaftscharta der sozialen Grundrechte der Arbeitnehmer (Nummern 12 bis 14). Das Recht auf kollektive Maßnahmen wurde vom Europäischen Gerichtshof für Menschenrechte als einer der Bestandteile des gewerkschaftlichen Vereinigungsrechts anerkannt, das durch Artikel 11 EMRK festgeschrieben ist. Was die geeigneten Ebenen betrifft, auf denen die Tarifverhandlungen stattfinden können, so wird auf die Erläuterung zum vorhergehenden Artikel verwiesen. Die Modalitäten und Grenzen für die Durchführung von Kollektivmaßnahmen, darunter auch Streiks, werden durch die einzelstaatlichen Rechtsvorschriften und Gepflogenheiten geregelt; dies gilt auch für die Frage, ob diese Maßnahmen in mehreren Mitgliedstaaten parallel durchgeführt werden können.

Erläuterung zu Artikel 29 – Recht auf Zugang zu einem Arbeitsvermittlungsdienst

Dieser Artikel stützt sich auf Artikel 1 Absatz 3 der Europäischen Sozialcharta sowie auf Nummer 13 der Gemeinschaftscharta der sozialen Grundrechte der Arbeitnehmer.

Erläuterung zu Artikel 30 – Schutz bei ungerechtfertigter Entlassung

Dieser Artikel lehnt sich an Artikel 24 der revidierten Sozialcharta an. Siehe auch die Richtlinien 2001/23/EG über die Wahrung von Ansprüchen der Arbeitnehmer beim Übergang von Unternehmen und 80/987/EWG über den Schutz der Arbeitnehmer bei Zahlungsunfähigkeit des Arbeitgebers, geändert durch die Richtlinie 2002/74/EG.

Erläuterung zu Artikel 31 – Gerechte und angemessene Arbeitsbedingungen

1. Absatz 1 dieses Artikels stützt sich auf die Richtlinie 89/391/EWG über die Durchführung von Maßnahmen zur Verbesserung der Sicherheit und des Gesundheitsschutzes der Arbeitnehmer am Arbeitsplatz. Er lehnt sich ferner an Artikel 3 der Sozialcharta und Nummer 19 der Gemeinschaftscharta der Arbeitnehmerrechte sowie hinsichtlich des Rechts auf Würde am Arbeitsplatz an Artikel 26 der revidierten Sozialcharta an. Der Ausdruck „Arbeitsbedingungen" ist im Sinne des Artikels 156 des Vertrags über die Arbeitsweise der Europäischen Union zu verstehen.

2. Absatz 2 stützt sich auf die Richtlinie 93/104/EG über bestimmte Aspekte der Arbeitszeitgestaltung sowie auf Artikel 2 der Europäischen Sozialcharta und auf Nummer 8 der Gemeinschaftscharta der Arbeitnehmerrechte.

Erläuterung zu Artikel 32 – Verbot der Kinderarbeit und Schutz der Jugendlichen am Arbeitsplatz

Dieser Artikel stützt sich auf die Richtlinie 94/33/EG über den Jugendarbeitsschutz sowie auf Artikel 7 der Europäischen Sozialcharta und auf die Nummern 20 bis 23 der Gemeinschaftscharta der sozialen Grundrechte der Arbeitnehmer.

Erläuterung zu Artikel 33 – Familien- und Berufsleben

Artikel 33 Absatz 1 stützt sich auf Artikel 16 der Europäischen Sozialcharta.

Absatz 2 lehnt sich an die Richtlinie 92/85/EWG über die Durchführung von Maßnahmen zur Verbesserung der Sicherheit und des Gesundheitsschutzes von schwangeren Arbeitnehmerinnen, Wöchnerinnen und stillenden Arbeitnehmerinnen am Arbeitsplatz und an die Richtlinie 96/34/EG zu der von UNICE, CEEP und EGB geschlossenen Rahmenvereinbarung über Elternurlaub an. Er stützt sich ferner auf Artikel 8 (Mutterschutz) der Europäischen Sozialcharta und lehnt sich an Artikel 27 (Recht der Arbeitnehmer mit Familienpflichten auf Chancengleichheit und Gleichbehandlung) der revidierten Sozialcharta an. Der Begriff „Mutterschaft" deckt den Zeitraum von der Zeugung bis zum Stillen des Kindes ab.

Erläuterung zu Artikel 34 – Soziale Sicherheit und soziale Unterstützung

Der in Artikel 34 Absatz 1 aufgeführte Grundsatz stützt sich auf die Artikel 153 und 156 des Vertrags über die Arbeitsweise der Europäischen Union sowie auf Artikel 12 der Europäischen Sozialcharta und auf Nummer 10 der Gemeinschaftscharta der Arbeitnehmerrechte. Er ist von der Union zu wahren, wenn sie im Rahmen ihrer Zuständigkeiten nach den Artikeln 153 und 156 des Vertrags über die Arbeitsweise der Europäischen Union tätig wird. Durch den Hinweis auf die sozialen Dienste sollen die Fälle erfasst werden, in denen derartige Dienste eingerichtet wurden, um bestimmte Leistungen sicherzustellen; dies bedeutet aber keineswegs, dass solche Dienste eingerichtet werden müssen, wo sie nicht bestehen. Der Begriff „Mutterschaft" ist im Sinne des vorangehenden Artikels zu verstehen.

Absatz 2 stützt sich auf Artikel 12 Absatz 4 und Artikel 13 Absatz 4 der Europäischen Sozialcharta sowie auf Nummer 2 der Gemeinschaftscharta der sozialen Grundrechte der Arbeitnehmer und spiegelt die Regeln wider, die sich aus den Verordnungen (EWG) Nr. 1408/71 und (EWG) Nr. 1612/68 ergeben.

Absatz 3 lehnt sich an Artikel 13 der Europäischen Sozialcharta und die Artikel 30 und 31 der revidierten Sozialcharta sowie an Nummer 10 der Gemeinschaftscharta an. Er ist von der Union im Rahmen der Politiken zu wahren, die auf Artikel 153 des Vertrags über die Arbeitsweise der Europäischen Union beruhen.

Erläuterung zu Artikel 35 – Gesundheitsschutz

Die in diesem Artikel enthaltenen Grundsätze stützen sich auf Artikel 152 EGV, der nunmehr durch Artikel 168 des Vertrags über die Arbeitsweise der Europäischen Union ersetzt wurde, sowie auf die Artikel 11 und 13 der Europäischen Sozialcharta. Satz 2 entspricht Artikel 168 Absatz 1.

Erläuterung zu Artikel 36 – Zugang zu Dienstleistungen von allgemeinem wirtschaftlichen Interesse

Dieser Artikel steht vollauf im Einklang mit Artikel 14 des Vertrags über die Arbeitsweise der Europäischen Union und begründet kein neues Recht. Er stellt lediglich den Grundsatz auf, dass die Union den Zugang zu den Dienstleistungen von allgemeinem wirtschaftlichen Interesse nach den einzelstaatlichen Bestimmungen achtet, sofern diese mit dem Unionsrecht vereinbar sind.

Erläuterung zu Artikel 37 – Umweltschutz

Die in diesem Artikel enthaltenen Grundsätze stützten sich auf die Artikel 2, 6 und 174 EGV, die nunmehr durch Artikel 3 Absatz 3 des Vertrags über die Europäische Union sowie die Artikel 11 und 191 des Vertrags über die Arbeitsweise der Europäischen Union ersetzt wurden.

Er lehnt sich auch an die Verfassungsbestimmungen einiger Mitgliedstaaten an.

Erläuterung zu Artikel 38 – Verbraucherschutz

Der in diesem Artikel enthaltene Grundsatz stützt sich auf Artikel 169 des Vertrags über die Arbeitsweise der Europäischen Union.

Titel V – Bürgerrechte

Erläuterung zu Artikel 39 – Aktives und passives Wahlrecht bei den Wahlen zum Europäischen Parlament

Artikel 39 findet nach Artikel 52 Absatz 2 der Charta im Rahmen der in den Verträgen festgelegten Bedingungen Anwendung. Absatz 1 des Artikels 39 entspricht dem Recht, das durch Artikel 20 Absatz 2 des Vertrags über die Arbeitsweise der Europäischen Union garantiert ist (siehe auch die Rechtsgrundlage in Artikel 22 des Vertrags über die Arbeitsweise der Europäischen Union für die Festlegung der Einzelheiten für die Ausübung dieses Rechts), und Absatz 2 dieses Artikels entspricht Artikel 14 Absatz 3 des Vertrags über die Europäische Union. Artikel 39 Absatz 2 gibt die Grundprinzipien für die Durchführung von Wahlen in einem demokratischen System wieder.

Erläuterung zu Artikel 40 – Aktives und passives Wahlrecht bei den Kommunalwahlen

Dieser Artikel entspricht dem Recht, das durch Artikel 20 Absatz 2 des Vertrags über die Arbeitsweise der Europäischen Union garantiert ist (siehe auch die Rechtsgrundlage in Artikel 22 des Vertrags über die Arbeitsweise der Europäischen Union für die Festlegung der Einzelheiten für die Ausübung dieses Rechts). Nach Artikel 52 Absatz 2 findet es im Rahmen der in diesen beiden Artikeln der Verträge festgelegten Bedingungen Anwendung.

Erläuterung zu Artikel 41 – Recht auf eine gute Verwaltung

Artikel 41 ist auf das Bestehen der Union als eine Rechtsgemeinschaft gestützt, deren charakteristische Merkmale sich durch die Rechtsprechung entwickelt haben, die unter anderem eine gute Verwaltung als allgemeinen Rechtsgrundsatz festgeschrieben hat (siehe u. a. das Urteil des Gerichtshofs vom 31. März 1992 (Rechtssache C-255/90 P, Burban, Slg. 1992, I-2253) sowie die Urteile des Gerichts erster Instanz vom 18. September 1995 (Rechtssache T-167/94, Nölle, Slg. 1995, II-2589) und vom 9. Juli 1999 (Rechtssache T-231/97, New Europe Consulting und andere, Slg. 1999, II-2403). Dieses Recht in der in den ersten beiden Absätzen dargestellten Form ergibt sich aus der Rechtsprechung (Urteile des Gerichtshofs vom 15. Oktober 1987 (Rechtssache 222/86, Heylens, Slg. 1987, 4097, Randnr. 15), vom 18. Oktober 1989 (Rechtssache 374/87, Orkem, Slg. 1989, 3283) und vom 21. November 1991 (Rechtssache C-269/90, TU München, Slg. 1991, I-5469) sowie die Urteile des Gerichts erster Instanz vom 6. Dezember 1994 (Rechtssache T-450/93, Lisrestal, Slg. 1994, II-1177) und vom 18. September 1995 (Rechtssache T-167/94, Nölle, Slg. 1995, II-2589)) und – bezüglich der Pflicht zur Begründung – aus Artikel 296 des Vertrags über die Arbeitsweise der Europäischen Union, siehe ferner die Rechtsgrundlage in Artikel 298 des Vertrags über die Arbeitsweise der Europäischen Union für die Annahme gesetzlicher Bestimmungen im Interesse einer offenen, effizienten und unabhängigen europäischen Verwaltung.

In Absatz 3 ist das nunmehr durch Artikel 349 des Vertrags über die Arbeitsweise der Europäischen Union garantierte Recht aufgeführt. In Absatz 4 ist das nunmehr durch Artikel 20 Absatz 2 Buchstabe d und Artikel 25 des Vertrags über die Arbeitsweise der Europäischen Union garantierte Recht aufgeführt. Nach Artikel 52 Absatz 2 finden diese Rechte im Rahmen der in den Verträgen festgelegten Bedingungen und Grenzen Anwendung.

Das Recht auf einen wirksamen Rechtsbehelf, das hierbei eine wichtige Rolle spielt, wird durch Artikel 47 der Charta gewährleistet.

Erläuterung zu Artikel 42 – Recht auf Zugang zu Dokumenten

Das in diesem Artikel garantierte Recht wurde aus Artikel 255 EGV, auf dessen Grundlage in der Folge die Verordnung (EG) Nr. 1049/2001 angenommen wurde, übernommen. Der Europäische Konvent hat dieses Recht auf Dokumente der Organe, Einrichtungen, Ämter und Agenturen der Union im Allgemeinen ausgeweitet, ungeachtet ihrer Form (siehe Artikel 15 Absatz 3 des Vertrags über die Arbeitsweise der Europäischen Union). Nach Artikel 52 Absatz 2 der Charta wird das Recht auf Zugang zu Dokumenten im Rahmen der in Artikel 15 Absatz 3 des Vertrags über die Arbeitsweise der Europäischen Union festgelegten Bedingungen und Grenzen ausgeübt.

Erläuterung zu Artikel 43 – Der Europäische Bürgerbeauftragte

Das in diesem Artikel garantierte Recht ist das Recht, das durch die Artikel 20 und 228 des Vertrags über die Arbeitsweise der Europäischen Union garantiert ist. Nach Artikel 52 Absatz 2 findet es im Rahmen der in diesen beiden Artikeln festgelegten Bedingungen Anwendung.

Erläuterung zu Artikel 44 – Petitionsrecht

Das in diesem Artikel garantierte Recht ist das Recht, das durch die Artikel 20 und 227 des Vertrags über die Arbeitsweise der Europäischen Union garantiert ist. Nach Artikel 52 Absatz 2 findet es im Rahmen der in diesen beiden Artikeln festgelegten Bedingungen Anwendung.

Erläuterung zu Artikel 45 – Freizügigkeit und Aufenthaltsfreiheit

Das in Absatz 1 garantierte Recht ist das Recht, das durch Artikel 20 Absatz 2 Buchstabe a des Vertrags über die Arbeitsweise der Europäischen Union garantiert ist (vgl. auch die Rechtsgrundlage in Artikel 21 und das Urteil des Gerichtshofs vom 17. September 2002, Rechtssache C-413/99, Baumbast, Slg. 2002, I-709). Nach Artikel 52 Absatz 2 findet es im Rahmen der in den Verträgen festgelegten Bedingungen und Grenzen Anwendung.

Absatz 2 erinnert an die der Union durch die Artikel 77, 78 und 79 des Vertrags über die Arbeitsweise der Europäischen Union erteilte Zuständigkeit. Daraus folgt, dass die Gewährung dieses Rechts von der Ausübung dieser Zuständigkeit durch die Organe abhängt.

Erläuterung zu Artikel 46 – Diplomatischer und konsularischer Schutz

Das in diesem Artikel garantierte Recht ist das Recht, das durch Artikel 20 des Vertrags über die Arbeitsweise der Europäischen Union garantiert ist (siehe auch die Rechtsgrundlage in Artikel 23 des Vertrags). Nach Artikel 52 Absatz 2 findet es im Rahmen der in diesen Artikeln festgelegten Bedingungen Anwendung.

Titel VI – Justizielle Rechte

Erläuterung zu Artikel 47 – Recht auf einen wirksamen Rechtsbehelf und ein unparteiisches Gericht

Absatz 1 stützt sich auf Artikel 13 EMRK:

„Jede Person, die in ihren in dieser Konvention anerkannten Rechten oder Freiheiten verletzt worden ist, hat das Recht, bei einer innerstaatlichen Instanz eine wirksame Beschwerde zu erheben, auch wenn die Verletzung von Personen begangen worden ist, die in amtlicher Eigenschaft gehandelt haben."

Im Unionsrecht wird jedoch ein umfassenderer Schutz gewährt, da ein Recht auf einen wirksamen Rechtsbehelf bei einem Gericht garantiert wird. Der Gerichtshof hat dieses Recht in seinem Urteil vom 15. Mai 1986 als allgemeinen Grundsatz des Unionsrechts festgeschrieben (Rechtssache 222/84, Johnston, Slg. 1986, 1651); siehe auch die Urteile vom 15. Oktober 1987 (Rechtssache 222/86, Heylens, Slg. 1987, 4097) und vom 3. Dezember 1992 (Rechtssache C-97/91, Borelli, Slg. 1992, I-6313). Nach Auffassung des Gerichtshofs gilt dieser allgemeine Grundsatz des Unionsrechts auch für die Mitgliedstaaten, wenn sie das Unionsrecht anwenden. Die Übernahme dieser Rechtsprechung des Gerichtshofs in die Charta zielte nicht darauf ab, das in den Verträgen vorgesehene Rechtsschutzsystem und insbesondere nicht die Bestimmungen über die Zulässigkeit direkter Klagen beim Gerichtshof der Europäischen Union zu ändern. Der Europäische Konvent hat sich mit dem System des gerichtlichen Rechtsschutzes der Union, einschließlich der Zulässigkeitsvorschriften, befasst und hat es mit einigen Änderungen, die in die Artikel 251 bis 281 des Vertrags über die Arbeitsweise der Europäischen Union und insbesondere in Artikel 263 Absatz 4 eingeflossen sind, bestätigt. Artikel 47 gilt gegenüber den Organen der Union und den Mitgliedstaaten, wenn diese das Unionsrecht anwenden, und zwar für sämtliche durch das Unionsrecht garantierte Rechte.

Absatz 2 entspricht Artikel 6 Absatz 1 EMRK, der wie folgt lautet:

„Jede Person hat ein Recht darauf, dass über Streitigkeiten in Bezug auf ihre zivilrechtlichen Ansprüche und Verpflichtungen oder über eine gegen sie erhobene strafrechtliche Anklage von einem unabhängigen und unparteiischen, auf Gesetz beruhenden Gericht in einem fairen Verfahren, öffentlich und innerhalb angemessener Frist verhandelt wird. Das Urteil muss öffentlich verkündet werden; Presse und Öffentlichkeit können jedoch während des ganzen oder eines Teiles des Verfahrens ausgeschlossen werden, wenn dies im Interesse der Moral, der öffentlichen Ordnung oder der nationalen Sicherheit in einer demokratischen Gesellschaft liegt, wenn die Interessen von Jugendlichen oder der Schutz des Privatlebens der Prozessparteien es verlangen oder – soweit das Gericht es für unbedingt erforderlich hält – wenn unter besonderen Umständen eine öffentliche Verhandlung die Interessen der Rechtspflege beeinträchtigen würde."

Im Unionsrecht gilt das Recht auf ein Gerichtsverfahren nicht nur für Streitigkeiten im Zusammenhang mit zivilrechtlichen Ansprüchen und Verpflichtungen. Dies ist eine der Folgen der Tatsache, dass die Union eine Rechtsgemeinschaft ist, wie der Gerichtshof in der Rechtssache 294/83, „Les Verts" gegen Europäisches Parlament (Urteil vom 23. April 1986, Slg. 1986, 1339) festgestellt hat. Mit Ausnahme ihres Anwendungsbereichs gelten die Garantien der EMRK jedoch in der Union entsprechend.

In Bezug auf Absatz 3 sei darauf hingewiesen, dass nach der Rechtsprechung des Europäischen Gerichtshofs für Menschenrechte eine Prozesskostenhilfe zu gewähren ist, wenn mangels einer solchen Hilfe die Einlegung eines wirksamen Rechtsbehelfs nicht gewährleistet wäre (EGMR, Urteil vom 9.10.1979, Airey, Serie A, Band 32, S. 11). Es gibt auch ein Prozesskostenhilfesystem für die beim Gerichtshof der Europäischen Union anhängigen Rechtssachen.

Erläuterung zu Artikel 48 – Unschuldsvermutung und Verteidigungsrechte

Artikel 48 entspricht Artikel 6 Absätze 2 und 3 EMRK, der wie folgt lautet:

„2. Jede Person, die einer Straftat angeklagt ist, gilt bis zum gesetzlichen Beweis ihrer Schuld als unschuldig.

3. Jede angeklagte Person hat mindestens folgende Rechte:

a) innerhalb möglichst kurzer Frist in einer ihr verständlichen Sprache in allen Einzelheiten über Art und Grund der gegen sie erhobenen Beschuldigung unterrichtet zu werden;

b) ausreichende Zeit und Gelegenheit zur Vorbereitung ihrer Verteidigung zu haben;

c) sich selbst zu verteidigen, sich durch einen Verteidiger ihrer Wahl verteidigen zu lassen oder, falls ihr die Mittel zur Bezahlung fehlen, unentgeltlich den Beistand eines Verteidigers zu erhalten, wenn dies im Interesse der Rechtspflege erforderlich ist;

d) Fragen an Belastungszeugen zu stellen oder stellen zu lassen und die Ladung und Vernehmung von Entlastungszeugen unter denselben Bedingungen zu erwirken, wie sie für Belastungszeugen gelten;

e) unentgeltliche Unterstützung durch einen Dolmetscher zu erhalten, wenn sie die Verhandlungssprache des Gerichts nicht versteht oder spricht."

Nach Artikel 52 Absatz 3 hat dieses Recht dieselbe Bedeutung und dieselbe Tragweite wie das durch die EMRK garantierte Recht.

Erläuterung zu Artikel 49 – Grundsätze der Gesetzmäßigkeit und der Verhältnismäßigkeit im Zusammenhang mit Straftaten und Strafen

In diesen Artikel ist die klassische Regel des Verbots der Rückwirkung von Gesetzen und Strafen in Strafsachen aufgenommen worden. Hinzugefügt wurde die in zahlreichen Mitgliedstaaten geltende und in Artikel 15 des Internationalen Paktes über bürgerliche und politische Rechte enthaltene Regel der Rückwirkung von milderen Strafrechtsvorschriften.

Artikel 7 EMRK lautet wie folgt:

„1. Niemand darf wegen einer Handlung oder Unterlassung verurteilt werden, die zur Zeit ihrer Begehung nach innerstaatlichem oder internationalem Recht nicht strafbar war. Es darf auch keine schwerere Strafe als die zur Zeit der Begehung angedrohte Strafe verhängt werden.

2. Dieser Artikel schließt nicht aus, dass jemand wegen einer Handlung oder Unterlassung verurteilt oder bestraft wird, die zur Zeit ihrer Begehung nach den von den zivilisierten Völkern anerkannten allgemeinen Rechtsgrundsätzen strafbar war."

Es wurde lediglich in Absatz 2 das Wort „zivilisierten" gestrichen; der Sinn dieses Absatzes, der insbesondere auf die Verbrechen gegen die Menschlichkeit zielt, wird dadurch in keiner Weise verändert. Entsprechend Artikel 52 Absatz 3 hat daher das garantierte Recht dieselbe Bedeutung und dieselbe Tragweite wie das von der EMRK garantierte Recht.

In Absatz 3 wurde der allgemeine Grundsatz der Verhältnismäßigkeit von Straftat und Strafmaß aufgenommen, der durch die gemeinsamen verfassungsrechtlichen Traditionen der Mitgliedstaaten und die Rechtsprechung des Gerichtshofs der Gemeinschaften festgeschrieben worden ist.

Erläuterung zu Artikel 50 – Recht, wegen derselben Straftat nicht zweimal strafrechtlich verfolgt oder bestraft zu werden

Artikel 4 des Protokolls Nr. 7 zur EMRK lautet wie folgt:

„1. Niemand darf wegen einer Straftat, wegen der er bereits nach dem Gesetz und dem Strafverfahrensrecht eines Staates rechtskräftig verurteilt oder freigesprochen worden ist, in einem Strafverfahren desselben Staates erneut verfolgt oder bestraft werden.

2. Absatz 1 schließt die Wiederaufnahme des Verfahrens nach dem Gesetz und dem Strafverfahrensrecht des betreffenden Staates nicht aus, falls neue oder neu bekannt gewordene Tatsachen vorliegen oder das vorausgegangene Verfahren schwere, den Ausgang des Verfahrens berührende Mängel aufweist.

3. Von diesem Artikel darf nicht nach Artikel 15 der Konvention abgewichen werden."

Die Regel „ne bis in idem" wird im Unionsrecht angewandt (siehe in der umfangreichen Rechtsprechung Urteil vom 5. Mai 1966, Rechtssachen 18/65 und 35/65, Gutmann gegen Kommission, Slg. 1966, 150, und in jüngerer Zeit Urteil des Gerichts erster

Instanz vom 20. April 1999, verbundene Rechtssachen T-305/94 und andere, Limburgse Vinyl Maatschappij NV gegen Kommission, Slg. 1999, II-931). Es ist darauf hinzuweisen, dass die Regel des Verbots der Doppelbestrafung sich auf gleichartige Sanktionen, in diesem Fall durch ein Strafgericht verhängte Strafen, bezieht.

Nach Artikel 50 findet die Regel „ne bis in idem" nicht nur innerhalb der Gerichtsbarkeit eines Staates, sondern auch zwischen den Gerichtsbarkeiten mehrerer Mitgliedstaaten Anwendung. Dies entspricht dem Rechtsbesitzstand der Union; siehe die Artikel 54 bis 58 des Schengener Durchführungsübereinkommens und Urteil des Gerichtshofes vom 11. Februar 2003, Rechtssache C-187/01 Gözütok (Slg. 2003, I-1345), Artikel 7 des Übereinkommens über den Schutz der finanziellen Interessen der Europäischen Gemeinschaften sowie Artikel 10 des Übereinkommens über die Bekämpfung der Bestechung. Die klar eingegrenzten Ausnahmen, in denen die Mitgliedstaaten nach diesen Übereinkommen von der Regel „ne bis in idem" abweichen können, sind von der horizontalen Klausel des Artikels 52 Absatz 1 über die Einschränkungen abgedeckt. Was die in Artikel 4 des Protokolls Nr. 7 bezeichneten Fälle betrifft, nämlich die Anwendung des Grundsatzes in ein und demselben Mitgliedstaat, so hat das garantierte Recht dieselbe Bedeutung und dieselbe Tragweite wie das entsprechende Recht der EMRK.

Titel VII – Allgemeine Bestimmungen über die Auslegung und Anwendung der Charta

Erläuterung zu Artikel 51 – Anwendungsbereich

Mit Artikel 51 soll der Anwendungsbereich der Charta festgelegt werden. Es soll klar zum Ausdruck gebracht werden, dass die Charta zuerst auf die Organe und Einrichtungen der Union Anwendung findet, und zwar unter Beachtung des Grundsatzes der Subsidiarität. Bei dieser Bestimmung hielt man sich an Artikel 6 Absatz 2 des Vertrags über die Europäische Union, wonach die Union die Grundrechte zu achten hat, wie auch an das Mandat des Europäischen Rates (Köln). Der Begriff „Organe" ist in den Verträgen festgelegt. Der Ausdruck „Einrichtungen und sonstigen Stellen" wird in den Verträgen üblicherweise als Bezeichnung für alle durch die Verträge oder durch sekundäre Rechtsakte geschaffenen Einrichtungen verwendet (siehe beispielsweise Artikel 15 oder 16 des Vertrags über die Arbeitsweise der Europäischen Union).

Was die Mitgliedstaaten betrifft, so ist der Rechtsprechung des Gerichtshofs eindeutig zu entnehmen, dass die Verpflichtung zur Einhaltung der im Rahmen der Union definierten Grundrechte für die Mitgliedstaaten nur dann gilt, wenn sie im Anwendungsbereich des Unionsrechts handeln (Urteil vom 13. Juli 1989, Rechtssache 5/88, Wachauf, Slg. 1989, 2609, Urteil vom 18. Juni 1991, Rechtssache C-260/89, ERT, Slg. 1991, I-2925, Urteil vom 18. Dezember 1997, Rechtssache C-309/96, Annibaldi, Slg. 1997, I-7493). Der Gerichtshof hat diese Rechtsprechung kürzlich wie folgt bestätigt: „Die Mitgliedstaaten müssen bei der Durchführung der gemeinschaftsrechtlichen Regelungen aber auch die Erfordernisse des Grundrechtschutzes in der Gemeinschaftsrechtsordnung beachten." (Urteil vom 13. April 2000, Rechtssache C-292/97, Slg. 2000, I-2737, Randnr. 37). Diese in der Charta verankerte Regel gilt natürlich sowohl für die zentralen Behörden als auch für die regionalen oder lokalen Stellen sowie für die öffentlichen Einrichtungen, wenn sie das Unionsrecht anwenden.

Absatz 2, zusammen mit Absatz 1 Satz 2, bestätigt, dass die Charta nicht eine Erweiterung der Zuständigkeiten und Aufgaben bewirken darf, die der Union durch die Verträge zugewiesen sind. Es geht darum, explizit darzulegen, was sich logischerweise aus dem Subsidiaritätsprinzip und dem Umstand ergibt, dass die Union nur über die ihr eigens zugewiesenen Befugnisse verfügt. Die Grundrechte, wie sie in der Union garantiert werden, werden nur im Rahmen dieser von den Verträgen bestimmten Zuständigkeiten wirksam. Folglich kann sich für die Organe der Union nur nach Maßgabe dieser Befugnisse eine Verpflichtung nach Absatz 1 Satz 2 zur Förderung der in der Charta festgelegten Grundsätze ergeben.

Absatz 2 bestätigt auch, dass die Charta sich nicht dahin gehend auswirken darf, dass der Geltungsbereich des Unionsrechts über die in den Verträgen festgelegten Zuständigkeiten der Union hinaus ausgedehnt wird. Der Gerichtshof hat diese Regel bereits in Bezug auf die als Teil des Unionsrechts anerkannten Grundrechte aufgestellt (Urteil vom 17. Februar 1998, Rechtssache C-249/96, Grant, Slg. 1998, I-621, Randnr. 45). Im Einklang mit dieser Regel versteht es sich von selbst, dass der Verweis auf die Charta in Artikel 6 des Vertrags über die Europäische Union nicht dahin gehend verstanden werden kann, dass sie für sich genommen den als „Durchführung des Rechts der Union" betrachteten Aktionsrahmen der Mitgliedstaaten (im Sinne von Absatz 1 und der vorstehend genannten Rechtsprechung) ausdehnt.

Erläuterung zu Artikel 52 – Tragweite und Auslegung der Rechte und Grundsätze

Mit Artikel 52 sollen die Tragweite der Rechte und Grundsätze der Charta und Regeln für ihre Auslegung festgelegt werden. Absatz 1 enthält die allgemeine Einschränkungsregelung. Die verwendete Formulierung lehnt sich an die Rechtsprechung des Gerichtshofes an, die wie folgt lautet: „Nach gefestigter Rechtsprechung kann jedoch die Ausübung dieser Rechte, insbesondere im Rahmen einer gemeinsamen Marktorganisation, Beschränkungen unterworfen werden, sofern diese tatsächlich dem Gemeinwohl dienenden Zielen der Gemeinschaft entsprechen und nicht einen im Hinblick auf den verfolgten Zweck unverhältnismäßigen, nicht tragbaren Eingriff darstellen, der diese Rechte in ihrem Wesensgehalt antastet" (Urteil vom 13. April 2000, Rechtssache C-292/97, Randnr. 45). Die Bezugnahme auf das von der Union anerkannte Gemeinwohl erstreckt sich nicht nur auf die in Artikel 3 des Vertrags über die Europäische Union aufgeführten Ziele, sondern auch auf andere Interessen, die durch besondere Bestimmungen der Verträge wie Artikel 4 Absatz 1 des Vertrags über die Europäische Union, Artikel 35 Absatz 3 des Vertrags über die Arbeitsweise der Europäischen Union und die Artikel 36 und 346 dieses Vertrags geschützt werden.

Absatz 2 bezieht sich auf Rechte, die bereits ausdrücklich im Vertrag zur Gründung der Europäischen Gemeinschaft garantiert waren und in der Charta anerkannt wurden und die nun in den Verträgen zu finden sind (insbesondere die Rechte aus der Unionsbürgerschaft). Er verdeutlicht, dass diese Rechte weiterhin den Bedingungen und Grenzen unterliegen, die für das Unionsrecht, auf dem sie beruhen, gelten und die in den Verträgen festgelegt sind. Mit der Charta wird die Regelung hinsichtlich der durch den EG-Vertrag gewährten und in die Verträge übernommenen Rechte nicht geändert.

Mit Absatz 3 soll die notwendige Kohärenz zwischen der Charta und der EMRK geschaffen werden, indem die Regel aufgestellt wird, dass in dieser Charta enthaltene Rechte, die den durch die EMRK garantierten Rechten entsprechen, die gleiche Bedeutung und Tragweite, einschließlich der zugelassenen Einschränkungen, besitzen, wie sie ihnen in der EMRK verliehen werden. Daraus ergibt sich insbesondere, dass der Gesetzgeber bei der Festlegung von Einschränkungen dieser Rechte die gleichen Normen einhalten muss, die in der ausführlichen Regelung der Einschränkungen in der EMRK vorgesehen sind, die damit auch für die von diesem Absatz erfassten Rechte gelten, ohne dass dadurch die Eigenständigkeit des Unionsrechts und des Gerichtshofs der Europäischen Union berührt wird.

Die Bezugnahme auf die EMRK erstreckt sich sowohl auf die Konvention als auch auf ihre Protokolle. Die Bedeutung und Tragweite der garantierten Rechte werden nicht nur durch den Wortlaut dieser Vertragswerke, sondern auch durch die Rechtsprechung des Europäischen Gerichtshofs für Menschenrechte und durch den Gerichtshof der Europäischen Union bestimmt. Mit dem letzten Satz des Absatzes soll der Union die Möglichkeit gegeben werden, für einen weiter gehenden Schutz zu sorgen. Auf jeden Fall darf der durch die Charta gewährleistete Schutz niemals geringer als der durch die EMRK gewährte Schutz sein.

Die Charta berührt nicht die den Mitgliedstaaten offen stehende Möglichkeit, von Artikel 15 EMRK Gebrauch zu machen, der im Falle eines Krieges oder eines anderen öffentlichen Notstands, der das Leben der Nation bedroht, eine Abweichung von den in der EMRK vorgesehenen Rechten erlaubt, wenn sie nach ihren in Artikel 4 Absatz 1 des Vertrags über die Europäische Union und in den Artikeln 72 und 347 des Vertrags über die Arbeitsweise der Europäischen Union anerkannten Verantwortlichkeiten Maßnahmen im Bereich der nationalen Verteidigung im Kriegsfalle oder im Bereich der Aufrechterhaltung der öffentlichen Ordnung treffen.

Die Rechte, bei denen derzeit – ohne die Weiterentwicklung des Rechts, der Gesetzgebung und der Verträge auszuschließen – davon ausgegangen werden kann, dass sie Rechten aus der EMRK im Sinne dieses Absatzes entsprechen, sind nachstehend aufgeführt. Nicht aufgeführt sind die Rechte, die zu den Rechten aus der EMRK hinzukommen.

1. Artikel der Charta, die dieselbe Bedeutung und Tragweite wie die entsprechenden Artikel der Europäischen Menschenrechtskonvention haben:

– Artikel 2 entspricht Artikel 2 EMRK;
– Artikel 4 entspricht Artikel 3 EMRK;
– Artikel 5 Absätze 1 und 2 entsprechen Artikel 4 EMRK;
– Artikel 6 entspricht Artikel 5 EMRK;
– Artikel 7 entspricht Artikel 8 EMRK;
– Artikel 10 Absatz 1 entspricht Artikel 9 EMRK;
– Artikel 11 entspricht Artikel 10 EMRK unbeschadet der Einschränkungen, mit denen das Unionsrecht das Recht der Mitgliedstaaten auf Einführung der in Artikel 10 Absatz 1 dritter Satz EMRK genannten Genehmigungsverfahren eingrenzen kann;
– Artikel 17 entspricht Artikel 1 des Zusatzprotokolls zur EMRK;
– Artikel 19 Absatz 1 entspricht Artikel 4 des Protokolls Nr. 4 zur EMRK;
– Artikel 19 Absatz 2 entspricht Artikel 3 EMRK in der Auslegung durch den Europäischen Gerichtshof für Menschenrechte;
– Artikel 48 entspricht Artikel 6 Absätze 2 und 3 EMRK;
– Artikel 49 Absatz 1 (mit Ausnahme des letzten Satzes) und Absatz 2 entsprechen Artikel 7 EMRK.

2. Artikel, die dieselbe Bedeutung haben wie die entsprechenden Artikel der EMRK, deren Tragweite aber umfassender ist:

– Artikel 9 deckt Artikel 12 EMRK ab, aber sein Anwendungsbereich kann auf andere Formen der Eheschließung ausgedehnt werden, wenn die einzelstaatlichen Rechtsvorschriften diese vorsehen;
– Artikel 12 Absatz 1 entspricht Artikel 11 EMRK, aber sein Anwendungsbereich ist auf die Ebene der Union ausgedehnt worden;

– Artikel 14 Absatz 1 entspricht Artikel 2 des Zusatzprotokolls zur EMRK, aber sein Anwendungsbereich ist auf den Zugang zur beruflichen Ausbildung und Weiterbildung ausgedehnt worden;

– Artikel 14 Absatz 3 entspricht Artikel 2 des Zusatzprotokolls zur EMRK, was die Rechte der Eltern betrifft;

– Artikel 47 Absätze 2 und 3 entsprechen Artikel 6 Absatz 1 EMRK, aber die Beschränkung auf Streitigkeiten in Bezug auf zivilrechtliche Ansprüche und Verpflichtungen oder strafrechtliche Anklagen kommt nicht zum Tragen, wenn es um das Recht der Union und dessen Anwendung geht;

– Artikel 50 entspricht Artikel 4 des Protokolls Nr. 7 zur EMRK, aber seine Tragweite ist auf die Ebene der Europäischen Union ausgedehnt worden und er gilt zwischen den Gerichten der Mitgliedstaaten;

– schließlich können die Unionsbürgerinnen und -bürger im Anwendungsbereich des Unionsrechts wegen des Verbots jeglicher Diskriminierung aufgrund der Nationalität nicht als Ausländer angesehen werden. Die in Artikel 16 EMRK vorgesehenen Beschränkungen der Rechte ausländischer Personen finden daher in diesem Rahmen auf die Unionsbürgerinnen und -bürger keine Anwendung.

Die Auslegungsregel in Absatz 4 beruht auf dem Wortlaut des Artikels 6 Absatz 3 des Vertrags über die Europäische Union und trägt dem Ansatz des Gerichtshofs hinsichtlich der gemeinsamen Verfassungsüberlieferungen gebührend Rechnung (z. B. Urteil vom 13. Dezember 1979, Rechtssache 44/79, Hauer, Slg. 1979, 3727; Urteil vom 18. Mai 1982, Rechtssache 155/79, AM&S, Slg. 1982, 1575). Anstatt einem restriktiven Ansatz eines „kleinsten gemeinsamen Nenners" zu folgen, sind die Charta-Rechte dieser Regel zufolge so auszulegen, dass sie ein hohes Schutzniveau bieten, das dem Unionsrecht angemessen ist und mit den gemeinsamen Verfassungsüberlieferungen im Einklang steht.

In Absatz 5 wird die Unterscheidung zwischen „Rechten" und „Grundsätzen" in der Charta näher bestimmt. Dieser Unterscheidung zufolge sind subjektive Rechte zu beachten, während Grundsätze einzuhalten sind (Artikel 51 Absatz 1). Grundsätze können durch Rechtsakte oder Durchführungsvorschriften (die von der Union im Einklang mit ihren Zuständigkeiten erlassen werden, von den Mitgliedstaaten aber nur dann, wenn sie Unionsrecht umsetzen) umgesetzt werden; sie erhalten demzufolge nur dann Bedeutung für die Gerichte, wenn solche Rechtsakte ausgelegt oder überprüft werden. Sie begründen jedoch keine direkten Ansprüche auf den Erlass positiver Maßnahmen durch die Organe der Union oder die Behörden den Mitgliedstaaten; dies steht sowohl mit der Rechtsprechung des Gerichtshofs (vgl. insbesondere die Rechtsprechung über das „Vorsorgeprinzip" in Artikel 191 Absatz 2 des Vertrags über die Arbeitsweise der Europäischen Union: Urteil des Gerichts erster Instanz vom 11. September 2002, Rechtssache T-13/99 Pfizer gegen Rat, mit zahlreichen Nachweisen aus der älteren Rechtsprechung, sowie eine Reihe von Urteilen zu Artikel 33 (ex-39) über die Grundsätze des Agrarrechts, z. B. Urteil des Gerichtshofs in der Rechtssache 265/85, Van den Bergh, Slg. 1987, 1155, Prüfung des Grundsatzes der Marktstabilisierung und des Vertrauensschutzes) als auch mit dem Ansatz der Verfassungsordnungen der Mitgliedstaaten zu „Grundsätzen", insbesondere im Bereich des Sozialrechts, in Einklang. Zu den in der Charta anerkannten Grundsätzen gehören beispielsweise die Artikel 25, 26 und 37. In einigen Fällen kann ein Charta-Artikel sowohl Elemente eines Rechts als auch eines Grundsatzes enthalten, beispielsweise Artikel 23, 33 und 34.

Absatz 6 bezieht sich auf die verschiedenen Artikel in der Charta, in denen im Sinne der Subsidiarität auf die einzelstaatlichen Rechtsvorschriften und Gepflogenheiten verwiesen wird.

Erläuterung zu Artikel 53 – Schutzniveau

Der Zweck dieser Bestimmung ist die Aufrechterhaltung des durch das Recht der Union, das Recht der Mitgliedstaaten und das Völkerrecht in seinem jeweiligen Anwendungsbereich gegenwärtig gewährleisteten Schutzniveaus. Aufgrund ihrer Bedeutung findet die EMRK Erwähnung.

Erläuterung zu Artikel 54 – Verbot des Missbrauchs der Rechte

Dieser Artikel entspricht Artikel 17 EMRK:

„Diese Konvention ist nicht so auszulegen, als begründe sie für einen Staat, eine Gruppe oder eine Person das Recht, eine Tätigkeit auszuüben oder eine Handlung vorzunehmen, die darauf abzielt, die in der Konvention festgelegten Rechte und Freiheiten abzuschaffen oder sie stärker einzuschränken, als es in der Konvention vorgesehen ist."

[5] Protokoll (Nr. 1) über die Rolle der nationalen Parlamente in der Europäischen Union

Inhaltsübersicht[1]

Titel I
Unterrichtung der nationalen Parlamente

Artikel 1 [Weiterleitung von Kommissionsdokumenten]
Artikel 2 [Weiterleitung von Entwürfen von Gesetzgebungsakten]
Artikel 3 [Recht zur begründeten Stellungnahme]
Artikel 4 [Fristenregelung]
Artikel 5 [Weiterleitung von Tagungsordnungen und -ergebnissen]
Artikel 6 [Unterrichtungspflicht bei Vertragsänderungen]
Artikel 7 [Jahresbericht des Rechnungshofs]
Artikel 8 [Anwendung der Regelungen bei Zweikammersystem]

Titel II
Zusammenarbeit zwischen den Parlamenten

Artikel 9 [Gestaltung und Förderung der Zusammenarbeit]
Artikel 10 [Konferenz der Europa-Ausschüsse]

DIE HOHEN VERTRAGSPARTEIEN –

EINGEDENK dessen, dass die Art der Kontrolle der Regierungen durch die nationalen Parlamente hinsichtlich der Tätigkeiten der Europäischen Union Sache der besonderen verfassungsrechtlichen Gestaltung und Praxis jedes Mitgliedstaats ist,

IN DEM WUNSCH, eine stärkere Beteiligung der nationalen Parlamente an den Tätigkeiten der Europäischen Union zu fördern und ihnen bessere Möglichkeiten zu geben, sich zu den Entwürfen von Gesetzgebungsakten der Europäischen Union sowie zu anderen Fragen, die für sie von besonderem Interesse sein können, zu äußern –

SIND über folgende Bestimmungen ÜBEREINGEKOMMEN, die dem Vertrag über die Europäische Union, dem Vertrag über

---

[1] Inhaltsübersicht und Artikelüberschriften sind nicht amtlich.

die Arbeitsweise der Europäischen Union und dem Vertrag zur Gründung der Europäischen Atomgemeinschaft beigefügt sind:

Titel I
Unterrichtung der nationalen Parlamente

Artikel 1 [Weiterleitung von Kommissionsdokumenten]

¹Die Konsultationsdokumente der Kommission (Grün- und Weißbücher sowie Mitteilungen) werden bei ihrer Veröffentlichung von der Kommission direkt den nationalen Parlamenten zugeleitet. ²Ferner leitet die Kommission den nationalen Parlamenten gleichzeitig mit der Übermittlung an das Europäische Parlament und den Rat das jährliche Rechtsetzungsprogramm sowie alle weiteren Dokumente für die Ausarbeitung der Rechtsetzungsprogramme oder politischen Strategien zu.

Artikel 2 [Weiterleitung von Entwürfen von Gesetzgebungsakten]

Die an das Europäische Parlament und den Rat gerichteten Entwürfe von Gesetzgebungsakten werden den nationalen Parlamenten zugeleitet.

Im Sinne dieses Protokolls bezeichnet „Entwurf eines Gesetzgebungsakts" die Vorschläge der Kommission, die Initiativen einer Gruppe von Mitgliedstaaten, die Initiativen des Europäischen Parlaments, die Anträge des Gerichtshofs, die Empfehlungen der Europäischen Zentralbank und die Anträge der Europäischen Investitionsbank, die den Erlass eines Gesetzgebungsaktes zum Ziel haben.

Die von der Kommission vorgelegten Entwürfe von Gesetzgebungsakten werden von der Kommission gleichzeitig mit der Übermittlung an das Europäische Parlament und den Rat direkt den nationalen Parlamenten zugeleitet.

Die vom Europäischen Parlament vorgelegten Entwürfe von Gesetzgebungsakten werden vom Europäischen Parlament direkt den nationalen Parlamenten zugeleitet.

Die von einer Gruppe von Mitgliedstaaten, vom Gerichtshof, von der Europäischen Zentralbank oder von der Europäischen

Investitionsbank vorgelegten Entwürfe von Gesetzgebungsakten werden vom Rat den nationalen Parlamenten zugeleitet.

Artikel 3 [Recht zur begründeten Stellungnahme]

Die nationalen Parlamente können nach dem im Protokoll über die Anwendung der Grundsätze der Subsidiarität und der Verhältnismäßigkeit vorgesehenen Verfahren eine begründete Stellungnahme zur Übereinstimmung eines Entwurfs eines Gesetzgebungsakts mit dem Subsidiaritätsprinzip an die Präsidenten des Europäischen Parlaments, des Rates und der Kommission richten.

Wird der Entwurf eines Gesetzgebungsakts von einer Gruppe von Mitgliedstaaten vorgelegt, so übermittelt der Präsident des Rates die begründete Stellungnahme oder die begründeten Stellungnahmen den Regierungen dieser Mitgliedstaaten.

Wird der Entwurf eines Gesetzgebungsakts vom Gerichtshof, von der Europäischen Zentralbank oder von der Europäischen Investitionsbank vorgelegt, so übermittelt der Präsident des Rates die begründete Stellungnahme oder die begründeten Stellungnahmen dem betreffenden Organ oder der betreffenden Einrichtung.

Artikel 4 [Fristenregelung]

[1]Zwischen dem Zeitpunkt, zu dem ein Entwurf eines Gesetzgebungsakts den nationalen Parlamenten in den Amtssprachen der Union zugeleitet wird, und dem Zeitpunkt, zu dem er zwecks Erlass oder zur Festlegung eines Standpunkts im Rahmen eines Gesetzgebungsverfahrens auf die vorläufige Tagesordnung des Rates gesetzt wird, müssen acht Wochen liegen. [2]In dringenden Fällen, die in dem Rechtsakt oder dem Standpunkt des Rates begründet werden, sind Ausnahmen möglich. [3]Außer in ordnungsgemäß begründeten dringenden Fällen darf in diesen acht Wochen keine Einigung über den Entwurf eines Gesetzgebungsakts festgestellt werden. [4]Außer in ordnungsgemäß begründeten dringenden Fällen müssen zwischen der Aufnahme des Entwurfs eines Gesetzgebungsakts in die vorläufige Tagesordnung für die Tagung des Rates und der Festlegung eines Standpunkts zehn Tage liegen.

Artikel 5 [Weiterleitung von Tagungsordnungen und -ergebnissen]

Den nationalen Parlamenten werden die Tagesordnungen für die Tagungen des Rates und die Ergebnisse dieser Tagungen, einschließlich der Protokolle der Tagungen, auf denen der Rat über Entwürfe von Gesetzgebungsakten berät, gleichzeitig mit der Übermittlung an die Regierungen der Mitgliedstaaten direkt zugeleitet.

Artikel 6 [Unterrichtungspflicht bei Vertragsänderungen]

Beabsichtigt der Europäische Rat, Artikel 48 Absatz 7 Unterabsatz 1 oder Unterabsatz 2 des Vertrags über die Europäische Union in Anspruch zu nehmen, so werden die nationalen Parlamente mindestens sechs Monate vor dem Erlass eines Beschlusses von der Initiative des Europäischen Rates unterrichtet.

Artikel 7 [Jahresbericht des Rechnungshofs]

Der Rechnungshof übermittelt den nationalen Parlamenten gleichzeitig mit der Übermittlung an das Europäische Parlament und den Rat seinen Jahresbericht zur Unterrichtung.

Artikel 8 [Anwendung der Regelungen bei Zweikammersystem]

Handelt es sich bei dem System des nationalen Parlaments nicht um ein Einkammersystem, so gelten die Artikel 1 bis 7 für jede der Kammern des Parlaments.

Titel II
Zusammenarbeit zwischen den Parlamenten

Artikel 9 [Gestaltung und Förderung der Zusammenarbeit]

Das Europäische Parlament und die nationalen Parlamente legen gemeinsam fest, wie eine effiziente und regelmäßige Zusammenarbeit zwischen den Parlamenten innerhalb der Union gestaltet und gefördert werden kann.

Artikel 10 [Konferenz der Europa-Ausschüsse]
¹Eine Konferenz der Europa-Ausschüsse der Parlamente kann jeden ihr zweckmäßig erscheinenden Beitrag dem Europäischen Parlament, dem Rat und der Kommission zur Kenntnis bringen. ²Diese Konferenz fördert ferner den Austausch von Informationen und bewährten Praktiken zwischen den nationalen Parlamenten und dem Europäischen Parlament, einschließlich ihrer Fachausschüsse. ³Sie kann auch interparlamentarische Konferenzen zu Einzelthemen organisieren, insbesondere zur Erörterung von Fragen der Gemeinsamen Außen- und Sicherheitspolitik, einschließlich der Gemeinsamen Sicherheits- und Verteidigungspolitik. ⁴Die Beiträge der Konferenz binden nicht die nationalen Parlamente und greifen ihrem Standpunkt nicht vor.

[6] Protokoll (Nr. 2)
über die Anwendung der Grundsätze der Subsidiarität und der Verhältnismäßigkeit

Inhaltsübersicht[1]

Artikel 1 [Pflicht zur Einhaltung der Grundsätze der Subsidiarität und der Verhältnismäßigkeit]
Artikel 2 [Anhörungspflicht der Kommission]
Artikel 3 [Begriff des „Entwurfs eines Gesetzgebungsakts"]
Artikel 4 [Weiterleitung der Entwürfe für Gesetzgebungsakte]
Artikel 5 [Begründungspflicht]
Artikel 6 [Recht der nationalen Parlamente zur begründeten Stellungnahme]
Artikel 7 [Berücksichtigung der begründeten Stellungnahmen der nationalen Parlamente]
Artikel 8 [Zuständigkeit des EuGH, Klageberechtigung des Ausschusses der Regionen]
Artikel 9 [Berichtspflicht der Kommission]

DIE HOHEN VERTRAGSPARTEIEN –
IN DEM WUNSCH sicherzustellen, dass die Entscheidungen in der Union so bürgernah wie möglich getroffen werden,
ENTSCHLOSSEN, die Bedingungen für die Anwendung der in Artikel 5 des Vertrags über die Europäische Union verankerten Grundsätze der Subsidiarität und der Verhältnismäßigkeit festzulegen und ein System zur Kontrolle der Anwendung dieser Grundsätze zu schaffen –
SIND über folgende Bestimmungen ÜBEREINGEKOMMEN, die dem Vertrag über die Europäische Union und dem Vertrag über die Arbeitsweise der Europäischen Union beigefügt sind:

Artikel 1 [Pflicht zur Einhaltung der Grundsätze der Subsidiarität und der Verhältnismäßigkeit]
Jedes Organ trägt stets für die Einhaltung der in Artikel 5 des Vertrags über die Europäische Union niedergelegten Grundsätze der Subsidiarität und der Verhältnismäßigkeit Sorge.

---
[1] Inhaltsübersicht und Artikelüberschriften sind nicht amtlich.

Artikel 2 [Anhörungspflicht der Kommission]

¹Die Kommission führt umfangreiche Anhörungen durch, bevor sie einen Gesetzgebungsakt vorschlägt. ²Dabei ist gegebenenfalls der regionalen und lokalen Bedeutung der in Betracht gezogenen Maßnahmen Rechnung zu tragen. ³In außergewöhnlich dringenden Fällen führt die Kommission keine Konsultationen durch. ⁴Sie begründet dies in ihrem Vorschlag.

Artikel 3 [Begriff des „Entwurfs eines Gesetzgebungsakts"]

Im Sinne dieses Protokolls bezeichnet „Entwurf eines Gesetzgebungsakts" die Vorschläge der Kommission, die Initiativen einer Gruppe von Mitgliedstaaten, die Initiativen des Europäischen Parlaments, die Anträge des Gerichtshofs, die Empfehlungen der Europäischen Zentralbank und die Anträge der Europäischen Investitionsbank, die den Erlass eines Gesetzgebungsakts zum Ziel haben.

Artikel 4 [Weiterleitung der Entwürfe für Gesetzgebungsakte]

Die Kommission leitet ihre Entwürfe für Gesetzgebungsakte und ihre geänderten Entwürfe den nationalen Parlamenten und dem Unionsgesetzgeber gleichzeitig zu.

Das Europäische Parlament leitet seine Entwürfe von Gesetzgebungsakten sowie seine geänderten Entwürfe den nationalen Parlamenten zu.

Der Rat leitet die von einer Gruppe von Mitgliedstaaten, vom Gerichtshof, von der Europäischen Zentralbank oder von der Europäischen Investitionsbank vorgelegten Entwürfe von Gesetzgebungsakten sowie die geänderten Entwürfe den nationalen Parlamenten zu.

Sobald das Europäische Parlament seine legislativen Entschließungen angenommen und der Rat seine Standpunkte festgelegt hat, leiten sie diese den nationalen Parlamenten zu.

Artikel 5 [Begründungspflicht]

¹Die Entwürfe von Gesetzgebungsakten werden im Hinblick auf die Grundsätze der Subsidiarität und der Verhältnismäßigkeit

begründet. ²Jeder Entwurf eines Gesetzgebungsakts sollte einen Vermerk mit detaillierten Angaben enthalten, die es ermöglichen zu beurteilen, ob die Grundsätze der Subsidiarität und der Verhältnismäßigkeit eingehalten wurden. ³Dieser Vermerk sollte Angaben zu den voraussichtlichen finanziellen Auswirkungen sowie im Fall einer Richtlinie zu den Auswirkungen auf die von den Mitgliedstaaten zu erlassenden Rechtsvorschriften, einschließlich gegebenenfalls der regionalen Rechtsvorschriften, enthalten. ⁴Die Feststellung, dass ein Ziel der Union besser auf Unionsebene erreicht werden kann, beruht auf qualitativen und, soweit möglich, quantitativen Kriterien. ⁵Die Entwürfe von Gesetzgebungsakten berücksichtigen dabei, dass die finanzielle Belastung und der Verwaltungsaufwand der Union, der nationalen Regierungen, der regionalen und lokalen Behörden, der Wirtschaftsteilnehmer und der Bürgerinnen und Bürger so gering wie möglich gehalten werden und in einem angemessenen Verhältnis zu dem angestrebten Ziel stehen müssen.

Artikel 6 [Recht der nationalen Parlamente zur begründeten Stellungnahme]

¹Die nationalen Parlamente oder die Kammern eines dieser Parlamente können binnen acht Wochen nach dem Zeitpunkt der Übermittlung eines Entwurfs eines Gesetzgebungsakts in den Amtssprachen der Union in einer begründeten Stellungnahme an die Präsidenten des Europäischen Parlaments, des Rates und der Kommission darlegen, weshalb der Entwurf ihres Erachtens nicht mit dem Subsidiaritätsprinzip vereinbar ist. ²Dabei obliegt es dem jeweiligen nationalen Parlament oder der jeweiligen Kammer eines nationalen Parlaments, gegebenenfalls die regionalen Parlamente mit Gesetzgebungsbefugnissen zu konsultieren.

Wird der Entwurf eines Gesetzgebungsakts von einer Gruppe von Mitgliedstaaten vorgelegt, so übermittelt der Präsident des Rates die Stellungnahme den Regierungen dieser Mitgliedstaaten.

Wird der Entwurf eines Gesetzgebungsakts vom Gerichtshof, von der Europäischen Zentralbank oder von der Europäischen Investitionsbank vorgelegt, so übermittelt der Präsident des Rates die Stellungnahme dem betreffenden Organ oder der betreffenden Einrichtung.

Artikel 7 [Berücksichtigung der begründeten Stellungnahmen der nationalen Parlamente]

(1) Das Europäische Parlament, der Rat und die Kommission sowie gegebenenfalls die Gruppe von Mitgliedstaaten, der Gerichtshof, die Europäische Zentralbank oder die Europäische Investitionsbank, sofern der Entwurf eines Gesetzgebungsakts von ihnen vorgelegt wurde, berücksichtigen die begründeten Stellungnahmen der nationalen Parlamente oder einer der Kammern eines dieser Parlamente.

[1]Jedes nationale Parlament hat zwei Stimmen, die entsprechend dem einzelstaatlichen parlamentarischen System verteilt werden. [2]In einem Zweikammersystem hat jede der beiden Kammern eine Stimme.

(2) [1]Erreicht die Anzahl begründeter Stellungnahmen, wonach der Entwurf eines Gesetzgebungsakts nicht mit dem Subsidiaritätsprinzip im Einklang steht, mindestens ein Drittel der Gesamtzahl der den nationalen Parlamenten nach Absatz 1 Unterabsatz 2 zugewiesenen Stimmen, so muss der Entwurf überprüft werden. [2]Die Schwelle beträgt ein Viertel der Stimmen, wenn es sich um den Entwurf eines Gesetzgebungsakts auf der Grundlage des Artikels 76 des Vertrags über die Arbeitsweise der Europäischen Union betreffend den Raum der Freiheit, der Sicherheit und des Rechts handelt.

[1]Nach Abschluss der Überprüfung kann die Kommission oder gegebenenfalls die Gruppe von Mitgliedstaaten, das Europäische Parlament, der Gerichtshof, die Europäische Zentralbank oder die Europäische Investitionsbank, sofern der Entwurf eines Gesetzgebungsakts von ihr beziehungsweise ihm vorgelegt wurde, beschließen, an dem Entwurf festzuhalten, ihn zu ändern oder ihn zurückzuziehen. [2]Dieser Beschluss muss begründet werden.

(3) [1]Außerdem gilt im Rahmen des ordentlichen Gesetzgebungsverfahrens Folgendes: Erreicht die Anzahl begründeter Stellungnahmen, wonach der Vorschlag für einen Gesetzgebungsakt nicht mit dem Subsidiaritätsprinzip im Einklang steht, mindestens die einfache Mehrheit der Gesamtzahl der den nationalen Parlamenten nach Absatz 1 Unterabsatz 2 zugewiesenen Stimmen, so muss der Vorschlag überprüft werden. [2]Nach Abschluss dieser Überprüfung kann die Kommission

beschließen, an dem Vorschlag festzuhalten, ihn zu ändern oder ihn zurückzuziehen.

¹Beschließt die Kommission, an dem Vorschlag festzuhalten, so hat sie in einer begründeten Stellungnahme darzulegen, weshalb der Vorschlag ihres Erachtens mit dem Subsidiaritätsprinzip im Einklang steht. ²Die begründete Stellungnahme der Kommission wird zusammen mit den begründeten Stellungnahmen der nationalen Parlamente dem Unionsgesetzgeber vorgelegt, damit dieser sie im Rahmen des Verfahrens berücksichtigt:

a) Vor Abschluss der ersten Lesung prüft der Gesetzgeber (das Europäische Parlament und der Rat), ob der Gesetzgebungsvorschlag mit dem Subsidiaritätsprinzip im Einklang steht; hierbei berücksichtigt er insbesondere die angeführten Begründungen, die von einer Mehrheit der nationalen Parlamente unterstützt werden, sowie die begründete Stellungnahme der Kommission.

b) Ist der Gesetzgeber mit der Mehrheit von 55 % der Mitglieder des Rates oder einer Mehrheit der abgegebenen Stimmen im Europäischen Parlament der Ansicht, dass der Vorschlag nicht mit dem Subsidiaritätsprinzip im Einklang steht, wird der Gesetzgebungsvorschlag nicht weiter geprüft.

Artikel 8 [Zuständigkeit des EuGH, Klageberechtigung des Ausschusses der Regionen]

Der Gerichtshof der Europäischen Union ist für Klagen wegen Verstoßes eines Gesetzgebungsakts gegen das Subsidiaritätsprinzip zuständig, die nach Maßgabe des Artikels 263 des Vertrags über die Arbeitsweise der Europäischen Union von einem Mitgliedstaat erhoben oder entsprechend der jeweiligen innerstaatlichen Rechtsordnung von einem Mitgliedstaat im Namen seines nationalen Parlaments oder einer Kammer dieses Parlaments übermittelt werden.

Nach Maßgabe des genannten Artikels können entsprechende Klagen in Bezug auf Gesetzgebungsakte, für deren Erlass die Anhörung des Ausschusses der Regionen nach dem Vertrag über die Arbeitsweise der Europäischen Union vorgeschrieben ist, auch vom Ausschuss der Regionen erhoben werden.

Artikel 9 [Berichtspflicht der Kommission]
¹Die Kommission legt dem Europäischen Rat, dem Europäischen Parlament, dem Rat und den nationalen Parlamenten jährlich einen Bericht über die Anwendung des Artikels 5 des Vertrags über die Europäische Union vor. ²Dieser Jahresbericht wird auch dem Wirtschafts- und Sozialausschuss und dem Ausschuss der Regionen zugeleitet.

[7] Protokoll (Nr. 3) über die Satzung des *Gerichtshofs der Europäischen Union

Inhaltsübersicht[1]

Artikel 1 [Anwendbare Regelungen]

Titel I
Die Richter und die Generalanwälte

Artikel 2 [Eidesleistung, Beratungsgeheimnis]
Artikel 3 [Immunität, Vorrechte und Befreiungen]
Artikel 4 [Nebentätigkeitsverbot]
Artikel 5 [Amtsdauer]
Artikel 6 [Amtsenthebung]
Artikel 7 [Neubesetzung vor Ablauf der Amtszeit]
Artikel 8 [Generalanwälte]

Titel II
Organisation des Gerichtshofs

Artikel 9 [Neubesetzung von Richterstellen und Stellen der Generalanwälte]
Artikel 9a [Wahl des Präsidenten und Vizepräsidenten]
Artikel 10 [Eidesleistung des Kanzlers]
Artikel 11 [Vertretung des Kanzlers]
Artikel 12 [Beamte und sonstige Bedienstete]
Artikel 13 [Hilfsberichterstatter]
Artikel 14 [Residenzpflicht in Luxemburg]
Artikel 15 [Gerichtsferien]
Artikel 16 [Kammerbildung und -besetzung, Plenum]
Artikel 17 [Quorum]
Artikel 18 [Mitwirkungsverbot]

Titel III
Verfahren vor dem Gerichtshof

Artikel 19 [Vertretung vor dem Gerichtshof]
Artikel 20 [Verfahrensablauf]
Artikel 21 [Klageschrift]
Artikel 22 [Klageschrift in den Fällen des Art. 18 EAGV]
Artikel 23 [Vorabentscheidungsverfahren]

---

[1] Inhaltsübersicht und Artikelüberschriften sind nicht amtlich.

Artikel 23a [Beschleunigtes Verfahren und Eilvorlageverfahren]
Artikel 24 [Vorlage von Urkunden und Erteilung von Auskünften]
Artikel 25 [Gutachtenauftrag]
Artikel 26 [Zeugenvernehmung]
Artikel 27 [Sanktionen bei Nichterscheinen von Zeugen]
Artikel 28 [Vereidigung von Zeugen]
Artikel 29 [Rechtshilfeersuchen]
Artikel 30 [Folgen eines Meineides]
Artikel 31 [Öffentlichkeit der Verhandlung]
Artikel 32 [Vernehmung von Sachverständigen, Zeugen und Parteien]
Artikel 33 [Protokoll über die mündliche Verhandlung]
Artikel 34 [Terminliste]
Artikel 35 [Beratungsgeheimnis]
Artikel 36 [Begründung der Urteile]
Artikel 37 [Unterzeichnung und Verkündung der Urteile]
Artikel 38 [Kostenentscheidung]
Artikel 39 [Vorläufiger Rechtsschutz, Aussetzung der Zwangsvollstreckung]
Artikel 40 [Streithilfe]
Artikel 41 [Versäumnisurteil]
Artikel 42 [Drittwiderspruch]
Artikel 43 [Auslegung von Urteilen]
Artikel 44 [Wiederaufnahme des Verfahrens]
Artikel 45 [Festlegung von Entfernungsfristen, Fristversäumnis]
Artikel 46 [Verjährung von Ansprüchen aus außervertraglicher Haftung der Union]

Titel IV
Das Gericht

Artikel 47 [Anwendbare Regelungen]
Artikel 48 [Anzahl der Mitglieder des Gerichts]
Artikel 49 [Bestellung von Mitgliedern als Generalanwalt]
Artikel 50 [Spruchkörper]
Artikel 50a [Zuständigkeit des Gerichts für Streitigkeiten gemäß Art. 270 AEUV]
Artikel 51 [Zuständigkeitsverteilung zwischen Gerichtshof und Gericht]
Artikel 52 [Beamte und sonstige Bedienstete]
Artikel 53 [Anwendbare Regelungen]
Artikel 54 [Verweisung, Verfahrensaussetzung, Unzuständigkeitserklärung]
Artikel 55 [Übermittlung der Entscheidungen des Gerichts]
Artikel 56 [Rechtsmittel]
Artikel 57 [Rechtsmittel wegen Nichtzulassung als Streithelfer und gegen Beschluss im einstweiligen Rechtsschutzverfahren]

Artikel 58 [Beschränkungen des Rechtsmittels auf Rechtsfragen]
Artikel 59 [Verfahren]
Artikel 60 [Wirkung von Rechtsmitteln]
Artikel 61 [Begründetheit des Rechtsmittels]
Artikel 62 [Überprüfung von Entscheidungen des Gerichts]
Artikel 62a [Eilverfahren bei Überprüfung]
Artikel 62b [Wirkung]

**Titel IVa
Die Fachgerichte**

Artikel 62c [Zuständigkeitsbereiche, Zusammensetzung, Aufbau, Verfahren]

**Titel V
Schlussbestimmungen**

Artikel 63 [Verfahrensordnungen des Gerichtshofs und des Gerichts]
Artikel 64 [Regelung der Sprachenfrage]

**Anhang I
Das Gericht für den Öffentlichen Dienst der Europäischen Union**

Artikel 1 [Zuständigkeit]
Artikel 2 [Anzahl und Amtszeit der Richter]
Artikel 3 [Ernennung der Richter]
Artikel 4 [Präsidentenwahl, Spruchkörper]
Artikel 5 [Anwendbare Regelungen]
Artikel 6 [Beamte und sonstige Bedienstete]
Artikel 7 [Anwendbare Verfahrensregelungen]
Artikel 8 [Verweisung, Verfahrensaussetzung, Unzuständigkeitserklärung]
Artikel 9 [Rechtsmittel]
Artikel 10 [Rechtsmittel wegen Nichtzulassung als Streithelfer und gegen Beschluss im einstweiligen Rechtsschutzverfahren]
Artikel 11 [Beschränkungen des Rechtsmittels auf Rechtsfragen]
Artikel 12 [Wirkung von Rechtsmitteln]
Artikel 13 [Begründetheit des Rechtsmittels]

DIE HOHEN VERTRAGSPARTEIEN –
IN DEM WUNSCH, die in Artikel 281 des Vertrags über die Arbeitsweise der Europäischen Union (AEUV) vorgesehene Satzung des Gerichtshofs der Europäischen Union festzulegen –

SIND über folgende Bestimmungen ÜBEREINGEKOMMEN, die dem Vertrag über die Europäische Union, dem Vertrag über die Arbeitsweise der Europäischen Union und dem Vertrag zur Gründung der Europäischen Atomgemeinschaft beigefügt sind:

Artikel 1 [Anwendbare Regelungen]
Für die Errichtung und die Tätigkeit des Gerichtshofs der Europäischen Union gelten die Bestimmungen der Verträge, des Vertrags zur Gründung der Europäischen Atomgemeinschaft (EAG-Vertrag) und dieser Satzung.

Titel I
Die Richter und die Generalanwälte

Artikel 2 [Eidesleistung, Beratungsgeheimnis]
Jeder Richter leistet vor Aufnahme seiner Amtstätigkeit vor dem in öffentlicher Sitzung tagenden Gerichtshof den Eid, sein Amt unparteiisch und gewissenhaft auszuüben und das Beratungsgeheimnis zu wahren.

Artikel 3 [Immunität, Vorrechte und Befreiungen]
[1]Die Richter sind keiner Gerichtsbarkeit unterworfen. [2]Hinsichtlich ihrer in amtlicher Eigenschaft vorgenommenen Handlungen, einschließlich ihrer mündlichen und schriftlichen Äußerungen, steht ihnen diese Befreiung auch nach Abschluss ihrer Amtstätigkeit zu.

[1]Der Gerichtshof kann die Befreiung durch Plenarentscheidung aufheben. [2]Betrifft die Entscheidung ein Mitglied des Gerichts oder eines Fachgerichts, so entscheidet der Gerichtshof nach Anhörung des betreffenden Gerichts.

Wird nach Aufhebung der Befreiung ein Strafverfahren gegen einen Richter eingeleitet, so darf dieser in jedem Mitgliedstaat nur vor ein Gericht gestellt werden, das für Verfahren gegen Richter der höchsten Gerichte dieses Mitgliedstaats zuständig ist.

Die Artikel 11 bis 14 und Artikel 17 des Protokolls über die Vorrechte und Befreiungen der Europäischen Union finden auf die Richter, die Generalanwälte, den Kanzler und die Hilfsberichterstatter des Gerichtshofs der Europäischen Union Anwendung; die Bestimmungen der Absätze 1 bis 3 betreffend die Befreiung der Richter von der Gerichtsbarkeit bleiben hiervon unberührt.

Artikel 4 [Nebentätigkeitsverbot]

Die Richter dürfen weder ein politisches Amt noch ein Amt in der Verwaltung ausüben.

Sie dürfen keine entgeltliche oder unentgeltliche Berufstätigkeit ausüben, es sei denn, dass der Rat mit einfacher Mehrheit ausnahmsweise von dieser Vorschrift Befreiung erteilt.

Bei der Aufnahme ihrer Tätigkeit übernehmen sie die feierliche Verpflichtung, während der Ausübung und nach Ablauf ihrer Amtstätigkeit die sich aus ihrem Amt ergebenden Pflichten zu erfüllen, insbesondere die Pflicht, bei der Annahme bestimmter Tätigkeiten oder Vorteile nach Ablauf dieser Tätigkeit ehrenhaft und zurückhaltend zu sein.

[1]Im Zweifelsfalle entscheidet der Gerichtshof. [2]Betrifft die Entscheidung ein Mitglied des Gerichts oder eines Fachgerichts, so entscheidet der Gerichtshof nach Anhörung des betreffenden Gerichts.

Artikel 5 [Amtsdauer]

Abgesehen von den regelmäßigen Neubesetzungen und von Todesfällen endet das Amt eines Richters durch Rücktritt.

[1]Bei Rücktritt eines Richters ist das Rücktrittsschreiben an den Präsidenten des Gerichtshofs zur Weiterleitung an den Präsidenten des Rates zu richten. [2]Mit der Benachrichtigung des Letzteren wird der Sitz frei.

Mit Ausnahme der Fälle, in denen Artikel 6 Anwendung findet, bleibt jeder Richter bis zum Amtsantritt seines Nachfolgers im Amt.

Artikel 6 [Amtsenthebung]

[1]Ein Richter kann nur dann seines Amtes enthoben oder seiner Ruhegehaltsansprüche oder anderer an ihrer Stelle gewährter Vergünstigungen für verlustig erklärt werden, wenn er nach einstimmigem Urteil der Richter und Generalanwälte des Gerichtshofs nicht mehr die erforderlichen Voraussetzungen erfüllt oder

den sich aus seinem Amt ergebenden Verpflichtungen nicht mehr nachkommt. ²Der Betroffene wirkt bei der Beschlussfassung nicht mit. ³Ist der Betroffene ein Mitglied des Gerichts oder eines Fachgerichts, so entscheidet der Gerichtshof nach Anhörung des betreffenden Gerichts.

Der Kanzler bringt den Präsidenten des Europäischen Parlaments und der Kommission die Entscheidung des Gerichtshofs zur Kenntnis und übermittelt sie dem Präsidenten des Rates.

Wird durch eine solche Entscheidung ein Richter seines Amtes enthoben, so wird sein Sitz mit der Benachrichtigung des Präsidenten des Rates frei.

Artikel 7 [Neubesetzung vor Ablauf der Amtszeit]

Endet das Amt eines Richters vor Ablauf seiner Amtszeit, so wird es für die verbleibende Amtszeit neu besetzt.

Artikel 8 [Generalanwälte]

Die Artikel 2 bis 7 finden auf die Generalanwälte Anwendung.

Titel II
Organisation des Gerichtshofs

Artikel 9 [Neubesetzung von Richterstellen und Stellen der Generalanwälte]

Bei der alle drei Jahre stattfindenden teilweisen Neubesetzung der Richterstellen wird die Hälfte der Richterstellen neu besetzt. Ist die Zahl der Richterstellen ungerade, so ist die Zahl der neu zu besetzenden Richterstellen abwechselnd die Zahl, die direkt über bzw. direkt unter der Hälfte der Anzahl der Richterstellen liegt.

Absatz 1 gilt auch für die alle drei Jahre stattfindende teilweise Neubesetzung der Stellen der Generalanwälte.

Artikel 9a [Wahl des Präsidenten und Vizepräsidenten]

¹Die Richter wählen aus ihrer Mitte den Präsidenten und den Vizepräsidenten des Gerichtshofs für die Dauer von drei Jahren. ²Die Wiederwahl ist zulässig.

¹ Der Vizepräsident unterstützt den Präsidenten nach Maßgabe der Verfahrensordnung. ² Er vertritt den Präsidenten, wenn dieser verhindert oder sein Amt unbesetzt ist.

Artikel 10 [Eidesleistung des Kanzlers]
Der Kanzler leistet vor dem Gerichtshof den Eid, sein Amt unparteiisch und gewissenhaft auszuüben und das Beratungsgeheimnis zu wahren.

Artikel 11 [Vertretung des Kanzlers]
Der Gerichtshof regelt die Vertretung des Kanzlers für den Fall seiner Verhinderung.

Artikel 12 [Beamte und sonstige Bedienstete]
¹ Dem Gerichtshof werden Beamte und sonstige Bedienstete beigegeben, um ihm die Erfüllung seiner Aufgaben zu ermöglichen. ² Sie unterstehen dem Kanzler unter Aufsicht des Präsidenten.

Artikel 13 [Hilfsberichterstatter]
¹ Das Europäische Parlament und der Rat können gemäß dem ordentlichen Gesetzgebungsverfahren auf Antrag des Gerichtshofs die Ernennung von Hilfsberichterstattern vorsehen und ihre Stellung bestimmen. ² Die Hilfsberichterstatter können nach Maßgabe der Verfahrensordnung berufen werden, an der Bearbeitung der beim Gerichtshof anhängigen Sachen teilzunehmen und mit dem Berichterstatter zusammenzuarbeiten.

¹ Zu Hilfsberichterstattern sind Persönlichkeiten auszuwählen, die jede Gewähr für Unabhängigkeit bieten und die erforderlichen juristischen Befähigungsnachweise erbringen; sie werden vom Rat mit einfacher Mehrheit ernannt. ² Sie leisten vor dem Gerichtshof den Eid, ihr Amt unparteiisch und gewissenhaft auszuüben und das Beratungsgeheimnis zu wahren.

Artikel 14 [Residenzpflicht in Luxemburg]
Die Richter, die Generalanwälte und der Kanzler sind verpflichtet, am Sitz des Gerichtshofs zu wohnen.

Artikel 15 [Gerichtsferien]

¹Der Gerichtshof übt seine Tätigkeit ständig aus. ²Die Dauer der Gerichtsferien wird vom Gerichtshof unter Berücksichtigung der dienstlichen Erfordernisse festgesetzt.

Artikel 16 [Kammerbildung und -besetzung, Plenum]

¹Der Gerichtshof bildet aus seiner Mitte Kammern mit drei und mit fünf Richtern. ²Die Richter wählen aus ihrer Mitte die Präsidenten der Kammern. ³Die Präsidenten der Kammern mit fünf Richtern werden für drei Jahre gewählt. ⁴Einmalige Wiederwahl ist zulässig.

¹Die Große Kammer ist mit fünfzehn Richtern besetzt. Den Vorsitz führt der Präsident des Gerichtshofs. ²Der Großen Kammer gehören außerdem der Vizepräsident des Gerichtshofs sowie nach Maßgabe der Verfahrensordnung drei der Präsidenten der Kammern mit fünf Richtern und weitere Richter an.

¹Der Gerichtshof tagt als Große Kammer, wenn ein am Verfahren beteiligter Mitgliedstaat oder ein am Verfahren beteiligtes Unionsorgan dies beantragt. ²Der Gerichtshof tagt als Plenum, wenn er gemäß Artikel 228 Absatz 2, Artikel 245 Absatz 2, Artikel 247 oder Artikel 286 Absatz 6 AEUV befasst wird.

Außerdem kann der Gerichtshof, wenn er zu der Auffassung gelangt, dass eine Rechtssache, mit der er befasst ist, von außergewöhnlicher Bedeutung ist, nach Anhörung des Generalanwalts entscheiden, diese Rechtssache an das Plenum zu verweisen.

Artikel 17 [Quorum]

Der Gerichtshof kann nur in der Besetzung mit einer ungeraden Zahl von Richtern rechtswirksam entscheiden.

Die Entscheidungen der Kammern mit drei oder fünf Richtern sind nur dann gültig, wenn sie von drei Richtern getroffen werden.

Die Entscheidungen der Großen Kammer sind nur dann gültig, wenn elf Richter anwesend sind.

Die vom Plenum getroffenen Entscheidungen des Gerichtshofs sind nur dann gültig, wenn siebzehn Richter anwesend sind.

Bei Verhinderung eines Richters einer Kammer kann nach Maßgabe der Verfahrensordnung ein Richter einer anderen Kammer herangezogen werden.

Artikel 18 [Mitwirkungsverbot]

Die Richter und Generalanwälte dürfen nicht an der Erledigung einer Sache teilnehmen, in der sie vorher als Bevollmächtigte, Beistände oder Anwälte einer der Parteien tätig gewesen sind oder über die zu befinden sie als Mitglied eines Gerichts, eines Untersuchungsausschusses oder in anderer Eigenschaft berufen waren.

¹Glaubt ein Richter oder Generalanwalt, bei der Entscheidung oder Untersuchung einer bestimmten Sache aus einem besonderen Grund nicht mitwirken zu können, so macht er davon dem Präsidenten Mitteilung. ²Hält der Präsident die Teilnahme eines Richters oder Generalanwalts an der Verhandlung oder Entscheidung einer bestimmten Sache aus einem besonderen Grund für unangebracht, so setzt er diesen hiervon in Kenntnis.

Ergibt sich bei der Anwendung dieses Artikels eine Schwierigkeit, so entscheidet der Gerichtshof.

Eine Partei kann den Antrag auf Änderung der Zusammensetzung des Gerichtshofs oder einer seiner Kammern weder mit der Staatsangehörigkeit eines Richters noch damit begründen, dass dem Gerichtshof oder einer seiner Kammern kein Richter ihrer Staatsangehörigkeit angehört.

Titel III
Verfahren vor dem Gerichtshof

Artikel 19 [Vertretung vor dem Gerichtshof]

Die Mitgliedstaaten sowie die Unionsorgane werden vor dem Gerichtshof durch einen Bevollmächtigten vertreten, der für jede Sache bestellt wird; der Bevollmächtigte kann sich der Hilfe eines Beistands oder eines Anwalts bedienen.

Die Vertragsstaaten des Abkommens über den Europäischen Wirtschaftsraum, die nicht Mitgliedstaaten sind, und die in jenem Abkommen genannte EFTA-Überwachungsbehörde werden in der gleichen Weise vertreten.

Die anderen Parteien müssen durch einen Anwalt vertreten sein.

Nur ein Anwalt, der berechtigt ist, vor einem Gericht eines Mitgliedstaats oder eines anderen Vertragsstaats des Abkommens über den Europäischen Wirtschaftsraum aufzutreten, kann vor dem Gerichtshof als Vertreter oder Beistand einer Partei auftreten.

Die vor dem Gerichtshof auftretenden Bevollmächtigten, Beistände und Anwälte genießen nach Maßgabe der Verfahrensordnung die zur unabhängigen Ausübung ihrer Aufgaben erforderlichen Rechte und Sicherheiten.

Der Gerichtshof hat nach Maßgabe der Verfahrensordnung gegenüber den vor ihm auftretenden Beiständen und Anwälten die den Gerichten üblicherweise zuerkannten Befugnisse.

Hochschullehrer, die Angehörige von Mitgliedstaaten sind, deren Rechtsordnung ihnen gestattet, vor Gericht als Vertreter einer Partei aufzutreten, haben vor dem Gerichtshof die durch diesen Artikel den Anwälten eingeräumte Rechtsstellung.

Artikel 20 [Verfahrensablauf]

Das Verfahren vor dem Gerichtshof gliedert sich in ein schriftliches und ein mündliches Verfahren.

Das schriftliche Verfahren umfasst die Übermittlung der Klageschriften, Schriftsätze, Klagebeantwortungen und Erklärungen und gegebenenfalls der Repliken sowie aller zur Unterstützung vorgelegten Belegstücke und Urkunden oder ihrer beglaubigten Abschriften an die Parteien sowie an diejenigen Unionsorgane, deren Entscheidungen Gegenstand des Verfahrens sind.

Die Übermittlung obliegt dem Kanzler in der Reihenfolge und innerhalb der Fristen, die die Verfahrensordnung bestimmt.

Das mündliche Verfahren umfasst die Verlesung des von einem Berichterstatter vorgelegten Berichts, die Anhörung der Bevollmächtigten, Beistände und Anwälte und der Schlussanträge des Generalanwalts durch den Gerichtshof sowie gegebenenfalls die Vernehmung von Zeugen und Sachverständigen.

Ist der Gerichtshof der Auffassung, dass eine Rechtssache keine neue Rechtsfrage aufwirft, so kann er nach Anhörung des Generalanwalts beschließen, dass ohne Schlussanträge des Generalanwalts über die Sache entschieden wird.

Artikel 21 [Klageschrift]

[1]Die Klageerhebung bei dem Gerichtshof erfolgt durch Einreichung einer an den Kanzler zu richtenden Klageschrift. [2]Die

Klageschrift muss Namen und Wohnsitz des Klägers, die Stellung des Unterzeichnenden, die Partei oder die Parteien, gegen die die Klage erhoben wird, und den Streitgegenstand angeben sowie die Anträge und eine kurze Darstellung der Klagegründe enthalten.

¹Ihr ist gegebenenfalls der Rechtsakt beizufügen, dessen Nichtigerklärung beantragt wird, oder in dem in Artikel 265 AEUV geregelten Fall eine Unterlage, aus der sich der Zeitpunkt der in dem genannten Artikel vorgesehenen Aufforderung ergibt. ²Sind der Klageschrift diese Unterlagen nicht beigefügt, so fordert der Kanzler den Kläger auf, sie innerhalb einer angemessenen Frist beizubringen; die Klage kann nicht deshalb zurückgewiesen werden, weil die Beibringung erst nach Ablauf der für die Klageerhebung vorgeschriebenen Frist erfolgt.

Artikel 22 [Klageschrift in den Fällen des Art. 18 EAGV]

¹In den Fällen nach Artikel 18 des EAG-Vertrags erfolgt die Klageerhebung bei dem Gerichtshof durch Einreichung einer an den Kanzler zu richtenden Klageschrift. ²Die Klageschrift muss Namen und Wohnsitz des Klägers, die Stellung des Unterzeichnenden, die Entscheidung, gegen die Klage erhoben wird, die Gegenparteien und den Streitgegenstand angeben sowie die Anträge und eine kurze Darstellung der Klagegründe enthalten.

Eine beglaubigte Abschrift der angefochtenen Entscheidung des Schiedsausschusses ist beizufügen.

Weist der Gerichtshof die Klage ab, so wird die Entscheidung des Schiedsausschusses rechtskräftig.

¹Hebt der Gerichtshof die Entscheidung des Schiedsausschusses auf, so kann das Verfahren gegebenenfalls auf Betreiben einer Prozesspartei vor dem Schiedsausschuss wieder aufgenommen werden. ²Dieser ist an die vom Gerichtshof gegebene rechtliche Beurteilung gebunden.

Artikel 23 [Vorabentscheidungsverfahren]

¹In den Fällen nach Artikel 267 AEUV obliegt es dem Gericht des Mitgliedstaats, das ein Verfahren aussetzt und den Gerichtshof anruft, diese Entscheidung dem Gerichtshof zu übermitteln. ²Der Kanzler des Gerichtshofs stellt diese Entscheidung den beteiligten Parteien, den Mitgliedstaaten und der Kommission zu und

außerdem den Organen, Einrichtungen oder sonstigen Stellen der Union, von denen die Handlung, deren Gültigkeit oder Auslegung streitig ist, ausgegangen ist.

Binnen zwei Monaten nach dieser Zustellung können die Parteien, die Mitgliedstaaten, die Kommission und gegebenenfalls die Organe, Einrichtungen oder sonstigen Stellen der Union, von denen die Handlung, deren Gültigkeit oder Auslegung streitig ist, ausgegangen ist, beim Gerichtshof Schriftsätze einreichen oder schriftliche Erklärungen abgeben.

In den Fällen nach Artikel 267 AEUV stellt der Kanzler des Gerichtshofs die Entscheidung des Gerichts des Mitgliedstaats darüber hinaus den Vertragsstaaten des Abkommens über den Europäischen Wirtschaftsraum, die nicht Mitgliedstaaten sind, und der in jenem Abkommen genannten EFTA-Überwachungsbehörde zu, die binnen zwei Monaten nach der Zustellung beim Gerichtshof Schriftsätze einreichen oder schriftliche Erklärungen abgeben können, wenn einer der Anwendungsbereiche des Abkommens betroffen ist.

Sieht ein vom Rat mit einem oder mehreren Drittstaaten über einen bestimmten Bereich geschlossenes Abkommen vor, dass diese Staaten Schriftsätze einreichen oder schriftliche Erklärungen abgeben können, wenn ein Gericht eines Mitgliedstaats dem Gerichtshof eine in den Anwendungsbereich des Abkommens fallende Frage zur Vorabentscheidung vorgelegt hat, so wird die Entscheidung des Gerichts des Mitgliedstaats, die eine solche Frage enthält, auch den betreffenden Drittstaaten zugestellt, die binnen zwei Monaten nach der Zustellung beim Gerichtshof Schriftsätze einreichen oder schriftliche Erklärungen abgeben können.

Artikel 23a [Beschleunigtes Verfahren und Eilvorlageverfahren]

In der Verfahrensordnung können ein beschleunigtes Verfahren und für Vorabentscheidungsersuchen zum Raum der Freiheit, der Sicherheit und des Rechts ein Eilverfahren vorgesehen werden.

Diese Verfahren können vorsehen, dass für die Einreichung von Schriftsätzen oder schriftlichen Erklärungen eine kürzere Frist als die des Artikels 23 gilt und dass abweichend von Artikel 20 Absatz 4 keine Schlussanträge des Generalanwalts gestellt werden.

Das Eilverfahren kann außerdem eine Beschränkung der in Artikel 23 bezeichneten Parteien und sonstigen Beteiligten, die Schriftsätze einreichen oder schriftliche Erklärungen abgeben können, und in Fällen äußerster Dringlichkeit das Entfallen des schriftlichen Verfahrens vorsehen.

Artikel 24 [Vorlage von Urkunden und Erteilung von Auskünften]

¹Der Gerichtshof kann von den Parteien die Vorlage aller Urkunden und die Erteilung aller Auskünfte verlangen, die er für wünschenswert hält. ²Im Falle einer Weigerung stellt der Gerichtshof diese ausdrücklich fest.

Der Gerichtshof kann ferner von den Mitgliedstaaten und den Organen, Einrichtungen oder sonstigen Stellen, die nicht Parteien in einem Rechtsstreit sind, alle Auskünfte verlangen, die er zur Regelung dieses Rechtsstreits für erforderlich erachtet.

Artikel 25 [Gutachtenauftrag]

Der Gerichtshof kann jederzeit Personen, Personengemeinschaften, Dienststellen, Ausschüsse oder Einrichtungen seiner Wahl mit der Abgabe von Gutachten betrauen.

Artikel 26 [Zeugenvernehmung]

Zeugen können nach Maßgabe der Verfahrensordnung vernommen werden.

Artikel 27 [Sanktionen bei Nichterscheinen von Zeugen]

Nach Maßgabe der Verfahrensordnung kann der Gerichtshof gegenüber ausbleibenden Zeugen die den Gerichten allgemein zuerkannten Befugnisse ausüben und Geldbußen verhängen.

Artikel 28 [Vereidigung von Zeugen]

Zeugen und Sachverständige können unter Benutzung der in der Verfahrensordnung vorgeschriebenen Eidesformel oder in der in der Rechtsordnung ihres Landes vorgesehenen Weise eidlich vernommen werden.

Artikel 29 [Rechtshilfeersuchen]

Der Gerichtshof kann anordnen, dass ein Zeuge oder Sachverständiger von dem Gericht seines Wohnsitzes vernommen wird.

¹Diese Anordnung ist gemäß den Bestimmungen der Verfahrensordnung zur Ausführung an das zuständige Gericht zu richten. ²Die in Ausführung des Rechtshilfeersuchens abgefassten Schriftstücke werden dem Gerichtshof nach denselben Bestimmungen übermittelt.

Der Gerichtshof übernimmt die anfallenden Auslagen; er erlegt sie gegebenenfalls den Parteien auf.

Artikel 30 [Folgen eines Meineides]

¹Jeder Mitgliedstaat behandelt die Eidesverletzung eines Zeugen oder Sachverständigen wie eine vor seinen eigenen in Zivilsachen zuständigen Gerichten begangene Straftat. ²Auf Anzeige des Gerichtshofs verfolgt er den Täter vor seinen zuständigen Gerichten.

Artikel 31 [Öffentlichkeit der Verhandlung]

Die Verhandlung ist öffentlich, es sei denn, dass der Gerichtshof von Amts wegen oder auf Antrag der Parteien aus wichtigen Gründen anders beschließt.

Artikel 32 [Vernehmung von Sachverständigen, Zeugen und Parteien]

¹Der Gerichtshof kann während der Verhandlung Sachverständige, Zeugen sowie die Parteien selbst vernehmen. ²Für die Letzteren können jedoch nur ihre bevollmächtigten Vertreter mündlich verhandeln.

Artikel 33 [Protokoll über die mündliche Verhandlung]

Über jede mündliche Verhandlung ist ein vom Präsidenten und vom Kanzler zu unterschreibendes Protokoll aufzunehmen.

Artikel 34 [Terminliste]

Die Terminliste wird vom Präsidenten festgelegt.

Artikel 35 [Beratungsgeheimnis]

Die Beratungen des Gerichtshofs sind und bleiben geheim.

Artikel 36 [Begründung der Urteile]
¹Die Urteile sind mit Gründen zu versehen. ²Sie enthalten die Namen der Richter, die bei der Entscheidung mitgewirkt haben.

Artikel 37 [Unterzeichnung und Verkündung der Urteile]
¹Die Urteile sind vom Präsidenten und vom Kanzler zu unterschreiben. ²Sie werden in öffentlicher Sitzung verlesen.

Artikel 38 [Kostenentscheidung]
Der Gerichtshof entscheidet über die Kosten.

Artikel 39 [Vorläufiger Rechtsschutz, Aussetzung der Zwangsvollstreckung]
Der Präsident des Gerichtshofs kann in einem abgekürzten Verfahren, das erforderlichenfalls von einzelnen Bestimmungen dieser Satzung abweichen kann und in der Verfahrensordnung geregelt ist, über Anträge auf Aussetzung gemäß Artikel 278 AEUV und Artikel 157 EAG-Vertrag, auf Erlass einstweiliger Anordnungen gemäß Artikel 279 AEUV oder auf Aussetzung der Zwangsvollstreckung gemäß Artikel 299 Absatz 4 AEUV oder Artikel 164 Absatz 3 EAG-Vertrag entscheiden.

Die in Absatz 1 genannten Befugnisse können nach Maßgabe der Verfahrensordnung vom Vizepräsidenten des Gerichtshofs ausgeübt werden.

Bei Verhinderung des Präsidenten und des Vizepräsidenten werden diese durch einen anderen Richter nach Maßgabe der Verfahrensordnung vertreten.

Die von dem Präsidenten oder seinem Vertreter getroffene Anordnung stellt eine einstweilige Regelung dar und greift der Entscheidung des Gerichtshofs in der Hauptsache nicht vor.

Artikel 40 [Streithilfe]
Die Mitgliedstaaten und die Unionsorgane können einem bei dem Gerichtshof anhängigen Rechtsstreit beitreten.

¹Dasselbe gilt für die Einrichtungen und sonstigen Stellen der Union sowie alle anderen Personen, sofern sie ein berechtigtes Interesse am Ausgang eines bei dem Gerichtshof anhängigen

Rechtsstreits glaubhaft machen können. ²Natürliche oder juristische Personen können Rechtssachen zwischen Mitgliedstaaten, zwischen Organen der Union oder zwischen Mitgliedstaaten und Organen der Union nicht beitreten.

Unbeschadet des Absatzes 2 können die Vertragsstaaten des Abkommens über den Europäischen Wirtschaftsraum, die nicht Mitgliedstaaten sind, und die in jenem Abkommen genannte EFTA-Überwachungsbehörde einem bei dem Gerichtshof anhängigen Rechtsstreit beitreten, wenn dieser einen der Anwendungsbereiche jenes Abkommens betrifft.

Mit den aufgrund des Beitritts gestellten Anträgen können nur die Anträge einer Partei unterstützt werden.

Artikel 41 [Versäumnisurteil]

¹Stellt der ordnungsmäßig geladene Beklagte keine schriftlichen Anträge, so ergeht gegen ihn Versäumnisurteil. ²Gegen dieses Urteil kann binnen einem Monat nach Zustellung Einspruch eingelegt werden. ³Der Einspruch hat keine Aussetzung der Vollstreckung aus dem Versäumnisurteil zur Folge, es sei denn, dass der Gerichtshof anders beschließt.

Artikel 42 [Drittwiderspruch]

Mitgliedstaaten, Organe, Einrichtungen oder sonstige Stellen der Union und alle sonstigen natürlichen und juristischen Personen können nach Maßgabe der Verfahrensordnung in den dort genannten Fällen Drittwiderspruch gegen ein Urteil erheben, wenn dieses Urteil ihre Rechte beeinträchtigt und in einem Rechtsstreit erlassen worden ist, an dem sie nicht teilgenommen haben.

Artikel 43 [Auslegung von Urteilen]

Bestehen Zweifel über Sinn und Tragweite eines Urteils, so ist der Gerichtshof zuständig, dieses Urteil auf Antrag einer Partei oder eines Unionsorgans auszulegen, wenn diese ein berechtigtes Interesse hieran glaubhaft machen.

Artikel 44 [Wiederaufnahme des Verfahrens]

Die Wiederaufnahme des Verfahrens kann beim Gerichtshof nur dann beantragt werden, wenn eine Tatsache von entscheidender Bedeutung bekannt wird, die vor Verkündung des Urteils dem Gerichtshof und der die Wiederaufnahme beantragenden Partei unbekannt war.

Das Wiederaufnahmeverfahren wird durch eine Entscheidung des Gerichtshofs eröffnet, die das Vorliegen der neuen Tatsache ausdrücklich feststellt, ihr die für die Eröffnung des Wiederaufnahmeverfahrens erforderlichen Merkmale zuerkennt und deshalb den Antrag für zulässig erklärt.

Nach Ablauf von zehn Jahren nach Erlass des Urteils kann kein Wiederaufnahmeantrag mehr gestellt werden.

Artikel 45 [Festlegung von Entfernungsfristen, Fristversäumnis]

In der Verfahrensordnung sind besondere, den Entfernungen Rechnung tragende Fristen festzulegen.

Der Ablauf von Fristen hat keinen Rechtsnachteil zur Folge, wenn der Betroffene nachweist, dass ein Zufall oder ein Fall höherer Gewalt vorliegt.

Artikel 46 [Verjährung von Ansprüchen aus außervertraglicher Haftung der Union]

[1]Die aus außervertraglicher Haftung der Union hergeleiteten Ansprüche verjähren in fünf Jahren nach Eintritt des Ereignisses, das ihnen zugrunde liegt. [2]Die Verjährung wird durch Einreichung der Klageschrift beim Gerichtshof oder dadurch unterbrochen, dass der Geschädigte seinen Anspruch vorher gegenüber dem zuständigen Unionsorgan geltend macht. [3]In letzterem Fall muss die Klage innerhalb der in Artikel 263 AEUV vorgesehenen Frist von zwei Monaten erhoben werden; gegebenenfalls findet Artikel 265 Absatz 2 AEUV Anwendung.

Dieser Artikel gilt auch für Ansprüche, die aus außervertraglicher Haftung der Europäischen Zentralbank hergeleitet werden.

Titel IV
Das Gericht

Artikel 47 [Anwendbare Regelungen]
Artikel 9 Absatz 1, Artikel 9a, die Artikel 14 und 15, Artikel 17 Absätze 1, 2, 4 und 5 sowie Artikel 18 finden auf das Gericht und dessen Mitglieder Anwendung.

Artikel 3 Absatz 4 sowie die Artikel 10, 11 und 14 finden auf den Kanzler des Gerichts entsprechende Anwendung.

Artikel 48 [Anzahl der Mitglieder des Gerichts]
Das Gericht besteht
a) ab dem 25. Dezember 2015 aus 40 Mitgliedern,
b) ab dem 1. September 2016 aus 47 Mitgliedern,
c) ab dem 1. September 2019 aus zwei Mitgliedern je Mitgliedstaat.

Artikel 49 [Bestellung von Mitgliedern als Generalanwalt]
Die Mitglieder des Gerichts können dazu bestellt werden, die Tätigkeit eines Generalanwalts auszuüben.

Der Generalanwalt hat in völliger Unparteilichkeit und Unabhängigkeit begründete Schlussanträge zu bestimmten dem Gericht unterbreiteten Rechtssachen öffentlich zu stellen, um das Gericht bei der Erfüllung seiner Aufgaben zu unterstützen.

Die Kriterien für die Bestimmung solcher Rechtssachen sowie die Einzelheiten für die Bestellung der Generalanwälte werden in der Verfahrensordnung des Gerichts festgelegt.

Ein in einer Rechtssache zum Generalanwalt bestelltes Mitglied darf bei der Entscheidung dieser Rechtssache nicht mitwirken.

Artikel 50 [Spruchkörper]
¹Das Gericht tagt in Kammern mit drei oder mit fünf Richtern. ²Die Richter wählen aus ihrer Mitte die Präsidenten der Kammern. ³Die Präsidenten der Kammern mit fünf Richtern werden für drei Jahre gewählt. ⁴Einmalige Wiederwahl ist zulässig.

¹Die Besetzung der Kammern und die Zuweisung der Rechtssachen an sie richten sich nach der Verfahrensordnung. ²In be-

stimmten in der Verfahrensordnung festgelegten Fällen kann das Gericht als Plenum oder als Einzelrichter tagen.

Die Verfahrensordnung kann auch vorsehen, dass das Gericht in den Fällen und unter den Bedingungen, die in der Verfahrensordnung festgelegt sind, als Große Kammer tagt.

Artikel 50a [Zuständigkeit des Gerichts für Streitigkeiten gemäß Art. 270 AEUV]

(1) Das Gericht ist für die Entscheidung im ersten Rechtszug über Rechtsstreitigkeiten zwischen der Union und deren Bediensteten gemäß Artikel 270 des Vertrags über die Arbeitsweise der Europäischen Union zuständig, einschließlich der Rechtsstreitigkeiten zwischen den Organen, Einrichtungen und sonstigen Stellen einerseits und deren Bediensteten andererseits, für die der Gerichtshof der Europäischen Union zuständig ist.

(2) Das Gericht kann in jedem Verfahrensstadium, auch bereits ab der Einreichung der Klageschrift, die Möglichkeiten für eine gütliche Beilegung des Rechtsstreits prüfen und versuchen, eine solche Beilegung zu erleichtern.

Artikel 51 [Zuständigkeitsverteilung zwischen Gerichtshof und Gericht]

Abweichend von der in Artikel 256 Absatz 1 AEUV vorgesehenen Regelung sind dem Gerichtshof die Klagen gemäß den Artikeln 263 und 265 AEUV vorbehalten,

a) die von einem Mitgliedstaat gegen eine Handlung oder wegen unterlassener Beschlussfassung des Europäischen Parlaments oder des Rates oder dieser beiden Organe in den Fällen, in denen sie gemeinsam beschließen, erhoben werden, mit Ausnahme

– der Beschlüsse des Rates gemäß Artikel 108 Absatz 2 Unterabsatz 3 AEUV;

– der Rechtsakte, die der Rat aufgrund einer Verordnung des Rates über handelspolitische Schutzmaßnahmen im Sinne von Artikel 207 AEUV erlässt;

– der Handlungen des Rates, mit denen dieser gemäß Artikel 291 Absatz 2 AEUV Durchführungsbefugnisse ausübt;

b) die von einem Mitgliedstaat gegen eine Handlung oder wegen unterlassener Beschlussfassung der Kommission gemäß Artikel 331 Absatz 1 AEUV erhoben werden.

Dem Gerichtshof sind ebenfalls die Klagen gemäß denselben Artikeln vorbehalten, die von einem Unionsorgan gegen eine Handlung oder wegen unterlassener Beschlussfassung des Europäischen Parlaments, des Rates, dieser beiden Organe in den Fällen, in denen sie gemeinsam beschließen, oder der Kommission erhoben werden, sowie die Klagen, die von einem Unionsorgan gegen eine Handlung oder wegen unterlassener Beschlussfassung der Europäischen Zentralbank erhoben werden.

Artikel 52 [Beamte und sonstige Bedienstete]

¹Der Präsident des Gerichtshofs und der Präsident des Gerichts legen einvernehmlich fest, in welcher Weise Beamte und sonstige Bedienstete, die dem Gerichtshof beigegeben sind, dem Gericht Dienste leisten, um ihm die Erfüllung seiner Aufgaben zu ermöglichen. ²Einzelne Beamte oder sonstige Bedienstete unterstehen dem Kanzler des Gerichts unter Aufsicht des Präsidenten des Gerichts.

Artikel 53 [Anwendbare Regelungen]

Das Verfahren vor dem Gericht bestimmt sich nach Titel III.

¹Das Verfahren vor dem Gericht wird, soweit dies erforderlich ist, durch seine Verfahrensordnung im Einzelnen geregelt und ergänzt. ²Die Verfahrensordnung kann von Artikel 40 Absatz 4 und Artikel 41 abweichen, um den Besonderheiten der Rechtsstreitigkeiten auf dem Gebiet des geistigen Eigentums Rechnung zu tragen.

Abweichend von Artikel 20 Absatz 4 kann der Generalanwalt seine begründeten Schlussanträge schriftlich stellen.

Artikel 54 [Verweisung, Verfahrensaussetzung, Unzuständigkeitserklärung]

Wird eine Klageschrift oder ein anderer Schriftsatz, die an das Gericht gerichtet sind, irrtümlich beim Kanzler des Gerichtshofs eingereicht, so übermittelt dieser sie unverzüglich an den Kanzler des Gerichts; wird eine Klageschrift oder ein anderer Schriftsatz, die an den Gerichtshof gerichtet sind, irrtümlich beim Kanzler des Gerichts eingereicht, so übermittelt dieser sie unverzüglich an den Kanzler des Gerichtshofs.

Stellt das Gericht fest, dass es für eine Klage nicht zuständig ist, die in die Zuständigkeit des Gerichtshofs fällt, so verweist es den Rechtsstreit an den Gerichtshof; stellt der Gerichtshof fest, dass eine Klage in die Zuständigkeit des Gerichts fällt, so verweist er den Rechtsstreit an das Gericht, das sich dann nicht für unzuständig erklären kann.

[1]Sind bei dem Gerichtshof und dem Gericht Rechtssachen anhängig, die den gleichen Gegenstand haben, die gleiche Auslegungsfrage aufwerfen oder die Gültigkeit desselben Rechtsaktes betreffen, so kann das Gericht nach Anhörung der Parteien das Verfahren bis zum Erlass des Urteils des Gerichtshofs aussetzen, oder, wenn es sich um Klagen gemäß Artikel 263 AEUV handelt, sich für nicht zuständig erklären, damit der Gerichtshof über diese Klagen entscheidet. [2]Unter den gleichen Voraussetzungen kann auch der Gerichtshof die Aussetzung des bei ihm anhängigen Verfahrens beschließen; in diesem Fall wird das Verfahren vor dem Gericht fortgeführt.

Fechten ein Mitgliedstaat und ein Unionsorgan denselben Rechtsakt an, so erklärt sich das Gericht für nicht zuständig, damit der Gerichtshof über diese Klagen entscheidet.

Artikel 55 [Übermittlung der Entscheidungen des Gerichts]

Der Kanzler des Gerichts übermittelt jeder Partei sowie allen Mitgliedstaaten und den Unionsorganen, auch wenn diese vor dem Gericht der Rechtssache nicht als Streithelfer beigetreten sind, die Endentscheidungen des Gerichts und die Entscheidungen, die über einen Teil des Streitgegenstands ergangen sind oder die einen Zwischenstreit beenden, der eine Einrede wegen Unzuständigkeit oder Unzulässigkeit zum Gegenstand hat.

Artikel 56 [Rechtsmittel]

Gegen die Endentscheidungen des Gerichts und gegen die Entscheidungen, die über einen Teil des Streitgegenstands ergangen sind oder die einen Zwischenstreit beenden, der eine Einrede der

Unzuständigkeit oder Unzulässigkeit zum Gegenstand hat, kann ein Rechtsmittel beim Gerichtshof eingelegt werden; die Rechtsmittelfrist beträgt zwei Monate und beginnt mit der Zustellung der angefochtenen Entscheidung.

¹Dieses Rechtsmittel kann von einer Partei eingelegt werden, die mit ihren Anträgen ganz oder teilweise unterlegen ist. ²Andere Streithelfer als Mitgliedstaaten oder Unionsorgane können dieses Rechtsmittel jedoch nur dann einlegen, wenn die Entscheidung des Gerichts sie unmittelbar berührt.

¹Mit Ausnahme von Fällen, die sich auf Streitsachen zwischen der Union und ihren Bediensteten beziehen, kann dieses Rechtsmittel auch von den Mitgliedstaaten und den Unionsorganen eingelegt werden, die dem Rechtsstreit vor dem Gericht nicht beigetreten sind. ²In diesem Fall befinden sie sich in derselben Stellung wie Mitgliedstaaten und Organe, die dem Rechtsstreit im ersten Rechtszug beigetreten sind.

Artikel 57 [Rechtsmittel wegen Nichtzulassung als Streithelfer und gegen Beschluss im einstweiligen Rechtsschutzverfahren]

Wird ein Antrag auf Zulassung als Streithelfer von dem Gericht abgelehnt, so kann der Antragsteller binnen zwei Wochen nach Zustellung der ablehnenden Entscheidung ein Rechtsmittel beim Gerichtshof einlegen.

Gegen die aufgrund des Artikels 278, des Artikels 279 oder des Artikels 299 Absatz 4 AEUV oder aufgrund des Artikels 157 oder des Artikels 164 Absatz 3 EAG-Vertrag ergangenen Entscheidungen des Gerichts können die Parteien des Verfahrens binnen zwei Monaten nach Zustellung ein Rechtsmittel beim Gerichtshof einlegen.

Die Entscheidung über gemäß den Absätzen 1 und 2 eingelegte Rechtsmittel ergeht nach Maßgabe des Artikels 39.

Artikel 58 [Beschränkungen des Rechtsmittels auf Rechtsfragen]

¹Das beim Gerichtshof eingelegte Rechtsmittel ist auf Rechtsfragen beschränkt. ²Es kann nur auf die Unzuständigkeit des Gerichts, auf einen Verfahrensfehler, durch den die Interessen

des Rechtsmittelführers beeinträchtigt werden, sowie auf eine Verletzung des Unionsrechts durch das Gericht gestützt werden.

Ein Rechtsmittel nur gegen die Kostenentscheidung oder gegen die Kostenfestsetzung ist unzulässig.

Artikel 59 [Verfahren]
¹Wird gegen eine Entscheidung des Gerichts ein Rechtsmittel eingelegt, so besteht das Verfahren vor dem Gerichtshof aus einem schriftlichen und einem mündlichen Verfahren. ²Unter den in der Verfahrensordnung festgelegten Voraussetzungen kann der Gerichtshof nach Anhörung des Generalanwalts und der Parteien ohne mündliches Verfahren entscheiden.

Artikel 60 [Wirkung von Rechtsmitteln]
Unbeschadet der Artikel 278 und 279 AEUV oder des Artikels 157 EAG-Vertrag haben Rechtsmittel keine aufschiebende Wirkung.

Abweichend von Artikel 280 AEUV werden die Entscheidungen des Gerichts, in denen eine Verordnung für nichtig erklärt wird, erst nach Ablauf der in Artikel 56 Absatz 1 dieser Satzung vorgesehenen Frist oder, wenn innerhalb dieser Frist ein Rechtsmittel eingelegt worden ist, nach dessen Zurückweisung wirksam; ein Beteiligter kann jedoch gemäß den Artikeln 278 und 279 AEUV oder dem Artikel 157 EAG-Vertrag beim Gerichtshof die Aussetzung der Wirkungen der für nichtig erklärten Verordnung oder sonstige einstweilige Anordnungen beantragen.

Artikel 61 [Begründetheit des Rechtsmittels]
¹Ist das Rechtsmittel begründet, so hebt der Gerichtshof die Entscheidung des Gerichts auf. ²Er kann sodann den Rechtsstreit selbst endgültig entscheiden, wenn dieser zur Entscheidung reif ist, oder die Sache zur Entscheidung an das Gericht zurückverweisen.

Im Falle der Zurückverweisung ist das Gericht an die rechtliche Beurteilung in der Entscheidung des Gerichtshofs gebunden.

Ist das von einem Mitgliedstaat oder einem Unionsorgan, die dem Rechtsstreit vor dem Gericht nicht beigetreten sind, eingelegte Rechtsmittel begründet, so kann der Gerichtshof, falls er dies für notwendig hält, diejenigen Wirkungen der aufgehobenen Entscheidung des Gerichts bezeichnen, die für die Parteien des Rechtsstreits als fortgeltend zu betrachten sind.

Artikel 62 [Überprüfung von Entscheidungen des Gerichts]

Wenn in Fällen nach Artikel 256 Absätze 2 und 3 AEUV der Erste Generalanwalt der Auffassung ist, dass die ernste Gefahr einer Beeinträchtigung der Einheit oder der Kohärenz des Unionsrechts besteht, so kann er dem Gerichtshof vorschlagen, die Entscheidung des Gerichts zu überprüfen.

¹Der Vorschlag muss innerhalb eines Monats nach Verkündung der Entscheidung des Gerichts erfolgen. ²Der Gerichtshof entscheidet innerhalb eines Monats nach Vorlage des Vorschlags durch den Ersten Generalanwalt, ob die Entscheidung zu überprüfen ist oder nicht.

Artikel 62a [Eilverfahren bei Überprüfung]

Der Gerichtshof entscheidet über die Fragen, die Gegenstand der Überprüfung sind, im Wege eines Eilverfahrens auf der Grundlage der ihm vom Gericht übermittelten Akten.

Die in Artikel 23 dieses Statuts bezeichneten Beteiligten sowie – in den Fällen des Artikels 256 Absatz 2 AEUV – die Parteien des Verfahrens vor dem Gericht können zu den Fragen, die Gegenstand der Überprüfung sind, beim Gerichtshof innerhalb einer hierfür bestimmten Frist Schriftsätze einreichen oder schriftliche Erklärungen abgeben.

Der Gerichtshof kann beschließen, vor einer Entscheidung das mündliche Verfahren zu eröffnen.

Artikel 62b [Wirkung]

¹In den Fällen des Artikels 256 Absatz 2 AEUV haben unbeschadet der Artikel 278 und 279 AEUV der Vorschlag einer Überprüfung und die Entscheidung, das Überprüfungsverfahren zu eröffnen, keine aufschiebende Wirkung. ²Stellt der Gerichtshof fest, dass die Entscheidung des Gerichts die Einheit oder die Kohärenz des Unionsrechts beeinträchtigt, verweist er die Sache an das Gericht zurück, das an die rechtliche Beurteilung durch den

Gerichtshof gebunden ist; der Gerichtshof kann die Wirkungen der Entscheidung des Gerichts bezeichnen, die für die Parteien des Rechtsstreits als endgültig zu betrachten sind. ³Ergibt sich jedoch der Ausgang des Rechtsstreits unter Berücksichtigung des Ergebnisses der Überprüfung aus den Tatsachenfeststellungen, auf denen die Entscheidung des Gerichts beruht, so entscheidet der Gerichtshof endgültig.

¹In den Fällen des Artikels 256 Absatz 3 AEUV werden, sofern ein Überprüfungsvorschlag oder eine Entscheidung zur Eröffnung des Überprüfungsverfahrens nicht vorliegt, die Antwort oder die Antworten des Gerichts auf die ihm unterbreiteten Fragen nach Ablauf der hierzu in Artikel 62 Absatz 2 vorgesehenen Fristen wirksam. ²Im Fall der Eröffnung eines Überprüfungsverfahrens werden die Antwort oder die Antworten, die Gegenstand der Überprüfung sind, am Ende dieses Verfahrens wirksam, es sei denn, dass der Gerichtshof anders beschließt. ³Stellt der Gerichtshof fest, dass die Entscheidung des Gerichts die Einheit oder die Kohärenz des Unionsrechts beeinträchtigt, so ersetzt die Antwort des Gerichtshofs auf die Fragen, die Gegenstand der Überprüfung waren, die Antwort des Gerichts.

Titel IVa
Die Fachgerichte

Artikel 62c [Zuständigkeitsbereiche, Zusammensetzung, Aufbau, Verfahren]

Die Bestimmungen über die Zuständigkeiten, die Zusammensetzung, die Organisation und das Verfahren von gemäß Artikel 257 des Vertrags über die Arbeitsweise der Europäischen Union errichteten Fachgerichten werden in einem Anhang dieser Satzung aufgeführt.

Titel V
Schlussbestimmungen

Artikel 63 [Verfahrensordnungen des Gerichtshofs und des Gerichts]

Die Verfahrensordnungen des Gerichtshofs und des Gerichts enthalten alle Bestimmungen, die für die Anwendung dieser Satzung und erforderlichenfalls für ihre Ergänzung notwendig sind.

Artikel 64 [Regelung der Sprachenfrage]

[1]Die Vorschriften über die Regelung der Sprachenfrage für den Gerichtshof der Europäischen Union werden in einer vom Rat einstimmig erlassenen Verordnung festgelegt. [2]Diese Verordnung wird entweder auf Antrag des Gerichtshofs nach Anhörung der Kommission und des Europäischen Parlaments oder auf Vorschlag der Kommission nach Anhörung des Gerichtshofs und des Europäischen Parlaments erlassen.

[1]Bis zum Erlass dieser Vorschriften gelten die Bestimmungen der Verfahrensordnung des Gerichtshofs und der Verfahrensordnung des Gerichts, die die Regelung der Sprachenfrage betreffen, fort. [2]Abweichend von den Artikeln 253 und 254 AEUV bedürfen Änderungen der genannten Bestimmungen oder deren Aufhebung der einstimmigen Genehmigung durch den Rat.

[8] Protokoll (Nr. 6)
über die Festlegung der Sitze der Organe und bestimmter Einrichtungen, sonstiger Stellen und Dienststellen der Europäischen Union

DIE VERTRETER DER REGIERUNGEN DER MITGLIEDSTAATEN –

GESTÜTZT auf Artikel 341 des Vertrags über die Arbeitsweise der Europäischen Union, und Artikel 189 des Vertrags zur Gründung der Europäischen Atomgemeinschaft,

EINGEDENK UND IN BESTÄTIGUNG des Beschlusses vom 8. April 1965, jedoch unbeschadet der Beschlüsse über den Sitz künftiger Organe, Einrichtungen, sonstiger Stellen und Dienststellen –

SIND über folgende Bestimmungen ÜBEREINGEKOMMEN, die dem Vertrag über die Europäische Union, dem Vertrag über die Arbeitsweise der Europäischen Union und dem Vertrag zur Gründung der Europäischen Atomgemeinschaft beigefügt sind:

Einziger Artikel

a) [1]Das Europäische Parlament hat seinen Sitz in Straßburg; dort finden die 12 monatlichen Plenartagungen einschließlich der Haushaltstagung statt. [2]Zusätzliche Plenartagungen finden in Brüssel statt. [3]Die Ausschüsse des Europäischen Parlaments treten in Brüssel zusammen. [4]Das Generalsekretariat des Europäischen Parlaments und dessen Dienststellen verbleiben in Luxemburg.

b) [1]Der Rat hat seinen Sitz in Brüssel. [2]In den Monaten April, Juni und Oktober hält der Rat seine Tagungen in Luxemburg ab.

c) [1]Die Kommission hat ihren Sitz in Brüssel. [2]Die in den Artikeln 7, 8 und 9 des Beschlusses vom 8. April 1965 aufgeführten Dienststellen sind in Luxemburg untergebracht.

d) Der Gerichtshof der Europäischen Union hat seinen Sitz in Luxemburg.

e) Der Rechnungshof hat seinen Sitz in Luxemburg.

f) Der Wirtschafts- und Sozialausschuss hat seinen Sitz in Brüssel.

g) Der Ausschuss der Regionen hat seinen Sitz in Brüssel.

h) Die Europäische Investitionsbank hat ihren Sitz in Luxemburg.

i) Die Europäische Zentralbank hat ihren Sitz in Frankfurt.

j) Das Europäische Polizeiamt (Europol) hat seinen Sitz in Den Haag.

**[9] Protokoll (Nr. 8)
zu Artikel 6 Absatz 2 des Vertrags über die
Europäische Union über den Beitritt der Union
zur Europäischen Konvention zum Schutz der
Menschenrechte und Grundfreiheiten**

DIE HOHEN VERTRAGSPARTEIEN
SIND über folgende Bestimmungen ÜBEREINGEKOMMEN, die dem Vertrag über die Europäische Union und dem Vertrag über die Arbeitsweise der Europäischen Union beigefügt sind:

Artikel 1 [Erhaltung der besonderen Merkmale der Union und des Unionsrechts]

In der Übereinkunft über den Beitritt der Union zur Europäischen Konvention zum Schutz der Menschenrechte und Grundfreiheiten (im Folgenden „Europäische Konvention") nach Artikel 6 Absatz 2 des Vertrags über die Europäische Union wird dafür Sorge getragen, dass die besonderen Merkmale der Union und des Unionsrechts erhalten bleiben, insbesondere in Bezug auf

a) die besondere Regelung für eine etwaige Beteiligung der Union an den Kontrollgremien der Europäischen Konvention;

b) die nötigen Mechanismen, um sicherzustellen, dass Beschwerden von Nichtmitgliedstaaten und Individualbeschwerden den Mitgliedstaaten und/oder gegebenenfalls der Union ordnungsgemäß übermittelt werden.

Artikel 2 [Zuständigkeiten der Union]

[1]In der Übereinkunft nach Artikel 1 wird sichergestellt, dass der Beitritt der Union die Zuständigkeiten der Union und die Befugnisse ihrer Organe unberührt lässt. [2]Es wird sichergestellt, dass die Bestimmungen der Übereinkunft die besondere Situation der Mitgliedstaaten in Bezug auf die Europäische Konvention unberührt lassen, insbesondere in Bezug auf ihre Protokolle, auf Maßnahmen, die von den Mitgliedstaaten in Abweichung von der Europäischen Konvention nach deren Artikel 15 getroffen werden, und auf Vorbehalte, die die Mitgliedstaaten gegen die Europäische Konvention nach deren Artikel 57 anbringen.

Artikel 3 [Kollisionsregelung]

Keine der Bestimmungen der Übereinkunft nach Artikel 1 berührt Artikel 344 des Vertrags über die Arbeitsweise der Europäischen Union.

[10] Protokoll (Nr. 9)
über die Anwendung des Artikels 16 des Vertrags über die Europäische Union und des Artikels 238 Absatz 2 des Vertrags über die Arbeitsweise der Europäischen Union zwischen dem 1. November 2014 und dem 31. März 2017 einerseits und dem 1. April 2017 andererseits

DIE HOHEN VERTRAGSPARTEIEN –

UNTER BERÜCKSICHTIGUNG der Tatsache, dass es zum Zeitpunkt der Billigung des Vertrags von Lissabon von grundlegender Bedeutung war, dass eine Einigung über den Beschluss des Rates über die Anwendung des Artikels 16 Absatz 4 des Vertrags über die Europäische Union und des Artikels 238 Absatz 2 des Vertrags über die Arbeitsweise der Europäischen Union zwischen dem 1. November 2014 und dem 31. März 2017 einerseits und ab dem 1. April 2017 andererseits (im Folgenden „Beschluss") zustande kommt –

SIND über folgende Bestimmung ÜBEREINGEKOMMEN, die dem Vertrag über die Europäische Union und dem Vertrag über die Arbeitsweise der Europäischen Union beigefügt ist:

Einziger Artikel

Bevor der Rat einen Entwurf prüft, der entweder darauf abzielt, den Beschluss oder eine seiner Bestimmungen zu ändern oder aufzuheben, oder aber darauf abzielt, eine mittelbare Änderung seines Geltungsbereichs oder seiner Bedeutung zu bewirken, indem ein anderer Rechtsakt der Union geändert wird, führt der Europäische Rat eine vorläufige Beratung über diesen Entwurf durch, wobei er gemäß Artikel 15 Absatz 4 des Vertrags über die Europäische Union im Konsens handelt.

[11] Protokoll (Nr. 10)
über die ständige strukturierte Zusammenarbeit nach Artikel 42 des Vertrags über die Europäische Union

DIE HOHEN VERTRAGSPARTEIEN –

GESTÜTZT AUF Artikel 42 Absatz 6 und Artikel 46 des Vertrags über die Europäische Union,

EINGEDENK DESSEN, dass die Union eine Gemeinsame Außen- und Sicherheitspolitik verfolgt, die auf der Erreichung einer immer stärkeren Konvergenz des Handelns der Mitgliedstaaten beruht,

EINGEDENK DESSEN, dass die Gemeinsame Sicherheits- und Verteidigungspolitik integraler Bestandteil der Gemeinsamen Außen- und Sicherheitspolitik ist, dass sie der Union eine auf zivile und militärische Mittel gestützte Fähigkeit zu Operationen sichert, dass die Union hierauf bei Missionen nach Artikel 43 des Vertrags über die Europäische Union außerhalb der Union zur Friedenssicherung, Konfliktverhütung und Stärkung der internationalen Sicherheit nach den Grundsätzen der Charta der Vereinten Nationen zurückgreifen kann und dass diese Aufgaben dank der von den Mitgliedstaaten nach dem Grundsatz der „nur einmal einsetzbaren Streitkräfte" bereitgestellten militärischen Fähigkeiten erfüllt werden,

EINGEDENK DESSEN, dass die Gemeinsame Sicherheits- und Verteidigungspolitik der Union den besonderen Charakter der Sicherheits- und Verteidigungspolitik bestimmter Mitgliedstaaten unberührt lässt,

EINGEDENK DESSEN, dass die Gemeinsame Sicherheits- und Verteidigungspolitik der Union die aus dem Nordatlantikvertrag erwachsenden Verpflichtungen der Mitgliedstaaten achtet, die ihre gemeinsame Verteidigung als durch die Nordatlantikvertrags-Organisation verwirklicht betrachten, die das Fundament der kollektiven Verteidigung ihrer Mitglieder bleibt, und dass sie mit der in jenem Rahmen festgelegten gemeinsamen Sicherheits- und Verteidigungspolitik vereinbar ist,

IN DER ÜBERZEUGUNG, dass eine maßgeblichere Rolle der Union im Bereich von Sicherheit und Verteidigung im Einklang mit den so genannten Berlin-plus-Vereinbarungen zur Vitalität eines erneuerten Atlantischen Bündnisses beitragen wird,

FEST ENTSCHLOSSEN, dass die Union in der Lage sein muss, die ihr im Rahmen der Staatengemeinschaft obliegenden Verantwortungen in vollem Umfang wahrzunehmen,

IN DER ERKENNTNIS, dass die Organisation der Vereinten Nationen die Union für die Durchführung dringender Missionen nach den Kapiteln VI und VII der Charta der Vereinten Nationen um Unterstützung ersuchen kann,

IN DER ERKENNTNIS, dass die Stärkung der Sicherheits- und Verteidigungspolitik von den Mitgliedstaaten Anstrengungen im Bereich der Fähigkeiten erfordern wird,

IN DEM BEWUSSTSEIN, dass der Eintritt in eine neue Phase der Entwicklung der Europäischen Sicherheits- und Verteidigungspolitik von den Mitgliedstaaten, die dazu bereit sind, entschiedene Anstrengungen erfordert,

EINGEDENK der Bedeutung, die der umfassenden Beteiligung des Hohen Vertreters der Union für Außen- und Sicherheitspolitik an den Arbeiten im Rahmen der Ständigen Strukturierten Zusammenarbeit zukommt –

SIND über folgende Bestimmungen ÜBEREINGEKOMMEN, die dem Vertrag über die Europäische Union und dem Vertrag über die Arbeitsweise der Europäischen Union beigefügt sind:

Artikel 1 [Teilnahmevoraussetzungen]

An der Ständigen Strukturierten Zusammenarbeit nach Artikel 42 Absatz 6 des Vertrags über die Europäische Union kann jeder Mitgliedstaat teilnehmen, der sich ab dem Zeitpunkt des Inkrafttretens des Vertrags von Lissabon verpflichtet,

a) seine Verteidigungsfähigkeiten durch Ausbau seiner nationalen Beiträge und gegebenenfalls durch Beteiligung an multinationalen Streitkräften, an den wichtigsten europäischen Ausrüstungsprogrammen und an der Tätigkeit der Agentur für die Bereiche Entwicklung der Verteidigungsfähigkeiten, Forschung, Beschaffung und Rüstung (Europäische Verteidigungsagentur) intensiver zu entwickeln und

b) spätestens 2010 über die Fähigkeit zu verfügen, entweder als nationales Kontingent oder als Teil von multinationalen Truppenverbänden bewaffnete Einheiten bereitzustellen, die auf die in Aussicht genommenen Missionen ausgerichtet sind, taktisch als Gefechtsverband konzipiert sind, über Unterstützung unter anderem für Transport und Logistik verfügen und fähig sind, innerhalb von 5 bis 30 Tagen Missionen nach Artikel 43 des Vertrags über die Europäische Union aufzunehmen, um insbesondere Ersuchen der Organisation der Vereinten Nationen nachzukommen, und diese Missionen für eine Dauer von zunächst 30 Tagen, die bis auf 120 Tage ausgedehnt werden kann, aufrechtzuerhalten.

Artikel 2 [Pflichten der Mitgliedstaaten]

Die an der Ständigen Strukturierten Zusammenarbeit teilnehmenden Mitgliedstaaten verpflichten sich zwecks Erreichung der in Artikel 1 genannten Ziele zu

a) einer Zusammenarbeit ab dem Inkrafttreten des Vertrags von Lissabon zur Verwirklichung der vereinbarten Ziele für die Höhe der Investitionsausgaben für Verteidigungsgüter und zur regelmäßigen Überprüfung dieser Ziele im Lichte des Sicherheitsumfelds und der internationalen Verantwortung der Union;

b) einer möglichst weit gehenden Angleichung ihres Verteidigungsinstrumentariums, indem sie insbesondere die Ermittlung des militärischen Bedarfs harmonisieren, ihre Verteidigungsmittel und -fähigkeiten gemeinsam nutzen und gegebenenfalls spezialisieren sowie die Zusammenarbeit auf den Gebieten Ausbildung und Logistik stärken;

c) konkreten Maßnahmen zur Stärkung der Verfügbarkeit, der Interoperabilität, der Flexibilität und der Verlegefähigkeit ihrer Truppen insbesondere, indem sie gemeinsame Ziele für die Entsendung von Streitkräften aufstellen und gegebenenfalls ihre nationalen Beschlussfassungsverfahren überprüfen;

d) einer Zusammenarbeit mit dem Ziel, dass sie die erforderlichen Maßnahmen ergreifen, um unter anderem durch multinationale Konzepte und unbeschadet der sie betreffenden Verpflichtungen im Rahmen der Nordatlantikvertrags-Organisation die im Rahmen des „Mechanismus zur Entwicklung der Fähigkeiten" festgestellten Lücken zu schließen;

e) einer eventuellen Mitwirkung an der Entwicklung gemeinsamer oder europäischer Programme für wichtige Güter im Rahmen der Europäischen Verteidigungsagentur.

Artikel 3 [Beurteilung und Berichtspflicht der Verteidigungsagentur]

¹Die Europäische Verteidigungsagentur trägt zur regelmäßigen Beurteilung der Beiträge der teilnehmenden Mitgliedstaaten zu den Fähigkeiten bei, insbesondere der Beiträge nach den unter anderem auf der Grundlage von Artikel 2 aufgestellten Kriterien, und erstattet hierüber mindestens einmal jährlich Bericht. ²Die Beurteilung kann als Grundlage für die Empfehlungen sowie für die Beschlüsse des Rates dienen, die nach Artikel 46 des Vertrags über die Europäische Union erlassen werden.

[12] Protokoll (Nr. 23)
über die Außenbeziehungen der Mitgliedstaaten
hinsichtlich des Überschreitens der Außengrenzen

DIE HOHEN VERTRAGSPARTEIEN –

EINGEDENK der Notwendigkeit, dass die Mitgliedstaaten, gegebenenfalls in Zusammenarbeit mit Drittländern, für wirksame Kontrollen an ihren Außengrenzen sorgen –

SIND über folgende Bestimmungen ÜBEREINGEKOMMEN, die dem Vertrag über die Europäische Union und dem Vertrag über die Arbeitsweise der Europäischen Union beigefügt sind:

Die in Artikel 77 Absatz 2 Buchstabe b des Vertrags über die Arbeitsweise der Europäischen Union aufgenommenen Bestimmungen über Maßnahmen in Bezug auf das Überschreiten der Außengrenzen berühren nicht die Zuständigkeit der Mitgliedstaaten für die Aushandlung und den Abschluss von Übereinkünften mit Drittländern, sofern sie mit den Rechtsvorschriften der Union und anderen in Betracht kommenden internationalen Übereinkünften in Einklang stehen.

[13] Protokoll (Nr. 25)
über die Ausübung der geteilten Zuständigkeit

DIE HOHEN VERTRAGSPARTEIEN –
SIND über folgende Bestimmungen ÜBEREINGEKOMMEN, die dem Vertrag über die Europäische Union und dem Vertrag über die Arbeitsweise der Europäischen Union beigefügt sind:

Einziger Artikel [Reichweite der geteilten Zuständigkeit]

Ist die Union in einem bestimmten Bereich im Sinne des Artikels 2 Absatz 2 des Vertrags über die Arbeitsweise der Europäischen Union betreffend die geteilte Zuständigkeit tätig geworden, so erstreckt sich die Ausübung der Zuständigkeit nur auf die durch den entsprechenden Rechtsakt der Union geregelten Elemente und nicht auf den gesamten Bereich.

[14] Protokoll (Nr. 30) über die Anwendung der Charta der Grundrechte der Europäischen Union auf Polen und das Vereinigte Königreich

DIE HOHEN VERTRAGSPARTEIEN –

IN DER ERWÄGUNG, dass die Union in Artikel 6 des Vertrags über die Europäische Union die in der Charta der Grundrechte der Europäischen Union enthaltenen Rechte, Freiheiten und Grundsätze anerkennt;

IN DER ERWÄGUNG, dass die Charta streng im Einklang mit den Bestimmungen des genannten Artikels 6 und mit Titel VII der Charta anzuwenden ist;

IN DER ERWÄGUNG, dass der genannte Artikel 6 vorsieht, dass die Charta von den Gerichten Polens und des Vereinigten Königreichs streng im Einklang mit den in jenem Artikel erwähnten Erläuterungen anzuwenden und auszulegen ist;

IN DER ERWÄGUNG, dass die Charta sowohl Rechte als auch Grundsätze enthält,

IN DER ERWÄGUNG, dass die Charta sowohl Bestimmungen bürgerlicher und politischer Art als auch Bestimmungen wirtschaftlicher und sozialer Art enthält;

IN DER ERWÄGUNG, dass die Charta die in der Union anerkannten Rechte, Freiheiten und Grundsätze bekräftigt und diese Rechte besser sichtbar macht, aber keine neuen Rechte oder Grundsätze schafft;

EINGEDENK DER Verpflichtungen Polens und des Vereinigten Königreichs aufgrund des Vertrags über die Europäische Union, des Vertrags über die Arbeitsweise der Europäischen Union und des Unionsrechts im Allgemeinen;

IN KENNTNIS des Wunsches Polens und des Vereinigten Königreichs, bestimmte Aspekte der Anwendung der Charta zu klären; demzufolge

IN DEM WUNSCH, die Anwendung der Charta in Bezug auf die Gesetze und Verwaltungsmaßnahmen Polens und des Vereinigten Königreichs und die Frage der Einklagbarkeit in Polen und im Vereinigten Königreich zu klären;

IN BEKRÄFTIGUNG DESSEN, dass in diesem Protokoll enthaltene Bezugnahmen auf die Wirkungsweise spezifischer Bestimmungen der Charta auf keinen Fall die Wirkungsweise anderer Bestimmungen der Charta berühren;

IN BEKRÄFTIGUNG DESSEN, dass dieses Protokoll die Anwendung der Charta auf andere Mitgliedstaaten nicht berührt;

IN BEKRÄFTIGUNG DESSEN, dass dieses Protokoll andere Verpflichtungen Polens und des Vereinigten Königreichs aufgrund des Vertrags über die Europäische Union, des Vertrags über die Arbeitsweise der Europäischen Union und des Unionsrechts im Allgemeinen nicht berührt –

SIND über folgende Bestimmungen ÜBEREINGEKOMMEN, die dem Vertrag über die Europäische Union und dem Vertrag über die Arbeitsweise der Europäischen Union beigefügt sind:

Artikel 1 [Ausnahmen]

(1) Die Charta bewirkt keine Ausweitung der Befugnis des Gerichtshofs der Europäischen Union oder eines Gerichts Polens oder des Vereinigten Königreichs zu der Feststellung, dass die Rechts- und Verwaltungsvorschriften, die Verwaltungspraxis oder -maßnahmen Polens oder des Vereinigten Königreichs nicht mit den durch die Charta bekräftigten Grundrechten, Freiheiten und Grundsätzen im Einklang stehen.

(2) Insbesondere – und um jeden Zweifel auszuräumen – werden mit Titel IV der Charta keine für Polen oder das Vereinigte Königreich geltenden einklagbaren Rechte geschaffen, soweit Polen bzw. das Vereinigte Königreich solche Rechte nicht in seinem nationalen Recht vorgesehen hat.

Artikel 2 [Bezugnahmen auf innerstaatliches Recht]

Wird in einer Bestimmung der Charta auf das innerstaatliche Recht und die innerstaatliche Praxis Bezug genommen, so findet diese Bestimmung auf Polen und das Vereinigte Königreich nur in dem Maße Anwendung, in dem die darin enthaltenen Rechte oder Grundsätze durch das Recht oder die Praxis Polens bzw. des Vereinigten Königreichs anerkannt sind.

[15] Protokoll (Nr. 36)
über die Übergangsbestimmungen

Inhaltsübersicht[1]

Artikel 1 [Begriff der Verträge]

Titel I
Bestimmungen über das Europäische Parlament

Artikel 2 [Zusammensetzung des Europäischen Parlaments]

Titel II
Bestimmungen über die qualifizierte Mehrheit

Artikel 3 [Qualifizierte Mehrheit]

Titel III
Bestimmungen über die Zusammensetzungen des Rates

Artikel 4 [Zusammensetzung des Rates]

Titel IV
Bestimmungen über die Kommission einschließlich des Hohen Vertreters der Union für Außen- und Sicherheitspolitik

Artikel 5 [Amtszeit der Kommissionsmitglieder]

Titel V
Bestimmungen betreffend den Generalsekretär des Rates und Hohen Vertreter für die gemeinsame Außen- und Sicherheitspolitik und den stellvertretenden Generalsekretär des Rates

Artikel 6 [Amtszeit des Generalsekretärs des Rates und Hohen Vertreters für die GASP]

Titel VI
Bestimmungen über die beratenden Einrichtungen

Artikel 7 [Wirtschafts- und Sozialausschuss]
Artikel 8 [Ausschuss der Regionen]

---

[1] Inhaltsübersicht und Artikelüberschriften sind nicht amtlich.

15 Protokoll über Übergangsbestimmungen Inhaltsübersicht 374

Titel VII
Übergangsbestimmungen über die vor dem Inkrafttreten des Vertrags von Lissabon auf der Grundlage der Titel V und VI des Vertrags über die Europäische Union angenommenen Rechtsakte

Artikel 9 [Gültigkeit von Rechtsakten auf der Grundlage des EUV a.F.]
Artikel 10 [Rechtsakte im Bereich der PJZS auf der Grundlage des EUV a.F.]

DIE HOHEN VERTRAGSPARTEIEN –
IN DER ERWÄGUNG, dass zur Regelung des Übergangs von den institutionellen Bestimmungen der Verträge, die vor dem Inkrafttreten des Vertrags von Lissabon anwendbar sind, zu den Bestimmungen des genannten Vertrags Übergangsbestimmungen vorgesehen werden müssen –
SIND über folgende Bestimmungen ÜBEREINGEKOMMEN, die dem Vertrag über die Europäische Union, dem Vertrag über die Arbeitsweise der Europäischen Union und dem Vertrag zur Gründung der Europäischen Atomgemeinschaft beigefügt sind:

Artikel 1 [Begriff der Verträge]

In diesem Protokoll bezeichnet der Ausdruck „die Verträge" den Vertrag über die Europäische Union, den Vertrag über die Arbeitsweise der Europäischen Union und den Vertrag zur Gründung der Europäischen Atomgemeinschaft.

Titel I
Bestimmungen über das Europäische Parlament

Artikel 2 [Zusammensetzung des Europäischen Parlaments]

(1) Für den ab Inkrafttreten dieses Artikels verbleibenden Zeitraum der Legislaturperiode 2009–2014 werden in Abweichung von Artikel 189 Absatz 2 und Artikel 190 Absatz 2 des Vertrags zur Gründung der Europäischen Gemeinschaft sowie von Artikel 107 Absatz 2 und Artikel 108 Absatz 2 des Vertrags zur Gründung der Europäischen Atomgemeinschaft, die zum

Zeitpunkt der Wahlen zum Europäischen Parlament im Juni 2009 in Kraft waren, sowie in Abweichung von der in Artikel 14 Absatz 2 Unterabsatz 1 des Vertrags über die Europäische Union vorgesehenen Anzahl der Sitze den bestehenden 736 Sitzen die folgenden 18 Sitze hinzugefügt, wodurch sich die Gesamtzahl der Mitglieder des Europäischen Parlaments bis zum Ende der Legislaturperiode 2009–2014 vorübergehend auf 754 erhöht:

Bulgarien	1	Frankreich	2
Spanien	4	Italien	1
Lettland	1	Malta	1
Niederlande	1	Österreich	2
Polen	1	Slowenien	1
Schweden	2	Vereinigtes Königreich	1

(2) In Abweichung von Artikel 14 Absatz 3 des Vertrags über die Europäische Union benennen die betroffenen Mitgliedstaaten die Personen, die die zusätzlichen Sitze nach Absatz 1 einnehmen werden, nach ihren innerstaatlichen Rechtsvorschriften und unter der Voraussetzung, dass diese Personen in allgemeinen unmittelbaren Wahlen gewählt wurden, und zwar:

a) in allgemeinen, unmittelbaren Ad-hoc-Wahlen in dem betroffenen Mitgliedstaat gemäß den für die Wahlen zum Europäischen Parlament geltenden Bestimmungen,

b) auf der Grundlage der Ergebnisse der Wahlen zum Europäischen Parlament vom 4. bis 7. Juni 2009 oder

c) indem das nationale Parlament des betroffenen Mitgliedstaats die erforderliche Zahl von Mitgliedern aus seiner Mitte nach dem von dem jeweiligen Mitgliedstaat festgelegten Verfahren benennt.

(3) Rechtzeitig vor den Wahlen zum Europäischen Parlament 2014 erlässt der Europäische Rat nach Artikel 14 Absatz 2 Unterabsatz 2 des Vertrags über die Europäische Union einen Beschluss über die Zusammensetzung des Europäischen Parlaments.

Titel II
Bestimmungen über die qualifizierte Mehrheit

Artikel 3 [Qualifizierte Mehrheit]

(1) Nach Artikel 16 Absatz 4 des Vertrags über die Europäische Union treten die Bestimmungen dieses Absatzes und die Bestimmungen des Artikels 238 Absatz 2 des Vertrags über die Arbeitsweise der Europäischen Union zur Definition der qualifizierten Mehrheit im Europäischen Rat und im Rat am 1. November 2014 in Kraft.

(2) Für den Zeitraum vom 1. November 2014 bis zum 31. März 2017 gilt Folgendes: Ist für eine Beschlussfassung eine qualifizierte Mehrheit erforderlich, kann ein Mitglied des Rates beantragen, dass die Beschlussfassung mit der qualifizierten Mehrheit nach Absatz 3 erfolgt. In diesem Fall finden die Absätze 3 und 4 Anwendung.

(3) Bis zum 31. Oktober 2014 gelten unbeschadet des Artikels 235 Absatz 1 Unterabsatz 2 des Vertrags über die Arbeitsweise der Europäischen Union die nachstehenden Bestimmungen.

Ist für die Beschlussfassung im Europäischen Rat und im Rat eine qualifizierte Mehrheit erforderlich, so werden die Stimmen der Mitglieder wie folgt gewichtet:

Belgien	12	Litauen	7
Bulgarien	10	Luxemburg	4
Tschechische Republik	12	Ungarn	12
Dänemark	7	Malta	3
Deutschland	29	Niederlande	13
Estland	4	Österreich	10
Irland	7	Polen	27
Griechenland	12	Portugal	12
Spanien	27	Rumänien	14
Frankreich	29	Slowenien	4
Kroatien	7	Slowakei	7
Italien	29	Finnland	7
Zypern	4	Schweden	10
Lettland	4	Vereinigtes Königreich	29

[1]In den Fällen, in denen Beschlüsse nach den Verträgen auf Vorschlag der Kommission zu fassen sind, kommen diese Be-

schlüsse mit einer Mindestzahl von 260 Stimmen zustande, die die Zustimmung der Mehrheit der Mitglieder umfasst. ²In den anderen Fällen kommen die Beschlüsse mit einer Mindestzahl von 260 Stimmen zustande, die die Zustimmung von mindestens zwei Dritteln der Mitglieder umfasst.

¹Ein Mitglied des Europäischen Rates oder des Rates kann beantragen, dass beim Erlass eines Rechtsakts des Europäischen Rates oder des Rates mit qualifizierter Mehrheit überprüft wird, ob die Mitgliedstaaten, die diese qualifizierte Mehrheit bilden, mindestens 62 % der Gesamtbevölkerung der Union ausmachen. ²Falls sich erweist, dass diese Bedingung nicht erfüllt ist, wird der betreffende Rechtsakt nicht erlassen.

(4) Bis zum 31. Oktober 2014 gilt in den Fällen, in denen in Anwendung der Verträge nicht alle Mitglieder des Rates stimmberechtigt sind, das heißt in den Fällen, in denen auf die qualifizierte Mehrheit nach Artikel 238 Absatz 3 des Vertrags über die Arbeitsweise der Europäischen Union Bezug genommen wird, als qualifizierte Mehrheit derselbe Anteil der gewogenen Stimmen und derselbe Anteil der Anzahl der Mitglieder des Rates sowie gegebenenfalls derselbe Prozentsatz der Bevölkerung der betreffenden Mitgliedstaaten wie in Absatz 3 dieses Artikels festgelegt.

Titel III
Bestimmungen über die Zusammensetzungen des Rates

Artikel 4 [Zusammensetzung des Rates]

Bis zum Inkrafttreten des Beschlusses nach Artikel 16 Absatz 6 Unterabsatz 1 des Vertrags über die Europäische Union kann der Rat in den in den Unterabsätzen 2 und 3 des genannten Absatzes vorgesehenen Zusammensetzungen sowie in anderen Zusammensetzungen zusammentreten, deren Liste durch einen Beschluss des Rates in seiner Zusammensetzung „Allgemeine Angelegenheiten" festgesetzt wird, der mit einfacher Mehrheit beschließt.

Titel IV
Bestimmungen über die Kommission einschließlich des Hohen Vertreters der Union für Außen- und Sicherheitspolitik

Artikel 5 [Amtszeit der Kommissionsmitglieder]

[1]Die zum Zeitpunkt des Inkrafttretens des Vertrags von Lissabon amtierenden Mitglieder der Kommission bleiben bis zum Ende ihrer Amtszeit im Amt. [2]Am Tag der Ernennung des Hohen Vertreters der Union für Außen- und Sicherheitspolitik endet jedoch die Amtszeit des Mitglieds, das die gleiche Staatsangehörigkeit wie dieser besitzt.

Titel V
Bestimmungen betreffend den Generalsekretär des Rates und Hohen Vertreter für die Gemeinsame Außen- und Sicherheitspolitik und den stellvertretenden Generalsekretär des Rates

Artikel 6 [Amtszeit des Generalsekretärs des Rates und Hohen Vertreters für die GASP]

[1]Die Amtszeit des Generalsekretärs des Rates und Hohen Vertreters für die Gemeinsame Außen- und Sicherheitspolitik sowie des Stellvertretenden Generalsekretärs des Rates endet zum Zeitpunkt des Inkrafttretens des Vertrags von Lissabon. [2]Der Rat ernennt seinen Generalsekretär nach Artikel 240 Absatz 2 des Vertrags über die Arbeitsweise der Europäischen Union.

Titel VI
Bestimmungen über die beratenden Einrichtungen

Artikel 7 [Wirtschafts- und Sozialausschuss]

Bis zum Inkrafttreten des Beschlusses nach Artikel 301 des Vertrags über die Arbeitsweise der Europäischen Union verteilen sich die Mitglieder des Wirtschafts- und Sozialausschusses wie folgt:

Belgien	12	Litauen	9
Bulgarien	12	Luxemburg	6
Tschechische Republik	12	Ungarn	12
Dänemark	9	Malta	5
Deutschland	24	Niederlande	12
Estland	7	Österreich	12
Irland	9	Polen	21
Griechenland	12	Portugal	12
Spanien	21	Rumänien	15
Frankreich	24	Slowenien	7
Kroatien	9	Slowakei	9
Italien	24	Finnland	9
Zypern	6	Schweden	12
Lettland	7	Vereinigtes Königreich	24

Artikel 8 [Ausschuss der Regionen]

Bis zum Inkrafttreten des Beschlusses nach Artikel 305 des Vertrags über die Arbeitsweise der Europäischen Union verteilen sich die Mitglieder des Ausschusses der Regionen wie folgt:

Belgien	12	Litauen	9
Bulgarien	12	Luxemburg	6
Tschechische Republik	12	Ungarn	12
Dänemark	9	Malta	5
Deutschland	24	Niederlande	12
Estland	7	Österreich	12
Irland	9	Polen	21
Griechenland	12	Portugal	12
Spanien	21	Rumänien	15
Frankreich	24	Slowenien	7
Kroatien	9	Slowakei	9
Italien	24	Finnland	9
Zypern	6	Schweden	12
Lettland	7	Vereinigtes Königreich	24

Titel VII
Übergangsbestimmungen über die vor dem Inkrafttreten des Vertrags von Lissabon auf der Grundlage der Titel V und VI des Vertrags über die Europäische Union angenommenen Rechtsakte

Artikel 9 [Gültigkeit von Rechtsakten auf der Grundlage des EUV a.F.]

[1]Die Rechtsakte der Organe, Einrichtungen und sonstigen Stellen der Union, die vor dem Inkrafttreten des Vertrags von Lissabon auf der Grundlage des Vertrags über die Europäische Union angenommen wurden, behalten so lange Rechtswirkung, bis sie in Anwendung der Verträge aufgehoben, für nichtig erklärt oder geändert werden. [2]Dies gilt auch für Übereinkommen, die auf der Grundlage des Vertrags über die Europäische Union zwischen Mitgliedstaaten geschlossen wurden.

Artikel 10 [Rechtsakte im Bereich der PJZS auf der Grundlage des EUV a.F.]

(1) Als Übergangsmaßnahme gilt bezüglich der Befugnisse der Organe bei Rechtsakten der Union im Bereich der polizeilichen Zusammenarbeit und der justiziellen Zusammenarbeit in Strafsachen, die vor dem Inkrafttreten des Vertrags von Lissabon angenommen wurden, bei Inkrafttreten des genannten Vertrags Folgendes: Die Befugnisse der Kommission nach Artikel 258 des Vertrags über die Arbeitsweise der Europäischen Union gelten nicht, und die Befugnisse des Gerichtshofs der Europäischen Union nach Titel VI des Vertrags über die Europäische Union in der vor dem Inkrafttreten des Vertrags von Lissabon geltenden Fassung bleiben unverändert, einschließlich in den Fällen, in denen sie nach Artikel 35 Absatz 2 des genannten Vertrags über die Europäische Union anerkannt wurden.

(2) Die Änderung eines in Absatz 1 genannten Rechtsakts hat zur Folge, dass hinsichtlich des geänderten Rechtsakts in Bezug auf diejenigen Mitgliedstaaten, für die der geänderte Rechtsakt gilt, die in den Verträgen vorgesehenen Befugnisse der in Absatz 1 genannten Organe gelten.

(3) Die Übergangsmaßnahme nach Absatz 1 tritt auf jeden Fall fünf Jahre nach dem Inkrafttreten des Vertrags von Lissabon außer Kraft.

(4) [1]Das Vereinigte Königreich kann dem Rat spätestens sechs Monate vor dem Ende des Übergangszeitraums nach Absatz 3 mitteilen, dass es hinsichtlich der Rechtsakte nach Absatz 1 die in den Verträgen festgelegten Befugnisse der in Absatz 1 genannten Organe nicht anerkennt. [2]Im Falle einer solchen Mitteilung durch das Vereinigte Königreich gelten alle Rechtsakte nach Absatz 1 für das Vereinigte Königreich nicht mehr ab dem Tag, an dem der Übergangszeitraum nach Absatz 3 endet. [3]Dieser Unterabsatz gilt nicht in Bezug auf die geänderten Rechtsakte nach Absatz 2, die für das Vereinigte Königreich gelten.

[1]Der Rat beschließt mit qualifizierter Mehrheit auf Vorschlag der Kommission die erforderlichen Folge- und Übergangsmaßnahmen. [2]Das Vereinigte Königreich nimmt an der Annahme dieses Beschlusses nicht teil. [3]Die qualifizierte Mehrheit des Rates bestimmt sich nach Artikel 238 Absatz 3 Buchstabe a des Vertrags über die Arbeitsweise der Europäischen Union.

Der Rat kann mit qualifizierter Mehrheit auf Vorschlag der Kommission ferner einen Beschluss annehmen, mit dem bestimmt wird, dass das Vereinigte Königreich etwaige unmittelbare finanzielle Folgen trägt, die sich zwangsläufig und unvermeidbar daraus ergeben, dass es sich nicht mehr an diesen Rechtsakten beteiligt.

(5) [1]Das Vereinigte Königreich kann dem Rat in der Folge jederzeit mitteilen, dass es sich an Rechtsakten beteiligen möchte, die nach Absatz 4 Unterabsatz 1 für das Vereinigte Königreich nicht mehr gelten. [2]In diesem Fall finden die einschlägigen Bestimmungen des Protokolls über den in den Rahmen der Europäischen Union einbezogenen Schengen-Besitzstand bzw. des Protokolls über die Position des Vereinigten Königreichs und Irlands hinsichtlich des Raums der Freiheit, der Sicherheit und des Rechts Anwendung. [3]In Bezug auf diese Rechtsakte gelten die in den Verträgen festgelegten Befugnisse der Organe. [4]Handeln die Organe der Union und das Vereinigte Königreich im Rahmen der betreffenden Protokolle, so bemühen sie sich, das größtmögliche Maß an Beteiligung des Vereinigten Königreichs am Besitzstand

der Union bezüglich des Raums der Freiheit, der Sicherheit und des Rechts wiederherzustellen, ohne dass die praktische Funktionsfähigkeit seiner verschiedenen Bestandteile ernsthaft beeinträchtigt wird, und unter Wahrung von deren Kohärenz.

[16] Erklärungen zur Schlussakte der Regierungskonferenz,

die den am 13. Dezember 2007 unterzeichneten Vertrag von Lissabon angenommen hat

A. Erklärungen zu Bestimmungen der Verträge

1. Erklärung zur Charta der Grundrechte der Europäischen Union

Die Charta der Grundrechte der Europäischen Union, die rechtsverbindlich ist, bekräftigt die Grundrechte, die durch die Europäische Konvention zum Schutz der Menschenrechte und Grundfreiheiten garantiert werden und die sich aus den gemeinsamen Verfassungsüberlieferungen der Mitgliedstaaten ergeben.

Die Charta dehnt weder den Geltungsbereich des Unionsrechts über die Zuständigkeiten der Union hinaus aus noch begründet sie neue Zuständigkeiten oder neue Aufgaben für die Union, und sie ändert nicht die in den Verträgen festgelegten Zuständigkeiten und Aufgaben.

2. Erklärung zu Artikel 6 Absatz 2 des Vertrags über die Europäische Union

Die Konferenz kommt überein, dass der Beitritt der Union zur Europäischen Konvention zum Schutz der Menschenrechte und Grundfreiheiten unter Bedingungen erfolgen sollte, die es gestatten, die Besonderheiten der Rechtsordnung der Union zu wahren. In diesem Zusammenhang stellt die Konferenz fest, dass der Gerichtshof der Europäischen Union und der Europäische Gerichtshof für Menschenrechte in einem regelmäßigen Dialog stehen; dieser Dialog könnte beim Beitritt der Union zu dieser Konvention intensiviert werden.

3. Erklärung zu Artikel 8 des Vertrags über die Europäische Union

Die Union trägt der besonderen Lage der Länder mit geringer territorialer Ausdehnung Rechnung, die spezifische Nachbarschaftsbeziehungen zur Union unterhalten.

4. Erklärung zur Zusammensetzung des Europäischen Parlaments

Der zusätzliche Sitz im Europäischen Parlament wird Italien zugewiesen.

5. Erklärung zur politischen Einigung des Europäischen Rates über den Entwurf eines Beschlusses über die Zusammensetzung des Europäischen Parlaments

Der Europäische Rat wird seine politische Zustimmung zum überarbeiteten Entwurf eines Beschlusses über die Zusammensetzung des Europäischen Parlaments in der Legislaturperiode 2009–2014 auf der Grundlage des Vorschlags des Europäischen Parlaments erteilen.

6. Erklärung zu Artikel 15 Absätze 5 und 6, Artikel 17 Absätze 6 und 7 und Artikel 18 des Vertrags über die Europäische Union

Bei der Auswahl der Personen, die das Amt des Präsidenten des Europäischen Rates, des Präsidenten der Kommission und des Hohen Vertreters der Union für Außen- und Sicherheitspolitik ausüben sollen, ist gebührend zu berücksichtigen, dass die geografische und demografische Vielfalt der Union und ihrer Mitgliedstaaten angemessen geachtet werden muss.

7. Erklärung zu Artikel 16 Absatz 4 des Vertrags über die Europäische Union und zu Artikel 238 Absatz 2 des Vertrags über die Arbeitsweise der Europäischen Union

Die Konferenz erklärt, dass der Beschluss über die Anwendung des Artikels 16 Absatz 4 des Vertrags über die Europäische Union und des Artikels 238 Absatz 2 des Vertrags über die Arbeitsweise der Europäischen Union vom Rat am Tag der Unterzeichnung des Vertrags von Lissabon angenommen wird und am Tag des

Inkrafttretens jenes Vertrags in Kraft tritt. Der entsprechende Beschlussentwurf ist nachstehend wiedergegeben:

Entwurf eines Beschlusses des Rates

über die Anwendung des Artikels 16 Absatz 4 des Vertrags über die Europäische Union und des Artikels 238 Absatz 2 des Vertrags über die Arbeitsweise der Europäischen Union zwischen dem 1. November 2014 und dem 31. März 2017 einerseits und ab dem 1. April 2017 andererseits

DER RAT DER EUROPÄISCHEN UNION –

in Erwägung nachstehender Gründe:

(1) Es sollten Bestimmungen erlassen werden, die einen reibungslosen Übergang von der Regelung für die Beschlussfassung des Rates mit qualifizierter Mehrheit, die in Artikel 3 Absatz 3 des Protokolls über die Übergangsbestimmungen festgelegt ist und die bis zum 31. Oktober 2014 weiterhin gelten wird, zu der in Artikel 16 Absatz 4 des Vertrags über die Europäische Union und Artikel 238 Absatz 2 des Vertrags über die Arbeitsweise der Europäischen Union vorgesehenen Abstimmungsregelung gewährleisten, die ab dem 1. November 2014 gelten wird, einschließlich – während eines Übergangszeitraums bis zum 31. März 2017 – der besonderen Bestimmungen gemäß Artikel 3 Absatz 2 des genannten Protokolls.

(2) Der Rat wird auch in Zukunft alles daran setzen, die demokratische Legitimierung der mit qualifizierter Mehrheit angenommenen Rechtsakte zu erhöhen –

BESCHLIESST:

Abschnitt 1
Für die Zeit vom 1. November 2014 bis zum 31. März 2017 anwendbare Bestimmungen

Artikel 1
Für die Zeit vom 1. November 2014 bis zum 31. März 2017 gilt Folgendes: Wenn Mitglieder des Rates, die
a) mindestens drei Viertel der Bevölkerung oder
b) mindestens drei Viertel der Anzahl der Mitgliedstaaten
vertreten, die für die Bildung einer Sperrminorität erforderlich sind, wie sie sich aus der Anwendung von Artikel 16 Absatz 4 Unterabsatz 1 des Vertrags über die Europäische Union oder Artikel 238 Absatz 2 des Vertrags über die Arbeitsweise der Europäischen Union ergibt, erklären, dass sie die Annahme eines Rechtsakts durch den Rat mit qualifizierter Mehrheit ablehnen, so wird die Frage vom Rat erörtert.

Artikel 2
Der Rat wird im Verlauf dieser Erörterungen alles in seiner Macht Stehende tun, um innerhalb einer angemessenen Zeit und unbeschadet der durch das Unionsrecht vorgeschriebenen zwingenden Fristen eine zufrieden stellende Lösung für die von den Mitgliedern des Rates nach Artikel 1 vorgebrachten Anliegen zu finden.

Artikel 3
Zu diesem Zweck unternimmt der Präsident des Rates mit Unterstützung der Kommission unter Einhaltung der Geschäftsordnung des Rates alle erforderlichen Schritte, um im Rat eine breitere Einigungsgrundlage zu ermöglichen. Die Mitglieder des Rates unterstützen ihn hierbei.

Abschnitt 2
Ab dem 1. April 2017 anwendbare Bestimmungen

Artikel 4

Ab dem 1. April 2017 gilt Folgendes: Wenn Mitglieder des Rates, die

a) mindestens 55 % der Bevölkerung oder

b) mindestens 55 % der Anzahl der Mitgliedstaaten

vertreten, die für die Bildung einer Sperrminorität erforderlich sind, wie sie sich aus der Anwendung von Artikel 16 Absatz 4 Unterabsatz 1 des Vertrags über die Europäische Union oder Artikel 238 Absatz 2 des Vertrags über die Arbeitsweise der Europäischen Union ergibt, erklären, dass sie die Annahme eines Rechtsakts durch den Rat mit qualifizierter Mehrheit ablehnen, so wird die Frage vom Rat erörtert.

Artikel 5

Der Rat wird im Verlauf dieser Erörterungen alles in seiner Macht Stehende tun, um innerhalb einer angemessenen Zeit und unbeschadet der durch das Unionsrecht vorgeschriebenen zwingenden Fristen eine zufrieden stellende Lösung für die von den Mitgliedern des Rates nach Artikel 4 vorgebrachten Anliegen zu finden.

Artikel 6

Zu diesem Zweck unternimmt der Präsident des Rates mit Unterstützung der Kommission unter Einhaltung der Geschäftsordnung des Rates alle erforderlichen Schritte, um im Rat eine breitere Einigungsgrundlage zu ermöglichen. Die Mitglieder des Rates unterstützen ihn hierbei.

Abschnitt 3
Inkrafttreten des Beschlusses

Artikel 7

Dieser Beschluss tritt am Tag des Inkrafttretens des Vertrags von Lissabon in Kraft.

8. Erklärung zu den praktischen Maßnahmen, die zum Zeitpunkt des Inkrafttretens des Vertrags von Lissabon in Bezug auf den Vorsitz im Europäischen Rat und im Rat „Auswärtige Angelegenheiten" zu ergreifen sind

Für den Fall, dass der Vertrag von Lissabon nach dem 1. Januar 2009 in Kraft tritt, ersucht die Konferenz die zuständigen Behörden des Mitgliedstaats, der zu jenem Zeitpunkt den halbjährlich wechselnden Vorsitz im Rat wahrnimmt, einerseits und die Persönlichkeit, die zum Präsidenten des Europäischen Rats gewählt wird, sowie die Persönlichkeit, die zum Hohen Vertreter der Union für Außen- und Sicherheitspolitik ernannt wird, andererseits, in Absprache mit dem nachfolgenden halbjährlichen Vorsitz die konkreten Maßnahmen zu ergreifen, die erforderlich sind, damit der Übergang in Bezug auf die sachbezogenen und die organisatorischen Aspekte der Ausübung des Vorsitzes im Europäischen Rat und im Rat „Auswärtige Angelegenheiten" reibungslos erfolgen kann.

9. Erklärung zu Artikel 16 Absatz 9 des Vertrags über die Europäische Union betreffend den Beschluss des Europäischen Rates über die Ausübung des Vorsitzes im Rat

Die Konferenz erklärt, dass der Rat nach der Unterzeichnung des Vertrags von Lissabon umgehend mit der Ausarbeitung des Beschlusses zur Festlegung der Verfahren für die Anwendung des Beschlusses über die Ausübung des Vorsitzes im Rat beginnen und innerhalb von sechs Monaten zu einer politischen Einigung gelangen sollte. Ein Entwurf für einen Beschluss des Europäischen Rates, der am Tag des Inkrafttretens jenes Vertrags angenommen wird, ist nachstehend wiedergegeben:

Entwurf eines Beschlusses des Europäischen Rates über die Ausübung des Vorsitzes im Rat

Artikel 1

(1) Der Vorsitz im Rat außer in der Zusammensetzung „Auswärtige Angelegenheiten" wird von zuvor festgelegten Gruppen von drei Mitgliedstaaten für einen Zeitraum von 18 Monaten

wahrgenommen. Diese Gruppen werden in gleichberechtigter Rotation der Mitgliedstaaten unter Berücksichtigung ihrer Verschiedenheit und des geografischen Gleichgewichts innerhalb der Union zusammengestellt.

(2) Jedes Mitglied der Gruppe nimmt den Vorsitz in allen Zusammensetzungen des Rates außer in der Zusammensetzung „Auswärtige Angelegenheiten" im Wechsel für einen Zeitraum von sechs Monaten wahr. Die anderen Mitglieder der Gruppe unterstützen den Vorsitz auf der Grundlage eines gemeinsamen Programms bei all seinen Aufgaben. Die Mitglieder der Gruppe können untereinander alternative Regelungen beschließen.

Artikel 2

Der Vorsitz im Ausschuss der Ständigen Vertreter der Regierungen der Mitgliedstaaten wird von einem Vertreter des Mitgliedstaats wahrgenommen, der den Vorsitz im Rat in der Zusammensetzung „Allgemeine Angelegenheiten" innehat.

Der Vorsitz im Politischen und Sicherheitspolitischen Komitee wird von einem Vertreter des Hohen Vertreters der Union für Außen- und Sicherheitspolitik wahrgenommen.

Der Vorsitz in den vorbereitenden Gremien des Rates in seinen verschiedenen Zusammensetzungen außer in der Zusammensetzung „Auswärtige Angelegenheiten" wird von dem Mitglied der Gruppe wahrgenommen, das den Vorsitz in der entsprechenden Zusammensetzung des Rates führt, sofern nach Artikel 4 nichts anderes beschlossen wird.

Artikel 3

Der Rat in der Zusammensetzung „Allgemeine Angelegenheiten" sorgt im Rahmen einer Mehrjahresplanung in Zusammenarbeit mit der Kommission für die Kohärenz und die Kontinuität der Arbeiten des Rates in seinen verschiedenen Zusammensetzungen. Die den Vorsitz wahrnehmenden Mitgliedstaaten treffen mit Unterstützung des Generalsekretariats des Rates alle für die Organisation und den reibungslosen Ablauf der Arbeiten des Rates erforderlichen Vorkehrungen.

Artikel 4

Der Rat erlässt einen Beschluss mit Bestimmungen zur Anwendung dieses Beschlusses.

10. Erklärung zu Artikel 17 des Vertrags über die Europäische Union

Die Konferenz ist der Auffassung, dass die Kommission, wenn ihr nicht mehr Staatsangehörige aller Mitgliedstaaten angehören, besonders beachten sollte, dass in den Beziehungen zu allen Mitgliedstaaten vollständige Transparenz gewährleistet sein muss. Dementsprechend sollte die Kommission enge Verbindungen zu allen Mitgliedstaaten unterhalten, unabhängig davon, ob einer ihrer Staatsangehörigen Mitglied der Kommission ist, und in diesem Zusammenhang besonders beachten, dass Informationen mit allen Mitgliedstaaten geteilt und alle Mitgliedstaaten konsultiert werden müssen. Die Konferenz ist ferner der Auffassung, dass die Kommission alle notwendigen Maßnahmen ergreifen sollte, um sicherzustellen, dass die politischen, sozialen und wirtschaftlichen Gegebenheiten in allen Mitgliedstaaten, auch in Mitgliedstaaten, die kein Kommissionsmitglied stellen, in vollem Umfang berücksichtigt werden. Dabei sollte durch geeignete organisatorische Vorkehrungen auch gewährleistet werden, dass der Standpunkt dieser Mitgliedstaaten berücksichtigt wird.

11. Erklärung zu Artikel 17 Absätze 6 und 7 des Vertrags über die Europäische Union

Die Konferenz ist der Auffassung, dass das Europäische Parlament und der Europäische Rat im Einklang mit den Verträgen gemeinsam für den reibungslosen Ablauf des Prozesses, der zur Wahl des Präsidenten der Europäischen Kommission führt, verantwortlich sind. Vertreter des Europäischen Parlaments und des Europäischen Rates werden daher vor dem Beschluss des Europäischen Rates die erforderlichen Konsultationen in dem Rahmen durchführen, der als am besten geeignet erachtet wird.

Nach Artikel 17 Absatz 7 Unterabsatz 1 betreffen diese Konsultationen das Profil der Kandidaten für das Amt des Präsidenten der Kommission unter Berücksichtigung der Wahlen zum Europäischen Parlament. Die Einzelheiten dieser Konsultationen können zu gegebener Zeit einvernehmlich zwischen dem Europäischen Parlament und dem Europäischen Rat festgelegt werden.

12. Erklärung zu Artikel 18 des Vertrags über die Europäische Union

(1) Die Konferenz erklärt, dass bei den Vorbereitungsarbeiten zur Ernennung des Hohen Vertreters der Union für Außen- und Sicherheitspolitik gemäß Artikel 18 des Vertrags über die Europäische Union und Artikel 5 des Protokolls über die Übergangsbestimmungen, die am Tag des Inkrafttretens des Vertrags von Lissabon erfolgen soll, geeignete Kontakte zum Europäischen Parlament erfolgen werden; die Amtszeit des Hohen Vertreters wird am selben Tag beginnen und bis zum Ende der Amtszeit der an diesem Tag amtierenden Kommission dauern.

(2) Des Weiteren erinnert die Konferenz daran, dass die Ernennung desjenigen Hohen Vertreters der Union für Außen- und Sicherheitspolitik, dessen Amtszeit im November 2009 zum gleichen Zeitpunkt wie die Amtszeit der nächsten Kommission beginnen und dieselbe Dauer wie diese haben wird, nach den Artikeln 17 und 18 des Vertrags über die Europäische Union erfolgen wird.

13. Erklärung zur Gemeinsamen Außen- und Sicherheitspolitik

Die Konferenz unterstreicht, dass die Bestimmungen des Vertrags über die Europäische Union betreffend die Gemeinsame Außen- und Sicherheitspolitik, einschließlich der Schaffung des Amts des Hohen Vertreters der Union für Außen- und Sicherheitspolitik und der Errichtung eines Auswärtigen Dienstes, weder die derzeit bestehenden Zuständigkeiten der Mitgliedstaaten für die Formulierung und Durchführung ihrer Außenpolitik noch ihre nationale Vertretung in Drittländern und internationalen Organisationen berühren.

Die Konferenz erinnert außerdem daran, dass die Bestimmungen über die Gemeinsame Sicherheits- und Verteidigungspolitik den besonderen Charakter der Sicherheits- und Verteidigungspolitik der Mitgliedstaaten unberührt lassen.

Sie hebt hervor, dass die Europäische Union und ihre Mitgliedstaaten nach wie vor durch die Bestimmungen der Charta der Vereinten Nationen und insbesondere durch die Hauptverantwortung des Sicherheitsrats und seiner Mitglieder für die Wahrung des Weltfriedens und der internationalen Sicherheit gebunden sind.

14. Erklärung zur Gemeinsamen Außen- und Sicherheitspolitik

Zusätzlich zu den in Artikel 24 Absatz 1 des Vertrags über die Europäische Union genannten besonderen Regeln und Verfahren betont die Konferenz, dass die Bestimmungen zur Gemeinsamen Außen- und Sicherheitspolitik, einschließlich zum Hohen Vertreter der Union für Außen- und Sicherheitspolitik und zum Auswärtigen Dienst, die bestehenden Rechtsgrundlagen, die Zuständigkeiten und Befugnisse der einzelnen Mitgliedstaaten in Bezug auf die Formulierung und die Durchführung ihrer Außenpolitik, ihre nationalen diplomatischen Dienste, ihre Beziehungen zu Drittländern und ihre Beteiligung an internationalen Organisationen, einschließlich der Mitgliedschaft eines Mitgliedstaats im Sicherheitsrat der Vereinten Nationen, nicht berühren.

Die Konferenz stellt ferner fest, dass der Kommission durch die Bestimmungen zur Gemeinsamen Außen- und Sicherheitspolitik keine neuen Befugnisse zur Einleitung von Beschlüssen übertragen werden und dass diese Bestimmungen die Rolle des Europäischen Parlaments nicht erweitern.

Die Konferenz erinnert außerdem daran, dass die Bestimmungen über die Gemeinsame Sicherheits- und Verteidigungspolitik den besonderen Charakter der Sicherheits- und Verteidigungspolitik der Mitgliedstaaten unberührt lassen.

15. Erklärung zu Artikel 27 des Vertrags über die Europäische Union

Die Konferenz erklärt, dass der Generalsekretär des Rates und Hohe Vertreter für die Gemeinsame Außen- und Sicherheitspolitik, die Kommission und die Mitgliedstaaten die Vorarbeiten zur Errichtung des Europäischen Auswärtigen Dienstes einleiten sollten, sobald der Vertrag von Lissabon unterzeichnet worden ist.

16. Erklärung zu Artikel 55 Absatz 2 des Vertrags über die Europäische Union

Die Konferenz ist der Auffassung, dass die Möglichkeit der Erstellung von Übersetzungen der Verträge in den Sprachen nach Artikel 55 Absatz 2 zur Verwirklichung des Ziels beiträgt, den Reichtum der kulturellen und sprachlichen Vielfalt der Union im Sinne von Artikel 3 Absatz 3 Unterabsatz 4 zu wahren. Sie bekräftigt diesbezüglich, dass die Union großen Wert auf die kulturelle Vielfalt Europas legt und diesen und anderen Sprachen weiterhin besondere Bedeutung beimessen wird.

Die Konferenz empfiehlt, dass die Mitgliedstaaten, die von der in Artikel 55 Absatz 2 vorgesehenen Möglichkeit Gebrauch machen möchten, dem Rat innerhalb von sechs Monaten nach der Unterzeichnung des Vertrags von Lissabon die Sprache bzw. Sprachen mitteilen, in die die Verträge übersetzt werden sollen.

17. Erklärung zum Vorrang

Die Konferenz weist darauf hin, dass die Verträge und das von der Union auf der Grundlage der Verträge gesetzte Recht im Einklang mit der ständigen Rechtsprechung des Gerichtshofs der Europäischen Union unter den in dieser Rechtsprechung festgelegten Bedingungen Vorrang vor dem Recht der Mitgliedstaaten haben.

Darüber hinaus hat die Konferenz beschlossen, dass das Gutachten des Juristischen Dienstes des Rates zum Vorrang in der Fassung des Dokuments 11197/07 (JUR 260) dieser Schlussakte beigefügt wird:

"Gutachten des Juristischen Dienstes des Rates
vom 22. Juni 2007

Nach der Rechtsprechung des Gerichtshofs ist der Vorrang des EG-Rechts einer der Grundpfeiler des Gemeinschaftsrechts. Dem Gerichtshof zufolge ergibt sich dieser Grundsatz aus der Besonderheit der Europäischen Gemeinschaft. Zum Zeitpunkt des ersten Urteils im Rahmen dieser ständigen Rechtsprechung (Rechtssache 6/64, Costa gegen ENEL, 15. Juli 1964 ([1])war dieser Vorrang im Vertrag nicht erwähnt. Dies ist auch heute noch der Fall. Die Tatsache, dass der Grundsatz dieses Vorrangs nicht in den künftigen Vertrag aufgenommen wird, ändert nichts an seiner Existenz und an der bestehenden Rechtsprechung des Gerichtshofs.

(¹) „Aus (...) folgt, dass dem vom Vertrag geschaffenen, somit aus einer autonomen Rechtsquelle fließenden Recht wegen dieser seiner Eigenständigkeit keine wie immer gearteten innerstaatlichen Rechtsvorschriften vorgehen können, wenn ihm nicht sein Charakter als Gemeinschaftsrecht aberkannt und wenn nicht die Rechtsgrundlage der Gemeinschaft selbst in Frage gestellt werden soll."

18. Erklärung zur Abgrenzung der Zuständigkeiten

Die Konferenz unterstreicht, dass gemäß dem in dem Vertrag über die Europäische Union und dem Vertrag über die Arbeitsweise der Europäischen Union vorgesehenen System der Aufteilung der Zuständigkeiten zwischen der Union und den Mitgliedstaaten alle der Union nicht in den Verträgen übertragenen Zuständigkeiten bei den Mitgliedstaaten verbleiben.

Übertragen die Verträge der Union für einen bestimmten Bereich eine mit den Mitgliedstaaten geteilte Zuständigkeit, so nehmen die Mitgliedstaaten ihre Zuständigkeit wahr, sofern und soweit die Union ihre Zuständigkeit nicht ausgeübt hat oder entschieden hat, diese nicht mehr auszuüben. Der letztgenannte Fall ist gegeben, wenn die zuständigen Organe der Union beschließen, einen Gesetzgebungsakt aufzuheben, insbesondere um die ständige Einhaltung der Grundsätze der Subsidiarität und der Verhältnismäßigkeit besser sicherzustellen. Der Rat kann die Kommission auf Initiative eines oder mehrerer seiner Mitglieder (Vertreter der Mitgliedstaaten) gemäß Artikel 241 des Vertrags über die Arbeitsweise der Europäischen Union auffordern, Vorschläge für die Aufhebung eines Gesetzgebungsakts zu unterbreiten. Die Konferenz begrüßt, dass die Kommission erklärt, sie werde solchen Aufforderungen besondere Beachtung schenken.

Ebenso können die Vertreter der Regierungen der Mitgliedstaaten im Rahmen einer Regierungskonferenz gemäß dem ordentlichen Änderungsverfahren nach Artikel 48 Absätze 2 bis 5 des Vertrags über die Europäische Union eine Änderung der Verträge, auf denen die Union beruht, einschließlich einer Ausweitung oder Verringerung der der Union in diesen Verträgen übertragenen Zuständigkeiten, beschließen.

19. Erklärung zu Artikel 8 des Vertrags über die Arbeitsweise der Europäischen Union

Die Konferenz ist sich darüber einig, dass die Union bei ihren allgemeinen Bemühungen, Ungleichheiten zwischen Frauen und Männern zu beseitigen, in den verschiedenen Politikbereichen darauf hinwirken wird, jede Art der häuslichen Gewalt zu bekämpfen. Die Mitgliedstaaten sollten alle erforderlichen Maßnahmen ergreifen, um solche strafbaren Handlungen zu verhindern und zu ahnden sowie die Opfer zu unterstützen und zu schützen.

20. Erklärung zu Artikel 16 des Vertrags über die Arbeitsweise der Europäischen Union

Die Konferenz erklärt, dass immer dann, wenn Bestimmungen über den Schutz personenbezogener Daten, die auf der Grundlage von Artikel 16 zu erlassen sind, direkte Auswirkungen auf die nationale Sicherheit haben könnten, dieser Umstand gebührend zu berücksichtigen ist. Sie weist darauf hin, dass die derzeit geltenden Rechtsvorschriften (siehe insbesondere Richtlinie 95/46/EG) besondere Ausnahmeregelungen hierzu enthalten.

21. Erklärung zum Schutz personenbezogener Daten im Bereich der justiziellen Zusammenarbeit in Strafsachen und der polizeilichen Zusammenarbeit

Die Konferenz erkennt an, dass es sich aufgrund des spezifischen Charakters der Bereiche justizielle Zusammenarbeit in Strafsachen und polizeiliche Zusammenarbeit als erforderlich erweisen könnte, in diesen Bereichen spezifische, auf Artikel 16 des Vertrags über die Arbeitsweise der Europäischen Union gestützte Vorschriften über den Schutz personenbezogener Daten und den freien Datenverkehr zu erlassen.

22. Erklärung zu den Artikeln 48 und 79 des Vertrags über die Arbeitsweise der Europäischen Union

Die Konferenz geht davon aus, dass den Interessen des betroffenen Mitgliedstaats gebührend Rechnung getragen wird, wenn ein

Entwurf eines Gesetzgebungsakts nach Artikel 79 Absatz 2 – wie in Artikel 48 Absatz 2 dargelegt – wichtige Aspekte, wie den Geltungsbereich, die Kosten oder die Finanzstruktur des Systems der sozialen Sicherheit eines Mitgliedstaats verletzen oder das finanzielle Gleichgewicht dieses Systems beeinträchtigen würde.

23. Erklärung zu Artikel 48 Absatz 2 des Vertrags über die Arbeitsweise der Europäischen Union

Die Konferenz verweist darauf, dass der Europäische Rat in diesem Fall nach Artikel 15 Absatz 4 des Vertrags über die Europäische Union im Konsens entscheidet.

24. Erklärung zur Rechtspersönlichkeit der Europäischen Union

Die Konferenz bestätigt, dass der Umstand, dass die Europäische Union Rechtspersönlichkeit hat, die Union keinesfalls ermächtigt, über die ihr von den Mitgliedstaaten in den Verträgen übertragenen Zuständigkeiten hinaus gesetzgeberisch tätig zu sein oder über diese Zuständigkeiten hinaus zu handeln.

25. Erklärung zu den Artikeln 75 und 215 des Vertrags über die Arbeitsweise der Europäischen Union

Die Konferenz weist darauf hin, dass die Achtung der Grundrechte und -freiheiten es insbesondere erforderlich macht, dass der Rechtsschutz der betreffenden Einzelpersonen oder Einheiten gebührend berücksichtigt wird. Zu diesem Zweck und zur Gewährleistung einer gründlichen gerichtlichen Prüfung von Beschlüssen, durch die Einzelpersonen oder Einheiten restriktiven Maßnahmen unterworfen werden, müssen diese Beschlüsse auf klaren und eindeutigen Kriterien beruhen. Diese Kriterien müssen auf die Besonderheiten der jeweiligen restriktiven Maßnahme zugeschnitten sein.

26. Erklärung zur Nichtbeteiligung eines Mitgliedstaats an einer auf den Dritten Teil Titel V des Vertrags über die Arbeitsweise der Europäischen Union gestützten Maßnahme

Die Konferenz erklärt, dass der Rat in dem Fall, dass ein Mitgliedstaat entscheidet, sich nicht an einer auf den Dritten Teil Titel V des Vertrags über die Arbeitsweise der Europäischen Union gestützten Maßnahme zu beteiligen, eine eingehende Erörterung über die möglichen Implikationen und Auswirkungen der Nichtbeteiligung dieses Mitgliedstaats an dieser Maßnahme führen wird.

Außerdem kann jeder Mitgliedstaat die Kommission ersuchen, die Lage auf der Grundlage des Artikels 116 des Vertrags über die Arbeitsweise der Europäischen Union zu prüfen.

Die vorstehenden Absätze berühren nicht die Möglichkeit für einen Mitgliedstaat, den Europäischen Rat mit dieser Frage zu befassen.

27. Erklärung zu Artikel 85 Absatz 1 Unterabsatz 2 des Vertrags über die Arbeitsweise der Europäischen Union

Nach Auffassung der Konferenz sollten die Verordnungen nach Artikel 85 Absatz 1 Unterabsatz 2 des Vertrags über die Arbeitsweise der Europäischen Union den nationalen Vorschriften und Verfahrensweisen im Zusammenhang mit der Einleitung strafrechtlicher Ermittlungsmaßnahmen Rechnung tragen.

28. Erklärung zu Artikel 98 des Vertrags über die Arbeitsweise der Europäischen Union

Die Konferenz stellt fest, dass Artikel 98 nach der gegenwärtigen Praxis anzuwenden ist. Die Formulierung „Maßnahmen (…), soweit sie erforderlich sind, um die wirtschaftlichen Nachteile auszugleichen, die der Wirtschaft bestimmter, von der Teilung Deutschlands betroffener Gebiete der Bundesrepublik aus dieser Teilung entstehen" wird im Einklang mit der geltenden Rechtsprechung des Gerichtshofs der Europäischen Union ausgelegt.

29. Erklärung zu Artikel 107 Absatz 2 Buchstabe c des Vertrags über die Arbeitsweise der Europäischen Union

Die Konferenz stellt fest, dass Artikel 107 Absatz 2 Buchstabe c im Einklang mit der geltenden Rechtsprechung des Gerichtshofs der Europäischen Union zur Anwendbarkeit dieser Bestimmungen auf die Beihilfen für bestimmte, durch die frühere Teilung Deutschlands beeinträchtigte Gebiete der Bundesrepublik Deutschland auszulegen ist.

30. Erklärung zu Artikel 126 des Vertrags über die Arbeitsweise der Europäischen Union

In Bezug auf Artikel 126 bekräftigt die Konferenz, dass die Wirtschafts- und Haushaltspolitik der Union und der Mitgliedstaaten auf die beiden fundamentalen Ziele ausgerichtet ist, das Wachstumspotenzial zu steigern und eine solide Haushaltslage zu gewährleisten. Der Stabilitäts- und Wachstumspakt ist ein wichtiges Instrument für die Verwirklichung dieser Ziele.

Die Konferenz bekennt sich erneut zu den Bestimmungen über den Stabilitäts- und Wachstumspakt als Rahmen für die Koordinierung der Haushaltspolitik in den Mitgliedstaaten.

Die Konferenz bekräftigt, dass sich mit einem auf Regeln beruhenden System am besten gewährleisten lässt, dass die Verpflichtungen tatsächlich eingehalten und alle Mitgliedstaaten gleich behandelt werden.

In diesem Zusammenhang erneuert die Konferenz ferner ihr Bekenntnis zu den Zielen der Lissabonner Strategie: Schaffung von Arbeitsplätzen, Strukturreformen und sozialer Zusammenhalt.

Die Union strebt ein ausgewogenes Wirtschaftswachstum und Preisstabilität an. Deshalb muss die Wirtschafts- und Haushaltspolitik in Zeiten schwachen Wirtschaftswachstums die entsprechenden Prioritäten in Bezug auf Wirtschaftsreformen, Innovation, Wettbewerbsfähigkeit und Steigerung der privaten Investitionen und des privaten Verbrauchs setzen. Dies sollte in der Ausrichtung der Haushaltsbeschlüsse auf Ebene der Mitgliedstaaten und der Union zum Ausdruck kommen, insbesondere dadurch, dass die öffentlichen Einnahmen und Ausgaben umgeschichtet werden, wobei die Haushaltsdisziplin nach den Verträgen und dem Stabilitäts- und Wachstumspakt zu wahren ist.

Die haushalts- und wirtschaftspolitischen Herausforderungen, vor denen die Mitgliedstaaten stehen, unterstreichen die Bedeutung einer soliden Haushaltspolitik während des gesamten Konjunkturzyklus.

Die Konferenz kommt überein, dass die Mitgliedstaaten Phasen der wirtschaftlichen Erholung aktiv nutzen sollten, um die öffentlichen Finanzen zu konsolidieren und ihre Haushaltslage zu verbessern.

Das Ziel ist dabei, in Zeiten günstiger Konjunktur schrittweise einen Haushaltsüberschuss zu erreichen, um in Zeiten der konjunkturellen Abschwächung über den nötigen Spielraum zu verfügen und so zur langfristigen Tragfähigkeit der öffentlichen Finanzen beizutragen.

Die Mitgliedstaaten sehen etwaigen Vorschlägen der Kommission und weiteren Beiträgen der Mitgliedstaaten zu der Frage, wie die Umsetzung des Stabilitäts- und Wachstumspakts verstärkt und klarer gestaltet werden kann, mit Interesse entgegen. Die Mitgliedstaaten werden die notwendigen Maßnahmen zur Steigerung des Wachstumspotenzials ihrer Wirtschaft treffen. Hierzu könnte auch eine bessere Abstimmung der Wirtschaftspolitik beitragen. Diese Erklärung greift künftigen Beratungen über den Stabilitäts- und Wachstumspakt nicht vor.

31. Erklärung zu Artikel 156 des Vertrags über die Arbeitsweise der Europäischen Union

Die Konferenz bestätigt, dass die in Artikel 156 aufgeführten Politikbereiche im Wesentlichen in die Zuständigkeit der Mitgliedstaaten fallen. Die auf Unionsebene nach diesem Artikel zu ergreifenden Förder- und Koordinierungsmaßnahmen haben ergänzenden Charakter. Sie dienen der Stärkung der Zusammenarbeit zwischen den Mitgliedstaaten und nicht der Harmonisierung einzelstaatlicher Systeme. Die in den einzelnen Mitgliedstaaten bestehenden Garantien und Gepflogenheiten hinsichtlich der Verantwortung der Sozialpartner bleiben unberührt.

Diese Erklärung berührt nicht die Bestimmungen der Verträge, einschließlich im Sozialbereich, mit denen der Union Zuständigkeiten übertragen werden.

32. Erklärung zu Artikel 168 Absatz 4 Buchstabe c des Vertrags über die Arbeitsweise der Europäischen Union

Die Konferenz erklärt, dass die nach Artikel 168 Absatz 4 Buchstabe c zu erlassenden Maßnahmen den gemeinsamen Sicherheitsanliegen Rechnung tragen und auf die Festlegung hoher Qualitäts- und Sicherheitsstandards gerichtet sein müssen, wenn aufgrund nationaler Standards, die den Binnenmarkt berühren, andernfalls ein hohes Gesundheitsschutzniveau nicht erreicht werden könnte.

33. Erklärung zu Artikel 174 des Vertrags über die Arbeitsweise der Europäischen Union

Die Konferenz vertritt die Auffassung, dass die Bezugnahme auf Inselregionen in Artikel 174 auch für Inselstaaten insgesamt gelten kann, sofern die notwendigen Kriterien erfüllt sind.

34. Erklärung zu Artikel 179 des Vertrags über die Arbeitsweise derEuropäischen Union

Die Konferenz ist sich darüber einig, dass die Tätigkeit der Union auf dem Gebiet der Forschung und technologischen Entwicklung den grundsätzlichen Ausrichtungen und Entscheidungen in der Forschungspolitik der Mitgliedstaaten angemessen Rechnung tragen wird.

35. Erklärung zu Artikel 194 des Vertrags über die Arbeitsweise der Europäischen Union

Die Konferenz ist der Auffassung, dass Artikel 194 das Recht der Mitgliedstaaten unberührt lässt, Bestimmungen zu erlassen, die für die Gewährleistung ihrer Energieversorgung unter den Bedingungen des Artikels 347 erforderlich sind.

36. Erklärung zu Artikel 218 des Vertrags über die Arbeitsweise der Europäischen Union über die Aushandlung und den Abschluss internationaler Übereinkünfte betreffend den Raum der Freiheit, der Sicherheit und des Rechts durch die Mitgliedstaaten

Die Konferenz bestätigt, dass die Mitgliedstaaten Übereinkünfte mit Drittländern oder internationalen Organisationen in den Bereichen des Dritten Teils Titel V Kapitel 3, 4 und 5 aushandeln und schließen können, sofern diese Übereinkünfte mit dem Unionsrecht im Einklang stehen.

37. Erklärung zu Artikel 222 des Vertrags über die Arbeitsweise der Europäischen Union

Unbeschadet der Maßnahmen der Union zur Erfüllung ihrer Verpflichtung zur Solidarität gegenüber einem Mitgliedstaat, der von einem Terroranschlag, einer Naturkatastrophe oder einer vom Menschen verursachten Katastrophe betroffen ist, zielt keine der Bestimmungen des Artikels 222 darauf ab, das Recht eines anderen Mitgliedstaats zu beeinträchtigen, die am besten geeigneten Mittel zur Erfüllung seiner Verpflichtung zur Solidarität gegenüber dem betreffenden Mitgliedstaat zu wählen.

38. Erklärung zu Artikel 252 des Vertrags über die Arbeitsweise der Europäischen Union zur Zahl der Generalanwälte des Gerichtshofs

Die Konferenz erklärt, dass der Rat, wenn der Gerichtshof gemäß Artikel 252 Absatz 1 des Vertrags über die Arbeitsweise der Europäischen Union beantragt, die Zahl der Generalanwälte um drei zu erhöhen (elf anstelle von acht), einstimmig eine solche Erhöhung beschließen wird.

Für diesen Fall ist sich die Konferenz darin einig, dass Polen einen ständigen Generalanwalt stellen wird, wie dies bereits für Deutschland, Frankreich, Italien, Spanien und das Vereinigte Königreich der Fall ist, und nicht länger am Rotationssystem teilnehmen wird, wobei das bestehende Rotationssystem dann die Rotation von fünf anstelle von drei Generalanwälten beinhalten wird.

39. Erklärung zu Artikel 290 des Vertrags über die Arbeitsweise der Europäischen Union

Die Konferenz nimmt zur Kenntnis, dass die Kommission beabsichtigt, bei der Ausarbeitung ihrer Entwürfe für delegierte Rechtsakte im Bereich der Finanzdienstleistungen nach ihrer üblichen Vorgehensweise weiterhin von den Mitgliedstaaten benannte Experten zu konsultieren.

40. Erklärung zu Artikel 329 des Vertrags über die Arbeitsweise der Europäischen Union

Die Konferenz erklärt, dass die Mitgliedstaaten, die einen Antrag auf Begründung einer Verstärkten Zusammenarbeit stellen, angeben können, ob sie bereits in diesem Stadium beabsichtigen, Artikel 333 über die Ausdehnung der Beschlussfassung mit qualifizierter Mehrheit anzuwenden oder ob sie das ordentliche Gesetzgebungsverfahren in Anspruch nehmen möchten.

41. Erklärung zu Artikel 352 des Vertrags über die Arbeitsweise der Europäischen Union

Die Konferenz erklärt, dass die in Artikel 352 Absatz 1 des Vertrags über die Arbeitsweise der Europäischen Union enthaltene Bezugnahme auf die Ziele der Union die in Artikel 3 Absätze 2 und 3 des Vertrags über die Europäische Union festgelegten Ziele sowie die Ziele des Artikels 3 Absatz 5 des genannten Vertrags hinsichtlich des auswärtigen Handelns nach dem Fünften Teil des Vertrags über die Arbeitsweise der Europäischen Union betrifft. Es ist daher ausgeschlossen, dass auf Artikel 352 des Vertrags über die Arbeitsweise der Europäischen Union gestützte Maßnahmen ausschließlich Ziele nach Artikel 3 Absatz 1 des Vertrags über die Europäische Union verfolgen. In diesem Zusammenhang stellt die Konferenz fest, dass gemäß Artikel 31 Absatz 1 des Vertrags über die Europäische Union im Bereich der Gemeinsamen Außen- und Sicherheitspolitik keine Gesetzgebungsakte erlassen werden dürfen.

42. Erklärung zu Artikel 352 des Vertrags über die Arbeitsweise der Europäischen Union

Die Konferenz unterstreicht, dass nach der ständigen Rechtsprechung des Gerichtshofs der Europäischen Union Artikel 352 des Vertrags über die Arbeitsweise der Europäischen Union integrierender Bestandteil einer auf dem Grundsatz der begrenzten Einzelermächtigung beruhenden institutionellen Ordnung ist und daher keine Grundlage dafür bieten kann, den Bereich der Unionsbefugnisse über den allgemeinen Rahmen hinaus auszudehnen, der sich aus der Gesamtheit der Bestimmungen der Verträge und insbesondere der Bestimmungen ergibt, die die

Aufgaben und Tätigkeiten der Union festlegen. Dieser Artikel kann jedenfalls nicht als Rechtsgrundlage für den Erlass von Bestimmungen dienen, die der Sache nach, gemessen an ihren Folgen, auf eine Änderung der Verträge ohne Einhaltung des hierzu in den Verträgen vorgesehenen Verfahrens hinausliefen.

43. Erklärung zu Artikel 355 Absatz 6 des Vertrags über die Arbeitsweise der Europäischen Union

Die Hohen Vertragsparteien kommen überein, dass der Europäische Rat nach Artikel 355 Absatz 6 einen Beschluss im Hinblick auf die Änderung des Status von Mayotte gegenüber der Union erlassen wird, um dieses Gebiet zu einem Gebiet in äußerster Randlage im Sinne des Artikels 355 Absatz 1 und des Artikels 349 zu machen, wenn die französischen Behörden dem Europäischen Rat und der Kommission mitteilen, dass die jüngste Entwicklung des internen Status der Insel dies gestattet.

B. Erklärungen zu den den Verträgen beigefügten Protokollen

44. Erklärung zu Artikel 5 des Protokolls über den in den Rahmen der Europäischen Union einbezogenen Schengen-Besitzstand

Die Konferenz stellt fest, dass ein Mitgliedstaat, der nach Artikel 5 Absatz 2 des Protokolls über den in den Rahmen der Europäischen Union einbezogenen Schengen-Besitzstand mitgeteilt hat, dass er sich nicht an einem Vorschlag oder einer Initiative beteiligen möchte, die betreffende Mitteilung vor der Annahme der auf dem Schengen-Besitzstand aufbauenden Maßnahme jederzeit zurückziehen kann.

45. Erklärung zu Artikel 5 Absatz 2 des Protokolls über den in den Rahmen der Europäischen Union einbezogenen Schengen-Besitzstand

Die Konferenz erklärt, dass der Rat, wenn das Vereinigte Königreich bzw. Irland ihm mitteilt, sich nicht an einer Maßnahme beteiligen zu wollen, die auf einen Teil des Schengen-Besitzstands aufbaut, an dem sich das Vereinigte Königreich bzw. Irland beteiligt, eine eingehende Erörterung der möglichen Auswirkungen der Nichtbeteiligung des betreffenden Mitgliedstaats an der betreffenden Maßnahme führen wird. Die Erörterung im Rat soll im Lichte der Angaben der Kommission zu dem Verhältnis zwischen dem Vorschlag und dem Schengen-Besitzstand geführt werden.

46. Erklärung zu Artikel 5 Absatz 3 des Protokolls über den in den Rahmen der Europäischen Union einbezogenen Schengen-Besitzstand

Die Konferenz weist darauf hin, dass die Kommission, falls der Rat nach einer ersten vertieften Erörterung der Frage keinen Beschluss fasst, dem Rat einen geänderten Vorschlag im Hinblick auf eine weitere vertiefte Überprüfung durch den Rat, die innerhalb von vier Monaten vorzunehmen ist, vorlegen kann.

47. Erklärung zu Artikel 5 Absätze 3, 4 und 5 des Protokolls über den in den Rahmen der Europäischen Union einbezogenen Schengen-Besitzstand

Die Konferenz stellt fest, dass in den Bedingungen, die in dem Beschluss nach Artikel 5 Absätze 3, 4 oder 5 des Protokolls über den in den Rahmen der Europäischen Union einbezogenen Schengen- Besitzstand festzulegen sind, vorgesehen werden kann, dass der betreffende Mitgliedstaat etwaige unmittelbare finanzielle Folgen zu tragen hat, die sich zwangsläufig und unvermeidbar daraus ergeben, dass er sich an dem in einem Beschluss des Rates nach Artikel 4 des genannten Protokolls aufgeführten Besitzstand in seiner Gesamtheit oder in Teilen nicht mehr beteiligt.

48. Erklärung zu dem Protokoll über die Position Dänemarks

Die Konferenz nimmt zur Kenntnis, dass Dänemark in Bezug auf Rechtsakte, die vom Rat allein oder gemeinsam mit dem Europäischen Parlament zu erlassen sind und sowohl Bestimmungen enthalten, die auf Dänemark anwendbar sind, als auch Bestimmungen, die auf Dänemark nicht anwendbar sind, da sie sich auf eine Rechtsgrundlage stützen, für die Teil I des Protokolls über die Position Dänemarks gilt, erklärt, dass es nicht von seinem

Stimmrecht Gebrauch machen wird, um den Erlass von Bestimmungen zu verhindern, die nicht auf Dänemark anwendbar sind.

Die Konferenz nimmt darüber hinaus zur Kenntnis, dass Dänemark auf der Grundlage seiner Erklärung zu Artikel 222 erklärt, dass Dänemarks Beteiligung an Maßnahmen oder Rechtsakten nach Artikel 222 im Einklang mit Teil I und Teil II des Protokolls über die Position Dänemarks erfolgen wird.

49. Erklärung betreffend Italien

Die Konferenz nimmt zur Kenntnis, dass das Protokoll betreffend Italien, das 1957 dem Vertrag zur Gründung der Europäischen Wirtschaftsgemeinschaft beigefügt war, in der bei der Annahme des Vertrags über die Europäische Union geänderten Fassung Folgendes vorsah:

„DIE HOHEN VERTRAGSPARTEIEN –

VON DEM WUNSCH GELEITET, gewisse besondere Probleme betreffend Italien zu regeln –

SIND über folgende Bestimmungen ÜBEREINGEKOMMEN, die diesem Vertrag als Anhang beigefügt sind:

DIE MITGLIEDSTAATEN DER GEMEINSCHAFT

NEHMEN ZUR KENNTNIS, dass sich die italienische Regierung mit der Durchführung eines Zehnjahresplans zur wirtschaftlichen Ausweitung befasst, durch den die strukturellen Unterschiede der italienischen Volkswirtschaft ausgeglichen werden sollen, und zwar insbesondere durch die Ausrüstung der weniger entwickelten Gebiete Süditaliens und der italienischen Inseln sowie durch die Schaffung neuer Arbeitsplätze zur Beseitigung der Arbeitslosigkeit;

WEISEN DARAUF HIN, dass die Grundsätze und die Ziele dieses Plans der italienischen Regierung von Organisationen für internationale Zusammenarbeit, deren Mitglieder sie sind, berücksichtigt und gebilligt wurden;

ERKENNEN AN, dass die Erreichung der Ziele des italienischen Plans in ihrem gemeinsamen Interesse liegt;

KOMMEN ÜBEREIN, den Organen der Gemeinschaft die Anwendung aller in diesem Vertrag vorgesehenen Mittel und Verfahren zu empfehlen, insbesondere durch eine angemessene Verwendung der Mittel der Europäischen Investitionsbank und des Europäischen Sozialfonds der italienischen Regierung die Erfüllung dieser Aufgabe zu erleichtern;

SIND DER AUFFASSUNG, dass die Organe der Gemeinschaft bei der Anwendung dieses Vertrags berücksichtigen müssen, dass die italienische Volkswirtschaft in den kommenden Jahren erheblichen Belastungen ausgesetzt sein wird, und dass gefährliche Spannungen, namentlich in der Zahlungsbilanz oder im Beschäftigungsstand, durch welche die Anwendung dieses Vertrags in Italien in Frage gestellt werden könnte, zu vermeiden sind;

ERKENNEN insbesondere AN, dass im Falle der Anwendung der Artikel 109h und 109i darauf zu achten ist, dass bei den Maßnahmen, um welche die italienische Regierung ersucht wird, die Durchführung ihres Plans zur wirtschaftlichen Ausweitung und zur Hebung des Lebensstandards der Bevölkerung gesichert bleibt."

50. Erklärung zu Artikel 10 des Protokolls über die Übergangsbestimmungen

Die Konferenz ersucht das Europäische Parlament, den Rat und die Kommission, sich im Rahmen ihrer jeweiligen Befugnisse zu bemühen, in geeigneten Fällen und nach Möglichkeit innerhalb der in Artikel 10 Absatz 3 des Protokolls über die Übergangsbestimmungen genannten Frist von fünf Jahren Rechtsakte zu erlassen, mit denen die in Artikel 10 Absatz 1 jenes Protokolls genannten Rechtsakte geändert oder ersetzt werden.

C. Erklärungen von Mitgliedstaaten

51. Erklärung des Königreichs Belgien zu den nationalen Parlamenten

Belgien erklärt, dass aufgrund seines Verfassungsrechts sowohl das Abgeordnetenhaus und der Senat des Bundesparlaments als auch die Parlamente der Gemeinschaften und Regionen – je nach den von der Union ausgeübten Befugnissen – als Bestandteil des Systems des nationalen Parlaments oder als Kammern des nationalen Parlaments handeln.

52. Erklärung des Königreichs Belgien, der Republik Bulgarien, der Bundesrepublik Deutschland, der Hellenischen Republik, des Königreichs Spanien, der Italienischen Republik, der Republik Zypern, der Republik Litauen, des Großherzogtums Luxemburg, der Republik Ungarn, der Republik Malta, der Republik Österreich, der Portugiesischen Republik, Rumäniens, der Republik Slowenien und der Slowakischen Republik zu den Symbolen der Europäischen Union

Belgien, Bulgarien, Deutschland, Griechenland, Spanien, Italien, Zypern, Litauen, Luxemburg, Ungarn, Malta, Österreich, Portugal, Rumänien, Slowenien und die Slowakei erklären, dass die Flagge mit einem Kreis von zwölf goldenen Sternen auf blauem Hintergrund, die Hymne aus der „Ode an die Freude" der Neunten Symphonie von Ludwig van Beethoven, der Leitspruch „In Vielfalt geeint", der Euro als Währung der Europäischen Union und der Europatag am 9. Mai für sie auch künftig als Symbole die Zusammengehörigkeit der Menschen in der Europäischen Union und ihre Verbundenheit mit dieser zum Ausdruck bringen.

53. Erklärung der Tschechischen Republik zur Charta der Grundrechte der Europäischen Union

1. Die Tschechische Republik erinnert daran, dass die Bestimmungen der Charta der Grundrechte der Europäischen Union für die Organe und Einrichtungen der Europäischen Union gelten, wobei das Subsidiaritätsprinzip und die Aufteilung der Zuständigkeiten zwischen der Europäischen Union und ihren Mitgliedstaaten, wie sie in der Erklärung (Nr. 18) zur Abgrenzung der Zuständigkeiten bekräftigt wird, gebührend zu beachten sind. Die Tschechische Republik betont, dass die Bestimmungen der Charta ausschließlich dann für die Mitgliedstaaten gelten, wenn diese Unionsrecht durchführen, nicht aber, wenn sie vom Unionsrecht unabhängige nationale Rechtsvorschriften erlassen und durchführen.

2. Die Tschechische Republik hebt ferner hervor, dass die Charta den Geltungsbereich des Unionsrechts nicht ausdehnt und auch keine neuen Zuständigkeiten für die Union begründet. Weder begrenzt sie den Geltungsbereich der nationalen Rechts-

vorschriften noch beschneidet sie die derzeitigen Zuständigkeiten der nationalen Regierungen auf diesem Gebiet.

3. Die Tschechische Republik betont, dass in der Charta Grundrechte und Grundsätze, wie sie sich aus den gemeinsamen Verfassungsüberlieferungen der Mitgliedstaaten ergeben, anerkannt werden und diese Grundrechte und Grundsätze somit im Einklang mit diesen Überlieferungen auszulegen sind.

4. Die Tschechische Republik betont ferner, dass keine Bestimmung dieser Charta als eine Einschränkung oder Verletzung der Menschenrechte und Grundfreiheiten ausgelegt werden darf, die in dem jeweiligen Anwendungsbereich durch das Recht der Union und durch die internationalen Übereinkünfte, bei denen die Union oder alle Mitgliedstaaten Vertragsparteien sind, darunter insbesondere die Europäische Konvention zum Schutz der Menschenrechte und Grundfreiheiten, sowie durch die Verfassungen der Mitgliedstaaten anerkannt werden.

54. Erklärung der Bundesrepublik Deutschland, Irlands, der Republik Ungarn, der Republik Österreich und des Königreichs Schweden

Deutschland, Irland, Ungarn, Österreich und Schweden stellen fest, dass die zentralen Bestimmungen des Vertrags zur Gründung der Europäischen Atomgemeinschaft seit seinem Inkrafttreten in ihrer Substanz nicht geändert worden sind und aktualisiert werden müssen. Daher unterstützen sie den Gedanken einer Konferenz der Vertreter der Regierungen der Mitgliedstaaten, die so rasch wie möglich einberufen werden sollte.

55. Erklärung des Königreichs Spanien und des Vereinigten Königreichs Großbritannien und Nordirland

Die Verträge gelten für Gibraltar als ein europäisches Gebiet, dessen auswärtige Beziehungen ein Mitgliedstaat wahrnimmt. Dies bringt jedoch keine Änderungen der jeweiligen Standpunkte der betreffenden Mitgliedstaaten mit sich.

56. Erklärung Irlands zu Artikel 3 des Protokolls über die Position des Vereinigten Königreichs und Irlands hinsichtlich des Raums der Freiheit, der Sicherheit und des Rechts

Irland bekräftigt sein Bekenntnis zur Union als einem Raum der Freiheit, der Sicherheit und des Rechts, in dem die Grundrechte und die verschiedenen Rechtsordnungen und -traditionen der Mitgliedstaaten geachtet werden und der den Bürgerinnen und Bürgern ein hohes Sicherheitsniveau bietet.

Dementsprechend bekundet Irland seine feste Absicht, sein Recht nach Artikel 3 des Protokolls über die Position des Vereinigten Königreichs und Irlands hinsichtlich des Raums der Freiheit, der Sicherheit und des Rechts, sich an der Annahme von Maßnahmen nach dem Dritten Teil Titel V des Vertrags über die Arbeitsweise der Europäischen Union zu beteiligen, im größten Umfang wahrzunehmen, der ihm möglich erscheint.

Irland wird sich insbesondere im größtmöglichen Umfang an Maßnahmen im Bereich der polizeilichen Zusammenarbeit beteiligen.

Ferner weist Irland erneut darauf hin, dass es gemäß Artikel 8 des Protokolls dem Rat schriftlich mitteilen kann, dass die Bestimmungen des Protokolls nicht mehr für Irland gelten sollen. Irland beabsichtigt, die Funktionsweise dieser Regelungen innerhalb von drei Jahren nach Inkrafttreten des Vertrags von Lissabon zu überprüfen.

57. Erklärung der Italienischen Republik zur Zusammensetzung des Europäischen Parlaments

Italien stellt fest, dass sich nach den Artikeln 10 und 14 des Vertrags über die Europäische Union das Europäische Parlament aus Vertretern der Unionsbürgerinnen und Unionsbürger zusammensetzt, deren Vertretung degressiv proportional gestaltet ist.

Italien stellt ferner fest, dass nach Artikel 9 des Vertrags über die Europäische Union und des Artikels 20 des Vertrags über die Arbeitsweise der Europäischen Union Unionsbürger ist, wer die Staatsangehörigkeit eines Mitgliedstaats besitzt.

Italien ist daher der Auffassung dass, unbeschadet des Beschlusses zur Legislaturperiode 2009–2014, jeder vom Europäischen

Rat auf Initiative des Europäischen Parlaments und mit seiner Zustimmung angenommene Beschluss zur Festlegung der Zusammensetzung des Europäischen Parlaments die in Artikel 14 Absatz 2 Unterabsatz 1 niedergelegten Grundsätze beachten muss.

58. Erklärung der Republik Lettland, der Republik Ungarn und der Republik Malta zur Schreibweise des Namens der einheitlichen Währung in den Verträgen

Unbeschadet der in den Verträgen enthaltenen vereinheitlichten Schreibweise des Namens der einheitlichen Währung der Europäischen Union, wie sie auf den Banknoten und Münzen erscheint, erklären Lettland, Ungarn und Malta, dass die Schreibweise des Namens der einheitlichen Währung – einschließlich ihrer abgeleiteten Formen, die in der lettischen, der ungarischen und der maltesischen Sprachfassung der Verträge benutzt werden – keine Auswirkungen auf die geltenden Regeln der lettischen, der ungarischen und der maltesischen Sprache hat.

59. Erklärung des Königreichs der Niederlande zu Artikel 312 des Vertrags über die Arbeitsweise der Europäischen Union

Das Königreich der Niederlande wird einem Beschluss nach Artikel 312 Absatz 2 Unterabsatz 2 des Vertrags über die Arbeitsweise der Europäischen Union zustimmen, sobald im Rahmen der Überprüfung des Beschlusses nach Artikel 311 Absatz 3 jenes Vertrags für die Niederlande eine zufrieden stellende Lösung für ihre in Bezug auf den Haushalt der Union äußerst nachteilige Position als Nettozahler gefunden wurde.

60. Erklärung des Königreichs der Niederlande zu Artikel 355 des Vertrags über die Arbeitsweise der Europäischen Union

Das Königreich der Niederlande erklärt, dass eine Initiative für einen Beschluss nach Artikel 355 Absatz 6, die auf eine Änderung des Status der Niederländischen Antillen und/oder Arubas gegenüber der Union abzielt, nur auf der Grundlage eines Beschlusses vorgelegt wird, der im Einklang mit dem Status des Königreichs der Niederlande gefasst worden ist.

61. Erklärung der Republik Polen zur Charta der Grundrechte der Europäischen Union

Die Charta berührt in keiner Weise das Recht der Mitgliedstaaten, in den Bereichen der öffentlichen Sittlichkeit, des Familienrechts sowie des Schutzes der Menschenwürde und der Achtung der körperlichen und moralischen Unversehrtheit Recht zu setzen.

62. Erklärung der Republik Polen zu dem Protokoll über die Anwendung der Charta der Grundrechte der Europäischen Union auf Polen und das Vereinigte Königreich

Polen erklärt, dass es in Anbetracht der Tradition der sozialen Bewegung der „Solidarność" und ihres bedeutenden Beitrags zur Erkämpfung von Sozial- und Arbeitnehmerrechten die im Recht der Europäischen Union niedergelegten Sozial- und Arbeitnehmerrechte und insbesondere die in Titel IV der Charta der Grundrechte der Europäischen Union bekräftigten Sozial- und Arbeitnehmerrechte uneingeschränkt achtet.

63. Erklärung des Vereinigten Königreichs Großbritannien und Nordirland zur Definition des Begriffs „Staatsangehöriger"

In Bezug auf die Verträge und den Vertrag zur Gründung der Europäischen Atomgemeinschaft sowie alle Rechtsakte, die aus diesen Verträgen abgeleitet werden oder durch diese Verträge weiter in Kraft bleiben, bekräftigt das Vereinigte Königreich seine Erklärung vom 31. Dezember 1982 über die Definition des Begriffs „Staatsangehöriger" mit der Ausnahme, dass die „Bürger der ‚British Dependent Territories'" als „Bürger der ‚British overseas territories'" zu verstehen sind.

64. Erklärung des Vereinigten Königreichs Großbritannien und Nordirland über das Wahlrecht für die Wahlen zum Europäischen Parlament

Das Vereinigte Königreich stellt fest, dass durch Artikel 14 des Vertrags über die Europäische Union und andere Bestimmungen der Verträge nicht die Grundlagen des Wahlrechts für die Wahlen zum Europäischen Parlament geändert werden sollen.

65. Erklärung des Vereinigten Königreichs Großbritannien und Nordirland zu Artikel 75 des Vertrags über die Arbeitsweise der Europäischen Union

Das Vereinigte Königreich unterstützt voll und ganz entschiedene Maßnahmen im Hinblick auf die Festlegung finanzieller Sanktionen, die der Verhütung und Bekämpfung von Terrorismus und damit verbundener Aktivitäten dienen. Das Vereinigte Königreich erklärt daher, dass es beabsichtigt, sein Recht nach Artikel 3 des Protokolls über die Position des Vereinigten Königreichs und Irlands hinsichtlich des Raums der Freiheit, der Sicherheit und des Rechts wahrzunehmen und sich an der Annahme aller Vorschläge zu beteiligen, die im Rahmen von Artikel 75 des Vertrags über die Arbeitsweise der Europäischen Union vorgelegt werden.

[17] Verfahrensordnung des Gerichtshofs

vom 2. Juni 1991 (ABl. L 176/7, mit Berichtigung im ABl. L 383/117); zuletzt geändert am 12. August 2016 (ABl. L 217/69).

Inhaltsübersicht[1]

Eingangsbestimmungen

Artikel 1 Definitionen
Artikel 2 Regelungszweck der Verfahrensordnung

Erster Titel: Organisation des Gerichtshofs

Erstes Kapitel
Richter und Generalanwälte

Artikel 3 Beginn der Amtszeit der Richter und der Generalanwälte
Artikel 4 Eidesleistung
Artikel 5 Feierliche Verpflichtung
Artikel 6 Amtsenthebung eines Richters oder Generalanwalts
Artikel 7 Dienstaltersrang

Zweites Kapitel
Präsidentschaft des Gerichtshofs, Bildung der Kammern und Bestimmung des Ersten Generalanwalts

Artikel 8 Wahl des Präsidenten
Artikel 9 Zuständigkeit des Präsidenten des Gerichtshofs
Artikel 10 Zuständigkeit des Vizepräsidenten des Gerichtshofs
Artikel 11 Bildung der Kammern
Artikel 12 Wahl der Kammerpräsidenten
Artikel 13 Verhinderung des Präsidenten und des Vizepräsidenten des Gerichtshofs
Artikel 14 Bestimmung des Ersten Generalanwalts

Drittes Kapitel
Zuweisung der Rechtssachen an die Berichterstatter und die Generalanwälte

Artikel 15 Bestimmung des Berichterstatters
Artikel 16 Bestimmung des Generalanwalts

---

[1] Die Inhaltsübersicht ist nicht amtlich; die Artikelüberschriften sind amtlich.

**Viertes Kapitel
Hilfsberichterstatter**

Artikel 17   Hilfsberichterstatter

**Fünftes Kapitel
Kanzlei**

Artikel 18   Ernennung des Kanzlers
Artikel 20   Zuständigkeit des Kanzlers
Artikel 21   Registerführung
Artikel 22   Konsultation des Registers, der Urteile und der Beschlüsse

**Sechstes Kapitel
Geschäftsgang des Gerichtshofs**

Artikel 23   Ort der Sitzungen des Gerichtshofs
Artikel 24   Arbeitskalender des Gerichtshofs
Artikel 25   Generalversammlung
Artikel 26   Protokollaufnahme

**Siebtes Kapitel
Spruchkörper**

Erster Abschnitt – Besetzung der Spruchkörper

Artikel 27   Besetzung der Großen Kammer
Artikel 28   Besetzung der Kammern mit fünf und mit drei Richtern
Artikel 29   Besetzung der Kammern bei Zusammenhang oder Abgabe
Artikel 30   Verhinderung eines Kammerpräsidenten
Artikel 31   Verhinderung eines Mitglieds des Spruchkörpers

Zweiter Abschnitt – Beratungen

Artikel 32   Beratungsmodalitäten
Artikel 33   Zahl der an der Beratung teilnehmenden Richter
Artikel 34   Beschlussfähigkeit der Großen Kammer
Artikel 35   Beschlussfähigkeit der Kammern mit fünf und mit drei Richtern

**Achtes Kapitel
Sprachenregelung**

Artikel 36   Verfahrenssprachen
Artikel 37   Bestimmung der Verfahrenssprache
Artikel 38   Verwendung der Verfahrenssprache

Artikel 39 Verantwortlichkeit des Kanzlers in sprachlichen Angelegenheiten
Artikel 40 Sprachenregelung für die Veröffentlichungen des Gerichtshofs
Artikel 41 Verbindliche Fassungen
Artikel 42 Sprachendienst des Gerichtshofs

Zweiter Titel
Allgemeine Verfahrensvorschriften

Erstes Kapitel
Rechte und Pflichten der Bevollmächtigten, Beistände und Anwälte

Artikel 43 Vorrechte, Befreiungen und Erleichterungen
Artikel 44 Vertretereigenschaft
Artikel 45 Aufhebung der Befreiung von gerichtlicher Verfolgung
Artikel 46 Ausschluss vom Verfahren
Artikel 47 Hochschullehrer und Parteien des Ausgangsstreits

Zweites Kapitel
Zustellungen

Artikel 48 Zustellungsarten

Drittes Kapitel
Fristen

Artikel 49 Fristenberechnung
Artikel 50 Klage gegen eine Handlung eines Organs
Artikel 51 Entfernungsfrist
Artikel 52 Fristsetzung und Fristverlängerung

Viertes Kapitel
Die verschiedenen Arten der Behandlung der Rechtssachen

Artikel 53 Arten der Behandlung der Rechtssachen
Artikel 54 Verbindung
Artikel 55 Aussetzung des Verfahrens
Artikel 56 Zurückstellung der Entscheidung einer Rechtssache

Fünftes Kapitel
Schriftliches Verfahren

Artikel 57 Einreichung der Verfahrensschriftstücke
Artikel 58 Länge der Verfahrensschriftstücke

Sechstes Kapitel
Vorbericht und Verweisung an die Spruchkörper

Artikel 59 Vorbericht
Artikel 60 Verweisung an die Spruchkörper

Siebtes Kapitel
Prozessleitende Maßnahmen und Beweisaufnahme

Erster Abschnitt – Prozessleitende Maßnahmen

Artikel 61 Vom Gerichtshof beschlossene prozessleitende Maßnahmen
Artikel 62 Vom Berichterstatter oder vom Generalanwalt beschlossene prozessleitende Maßnahmen

Zweiter Abschnitt – Beweisaufnahme

Artikel 63 Entscheidung über die Beweisaufnahme
Artikel 64 Festlegung der Beweisaufnahme
Artikel 65 Teilnahme an der Beweisaufnahme
Artikel 66 Zeugenbeweis
Artikel 67 Zeugenvernehmung
Artikel 68 Beeidigung der Zeugen
Artikel 69 Geldbußen
Artikel 70 Sachverständigengutachten
Artikel 71 Beeidigung des Sachverständigen
Artikel 72 Ablehnung von Zeugen oder Sachverständigen
Artikel 73 Kosten der Zeugen und der Sachverständigen
Artikel 74 Protokoll der Beweistermine
Artikel 75 Eröffnung des mündlichen Verfahrens nach Beweisaufnahme

Achtes Kapitel
Mündliches Verfahren

Artikel 76 Mündliche Verhandlung
Artikel 77 Gemeinsame mündliche Verhandlung
Artikel 78 Leitung der Verhandlung
Artikel 79 Ausschluss der Öffentlichkeit
Artikel 80 Fragen
Artikel 81 Schließung der mündlichen Verhandlung
Artikel 82 Stellung der Schlussanträge des Generalanwalts
Artikel 83 Eröffnung oder Wiedereröffnung des mündlichen Verfahrens
Artikel 84 Protokoll der mündlichen Verhandlungen
Artikel 85 Aufzeichnung der mündlichen Verhandlung

Neuntes Kapitel
Urteile und Beschlüsse

Artikel 86	Termin der Urteilsverkündung
Artikel 87	Inhalt der Urteile
Artikel 88	Verkündung und Zustellung der Urteile
Artikel 89	Inhalt der Beschlüsse
Artikel 90	Unterzeichnung und Zustellung der Beschlüsse
Artikel 91	Rechtskraft der Urteile und der Beschlüsse
Artikel 92	Veröffentlichung im Amtsblatt der Europäischen Union

Dritter Titel
Vorlagen zur Vorabentscheidung

Erstes Kapitel
Allgemeine Bestimmungen

Artikel 93	Anwendungsbereich
Artikel 94	Inhalt des Vorabentscheidungsersuchens
Artikel 95	Anonymität
Artikel 96	Beteiligung am Vorabentscheidungsverfahren
Artikel 97	Parteien des Ausgangsrechtsstreits
Artikel 98	Übersetzung und Zustellung des Vorabentscheidungsersuchens
Artikel 99	Antwort durch mit Gründen versehenen Beschluss
Artikel 100	Befassung des Gerichtshofs
Artikel 101	Ersuchen um Klarstellung
Artikel 102	Kosten des Vorabentscheidungsverfahrens
Artikel 103	Berichtigung von Urteilen und Beschlüssen
Artikel 104	Auslegung von Vorabentscheidungen

Zweites Kapitel
Beschleunigtes Vorabentscheidungsverfahren

Artikel 105	Beschleunigtes Verfahren
Artikel 106	Übermittlung der Verfahrensschriftstücke

Drittes Kapitel
Eilvorabentscheidungsverfahren

Artikel 107	Anwendungsbereich des Eilvorabentscheidungsverfahrens
Artikel 108	Entscheidung über die Dringlichkeit
Artikel 109	Schriftlicher Abschnitt des Eilverfahrens
Artikel 110	Zustellungen und Mitteilungen nach Abschluss des schriftlichen Verfahrens

Artikel 111	Absehen vom schriftlichen Verfahren
Artikel 112	Entscheidung in der Sache
Artikel 113	Spruchkörper
Artikel 114	Übermittlung der Verfahrensschriftstücke

Viertes Kapitel
Prozesskostenhilfe

Artikel 115	Antrag auf Bewilligung von Prozesskostenhilfe
Artikel 116	Entscheidung über die Bewilligung von Prozesskostenhilfe
Artikel 117	Im Rahmen der Prozesskostenhilfe zu zahlende Beträge
Artikel 118	Entziehung der Prozesskostenhilfe

Vierter Titel
Klageverfahren

Erstes Kapitel
Vertretung der Parteien

| Artikel 119 | Vertretungszwang |

Zweites Kapitel
Schriftliches Verfahren

Artikel 120	Inhalt der Klageschrift
Artikel 121	Angaben für Zustellungen
Artikel 122	Anlagen zur Klageschrift
Artikel 123	Zustellung der Klageschrift
Artikel 124	Inhalt der Klagebeantwortung
Artikel 125	Übermittlung von Schriftsätzen
Artikel 126	Erwiderung und Gegenerwiderung

Drittes Kapitel
Klage- und Verteidigungsgründe, Beweise

| Artikel 127 | Neue Klage- und Verteidigungsgründe |
| Artikel 128 | Beweise und Beweisangebote |

Viertes Kapitel
Streithilfe

Artikel 129	Gegenstand und Wirkungen der Streithilfe
Artikel 130	Antrag auf Zulassung zur Streithilfe
Artikel 131	Entscheidung über den Antrag auf Zulassung zur Streithilfe
Artikel 132	Einreichung der Schriftsätze

Fünftes Kapitel
Beschleunigtes Verfahren

Artikel 133 Entscheidung über das beschleunigte Verfahren
Artikel 134 Schriftliches Verfahren
Artikel 135 Mündliches Verfahren
Artikel 136 Entscheidung in der Sache

Sechstes Kapitel
Kosten

Artikel 137 Entscheidung über die Kosten
Artikel 138 Allgemeine Kostentragungsregeln
Artikel 139 Ohne angemessenen Grund oder böswillig verursachte Kosten
Artikel 140 Kosten der Streithelfer
Artikel 141 Kosten bei Klage- oder Antragsrücknahme
Artikel 142 Kosten bei Erledigung der Hauptsache
Artikel 143 Verfahrenskosten
Artikel 144 Erstattungsfähige Kosten
Artikel 145 Streitigkeiten über die erstattungsfähigen Kosten
Artikel 146 Zahlungsmodalitäten

Siebtes Kapitel
Gütliche Einigung, Klagerücknahme, Erledigung der Hauptsache und Zwischenstreit

Artikel 147 Gütliche Einigung
Artikel 148 Klagerücknahme
Artikel 149 Erledigung der Hauptsache
Artikel 150 Unverzichtbare Prozessvoraussetzungen
Artikel 151 Prozesshindernde Einreden und Zwischenstreit

Achtes Kapitel
Versäumnisurteil

Artikel 152 Versäumnisurteil

Neuntes Kapitel
Anträge und Rechtsbehelfe in Bezug auf Urteile und Beschlüsse

Artikel 153 Zuständiger Spruchkörper
Artikel 154 Berichtigung
Artikel 155 Unterlassen einer Entscheidung
Artikel 156 Einspruch
Artikel 157 Drittwiderspruch

Artikel 158 Auslegung
Artikel 159 Wiederaufnahme

Zehntes Kapitel
Vorläufiger Rechtsschutz: Aussetzung und sonstige einstweilige Anordnungen

Artikel 160 Anträge auf Aussetzung oder einstweilige Anordnungen
Artikel 161 Entscheidung über den Antrag
Artikel 162 Beschluss über die Aussetzung der Vollziehung oder über einstweilige Anordnungen
Artikel 163 Änderung der Umstände
Artikel 164 Neuer Antrag
Artikel 165 Anträge gemäß den Artikeln 280 AEUV und 299 AEUV sowie 164 EAGV
Artikel 166 Anträge gemäß Artikel 81 EAGV

Fünfter Titel
Rechtsmittel gegen Entscheidungen des Gerichts

Erstes Kapitel
Form des Rechtsmittels, Inhalt und Anträge der Rechtsmittelschrift

Artikel 167 Einreichung der Rechtsmittelschrift
Artikel 168 Inhalt der Rechtsmittelschrift
Artikel 169 Rechtsmittelanträge, -gründe und -argumente
Artikel 170 Anträge für den Fall der Stattgabe des Rechtsmittels

Zweites Kapitel
Rechtsmittelbeantwortung, Erwiderung und Gegenerwiderung

Artikel 171 Zustellung der Rechtsmittelschrift
Artikel 172 Parteien, die eine Rechtsmittelbeantwortung einreichen können
Artikel 173 Inhalt der Rechtsmittelbeantwortung
Artikel 174 Anträge der Rechtsmittelbeantwortung
Artikel 175 Erwiderung und Gegenerwiderung

Drittes Kapitel
Form des Anschlussrechtsmittels, Inhalt und Anträge der Anschlussrechtsmittelschrift

Artikel 176 Anschlussrechtsmittel
Artikel 177 Inhalt der Anschlussrechtsmittelschrift
Artikel 178 Anschlussrechtsmittelanträge, -gründe und -argumente

Viertes Kapitel
Auf das Anschlussrechtsmittel folgende Schriftsätze

Artikel 179 Anschlussrechtsmittelbeantwortung
Artikel 180 Erwiderung und Gegenerwiderung nach Anschlussrechtsmittel

Fünftes Kapitel
Durch Beschluss erledigte Rechtsmittel

Artikel 181 Offensichtlich unzulässiges oder offensichtlich unbegründetes Rechtsmittel oder Anschlussrechtsmittel
Artikel 182 Offensichtlich begründetes Rechtsmittel oder Anschlussrechtsmittel

Sechstes Kapitel
Folgen der Streichung des Rechtsmittels für das Anschlussrechtsmittel

Artikel 183 Folgen einer Rücknahme oder offensichtlichen Unzulässigkeit des Rechtsmittels für das Anschlussrechtsmittel

Siebtes Kapitel
Kosten und Prozesskostenhilfe in Rechtsmittelverfahren

Artikel 184 Kostenentscheidung in Rechtsmittelverfahren
Artikel 185 Prozesskostenhilfe in Rechtsmittelverfahren
Artikel 186 Vorabantrag auf Bewilligung von Prozesskostenhilfe
Artikel 187 Entscheidung über die Bewilligung von Prozesskostenhilfe
Artikel 188 Im Rahmen der Prozesskostenhilfe zu zahlende Beträge
Artikel 189 Entziehung der Prozesskostenhilfe

Achtes Kapitel
Sonstige in Rechtsmittelverfahren anwendbare Vorschriften

Artikel 190   Sonstige in Rechtsmittelverfahren anwendbare Vorschriften
Artikel 190a Behandlung der vor dem Gericht nach Artikel 105 seiner Verfahrensordnung vorgelegten Auskünfte oder Unterlagen

Sechster Titel
Überprüfung von Entscheidungen des Gerichts

Artikel 191 Überprüfungskammer
Artikel 192 Anzeige und Übermittlung der Entscheidungen, die Gegenstand einer Überprüfung sein können
Artikel 193 Überprüfung von Rechtsmittelentscheidungen

Artikel 194   Überprüfung von Vorabentscheidungen
Artikel 195   Urteil in der Sache nach Überprüfungsentscheidung

Siebter Titel
Gutachten

Artikel 196   Schriftliches Verfahren
Artikel 197   Bestimmung des Berichterstatters und des Generalanwalts
Artikel 198   Mündliche Verhandlung
Artikel 199   Zeitraum, innerhalb dessen das Gutachten erstattet wird
Artikel 200   Bekanntgabe des Gutachtens

Achter Titel
Besondere Verfahrensarten

Artikel 201   Rechtsmittel gegen Entscheidungen des Schiedsausschusses
Artikel 202   Verfahren im Sinne des Artikels 103 EAGV
Artikel 203   Verfahren im Sinne der Artikel 104 EAGV und 105 EAGV
Artikel 204   Verfahren gemäß Artikel 111 Absatz 3 EWR Abkommen
Artikel 205   Entscheidungen über Streitigkeiten im Sinne von Artikel 35 EUV in seiner vor Inkrafttreten des Vertrags von Lissabon geltenden Fassung
Artikel 206   Anträge im Sinne von Artikel 269 AEUV

Schlussbestimmungen

Artikel 207   Zusätzliche Verfahrensordnung
Artikel 208   Durchführungsbestimmungen
Artikel 209   Aufhebung
Artikel 210   Veröffentlichung und Inkrafttreten der vorliegenden Verfahrensordnung

Eingangsbestimmungen

Artikel 1 Definitionen

(1) In dieser Verfahrensordnung werden bezeichnet:

a) die Bestimmungen des Vertrags über die Europäische Union (EU-Vertrag) mit der Nummer des betreffenden Artikels dieses Vertrags, gefolgt von dem Kürzel „EUV";

b) die Bestimmungen des Vertrags über die Arbeitsweise der Europäischen Union (AEU-Vertrag) mit der Nummer des betreffenden Artikels dieses Vertrags, gefolgt von dem Kürzel „AEUV";

c) die Bestimmungen des Vertrags zur Gründung der Europäischen Atomgemeinschaft (EAG-Vertrag) mit der Nummer des betreffenden Artikels dieses Vertrags, gefolgt von dem Kürzel „EAGV";

d) das Protokoll über die Satzung des Gerichtshofs der Europäischen Union als „Satzung";

e) das Abkommen über den Europäischen Wirtschaftsraum als „EWR-Abkommen";

f) die Verordnung Nr. 1 des Rates vom 15. April 1958 zur Regelung der Sprachenfrage für die Europäische Wirtschaftsgemeinschaft als „Verordnung Nr. 1 des Rates".

(2) In dieser Verfahrensordnung bezeichnet:

a) der Ausdruck „Organe" die in Artikel 13 Absatz 1 EUV genannten Organe der Union und die Einrichtungen oder sonstigen Stellen, die durch die Verträge oder einen zu deren Durchführung erlassenen Rechtsakt geschaffen worden sind und die in Verfahren vor dem Gerichtshof Partei sein können;

b) der Ausdruck „EFTA-Überwachungsbehörde" die im EWR-Abkommen genannte Überwachungsbehörde;

c) die Wendung „in Artikel 23 der Satzung bezeichnete Beteiligte" alle Parteien, Staaten, Organe, Einrichtungen und Stellen, die nach jenem Artikel berechtigt sind, im Rahmen eines Vorlageverfahrens Schriftsätze einzureichen oder Erklärungen abzugeben.

Artikel 2 Regelungszweck der Verfahrensordnung

Mit den Bestimmungen dieser Verfahrensordnung werden die einschlägigen Bestimmungen des EU-Vertrags, des AEU-Vertrags und des EAG-Vertrags sowie der Satzung umgesetzt und, soweit erforderlich, ergänzt.

Erster Titel
Organisation des Gerichtshofs

Erstes Kapitel
Richter und Generalanwälte

Artikel 3 Beginn der Amtszeit der Richter und der Generalanwälte

[1]Die Amtszeit eines Richters oder eines Generalanwalts beginnt mit dem im Ernennungsakt dafür bestimmten Tag. [2]Wird in diesem Akt der Tag des Beginns der Amtszeit nicht bestimmt, so beginnt die Amtszeit mit dem Tag der Veröffentlichung des Ernennungsakts im *Amtsblatt der Europäischen Union*.

Artikel 4 Eidesleistung

Die Richter und die Generalanwälte leisten vor Aufnahme ihrer Amtstätigkeit in der ersten öffentlichen Sitzung des Gerichtshofs, an der sie nach ihrer Ernennung teilnehmen, folgenden Eid gemäß Artikel 2 der Satzung:

„Ich schwöre, dass ich mein Amt unparteiisch und gewissenhaft ausüben und das Beratungsgeheimnis wahren werde."

Artikel 5 Feierliche Verpflichtung

Unmittelbar nach der Eidesleistung unterzeichnen die Richter und die Generalanwälte eine Erklärung, in der sie die in Artikel 4 Absatz 3 der Satzung vorgesehene feierliche Verpflichtung übernehmen.

Artikel 6 Amtsenthebung eines Richters oder Generalanwalts

(1) Hat der Gerichtshof nach Artikel 6 der Satzung darüber zu entscheiden, ob ein Richter oder Generalanwalt die erforderlichen Voraussetzungen nicht mehr erfüllt oder den sich aus seinem Amt ergebenden Verpflichtungen nicht mehr nachkommt, so fordert der Präsident den Betroffenen auf, sich hierzu zu äußern.

(2) Bei der Entscheidung des Gerichtshofs ist der Kanzler nicht zugegen.

Artikel 7 Dienstaltersrang

(1) Das Dienstalter der Richter und der Generalanwälte wird ohne Unterschied beginnend mit der Aufnahme ihrer Amtstätigkeit berechnet.

(2) Bei gleichem Dienstalter bestimmt sich der Dienstaltersrang nach dem Lebensalter.

(3) Richter und Generalanwälte, die wieder ernannt werden, behalten ihren bisherigen Rang.

Zweites Kapitel
Präsidentschaft des Gerichtshofs, Bildung der Kammern und Bestimmung des Ersten Generalanwalts

Artikel 8 Wahl des Präsidenten und des Vizepräsidenten des Gerichtshofs

(1) Die Richter wählen sogleich nach der teilweisen Neubesetzung von Richterstellen gemäß Artikel 253 Absatz 2 AEUV aus ihrer Mitte den Präsidenten des Gerichtshofs für die Dauer von drei Jahren.

(2) Endet die Amtszeit des Präsidenten des Gerichtshofs vor ihrem regelmäßigen Ablauf, so wird das Amt für die verbleibende Zeit neu besetzt.

(3) [1]Die in diesem Artikel vorgesehenen Wahlen sind geheim. [2]Gewählt ist der Richter, der die Stimmen von mehr als der Hälfte der Richter des Gerichtshofs erhält. [3]Erreicht keiner der Richter diese Mehrheit, so finden weitere Wahlgänge statt, bis sie erreicht wird.

(4) [1]Die Richterwahlen sodann gemäß dem Verfahren des Absatzes 3 aus ihrer Mitte den Vizepräsidenten des Gerichtshofs für die Dauer von drei Jahren. [2]Endet dessen Amtszeit vor ihrem regelmäßigen Ablauf, so findet Absatz 2 Anwendung.

(5) Die Namen des Präsidenten und des Vizepräsidenten, die gemäß diesem Artikel gewählt worden sind, werden im *Amtsblatt der Europäischen Union* veröffentlicht.

Artikel 9 Zuständigkeit des Präsidenten des Gerichtshofs

(1) Der Präsident vertritt den Gerichtshof.

(2) ¹Der Präsident leitet die Tätigkeit des Gerichtshofs. ²Er führt den Vorsitz in den Sitzungen der Generalversammlung der Mitglieder des Gerichtshofs sowie in den mündlichen Verhandlungen und bei den Beratungen des Plenums und der Großen Kammer.

(3) Der Präsident sorgt für einen ordnungsgemäßen Arbeitsgang der Dienststellen des Organs.

Artikel 10 Zuständigkeit des Vizepräsidenten des Gerichtshofs

(1) Der Vizepräsident steht dem Präsidenten des Gerichtshofs bei der Erfüllung seiner Aufgaben zur Seite und vertritt ihn, wenn dieser verhindert ist.

(2) Er vertritt ihn auf dessen Aufforderung bei der Erfüllung der Aufgaben gemäß Artikel 9 Absätze 1 und 3.

(3) ¹Der Gerichtshof legt durch Beschluss die Voraussetzungen fest, unter denen der Vizepräsident den Präsidenten des Gerichtshofs bei der Erfüllung seiner richterlichen Aufgaben vertritt. ²Der Beschluss wird im *Amtsblatt der Europäischen Union* veröffentlicht.

Artikel 11 Bildung der Kammern

(1) Der Gerichtshof bildet aus seiner Mitte gemäß Artikel 16 der Satzung Kammern mit fünf und mit drei Richtern und teilt ihnen die Richter zu.

(2) Der Gerichtshof bestimmt die Kammern mit fünf Richtern, die für die Dauer eines Jahres mit den in Artikel 107 sowie in den Artikeln 193 und 194 genannten Rechtssachen betraut sind.

(3) Für die Rechtssachen, die gemäß Artikel 60 an einen Spruchkörper verwiesen worden sind, bezeichnet der Ausdruck „Gerichtshof" in dieser Verfahrensordnung diesen Spruchkörper.

(4) In den Rechtssachen, die an eine Kammer mit fünf oder mit drei Richtern verwiesen worden sind, übt der Kammerpräsident die Befugnisse des Präsidenten des Gerichtshofs aus.

(5) Die Zuteilung der Richter zu den Kammern und die Bestimmung der Kammern, die mit den in Artikel 107 sowie in

den Artikeln 193 und 194 genannten Rechtssachen betraut sind, werden im *Amtsblatt der Europäischen Union* veröffentlicht.

Artikel 12 Wahl der Kammerpräsidenten

(1) Die Richter wählen sogleich nach der Wahl des Präsidenten und des Vizepräsidenten des Gerichtshofs die Präsidenten der Kammern mit fünf Richtern für die Dauer von drei Jahren.

(2) Die Richter wählen sodann für die Dauer eines Jahres die Präsidenten der Kammern mit drei Richtern.

(3) Artikel 8 Absätze 2 und 3 findet Anwendung.

(4) Die Namen der Kammerpräsidenten, die gemäß diesem Artikel gewählt worden sind, werden im *Amtsblatt der Europäischen Union* veröffentlicht.

Artikel 13 Verhinderung des Präsidenten und des Vizepräsidenten des Gerichtshofs

Sind der Präsident und der Vizepräsident des Gerichtshofs verhindert, so wird das Amt des Präsidenten gemäß der in Artikel 7 festgelegten Rangordnung von einem der Präsidenten der Kammern mit fünf Richtern oder in Ermangelung dessen von einem der Präsidenten der Kammern mit drei Richtern oder in Ermangelung dessen von einem der übrigen Richter wahrgenommen.

Artikel 14 Bestimmung des Ersten Generalanwalts

(1) Der Gerichtshof bestimmt nach Anhörung der Generalanwälte einen Ersten Generalanwalt für die Dauer eines Jahres.

(2) Endet die Amtszeit des Ersten Generalanwalts vor ihrem regelmäßigen Ablauf, so wird das Amt für die verbleibende Zeit neu besetzt.

(3) Der Name des gemäß diesem Artikel bestimmten Ersten Generalanwalts wird im Amtsblatt der Europäischen Union veröffentlicht.

Drittes Kapitel
Zuweisung der Rechtssachen an die Berichterstatter und die Generalanwälte

Artikel 15 Bestimmung des Berichterstatters

(1) Der Präsident des Gerichtshofs bestimmt nach Eingang des verfahrenseinleitenden Schriftstücks so bald wie möglich den Berichterstatter für die Rechtssache.

(2) ¹Der Berichterstatter für die in Artikel 107 sowie in den Artikeln 193 und 194 genannten Rechtssachen wird unter den Richtern der nach Artikel 11 Absatz 2 bestimmten Kammer auf Vorschlag des Präsidenten dieser Kammer ausgewählt. ²Entscheidet die Kammer gemäß Artikel 109, die Vorlage nicht dem Eilverfahren zu unterwerfen, kann der Präsident des Gerichtshofs die Rechtssache einem einer anderen Kammer zugeteilten Berichterstatter neu zuweisen.

(3) Der Präsident des Gerichtshofs trifft bei Verhinderung eines Berichterstatters die erforderlichen Maßnahmen.

Artikel 16 Bestimmung des Generalanwalts

(1) Der Erste Generalanwalt entscheidet über die Zuweisung der Rechtssachen an die Generalanwälte.

(2) Der Erste Generalanwalt trifft bei Verhinderung eines Generalanwalts die erforderlichen Maßnahmen.

Viertes Kapitel
Hilfsberichterstatter

Artikel 17 Hilfsberichterstatter

(1) Der Gerichtshof schlägt gemäß Artikel 13 der Satzung die Ernennung von Hilfsberichterstattern vor, wenn er dies für die Bearbeitung und Untersuchung der bei ihm anhängigen Rechtssachen für erforderlich hält.

(2) Die Hilfsberichterstatter werden insbesondere damit beauftragt,

a) den Präsidenten des Gerichtshofs im Verfahren des vorläufigen Rechtsschutzes zu unterstützen,

b) die Berichterstatter bei der Erfüllung ihrer Aufgaben zu unterstützen.

(3) Die Hilfsberichterstatter unterstehen bei der Ausübung ihres Amtes dem Präsidenten des Gerichtshofs, dem Präsidenten einer Kammer oder einem Berichterstatter.

(4) Vor Aufnahme ihrer Amtstätigkeit leisten die Hilfsberichterstatter vor dem Gerichtshof den in Artikel 4 vorgesehenen Eid.

Fünftes Kapitel
Kanzlei

Artikel 18 **Ernennung des Kanzlers**

(1) Der Gerichtshof ernennt den Kanzler.

(2) ¹Ist die Stelle des Kanzlers unbesetzt, wird eine Anzeige im Amtsblatt der Europäischen Union veröffentlicht. ²Interessenten werden aufgefordert, innerhalb einer Frist von mindestens drei Wochen ihre Bewerbung einzureichen, die genaue Angaben über ihre Staatsangehörigkeit, akademischen Grade, Sprachkenntnisse, gegenwärtige und frühere Tätigkeit und etwaigen gerichtlichen und internationalen Erfahrungen enthalten muss.

(3) Die Abstimmung, an der die Richter und die Generalanwälte teilnehmen, erfolgt nach dem Verfahren des Artikels 8 Absatz 3.

(4) ¹Der Kanzler wird für die Dauer von sechs Jahren ernannt. ²Wiederernennung ist zulässig. ³Der Gerichtshof kann entscheiden, die Amtszeit des amtierenden Kanzlers zu verlängern, ohne von dem in Absatz 2 vorgesehenen Verfahren Gebrauch zu machen.

(5) Der Kanzler leistet den in Artikel 4 vorgesehenen Eid und unterzeichnet die in Artikel 5 vorgesehene Erklärung.

(6) ¹Der Kanzler kann seines Amtes nur enthoben werden, wenn er die erforderlichen Voraussetzungen nicht mehr erfüllt oder den sich aus seinem Amt ergebenden Verpflichtungen nicht mehr nachkommt. ²Der Gerichtshof entscheidet, nachdem er dem Kanzler Gelegenheit zur Äußerung gegeben hat.

(7) Endet die Amtszeit des Kanzlers vor ihrem regelmäßigen Ablauf, so ernennt der Gerichtshof einen neuen Kanzler für die Dauer von sechs Jahren.

(8) Der Name des gemäß diesem Artikel gewählten Kanzlers wird im *Amtsblatt der Europäischen Union* veröffentlicht.

Artikel 19 Beigeordneter Kanzler

Der Gerichtshof kann nach dem für die Ernennung des Kanzlers geltenden Verfahren einen Beigeordneten Kanzler ernennen, der den Kanzler unterstützt und ihn bei Verhinderung vertritt.

Artikel 20 Zuständigkeit des Kanzlers

(1) Der Kanzler ist unter der Aufsicht des Präsidenten des Gerichtshofs mit der Entgegennahme, Übermittlung und Aufbewahrung aller Schriftstücke sowie mit den Zustellungen, die mit der Anwendung dieser Verfahrensordnung verbunden sind, beauftragt.

(2) Der Kanzler steht den Mitgliedern des Gerichtshofs bei allen Amtshandlungen zur Seite.

(3) [1]Der Kanzler verwahrt die Siegel und ist für das Archiv verantwortlich. [2]Er sorgt für die Veröffentlichungen des Gerichtshofs, insbesondere der Sammlung der Rechtsprechung.

(4) [1]Der Kanzler leitet unter der Aufsicht des Präsidenten des Gerichtshofs die Dienststellen des Organs. [2]Er ist für die Leitung des Personals und der Verwaltung sowie für die Vorbereitung und Ausführung des Haushaltsplans verantwortlich.

Artikel 21 Registerführung

(1) Die Kanzlei führt unter der Verantwortung des Kanzlers ein Register, in das fortlaufend und in der Reihenfolge ihres Eingangs alle Verfahrensschriftstücke sowie die zur Unterstützung eingereichten Belegstücke und Unterlagen einzutragen sind.

(2) Der Kanzler vermerkt die Eintragung in das Register auf dem Original und, auf Antrag der Parteien, auf den von ihnen zu diesem Zweck vorgelegten Kopien.

(3) Die Eintragung in das Register und die im vorstehenden Absatz vorgesehenen Vermerke stellen öffentliche Urkunden dar.

(4) Im *Amtsblatt der Europäischen Union* wird eine Mitteilung veröffentlicht, die den Tag der Eintragung des verfahrenseinleitenden Schriftsatzes, die Namen der Parteien, die Anträge und die Angabe der geltend gemachten Gründe und wesentlichen Argumente oder je nach Lage des Falles den Tag des Eingangs des Vorabentscheidungsersuchens sowie die Angabe des vorlegenden Gerichts, der Parteien des Ausgangsrechtsstreits und der dem Gerichtshof unterbreiteten Vorlagefragen enthält.

Artikel 22 Konsultation des Registers, der Urteile und der Beschlüsse

(1) Jeder kann das Register bei der Kanzlei einsehen und nach Maßgabe der vom Gerichtshof auf Vorschlag des Kanzlers erlassenen Gebührenordnung der Kanzlei Kopien oder Auszüge daraus erhalten.

(2) Jede Partei kann nach Maßgabe der Gebührenordnung der Kanzlei Ausfertigungen der Verfahrensschriftstücke erhalten.

(3) Außerdem kann jeder nach Maßgabe der Gebührenordnung der Kanzlei Ausfertigungen der Urteile und der Beschlusse erhalten.

Sechstes Kapitel
Geschäftsgang des Gerichtshofs

Artikel 23 Ort der Sitzungen des Gerichtshofs

Der Gerichtshof kann einzelne Sitzungen an einem anderen Ort als seinem Sitz abhalten.

Artikel 24 Arbeitskalender des Gerichtshofs

(1) Das Gerichtsjahr beginnt am 7. Oktober des Kalenderjahrs und endet am 6. Oktober des darauffolgenden Jahres.

(2) Die Gerichtsferien werden vom Gerichtshof festgesetzt.

(3) Während der Gerichtsferien kann der Präsident die Richter und die Generalanwälte in dringenden Fällen einberufen.

(4) Der Gerichtshof hält die am Ort seines Sitzes geltenden gesetzlichen Feiertage ein.

(5) Der Gerichtshof kann den Richtern und den Generalanwälten in begründeten Fällen Urlaub gewähren.

(6) Die Daten der Gerichtsferien und das Verzeichnis der gesetzlichen Feiertage werden jährlich im *Amtsblatt der Europäischen Union* veröffentlicht.

Artikel 25 Generalversammlung

¹Die Entscheidungen über Verwaltungsfragen oder über die Vorschläge, die in dem Vorbericht gemäß Artikel 59 enthalten sind, werden vom Gerichtshof in der Generalversammlung getroffen, an der alle Richter und Generalanwälte mit beschließender Stimme teilnehmen. ²Der Kanzler ist zugegen, sofern der Gerichtshof nichts anderes bestimmt.

Artikel 26 Protokollaufnahme

Tagt der Gerichtshof in Abwesenheit des Kanzlers, so beauftragt er den im Sinne des Artikels 7 dienstjüngsten Richter mit der Aufnahme eines etwa erforderlichen Protokolls, das vom Präsidenten und von dem genannten Richter unterzeichnet wird.

Siebtes Kapitel
Spruchkörper

Erster Abschnitt – Besetzung der Spruchkörper

Artikel 27 Besetzung der Großen Kammer

(1) ¹Die Große Kammer ist für jede Rechtssache mit dem Präsidenten und dem Vizepräsidenten des Gerichtshofs, drei Präsidenten einer Kammer mit fünf Richtern, dem Berichterstatter und der für die Erreichung der Zahl fünfzehn erforderlichen Zahl von Richtern besetzt. ²Letztere und die drei Präsidenten einer Kammer mit fünf Richtern werden anhand der in den Absätzen 3 und 4 genannten Listen in der dort festgelegten Reihenfolge bestimmt. ³Ausgangspunkt auf jeder dieser Listen ist für jede an die Große Kammer verwiesene Rechtssache der Name des Richters, der unmittelbar auf den Richter folgt, der für die zuvor an diesen

Spruchkörper verwiesene Rechtssache als Letzter anhand der betreffenden Liste bestimmt worden ist.

(2) Nach der Wahl des Präsidenten und des Vizepräsidenten des Gerichtshofs sowie danach der Präsidenten der Kammern mit fünf Richtern werden im Hinblick auf die Besetzung der Großen Kammer eine Liste der Präsidenten der Kammern mit fünf Richtern und eine Liste der übrigen Richter erstellt.

(3) Die Liste der Präsidenten der Kammern mit fünf Richtern wird gemäß der in Artikel 7 festgelegten Rangordnung erstellt.

(4) Die Liste der übrigen Richter wird erstellt, indem abwechselnd der in Artikel 7 festgelegten Rangordnung und deren Umkehrung gefolgt wird: Der erste Richter in dieser Liste ist der erste nach der in Artikel 7 festgelegten Rangordnung, der zweite Richter in der Liste ist der letzte nach dieser Rangordnung, der dritte Richter ist der zweite nach dieser Rangordnung, der vierte Richter ist der vorletzte nach dieser Rangordnung und so fort.

(5) Die in den Absätzen 3 und 4 genannten Listen werden im Amtsblatt der Europäischen Union veröffentlicht.

(6) [1]In Rechtssachen, die vom Beginn eines Kalenderjahrs, in dem eine teilweise Neubesetzung der Richterstellen stattfindet, bis zur tatsächlichen Neubesetzung an die Große Kammer verwiesen werden, können zwei Ergänzungsrichter bestimmt werden, um den Spruchkörper zu ergänzen, solange Ungewissheit über das Erreichen der gemäß Artikel 17 Absatz 3 der Satzung für die Beschlussfähigkeit erforderlichen Zahl von Richtern besteht. [2]Als Ergänzungsrichter fungieren die beiden Richter, die auf der in Absatz 4 genannten Liste unmittelbar nach dem Richter geführt werden, der als Letzter für die Besetzung der Großen Kammer in der Rechtssache bestimmt worden ist.

(7) Die Ergänzungsrichter ersetzen in der Reihenfolge der in Absatz 4 genannten Liste die Richter, die gegebenenfalls nicht an der Entscheidung der Rechtssache mitwirken können.

Artikel 28 Besetzung der Kammern mit fünf und mit drei Richtern

(1) [1]Die Kammern mit fünf und mit drei Richtern sind für jede Rechtssache mit dem Kammerpräsidenten, dem Berichterstatter und der für die Erreichung der Zahl von fünf oder drei Richtern

erforderlichen Zahl von Richtern besetzt. ²Letztere werden anhand der in den Absätzen 2 und 3 genannten Listen in der dort festgelegten Reihenfolge bestimmt. ³Ausgangspunkt auf diesen Listen ist für jede an eine Kammer verwiesene Rechtssache der Name des Richters, der unmittelbar auf den Richter folgt, der für die zuvor an diese Kammer verwiesene Rechtssache als Letzter anhand der Liste bestimmt worden ist.

(2) ¹Für die Besetzung der Kammern mit fünf Richtern werden nach der Wahl der Präsidenten dieser Kammern Listen erstellt, in denen sämtliche Richter, die der jeweiligen Kammer zugeteilt sind, mit Ausnahme des Kammerpräsidenten aufgeführt sind. ²Die Listen werden in derselben Weise erstellt wie die in Artikel 27 Absatz 4 genannte Liste.

(3) ¹Für die Besetzung der Kammern mit drei Richtern werden nach der Wahl der Präsidenten dieser Kammern Listen erstellt, in denen sämtliche Richter, die der jeweiligen Kammer zugeteilt sind, mit Ausnahme des Kammerpräsidenten aufgeführt sind. ²Die Listen werden gemäß der in Artikel 7 festgelegten Rangordnung erstellt.

(4) Die in den Absätzen 2 und 3 genannten Listen werden im Amtsblatt der *Europäischen* Union veröffentlicht.

Artikel 29 Besetzung der Kammern bei Zusammenhang oder Abgabe

(1) Ist der Gerichtshof der Auffassung, dass mehrere Rechtssachen zusammen von demselben Spruchkörper zu entscheiden sind, so entspricht dessen Besetzung derjenigen, die für die Rechtssache festgelegt wurde, deren Vorbericht zuerst geprüft wurde.

(2) Regt eine Kammer, an die eine Rechtssache verwiesen worden ist, beim Gerichtshof an, die Rechtssache nach Artikel 60 Absatz 3 an einen größeren Spruchkörper zu verweisen, so umfasst dieser Spruchkörper die Mitglieder der abgebenden Kammer.

Artikel 30 Verhinderung eines Kammerpräsidenten

(1) Ist der Präsident einer Kammer mit fünf Richtern verhindert, so werden die Aufgaben des Kammerpräsidenten von einem Präsidenten einer Kammer mit drei Richtern wahrgenommen,

gegebenenfalls gemäß der in Artikel 7 festgelegten Rangordnung, oder, wenn kein Präsident einer Kammer mit drei Richtern dem Spruchkörper angehört, von einem der übrigen Richter gemäß der in Artikel 7 festgelegten Rangordnung.

(2) Ist der Präsident einer Kammer mit drei Richtern verhindert, so werden die Aufgaben des Kammerpräsidenten von einem Richter des Spruchkörpers gemäß der in Artikel 7 fest gelegten Rangordnung wahrgenommen.

Artikel 31 Verhinderung eines Mitglieds des Spruchkörpers

(1) Ist ein Mitglied der Großen Kammer verhindert, so wird es durch einen anderen Richter in der Reihenfolge ersetzt, die in der Liste nach Artikel 27 Absatz 4 festgelegt ist.

(2) ¹Ist ein Mitglied einer Kammer mit fünf Richtern verhindert, so wird es durch einen anderen Richter derselben Kammer in der Reihenfolge ersetzt, die in der Liste nach Artikel 28 Absatz 2 festgelegt ist. ²Ist eine Ersetzung des verhinderten Richters durch einen Richter derselben Kammer nicht möglich, so benachrichtigt der Kammerpräsident den Präsidenten des Gerichtshofs, der einen anderen Richter bestimmen kann, durch den die Kammer ergänzt wird.

(3) ¹Ist ein Mitglied einer Kammer mit drei Richtern verhindert, so wird es durch einen anderen Richter derselben Kammer in der Reihenfolge ersetzt, die in der Liste nach Artikel 28 Absatz 3 festgelegt ist. ²Ist eine Ersetzung des verhinderten Richters durch einen Richter derselben Kammer nicht möglich, so benachrichtigt der Kammerpräsident den Präsidenten des Gerichtshofs, der einen anderen Richter bestimmen kann, durch den die Kammer ergänzt wird.

Zweiter Abschnitt – Beratungen

Artikel 32 Beratungsmodalitäten

(1) Die Beratungen des Gerichtshofs sind und bleiben geheim.

(2) Hat eine mündliche Verhandlung stattgefunden, nehmen an der Beratung nur die an der Verhandlung beteiligten Richter

und gegebenenfalls der Hilfsberichterstatter für die Rechtssache teil.

(3) Jeder Richter, der an der Beratung teilnimmt, trägt seine Auffassung vor und begründet sie.

(4) Das Ergebnis, auf das sich die Mehrheit der Richter nach der abschließenden Erörterung geeinigt hat, ist für die Entscheidung des Gerichtshofs maßgebend.

Artikel 33 Zahl der an der Beratung teilnehmenden Richter

[1]Ergibt sich infolge Verhinderung eine gerade Zahl von Richtern, so nimmt der im Sinne des Artikels 7 dienstjüngste Richter an der Beratung nicht teil, es sei denn, er ist Berichterstatter. [2]Im letzten Fall nimmt der Richter mit dem nächstniedrigen Dienstaltersrang an der Beratung nicht teil.

Artikel 34 Beschlussfähigkeit der Großen Kammer

(1) Kann für eine an die Große Kammer verwiesene Rechtssache die gemäß Artikel 17 Absatz 3 der Satzung für die Beschlussfähigkeit erforderliche Zahl von Richtern nicht erreicht werden, so bestimmt der Präsident des Gerichtshofs einen oder mehrere andere Richter in der Reihenfolge, die in der Liste nach Artikel 27 Absatz 4 festgelegt ist.

(2) Hat eine mündliche Verhandlung stattgefunden, bevor der oder die anderen Richter bestimmt werden, so werden die Parteien mit ihren mündlichen Ausführungen und der Generalanwalt mit seinen Schlussanträgen erneut gehört.

Artikel 35 Beschlussfähigkeit der Kammern mit fünf und mit drei Richtern

(1) [1]Ist für eine an eine Kammer mit fünf oder mit drei Richtern verwiesene Rechtssache ein Erreichen der gemäß Artikel 17 Absatz 2 der Satzung für die Beschlussfähigkeit erforderlichen Zahl von Richtern nicht möglich, bestimmt der Präsident des Gerichtshofs einen oder mehrere andere Richter in der Reihen folge, die in den Listen nach Artikel 28 Absätze 2 und 3 fest gelegt ist. [2]Ist eine Ersetzung des verhinderten Richters durch einen Richter derselben Kammer nicht möglich, so benachrichtigt der Kammerpräsident

sogleich den Präsidenten des Gerichtshofs, der einen anderen Richter bestimmt, durch den die Kammer ergänzt wird.

(2) Artikel 34 Absatz 2 findet auf die Kammern mit fünf und mit drei Richtern entsprechende Anwendung.

Achtes Kapitel
Sprachenregelung

Artikel 36 Verfahrenssprachen

Die Verfahrenssprachen sind Bulgarisch, Dänisch, Deutsch, Englisch, Estnisch, Finnisch, Französisch, Griechisch, Irisch, Italienisch, Kroatisch, Lettisch, Litauisch, Maltesisch, Niederländisch, Polnisch, Portugiesisch, Rumänisch, Schwedisch, Slowakisch, Slowenisch, Spanisch, Tschechisch und Ungarisch.

Artikel 37 Bestimmung der Verfahrenssprache

(1) In Klageverfahren wählt der Kläger vorbehaltlich der nachstehenden Bestimmungen die Verfahrenssprache:

a) Ist die Klage gegen einen Mitgliedstaat gerichtet, so ist die Amtssprache dieses Staates Verfahrenssprache; gibt es mehrere Amtssprachen, so ist der Kläger berechtigt, eine von ihnen zu wählen.

b) Auf gemeinsamen Antrag der Parteien kann eine andere der in Artikel 36 genannten Sprachen ganz oder teilweise zugelassen werden.

c) Auf Antrag einer Partei kann nach Anhörung der Gegenpartei und des Generalanwalts abweichend von den Buchstaben a und b eine andere der in Artikel 36 genannten Sprachen ganz oder teilweise als Verfahrenssprache zugelassen werden; dieser Antrag kann nicht von einem der Organe der Europäischen Union gestellt werden.

(2) Unbeschadet des vorstehenden Absatzes Buchstaben b und c sowie des Artikels 38 Absätze 4 und 5

a) ist bei Rechtsmitteln gegen die Entscheidungen des Gerichts nach den Artikeln 56 und 57 der Satzung Verfahrenssprache diejenige Sprache, die für die mit dem Rechtsmittel angefochtene Entscheidung des Gerichts Verfahrenssprache war;

b) ist bei Entscheidungen des Gerichtshofs gemäß Artikel 62 Absatz 2 der Satzung, eine Entscheidung des Gerichts zu überprüfen, Verfahrenssprache diejenige Sprache, die für die Entscheidung des Gerichts, die Gegenstand der Überprüfung ist, Verfahrenssprache war;

c) ist bei Streitigkeiten über die erstattungsfähigen Kosten, Einsprüchen gegen Versäumnisurteile, Drittwidersprüchen und Anträgen auf Auslegung, auf Wiederaufnahme oder auf Abhilfe gegen Unterlassen einer Entscheidung Verfahrenssprache diejenige Sprache, die für die Entscheidung, auf die sich diese Anträge oder Streitigkeiten beziehen, Verfahrenssprache war.

(3) [1]In Vorabentscheidungsverfahren ist die Sprache des vorlegenden Gerichts Verfahrenssprache. [2]Auf gebührend begründeten Antrag einer Partei des Ausgangsrechtsstreits kann nach Anhörung der Gegenpartei des Ausgangsrechtsstreits und des Generalanwalts eine andere der in Artikel 36 genannten Sprachen für das mündliche Verfahren zugelassen werden. [3]Wird sie zugelassen, so gilt diese Zulassung für alle in Artikel 23 der Satzung bezeichneten Beteiligten.

(4) Die Entscheidung über die vorgenannten Anträge kann vom Präsidenten gefasst werden; dieser kann die Entscheidung dem Gerichtshof übertragen; will er den Anträgen ohne Einverständnis aller Parteien stattgeben, so muss er sie dem Gerichtshof übertragen.

Artikel 38 Verwendung der Verfahrenssprache

(1) Die Verfahrenssprache ist insbesondere in den Schriftsätzen und bei den mündlichen Ausführungen der Parteien, einschließlich der vorgelegten oder beigefügten Belegstücke und Unterlagen, sowie in den Protokollen und Entscheidungen des Gerichtshofs zu verwenden.

(2) Vorgelegten oder beigefügten Belegstücken und Unterlagen, die in einer anderen Sprache abgefasst sind, ist eine Übersetzung in der Verfahrenssprache beizugeben.

(3) [1]Bei umfangreichen Belegstücken und Unterlagen können jedoch auszugsweise Übersetzungen vorgelegt werden. [2]Der Gerichtshof kann jederzeit von Amts wegen oder auf Antrag

einer Partei eine ausführlichere oder vollständige Übersetzung verlangen.

(4) ¹Abweichend von den vorstehenden Bestimmungen können sich die Mitgliedstaaten ihrer eigenen Amtssprache bedienen, wenn sie sich an einem Vorabentscheidungsverfahren beteiligen, einem beim Gerichtshof anhängigen Rechtsstreit als Streithelfer beitreten oder den Gerichtshof nach Artikel 259 AEUV anrufen. ²Dies gilt sowohl für Schriftstücke als auch für mündliche Erklärungen. ³Der Kanzler veranlasst in jedem Fall die Übersetzung in die Verfahrenssprache.

(5) ¹Den Vertragsstaaten des EWR-Abkommens, die nicht Mitgliedstaaten sind, und der EFTA-Überwachungsbehörde kann gestattet werden, sich statt der Verfahrenssprache einer anderen der in Artikel 36 genannten Sprachen zu bedienen, wenn sie sich an einem Vorabentscheidungsverfahren beteiligen oder einem beim Gerichtshof anhängigen Rechtsstreit als Streithelfer beitreten. ²Dies gilt sowohl für Schriftstücke als auch für mündliche Erklärungen. ³Der Kanzler veranlasst in jedem Fall die Übersetzung in die Verfahrenssprache.

(6) ¹Den Drittstaaten, die sich gemäß Artikel 23 Absatz 4 der Satzung an einem Vorabentscheidungsverfahren beteiligen, kann gestattet werden, sich statt der Verfahrenssprache einer anderen der in Artikel 36 genannten Sprachen zu bedienen. ²Dies gilt sowohl für Schriftstücke als auch für mündliche Erklärungen. ³Der Kanzler veranlasst in jedem Fall die Übersetzung in die Verfahrenssprache.

(7) ¹Erklären Zeugen oder Sachverständige, dass sie sich nicht hinlänglich in einer der in Artikel 36 genannten Sprachen ausdrücken können, so kann ihnen der Gerichtshof gestatten, ihre Erklärungen in einer anderen Sprache abzugeben. ²Der Kanzler veranlasst die Übersetzung in die Verfahrenssprache.

(8) ¹Der Präsident und der Vizepräsident des Gerichtshofs sowie die Kammerpräsidenten können sich bei der Leitung der Verhandlung statt der Verfahrenssprache einer anderen der in Artikel 36 genannten Sprachen bedienen; die gleiche Befugnis haben die Richter und die Generalanwälte für ihre Fragen und die Generalanwälte für ihre Schlussanträge. ²Der Kanzler veranlasst die Übersetzung in die Verfahrenssprache.

Artikel 39 Verantwortlichkeit des Kanzlers in sprachlichen Angelegenheiten

Auf Ersuchen eines Richters oder des Generalanwalts oder auf Antrag einer Partei veranlasst der Kanzler die Übersetzung der mündlichen oder schriftlichen Äußerungen im Verfahren vor dem Gerichtshof in die in Artikel 36 genannten Sprachen, die gewünscht werden.

Artikel 40 Sprachenregelung für die Veröffentlichungen des Gerichtshofs

Die Veröffentlichungen des Gerichtshofs erscheinen in den in Artikel 1 der Verordnung Nr. 1 des Rates genannten Sprachen.

Artikel 41 Verbindliche Fassungen

Verbindlich ist die Fassung in der Verfahrenssprache oder, falls der Gerichtshof gemäß den Artikeln 37 oder 38 eine andere Sprache zugelassen hat, die Fassung in dieser Sprache.

Artikel 42 Sprachendienst des Gerichtshofs

Der Gerichtshof richtet einen Sprachendienst ein, dessen Angehörige eine angemessene juristische Ausbildung und gründliche Kenntnisse in mehreren Amtssprachen der Union aufweisen müssen.

Zweiter Titel
Allgemeine Verfahrensbestimmungen

Erstes Kapitel
Rechte und Pflichten der Bevollmächtigten, Beistände und Anwälte

Artikel 43 Vorrechte, Befreiungen und Erleichterungen

(1) Die Bevollmächtigten, Beistände und Anwälte, die vor dem Gerichtshof oder vor einem von diesem um Rechtshilfe ersuchten Gericht erscheinen, können wegen mündlicher und schriftlicher Äußerungen, die sich auf die Sache oder auf die Parteien beziehen, nicht gerichtlich verfolgt werden.

(2) Die Bevollmächtigten, Beistände und Anwälte genießen ferner folgende Vorrechte und Erleichterungen:

a) Schriftstücke und Urkunden, die sich auf das Verfahren beziehen, dürfen weder durchsucht noch beschlagnahmt werden. Im Streitfall können die Zoll- oder Polizeibeamten die betreffenden Schriftstücke und Urkunden versiegeln, die dann dem Gerichtshof zum Zwecke der Untersuchung im Beisein des Kanzlers und des Beteiligten umgehend übermittelt werden.

b) Die Bevollmächtigten, Beistände und Anwälte genießen die zur Erfüllung ihrer Aufgaben erforderliche Reisefreiheit.

Artikel 44 **Vertretereigenschaft**

(1) Um die im vorstehenden Artikel genannten Vorrechte, Befreiungen und Erleichterungen in Anspruch nehmen zu können, weisen zuvor ihre Eigenschaft nach

a) die Bevollmächtigten durch eine von ihrem Vollmachtgeber ausgestellte amtliche Urkunde, die Letzterer dem Kanzler umgehend in Kopie übermittelt;

b) die Anwälte durch einen Ausweis, mit dem ihre Berechtigung, vor einem Gericht eines Mitgliedstaats oder eines an deren Vertragsstaats des EWR-Abkommens aufzutreten, bescheinigt wird, und, wenn die von ihnen vertretene Partei eine juristische Person des Privatrechts ist, durch eine Voll macht dieser Partei;

c) die Beistände durch eine Vollmacht der Partei, der sie beistehen.

(2) ¹Der Kanzler des Gerichtshofs stellt ihnen erforderlichenfalls ein Berechtigungspapier aus. ²Dessen Gültigkeit ist auf eine bestimmte Zeit begrenzt; sie kann je nach der Dauer des Verfahrens verlängert oder verkürzt werden.

Artikel 45 **Aufhebung der Befreiung von gerichtlicher Verfolgung**

(1) Die in Artikel 43 genannten Vorrechte, Befreiungen und Erleichterungen werden ausschließlich im Interesse des Verfahrens gewährt.

(2) Der Gerichtshof kann die Befreiung von gerichtlicher Verfolgung aufheben, wenn dies nach seiner Auffassung dem Interesse des Verfahrens nicht zuwiderläuft.

Artikel 46 Ausschluss vom Verfahren

(1) ¹Ist der Gerichtshof der Auffassung, dass das Verhalten eines Bevollmächtigten, Beistands oder Anwalts gegenüber dem Gerichtshof mit der Würde des Gerichtshofs oder mit den Erfordernissen einer geordneten Rechtspflege unvereinbar ist oder dass ein Bevollmächtigter, Beistand oder Anwalt seine Befugnisse missbraucht, so unterrichtet er den Betroffenen davon. ²Unterrichtet der Gerichtshof die zuständigen Stellen, denen der Betroffene untersteht, davon, so wird Letzterem eine Kopie des an diese Stellen gerichteten Schreibens übermittelt.

(2) ¹Aus denselben Gründen kann der Gerichtshof nach Anhörung des Betroffenen und des Generalanwalts jederzeit durch mit Gründen versehenen Beschluss entscheiden, einen Bevollmächtigten, Beistand oder Anwalt vom Verfahren auszuschließen. ²Der Beschluss ist sofort vollziehbar.

(3) Wird ein Bevollmächtigter, Beistand oder Anwalt vom Verfahren ausgeschlossen, so wird das Verfahren bis zum Ablauf einer Frist ausgesetzt, die der Präsident der betroffenen Partei zur Bestimmung eines anderen Bevollmächtigten, Beistands oder Anwalts setzt.

(4) Die gemäß diesem Artikel getroffenen Entscheidungen können wieder aufgehoben werden.

Artikel 47 Hochschullehrer und Parteien des Ausgangsrechtsstreits

(1) Die Bestimmungen dieses Kapitels finden Anwendung auf Hochschullehrer, die gemäß Artikel 19 der Satzung das Recht haben, vor dem Gerichtshof aufzutreten.

(2) In Vorlageverfahren finden sie auch Anwendung auf die Parteien des Ausgangsrechtsstreits, wenn diese nach den anwendbaren nationalen Verfahrensvorschriften berechtigt sind, ohne den Beistand eines Anwalts vor Gericht aufzutreten, sowie auf die Personen, die nach diesen Vorschriften zu ihrer Vertretung berechtigt sind.

Zweites Kapitel
Zustellungen

Artikel 48 Zustellungsarten

(1) ¹Der Kanzler veranlasst die in dieser Verfahrensordnung vorgesehenen Zustellungen an die Zustellungsanschrift des Adressaten durch Übersendung einer Kopie des zuzustellenden Schriftstücks per Einschreiben mit Rückschein oder durch Übergabe der Kopie gegen Empfangsbestätigung. ²Die Kopien des zuzustellenden Originals werden vom Kanzler ausgefertigt und beglaubigt, es sei denn, dass sie gemäß Artikel 57 Absatz 2 von den Parteien eingereicht werden.

(2) Hat sich der Adressat damit einverstanden erklärt, dass Zustellungen an ihn mittels Telefax oder sonstiger technischer Kommunikationsmittel erfolgen, so kann jedes Verfahrensschriftstück einschließlich der Urteile und Beschlüsse des Gerichtshofs durch Übermittlung einer Kopie auf diesem Wege zugestellt werden.

(3) ¹Ist eine solche Übermittlung aus technischen Gründen oder wegen der Art oder des Umfangs des Schriftstücks nicht möglich, so wird dieses dem Adressaten, wenn er keine Zustellungsanschrift angegeben hat, gemäß dem Verfahren des Absatzes 1 an seine Anschrift zugestellt. ²Der Adressat wird davon mittels Telefax oder sonstiger technischer Kommunikationsmittel benachrichtigt. ³Ein Einschreiben gilt dann am zehnten Tag nach der Aufgabe zur Post am Ort des Sitzes des Gerichtshofs als dem Adressaten übergeben, sofern nicht durch den Rückschein nachgewiesen wird, dass der Zugang zu einem anderen Zeitpunkt erfolgt ist, oder der Adressat den Kanzler innerhalb von drei Wochen nach der Benachrichtigung mittels Telefax oder sonstiger technischer Kommunikationsmittel davon unter richtet, dass ihm das zuzustellende Schriftstück nicht zugegangen ist.

(4) ¹Der Gerichtshof kann durch Beschluss die Voraussetzungen festlegen, unter denen ein Verfahrensschriftstück elektronisch zugestellt werden kann. ²Der Beschluss wird im *Amtsblatt der Europäischen Union* veröffentlicht.

Drittes Kapitel
Fristen

Artikel 49 Fristberechnung

(1) Die in den Verträgen, in der Satzung und in dieser Verfahrensordnung vorgesehenen Verfahrensfristen werden wie folgt berechnet:

a) Ist eine nach Tagen, Wochen, Monaten oder Jahren bemessene Frist von dem Zeitpunkt an zu berechnen, zu dem ein Ereignis eintritt oder eine Handlung vorgenommen wird, so wird der Tag, an dem das Ereignis eintritt oder die Handlung vorgenommen wird, nicht mitgerechnet.

b) ¹Eine nach Wochen, Monaten oder Jahren bemessene Frist endet mit Ablauf des Tages, der in der letzten Woche, im letzten Monat oder im letzten Jahr dieselbe Bezeichnung oder dieselbe Zahl wie der Tag trägt, an dem das Ereignis eingetreten oder die Handlung vorgenommen worden ist, von denen an die Frist zu berechnen ist. ²Fehlt bei einer nach Monaten oder Jahren bemessenen Frist im letzten Monat der für ihren Ablauf maßgebende Tag, so endet die Frist mit Ablauf des letzten Tages dieses Monats.

c) Ist eine Frist nach Monaten und nach Tagen bemessen, so werden zunächst die vollen Monate und dann die Tage berücksichtigt.

d) Die Fristen umfassen die Samstage, die Sonntage und die gesetzlichen Feiertage im Sinne des Artikels 24 Absatz 6.

e) Der Fristlauf wird durch die Gerichtsferien nicht gehemmt.

(2) Fällt das Fristende auf einen Samstag, Sonntag oder gesetzlichen Feiertag, so endet die Frist mit dem Ablauf des nächstfolgenden Werktags.

Artikel 50 Klage gegen eine Handlung eines Organs

Beginnt eine Frist für die Erhebung einer Klage gegen eine Handlung eines Organs mit der Veröffentlichung der Handlung, so ist diese Frist im Sinne von Artikel 49 Absatz 1 Buchstabe a vom Ablauf des vierzehnten Tages nach der Veröffentlichung der Handlung im Amtsblatt der Europäischen Union an zu berechnen.

Artikel 51 Entfernungsfrist

Die Verfahrensfristen werden um eine pauschale Entfernungsfrist von zehn Tagen verlängert.

Artikel 52 Fristsetzung und Fristverlängerung

(1) Die vom Gerichtshof gemäß dieser Verfahrensordnung gesetzten Fristen können verlängert werden.

(2) Der Präsident und die Kammerpräsidenten können dem Kanzler die Zeichnungsbefugnis übertragen, bestimmte Fristen, die sie aufgrund dieser Verfahrensordnung anzuordnen haben, festzusetzen oder deren Verlängerung zu gewähren.

Viertes Kapitel
Die verschiedenen Arten der Behandlung der Rechtssachen

Artikel 53 Arten der Behandlung der Rechtssachen

(1) Unbeschadet besonderer Bestimmungen der Satzung oder dieser Verfahrensordnung umfasst das Verfahren vor dem Gerichtshof ein schriftliches und ein mündliches Verfahren.

(2) Ist der Gerichtshof für die Entscheidung über eine Rechtssache offensichtlich unzuständig oder ist ein Ersuchen oder eine Klage offensichtlich unzulässig, so kann er nach Anhörung des Generalanwalts jederzeit die Entscheidung treffen, durch mit Gründen versehenen Beschluss zu entscheiden, ohne das Verfahren fortzusetzen.

(3) Der Präsident kann in Anbetracht besonderer Umstände entscheiden, dass eine Rechtssache mit Vorrang entschieden wird.

(4) Eine Rechtssache kann unter den in dieser Verfahrensordnung vorgesehenen Voraussetzungen einem beschleunigten Verfahren unterworfen werden.

(5) Eine Vorlage zur Vorabentscheidung kann unter den in dieser Verfahrensordnung vorgesehenen Voraussetzungen einem Eilverfahren unterworfen werden.

Artikel 54 Verbindung

(1) Mehrere gleichartige Rechtssachen, die den gleichen Gegenstand haben, können jederzeit wegen Zusammenhangs zu

gemeinsamem schriftlichen oder mündlichen Verfahren oder zu gemeinsamem Endurteil verbunden werden.

(2) ¹Die Verbindung wird vom Präsidenten nach Anhörung des Berichterstatters und des Generalanwalts, falls die betreffende Rechtssache bereits zugewiesen worden ist, und – außer in Vorlageverfahren – nach Anhörung auch der Parteien beschlossen. ²Der Präsident kann die Entscheidung hierüber dem Gerichtshof übertragen.

(3) Die Verbindung von Rechtssachen kann nach Maßgabe des Absatzes 2 wieder aufgehoben werden.

Artikel 55 Aussetzung des Verfahrens

(1) Das Verfahren kann ausgesetzt werden:

a) in den in Artikel 54 Absatz 3 der Satzung vorgesehenen Fällen durch Beschluss des Gerichtshofs nach Anhörung des Generalanwalts;

b) in allen übrigen Fällen durch Entscheidung des Präsidenten nach Anhörung des Berichterstatters und des Generalanwalts sowie – außer in Vorlageverfahren – der Parteien.

(2) Die Fortsetzung des Verfahrens kann nach demselben Verfahren beschlossen oder entschieden werden.

(3) Die in den vorstehenden Absätzen vorgesehenen Beschlüsse oder Entscheidungen werden den Parteien oder in Artikel 23 der Satzung bezeichneten Beteiligten zugestellt.

(4) Die Aussetzung des Verfahrens wird zu dem in dem Aussetzungsbeschluss oder der Aussetzungsentscheidung angegebenen Zeitpunkt oder, wenn ein solcher nicht angegeben ist, zu dem Zeitpunkt dieses Beschlusses oder dieser Entscheidung wirksam.

(5) Während der Aussetzung läuft keine Verfahrensfrist gegenüber den Parteien oder in Artikel 23 der Satzung bezeichneten Beteiligten ab.

(6) Ist in dem Aussetzungsbeschluss oder der Aussetzungsentscheidung das Ende der Aussetzung nicht festgelegt, so endet die Aussetzung zu dem in dem Beschluss oder der Entscheidung über die Fortsetzung des Verfahrens angegebenen Zeitpunkt oder, wenn ein solcher nicht angegeben ist, zu dem Zeitpunkt des Beschlusses oder der Entscheidung über die Fortsetzung.

(7) An die Stelle der unterbrochenen Verfahrensfristen treten ab dem Zeitpunkt der Fortsetzung des Verfahrens nach einer Aussetzung neue Fristen, die zu dem Zeitpunkt der Fortsetzung zu laufen beginnen.

Artikel 56 Zurückstellung der Entscheidung einer Rechtssache

Der Präsident kann nach Anhörung des Berichterstatters, des Generalanwalts und der Parteien in Anbetracht besonderer Umstände von Amts wegen oder auf Antrag einer Partei entscheiden, dass eine Rechtssache zu späterer Entscheidung zurück gestellt wird.

Fünftes Kapitel
Schriftliches Verfahren

Artikel 57 Einreichung der Verfahrensschriftstücke

(1) Das Original jedes Verfahrensschriftstücks muss von dem Bevollmächtigten oder Anwalt der Partei oder, wenn es sich um im Rahmen eines Vorabentscheidungsverfahrens eingereichte Erklärungen handelt und die für den Ausgangsrechtsstreit geltenden nationalen Verfahrensvorschriften es zulassen, von der Partei des Ausgangsrechtsstreits oder ihrem Vertreter handschriftlich unterzeichnet sein.

(2) [1]Mit diesem Schriftstück und allen darin erwähnten Anlagen sind fünf Kopien für den Gerichtshof und, wenn es sich um andere Verfahren als Vorabentscheidungsverfahren handelt, je eine Kopie für jede andere am Rechtsstreit beteiligte Partei einzureichen. [2]Die Kopien sind von der Partei, die sie einreicht, zu beglaubigen.

(3) [1]Die Organe haben außerdem innerhalb der vom Gerichtshof festgesetzten Fristen von jedem Verfahrensschriftstück Übersetzungen in den anderen in Artikel 1 der Verordnung Nr. 1 des Rates genannten Sprachen vorzulegen. [2]Der vorstehende Absatz findet Anwendung.

(4) Den Verfahrensschriftstücken ist ein Aktenstück beizufügen, das die zur Unterstützung herangezogenen Belegstücke und

Unterlagen zusammen mit einem Verzeichnis dieser Belegstücke und Unterlagen enthält.

(5) Werden dem Schriftstück von einem Belegstück oder einer Unterlage mit Rücksicht auf deren Umfang nur Auszüge beigefügt, so ist das gesamte Belegstück, die gesamte Unterlage oder eine vollständige Kopie bei der Kanzlei einzureichen.

(6) [1]Jedes Verfahrensschriftstück ist mit Datum zu versehen. [2]Für die Berechnung der Verfahrensfristen sind allein der Tag und die Uhrzeit des Eingangs des Originals bei der Kanzlei maßgebend.

(7) Unbeschadet der Absätze 1 bis 6 sind für die Wahrung der Verfahrensfristen der Tag und die Uhrzeit des Eingangs einer Kopie des unterzeichneten Originals eines Verfahrensschriftstücks einschließlich des in Absatz 4 genannten Verzeichnisses der Belegstücke und Unterlagen mittels Telefax oder sonstiger beim Gerichtshof vorhandener technischer Kommunikationsmittel bei der Kanzlei maßgebend, sofern das unterzeichnete Original des Schriftstücks zusammen mit den in Absatz 2 genannten Anlagen und Kopien spätestens zehn Tage danach bei der Kanzlei eingereicht wird.

(8) [1]Unbeschadet der Absätze 3 bis 6 kann der Gerichtshof durch Beschluss die Voraussetzungen festlegen, unter denen ein der Kanzlei elektronisch übermitteltes Verfahrensschriftstück als Original dieses Schriftstücks gilt. [2]Der Beschluss wird im *Amtsblatt der Europäischen Union* veröffentlicht.

Artikel 58 Länge der Verfahrensschriftstücke

[1]Unbeschadet besonderer Bestimmungen dieser Verfahrensordnung kann der Gerichtshof durch Beschluss die maximale Länge der Schriftsätze oder Erklärungen festlegen, die bei ihm eingereicht werden. [2]Der Beschluss wird im Amtsblatt der Europäischen Union veröffentlicht.

Sechstes Kapitel
Vorbericht und Verweisung an die Spruchkörper

Artikel 59 Vorbericht

(1) Wenn das schriftliche Verfahren abgeschlossen ist, bestimmt der Präsident den Zeitpunkt, zu dem der Berichterstatter der Generalversammlung des Gerichtshofs einen Vorbericht vorzulegen hat.

(2) ¹Der Vorbericht enthält Vorschläge zu der Frage, ob besondere prozessleitende Maßnahmen, eine Beweisaufnahme oder gegebenenfalls ein Klarstellungsersuchen an das vorlegende Gericht erforderlich sind, sowie dazu, an welchen Spruchkörper die Rechtssache verwiesen werden sollte. ²Der Vorbericht enthält ferner den Vorschlag des Berichterstatters zu einem etwaigen Absehen von der mündlichen Verhandlung und zu einem etwaigen Absehen von Schlussanträgen des Generalanwalts gemäß Artikel 20 Absatz 5 der Satzung.

(3) Der Gerichtshof entscheidet nach Anhörung des Generalanwalts über die Vorschläge des Berichterstatters.

Artikel 60 Verweisung an die Spruchkörper

(1) Der Gerichtshof verweist alle bei ihm anhängigen Rechtssachen an die Kammern mit fünf oder mit drei Richtern, sofern nicht die Schwierigkeit oder die Bedeutung der Rechtssache oder besondere Umstände eine Verweisung an die Große Kammer erfordern, es sei denn, eine solche Verweisung ist gemäß Artikel 16 Absatz 3 der Satzung von einem am Verfahren beteiligten Mitgliedstaat oder Unionsorgan beantragt worden.

(2) ¹Der Gerichtshof tagt als Plenum, wenn er gemäß Artikel 16 Absatz 4 der Satzung befasst wird. ²Er kann eine Rechtssache an das Plenum verweisen, wenn er gemäß Artikel 16 Absatz 5 der Satzung zu der Auffassung gelangt, dass die Rechtssache von außergewöhnlicher Bedeutung ist.

(3) Der Spruchkörper, an den eine Rechtssache verwiesen worden ist, kann in jedem Verfahrensstadium beim Gerichtshof anregen, die Rechtssache an einen größeren Spruchkörper zu verweisen.

(4) Wird das mündliche Verfahren ohne Beweisaufnahme eröffnet, so bestimmt der Präsident des Spruchkörpers den Termin dafür.

**Siebtes Kapitel
Prozessleitende Maßnahmen und Beweisaufnahme**

Erster Abschnitt – Prozessleitende Maßnahmen

Artikel 61 Vom Gerichtshof beschlossene prozessleitende Maßnahmen

(1) ¹Außer den Maßnahmen, die gemäß Artikel 24 der Satzung beschlossen werden können, kann der Gerichtshof die Parteien oder die in Artikel 23 der Satzung bezeichneten Beteiligten zur schriftlichen Beantwortung bestimmter Fragen innerhalb der von ihm gesetzten Frist oder zu deren Beantwortung in der mündlichen Verhandlung auffordern. ²Die schriftlichen Antworten werden den anderen Parteien oder den in Artikel 23 der Satzung bezeichneten Beteiligten übermittelt.

(2) Wenn eine mündliche Verhandlung durchgeführt wird, fordert der Gerichtshof, wann immer möglich, die Teilnehmer an dieser Verhandlung auf, ihre mündlichen Ausführungen auf eine oder mehrere festgelegte Fragen zu konzentrieren.

Artikel 62 Vom Berichterstatter oder vom Generalanwalt beschlossene prozessleitende Maßnahmen

(1) ¹Der Berichterstatter oder der Generalanwalt können die Parteien oder die in Artikel 23 der Satzung bezeichneten Beteiligten auffordern, innerhalb einer bestimmten Frist von ihnen für relevant erachtete Auskünfte zum Sachverhalt, Schriftstücke oder sonstige Angaben zu übermitteln. ²Die erhaltenen Antworten und Schriftstücke werden den anderen Parteien oder den in Artikel 23 der Satzung bezeichneten Beteiligten übermittelt.

(2) Der Berichterstatter oder der Generalanwalt können den Parteien oder den in Artikel 23 der Satzung bezeichneten Beteiligten ferner Fragen zur Beantwortung in der mündlichen Verhandlung übermitteln lassen.

Zweiter Abschnitt – Beweisaufnahme

Artikel 63 Entscheidung über die Beweisaufnahme
(1) Der Gerichtshof entscheidet in Generalversammlung, ob eine Beweisaufnahme durchzuführen ist.

(2) Ist die Rechtssache bereits an einen Spruchkörper verwiesen worden, so entscheidet dieser.

Artikel 64 Festlegung der Beweisaufnahme
(1) Der Gerichtshof bestimmt nach Anhörung des Generalanwalts die Beweismittel durch Beschluss, der die zu beweisenden Tatsachen bezeichnet.

(2) Unbeschadet der Artikel 24 und 25 der Satzung sind folgende Beweismittel zulässig:

a) persönliches Erscheinen der Parteien;

b) Einholung von Auskünften und Aufforderung zur Vorlage von Urkunden;

c) Zeugenbeweis;

d) Sachverständigengutachten;

e) Einnahme des Augenscheins.

(3) Gegenbeweis und Erweiterung der Beweisangebote bleiben vorbehalten.

Artikel 65 Teilnahme an der Beweisaufnahme
(1) Führt der Spruchkörper die Beweisaufnahme nicht selbst durch, so beauftragt er den Berichterstatter damit.

(2) Der Generalanwalt nimmt an der Beweisaufnahme teil.

(3) Die Parteien können der Beweisaufnahme beiwohnen.

Artikel 66 Zeugenbeweis
(1) Der Gerichtshof beschließt die Vernehmung von Zeugen über bestimmte Tatsachen nach Anhörung des Generalanwalts von Amts wegen oder auf Antrag einer Partei.

(2) In dem Antrag einer Partei auf Vernehmung eines Zeugen sind die Tatsachen, über die der Zeuge vernommen werden soll, und die Gründe, die dessen Vernehmung rechtfertigen, genau zu bezeichnen.

(3) ¹Über einen Antrag im Sinne des vorstehenden Absatzes entscheidet der Gerichtshof durch mit Gründen versehenen Beschluss. ²Wird dem Antrag stattgegeben, sind in dem Beschluss die Tatsachen zu bezeichnen, über die Beweis zu erheben ist, und die Zeugen zu benennen, die zu den einzelnen Tatsachen vernommen werden sollen.

(4) Die Zeugen werden vom Gerichtshof geladen, gegebenenfalls nach Hinterlegung des Vorschusses gemäß Artikel 73 Absatz 1.

Artikel 67 Zeugenvernehmung

(1) Der Präsident weist die Zeugen nach Feststellung ihrer Identität darauf hin, dass sie die Richtigkeit ihrer Aussagen nach den Bestimmungen dieser Verfahrensordnung zu versichern haben.

(2) ¹Die Zeugen werden vom Gerichtshof vernommen; die Parteien werden hierzu geladen. ²Der Präsident kann nach Beendigung der Aussage auf Antrag einer Partei oder von Amts wegen Fragen an die Zeugen richten.

(3) Die gleiche Befugnis steht den einzelnen Richtern und dem Generalanwalt zu.

(4) Die Vertreter der Parteien können unter der Aufsicht des Präsidenten Fragen an die Zeugen richten.

Artikel 68 Beeidigung der Zeugen

(1) Der Zeuge leistet nach Beendigung seiner Aussage folgenden Eid:
„Ich schwöre, dass ich die Wahrheit, die ganze Wahrheit und nichts als die Wahrheit gesagt habe."

(2) Der Gerichtshof kann nach Anhörung der Parteien auf die Beeidigung des Zeugen verzichten.

Artikel 69 Geldbußen

(1) Zeugen, die ordnungsgemäß geladen sind, haben der Ladung Folge zu leisten und in der mündlichen Verhandlung zu erscheinen.

(2) Erscheint ein ordnungsgemäß geladener Zeuge ohne berechtigten Grund nicht vor dem Gerichtshof, so kann dieser

eine Geldbuße von bis zu 5 000 Euro gegen ihn verhängen und die erneute Ladung des Zeugen auf dessen Kosten beschließen.

(3) Die gleiche Sanktion kann gegen einen Zeugen verhängt werden, der ohne berechtigten Grund die Aussage oder die Eidesleistung verweigert.

Artikel 70 Sachverständigengutachten

(1) ¹Der Gerichtshof kann die Einholung eines Sachverständigengutachtens beschließen. ²In dem Beschluss, der den Sachverständigen ernennt, ist dessen Auftrag genau zu umschreiben und eine Frist für die Abgabe des Gutachtens zu bestimmen.

(2) ¹Nach Abgabe des Gutachtens und seiner Zustellung an die Parteien kann der Gerichtshof die Anhörung des Sachverständigen beschließen; die Parteien werden hierzu geladen. ²Der Präsident kann auf Antrag einer Partei oder von Amts wegen Fragen an den Sachverständigen richten.

(3) Die gleiche Befugnis steht den einzelnen Richtern und dem Generalanwalt zu.

(4) Die Vertreter der Parteien können unter der Aufsicht des Präsidenten Fragen an den Sachverständigen richten.

Artikel 71 Beeidigung des Sachverständigen

(1) Der Sachverständige leistet nach Abgabe des Gutachtens folgenden Eid:

„Ich schwöre, dass ich meinen Auftrag nach bestem Wissen und Gewissen und unparteiisch erfüllt habe."

(2) Der Gerichtshof kann nach Anhörung der Parteien auf die Beeidigung des Sachverständigen verzichten.

Artikel 72 Ablehnung von Zeugen oder Sachverständigen

(1) Lehnt eine Partei einen Zeugen oder Sachverständigen wegen Unfähigkeit, Unwürdigkeit oder aus sonstigen Gründen ab oder verweigert ein Zeuge oder Sachverständiger die Aussage, die Erstattung des Gutachtens oder die Eidesleistung, so entscheidet der Gerichtshof.

(2) Die Ablehnung eines Zeugen oder Sachverständigen ist innerhalb von zwei Wochen nach Zustellung des Beschlusses,

durch den der Zeuge geladen oder der Sachverständige ernannt worden ist, mit Schriftsatz zu erklären, der die Ablehnungsgründe und die Beweisangebote enthalten muss.

Artikel 73 Kosten der Zeugen und der Sachverständigen

(1) Beschließt der Gerichtshof die Vernehmung von Zeugen oder die Einholung eines Sachverständigengutachtens, so kann er von den Parteien oder von einer Partei die Hinterlegung eines Vorschusses zur Deckung der Kosten der Zeugen und der Sachverständigen verlangen.

(2) [1]Zeugen und Sachverständige haben Anspruch auf Erstattung ihrer Reise- und Aufenthaltskosten. [2]Die Kasse des Gerichtshofs kann ihnen einen Vorschuss auf diese Kosten gewähren.

(3) [1]Zeugen haben Anspruch auf Entschädigung für Verdienstausfall, Sachverständige auf Vergütung ihrer Tätigkeit. [2]Diese Leistungen werden den Zeugen und Sachverständigen von der Kasse des Gerichtshofs nach Erfüllung ihrer Pflicht oder ihres Auftrags gezahlt.

Artikel 74 Protokoll der Beweistermine

(1) [1]Der Kanzler nimmt über jeden Beweistermin ein Protokoll auf. [2]Das Protokoll wird vom Präsidenten und vom Kanzler unterzeichnet. [3]Es stellt eine öffentliche Urkunde dar.

(2) [1]Handelt es sich um einen Termin zur Vernehmung von Zeugen oder Anhörung von Sachverständigen, wird das Protokoll vom Präsidenten oder von dem mit der Vernehmung oder Anhörung beauftragten Berichterstatter sowie vom Kanzler unterzeichnet. [2]Vor dieser Unterzeichnung ist dem Zeugen oder Sachverständigen Gelegenheit zu geben, den Inhalt des Protokolls zu überprüfen und es zu unterzeichnen.

(3) Das Protokoll wird den Parteien zugestellt.

Artikel 75 Eröffnung des mündlichen Verfahrens nach Beweisaufnahme

(1) Nach Abschluss der Beweisaufnahme bestimmt der Präsident den Termin für die Eröffnung des mündlichen Verfahrens, es sei denn, der Gerichtshof entscheidet, den Parteien eine Frist zur schriftlichen Stellungnahme zu setzen.

(2) Ist eine Frist zur schriftlichen Stellungnahme gesetzt, so bestimmt der Präsident den Termin für die Eröffnung des mündlichen Verfahrens nach Ablauf dieser Frist.

**Achtes Kapitel
Mündliches Verfahren**

Artikel 76 Mündliche Verhandlung

(1) ¹Etwaige mit Gründen versehene Anträge auf mündliche Verhandlung sind innerhalb von drei Wochen, nachdem die Bekanntgabe des Abschlusses des schriftlichen Verfahrens an die Parteien oder die in Artikel 23 der Satzung bezeichneten Beteiligten erfolgt ist, zu stellen. ²Diese Frist kann vom Präsidenten verlängert werden.

(2) Der Gerichtshof kann auf Vorschlag des Berichterstatters und nach Anhörung des Generalanwalts entscheiden, keine mündliche Verhandlung abzuhalten, wenn er sich durch die im schriftlichen Verfahren eingereichten Schriftsätze oder Erklärungen für ausreichend unterrichtet hält, um eine Entscheidung zu erlassen.

(3) Der vorstehende Absatz findet keine Anwendung, wenn ein mit Gründen versehener Antrag auf mündliche Verhandlung von einem in Artikel 23 der Satzung bezeichneten Beteiligten, der nicht am schriftlichen Verfahren teilgenommen hat, gestellt worden ist.

Artikel 77 Gemeinsame mündliche Verhandlung

Wenn die zwischen mehreren gleichartigen Rechtssachen bestehenden Gemeinsamkeiten es zulassen, kann der Gerichtshof entscheiden, eine gemeinsame mündliche Verhandlung für diese Rechtssachen durchzuführen.

Artikel 78 Leitung der Verhandlung

Der Präsident eröffnet und leitet die Verhandlung; ihm obliegt die Aufrechterhaltung der Ordnung in der Sitzung.

Artikel 79 Ausschluss der Öffentlichkeit

(1) Der Gerichtshof kann aus wichtigen Gründen, insbesondere solchen der Sicherheit der Mitgliedstaaten oder des Schutzes Minderjähriger, die Öffentlichkeit ausschließen.

(2) Mit der Entscheidung über den Ausschluss der Öffentlichkeit geht das Verbot einer Veröffentlichung der Verhandlung einher.

Artikel 80 Fragen

Die Mitglieder des Spruchkörpers und der Generalanwalt können in der mündlichen Verhandlung Fragen an die Bevollmächtigten, Beistände oder Anwälte der Parteien und unter den Umständen des Artikels 47 Absatz 2 an die Parteien des Ausgangsrechtsstreits oder deren Vertreter richten.

Artikel 81 Schließung der mündlichen Verhandlung

Der Präsident erklärt nach Anhörung der mündlichen Ausführungen der Parteien oder der in Artikel 23 der Satzung bezeichneten Beteiligten die mündliche Verhandlung für geschlossen.

Artikel 82 Stellung der Schlussanträge des Generalanwalts

(1) Findet eine mündliche Verhandlung statt, so werden die Schlussanträge des Generalanwalts nach deren Schließung gestellt.

(2) Der Präsident erklärt nach der Stellung der Schlussanträge des Generalanwalts das mündliche Verfahren für abgeschlossen.

Artikel 83 Eröffnung oder Wiedereröffnung des mündlichen Verfahrens

Der Gerichtshof kann jederzeit nach Anhörung des Generalanwalts die Eröffnung oder Wiedereröffnung des mündlichen Verfahrens beschließen, insbesondere wenn er sich für unzureichend unterrichtet hält, wenn eine Partei nach Abschluss des mündlichen Verfahrens eine neue Tatsache unterbreitet hat, die von entscheidender Bedeutung für die Entscheidung des Gerichtshofs ist, oder wenn ein zwischen den Parteien oder den in Artikel 23 der Satzung bezeichneten Beteiligten nicht erörtertes Vorbringen entscheidungserheblich ist.

Artikel 84 **Protokoll der mündlichen Verhandlungen**
(1) ¹Der Kanzler nimmt über jede mündliche Verhandlung ein Protokoll auf. ²Das Protokoll wird vom Präsidenten und vom Kanzler unterzeichnet. ³Es stellt eine öffentliche Urkunde dar.
(2) Die Parteien und die in Artikel 23 der Satzung bezeichneten Beteiligten können die Protokolle bei der Kanzlei einsehen und Kopien davon erhalten.

Artikel 85 **Aufzeichnung der mündlichen Verhandlung**
Der Präsident kann den Parteien oder den in Artikel 23 der Satzung bezeichneten Beteiligten, die am schriftlichen oder mündlichen Verfahren teilgenommen haben, auf gebührend begründeten Antrag gestatten, die Tonaufzeichnung der mündlichen Verhandlung in der vom Vortragenden in der Verhandlung verwendeten Sprache in den Räumen des Gerichtshofs anzuhören.

Neuntes Kapitel
Urteile und Beschlüsse

Artikel 86 **Termin der Urteilsverkündung**
Die Parteien oder die in Artikel 23 der Satzung bezeichneten Beteiligten werden vom Termin der Urteilsverkündung benachrichtigt.

Artikel 87 **Inhalt der Urteile**
Das Urteil enthält:
a) die Angabe, dass es vom Gerichtshof erlassen ist;
b) die Bezeichnung des Spruchkörpers;
c) das Datum der Verkündung;
d) die Namen des Präsidenten und der Richter, die bei der Beratung mitgewirkt haben, unter Bezeichnung des Berichterstatters;
e) den Namen des Generalanwalts;
f) den Namen des Kanzlers;
g) die Bezeichnung der Parteien oder der in Artikel 23 der Satzung bezeichneten Beteiligten, die am Verfahren teilgenommen haben;
h) die Namen ihrer Vertreter;

i) in Klage- und in Rechtsmittelverfahren die Anträge der Parteien;

j) gegebenenfalls das Datum der mündlichen Verhandlung;

k) den Hinweis, dass der Generalanwalt gehört worden ist, und gegebenenfalls das Datum seiner Schlussanträge;

l) eine kurze Darstellung des Sachverhalts;

m) die Entscheidungsgründe;

n) die Urteilsformel, gegebenenfalls einschließlich der Entscheidung über die Kosten.

Artikel 88 Verkündung und Zustellung der Urteile

(1) Das Urteil wird in öffentlicher Sitzung verkündet.

(2) Der Präsident, die Richter, die an der Beratung mitgewirkt haben, und der Kanzler unterzeichnen die Urschrift des Urteils, die sodann mit einem Siegel versehen und in der Kanzlei hinterlegt wird; den Parteien und gegebenenfalls dem vorlegenden Gericht, den in Artikel 23 der Satzung bezeichneten Beteiligten und dem Gericht wird eine Ausfertigung der Urschrift zugestellt.

Artikel 89 Inhalt der Beschlüsse

(1) Der Beschluss enthält:

a) die Angabe, dass er vom Gerichtshof erlassen ist;

b) die Bezeichnung des Spruchkörpers;

c) das Datum des Erlasses;

d) die Angabe der Rechtsgrundlage, auf der er beruht;

e) den Namen des Präsidenten und gegebenenfalls die Namen der Richter, die bei der Beratung mitgewirkt haben, unter Bezeichnung des Berichterstatters;

f) den Namen des Generalanwalts;

g) den Namen des Kanzlers;

h) die Bezeichnung der Parteien oder der Parteien des Ausgangsrechtsstreits;

i) die Namen ihrer Vertreter;

j) den Hinweis, dass der Generalanwalt gehört worden ist;

k) die Beschlussformel, gegebenenfalls einschließlich der Entscheidung über die Kosten.

(2) Ist ein Beschluss nach dieser Verfahrensordnung mit Gründen zu versehen, so enthält er ferner:

a) in Klage- und in Rechtsmittelverfahren die Anträge der Parteien;
b) eine kurze Darstellung des Sachverhalts;
c) die Entscheidungsgründe.

Artikel 90 Unterzeichnung und Zustellung der Beschlüsse

Der Präsident und der Kanzler unterzeichnen die Urschrift des Beschlusses, die sodann mit einem Siegel versehen und in der Kanzlei hinterlegt wird; den Parteien und gegebenenfalls dem vorlegenden Gericht, den in Artikel 23 der Satzung bezeichneten Beteiligten und dem Gericht wird eine Ausfertigung der Urschrift zugestellt.

Artikel 91 Rechtskraft der Urteile und der Beschlüsse

(1) Das Urteil wird mit dem Tag seiner Verkündung rechtskräftig.

(2) Der Beschluss wird mit dem Tag seiner Zustellung rechtskräftig.

Artikel 92 Veröffentlichung im Amtsblatt der Europäischen Union

Eine Mitteilung, die das Datum und die Urteils- oder Beschlussformel der Endurteile und der das Verfahren beendenden Beschlüsse des Gerichtshofs enthält, wird im *Amtsblatt der Europäischen Union* veröffentlicht.

Dritter Titel
Vorlagen zur Vorabentscheidung

Erstes Kapitel
Allgemeine Bestimmungen

Artikel 93 Anwendungsbereich

Die Bestimmungen dieses Titels gelten für das Verfahren
a) in den in Artikel 23 der Satzung genannten Fällen;

b) im Fall von Vorlagen, die in Abkommen vorgesehen werden können, bei denen die Union oder Mitgliedstaaten Vertragsparteien sind.

Artikel 94 Inhalt des Vorabentscheidungsersuchens

Das Vorabentscheidungsersuchen muss außer den dem Gerichtshof zur Vorabentscheidung vorgelegten Fragen enthalten:

a) eine kurze Darstellung des Streitgegenstands und des maßgeblichen Sachverhalts, wie er vom vorlegenden Gericht festgestellt worden ist, oder zumindest eine Darstellung der tatsächlichen Umstände, auf denen die Fragen beruhen;

b) den Wortlaut der möglicherweise auf den Fall anwendbaren nationalen Vorschriften und gegebenenfalls die einschlägige nationale Rechtsprechung;

c) eine Darstellung der Gründe, aus denen das vorlegende Gericht Zweifel bezüglich der Auslegung oder der Gültigkeit bestimmter Vorschriften des Unionsrechts hat, und den Zusammenhang, den es zwischen diesen Vorschriften und dem auf den Ausgangsrechtsstreit anwendbaren nationalen Recht herstellt.

Artikel 95 Anonymität

(1) Ist vom vorlegenden Gericht Anonymität gewährt worden, so wahrt der Gerichtshof diese Anonymität in dem bei ihm anhängigen Verfahren.

(2) Der Gerichtshof kann außerdem auf Ersuchen des vorlegenden Gerichts, auf gebührend begründeten Antrag einer Partei des Ausgangsrechtsstreits oder von Amts wegen eine oder mehrere Personen oder Einrichtungen, die von dem Rechtsstreit betroffen sind, anonymisieren, wenn er es für erforderlich hält.

Artikel 96 Beteiligung am Vorabentscheidungsverfahren

(1) Gemäß Artikel 23 der Satzung können vor dem Gerichtshof Erklärungen abgeben

a) die Parteien des Ausgangsrechtsstreits;
b) die Mitgliedstaaten;
c) die Europäische Kommission;
d) das Organ, von dem die Handlung, deren Gültigkeit oder Auslegung streitig ist, ausgegangen ist;

e) die Vertragsstaaten des EWR-Abkommens, die nicht Mitgliedstaaten sind, und die EFTA-Überwachungsbehörde, wenn dem Gerichtshof eine Frage zur Vorabentscheidung vorgelegt wird, die einen der Anwendungsbereiche des genannten Abkommens betrifft;

f) Drittstaaten, die Vertragsstaaten eines vom Rat über einen bestimmten Bereich geschlossenen Abkommens sind, wenn dieses Abkommen die Möglichkeit der Abgabe von Erklärungen vorsieht und wenn ein Gericht eines Mitgliedstaats dem Gerichtshof eine Frage zur Vorabentscheidung vorlegt, die in den Anwendungsbereich des betreffenden Abkommens fällt.

(2) Die Nichtteilnahme am schriftlichen Verfahren hindert nicht an der Teilnahme am mündlichen Verfahren.

Artikel 97 Parteien des Ausgangsrechtsstreits

(1) Parteien des Ausgangsrechtsstreits sind diejenigen, die vom vorlegenden Gericht gemäß den nationalen Verfahrensvorschriften als solche bezeichnet werden.

(2) [1]Unterrichtet das vorlegende Gericht den Gerichtshof von der Zulassung einer neuen Partei im Ausgangsrechtsstreit, während das Verfahren vor dem Gerichtshof bereits anhängig ist, so muss diese Partei das Verfahren in der Lage annehmen, in der es sich zum Zeitpunkt der Unterrichtung befindet. [2]Der Partei werden alle den in Artikel 23 der Satzung bezeichneten Beteiligten bereits zugestellten Verfahrensschriftstücke übermittelt.

(3) [1]Hinsichtlich der Vertretung und des persönlichen Erscheinens der Parteien des Ausgangsrechtsstreits trägt der Gerichtshof den vor dem vorlegenden Gericht geltenden Verfahrensvorschriften Rechnung. [2]Bestehen Zweifel, ob eine Person eine Partei des Ausgangsrechtsstreits nach dem nationalen Recht vertreten kann, so kann sich der Gerichtshof beim vorlegenden Gericht über die anwendbaren Verfahrensvorschriften kundig machen.

Artikel 98 Übersetzung und Zustellung des Vorabentscheidungsersuchens

(1) [1]Die Vorabentscheidungsersuchen im Sinne dieses Titels werden den Mitgliedstaaten in der Originalfassung zusammen mit einer Übersetzung in der Amtssprache des Empfängerstaats

zugestellt. ²Sofern dies aufgrund der Länge des Ersuchens angebracht ist, wird diese Übersetzung durch die Übersetzung einer Zusammenfassung des Ersuchens in der Amtssprache des Empfängerstaats ersetzt, die dann als Grundlage für die Stellungnahme dieses Staates dient. ³Die Zusammenfassung enthält den vollständigen Wortlaut der zur Vorabentscheidung vor gelegten Frage(n). ⁴Sie umfasst insbesondere, soweit das Vorabentscheidungsersuchen diese Angaben enthält, den Gegenstand des Ausgangsrechtsstreits, die wesentlichen Argumente der Parteien des Ausgangsrechtsstreits, eine kurze Darstellung der Begründung der Vorlage sowie die angeführte Rechtsprechung und die angeführten Vorschriften des nationalen Rechts und des Unionsrechts.

(2) In den in Artikel 23 Absatz 3 der Satzung bezeichneten Fällen werden die Vorabentscheidungsersuchen den Vertragsstaaten des EWR-Abkommens, die nicht Mitgliedstaaten sind, und der EFTA-Überwachungsbehörde in der Originalfassung zusammen mit einer Übersetzung des Ersuchens, gegebenenfalls einer Zusammenfassung, in einer der in Artikel 36 genannten Sprachen zugestellt, die vom Empfänger zu wählen ist.

(3) Kann sich ein Drittstaat gemäß Artikel 23 Absatz 4 der Satzung an einem Vorabentscheidungsverfahren beteiligen, so wird ihm das Vorabentscheidungsersuchen in der Originalfassung zusammen mit einer Übersetzung des Ersuchens, gegebenenfalls einer Zusammenfassung, in einer der in Artikel 36 genannten Sprachen zugestellt, die von dem betreffenden Drittstaat zu wählen ist.

Artikel 99 Antwort durch mit Gründen versehenen Beschluss

Wenn eine zur Vorabentscheidung vorgelegte Frage mit einer Frage übereinstimmt, über die der Gerichtshof bereits entschieden hat, wenn die Antwort auf eine solche Frage klar aus der Rechtsprechung abgeleitet werden kann oder wenn die Beantwortung der zur Vorabentscheidung vorgelegten Frage keinen Raum für vernünftige Zweifel lässt, kann der Gerichtshof auf Vorschlag des Berichterstatters und nach Anhörung des Generalanwalts jederzeit die Entscheidung treffen, durch mit Gründen versehenen Beschluss zu entscheiden.

Artikel 100 Befassung des Gerichtshofs

(1) ¹Der Gerichtshof bleibt mit einem Vorabentscheidungsersuchen befasst, solange das vorlegende Gericht es nicht zurückgenommen hat. ²Die Rücknahme eines Ersuchens kann bis zur Bekanntgabe des Termins der Urteilsverkündung an die in Artikel 23 der Satzung bezeichneten Beteiligten berücksichtigt werden.

(2) Der Gerichtshof kann jedoch jederzeit feststellen, dass die Voraussetzungen für seine Zuständigkeit nicht mehr erfüllt sind.

Artikel 101 Ersuchen um Klarstellung

(1) Unbeschadet der in dieser Verfahrensordnung vorgesehenen prozessleitenden Maßnahmen und Beweisaufnahme kann der Gerichtshof nach Anhörung des Generalanwalts das vorlegende Gericht um Klarstellungen innerhalb einer von ihm festgesetzten Frist ersuchen.

(2) Die Antwort des vorlegenden Gerichts auf ein solches Ersuchen wird den in Artikel 23 der Satzung bezeichneten Beteiligten zugestellt.

Artikel 102 Kosten des Vorabentscheidungsverfahrens

Die Entscheidung über die Kosten des Vorabentscheidungsverfahrens ist Sache des vorlegenden Gerichts.

Artikel 103 Berichtigung von Urteilen und Beschlüssen

(1) Schreib- oder Rechenfehler und offenbare Unrichtigkeiten in Urteilen und Beschlüssen können vom Gerichtshof von Amts wegen oder auf Antrag eines in Artikel 23 der Satzung bezeichneten Beteiligten, vorausgesetzt, ein solcher wird innerhalb von zwei Wochen nach Verkündung des Urteils oder Zustellung des Beschlusses gestellt, berichtigt werden.

(2) Der Gerichtshof entscheidet nach Anhörung des Generalanwalts.

(3) ¹Die Urschrift des Beschlusses, der die Berichtigung ausspricht, wird mit der Urschrift der berichtigten Entscheidung verbunden. ²Ein Hinweis auf den Beschluss ist am Rande der Urschrift der berichtigten Entscheidung anzubringen.

Artikel 104 Auslegung von Vorabentscheidungen

(1) Artikel 158 über die Auslegung von Urteilen und Beschlüssen findet keine Anwendung auf Entscheidungen, die in Beantwortung eines Vorabentscheidungsersuchens ergehen.

(2) Es ist Sache der nationalen Gerichte, zu beurteilen, ob sie sich durch eine Vorabentscheidung für hinreichend unterrichtet halten oder ob es ihnen erforderlich erscheint, den Gerichtshof erneut anzurufen.

Zweites Kapitel
Beschleunigtes Vorabentscheidungsverfahren

Artikel 105 Beschleunigtes Verfahren

(1) Der Präsident des Gerichtshofs kann auf Antrag des vorlegenden Gerichts oder ausnahmsweise von Amts wegen, nach Anhörung des Berichterstatters und des Generalanwalts, entscheiden, eine Vorlage zur Vorabentscheidung einem beschleunigten Verfahren unter Abweichung von den Bestimmungen dieser Verfahrensordnung zu unterwerfen, wenn die Art der Rechtssache ihre rasche Erledigung erfordert.

(2) In diesem Fall bestimmt der Präsident umgehend den Termin für die mündliche Verhandlung, der den in Artikel 23 der Satzung bezeichneten Beteiligten mit der Zustellung des Vorabentscheidungsersuchens mitgeteilt wird.

(3) [1]Die im vorstehenden Absatz genannten Beteiligten können innerhalb einer vom Präsidenten gesetzten Frist von mindestens 15 Tagen Schriftsätze oder schriftliche Erklärungen ein reichen. [2]Der Präsident kann diese Beteiligten auffordern, ihre Schriftsätze oder schriftlichen Erklärungen auf die wesentlichen mit dem Vorabentscheidungsersuchen aufgeworfenen Rechtsfragen zu beschränken.

(4) Die etwaigen Schriftsätze oder schriftlichen Erklärungen werden allen in Artikel 23 der Satzung bezeichneten Beteiligten vor der mündlichen Verhandlung übermittelt.

(5) Der Gerichtshof entscheidet nach Anhörung des Generalanwalts.

Artikel 106 Übermittlung der Verfahrensschriftstücke

(1) ¹Die im vorstehenden Artikel vorgesehenen Verfahrensschriftstücke gelten mit der Übermittlung einer Kopie des unterzeichneten Originals sowie der zur Unterstützung herangezogenen Belegstücke und Unterlagen mit dem in Artikel 57 Absatz 4 genannten Verzeichnis mittels Telefax oder sonstiger beim Gerichtshof vorhandener technischer Kommunikationsmittel an die Kanzlei als eingereicht. ²Das Original des Schriftstücks und die vorstehend genannten Anlagen sind der Kanzlei umgehend zu übermitteln.

(2) Die im vorstehenden Artikel vorgesehenen Zustellungen und Übermittlungen können durch Übersendung einer Kopie des Schriftstücks mittels Telefax oder sonstiger beim Gerichtshof und beim Empfänger vorhandener technischer Kommunikationsmittel bewirkt werden.

Drittes Kapitel
Eilvorabentscheidungsverfahren

Artikel 107 Anwendungsbereich des Eilvorabentscheidungsverfahrens

(1) Eine Vorlage zur Vorabentscheidung, die eine oder mehrere Fragen zu den von Titel V des Dritten Teils des AEU-Vertrags erfassten Bereichen aufwirft, kann auf Antrag des vorlegenden Gerichts oder ausnahmsweise von Amts wegen einem Eilverfahren unter Abweichung von den Bestimmungen dieser Verfahrensordnung unterworfen werden.

(2) Das vorlegende Gericht stellt die rechtlichen und tatsächlichen Umstände dar, aus denen sich die Dringlichkeit ergibt und die die Anwendung dieses abweichenden Verfahrens rechtfertigen, und gibt, soweit möglich, an, welche Antwort es auf die zur Vorabentscheidung vorgelegten Fragen vorschlägt.

(3) Hat das vorlegende Gericht keinen Antrag auf Durchführung des Eilverfahrens gestellt, so kann der Präsident des Gerichtshofs, wenn die Anwendung dieses Verfahrens dem ersten Anschein nach geboten ist, die in Artikel 108 bezeichnete Kam-

mer zur Prüfung der Frage auffordern, ob es erforderlich ist, die Vorlage dem Eilverfahren zu unterwerfen.

Artikel 108 Entscheidung über die Dringlichkeit

(1) ¹Die Entscheidung, eine Vorlage dem Eilverfahren zu unterwerfen, wird von der für Eilverfahren bestimmten Kammer auf Vorschlag des Berichterstatters und nach Anhörung des Generalanwalts getroffen. ²Die Besetzung der Kammer wird, wenn die Anwendung des Eilverfahrens vom vorlegenden Gericht beantragt wird, am Tag der Zuweisung der Rechtssache an den Berichterstatter oder, wenn die Anwendung dieses Verfahrens auf Aufforderung durch den Präsidenten des Gerichtshofs geprüft wird, am Tag des Ergehens dieser Aufforderung gemäß Artikel 28 Absatz 2 bestimmt.

(2) ¹Weist die Rechtssache einen Zusammenhang mit einer anhängigen Rechtssache auf, die einem Berichterstatter zugewiesen ist, der nicht der für Eilverfahren bestimmten Kammer angehört, so kann diese Kammer dem Präsidenten des Gerichtshofs vorschlagen, die Rechtssache jenem Berichterstatter zu zuweisen. ²Im Fall einer Neuzuweisung der Rechtssache an diesen Berichterstatter nimmt die Kammer mit fünf Richtern, der er angehört, für diese Rechtssache die Aufgaben der für Eilverfahren bestimmten Kammer wahr. ³Artikel 29 Absatz 1 findet Anwendung.

Artikel 109 Schriftlicher Abschnitt des Eilverfahrens

(1) Wenn das vorlegende Gericht die Anwendung des Eilverfahrens beantragt hat oder der Präsident die für Eilverfahren bestimmte Kammer zur Prüfung der Frage aufgefordert hat, ob es erforderlich ist, die Vorlage dem Eilverfahren zu unterwerfen, so veranlasst der Kanzler sogleich die Zustellung des Vorabentscheidungsersuchens an die Parteien des Ausgangsrechtsstreits, den Mitgliedstaat des vorlegenden Gerichts, die Europäische Kommission und das Organ, von dem die Handlung, deren Gültigkeit oder Auslegung streitig ist, ausgegangen ist.

(2) ¹Die Entscheidung, die Vorlage zur Vorabentscheidung dem Eilverfahren zu unterwerfen oder nicht zu unterwerfen, wird dem vorlegenden Gericht sowie den im vorstehenden Absatz bezeichneten Parteien, dem dort genannten Mitgliedstaat und

den dort angeführten Organen umgehend zugestellt. ²In der Entscheidung, die Vorlage dem Eilverfahren zu unterwerfen, wird die Frist festgesetzt, innerhalb deren sie Schriftsätze oder schriftliche Erklärungen einreichen können. ³In der Entscheidung kann festgelegt werden, auf welche Rechtsfragen sich die Schriftsätze und schriftlichen Erklärungen beziehen sollen und welche Länge sie höchstens haben dürfen.

(3) Nimmt ein Vorabentscheidungsersuchen Bezug auf ein in einem anderen Mitgliedstaat als dem des vorlegenden Gerichts geführtes Verwaltungs- oder Gerichtsverfahren, so kann der Gerichtshof diesen Mitgliedstaat auffordern, schriftlich oder in der mündlichen Verhandlung alle sachdienlichen Angaben zu machen.

(4) Sogleich nach der in Absatz 1 genannten Zustellung wird das Vorabentscheidungsersuchen außerdem den in Artikel 23 der Satzung bezeichneten Beteiligten, die nicht Adressaten dieser Zustellung sind, übermittelt, und die Entscheidung, die Vorlage dem Eilverfahren zu unterwerfen oder nicht zu unterwerfen, wird diesen Beteiligten sogleich nach der in Absatz 2 genannten Zustellung übermittelt.

(5) Die in Artikel 23 der Satzung bezeichneten Beteiligten werden so bald wie möglich vom voraussichtlichen Termin der mündlichen Verhandlung benachrichtigt.

(6) Wird die Vorlage nicht dem Eilverfahren unterworfen, bestimmt sich das Verfahren nach Artikel 23 der Satzung und den anwendbaren Vorschriften dieser Verfahrensordnung.

Artikel 110 Zustellungen und Mitteilungen nach Abschluss des schriftlichen Verfahrens

(1) ¹Wird eine Vorlage zur Vorabentscheidung dem Eilverfahren unterworfen, so werden das Vorabentscheidungsersuchen und die eingereichten Schriftsätze oder schriftlichen Erklärungen den in Artikel 23 der Satzung bezeichneten Beteiligten, die nicht zu den in Artikel 109 Absatz 1 genannten Parteien und Beteiligten zählen, zugestellt. ²Dem Vorabentscheidungsersuchen wird eine Übersetzung, gegebenenfalls nach Maßgabe des Artikels 98 eine Zusammenfassung, beigefügt.

(2) Die eingereichten Schriftsätze oder schriftlichen Erklärungen werden außerdem den in Artikel 109 Absatz 1 genannten Parteien und sonstigen Beteiligten zugestellt.

(3) Der Termin für die mündliche Verhandlung wird den in Artikel 23 der Satzung bezeichneten Beteiligten mit den Zustellungen nach den vorstehenden Absätzen mitgeteilt.

Artikel 111 Absehen vom schriftlichen Verfahren

Die für Eilverfahren bestimmte Kammer kann in Fällen äußerster Dringlichkeit entscheiden, von dem in Artikel 109 Absatz 2 vorgesehenen schriftlichen Verfahren abzusehen.

Artikel 112 Entscheidung in der Sache

Die für Eilverfahren bestimmte Kammer entscheidet nach Anhörung des Generalanwalts.

Artikel 113 Spruchkörper

(1) [1]Die für Eilverfahren bestimmte Kammer kann entscheiden, mit drei Richtern zu tagen. [2]Sie ist in diesem Fall mit dem Kammerpräsidenten, dem Berichterstatter und dem ersten oder gegebenenfalls den ersten beiden Richtern besetzt, die bei der Besetzung dieser Kammer nach Artikel 108 Absatz 1 anhand der in Artikel 28 Absatz 2 genannten Liste bestimmt werden.

(2) [1]Die für Eilverfahren bestimmte Kammer kann auch beim Gerichtshof anregen, die Rechtssache an einen größeren Spruchkörper zu verweisen. [2]Das Eilverfahren wird vor dem neuen Spruchkörper fortgeführt, gegebenenfalls nach Wiedereröffnung des mündlichen Verfahrens.

Artikel 114 Übermittlung der Verfahrensschriftstücke

Die Übermittlung der Verfahrensschriftstücke erfolgt entsprechend Artikel 106.

Viertes Kapitel
Prozesskostenhilfe

Artikel 115 Antrag auf Bewilligung von Prozesskostenhilfe

(1) Ist eine Partei des Ausgangsrechtsstreits außerstande, die Kosten des Verfahrens ganz oder teilweise zu bestreiten, so kann sie jederzeit die Bewilligung von Prozesskostenhilfe beantragen.

(2) Dem Antrag sind alle Auskünfte und Belege beizufügen, die eine Beurteilung der wirtschaftlichen Lage des Antragstellers ermöglichen, wie etwa eine Bescheinigung einer zuständigen nationalen Stelle über die wirtschaftliche Lage.

(3) Hat der Antragsteller bereits Prozesskostenhilfe vor dem vorlegenden Gericht bezogen, so hat er den Beschluss dieses Gerichts vorzulegen und genau anzugeben, was von den bereits bewilligten Beträgen gedeckt ist.

Artikel 116 Entscheidung über die Bewilligung von Prozesskostenhilfe

(1) Der Präsident weist den Antrag auf Bewilligung von Prozesskostenhilfe sogleich nach dessen Einreichung dem Berichterstatter für die Rechtssache zu, in der der Antrag gestellt worden ist.

(2) [1]Die Kammer mit drei Richtern, der der Berichterstatter zugeteilt ist, entscheidet auf dessen Vorschlag und nach Anhörung des Generalanwalts, ob die Prozesskostenhilfe ganz oder teilweise bewilligt oder ob sie versagt wird. [2]Der Spruchkörper ist in diesem Fall mit dem Kammerpräsidenten, dem Berichterstatter und dem ersten oder gegebenenfalls den ersten beiden Richtern besetzt, die anhand der in Artikel 28 Absatz 3 genannten Liste zu dem Zeitpunkt bestimmt werden, zu dem die Kammer vom Berichterstatter mit dem Antrag auf Bewilligung von Prozesskostenhilfe befasst wird.

(3) [1]Gehört der Berichterstatter keiner Kammer mit drei Richtern an, so entscheidet die Kammer mit fünf Richtern, der er zugeteilt ist, unter denselben Voraussetzungen. [2]Der Spruchkörper ist neben dem Berichterstatter mit vier Richtern besetzt, die anhand der in Artikel 28 Absatz 2 genannten Liste zu dem Zeitpunkt

bestimmt werden, zu dem die Kammer vom Berichterstatter mit dem Antrag auf Bewilligung von Prozesskostenhilfe befasst wird.

(4) ¹Der Spruchkörper entscheidet durch Beschluss. ²Wird die Bewilligung von Prozesskostenhilfe ganz oder teilweise versagt, so ist die Versagung in dem Beschluss zu begründen.

Artikel 117 Im Rahmen der Prozesskostenhilfe zu zahlende Beträge

¹Wird die Prozesskostenhilfe bewilligt, so trägt die Kasse des Gerichtshofs – gegebenenfalls in den vom Spruchkörper festgesetzten Grenzen – die Kosten der Unterstützung und der Vertretung des Antragstellers vor dem Gerichtshof. ²Auf Antrag des Antragstellers oder seines Vertreters kann ein Vorschuss auf diese Kosten ausbezahlt werden.

Artikel 118 Entziehung der Prozesskostenhilfe

Der Spruchkörper, der über den Antrag auf Bewilligung von Prozesskostenhilfe entschieden hat, kann diese jederzeit von Amts wegen oder auf Antrag entziehen, wenn sich die Voraussetzungen, unter denen sie bewilligt wurde, im Laufe des Verfahrens ändern.

**Vierter Titel
Klageverfahren**

**Erstes Kapitel
Vertretung der Parteien**

Artikel 119 Vertretungszwang

(1) Die Parteien können nur durch ihren Bevollmächtigten oder Anwalt vertreten werden.

(2) Die Bevollmächtigten und Anwälte haben bei der Kanzlei eine amtliche Urkunde oder eine Vollmacht der Partei, die sie vertreten, zu hinterlegen.

(3) Anwälte, die als Beistand oder Vertreter einer Partei auftreten, haben bei der Kanzlei außerdem einen Ausweis zu hinterlegen, mit dem ihre Berechtigung, vor einem Gericht eines

Mitgliedstaats oder eines anderen Vertragsstaats des EWR-Abkommens aufzutreten, bescheinigt wird.

(4) ¹Werden diese Papiere nicht hinterlegt, so setzt der Kanzler der betroffenen Partei eine angemessene Frist zur Beibringung der Papiere. ²In Ermangelung einer fristgemäßen Beibringung entscheidet der Gerichtshof nach Anhörung des Berichterstatters und des Generalanwalts, ob die Nichtbeachtung dieser Förmlichkeit die formale Unzulässigkeit der Klageschrift oder des Schriftsatzes zur Folge hat.

Zweites Kapitel
Schriftliches Verfahren

Artikel 120 Inhalt der Klageschrift

Die Klageschrift im Sinne von Artikel 21 der Satzung muss enthalten:

a) Namen und Wohnsitz des Klägers;

b) die Bezeichnung des Beklagten;

c) den Streitgegenstand, die geltend gemachten Klagegründe und Argumente sowie eine kurze Darstellung der Klagegründe;

d) die Anträge des Klägers;

e) gegebenenfalls die Beweise und Beweisangebote.

Artikel 121 Angaben für Zustellungen

(1) ¹Die Klageschrift muss für die Zwecke des Verfahrens eine Zustellungsanschrift enthalten. ²Dazu ist der Name einer Person anzugeben, die ermächtigt ist und sich bereit erklärt hat, die Zustellungen entgegenzunehmen.

(2) Zusätzlich zu oder statt der in Absatz 1 genannten Zustellungsanschrift kann in der Klageschrift angegeben werden, dass sich der Anwalt oder Bevollmächtigte damit einverstanden erklärt, dass Zustellungen an ihn mittels Telefax oder sonstiger technischer Kommunikationsmittel bewirkt werden.

(3) ¹Entspricht die Klageschrift nicht den Voraussetzungen des Absatzes 1 oder 2, so erfolgen bis zur Behebung dieses Mangels alle Zustellungen an die betreffende Partei für die Zwecke des Verfahrens durch Einschreiben an den Bevollmächtigten oder

Anwalt der Partei. ²Abweichend von Artikel 48 gilt dann die ordnungsgemäße Zustellung mit der Aufgabe des Einschreibens zur Post am Ort des Sitzes des Gerichtshofs als bewirkt.

Artikel 122 Anlagen zur Klageschrift

(1) Der Klageschrift sind gegebenenfalls die in Artikel 21 Absatz 2 der Satzung bezeichneten Unterlagen beizufügen.

(2) Bei Klagen gemäß Artikel 273 AEUV ist der Klageschrift eine Ausfertigung des zwischen den beteiligten Mitgliedstaaten abgeschlossenen Schiedsvertrags beizufügen.

(3) ¹Entspricht die Klageschrift nicht den in Absatz 1 oder 2 genannten Voraussetzungen, so setzt der Kanzler dem Kläger eine angemessene Frist zur Beibringung der vorstehend genannten Unterlagen. ²Bei Ausbleiben dieser Mängelbehebung entscheidet der Gerichtshof nach Anhörung des Berichterstatters und des Generalanwalts, ob die Nichtbeachtung dieser Voraussetzungen die formale Unzulässigkeit der Klageschrift zur Folge hat.

Artikel 123 Zustellung der Klageschrift

¹Die Klageschrift wird dem Beklagten zugestellt. ²In den Fällen der Artikel 119 Absatz 4 und 122 Absatz 3 erfolgt die Zustellung sogleich nach der Mängelbehebung oder nachdem der Gerichtshof in Anbetracht der in diesen beiden Artikeln aufgeführten Voraussetzungen die Zulässigkeit bejaht hat.

Artikel 124 Inhalt der Klagebeantwortung

(1) ¹Innerhalb von zwei Monaten nach Zustellung der Klageschrift hat der Beklagte eine Klagebeantwortung einzureichen. ²Diese muss enthalten:

a) Namen und Wohnsitz des Beklagten;

b) die geltend gemachten Verteidigungsgründe und -argumente;

c) die Anträge des Beklagten;

d) gegebenenfalls die Beweise und Beweisangebote.

(2) Artikel 121 findet auf die Klagebeantwortung Anwendung.

(3) Der Präsident kann die in Absatz 1 vorgesehene Frist auf gebührend begründeten Antrag des Beklagten ausnahmsweise verlängern.

Artikel 125 Übermittlung von Schriftsätzen

Sind das Europäische Parlament, der Rat oder die Europäische Kommission nicht Partei einer Rechtssache, so übermittelt ihnen der Gerichtshof eine Kopie der Klageschrift und der Klagebeantwortung mit Ausnahme der diesen Schriftsätzen beigefügten Anlagen, damit sie feststellen können, ob im Sinne des Artikels 277 AEUV die Unanwendbarkeit eines ihrer Rechtsakte geltend gemacht wird.

Artikel 126 Erwiderung und Gegenerwiderung

(1) Die Klageschrift und die Klagebeantwortung können durch eine Erwiderung des Klägers und eine Gegenerwiderung des Beklagten ergänzt werden.

(2) ¹Der Präsident bestimmt die Fristen für die Einreichung dieser Verfahrensschriftstücke. ²Er kann festlegen, auf welche Punkte sich die Erwiderung und die Gegenerwiderung beziehen sollten.

Drittes Kapitel
Klage- und Verteidigungsgründe, Beweise

Artikel 127 Neue Klage- und Verteidigungsgründe

(1) Das Vorbringen neuer Klage- und Verteidigungsgründe im Laufe des Verfahrens ist unzulässig, es sei denn, dass sie auf rechtliche oder tatsächliche Gesichtspunkte gestützt werden, die erst während des Verfahrens zutage getreten sind.

(2) Unbeschadet der späteren Entscheidung über die Zulässigkeit des Klage- oder Verteidigungsgrundes kann der Präsident der Gegenpartei auf Vorschlag des Berichterstatters und nach Anhörung des Generalanwalts eine Frist zur Erwiderung auf diesen Klage- oder Verteidigungsgrund setzen.

Artikel 128 Beweise und Beweisangebote

(1) ¹Die Parteien können für ihr Vorbringen noch in der Erwiderung oder in der Gegenerwiderung Beweise oder Beweisangebote vorlegen. ²Sie haben die Verspätung der Vorlage zu begründen.

(2) ¹Ausnahmsweise können die Parteien noch nach Abschluss des schriftlichen Verfahrens Beweise oder Beweisangebote vorlegen. ²Sie haben die Verspätung der Vorlage zu begründen. ³Der Präsident kann der Gegenpartei auf Vorschlag des Berichterstatters und nach Anhörung des Generalanwalts eine Frist zur Stellungnahme zu diesen Beweisen oder Beweisangeboten setzen.

Viertes Kapitel
Streithilfe

Artikel 129 Gegenstand und Wirkungen der Streithilfe

(1) ¹Die Streithilfe kann nur die völlige oder teilweise Unterstützung der Anträge einer Partei zum Gegenstand haben. ²Sie verleiht nicht die gleichen Verfahrensrechte, wie sie den Parteien zustehen, und insbesondere nicht das Recht, eine mündliche Verhandlung zu beantragen.

(2) ¹Die Streithilfe ist akzessorisch zum Rechtsstreit zwischen den Hauptparteien. ²Sie wird gegenstandslos, wenn die Rechtssache im Register des Gerichtshofs nach Klagerücknahme oder nach einer Vereinbarung zwischen diesen Parteien gestrichen wird oder wenn die Klage für unzulässig erklärt wird.

(3) Der Streithelfer muss den Rechtsstreit in der Lage annehmen, in der dieser sich zum Zeitpunkt des Streitbeitritts befindet.

(4) ¹Ein Antrag auf Zulassung zur Streithilfe, der nach Ablauf der in Artikel 130 bezeichneten Frist, aber vor der in Artikel 60 Absatz 4 vorgesehenen Entscheidung über die Eröffnung des mündlichen Verfahrens gestellt wird, kann berücksichtigt werden. ²In diesem Fall kann der Streithelfer, wenn der Präsident die Streithilfe zulässt, in der mündlichen Verhandlung Stellung nehmen, wenn eine solche stattfindet.

Artikel 130 Antrag auf Zulassung zur Streithilfe

(1) Anträge auf Zulassung zur Streithilfe müssen innerhalb von sechs Wochen nach der Veröffentlichung im Sinne des Artikels 21 Absatz 4 gestellt werden.

(2) Der Antrag auf Zulassung zur Streithilfe muss enthalten:
a) die Bezeichnung der Rechtssache;

b) die Bezeichnung der Hauptparteien;

c) Namen und Wohnsitz des Antragstellers;

d) die Anträge, zu deren Unterstützung der Antragsteller beitreten möchte;

e) die Darstellung der Umstände, aus denen sich das Recht zum Streitbeitritt ergibt, wenn der Antrag gemäß Artikel 40 Absatz 2 oder 3 der Satzung gestellt wird.

(3) Der Streithelfer muss gemäß Artikel 19 der Satzung vertreten werden.

(4) Die Artikel 119, 121 und 122 finden Anwendung.

Artikel 131 Entscheidung über den Antrag auf Zulassung zur Streithilfe

(1) Der Antrag auf Zulassung zur Streithilfe wird den Parteien zugestellt, um ihre etwaige schriftliche oder mündliche Stellungnahme zu diesem Antrag einzuholen.

(2) Wird der Antrag gemäß Artikel 40 Absatz 1 oder 3 der Satzung gestellt, so wird die Streithilfe durch Entscheidung des Präsidenten zugelassen und dem Streithelfer sind alle den Parteien zugestellten Verfahrensschriftstücke zu übermitteln, wenn die Parteien nicht innerhalb von zehn Tagen nach der Zustellung im Sinne von Absatz 1 zu dem Antrag auf Zulassung zur Streithilfe Stellung genommen oder innerhalb derselben Frist geheime oder vertrauliche Belegstücke oder Unterlagen, deren Übermittlung an den Streithelfer ihnen zum Nachteil gereichen kann, bezeichnet haben.

(3) In den übrigen Fällen entscheidet der Präsident über den Antrag auf Zulassung zur Streithilfe durch Beschluss oder überträgt die Entscheidung dem Gerichtshof.

(4) Wird dem Antrag auf Zulassung zur Streithilfe stattgegeben, so sind dem Streithelfer alle den Parteien zugestellten Verfahrensschriftstücke zu übermitteln, mit Ausnahme gegebenenfalls der geheimen oder vertraulichen Belegstücke oder Dokumente, die nach Absatz 3 von der Übermittlung ausgenommen sind.

Artikel 132 Einreichung der Schriftsätze

(1) ¹Der Streithelfer kann innerhalb eines Monats nach Übermittlung der im vorstehenden Artikel bezeichneten Verfahrens-

schriftstücke einen Streithilfeschriftsatz einreichen. ²Diese Frist kann vom Präsidenten auf gebührend begründeten Antrag des Streithelfers verlängert werden.

(2) Der Streithilfeschriftsatz muss enthalten:

a) die Anträge des Streithelfers, die der vollständigen oder teilweisen Unterstützung der Anträge einer Partei zu dienen bestimmt sind;

b) die vom Streithelfer geltend gemachten Gründe und Argumente;

c) gegebenenfalls die Beweise und Beweisangebote.

(3) Nach Einreichung des Streithilfeschriftsatzes setzt der Präsident den Parteien gegebenenfalls eine Frist, innerhalb deren sie sich zu diesem Schriftsatz äußern können.

Fünftes Kapitel
Beschleunigtes Verfahren

Artikel 133 Entscheidung über das beschleunigte Verfahren

(1) Der Präsident des Gerichtshofs kann auf Antrag des Klägers oder des Beklagten und nach Anhörung der Gegenpartei, des Berichterstatters und des Generalanwalts entscheiden, eine Rechtssache einem beschleunigten Verfahren unter Abweichung von den Bestimmungen dieser Verfahrensordnung zu unterwerfen, wenn die Art der Rechtssache ihre rasche Erledigung erfordert.

(2) Der Antrag, eine Rechtssache dem beschleunigten Verfahren zu unterwerfen, ist mit gesondertem Schriftsatz gleichzeitig mit der Klageschrift oder der Klagebeantwortung einzureichen.

(3) Der Präsident kann eine solche Entscheidung ausnahmsweise auch von Amts wegen nach Anhörung der Parteien, des Berichterstatters und des Generalanwalts treffen.

Artikel 134 Schriftliches Verfahren

(1) Wird ein beschleunigtes Verfahren durchgeführt, so können die Klageschrift und die Klagebeantwortung nur dann durch eine Erwiderung und eine Gegenerwiderung ergänzt werden,

wenn der Präsident dies nach Anhörung des Berichterstatters und des Generalanwalts für erforderlich hält.

(2) Streithelfer können einen Streithilfeschriftsatz nur dann einreichen, wenn der Präsident dies nach Anhörung des Berichterstatters und des Generalanwalts für erforderlich hält.

Artikel 135 Mündliches Verfahren

(1) ¹Der Präsident bestimmt sogleich nach Eingang der Klagebeantwortung oder, wenn die Entscheidung, die Rechtssache einem beschleunigten Verfahren zu unterwerfen, erst nach Eingang dieses Schriftsatzes ergeht, sogleich nach dieser Entscheidung den Termin für die mündliche Verhandlung, der umgehend den Parteien mitgeteilt wird. ²Er kann den Termin für die mündliche Verhandlung verschieben, wenn eine Beweisaufnahme durchzuführen ist oder prozessleitende Maßnahmen es gebieten.

(2) ¹Unbeschadet der Artikel 127 und 128 können die Parteien im mündlichen Verfahren ihr Vorbringen ergänzen und Beweise oder Beweisangebote vorlegen. ²Sie haben die Verspätung des Vorbringens oder der Vorlage zu begründen.

Artikel 136 Entscheidung in der Sache

Der Gerichtshof entscheidet nach Anhörung des Generalanwalts.

Sechstes Kapitel
Kosten

Artikel 137 Entscheidung über die Kosten

Über die Kosten wird im Endurteil oder in dem das Verfahren beendenden Beschluss entschieden.

Artikel 138 Allgemeine Kostentragungsregeln

(1) Die unterliegende Partei ist auf Antrag zur Tragung der Kosten zu verurteilen.

(2) Unterliegen mehrere Parteien, so entscheidet der Gerichtshof über die Verteilung der Kosten.

(3) ¹Wenn jede Partei teils obsiegt, teils unterliegt, trägt jede Partei ihre eigenen Kosten. ²Der Gerichtshof kann jedoch entscheiden, dass eine Partei außer ihren eigenen Kosten einen Teil der Kosten der Gegenpartei trägt, wenn dies in Anbetracht der Umstände des Einzelfalls gerechtfertigt erscheint.

Artikel 139 Ohne angemessenen Grund oder böswillig verursachte Kosten

Der Gerichtshof kann auch der obsiegenden Partei die Kosten auferlegen, die sie der Gegenpartei ohne angemessenen Grund oder böswillig verursacht hat.

Artikel 140 Kosten der Streithelfer

(1) Die Mitgliedstaaten und die Organe, die dem Rechtsstreit als Streithelfer beigetreten sind, tragen ihre eigenen Kosten.

(2) Die Vertragsstaaten des EWR-Abkommens, die nicht Mitgliedstaaten sind, und die EFTA-Überwachungsbehörde tragen ebenfalls ihre eigenen Kosten, wenn sie dem Rechtsstreit als Streithelfer beigetreten sind.

(3) Der Gerichtshof kann entscheiden, dass ein anderer Streithelfer als die in den vorstehenden Absätzen genannten seine eigenen Kosten trägt.

Artikel 141 Kosten bei Klage- oder Antragsrücknahme

(1) Nimmt eine Partei die Klage oder einen Antrag zurück, so wird sie zur Tragung der Kosten verurteilt, wenn die Gegenpartei dies in ihrer Stellungnahme zu der Rücknahme beantragt.

(2) Die Kosten werden jedoch auf Antrag der Partei, die die Rücknahme erklärt, der Gegenpartei auferlegt, wenn dies wegen des Verhaltens dieser Partei gerechtfertigt erscheint.

(3) Einigen sich die Parteien über die Kosten, so wird gemäß der Vereinbarung entschieden.

(4) Werden keine Kostenanträge gestellt, so trägt jede Partei ihre eigenen Kosten.

Artikel 142 Kosten bei Erledigung der Hauptsache

Erklärt der Gerichtshof die Hauptsache für erledigt, so entscheidet er über die Kosten nach freiem Ermessen.

Artikel 143 Verfahrenskosten

Das Verfahren vor dem Gerichtshof ist vorbehaltlich der nachstehenden Bestimmungen kostenfrei:

a) Der Gerichtshof kann nach Anhörung des Generalanwalts Kosten, die vermeidbar gewesen wären, der Partei auferlegen, die sie veranlasst hat.

b) Kosten für Schreib- und Übersetzungsarbeiten, die nach Ansicht des Kanzlers das gewöhnliche Maß überschreiten, hat die Partei, die diese Arbeiten beantragt hat, nach Maßgabe der in Artikel 22 bezeichneten Gebührenordnung der Kanzlei zu erstatten.

Artikel 144 Erstattungsfähige Kosten

Unbeschadet des vorstehenden Artikels gelten als erstattungsfähige Kosten:

a) Leistungen an Zeugen und Sachverständige gemäß Artikel 73;

b) Aufwendungen der Parteien, die für das Verfahren notwendig waren, insbesondere Reise- und Aufenthaltskosten sowie die Vergütung der Bevollmächtigten, Beistände oder Anwälte.

Artikel 145 Streitigkeiten über die erstattungsfähigen Kosten

(1) ¹Bei Streitigkeiten über die erstattungsfähigen Kosten entscheidet die Kammer mit drei Richtern, der der für die Rechtssache zuständige Berichterstatter zugeteilt ist, auf Antrag einer Partei und nach Anhörung der Gegenpartei sowie des Generalanwalts durch Beschluss. ²Der Spruchkörper ist in diesem Fall mit dem Kammerpräsidenten, dem Berichterstatter und dem ersten oder gegebenenfalls den ersten beiden Richtern besetzt, die anhand der in Artikel 28 Absatz 3 genannten Liste zu dem Zeitpunkt bestimmt werden, zu dem die Kammer vom Berichterstatter mit der Streitigkeit befasst wird.

(2) ¹Gehört der Berichterstatter keiner Kammer mit drei Richtern an, so entscheidet die Kammer mit fünf Richtern, der er zugeteilt ist, unter denselben Voraussetzungen. ²Der Spruchkörper ist neben dem Berichterstatter mit vier Richtern besetzt, die anhand der in Artikel 28 Absatz 2 genannten Liste zu dem Zeitpunkt

bestimmt werden, zu dem die Kammer vom Berichterstatter mit der Streitigkeit befasst wird.

(3) Die Parteien können eine Ausfertigung des Beschlusses zum Zweck der Vollstreckung beantragen.

Artikel 146 Zahlungsmodalitäten

(1) Die Kasse des Gerichtshofs und dessen Schuldner leisten ihre Zahlungen in Euro.

(2) Sind die zu erstattenden Auslagen in einer anderen Währung als dem Euro entstanden oder sind die Handlungen, deretwegen die Zahlung geschuldet wird, in einem Land vorgenommen worden, dessen Währung nicht der Euro ist, so ist der Umrechnung der am Zahlungstag geltende Referenzwechselkurs der Europäischen Zentralbank zugrunde zu legen.

Siebtes Kapitel
Gütliche Einigung, Klagerücknahme, Erledigung der Hauptsache und Zwischenstreit

Artikel 147 Gütliche Einigung

(1) Einigen sich die Parteien auf eine Lösung zur Beilegung des Rechtsstreits, bevor der Gerichtshof entschieden hat, und erklären sie gegenüber dem Gerichtshof, dass sie auf die Geltendmachung ihrer Ansprüche verzichten, so beschließt der Präsident durch Beschluss die Streichung der Rechtssache im Register und entscheidet gemäß Artikel 141 über die Kosten, gegebenenfalls unter Berücksichtigung der insoweit von den Parteien gemachten Vorschläge.

(2) Absatz 1 findet keine Anwendung auf Klagen im Sinne der Artikel 263 AEUV und 265 AEUV.

Artikel 148 Klagerücknahme

Erklärt der Kläger gegenüber dem Gerichtshof schriftlich oder in der mündlichen Verhandlung die Rücknahme der Klage, so beschließt der Präsident die Streichung der Rechtssache im Register und entscheidet gemäß Artikel 141 über die Kosten.

Artikel 149 Erledigung der Hauptsache
¹Stellt der Gerichtshof fest, dass die Klage gegenstandslos geworden und die Hauptsache erledigt ist, so kann er auf Vorschlag des Berichterstatters und nach Anhörung der Parteien und des Generalanwalts jederzeit von Amts wegen die Entscheidung treffen, durch mit Gründen versehenen Beschluss zu entscheiden. ²Er entscheidet über die Kosten.

Artikel 150 Unverzichtbare Prozessvoraussetzungen
Der Gerichtshof kann auf Vorschlag des Berichterstatters und nach Anhörung der Parteien und des Generalanwalts jederzeit von Amts wegen die Entscheidung treffen, durch mit Gründen versehenen Beschluss darüber zu entscheiden, ob unverzichtbare Prozessvoraussetzungen fehlen.

Artikel 151 Prozesshindernde Einreden und Zwischenstreit
(1) Will eine Partei vorab eine Entscheidung des Gerichtshofs über eine prozesshindernde Einrede oder einen Zwischenstreit herbeiführen, so hat sie dies mit gesondertem Schriftsatz zu beantragen.

(2) Die Antragsschrift muss eine Darstellung der sie tragenden Gründe und Argumente, die Anträge und als Anlage die zur Unterstützung herangezogenen Belegstücke und Unterlagen enthalten.

(3) Sogleich nach Eingang der Antragsschrift setzt der Präsident der Gegenpartei eine Schriftsatzfrist zur Einreichung ihrer Gründe und Anträge.

(4) Über den Antrag wird mündlich verhandelt, sofern der Gerichtshof nichts anderes bestimmt.

(5) Nach Anhörung des Generalanwalts entscheidet der Gerichtshof so bald wie möglich über den Antrag oder behält die Entscheidung dem Endurteil vor, wenn besondere Umstände dies rechtfertigen.

(6) Weist der Gerichtshof den Antrag zurück oder behält er die Entscheidung dem Endurteil vor, so bestimmt der Präsident neue Fristen für die Fortsetzung des Verfahrens.

**Achtes Kapitel
Versäumnisurteil**

Artikel 152 Versäumnisurteil

(1) Reicht der Beklagte, gegen den ordnungsgemäß Klage erhoben ist, seine Klagebeantwortung nicht form- und frist gerecht ein, so kann der Kläger beim Gerichtshof Versäumnisurteil beantragen.

(2) [1]Der Antrag wird dem Beklagten zugestellt. [2]Der Gerichtshof kann entscheiden, das mündliche Verfahren über den Antrag zu eröffnen.

(3) [1]Vor Erlass eines Versäumnisurteils prüft der Gerichtshof nach Anhörung des Generalanwalts, ob die Klage zulässig ist, ob die Formerfordernisse ordnungsgemäß erfüllt worden sind und ob die Anträge des Klägers begründet erscheinen. [2]Er kann prozessleitende Maßnahmen ergreifen oder eine Beweisaufnahme beschließen.

(4) [1]Das Versäumnisurteil ist vollstreckbar. [2]Der Gerichtshof kann jedoch die Vollstreckung aussetzen, bis er über einen gemäß Artikel 156 eingelegten Einspruch entschieden hat, oder sie von der Leistung einer Sicherheit abhängig machen, deren Höhe und Art nach Maßgabe der Umstände festzusetzen sind; wird kein Einspruch eingelegt oder wird der Einspruch zurückgewiesen, so ist die Sicherheit freizugeben.

**Neuntes Kapitel
Anträge und Rechtsbehelfe in Bezug auf Urteile und Beschlüsse**

Artikel 153 Zuständiger Spruchkörper

(1) Anträge und Rechtsbehelfe im Sinne dieses Kapitels mit Ausnahme der Anträge gemäß Artikel 159 werden dem Berichterstatter für die Rechtssache, auf die sich der Antrag oder Rechtsbehelf bezieht, zugewiesen und an den Spruchkörper verwiesen, der in dieser Rechtssache entschieden hat.

(2) Bei Verhinderung des Berichterstatters weist der Präsident des Gerichtshofs den Antrag oder Rechtsbehelf im Sinne dieses

Kapitels einem Richter zu, der dem Spruchkörper angehörte, der in der von dem Antrag oder Rechtsbehelf betroffenen Rechtssache entschieden hat.

(3) Ist ein Erreichen der gemäß Artikel 17 der Satzung für die Beschlussfähigkeit erforderlichen Zahl von Richtern nicht mehr möglich, so wird der Antrag oder Rechtsbehelf vom Gerichtshof auf Vorschlag des Berichterstatters und nach Anhörung des Generalanwalts an einen neuen Spruchkörper verwiesen.

Artikel 154 Berichtigung

(1) Unbeschadet der Bestimmungen über die Auslegung von Urteilen und Beschlüssen können Schreib- oder Rechenfehler und offenbare Unrichtigkeiten vom Gerichtshof von Amts wegen oder auf Antrag einer Partei, vorausgesetzt, ein solcher wird innerhalb von zwei Wochen nach Verkündung des Urteils oder Zustellung des Beschlusses gestellt, berichtigt werden.

(2) Bezieht sich ein Berichtigungsantrag auf die Entscheidungsformel oder einen sie tragenden Entscheidungsgrund, so können die Parteien, die vom Kanzler ordnungsgemäß benachrichtigt werden, innerhalb einer vom Präsidenten gesetzten Frist schriftlich Stellung nehmen.

(3) Der Gerichtshof entscheidet nach Anhörung des Generalanwalts.

(4) [1]Die Urschrift des Beschlusses, der die Berichtigung ausspricht, wird mit der Urschrift der berichtigten Entscheidung verbunden. [2]Ein Hinweis auf den Beschluss ist am Rande der Urschrift der berichtigten Entscheidung anzubringen.

Artikel 155 Unterlassen einer Entscheidung

(1) Hat der Gerichtshof eine Entscheidung über einen einzelnen Punkt der Anträge oder die Kostenentscheidung unterlassen, so hat die Partei, die dies geltend machen möchte, ihn innerhalb eines Monats nach Zustellung der Entscheidung durch Antragsschrift anzurufen.

(2) Die Antragsschrift wird der Gegenpartei zugestellt, der vom Präsidenten eine Frist zur schriftlichen Stellungnahme gesetzt wird.

(3) Nach Eingang dieser Stellungnahme entscheidet der Gerichtshof nach Anhörung des Generalanwalts zugleich über die Zulässigkeit und die Begründetheit des Antrags.

Artikel 156 Einspruch

(1) Gegen das Versäumnisurteil kann gemäß Artikel 41 der Satzung Einspruch eingelegt werden.

(2) Der Einspruch ist innerhalb eines Monats nach Zustellung des Urteils einzulegen; für ihn gelten die Formvorschriften der Artikel 120 bis 122.

(3) Nach der Zustellung des Einspruchs setzt der Präsident der Gegenpartei eine Frist zur schriftlichen Stellungnahme.

(4) Auf das weitere Verfahren finden die Artikel 59 bis 92 Anwendung.

(5) Der Gerichtshof entscheidet durch Urteil, gegen das weiterer Einspruch nicht zulässig ist.

(6) [1]Die Urschrift dieses Urteils wird mit der Urschrift des Versäumnisurteils verbunden. [2]Ein Hinweis auf das Urteil über den Einspruch ist am Rande der Urschrift des Versäumnisurteils anzubringen.

Artikel 157 Drittwiderspruch

(1) Auf den Drittwiderspruch nach Artikel 42 der Satzung finden die Artikel 120 bis 122 Anwendung; er muss ferner enthalten:

a) die Bezeichnung des angefochtenen Urteils oder Beschlusses;

b) die Angabe, in welchen Punkten die angefochtene Entscheidung die Rechte des Dritten beeinträchtigt;

c) die Gründe, aus denen der Dritte nicht in der Lage war, sich an dem Rechtsstreit zu beteiligen.

(2) Der Drittwiderspruch ist gegen sämtliche Parteien des Rechtsstreits zu richten.

(3) Der Drittwiderspruch muss innerhalb von zwei Monaten nach der Veröffentlichung der Entscheidung im *Amtsblatt der Europäischen Union* eingelegt werden.

(4) [1]Auf Antrag des Dritten kann die Aussetzung der Vollstreckung der angefochtenen Entscheidung beschlossen werden. [2]Die Bestimmungen des Zehnten Kapitels dieses Titels finden Anwendung.

(5) Die angefochtene Entscheidung wird insoweit geändert, als dem Drittwiderspruch stattgegeben wird.

(6) ¹Die Urschrift des Urteils über den Drittwiderspruch wird mit der Urschrift der angefochtenen Entscheidung verbunden. ²Ein Hinweis auf das Urteil über den Drittwiderspruch ist am Rande der Urschrift der angefochtenen Entscheidung anzubringen.

Artikel 158 Auslegung

(1) Der Gerichtshof ist nach Artikel 43 der Satzung bei Zweifeln über Sinn und Tragweite eines Urteils oder Beschlusses zuständig, das Urteil oder den Beschluss auf Antrag einer Partei oder eines Organs der Union auszulegen, wenn die Partei oder das Organ ein Interesse hieran glaubhaft macht.

(2) Der Auslegungsantrag ist innerhalb von zwei Jahren nach dem Tag der Verkündung des Urteils oder der Zustellung des Beschlusses zu stellen.

(3) ¹Auf den Auslegungsantrag finden die Artikel 120 bis 122 Anwendung. ²Er muss ferner bezeichnen:
a) die auszulegende Entscheidung;
b) die Stellen, deren Auslegung beantragt wird.

(4) Er ist gegen sämtliche Parteien des Rechtsstreits zu richten, in dem die Entscheidung, deren Auslegung beantragt wird, ergangen ist.

(5) Der Gerichtshof entscheidet, nachdem er den Parteien Gelegenheit zur Stellungnahme gegeben hat, nach Anhörung des Generalanwalts.

(6) ¹Die Urschrift der auslegenden Entscheidung wird mit der Urschrift der ausgelegten Entscheidung verbunden. ²Ein Hinweis auf die auslegende Entscheidung ist am Rande der Urschrift der ausgelegten Entscheidung anzubringen.

Artikel 159 Wiederaufnahme

(1) Die Wiederaufnahme des Verfahrens kann nach Artikel 44 der Satzung beim Gerichtshof nur beantragt werden, wenn eine Tatsache von entscheidender Bedeutung bekannt wird, die vor Verkündung des Urteils oder Zustellung des Beschlusses dem Gerichtshof und der die Wiederaufnahme beantragenden Partei unbekannt war.

(2) Unbeschadet der in Artikel 44 Absatz 3 der Satzung vorgesehenen Frist von zehn Jahren ist die Wiederaufnahme innerhalb von drei Monaten nach dem Tag zu beantragen, an dem der Antragsteller Kenntnis von der Tatsache erhalten hat, auf die er seinen Wiederaufnahmeantrag stützt.

(3) [1]Auf den Wiederaufnahmeantrag finden die Artikel 120 bis 122 Anwendung. [2]Er muss ferner enthalten:

a) die Bezeichnung des angefochtenen Urteils oder Beschlusses;

b) die Angabe der Punkte, in denen die Entscheidung angefochten wird;

c) die Bezeichnung der Tatsachen, auf die der Antrag gestützt wird;

d) die Benennung der Beweismittel für das Vorliegen der Tatsachen, die die Wiederaufnahme rechtfertigen, und für die Wahrung der in Absatz 2 genannten Fristen.

(4) Der Wiederaufnahmeantrag ist gegen sämtliche Parteien des Verfahrens zu richten, dessen Wiederaufnahme beantragt wird.

(5) Der Gerichtshof entscheidet nach Anhörung des Generalanwalts in Ansehung der schriftlichen Stellungnahmen der Parteien durch Beschluss über die Zulässigkeit des Antrags, ohne der Entscheidung in der Sache vorzugreifen.

(6) Erklärt der Gerichtshof den Antrag für zulässig, so fährt er mit der Prüfung in der Sache fort und entscheidet durch Urteil gemäß den Bestimmungen dieser Verfahrensordnung.

(7) [1]Die Urschrift des abändernden Urteils wird mit der Urschrift der abgeänderten Entscheidung verbunden. [2]Ein Hinweis auf das abändernde Urteil ist am Rande der Urschrift der abgeänderten Entscheidung anzubringen.

Zehntes Kapitel
Vorläufiger Rechtsschutz: Aussetzung und sonstige einstweilige Anordnungen

Artikel 160 Anträge auf Aussetzung oder einstweilige Anordnungen

(1) Anträge auf Aussetzung der Vollziehung von Handlungen eines Organs im Sinne der Artikel 278 AEUV und 157 EAGV sind

nur zulässig, wenn der Antragsteller die betreffende Handlung durch Klage beim Gerichtshof angefochten hat.

(2) Anträge auf sonstige einstweilige Anordnungen im Sinne des Artikels 279 AEUV sind nur zulässig, wenn sie von einer Partei eines beim Gerichtshof anhängigen Rechtsstreits gestellt werden und sich auf diesen beziehen.

(3) Die in den vorstehenden Absätzen genannten Anträge müssen den Streitgegenstand bezeichnen und die Umstände, aus denen sich die Dringlichkeit ergibt, sowie die den Erlass der beantragten einstweiligen Anordnung dem ersten Anschein nach rechtfertigenden Sach- und Rechtsgründe anführen.

(4) Der Antrag ist mit gesondertem Schriftsatz und nach Maßgabe der Artikel 120 bis 122 einzureichen.

(5) Die Antragsschrift wird der Gegenpartei zugestellt, der vom Präsidenten eine kurze Frist zur schriftlichen oder mündlichen Stellungnahme gesetzt wird.

(6) Der Präsident beurteilt, ob es angebracht ist, eine Beweisaufnahme zu beschließen.

(7) [1]Der Präsident kann dem Antrag stattgeben, bevor die Stellungnahme der Gegenpartei eingeht. [2]Die betreffende Anordnung kann später, auch von Amts wegen, abgeändert oder wieder aufgehoben werden.

Artikel 161 Entscheidung über den Antrag

(1) Der Präsident entscheidet selbst oder über trägt die Entscheidung umgehend dem Gerichtshof.

(2) Bei Verhinderung des Präsidenten finden die Artikel 10 und 13 Anwendung.

(3) Wird die Entscheidung dem Gerichtshof übertragen, so entscheidet dieser, nach Anhörung des Generalanwalts, umgehend.

Artikel 162 Beschluss über die Aussetzung der Vollziehung oder über einstweilige Anordnungen

(1) [1]Die Entscheidung über den Antrag ergeht durch mit Gründen versehenen und unanfechtbaren Beschluss. [2]Der Beschluss wird den Parteien umgehend zugestellt.

(2) Die Vollstreckung des Beschlusses kann von der Leistung einer Sicherheit durch den Antragsteller abhängig gemacht werden, deren Höhe und Art nach Maßgabe der Umstände fest zusetzen sind.

(3) ¹In dem Beschluss kann ein Zeitpunkt festgesetzt werden, zu dem die Anordnung außer Kraft tritt. ²Geschieht dies nicht, tritt die Anordnung mit der Verkündung des Endurteils außer Kraft.

(4) Der Beschluss ist nur einstweiliger Natur und greift der Entscheidung des Gerichtshofs zur Hauptsache nicht vor.

Artikel 163 Änderung der Umstände

Auf Antrag einer Partei kann der Beschluss jederzeit infolge einer Änderung der Umstände abgeändert oder wieder aufgehoben werden.

Artikel 164 Neuer Antrag

Die Zurückweisung eines Antrags auf einstweilige Anordnung hindert den Antragsteller nicht, einen weiteren, auf neue Tatsachen gestützten Antrag zu stellen.

Artikel 165 Anträge gemäß den Artikeln 280 AEUV und 299 AEUV sowie 164 EAGV

(1) Für Anträge gemäß den Artikeln 280 AEUV und 299 AEUV sowie 164 EAGV auf Aussetzung der Zwangsvollstreckung von Entscheidungen des Gerichtshofs oder von Rechtsakten des Rates, der Kommission oder der Europäischen Zentralbank gelten die Bestimmungen dieses Kapitels.

(2) In dem Beschluss, mit dem dem Antrag stattgegeben wird, wird gegebenenfalls der Zeitpunkt festgesetzt, zu dem die einstweilige Anordnung außer Kraft tritt.

Artikel 166 Anträge gemäß Artikel 81 EAGV

(1) Der Antrag im Sinne des Artikels 81 Absätze 3 und 4 EAGV muss enthalten:

a) Namen und Wohnsitz bzw. Sitz der Personen oder Unternehmen, die der Überwachungsmaßnahme unterworfen werden sollen;

b) die Angabe von Gegenstand und Zweck der Überwachungsmaßnahme.

(2) ¹Der Präsident entscheidet durch Beschluss. ²Artikel 162 findet Anwendung.

(3) Bei Verhinderung des Präsidenten finden die Artikel 10 und 13 Anwendung.

Fünfter Titel
Rechtsmittel gegen Entscheidungen des Gerichts

Erstes Kapitel
Form des Rechtsmittels, Inhalt und Anträge der Rechtsmittelschrift

Artikel 167 Einreichung der Rechtsmittelschrift

(1) Das Rechtsmittel wird durch Einreichung einer Rechtsmittelschrift bei der Kanzlei des Gerichtshofs oder des Gerichts eingelegt.

(2) Die Kanzlei des Gerichts übermittelt die erstinstanzlichen Akten und gegebenenfalls die Rechtsmittelschrift sogleich der Kanzlei des Gerichtshofs.

Artikel 168 Inhalt der Rechtsmittelschrift

(1) Die Rechtsmittelschrift muss enthalten:
a) Namen und Wohnsitz des Rechtsmittelführers;
b) die Bezeichnung der angefochtenen Entscheidung des Gerichts;
c) die Bezeichnung der anderen Parteien der betreffenden Rechtssache vor dem Gericht;
d) die geltend gemachten Rechtsgründe und -argumente sowie eine kurze Darstellung dieser Gründe;
e) die Anträge des Rechtsmittelführers.

(2) Die Artikel 119, 121 und 122 Absatz 1 finden auf die Rechtsmittelschrift Anwendung.

(3) Es ist zu vermerken, an welchem Tag die angefochtene Entscheidung dem Rechtsmittelführer zugestellt worden ist.

(4) ¹Entspricht die Rechtsmittelschrift nicht den Absätzen 1 bis 3, so setzt der Kanzler dem Rechtsmittelführer eine angemessene Frist zur Mängelbehebung. ²In Ermangelung einer fristgemäßen Mangelbehebung entscheidet der Gerichtshof nach Anhörung des Berichterstatters und des Generalanwalts, ob die Nichtbeachtung dieser Förmlichkeit die formale Unzulässigkeit der Rechtsmittelschrift zur Folge hat.

Artikel 169 Rechtsmittelanträge, -gründe und -argumente

(1) Die Rechtsmittelanträge müssen auf die vollständige oder teilweise Aufhebung der Entscheidung des Gerichts in der Gestalt der Entscheidungsformel gerichtet sein.

(2) Die geltend gemachten Rechtsgründe und -argumente müssen die beanstandeten Punkte der Begründung der Entscheidung des Gerichts genau bezeichnen.

Artikel 170 Anträge für den Fall der Stattgabe des Rechtsmittels

(1) ¹Die Rechtsmittelanträge müssen für den Fall, dass das Rechtsmittel für begründet erklärt werden sollte, darauf gerichtet sein, dass den erstinstanzlichen Anträgen vollständig oder teilweise stattgegeben wird; neue Anträge sind nicht zulässig. ²Das Rechtsmittel kann den vor dem Gericht verhandelten Streitgegenstand nicht verändern.

(2) Beantragt der Rechtsmittelführer für den Fall der Aufhebung der angefochtenen Entscheidung, dass die Rechtssache an das Gericht zurückverwiesen wird, so hat er die Gründe darzulegen, aus denen der Rechtsstreit nicht zur Entscheidung durch den Gerichtshof reif ist.

Zweites Kapitel
Rechtsmittelbeantwortung, Erwiderung und Gegenerwiderung

Artikel 171 Zustellung der Rechtsmittelschrift

(1) Die Rechtsmittelschrift wird den anderen Parteien der betreffenden Rechtssache vor dem Gericht zugestellt.

(2) Im Fall des Artikels 168 Absatz 4 erfolgt die Zustellung sogleich nach der Mängelbehebung oder nachdem der Gerichtshof in Anbetracht der in dem genannten Artikel bezeichneten formalen Voraussetzungen die Zulässigkeit bejaht hat.

Artikel 172 Parteien, die eine Rechtsmittelbeantwortung einreichen können

¹Jede Partei der betreffenden Rechtssache vor dem Gericht, die ein Interesse an der Stattgabe oder der Zurückweisung des Rechtsmittels hat, kann innerhalb von zwei Monaten nach Zustellung der Rechtsmittelschrift eine Rechtsmittelbeantwortung einreichen. ²Eine Verlängerung der Beantwortungsfrist ist nicht möglich.

Artikel 173 Inhalt der Rechtsmittelbeantwortung

(1) Die Rechtsmittelbeantwortung muss enthalten:
a) Namen und Wohnsitz der Partei, die sie einreicht;
b) das Datum, an dem dieser die Rechtsmittelschrift zugestellt worden ist;
c) die geltend gemachten Rechtsgründe und -argumente;
d) die Anträge.

(2) Die Artikel 119 und 121 finden auf die Rechtsmittelbeantwortung Anwendung.

Artikel 174 Anträge der Rechtsmittelbeantwortung

Die Anträge der Rechtsmittelbeantwortung müssen auf die vollständige oder teilweise Stattgabe oder Zurückweisung des Rechtsmittels gerichtet sein.

Artikel 175 Erwiderung und Gegenerwiderung

(1) Die Rechtsmittelschrift und die Rechtsmittelbeantwortung können nur dann durch eine Erwiderung und eine Gegenerwiderung ergänzt werden, wenn der Präsident dies auf einen entsprechenden, innerhalb von sieben Tagen nach Zustellung der Rechtsmittelbeantwortung gestellten und gebührend begründeten Antrag des Rechtsmittelführers nach Anhörung des Berichterstatters und des Generalanwalts für erforderlich hält, insbesondere damit der Rechtsmittelführer zu einer Unzulässigkeitseinrede

oder zu in der Rechtsmittelbeantwortung geltend gemachten neuen Gesichtspunkten Stellung nehmen kann.

(2) ¹Der Präsident bestimmt die Frist für die Einreichung der Erwiderung und anlässlich der Zustellung dieses Schriftsatzes die Frist für die Einreichung der Gegenerwiderung. ²Er kann die Seitenzahl und den Gegenstand der Schriftsätze begrenzen.

Drittes Kapitel
Form des Anschlussrechtsmittels, Inhalt und Anträge der Anschlussrechtsmittelschrift

Artikel 176 Anschlussrechtsmittel

(1) Die in Artikel 172 bezeichneten Parteien können innerhalb der gleichen Frist, wie sie für die Einreichung der Rechtsmittelbeantwortung gilt, Anschlussrechtsmittel einlegen.

(2) Das Anschlussrechtsmittel ist mit gesondertem, von der Rechtsmittelbeantwortung getrenntem Schriftsatz einzulegen.

Artikel 177 Inhalt der Anschlussrechtsmittelschrift

(1) Die Anschlussrechtsmittelschrift muss enthalten:

a) Namen und Wohnsitz der Partei, die das Anschlussrechtsmittel einlegt;

b) das Datum, an dem dieser die Rechtsmittelschrift zugestellt worden ist;

c) die geltend gemachten Rechtsgrunde und -argumente;

d) die Anträge.

(2) Die Artikel 119, 121 und 122 Absätze 1 und 3 finden auf die Anschlussrechtsmittelschrift Anwendung.

Artikel 178 Anschlussrechtsmittelanträge, -gründe und -argumente

(1) Die Anschlussrechtsmittelanträge müssen auf die vollständige oder teilweise Aufhebung der Entscheidung des Gerichts gerichtet sein.

(2) Sie können auch auf die Aufhebung einer ausdrücklichen oder stillschweigenden Entscheidung über die Zulässigkeit der Klage vor dem Gericht gerichtet sein.

(3) ¹Die geltend gemachten Rechtsgründe und -argumente müssen die beanstandeten Punkte der Begründung der Entscheidung des Gerichts genau bezeichnen. ²Sie müssen sich von den in der Rechtsmittelbeantwortung geltend gemachten Gründen und Argumenten unterscheiden.

Viertes Kapitel
Auf das Anschlussrechtsmittel folgende Schriftsätze

Artikel 179 Anschlussrechtsmittelbeantwortung
¹Wird Anschlussrechtsmittel eingelegt, so kann der Rechtsmittelführer oder jede andere Partei der betreffenden Rechtssache vor dem Gericht, die ein Interesse an der Stattgabe oder der Zurückweisung des Anschlussrechtsmittels hat, innerhalb von zwei Monaten nach Zustellung der Anschlussrechtsmittelschrift eine Beantwortung einreichen, deren Gegenstand auf die mit dem Anschlussrechtsmittel geltend gemachten Gründe zu begrenzen ist. ²Eine Verlängerung der Frist ist nicht möglich.

Artikel 180 Erwiderung und Gegenerwiderung nach Anschlussrechtsmittel
(1) Die Anschlussrechtsmittelschrift und ihre Beantwortung können nur dann durch eine Erwiderung und eine Gegenerwiderung ergänzt werden, wenn der Präsident dies auf einen entsprechenden, innerhalb von sieben Tagen nach Zustellung der Anschlussrechtsmittelbeantwortung gestellten und gebührend begründeten Antrag des Anschlussrechtsmittelführers nach Anhörung des Berichterstatters und des Generalanwalts für erforderlich hält, insbesondere damit der Anschlussrechtsmittelführer zu einer Unzulässigkeitseinrede oder zu in der Anschlussrechtsmittelbeantwortung geltend gemachten neuen Gesichtspunkten Stellung nehmen kann.
(2) ¹Der Präsident bestimmt die Frist für die Einreichung der Erwiderung und anlässlich der Zustellung dieses Schriftsatzes die Frist für die Einreichung der Gegenerwiderung. ²Er kann die Seitenzahl und den Gegenstand der Schriftsätze begrenzen.

Fünftes Kapitel
Durch Beschluss erledigte Rechtsmittel

Artikel 181 Offensichtlich unzulässiges oder offensichtlich unbegründetes Rechtsmittel oder Anschlussrechtsmittel

Ist das Rechtsmittel oder Anschlussrechtsmittel ganz oder teilweise offensichtlich unzulässig oder offensichtlich unbegründet, so kann der Gerichtshof es jederzeit auf Vorschlag des Berichterstatters und nach Anhörung des Generalanwalts ganz oder teilweise durch mit Gründen versehenen Beschluss zurückweisen.

Artikel 182 Offensichtlich begründetes Rechtsmittel oder Anschlussrechtsmittel

Hat der Gerichtshof bereits über eine oder mehrere Rechtsfragen entschieden, die mit den durch die Rechtsmittel- oder Anschlussrechtsmittelgründe aufgeworfenen übereinstimmen, und hält er das Rechtsmittel oder Anschlussrechtsmittel für offensichtlich begründet, so kann er es auf Vorschlag des Berichterstatters und nach Anhörung der Parteien und des Generalanwalts durch mit Gründen versehenen Beschluss, der einen Verweis auf die einschlägige Rechtsprechung enthält, für offensichtlich begründet erklären.

Sechstes Kapitel
Folgen der Streichung des Rechtsmittels für das Anschlussrechtsmittel

Artikel 183 Folgen einer Rücknahme oder offensichtlichen Unzulässigkeit des Rechtsmittels für das Anschlussrechtsmittel

Das Anschlussrechtsmittel gilt als gegenstandslos,

a) wenn der Rechtsmittelführer sein Rechtsmittel zurücknimmt;

b) wenn das Rechtsmittel wegen Nichteinhaltung der Rechtsmittelfrist für offensichtlich unzulässig erklärt wird;

c) wenn das Rechtsmittel allein deshalb für offensichtlich unzulässig erklärt wird, weil es nicht gegen eine Endentscheidung des Gerichts oder gegen eine Entscheidung im Sinne des Artikels 56 Absatz 1 der Satzung gerichtet ist, die über einen Teil des Streitgegenstands ergangen ist oder die einen Zwischenstreit über eine Einrede der Unzuständigkeit oder Unzulässigkeit beendet.

Siebtes Kapitel
Kosten und Prozesskostenhilfe in Rechtsmittelverfahren

Artikel 184 Kostenentscheidung in Rechtsmittelverfahren

(1) Vorbehaltlich der nachstehenden Bestimmungen finden die Artikel 137 bis 146 auf das Verfahren vor dem Gerichtshof, das ein Rechtsmittel gegen eine Entscheidung des Gerichts zum Gegenstand hat, entsprechende Anwendung.

(2) Wenn das Rechtsmittel unbegründet ist oder wenn das Rechtsmittel begründet ist und der Gerichtshof den Rechtsstreit selbst endgültig entscheidet, so entscheidet er über die Kosten.

(3) Ist ein Rechtsmittel eines dem Rechtsstreit vor dem Gericht nicht beigetretenen Mitgliedstaats oder Organs der Union begründet, so kann der Gerichtshof die Kosten zwischen den Parteien teilen oder dem obsiegenden Rechtsmittelführer die Kosten auferlegen, die das Rechtsmittel einer unterliegenden Partei verursacht hat.

(4) Hat eine erstinstanzliche Streithilfepartei das Rechtsmittel nicht selbst eingelegt, so können ihr im Rechtsmittelverfahren Kosten nur dann auferlegt werden, wenn sie am schriftlichen oder mündlichen Verfahren vor dem Gerichtshof teilgenommen hat. Nimmt eine solche Partei am Verfahren teil, so kann der Gerichtshof ihr ihre eigenen Kosten auferlegen.

Artikel 185 Prozesskostenhilfe in Rechtsmittelverfahren

(1) Ist eine Partei außerstande, die Kosten des Verfahrens ganz oder teilweise zu bestreiten, so kann sie jederzeit die Bewilligung von Prozesskostenhilfe beantragen.

(2) Dem Antrag sind alle Auskünfte und Belege beizufügen, die eine Beurteilung der wirtschaftlichen Lage des Antragstellers ermöglichen, wie eine Bescheinigung einer zuständigen nationalen Stelle über die wirtschaftliche Lage.

Artikel 186 Vorabantrag auf Bewilligung von Prozesskostenhilfe

(1) Wird der Antrag vor dem vom Antragsteller beabsichtigten Rechtsmittel eingereicht, so ist darin der Gegenstand des Rechtsmittels kurz darzustellen.

(2) Der Antrag unterliegt nicht dem Anwaltszwang.

(3) Die Einreichung eines Antrags auf Bewilligung von Prozesskostenhilfe hemmt für den Antragsteller den Lauf der Rechtsmittelfrist bis zum Zeitpunkt der Zustellung des Beschlusses, mit dem über diesen Antrag entschieden wird.

(4) Der Präsident weist den Antrag sogleich nach Eingang einem Berichterstatter zu, der rasch einen Vorschlag für eine Entscheidung über den Antrag vorlegt.

Artikel 187 Entscheidung über die Bewilligung von Prozesskostenhilfe

(1) [1]Die Kammer mit drei Richtern, der der Berichterstatter zugeteilt ist, entscheidet auf dessen Vorschlag und nach Anhörung des Generalanwalts, ob die Prozesskostenhilfe ganz oder teilweise bewilligt oder ob sie versagt wird. [2]Der Spruchkörper ist in diesem Fall mit dem Kammerpräsidenten, dem Berichterstatter und dem ersten oder gegebenenfalls den ersten beiden Richtern besetzt, die anhand der in Artikel 28 Absatz 3 genannten Liste zu dem Zeitpunkt bestimmt werden, zu dem die Kammer vom Berichterstatter mit dem Antrag auf Bewilligung von Prozesskostenhilfe befasst wird. [3]Gegebenenfalls prüft sie, ob das Rechtsmittel nicht offensichtlich unbegründet erscheint.

(2) [1]Gehört der Berichterstatter keiner Kammer mit drei Richtern an, so entscheidet die Kammer mit fünf Richtern, der er zugeteilt ist, unter denselben Voraussetzungen. [2]Der Spruchkörper ist neben dem Berichterstatter mit vier Richtern besetzt, die anhand der in Artikel 28 Absatz 2 genannten Liste zu dem Zeitpunkt bestimmt werden, zu dem die Kammer vom Bericht-

erstatter mit dem Antrag auf Bewilligung von Prozesskostenhilfe befasst wird.

(3) ¹Der Spruchkörper entscheidet durch Beschluss. ²Wird die Bewilligung von Prozesskostenhilfe ganz oder teilweise versagt, so ist die Versagung in dem Beschluss zu begründen.

Artikel 188 Im Rahmen der Prozesskostenhilfe zu zahlende Beträge

(1) ¹Wird die Prozesskostenhilfe bewilligt, so trägt die Kasse des Gerichtshofs – gegebenenfalls in den vom Spruchkörper festgesetzten Grenzen – die Kosten der Unterstützung und der Vertretung des Antragstellers vor dem Gerichtshof. ²Auf Antrag des Antragstellers oder seines Vertreters kann ein Vorschuss auf diese Kosten ausbezahlt werden.

(2) In der Kostenentscheidung kann die Einziehung der als Prozesskostenhilfe gezahlten Beträge zugunsten der Kasse des Gerichtshofs ausgesprochen werden.

(3) Der Kanzler veranlasst die Einziehung dieser Beträge von der Partei, die zu ihrer Erstattung verurteilt worden ist.

Artikel 189 Entziehung der Prozesskostenhilfe

Der Spruchkörper, der über den Antrag auf Bewilligung von Prozesskostenhilfe entschieden hat, kann diese jederzeit von Amts wegen oder auf Antrag entziehen, wenn sich die Voraussetzungen, unter denen sie bewilligt wurde, im Laufe des Verfahrens ändern.

Achtes Kapitel
Sonstige in Rechtsmittelverfahren anwendbare Vorschriften

Artikel 190 Sonstige in Rechtsmittelverfahren anwendbare Vorschriften

(1) Die Artikel 127, 129 bis 136, 147 bis 150, 153 bis 155 und 157 bis 166 finden auf das Verfahren vor dem Gerichtshof, das ein Rechtsmittel gegen eine Entscheidung des Gerichts zum Gegenstand hat, Anwendung.

(2) Abweichend von Artikel 130 Absatz 1 müssen Anträge auf Zulassung zur Streithilfe jedoch innerhalb eines Monats nach der Veröffentlichung im Sinne des Artikels 21 Absatz 4 gestellt werden.

(3) Artikel 95 findet auf das Verfahren vor dem Gerichtshof, das ein Rechtsmittel gegen eine Entscheidung des Gerichts zum Gegenstand hat, entsprechende Anwendung.

Artikel 190a Behandlung der vor dem Gericht nach Artikel 105 seiner Verfahrensordnung vorgelegten Auskünfte oder Unterlagen

(1) Wird gegen eine Entscheidung des Gerichts, die im Rahmen eines Verfahrens erlassen worden ist, in dem von einer Hauptpartei nach Artikel 105 der Verfahrensordnung des Gerichts Auskünfte oder Unterlagen vorgelegt und der anderen Hauptpartei nicht bekannt gegeben wurden, ein Rechtsmittel eingelegt, so stellt die Kanzlei des Gerichts diese Auskünfte oder Unterlagen dem Gerichtshof nach Maßgabe des in Absatz 11 dieser Vorschrift genannten Beschlusses zur Verfügung.

(2) Die Auskünfte oder Unterlagen nach Absatz 1 werden den Parteien des Verfahrens vor dem Gerichtshof nicht bekannt gegeben.

(3) Der Gerichtshof stellt sicher, dass die in den Auskünften oder Unterlagen nach Absatz 1 enthaltenen vertraulichen Informationen weder in der das Verfahren beendenden Entscheidung noch, gegebenenfalls, in den Schlussanträgen des Generalanwalts offengelegt werden.

(4) Die Auskünfte oder Unterlagen nach Absatz 1 werden der Partei, die sie dem Gericht vorgelegt hat, sogleich nach der Zustellung der das Verfahren vor dem Gerichtshof beendenden Entscheidung zurückgegeben, es sei denn, die Sache wird an das Gericht zurückverwiesen. Im letztgenannten Fall werden die betreffenden Auskünfte oder Unterlagen nach Maßgabe des in Absatz 5 genannten Beschlusses wieder dem Gericht zur Verfügung gestellt.

(5) Der Gerichtshof erlässt durch Beschluss die Sicherheitsvorschriften zum Schutz der Auskünfte oder Unterlagen nach Absatz 1. Der Beschluss wird im *Amtsblatt der Europäischen Union* veröffentlicht.

Sechster Titel
Überprüfung von Entscheidungen des Gerichts

Artikel 191 Überprüfungskammer

Für die Entscheidung nach Maßgabe der Artikel 193 und 194, ob eine Entscheidung des Gerichts gemäß Artikel 62 der Satzung zu überprüfen ist, wird eine Kammer mit fünf Richtern für die Dauer eines Jahres bestimmt.

Artikel 192 Anzeige und Übermittlung der Entscheidungen, die Gegenstand einer Überprüfung sein können

(1) Sobald der Termin für die Verkündung oder Unterzeichnung einer Entscheidung im Sinne des Artikels 256 Absatz 2 oder 3 AEUV bestimmt ist, zeigt die Kanzlei des Gerichts dies der Kanzlei des Gerichtshofs an.

(2) Sie übermittelt ihr die Entscheidung sogleich nach deren Verkündung oder Unterzeichnung sowie die Verfahrensakten, die sogleich dem Ersten Generalanwalt zur Verfügung gestellt werden.

Artikel 193 Überprüfung von Rechtsmittelentscheidungen

(1) ¹Der Vorschlag des Ersten Generalanwalts, eine Entscheidung des Gerichts im Sinne des Artikels 256 Absatz 2 AEUV zu überprüfen, wird dem Präsidenten des Gerichtshofs und dem Präsidenten der Überprüfungskammer übermittelt. ²Gleichzeitig wird der Kanzler von der Übermittlung unterrichtet.

(2) Sogleich nach seiner Unterrichtung vom Vorliegen eines Vorschlags übermittelt der Kanzler den Mitgliedern der Überprüfungskammer die Akten des Verfahrens vor dem Gericht.

(3) ¹Der Präsident des Gerichtshofs bestimmt unter den Richtern der Überprüfungskammer auf Vorschlag des Präsidenten dieser Kammer sogleich nach Erhalt des Überprüfungsvorschlags den Berichterstatter. ²Die Besetzung des Spruchkörpers wird am Tag der Zuweisung der Rechtssache an den Berichterstatter gemäß Artikel 28 Absatz 2 bestimmt.

(4) ¹Diese Kammer entscheidet auf Vorschlag des Berichterstatters, ob die Entscheidung des Gerichts zu überprüfen ist. ²In der

Entscheidung, die Entscheidung des Gerichts zu überprüfen, sind nur die Fragen anzugeben, die Gegenstand der Überprüfung sind.

(5) Der Kanzler benachrichtigt sogleich das Gericht, die Parteien des Verfahrens vor dem Gericht und die sonstigen in Artikel 62a Absatz 2 der Satzung bezeichneten Beteiligten von der Entscheidung des Gerichtshofs, die Entscheidung des Gerichts zu überprüfen.

(6) Eine Mitteilung, die das Datum der Entscheidung, die Entscheidung des Gerichts zu überprüfen, und die Fragen, die Gegenstand der Überprüfung sind, enthält, wird im *Amtsblatt der Europäischen Union* veröffentlicht.

Artikel 194 Überprüfung von Vorabentscheidungen

(1) [1]Der Vorschlag des Ersten Generalanwalts, eine Entscheidung des Gerichts im Sinne des Artikels 256 Absatz 3 AEUV zu überprüfen, wird dem Präsidenten des Gerichtshofs und dem Präsidenten der Überprüfungskammer übermittelt. [2]Gleichzeitig wird der Kanzler von der Übermittlung unterrichtet.

(2) Sogleich nach seiner Unterrichtung vom Vorliegen eines Vorschlags übermittelt der Kanzler den Mitgliedern der Überprüfungskammer die Akten des Verfahrens vor dem Gericht.

(3) Der Kanzler benachrichtigt auch das Gericht, das vorlegende Gericht, die Parteien des Ausgangsrechtsstreits und die sonstigen in Artikel 62a Absatz 2 der Satzung bezeichneten Beteiligten vom Vorliegen eines Überprüfungsvorschlags.

(4) [1]Der Präsident des Gerichtshofs bestimmt unter den Richtern der Überprüfungskammer auf Vorschlag des Präsidenten dieser Kammer sogleich nach Erhalt des Überprüfungsvorschlags den Berichterstatter. [2]Die Besetzung des Spruchkörpers wird am Tag der Zuweisung der Rechtssache an den Berichterstatter gemäß Artikel 28 Absatz 2 bestimmt.

(5) [1]Diese Kammer entscheidet auf Vorschlag des Berichterstatters, ob die Entscheidung des Gerichts zu überprüfen ist. [2]In der Entscheidung, die Entscheidung des Gerichts zu überprüfen, sind nur die Fragen anzugeben, die Gegenstand der Überprüfung sind.

(6) Der Kanzler benachrichtigt sogleich das Gericht und das vorlegende Gericht, die Parteien des Ausgangsrechtsstreits und die

sonstigen in Artikel 62a Absatz 2 der Satzung bezeichneten Beteiligten von der Entscheidung des Gerichtshofs, die Entscheidung des Gerichts zu überprüfen oder nicht zu überprüfen.

(7) Eine Mitteilung, die das Datum der Entscheidung, die Entscheidung des Gerichts zu überprüfen, und die Fragen, die Gegenstand der Überprüfung sind, enthält, wird im *Amtsblatt der Europäischen Union* veröffentlicht.

Artikel 195 Urteil in der Sache nach Überprüfungsentscheidung

(1) ¹Die Entscheidung, eine Entscheidung des Gerichts zu überprüfen, wird den Parteien und den sonstigen in Artikel 62a Absatz 2 der Satzung bezeichneten Beteiligten zugestellt. ²Die Zustellung an die Mitgliedstaaten, an die Vertragsstaaten des EWR-Abkommens, die nicht Mitgliedstaaten sind, und an die EFTA-Überwachungsbehörde erfolgt unter Beifügung einer Übersetzung der Entscheidung des Gerichtshofs nach Maßgabe des Artikels 98. ³Die Entscheidung des Gerichtshofs wird außerdem dem Gericht und gegebenenfalls dem vorlegenden Gericht übermittelt.

(2) Innerhalb eines Monats nach der Zustellung im Sinne von Absatz 1 können die Parteien und die sonstigen Beteiligten, denen die Entscheidung des Gerichtshofs zugestellt worden ist, Schriftsätze oder schriftliche Erklärungen zu den Fragen einreichen, die Gegenstand der Überprüfung sind.

(3) Sogleich nach der Entscheidung, eine Entscheidung des Gerichts zu überprüfen, weist der Erste Generalanwalt die Überprüfung einem Generalanwalt zu.

(4) Nach Anhörung des Generalanwalts entscheidet die Überprüfungskammer in der Sache.

(5) Sie kann jedoch beim Gerichtshof anregen, die Rechtssache an einen größeren Spruchkörper zu verweisen.

(6) Ist die Entscheidung des Gerichts, die Gegenstand der Überprüfung ist, nach Artikel 256 Absatz 2 AEUV ergangen, entscheidet der Gerichtshof über die Kosten.

Siebter Titel
Gutachten

Artikel 196 Schriftliches Verfahren
(1) Ein Antrag auf Gutachten kann gemäß Artikel 218 Absatz 11 AEUV von einem Mitgliedstaat, dem Europäischen Parlament, dem Rat oder der Europäischen Kommission gestellt werden.

(2) Der Antrag auf Gutachten kann sich sowohl auf die Vereinbarkeit der beabsichtigten Übereinkunft mit den Verträgen als auch auf die Zuständigkeit der Union oder eines ihrer Organe für den Abschluss der Übereinkunft beziehen.

(3) Er wird den Mitgliedstaaten und den in Absatz 1 bezeichneten Organen zugestellt, denen vom Präsidenten eine Frist zur schriftlichen Stellungnahme gesetzt wird.

Artikel 197 Bestimmung des Berichterstatters und des Generalanwalts
Sogleich nach Eingang des Antrags auf Gutachten bestimmt der Präsident den Berichterstatter und weist der Erste Generalanwalt die Sache einem Generalanwalt zu.

Artikel 198 Mündliche Verhandlung
Der Gerichtshof kann entscheiden, dass das Verfahren vor ihm auch eine mündliche Verhandlung umfasst.

Artikel 199 Zeitraum, innerhalb dessen das Gutachten erstattet wird
Der Gerichtshof erstattet sein Gutachten, nach Anhörung des Generalanwalts, so rasch wie möglich.

Artikel 200 Bekanntgabe des Gutachtens
¹Das Gutachten wird vom Präsidenten, den Richtern, die an der Beratung mitgewirkt haben, und dem Kanzler unterzeichnet und in öffentlicher Sitzung erstattet. ²Es wird allen Mitgliedstaaten und den in Artikel 196 Absatz 1 bezeichneten Organen zugestellt.

Achter Titel
Besondere Verfahrensarten

Artikel 201 Rechtsmittel gegen Entscheidungen des Schiedsausschusses

(1) Der Schriftsatz, mit dem das in Artikel 18 Absatz 2 EAGV bezeichnete Rechtsmittel eingelegt wird, muss enthalten:

a) Namen und Wohnsitz des Rechtsmittelführers;

b) die Stellung des Unterzeichneten;

c) die Bezeichnung der angefochtenen Entscheidung des Schiedsausschusses;

d) die Bezeichnung der Gegenparteien;

e) eine kurze Darstellung des Sachverhalts;

f) die geltend gemachten Gründe und Argumente sowie eine kurze Darstellung der Gründe;

g) die Anträge des Rechtsmittelführers.

(2) Die Artikel 119 und 121 finden auf dieses Rechtsmittel Anwendung.

(3) Der Rechtsmittelschrift ist außerdem eine beglaubigte Kopie der angefochtenen Entscheidung beizufügen.

(4) Der Kanzler des Gerichtshofs ersucht sogleich nach Eingang der Rechtsmittelschrift die Kanzlei des Schiedsausschusses um Übermittlung der Akten der Sache an den Gerichtshof.

(5) [1]Auf das weitere Verfahren finden die Artikel 123 und 124 Anwendung. [2]Der Gerichtshof kann entscheiden, dass das Verfahren vor ihm auch eine mündliche Verhandlung umfasst.

(6) [1]Der Gerichtshof entscheidet durch Urteil. [2]Hebt er die Entscheidung des Ausschusses auf, so verweist er die Sache gegebenenfalls an den Ausschuss zurück.

Artikel 202 Verfahren im Sinne des Artikels 103 EAGV

(1) [1]In dem in Artikel 103 Absatz 3 EAGV bezeichneten Fall ist die Antragsschrift in vier Ausfertigungen einzureichen. [2]Ihr sind der Entwurf des betreffenden Abkommens oder der in Rede stehenden Vereinbarung, die Einwendungen der Europäischen Kommission gegenüber dem betroffenen Staat und alle sonstigen Belegunterlagen beizufügen.

(2) ¹Die Antragsschrift und ihre Anlagen werden der Europäischen Kommission zugestellt, die nach Zustellung über eine Frist von zehn Tagen zur schriftlichen Stellungnahme verfügt. ²Die Frist kann vom Präsidenten nach Anhörung des betroffenen Staates verlängert werden.

(3) Nach Eingang dieser Stellungnahme, die dem betroffenen Staat zugestellt wird, entscheidet der Gerichtshof rasch nach Anhörung des Generalanwalts und, falls beantragt, des betroffenen Staates und der Europäischen Kommission.

Artikel 203 Verfahren im Sinne der Artikel 104 EAGV und 105 EAGV

¹Für Anträge im Sinne von Artikel 104 Absatz 3 EAGV und Artikel 105 Absatz 2 EAGV gelten die Bestimmungen der Titel II und IV. ²Sie werden auch dem Staat zugestellt, dem die Personen oder Unternehmen, gegen die der Antrag gerichtet ist, angehören.

Artikel 204 Verfahren gemäß Artikel 111 Absatz 3 EWR-Abkommen

(1) ¹In dem in Artikel 111 Absatz 3 EWR-Abkommen bezeichneten Fall wird der Gerichtshof durch ein Ersuchen der an dem Streit beteiligten Vertragsparteien angerufen. ²Das Ersuchen wird den anderen Vertragsparteien, der Europäischen Kommission, der EFTA-Überwachungsbehörde und gegebenenfalls den anderen Beteiligten zugestellt, denen ein Vorabentscheidungsersuchen, das die gleiche Frage nach der Auslegung des Unionsrechts aufwirft, zugestellt würde.

(2) Der Präsident setzt den Vertragsparteien und den anderen Beteiligten, denen das Ersuchen zugestellt wird, eine Frist zur schriftlichen Stellungnahme.

(3) ¹Das Ersuchen ist in einer der in Artikel 36 genannten Sprachen einzureichen. ²Artikel 38 findet Anwendung. ³Artikel 98 findet entsprechende Anwendung.

(4) ¹Sogleich nach Eingang des Ersuchens im Sinne von Absatz 1 bestimmt der Präsident den Berichterstatter. ²Der Erste Generalanwalt weist das Ersuchen sogleich danach einem Generalanwalt zu.

(5) Der Gerichtshof erlässt nach Anhörung des Generalanwalts eine mit Gründen versehene Entscheidung über das Ersuchen.

(6) Die Entscheidung des Gerichtshofs wird vom Präsidenten, den Richtern, die an der Beratung mitgewirkt haben, und dem Kanzler unterzeichnet und den Vertragsparteien sowie den sonstigen in den Absätzen 1 und 2 bezeichneten Beteiligten zu gestellt.

Artikel 205 Entscheidungen über Streitigkeiten im Sinne von Artikel 35 EUV in seiner vor Inkrafttreten des Vertrags von Lissabon geltenden Fassung

(1) ¹Im Fall von Streitigkeiten zwischen Mitgliedstaaten nach Artikel 35 Absatz 7 EUV in seiner vor Inkrafttreten des Vertrags von Lissabon geltenden und gemäß dem den Verträgen bei gefügten Protokoll Nr. 36 fortgeltenden Fassung wird der Gerichtshof durch Antrag einer Streitpartei befasst. ²Der Antrag wird den anderen Mitgliedstaaten und der Europäischen Kommission zugestellt.

(2) ¹Im Fall von Streitigkeiten zwischen Mitgliedstaaten und der Europäischen Kommission nach Artikel 35 Absatz 7 EUV in seiner vor Inkrafttreten des Vertrags von Lissabon geltenden und gemäß dem den Verträgen beigefügten Protokoll Nr. 36 fortgeltenden Fassung wird der Gerichtshof durch Antrag einer Streitpartei befasst. ²Der Antrag wird den anderen Mitgliedstaaten, dem Rat und der Europäischen Kommission zugestellt, wenn er von einem Mitgliedstaat gestellt wird. ³Der Antrag wird den Mitgliedstaaten und dem Rat zugestellt, wenn er von der Europäischen Kommission gestellt wird.

(3) Der Präsident setzt den Organen und den Mitgliedstaaten, denen der Antrag zugestellt wird, eine Frist zur schriftlichen Stellungnahme.

(4) ¹Sogleich nach Eingang des Antrags im Sinne der Absätze 1 und 2 bestimmt der Präsident den Berichterstatter. ²Der Erste Generalanwalt weist den Antrag sogleich danach einem Generalanwalt zu.

(5) Der Gerichtshof kann entscheiden, dass das Verfahren vor ihm auch eine mündliche Verhandlung umfasst.

(6) Der Gerichtshof entscheidet über die Streitigkeit durch Urteil nach Stellung der Schlussanträge des Generalanwalts.

(7) Das Verfahren nach den vorstehenden Absätzen findet Anwendung, wenn ein zwischen den Mitgliedstaaten geschlossenes Übereinkommen dem Gerichtshof die Zuständigkeit für die Entscheidung über eine Streitigkeit zwischen Mitgliedstaaten oder zwischen Mitgliedstaaten und einem Organ verleiht.

Artikel 206 Anträge im Sinne von Artikel 269 AEUV

(1) ¹In dem in Artikel 269 AEUV bezeichneten Fall ist die Antragsschrift in vier Ausfertigungen einzureichen. ²Ihr sind alle einschlägigen Unterlagen und insbesondere gegebenenfalls die gemäß Artikel 7 EUV abgegebenen Stellungnahmen und Empfehlungen beizufügen.

(2) ¹Die Antragsschrift und ihre Anlagen werden je nach Lage des Falles dem Europäischen Rat oder dem Rat zugestellt, der nach Zustellung über eine Frist von zehn Tagen zur schriftlichen Stellungnahme verfügt. ²Eine Verlängerung der Frist ist nicht möglich.

(3) Die Antragsschrift und ihre Anlagen werden auch den anderen Mitgliedstaaten als dem betroffenen Staat sowie dem Europäischen Parlament und der Europäischen Kommission übermittelt.

(4) ¹Nach Eingang der in Absatz 2 bezeichneten Stellungnahme, die dem betroffenen Mitgliedstaat sowie den in Absatz 3 bezeichneten Staaten und Organen zugestellt wird, entscheidet der Gerichtshof nach Anhörung des Generalanwalts innerhalb eines Monats nach Eingang der Antragsschrift. ²Der Gerichtshof kann auf Antrag des betroffenen Mitgliedstaats, des Europäischen Rates oder des Rates oder von Amts wegen entscheiden, dass das Verfahren vor ihm auch eine mündliche Verhandlung umfasst, zu der alle in diesem Artikel bezeichneten Staaten und Organe geladen werden.

Schlussbestimmungen

Artikel 207 Zusätzliche Verfahrensordnung

Vorbehaltlich des Artikels 253 AEUV erlässt der Gerichtshof im Benehmen mit den beteiligten Regierungen für sich eine zusätzliche Verfahrensordnung mit Vorschriften über

a) Rechtshilfeersuchen;

b) Prozesskostenhilfe;

c) Anzeigen des Gerichtshofs wegen Eidesverletzungen von Zeugen und Sachverständigen gemäß Artikel 30 der Satzung.

Artikel 208 Durchführungsbestimmungen

Der Gerichtshof kann durch gesonderten Rechtsakt praktische Durchführungsbestimmungen zu dieser Verfahrensordnung erlassen.

Artikel 209 Aufhebung

Diese Verfahrensordnung tritt an die Stelle der Verfahrensordnung des Gerichtshofs der Europäischen Gemeinschaften vom 19. Juni 1991 in ihrer zuletzt am 24. Mai 2011 geänderten Fassung (*Amtsblatt der Europäischen Union*, L 162 vom 22. Juni 2011, Seite 17).

Artikel 210 Veröffentlichung und Inkrafttreten der vorliegenden Verfahrensordnung

Diese in den in Artikel 36 genannten Sprachen verbindliche Verfahrensordnung wird im Amtsblatt der Europäischen Union veröffentlicht und tritt am ersten Tag des zweiten Monats nach ihrer Veröffentlichung in Kraft.

[18] Verfahrensordnung des Gerichts

vom 4. März 2015 (ABl. 2015 L 105/1); zuletzt geändert am 13. Juli 2016 (ABl. 2016 L 217/71, 72 und 73).

Inhaltsübersicht[1]

Eingangsbestimmungen

Artikel 1 Definitionen
Artikel 2 Regelungszweck der Verfahrensordnung

Erster Titel
Organisation des Gerichts

Erstes Kapitel
Mitglieder des Gerichts

Artikel 3 Tätigkeit als Richter und Tätigkeit als Generalanwalt
Artikel 4 Beginn der Amtszeit der Richter
Artikel 5 Eidesleistung
Artikel 6 Feierliche Verpflichtung
Artikel 7 Amtsenthebung eines Richters
Artikel 8 Dienstaltersrang

Zweites Kapitel
Präsidentschaft des Gerichts

Artikel 9 Wahl des Präsidenten und des Vizepräsidenten des Gerichts
Artikel 10 Zuständigkeit des Präsidenten des Gerichts
Artikel 11 Zuständigkeit des Vizepräsidenten des Gerichts
Artikel 12 Verhinderung des Präsidenten und des Vizepräsidenten des Gerichts

Drittes Kapitel
Kammern und Spruchkörper

Abschnitt 1. Bildung der Kammern und Besetzung der Spruchkörper

Artikel 13 Bildung der Kammern
Artikel 14 Zuständiger Spruchkörper

---

[1] Die Inhaltsübersicht ist nicht amtlich; die Artikelüberschriften sind amtlich.

Artikel 15 Besetzung der Großen Kammer
Artikel 16 Selbstablehnung eines Richters und Entbindung
Artikel 17 Verhinderung eines Mitglieds des Spruchkörpers

Abschnitt 2. Kammerpräsidenten

Artikel 18 Wahl der Kammerpräsidenten
Artikel 19 Befugnisse des Kammerpräsidenten
Artikel 20 Verhinderung des Kammerpräsidenten

Abschnitt 3. Beratungen

Artikel 21 Beratungsmodalitäten
Artikel 22 Zahl der an der Beratung teilnehmenden Richter
Artikel 23 Beschlussfähigkeit der Großen Kammer
Artikel 24 Beschlussfähigkeit der mit drei Richtern
            oder mit fünf Richtern tagenden Kammern

Viertes Kapitel
Zuweisung und Neuzuweisung der Rechtssachen, Bestimmung der Berichterstatter, Verweisung an die Spruchkammern und Übertragung Auf Den Einzelrichter

Artikel 25 Kriterien für die Zuweisung
Artikel 26 Zuweisung einer Rechtssache nach Eingang
            und Bestimmung des Berichterstatters
Artikel 27 Bestimmung eines neuen Berichterstatters
            und Neuzuweisung einer Rechtssache
Artikel 28 Verweisung an eine mit einer anderen Richterzahl
            tagende Kammer
Artikel 29 Übertragung auf den Einzelrichter

Fünftes Kapitel
Bestellung der Generalanwälte

Artikel 30 Bestellung eines Generalanwalts
Artikel 31 Modalitäten der Bestellung eines Generalanwalts

Sechstes Kapitel
Kanzlei

Abschnitt 1. Kanzler

Artikel 32 Ernennung des Kanzlers
Artikel 33 Beigeordneter Kanzler
Artikel 34 Verhinderung des Kanzlers und des Beigeordneten Kanzlers

Artikel 35 Zuständigkeit des Kanzlers
Artikel 36 Registerführung
Artikel 37 Einsichtnahme in das Register
Artikel 38 Einsichtnahme in die Akten der Rechtssache

Abschnitt 2. Dienststellen

Artikel 39 Beamte und sonstige Bedienstete

Siebtes Kapitel
Geschäftsgang des Gerichts

Artikel 40 Ort der Sitzungen des Gerichts
Artikel 41 Arbeitskalender des Gerichts
Artikel 42 Vollversammlung
Artikel 43 Protokollaufnahme

Zweiter Titel
Sprachenregelung

Artikel 44 Verfahrenssprachen
Artikel 45 Bestimmung der Verfahrenssprache
Artikel 46 Verwendung der Verfahrenssprache
Artikel 47 Verantwortlichkeit des Kanzlers in sprachlichen Angelegenheiten
Artikel 48 Sprachenregelung für die Veröffentlichungen des Gerichts
Artikel 49 Verbindliche Fassungen

Dritter Titel
Klageverfahren

Artikel 50 Anwendungsbereich

Erstes Kapitel
Allgemeine Bestimmungen

Abschnitt 1. Vertretung der Parteien

Artikel 51 Vertretungszwang

Abschnitt 2. Rechte und Pflichten der Parteivertreter

Artikel 52 Vorrechte, Befreiungen und Erleichterungen
Artikel 53 Vertretereigenschaft
Artikel 54 Aufhebung der Befreiung von gerichtlicher Verfolgung
Artikel 55 Ausschluss vom Verfahren
Artikel 56 Hochschullehrer

Abschnitt 3. Zustellungen

Artikel 57 Zustellungsarten

Abschnitt 4. Fristen

Artikel 58 Fristberechnung
Artikel 59 Klage gegen eine im Amtsblatt der Europäischen Union veröffentlichte Handlung eines Organs
Artikel 60 Entfernungsfrist
Artikel 61 Fristsetzung und Fristverlängerung
Artikel 62 Nicht fristgemäß eingereichte Verfahrensschriftstücke

Abschnitt 5. Verfahrensablauf und Behandlung der Rechtssachen

Artikel 63 Verfahrensablauf
Artikel 64 Kontradiktorisches Verfahren
Artikel 65 Zustellung der Verfahrensschriftstücke und der im Laufe desVerfahrens getroffenen Entscheidungen
Artikel 66 Anonymität und Weglassen bestimmter Angaben gegenüber der Öffentlichkeit
Artikel 67 Reihenfolge der Behandlung der Rechtssachen
Artikel 68 Verbindung
Artikel 69 Fälle der Aussetzung
Artikel 70 Aussetzungsentscheidung und Entscheidung über die Fortsetzung des Verfahrens
Artikel 71 Dauer und Wirkungen der Aussetzung

Zweites Kapitel
Verfahrensschriftstücke

Artikel 72 Gemeinsame Regeln für die Einreichung von Verfahrensschriftstücken
Artikel 73 Einreichung eines Verfahrensschriftstücks in Papierform bei der Kanzlei
Artikel 74 Elektronische Einreichung
Artikel 75 Länge der Schriftsätze

Drittes Kapitel
Schriftliches Verfahren

Artikel 76 Inhalt der Klageschrift
Artikel 77 Angaben für Zustellungen
Artikel 78 Anlagen zur Klageschrift
Artikel 79 Mitteilung im Amtsblatt der Europäischen Union
Artikel 80 Zustellung der Klageschrift

Artikel 81	Klagebeantwortung	
Artikel 82	Übermittlung von Schriftsätzen	
Artikel 83	Erwiderung und Gegenerwiderung	

Viertes Kapitel
Klage- und Verteidigungsgründe, Beweise und Anpassung der Klageschrift

Artikel 84	Neue Klage- und Verteidigungsgründe	
Artikel 85	Beweise und Beweisangebote	
Artikel 86	Anpassung der Klageschrift	

Fünftes Kapitel
Vorbericht

Artikel 87   Vorbericht

Sechstes Kapitel
Prozessleitende Massnahmen und Beweisaufnahme

Artikel 88   Allgemeines

Abschnitt 1. Prozessleitende Maßnahmen

Artikel 89	Gegenstand
Artikel 90	Verfahren

Abschnitt 2. Beweisaufnahme

Artikel 91	Gegenstand
Artikel 92	Verfahren
Artikel 93	Ladung von Zeugen
Artikel 94	Zeugenvernehmung
Artikel 95	Pflichten der Zeugen
Artikel 96	Sachverständigengutachten
Artikel 97	Eidesleistung von Zeugen und Sachverständigen
Artikel 98	Eidesverletzung durch Zeugen und Sachverständige
Artikel 99	Ablehnung von Zeugen oder Sachverständigen
Artikel 100	Kosten der Zeugen und Sachverständigen
Artikel 101	Rechtshilfeersuchen
Artikel 102	Protokoll der Beweistermine

Abschnitt 3. Behandlung vertraulicher Auskünfte, Belegstücke und Unterlagen, die im Rahmen der Beweisaufnahme erteilt und vorgelegt werden

Artikel 103 Behandlung vertraulicher Auskünfte und Unterlagen
Artikel 104 Schriftstücke, in die ein Organ die Einsicht verweigert hat

**Siebtes Kapitel
Behandlung von Auskünften oder Unterlagen, die die Sicherheit der Union oder eines oder mehrerer ihrer Mitgliedstaaten oder die Gestaltung ihrer internationalen Beziehungen berühren**

Artikel 105 Behandlung von Auskünften oder Unterlagen, die die Sicherheit der Union oder eines oder mehrerer ihrer Mitgliedstaaten oder die Gestaltung ihrer internationalen Beziehungen berühren

**Achtes Kapitel
Mündliches Verfahren**

Artikel 106 Mündliches Verfahren
Artikel 107 Termin der mündlichen Verhandlung
Artikel 108 Nichterscheinen der Parteien in der mündlichen Verhandlung
Artikel 109 Ausschluss der Öffentlichkeit
Artikel 110 Ablauf der mündlichen Verhandlung
Artikel 111 Schließung des mündlichen Verfahrens
Artikel 112 Stellung der Schlussanträge des Generalanwalts
Artikel 113 Wiedereröffnung des mündlichen Verfahrens
Artikel 114 Protokoll der mündlichen Verhandlung
Artikel 115 Aufzeichnung der mündlichen Verhandlung

**Neuntes Kapitel
Urteile und Beschlüsse**

Artikel 116 Termin der Urteilsverkündung
Artikel 117 Inhalt der Urteile
Artikel 118 Verkündung und Zustellung der Urteile
Artikel 119 Inhalt der Beschlüsse
Artikel 120 Unterzeichnung und Zustellung der Beschlüsse
Artikel 121 Wirksamwerden der Urteile und der Beschlüsse
Artikel 122 Veröffentlichung im Amtsblatt der Europäischen Union

Zehntes Kapitel
Versäumnisurteil

Artikel 123   Versäumnisurteil

Elftes Kapitel
Gütliche Einigung und Klagerücknahme

Artikel 124   Gütliche Einigung
Artikel 125   Klagerücknahme

Elftes Kapitel a
Vom Gericht in Rechtssachen, die aufgrund von Artikel 270 AEUV anhängig gemacht worden sind, initiiertes Verfahren zur gütlichen Beilegung

Artikel 125a Modalitäten
Artikel 125b Wirkung der Einigung zwischen den Hauptparteien
Artikel 125c Gesondertes Register und gesonderte Akte
Artikel 125d Gütliche Beilegung und gerichtliches Verfahren

Zwölftes Kapitel
Klagen und verfahrensrelevante Vorkommnisse, über die durch Beschluss entschieden wird

Artikel 126   Offensichtlich abzuweisende Klage
Artikel 127   Verweisung einer Rechtssache an den Gerichtshof
Artikel 128   Abgabe
Artikel 129   Unverzichtbare Prozessvoraussetzungen
Artikel 130   Prozesshindernde Einreden und Zwischenstreit
Artikel 131   Feststellung der Erledigung der Hauptsache von Amts wegen
Artikel 132   Offensichtlich begründete Klage

Dreizehntes Kapitel
Parteikosten und Verfahrenskosten

Artikel 133   Entscheidung über die Kosten
Artikel 134   Allgemeine Kostentragungsregeln
Artikel 135   Billigkeit und ohne angemessenen Grund oder böswillig verursachte Kosten
Artikel 136   Kosten bei Klage- oder Antragsrücknahme
Artikel 137   Kosten bei Erledigung der Hauptsache
Artikel 138   Kosten der Streithelfer
Artikel 139   Verfahrenskosten

Artikel 140 Erstattungsfähige Kosten
Artikel 141 Zahlungsmodalitäten

Vierzehntes Kapitel
Streithilfe

Artikel 142 Gegenstand und Wirkungen der Streithilfe
Artikel 143 Antrag auf Zulassung zur Streithilfe
Artikel 144 Entscheidung über den Antrag auf Zulassung zur Streithilfe
Artikel 145 Einreichung der Schriftsätze

Fünfzehntes Kapitel
Prozesskostenhilfe

Artikel 146 Allgemeines
Artikel 147 Antrag auf Bewilligung von Prozesskostenhilfe
Artikel 148 Entscheidung über die Bewilligung von Prozesskostenhilfe
Artikel 149 Vorschüsse und Tragung der Kosten
Artikel 150 Entziehung der Prozesskostenhilfe

Sechzehntes Kapitel
Eilverfahren

Abschnitt 1. Beschleunigtes Verfahren

Artikel 151 Entscheidung über das beschleunigte Verfahren
Artikel 152 Antrag auf Durchführung des beschleunigten Verfahrens
Artikel 153 Vorrangige Behandlung
Artikel 154 Schriftliches Verfahren
Artikel 155 Mündliches Verfahren

Abschnitt 2. Vorläufiger Rechtsschutz: Aussetzung und sonstige einstweilige Anordnungen

Artikel 156 Anträge auf Aussetzung oder sonstige einstweilige Anordnungen
Artikel 157 Verfahren
Artikel 158 Entscheidung über den Antrag
Artikel 159 Änderung der Umstände
Artikel 160 Neuer Antrag
Artikel 161 Anträge gemäß den Artikeln 280 AEUV, 299 AEUV und 164 EAGV

Siebzehntes Kapitel
Anträge In Bezug Auf Urteile und Beschlüsse

Artikel 162   Zuweisung der Anträge
Artikel 163   Aussetzung des Verfahrens
Artikel 164   Berichtigung von Urteilen und Beschlüssen
Artikel 165   Unterlassen einer Entscheidung
Artikel 166   Einspruch gegen ein Versäumnisurteil
Artikel 167   Drittwiderspruch
Artikel 168   Auslegung von Urteilen und Beschlüssen
Artikel 169   Wiederaufnahme
Artikel 170   Streitigkeiten über die erstattungsfähigen Kosten

Vierter Titel
Rechtsstreitigkeiten Betreffend die Rechte des Geistigen Eigentums

Artikel 171   Anwendungsbereich

Erstes Kapitel
Parteien des Verfahrens

Artikel 172   Beklagter
Artikel 173   Stellung der anderen im Verfahren vor der Beschwerdekammer Beteiligten vor dem Gericht
Artikel 174   Ersetzung einer Partei
Artikel 175   Ersetzungsantrag
Artikel 176   Entscheidung über den Ersetzungsantrag

Zweites Kapitel
Klageschrift und Klagebeantwortungen

Artikel 177   Klageschrift
Artikel 178   Zustellung der Klageschrift
Artikel 179   Parteien, die eine Klagebeantwortung einreichen können
Artikel 180   Klagebeantwortung
Artikel 181   Abschluss des schriftlichen Verfahrens

Drittes Kapitel
Anschlussklage

Artikel 182   Anschlussklage
Artikel 183   Inhalt der Anschlussklageschrift
Artikel 184   Anschlussklageanträge, -gründe und -argumente
Artikel 185   Anschlussklagebeantwortung
Artikel 186   Abschluss des schriftlichen Verfahrens
Artikel 187   Verhältnis zwischen Klage und Anschlussklage

Viertes Kapitel
Andere Aspekte des Verfahrens

Artikel 188 Gegenstand des Rechtsstreits vor dem Gericht
Artikel 189 Länge der Schriftsätze
Artikel 190 Kostenentscheidung
Artikel 191 Sonstige anwendbare Vorschriften

Fünfter Titel
Rechtsmittel gegen die Entscheidungen des Gerichts für den Öffentlichen Dienst

Artikel 192 Anwendungsbereich

Erstes Kapitel
Rechtsmittelschrift

Artikel 193 Einreichung der Rechtsmittelschrift
Artikel 194 Inhalt der Rechtsmittelschrift
Artikel 195 Rechtsmittelanträge, -gründe und -argumente
Artikel 196 Anträge für den Fall der Stattgabe des Rechtsmittels

Zweites Kapitel
Rechtsmittelbeantwortung, Erwiderung und Gegenerwiderung

Artikel 197 Zustellung der Rechtsmittelschrift
Artikel 198 Parteien, die eine Rechtsmittelbeantwortung einreichen können
Artikel 199 Inhalt der Rechtsmittelbeantwortung
Artikel 200 Anträge der Rechtsmittelbeantwortung
Artikel 201 Erwiderung und Gegenerwiderung

Drittes Kapitel
Anschlussrechtsmittel

Artikel 202 Anschlussrechtsmittel
Artikel 203 Inhalt der Anschlussrechtsmittelschrift
Artikel 204 Anschlussrechtsmittelanträge, -gründe und -argumente

Viertes Kapitel
auf das Anschlussrechtsmittel folgende Schriftsätze

Artikel 205 Anschlussrechtsmittelbeantwortung
Artikel 206 Erwiderung und Gegenerwiderung nach Anschlussrechtsmittel

**Fünftes Kapitel
Mündliches Verfahren**

Artikel 207 Mündliches Verfahren

**Sechstes Kapitel
Durch Beschluss erledigte Rechtsmittel**

Artikel 208 Offensichtlich unzulässiges oder offensichtlich unbegründetes Rechtsmittel oder Anschlussrechtsmittel
Artikel 209 Offensichtlich begründetes Rechtsmittel oder Anschlussrechtsmittel

**Siebtes Kapitel
Folgen der Streichung des Rechtsmittels für das Anschlussrechtsmittel**

Artikel 210 Folgen einer Rücknahme oder offensichtlichen Unzulässigkeit des Rechtsmittels für das Anschlussrechtsmittel

**Achtes Kapitel
Parteikosten und Verfahrenskosten In Rechtsmittelverfahren**

Artikel 211 Kostenentscheidung in Rechtsmittelverfahren

**Neuntes Kapitel
Sonstige In Rechtsmittelverfahren anwendbare Vorschriften**

Artikel 212 Länge der Schriftsätze
Artikel 213 Sonstige in Rechtsmittelverfahren anwendbare Vorschriften

**Zehntes Kapitel
Rechtsmittel gegen Entscheidungen, mit denen ein Antrag auf Zulassung zur Streithilfe zurückgewiesen wurde, und gegen Entscheidungen im Wege des vorläufigen Rechtsschutzes**

Artikel 214 Rechtsmittel gegen Entscheidungen, mit denen ein Antrag auf Zulassung zur Streithilfe zurückgewiesen wurde, und gegen Entscheidungen im Wege des vorläufigen Rechtsschutzes

Sechster Titel
Verfahren nach Zurückverweisung

Erstes Kapitel
Entscheidungen des Gerichts nach Aufhebung und Zurückverweisung

Artikel 215 Aufhebung und Zurückverweisung durch den Gerichtshof
Artikel 216 Zuweisung der Rechtssache
Artikel 217 Ablauf des Verfahrens
Artikel 218 Anwendbare Verfahrensbestimmungen
Artikel 219 Kosten

Zweites Kapitel
Entscheidungen des Gerichts nach Überprüfung und Zurückverweisung

Artikel 220 Überprüfung und Zurückverweisung durch den Gerichtshof
Artikel 221 Zuweisung der Rechtssache
Artikel 222 Ablauf des Verfahrens
Artikel 223 Kosten

Schlussbestimmungen

Artikel 224 Durchführungsbestimmungen
Artikel 225 Zwangsvollstreckung
Artikel 226 Aufhebung
Artikel 227 Veröffentlichung und Inkrafttreten dieser Verfahrensordnung

Eingangsbestimmungen

Artikel 1 Definitionen

(1) In dieser Verfahrensordnung werden bezeichnet:

a) die Bestimmungen des Vertrags über die Europäische Union (EU-Vertrag) mit der Nummer des betreffenden Artikels dieses Vertrags, gefolgt von dem Kürzel „EUV";

b) die Bestimmungen des Vertrags über die Arbeitsweise der Europäischen Union (AEU-Vertrag) mit der Nummer des betreffenden Artikels dieses Vertrags, gefolgt von dem Kürzel „AEUV";

c) die Bestimmungen des Vertrags zur Gründung der Europäischen Atomgemeinschaft (EAG-Vertrag) mit der Nummer des betreffenden Artikels dieses Vertrags, gefolgt von dem Kürzel „EAGV";

d) das Protokoll über die Satzung des Gerichtshofs der Europäischen Union als „Satzung";

e) das Abkommen über den Europäischen Wirtschaftsraum (1) als „EWR-Abkommen";

f) die Verordnung Nr. 1 des Rates vom 15. April 1958 zur Regelung der Sprachenfrage für die Europäische Wirtschaftsgemeinschaft (2) als „Verordnung Nr. 1 des Rates".

(2) In dieser Verfahrensordnung bezeichnen:

a) der Begriff „Gericht" bei den Rechtssachen, die einer Kammer zugewiesen oder an diese verwiesen worden sind, diese Kammer und bei Rechtssachen, die dem Einzelrichter übertragen oder zugewiesen worden sind, den Einzelrichter;

b) der Begriff „Präsident" ohne weitere Angabe

– bei Rechtssachen, die noch keinem Spruchkörper zugewiesen worden sind, den Präsidenten des Gerichts;

– bei Rechtssachen, die Kammern zugewiesen worden sind, den Präsidenten der Kammer, der die Rechtssache zugewiesen worden ist;

– bei Rechtssachen, die dem Einzelrichter übertragen oder zugewiesen worden sind, den Einzelrichter;

c) die Begriffe „Partei" und „Parteien" ohne weitere Angabe jeden am Verfahren Beteiligten, einschließlich der Streithelfer;

d) die Begriffe „Hauptpartei" und „Hauptparteien" je nach Fall den Kläger oder den Beklagten oder beide bzw. den Rechtsmittelführer oder den Rechtsmittelgegner oder beide;

e) der Ausdruck „Vertreter der Parteien" Anwälte und Bevollmächtigte – Letztere gegebenenfalls unterstützt von einem Beistand oder einem Anwalt –, die die Parteien gemäß Artikel 19 der Satzung vor dem das Gericht vertreten;

f) die Begriffe „Organ" und „Organe" die in Artikel 13 Absatz 1 EUV genannten Organe der Union und die Einrichtungen oder sonstigen Stellen, die durch die Verträge oder einen zu deren Durchführung erlassenen Rechtsakt geschaffen worden sind und die in Verfahren vor dem Gericht Partei sein können;

g) der Begriff „Amt" je nach Fall das das Amt der Europäischen Union für geistiges Eigentum (Marken, Muster und Modelle) oder das Sortenamt der Gemeinschaft;

h) der Ausdruck „EFTA-Überwachungsbehörde" die im EWR-Abkommen genannte Überwachungsbehörde der Europäischen Freihandelsassoziation;

i) der Begriff „Klageverfahren" Klagen auf der Grundlage der Artikel 263 AEUV, 265 AEUV, 268 AEUV, 270 AEUV und 272 AEUV;

j) der Begriff ‚Beamtenstatut' die Verordnung zur Festlegung des Statuts der Beamten der Europäischen Union und der Beschäftigungsbedingungen für die sonstigen Bediensteten der Union.

Artikel 2 Regelungszweck der Verfahrensordnung

Mit den Bestimmungen dieser Verfahrensordnung werden die einschlägigen Bestimmungen des EU-Vertrags, des AEU-Vertrags und des EAG-Vertrags sowie der Satzung umgesetzt und, soweit erforderlich, ergänzt.

Erster Titel
Organisation des Gerichts

Erstes Kapitel
Mitglieder des Gerichts

Artikel 3 Tätigkeit als Richter und Tätigkeit als Generalanwalt

(1) Jedes Mitglied des Gerichts übt grundsätzlich die Tätigkeit eines Richters aus.

(2) Die Mitglieder des Gerichts werden im Folgenden „Richter" genannt.

(3) Mit Ausnahme des Präsidenten, des Vizepräsidenten und der Kammerpräsidenten des Gerichts kann jeder Richter in einer bestimmten Rechtssache nach Maßgabe der Artikel 30 und 31 die Tätigkeit eines Generalanwalts ausüben.

(4) Die Bezugnahmen auf den Generalanwalt in dieser Verfahrensordnung gelten nur für die Fälle, in denen ein Richter zum Generalanwalt bestellt worden ist.

Artikel 4 Beginn der Amtszeit der Richter

Die Amtszeit eines Richters beginnt mit dem im Ernennungsakt dafür bestimmten Tag. Wird in diesem Akt der Tag des Beginns der Amtszeit nicht bestimmt, so beginnt die Amtszeit mit dem Tag der Veröffentlichung des Ernennungsakts im Amtsblatt der Europäischen Union.

Artikel 5 Eidesleistung

Die Richter leisten vor Aufnahme ihrer Amtstätigkeit vor dem Gerichtshof folgenden Eid gemäß Artikel 2 der Satzung:

„Ich schwöre, dass ich mein Amt unparteiisch und gewissenhaft ausüben und das Beratungsgeheimnis wahren werde."

Artikel 6 Feierliche Verpflichtung

Unmittelbar nach der Eidesleistung unterzeichnen die Richter eine Erklärung, in der sie die in Artikel 4 Absatz 3 der Satzung vorgesehene feierliche Verpflichtung übernehmen.

Artikel 7 Amtsenthebung eines Richters

(1) Hat der Gerichtshof nach Artikel 6 der Satzung nach Stellungnahme des Gerichts darüber zu entscheiden, ob ein Richter die erforderlichen Voraussetzungen nicht mehr erfüllt oder den sich aus seinem Amt ergebenden Verpflichtungen nicht mehr nachkommt, so fordert der Präsident des Gerichts den Betroffenen auf, sich hierzu zu äußern; dabei ist der Kanzler nicht zugegen.

(2) Die Stellungnahme des Gerichts ist mit Gründen zu versehen.

(3) Für eine Stellungnahme, durch die festgestellt wird, dass ein Richter nicht mehr die für sein Amt erforderlichen Voraussetzungen erfüllt oder den sich aus diesem Amt ergebenden Verpflichtungen nicht mehr nachkommt, sind mindestens die Stimmen der Mehrheit der Richter erforderlich, aus denen das Gericht nach Artikel 48 der Satzung besteht. In diesem Fall ist das zahlenmäßige Abstimmungsergebnis dem Gerichtshof mitzuteilen.

(4) Die Abstimmung, bei der der Kanzler nicht zugegen ist, ist geheim; der Betroffene wirkt bei der Beschlussfassung nicht mit.

Artikel 8 Dienstaltersrang

(1) Das Dienstalter der Richter wird beginnend mit der Aufnahme ihrer Amtstätigkeit berechnet.

(2) Bei gleichem Dienstalter bestimmt sich der Dienstaltersrang nach dem Lebensalter.

(3) Richter, die wiederernannt werden, behalten ihren bisherigen Dienstaltersrang.

Zweites Kapitel
Präsidentschaft des Gerichts

Artikel 9 Wahl des Präsidenten und des Vizepräsidenten des Gerichts

(1) Die Richter wählen sogleich nach der teilweisen Neubesetzung von Richterstellen gemäß Artikel 254 Absatz 2 AEUV aus ihrer Mitte den Präsidenten des Gerichts für die Dauer von drei Jahren.

(2) Endet die Amtszeit des Präsidenten des Gerichts vor ihrem regelmäßigen Ablauf, so wird das Amt für die verbleibende Zeit neu besetzt.

(3) Die in diesem Artikel vorgesehenen Wahlen sind geheim. Gewählt ist der Richter, der die Stimmen von mehr als der Hälfte der Richter erhält, die gemäß Artikel 48 der Satzung das Gericht bilden. Erreicht keiner der Richter diese Mehrheit, so finden weitere Wahlgänge statt, bis sie erreicht wird.

(4) Die Richter wählen sodann gemäß dem Verfahren des Absatzes 3 aus ihrer Mitte den Vizepräsidenten des Gerichts für die Dauer von drei Jahren. Endet dessen Amtszeit vor ihrem regelmäßigen Ablauf, so findet Absatz 2 Anwendung

(5) Die Namen des Präsidenten und des Vizepräsidenten des Gerichts, die gemäß diesem Artikel gewählt worden sind, werden im Amtsblatt der Europäischen Union veröffentlicht.

Artikel 10 Zuständigkeit des Präsidenten des Gerichts

(1) Der Präsident des Gerichts vertritt das Gericht.

(2) Der Präsident des Gerichts leitet die Tätigkeit und die Dienststellen des Gerichts.

(3) Der Präsident des Gerichts führt den Vorsitz in der Vollversammlung nach Artikel 42.

(4) Der Präsident des Gerichts führt den Vorsitz in der Großen Kammer. In diesem Fall findet Artikel 19 Anwendung.

(5) Ist der Präsident des Gerichts einer Kammer zugeteilt, so führt er den Vorsitz in dieser Kammer. In diesem Fall findet Artikel 19 Anwendung.

(6) In den Rechtssachen, die noch keinem Spruchkörper zugewiesen worden sind, kann der Präsident des Gerichts prozessleitende Maßnahmen gemäß Artikel 89 treffen.

Artikel 11 Zuständigkeit des Vizepräsidenten des Gerichts

(1) Der Vizepräsident des Gerichts steht dem Präsidenten des Gerichts bei der Erfüllung seiner Aufgaben zur Seite und vertritt ihn, wenn dieser verhindert ist.

(2) Er vertritt ihn auf dessen Aufforderung bei der Erfüllung der Aufgaben gemäß Artikel 10 Absätze 1 und 2.

(3) Das Gericht legt durch Beschluss die Voraussetzungen fest, unter denen der Vizepräsident des Gerichts den Präsidenten des Gerichts bei der Erfüllung seiner richterlichen Aufgaben vertritt. Der Beschluss wird im Amtsblatt der Europäischen Union veröffentlicht.

(4) Ist der Vizepräsident des Gerichts einer Kammer zugeteilt, so führt er vorbehaltlich des Artikels 10 Absatz 5 den Vorsitz in dieser Kammer. In diesem Fall findet Artikel 19 Anwendung.

Artikel 12 Verhinderung des Präsidenten und des Vizepräsidenten des Gerichts

Sind der Präsident und der Vizepräsident des Gerichts gleichzeitig verhindert, so wird das Amt des Präsidenten gemäß der in Artikel 8 festgelegten Rangordnung von einem der Kammerpräsidenten oder in Ermangelung dessen von einem der übrigen Richter wahrgenommen.

Drittes Kapitel
Kammern und Spruchkörper

Abschnitt 1
Bildung der Kammern und Besetzung der Spruchkörper

Artikel 13 Bildung der Kammern

(1) Das Gericht bildet aus seiner Mitte Kammern, die mit drei Richtern und mit fünf Richtern tagen.

(2) Das Gericht beschließt auf Vorschlag des Präsidenten des Gerichts über die Zuteilung der Richter zu den Kammern.

(3) Die gemäß diesem Artikel getroffenen Beschlüsse werden im Amtsblatt der Europäischen Union veröffentlicht.

Artikel 14 Zuständiger Spruchkörper

(1) Die Rechtssachen, mit denen das Gericht befasst ist, werden von den gemäß Artikel 13 mit drei Richtern oder mit fünf Richtern tagenden Kammern entschieden.

(2) Die Rechtssachen können nach Maßgabe des Artikels 28 von der Großen Kammer entschieden werden.

(3) Die Rechtssachen können vom Einzelrichter entschieden werden, wenn sie ihm nach Maßgabe des Artikels 29 zugewiesen worden sind.

Artikel 15 Besetzung der Großen Kammer

(1) Die Große Kammer ist mit 15 Richtern besetzt.

(2) Das Gericht beschließt, auf welche Weise die Richter bestimmt werden, mit denen die Große Kammer besetzt wird. Der Beschluss wird im Amtsblatt der Europäischen Union veröffentlicht.

Artikel 16 Selbstablehnung eines Richters und Entbindung

(1) Glaubt ein Richter, gemäß Artikel 18 Absätze 1 und 2 der Satzung bei der Erledigung einer Rechtssache nicht mitwirken zu können, so teilt er dies dem Präsidenten mit, der ihn von der Mitwirkung freistellt.

(2) Ist der Präsident des Gerichts der Ansicht, dass ein Richter gemäß Artikel 18 Absätze 1 und 2 der Satzung bei der Erledigung einer Rechtssache nicht mitwirken kann, so teilt er dies dem betroffenen Richter mit und gibt ihm Gelegenheit zur Stellungnahme, bevor er eine Entscheidung trifft.

(3) Ergibt sich bei der Anwendung dieses Artikels eine Schwierigkeit gemäß Artikel 18 Absatz 3 der Satzung, so überträgt der Präsident des Gerichts die Entscheidungen nach den Absätzen 1 und 2 der Vollversammlung. In diesem Fall findet eine geheime Abstimmung statt, nachdem dem betroffenen Richter, der an der Beschlussfassung nicht mitwirkt, Gelegenheit zur Stellungnahme gegeben wurde; der Kanzler ist bei der Abstimmung nicht zugegen.

Artikel 17 Verhinderung eines Mitglieds des Spruchkörpers

(1) Wird in der Großen Kammer infolge einer vor der Eröffnung der mündlichen Verhandlung oder der Beratung eingetretenen Verhinderung eines Richters die in Artikel 15 vorgesehene Zahl von Richtern nicht erreicht, so wird diese Kammer zur Wiederherstellung der vorgesehenen Richterzahl durch einen vom Präsidenten des Gerichts bestimmten Richter ergänzt.

(2) Wird in einer mit drei Richtern oder mit fünf Richtern tagenden Kammer infolge einer vor der Eröffnung der mündlichen Verhandlung oder der Beratung eingetretenen Verhinderung eines Richters die vorgesehene Zahl von Richtern nicht erreicht, so bestimmt der Präsident dieser Kammer einen anderen Richter derselben Kammer, um den verhinderten Richter zu ersetzen. Ist eine Ersetzung des verhinderten Richters durch einen Richter derselben Kammer nicht möglich, so benachrichtigt der Präsident der betreffenden Kammer den Präsidenten des Gerichts, der zur Wiederherstellung der vorgesehenen Richterzahl nach den vom Gericht beschlossenen Kriterien einen anderen Richter bestimmt. Der Beschluss über diese Kriterien wird im *Amtsblatt der Europäischen Union* veröffentlicht.

(3) Ist der Richter, dem die Rechtssache als Einzelrichter übertragen oder zugewiesen worden ist, verhindert, so bestimmt der Präsident des Gerichts einen anderen Richter, der ihn ersetzt.

Abschnitt 2
Kammerpräsidenten

Artikel 18 Wahl der Kammerpräsidenten
(1) Die Richter wählen aus ihrer Mitte gemäß Artikel 9 Absatz 3 die Präsidenten der mit drei Richtern und der mit fünf Richtern tagenden Kammern.

(2) Die Präsidenten der mit fünf Richtern tagenden Kammern werden jeweils für drei Jahre gewählt. Einmalige Wiederwahl ist zulässig.

(3) Die Präsidenten der mit drei Richtern tagenden Kammern werden für einen bestimmten Zeitraum gewählt.

(4) Die Präsidenten der mit fünf Richtern tagenden Kammern werden sogleich nach der gemäß Artikel 9 erfolgten Wahl des Vizepräsidenten des Gerichts gewählt.

(5) Endet die Amtszeit eines Kammerpräsidenten vor ihrem regelmäßigen Ablauf, so wird das Amt für die verbleibende Zeit neu besetzt.

(6) Die Namen der Kammerpräsidenten, die gemäß diesem Artikel gewählt worden sind, werden im Amtsblatt der Europäischen Union veröffentlicht.

Artikel 19 Befugnisse des Kammerpräsidenten
(1) Der Kammerpräsident übt die ihm durch diese Verfahrensordnung übertragenen Befugnisse nach Anhörung des Berichterstatters aus.

(2) Der Kammerpräsident kann jede in seine Zuständigkeit fallende Entscheidung auf die Kammer übertragen.

Artikel 20 Verhinderung des Kammerpräsidenten
Ist der Kammerpräsident verhindert, so werden seine Aufgaben unbeschadet des Artikels 10 Absatz 5 und des Artikels 11 Absatz 4 von einem Richter des Spruchkörpers gemäß der in Artikel 8 festgelegten Rangordnung wahrgenommen.

Abschnitt 3
Beratungen

Artikel 21 Beratungsmodalitäten

(1) Die Beratungen des Gerichts sind und bleiben geheim.

(2) Hat eine mündliche Verhandlung stattgefunden, nehmen an der Beratung nur die an der Verhandlung beteiligten Richter teil.

(3) Jeder Richter, der an der Beratung teilnimmt, trägt seine Auffassung vor und begründet sie.

(4) Das Ergebnis, auf das sich die Mehrheit der Richter nach der abschließenden Erörterung geeinigt hat, ist für die Entscheidung des Gerichts maßgebend. Die Richter stimmen in der umgekehrten Reihenfolge der in Artikel 8 festgelegten Rangordnung ab, mit Ausnahme des Berichterstatters, der seine Stimme als Erster abgibt, und des Präsidenten, der seine Stimme zuletzt abgibt.

Artikel 22 Zahl der an der Beratung teilnehmenden Richter

Ergibt sich infolge einer Verhinderung eine gerade Zahl von Richtern, so nimmt der im Sinne des Artikels 8 dienstjüngste Richter an der Beratung nicht teil, es sei denn, dieser Richter ist Präsident oder Berichterstatter. Im letzten Fall nimmt der Richter mit dem nächstniedrigen Dienstaltersrang an der Beratung nicht teil.

Artikel 23 Beschlussfähigkeit der Großen Kammer

(1) Die Entscheidungen der Großen Kammer sind nur dann gültig, wenn elf Richter anwesend sind.

(2) Wird diese für die Beschlussfähigkeit erforderliche Zahl von Richtern infolge einer Verhinderung nicht erreicht, so bestimmt der Präsident des Gerichts einen anderen Richter, mit dem die für die Beschlussfähigkeit der Großen Kammer erforderliche Zahl von Richtern erreicht wird.

(3) Wird die für die Beschlussfähigkeit erforderliche Zahl von Richtern nicht mehr erreicht, nachdem die mündliche Verhandlung stattgefunden hat, so erfolgt eine Ersetzung nach Maßgabe des Absatzes 2; auf Antrag einer Hauptpartei ist eine erneute

mündliche Verhandlung durchzuführen. Das Gericht kann eine erneute mündliche Verhandlung auch von Amts wegen durchführen. Eine erneute mündliche Verhandlung ist zwingend durchzuführen, wenn eine Beweisaufnahme nach Artikel 91 Buchstaben a und d sowie nach Artikel 96 Absatz 2 durchgeführt worden ist. Wird keine erneute mündliche Verhandlung durchgeführt, so findet Artikel 21 Absatz 2 keine Anwendung.

Artikel 24 Beschlussfähigkeit der mit drei Richtern oder mit fünf Richtern tagenden Kammern

(1) Die Entscheidungen der mit drei Richtern oder mit fünf Richtern tagenden Kammern sind nur dann gültig, wenn drei Richter anwesend sind.

(2) Wird in einer der mit drei Richtern oder mit fünf Richtern tagenden Kammern die für die Beschlussfähigkeit erforderliche Zahl von Richtern infolge einer Verhinderung nicht erreicht, so bestimmt der Präsident dieser Kammer einen anderen Richter derselben Kammer, um den verhinderten Richter zu ersetzen. Ist eine Ersetzung des verhinderten Richters durch einen Richter derselben Kammer nicht möglich, so benachrichtigt der Präsident der betreffenden Kammer den Präsidenten des Gerichts, der nach den vom Gericht beschlossenen Kriterien einen anderen Richter bestimmt, damit die für die Beschlussfähigkeit der Kammer erforderliche Zahl von Richtern erreicht wird. Der Beschluss über diese Kriterien wird im Amtsblatt der Europäischen Union veröffentlicht.

(3) Wird die für die Beschlussfähigkeit erforderliche Zahl von Richtern nicht mehr erreicht, nachdem die mündliche Verhandlung stattgefunden hat, so erfolgt eine Ersetzung nach Maßgabe des Absatzes 2; auf Antrag einer Hauptpartei ist eine erneute mündliche Verhandlung durchzuführen. Das Gericht kann eine erneute mündliche Verhandlung auch von Amts wegen durchführen. Eine erneute mündliche Verhandlung ist zwingend durchzuführen, wenn eine Beweisaufnahme nach Artikel 91 Buchstaben a und d sowie nach Artikel 96 Absatz 2 durchgeführt worden ist. Eine erneute mündliche Verhandlung ist zwingend durchzuführen, wenn die Verhinderung mehr als einen an der ursprünglichen mündlichen Verhandlung beteiligten Richter be-

trifft. Wird keine erneute mündliche Verhandlung durchgeführt, so findet Artikel 21 Absatz 2 keine Anwendung.

Viertes Kapitel
Zuweisung und Neuzuweisung der Rechtssachen, Bestimmung der Berichterstatter, Verweisung an die Spruchkammern und Übertragung auf den Einzelrichter

Artikel 25 Kriterien für die Zuweisung

(1) Das Gericht legt die Kriterien fest, nach denen sich die Verteilung der Rechtssachen auf die Kammern richtet. Das Gericht kann eine oder mehrere Kammern mit der Entscheidung von Rechtssachen in speziellen Sachgebieten beauftragen.

(2) Der Beschluss wird im Amtsblatt der Europäischen Union veröffentlicht.

Artikel 26 Zuweisung einer Rechtssache nach Eingang und Bestimmung des Berichterstatters

(1) Der Präsident des Gerichts weist die Rechtssache nach Eingang des verfahrenseinleitenden Schriftstücks so bald wie möglich gemäß den vom Gericht nach Artikel 25 festgelegten Kriterien einer Kammer zu.

(2) Der Kammerpräsident schlägt dem Präsidenten des Gerichts für jede der Kammer zugewiesene Rechtssache die Bestimmung eines Berichterstatters vor. Der Präsident des Gerichts entscheidet.

(3) Sind einer mit drei Richtern oder mit fünf Richtern tagenden Kammer mehr als drei oder fünf Richter zugeteilt, so bestimmt der Kammerpräsident die Richter, die an der Entscheidung der Rechtssache mitwirken sollen.

Artikel 27 Bestimmung eines neuen Berichterstatters und Neuzuweisung einer Rechtssache

(1) Bei Verhinderung des Berichterstatters benachrichtigt der Präsident des zuständigen Spruchkörpers den Präsidenten des Gerichts, der einen neuen Berichterstatter bestimmt. Ist dieser nicht der Kammer zugeteilt, der die Rechtssache ursprünglich

zugewiesen war, so wird die Rechtssache von der Kammer entschieden, der der neue Berichterstatter angehört.

(2) Um dem Sachzusammenhang zwischen bestimmten Rechtssachen Rechnung zu tragen, kann der Präsident des Gerichts durch mit Gründen versehene Entscheidung und nach Anhörung der betroffenen Berichterstatter Rechtssachen neu zuweisen, um die Vorbereitung aller betroffenen Rechtssachen durch denselben Berichterstatter zu ermöglichen. Ist der Berichterstatter, dem die Rechtssachen neu zugewiesen werden, nicht der Kammer zugeteilt, der die Rechtssachen ursprünglich zugewiesen waren, so werden die Rechtssachen von der Kammer entschieden, der der neue Berichterstatter angehört.

(3) Im Interesse einer geordneten Rechtspflege kann der Präsident des Gerichts ausnahmsweise vor der Vorlage des Vorberichts gemäß Artikel 87 durch eine mit Gründen versehene Entscheidung und nach Anhörung der betroffenen Richter einen anderen Berichterstatter bestimmen. Ist dieser nicht der Kammer zugeteilt, der die Rechtssache ursprünglich zugewiesen war, so wird die Rechtssache von der Kammer entschieden, der der neue Berichterstatter angehört.

(4) Bevor der Präsident des Gerichts die Bestimmungen nach den Absätzen 1 bis 3 trifft, holt er die Stellungnahmen der betroffenen Kammerpräsidenten ein.

(5) Bei einer Neubesetzung der Kammern infolge eines Beschlusses des Gerichts über die Zuteilung der Richter an die Kammern wird die Rechtssache von der Kammer entschieden, der der Berichterstatter aufgrund dieser Entscheidung angehört, sofern nicht bereits über die Rechtssache beraten wird oder das mündliche Verfahren eröffnet wurde.

Artikel 28 Verweisung an eine mit einer anderen Richterzahl tagende Kammer

(1) Sofern die rechtliche Schwierigkeit oder die Bedeutung der Rechtssache oder besondere Umstände es rechtfertigen, kann eine Rechtssache an die Große Kammer oder an eine mit einer anderen Richterzahl tagende Kammer verwiesen werden.

(2) Die mit der Rechtssache befasste Kammer oder der Präsident des Gerichts kann der Vollversammlung in jedem Verfah-

rensstadium von Amts wegen oder auf Antrag einer Hauptpartei eine Verweisung nach Absatz 1 vorschlagen.

(3) Über die Verweisung einer Rechtssache an eine mit einer höheren Richterzahl tagende Kammer entscheidet die Vollversammlung.

(4) Über die Verweisung einer Rechtssache an eine mit einer geringeren Richterzahl tagende Kammer entscheidet die Vollversammlung nach Anhörung der Hauptparteien.

(5) Die Rechtssache wird von einer mit mindestens fünf Richtern tagenden Kammer entschieden, wenn ein Mitgliedstaat oder ein Organ der Union als Partei dies beantragt.

Artikel 29 Übertragung auf den Einzelrichter

(1) Die nachstehend bezeichneten Rechtssachen, die einer mit drei Richtern tagenden Kammer zugewiesen sind, können vom Berichterstatter als Einzelrichter entschieden werden, wenn sie sich wegen fehlender Schwierigkeit der aufgeworfenen Tatsachen- und Rechtsfragen, begrenzter Bedeutung der Rechtssache und des Fehlens anderer besonderer Umstände dazu eignen und nach Maßgabe dieses Artikels übertragen worden sind:

a) die in Artikel 171 bezeichneten Rechtssachen;

b) Rechtssachen, die aufgrund des Artikels 263 Absatz 4 AEUV, des Artikels 265 Absatz 3 AEUV, des Artikels 268 AEUV und des Artikels 270 AEUV anhängig gemacht worden sind und die ausschließlich Fragen aufwerfen, die bereits durch eine gesicherte Rechtsprechung geklärt sind oder zu einer Reihe von Rechtssachen gehören, die den gleichen Gegenstand haben und von denen eine bereits rechtskräftig entschieden ist;

c) Rechtssachen, die aufgrund des Artikels 272 AEUV anhängig gemacht worden sind.

(2) Die Übertragung auf den Einzelrichter ist ausgeschlossen

a) bei Nichtigkeitsklagen gegen Handlungen mit allgemeiner Geltung oder bei Rechtssachen, in denen ausdrücklich eine Einrede der Rechtswidrigkeit gegen eine Handlung mit allgemeiner Geltung erhoben worden ist;

b) bei Klagen gemäß Artikel 270 AEUV, in denen ausdrücklich eine Einrede der Rechtswidrigkeit gegen einen Rechtsakt mit allgemeiner Geltung erhoben worden ist, es sei denn, über die mit dieser Einrede aufgeworfenen Fragen ist vom Gerichtshof oder vom Gericht bereits entschieden worden;

c) bei Rechtssachen betreffend die Durchführung

– der Wettbewerbsregeln oder der Vorschriften über die Kontrolle von Unternehmenszusammenschlüssen,

– der Vorschriften über staatliche Beihilfen,

– der Vorschriften über handelspolitische Schutzmaßnahmen,

– der Vorschriften über die gemeinsame Organisation der Agrarmärkte mit Ausnahme von Rechtssachen, die zu einer Reihe von Rechtssachen gehören, die den gleichen Gegenstand haben und von denen eine bereits rechtskräftig entschieden ist.

(3) Die Entscheidung über die Übertragung einer Rechtssache auf den Einzelrichter trifft die mit drei Richtern tagende Kammer, bei der die Rechtssache anhängig ist, nach Anhörung der Hauptparteien. Widerspricht ein Mitgliedstaat oder ein Organ der Union als Partei der Entscheidung der Rechtssache durch den Einzelrichter, so bleibt die Kammer, der der Berichterstatter angehört, mit der Rechtssache befasst.

(4) Der Einzelrichter verweist die Rechtssache an die Kammer zurück, wenn er feststellt, dass die Voraussetzungen für die Übertragung nicht mehr erfüllt sind.

Fünftes Kapitel
Bestellung der Generalanwälte

Artikel 30 Bestellung eines Generalanwalts

Das Gericht kann von einem Generalanwalt unterstützt werden, wenn die rechtliche Schwierigkeit oder die Komplexität des Sachverhalts der Rechtssache dies nach Ansicht des Gerichts gebietet.

Artikel 31 Modalitäten der Bestellung eines Generalanwalts

(1) Die Entscheidung über die Bestellung eines Generalanwalts für eine bestimmte Rechtssache wird auf Antrag der Kammer, der die Rechtssache zugewiesen oder an die diese verwiesen worden ist, von der Vollversammlung getroffen.

(2) Der Präsident des Gerichts bestimmt den Richter, der in dieser Rechtssache die Tätigkeit eines Generalanwalts ausübt.

(3) Ist diese Bestimmung erfolgt, so wird der Generalanwalt gehört, bevor die Entscheidungen nach den Artikeln 16, 28, 45, 68, 70, 83, 87, 90, 92, 98, 103, 105, 106, 113, 126 bis 132, 144, 151, 165, 168, 169 und 207 bis 209 ergehen.

Sechstes Kapitel
Kanzlei

Abschnitt 1
Kanzler

Artikel 32 Ernennung des Kanzlers

(1) Das Gericht ernennt den Kanzler.

(2) Ist die Stelle des Kanzlers unbesetzt, wird eine Anzeige im Amtsblatt der Europäischen Union veröffentlicht. Interessenten werden aufgefordert, innerhalb einer Frist von mindestens drei Wochen ihre Bewerbung einzureichen, die genaue Angaben über ihre Staatsangehörigkeit, akademischen Grade, Sprachkenntnisse, gegenwärtige und frühere berufliche Tätigkeit und etwaigen gerichtlichen und internationalen Erfahrungen enthalten muss.

(3) Die Abstimmung erfolgt nach dem Verfahren des Artikels 9 Absatz 3.

(4) Der Kanzler wird für die Dauer von sechs Jahren ernannt. Wiederernennung ist zulässig. Das Gericht kann entscheiden, die Amtszeit des amtierenden Kanzlers zu verlängern, ohne von dem in Absatz 2 vorgesehenen Verfahren Gebrauch zu machen. In diesem Fall findet Absatz 3 Anwendung.

(5) Der Kanzler leistet den in Artikel 5 vorgesehenen Eid und unterzeichnet die in Artikel 6 vorgesehene Erklärung.

(6) Der Kanzler kann seines Amtes nur enthoben werden, wenn er die erforderlichen Voraussetzungen nicht mehr erfüllt oder den sich aus seinem Amt ergebenden Verpflichtungen nicht mehr nachkommt. Das Gericht entscheidet, ohne dass der Kanzler dabei zugegen ist, nachdem es diesem Gelegenheit zur Äußerung gegeben hat.

(7) Endet die Amtszeit des Kanzlers vor ihrem regelmäßigen Ablauf, so ernennt das Gericht einen neuen Kanzler für die Dauer von sechs Jahren.

(8) Der Name des gemäß diesem Artikel gewählten Kanzlers wird im Amtsblatt der Europäischen Union veröffentlicht.

Artikel 33 Beigeordneter Kanzler

Das Gericht kann nach dem für die Ernennung des Kanzlers geltenden Verfahren einen oder mehrere Beigeordnete Kanzler ernennen, die den Kanzler unterstützen und ihn bei Verhinderung vertreten.

Artikel 34 Verhinderung des Kanzlers und des Beigeordneten Kanzlers

Sind der Kanzler und gegebenenfalls der Beigeordnete Kanzler verhindert, so beauftragt der Präsident des Gerichts Beamte oder sonstige Bedienstete mit der Wahrnehmung der Geschäfte des Kanzlers.

Artikel 35 Zuständigkeit des Kanzlers

(1) Der Kanzler ist unter der Aufsicht des Präsidenten des Gerichts mit der Entgegennahme, Übermittlung und Aufbewahrung aller Schriftstücke sowie mit den Zustellungen, die mit der Anwendung dieser Verfahrensordnung verbunden sind, beauftragt.

(2) Der Kanzler steht den Mitgliedern des Gerichts bei allen Amtshandlungen zur Seite.

(3) Der Kanzler verwahrt die Siegel und ist für das Archiv verantwortlich. Er sorgt für die Veröffentlichungen des Gerichts, insbesondere der Sammlung der Rechtsprechung, und die Verbreitung der das Gericht betreffenden Dokumente über das Internet.

(4) Der Kanzler nimmt die Aufgaben der Verwaltung, der Finanzverwaltung und der Buchführung unter der Aufsicht des Präsidenten des Gerichts wahr; dabei stehen ihm die Dienststellen des Gerichtshofs der Europäischen Union zur Seite.

(5) Soweit in dieser Verfahrensordnung nichts anderes bestimmt ist, ist der Kanzler bei allen Sitzungen des Gerichts zugegen.

Artikel 36 Registerführung

(1) Die Kanzlei führt unter der Verantwortung des Kanzlers ein Register, in das fortlaufend und in der Reihenfolge ihres Eingangs alle Verfahrensschriftstücke einzutragen sind.

(2) Der Kanzler vermerkt die Eintragung in das Register auf den Originalen der Verfahrensschriftstücke oder auf den im Sinne des nach Artikel 74 erlassenen Beschlusses als Originale geltenden Fassungen dieser Schriftstücke und, auf Antrag der Parteien, auf den von ihnen zu diesem Zweck vorgelegten Kopien.

(3) Die Eintragung in das Register und die in Absatz 2 vorgesehenen Vermerke stellen öffentliche Urkunden dar.

Artikel 37 Einsichtnahme in das Register

Jeder kann das Register bei der Kanzlei einsehen und nach Maßgabe der vom Gericht auf Vorschlag des Kanzlers erlassenen Gebührenordnung der Kanzlei Kopien oder Auszüge daraus erhalten.

Artikel 38 Einsichtnahme in die Akten der Rechtssache

(1) Vorbehaltlich des Artikels 68 Absatz 4, der Artikel 103 bis 105 und des Artikels 144 Absatz 7 kann jede Partei Einsicht in die Akten der Rechtssache erhalten und gemäß der in Artikel 37 genannten Gebührenordnung der Kanzlei Kopien der Verfahrensschriftstücke sowie Ausfertigungen von Beschlüssen und Urteilen erhalten.

(2) Kein Dritter, sei es mit privatrechtlichem oder öffentlich-rechtlichem Status, kann ohne ausdrückliche, nach Anhörung der Parteien vom Präsidenten des Gerichts erteilte Genehmigung Einsicht in die Akten einer Rechtssache erhalten. Diese Genehmigung kann, umfassend oder eingeschränkt, nur auf schriftlichen Antrag erteilt werden, dem eine eingehende Begründung für das berechtigte Interesse an der Einsichtnahme in die betreffenden Akten beizufügen ist.

Abschnitt 2
Dienststellen

Artikel 39 Beamte und sonstige Bedienstete

(1) Die Beamten und die sonstigen Bediensteten, die den Präsidenten, die Richter und den Kanzler unmittelbar unterstützen, werden nach Maßgabe des Beamtenstatuts ernannt. Sie unterstehen dem Kanzler unter der Aufsicht des Präsidenten des Gerichts.

(2) Sie leisten vor dem Präsidenten des Gerichts in Gegenwart des Kanzlers einen der beiden folgenden Eide:

„Ich schwöre, dass ich das mir vom Gericht anvertraute Amt pflichtgetreu, verschwiegen und gewissenhaft ausüben werde"
oder
„Ich verspreche feierlich, dass ich das mir vom Gericht anvertraute Amt pflichtgetreu, verschwiegen und gewissenhaft ausüben werde."

Siebtes Kapitel
Geschäftsgang des Gerichts

Artikel 40 Ort der Sitzungen des Gerichts

Das Gericht kann einzelne Sitzungen an einem anderen Ort als seinem Sitz abhalten.

Artikel 41 Arbeitskalender des Gerichts

(1) Das Gerichtsjahr beginnt am 1. September des Kalenderjahrs und endet am 31. August des darauffolgenden Jahres.

(2) Die Gerichtsferien werden vom Gericht festgesetzt.

(3) Während der Gerichtsferien können der Präsident des Gerichts und die Kammerpräsidenten in dringenden Fällen die Richter und gegebenenfalls den Generalanwalt einberufen.

(4) Das Gericht hält die am Ort seines Sitzes geltenden gesetzlichen Feiertage ein.

(5) Das Gericht kann den Richtern in begründeten Fällen Urlaub gewähren.

(6) Die Daten der Gerichtsferien werden jährlich im Amtsblatt der Europäischen Union veröffentlicht.

Artikel 42 Vollversammlung

(1) Die Entscheidungen über Verwaltungsfragen sowie die in den Artikeln 7, 9, 11, 13, 15, 16, 18, 25, 28, 31 bis 33, 41, 74 und 224 genannten Entscheidungen werden vom Gericht in der Vollversammlung getroffen, an der alle Richter mit beschließender Stimme teilnehmen, soweit in dieser Verfahrensordnung nichts anderes bestimmt ist. Der Kanzler ist zugegen, sofern das Gericht nichts anderes bestimmt.

(2) Erweist es sich nach Einberufung der Vollversammlung, dass die in Artikel 17 Absatz 4 der Satzung genannte Zahl von Richtern, die für die Beschlussfähigkeit erforderlich ist, nicht erreicht wird, so vertagt der Präsident des Gerichts die Sitzung bis zu dem Zeitpunkt, zu dem diese Richterzahl erreicht ist.

Artikel 43 Protokollaufnahme

(1) Tagt das Gericht in Anwesenheit des Kanzlers, so nimmt dieser ein etwa erforderliches Protokoll auf, das je nach Fall vom Präsidenten des Gerichts oder vom Kammerpräsidenten und vom Kanzler unterzeichnet wird.

(2) Tagt das Gericht in Abwesenheit des Kanzlers, so beauftragt es den im Sinne des Artikels 8 dienstjüngsten Richter mit der Aufnahme eines etwa erforderlichen Protokolls, das je nach Fall vom Präsidenten des Gerichts oder vom Kammerpräsidenten und von dem genannten Richter unterzeichnet wird.

Zweiter Titel
Sprachenregelung

Artikel 44 Verfahrenssprachen

Die Verfahrenssprachen sind Bulgarisch, Dänisch, Deutsch, Englisch, Estnisch, Finnisch, Französisch, Griechisch, Irisch, Italienisch, Kroatisch, Lettisch, Litauisch, Maltesisch, Niederländisch, Polnisch, Portugiesisch, Rumänisch, Schwedisch, Slowakisch, Slowenisch, Spanisch, Tschechisch und Ungarisch.

Artikel 45 Bestimmung der Verfahrenssprache

(1) Bei Klageverfahren im Sinne des Artikels 1 wählt der Kläger vorbehaltlich der nachstehenden Bestimmungen die Verfahrenssprache:

a) Ist die Klage gegen einen Mitgliedstaat oder gegen eine natürliche oder juristische Person gerichtet, die einem Mitgliedstaat angehört, so ist die Amtssprache dieses Staates Verfahrenssprache; gibt es mehrere Amtssprachen, so ist der Kläger berechtigt, eine von ihnen zu wählen.

b) Auf gemeinsamen Antrag der Hauptparteien kann eine andere der in Artikel 44 genannten Sprachen ganz oder teilweise zugelassen werden.

c) Auf Antrag einer Partei kann nach Anhörung der anderen Parteien abweichend von Buchstabe b eine andere der in Artikel 44 genannten Sprachen ganz oder teilweise als Verfahrenssprache zugelassen werden; dieser Antrag kann nicht von einem der Organe gestellt werden.

(2) Die Entscheidung über die vorgenannten Anträge wird vom Präsidenten getroffen; dieser muss, will er den Anträgen ohne Einverständnis aller Parteien stattgeben, die Entscheidung dem Gericht übertragen.

(3) Unbeschadet des Absatzes 1 Buchstaben b und c

a) ist bei Rechtsmitteln gegen die Entscheidungen des Gerichts für den öffentlichen Dienst nach den Artikeln 9 und 10 des Anhangs I der Satzung Verfahrenssprache diejenige Sprache, die für die mit dem Rechtsmittel angefochtene Entscheidung des Gerichts für den öffentlichen Dienst Verfahrenssprache war;

b) ist bei Berichtigungsanträgen, Anträgen auf Abhilfe gegen das Unterlassen einer Entscheidung, Einsprüchen gegen Versäumnisurteile, Drittwidersprüchen sowie bei Anträgen auf Auslegung und auf Wiederaufnahme oder bei Streitigkeiten über die erstattungsfähigen Kosten Verfahrenssprache diejenige Sprache, die für die Entscheidung, auf die sich diese Anträge oder Streitigkeiten beziehen, Verfahrenssprache war.

(4) Unbeschadet des Absatzes 1 Buchstaben b und c gilt bei Klagen gegen die Entscheidungen der Beschwerdekammern des in Artikel 1 bezeichneten Amtes, die die Anwendung der Vor-

schriften im Rahmen einer Regelung über das geistige Eigentum betreffen:

a) Der Kläger wählt die Verfahrenssprache, wenn er einziger Beteiligter im Verfahren vor der Beschwerdekammer des Amtes war.

b) Die vom Kläger aus den in Artikel 44 genannten Sprachen mit der Klageschrift gewählte Sprache wird Verfahrenssprache, wenn kein anderer im Verfahren vor der Beschwerdekammer des Amtes Beteiligter innerhalb der vom Kanzler nach Eingang der Klageschrift hierfür gesetzten Frist widerspricht.

c) Im Fall des Widerspruchs eines anderen im Verfahren vor der Beschwerdekammer des Amtes Beteiligten als des Klägers gegen die Sprache der Klageschrift wird die Sprache der beim Gericht angefochtenen Entscheidung Verfahrenssprache; in diesem Fall veranlasst der Kanzler die Übersetzung der Klageschrift in die Verfahrenssprache.

Artikel 46 Verwendung der Verfahrenssprache

(1) Die Verfahrenssprache ist insbesondere in den Schriftsätzen und bei den mündlichen Ausführungen der Parteien, einschließlich der beigefügten Unterlagen, sowie in den Protokollen und Entscheidungen des Gerichts zu verwenden.

(2) Vorgelegten oder beigefügten Unterlagen, die in einer anderen Sprache abgefasst sind, ist eine Übersetzung in der Verfahrenssprache beizugeben.

(3) Bei umfangreichen Unterlagen können jedoch auszugsweise Übersetzungen vorgelegt werden. Der Präsident kann jederzeit von Amts wegen oder auf Antrag einer Partei eine ausführlichere oder vollständige Übersetzung verlangen.

(4) Abweichend von den vorstehenden Bestimmungen können sich die Mitgliedstaaten ihrer eigenen Amtssprache bedienen, wenn sie einem beim Gericht anhängigen Rechtsstreit als Streithelfer beitreten. Dies gilt sowohl für Schriftstücke als auch für mündliche Erklärungen. Der Kanzler veranlasst jeweils die Übersetzung in die Verfahrenssprache.

(5) Den Vertragsstaaten des EWR-Abkommens, die nicht Mitgliedstaaten sind, und der EFTA-Überwachungsbehörde kann gestattet werden, sich statt der Verfahrenssprache einer anderen

der in Artikel 44 genannten Sprachen zu bedienen, wenn sie einem beim Gericht anhängigen Rechtsstreit als Streithelfer beitreten. Dies gilt sowohl für Schriftstücke als auch für mündliche Erklärungen. Der Kanzler veranlasst jeweils die Übersetzung in die Verfahrenssprache.

(6) Erklären Zeugen oder Sachverständige, dass sie sich nicht hinlänglich in einer der in Artikel 44 genannten Sprachen ausdrücken können, so kann ihnen der Präsident gestatten, ihre Erklärungen in einer anderen Sprache abzugeben. Der Kanzler veranlasst die Übersetzung in die Verfahrenssprache.

(7) Der Präsident kann sich bei der Leitung der Verhandlung statt der Verfahrenssprache einer anderen der in Artikel 44 genannten Sprachen bedienen; die gleiche Befugnis haben die Richter und gegebenenfalls der Generalanwalt für ihre Fragen und der Generalanwalt für seine Schlussanträge. Der Kanzler veranlasst die Übersetzung in die Verfahrenssprache.

Artikel 47 Verantwortlichkeit des Kanzlers in sprachlichen Angelegenheiten

Auf Ersuchen eines Richters oder des Generalanwalts oder auf Antrag einer Partei veranlasst der Kanzler die Übersetzung der mündlichen oder schriftlichen Äußerungen im Verfahren vor dem Gericht in die in Artikel 44 genannten Sprachen, die gewünscht werden.

Artikel 48 Sprachenregelung für die Veröffentlichungen des Gerichts

Die Veröffentlichungen des Gerichts erscheinen in den in Artikel 1 der Verordnung Nr. 1 des Rates genannten Sprachen.

Artikel 49 Verbindliche Fassungen

Verbindlich ist die Fassung in der Verfahrenssprache oder, falls das Gericht gemäß den Artikeln 45 und 46 eine andere Sprache zugelassen hat, die Fassung in dieser Sprache.

**Dritter Titel
Klageverfahren**

Artikel 50 Anwendungsbereich

Die Bestimmungen dieses Titels finden auf Klageverfahren im Sinne des Artikels 1 Anwendung.

**Erstes Kapitel
Allgemeine Bestimmungen**

**Abschnitt 1
Vertretung der Parteien**

Artikel 51 Vertretungszwang

(1) Die Parteien müssen nach Maßgabe des Artikels 19 der Satzung durch einen Bevollmächtigten oder einen Anwalt vertreten sein.

(2) Anwälte, die als Vertreter oder Beistand einer Partei auftreten, haben bei der Kanzlei einen Ausweis zu hinterlegen, mit dem ihre Berechtigung, vor einem Gericht eines Mitgliedstaats oder eines anderen Vertragsstaats des EWR-Abkommens aufzutreten, bescheinigt wird.

(3) Anwälte, die eine juristische Person des Privatrechts als Partei vertreten, haben bei der Kanzlei eine Vollmacht dieser Partei zu hinterlegen.

(4) Werden die in den Absätzen 2 und 3 genannten Papiere nicht hinterlegt, so setzt der Kanzler der betroffenen Partei eine angemessene Frist zur Beibringung der Papiere. Bei Ausbleiben einer fristgemäßen Beibringung entscheidet das Gericht, ob die Nichtbeachtung dieser Förmlichkeit die formale Unzulässigkeit der Klageschrift oder des Schriftsatzes zur Folge hat.

Abschnitt 2
Rechte und Pflichten der Parteivertreter

Artikel 52 Vorrechte, Befreiungen und Erleichterungen

(1) Die Bevollmächtigten, Beistände und Anwälte, die vor dem Gericht oder vor einem von diesem um Rechtshilfe ersuchten Gericht erscheinen, können wegen mündlicher und schriftlicher Äußerungen, die sich auf die Sache oder auf die Parteien beziehen, nicht gerichtlich verfolgt werden.

(2) Die Bevollmächtigten, Beistände und Anwälte genießen ferner folgende Vorrechte und Erleichterungen:

a) Schriftstücke und Urkunden, die sich auf das Verfahren beziehen, dürfen weder durchsucht noch beschlagnahmt werden. Im Streitfall können die Zoll- oder Polizeibeamten die betreffenden Schriftstücke und Urkunden versiegeln, die dann dem Gericht zum Zwecke der Untersuchung im Beisein des Kanzlers und des Beteiligten umgehend übermittelt werden.

b) Die Bevollmächtigten, Beistände und Anwälte genießen die zur Erfüllung ihrer Aufgaben erforderliche Reisefreiheit.

Artikel 53 Vertretereigenschaft

(1) Um die in Artikel 52 genannten Vorrechte, Befreiungen und Erleichterungen in Anspruch nehmen zu können, weisen zuvor ihre Eigenschaft nach

a) die Bevollmächtigten durch eine von ihrem Vollmachtgeber ausgestellte amtliche Urkunde, die Letzterer dem Kanzler umgehend in Kopie übermittelt;

b) die Anwälte durch einen Ausweis, mit dem ihre Berechtigung, vor einem Gericht eines Mitgliedstaats oder eines anderen Vertragsstaats des EWR-Abkommens aufzutreten, bescheinigt wird, und, wenn die von ihnen vertretene Partei eine juristische Person des Privatrechts ist, durch eine Vollmacht dieser Partei;

c) die Beistände durch eine Vollmacht der Partei, der sie beistehen.

(2) Der Kanzler stellt ihnen erforderlichenfalls ein Berechtigungspapier aus. Dessen Gültigkeit ist auf eine bestimmte Zeit begrenzt. Sie kann je nach der Dauer des Verfahrens verlängert oder verkürzt werden.

Artikel 54 Aufhebung der Befreiung von gerichtlicher Verfolgung

(1) Die in Artikel 52 genannten Vorrechte, Befreiungen und Erleichterungen werden ausschließlich im Interesse des Verfahrens gewährt.

(2) Das Gericht kann die Befreiung von gerichtlicher Verfolgung aufheben, wenn dies nach seiner Auffassung dem Interesse des Verfahrens nicht zuwiderläuft.

Artikel 55 Ausschluss vom Verfahren

(1) Ist das Gericht der Auffassung, dass das Verhalten eines Bevollmächtigten, Beistands oder Anwalts gegenüber dem Gericht, dem Präsidenten, einem Richter oder dem Kanzler mit der Würde des Gerichts oder mit den Erfordernissen einer geordneten Rechtspflege unvereinbar ist oder dass ein Bevollmächtigter, Beistand oder Anwalt seine Befugnisse missbraucht, so unterrichtet es den Betroffenen davon. Das Gericht kann die zuständigen Stellen, denen der Betroffene untersteht, davon unterrichten. Letzterem wird eine Kopie des an diese Stellen gerichteten Schreibens übermittelt.

(2) Aus denselben Gründen kann das Gericht nach Anhörung des Betroffenen jederzeit durch mit Gründen versehenen Beschluss entscheiden, einen Bevollmächtigten, Beistand oder Anwalt vom Verfahren auszuschließen. Der Beschluss ist sofort vollziehbar.

(3) Wird ein Bevollmächtigter, Beistand oder Anwalt vom Verfahren ausgeschlossen, so wird das Verfahren bis zum Ablauf einer Frist ausgesetzt, die der Präsident der betroffenen Partei zur Bestimmung eines anderen Bevollmächtigten, Beistands oder Anwalts setzt.

(4) Die gemäß diesem Artikel getroffenen Entscheidungen können wieder aufgehoben werden.

Artikel 56 Hochschullehrer

Die Bestimmungen dieses Abschnitts finden Anwendung auf die in Artikel 19 Absatz 7 der Satzung bezeichneten Hochschullehrer.

Abschnitt 3
Zustellungen

Artikel 57 Zustellungsarten

(1) Unbeschadet des Artikels 77 Absatz 2 und des Artikels 80 Absatz 1 veranlasst der Kanzler die in der Satzung und in dieser Verfahrensordnung vorgesehenen Zustellungen mittels der in Absatz 4 genannten Zustellungsart oder mittels Telefax.

(2) Ist eine Zustellung gemäß Absatz 1 aus technischen Gründen oder wegen der Art oder des Umfangs des Schriftstücks nicht möglich, so erfolgt die Zustellung an die Anschrift des Vertreters der betroffenen Partei durch Übersendung einer Kopie des zuzustellenden Schriftstücks per Einschreiben mit Rückschein oder durch Übergabe der Kopie gegen Empfangsbestätigung. Der Adressat wird davon mittels der in Absatz 4 genannten Zustellungsart oder mittels Telefax benachrichtigt. Ein Einschreiben gilt dann am zehnten Tag nach der Aufgabe zur Post am Ort des Sitzes des Gerichts als dem Adressaten übergeben, sofern nicht durch den Rückschein nachgewiesen wird, dass der Zugang zu einem anderen Zeitpunkt erfolgt ist, oder der Adressat den Kanzler innerhalb von drei Wochen nach der mittels der in Absatz 4 genannten Zustellungsart oder mittels Telefax erfolgten Benachrichtigung davon unterrichtet, dass ihm das zuzustellende Schriftstück nicht zugegangen ist.

(3) Die Kopien des gemäß Absatz 2 zuzustellenden Originals werden vom Kanzler ausgefertigt und beglaubigt, es sei denn, dass sie gemäß Artikel 73 Absatz 2 von den Parteien eingereicht werden.

(4) Das Gericht kann durch Beschluss die Voraussetzungen festlegen, unter denen ein Verfahrensschriftstück elektronisch zugestellt werden kann. Der Beschluss wird im Amtsblatt der Europäischen Union veröffentlicht.

Abschnitt 4
Fristen

Artikel 58 Fristberechnung

(1) Die in den Verträgen, in der Satzung und in dieser Verfahrensordnung vorgesehenen Verfahrensfristen werden wie folgt berechnet:

a) Ist eine nach Tagen, Wochen, Monaten oder Jahren bemessene Frist von dem Zeitpunkt an zu berechnen, zu dem ein Ereignis eintritt oder eine Handlung vorgenommen wird, so wird der Tag, an dem das Ereignis eintritt oder die Handlung vorgenommen wird, nicht mitgerechnet.

b) Eine nach Wochen, Monaten oder Jahren bemessene Frist endet mit Ablauf des Tages, der in der letzten Woche, im letzten Monat oder im letzten Jahr dieselbe Bezeichnung oder dieselbe Zahl wie der Tag trägt, an dem das Ereignis eingetreten oder die Handlung vorgenommen worden ist, von denen an die Frist zu berechnen ist. Fehlt bei einer nach Monaten oder Jahren bemessenen Frist im letzten Monat der für ihren Ablauf maßgebende Tag, so endet die Frist mit Ablauf des letzten Tages dieses Monats.

c) Ist eine Frist nach Monaten und nach Tagen bemessen, so werden zunächst die vollen Monate und dann die Tage berücksichtigt.

d) Die Fristen umfassen die Samstage, die Sonntage und die gesetzlichen Feiertage.

e) Der Fristlauf wird durch die Gerichtsferien nicht gehemmt.

(2) Fällt das Fristende auf einen Samstag, Sonntag oder gesetzlichen Feiertag, so endet die Frist mit dem Ablauf des nächstfolgenden Werktags.

(3) Das vom Gerichtshof aufgestellte und im Amtsblatt der Europäischen Union veröffentlichte Verzeichnis der gesetzlichen Feiertage gilt auch für das Gericht.

Artikel 59 Klage gegen eine im Amtsblatt der Europäischen Union veröffentlichte Handlung eines Organs

Beginnt eine Frist für die Erhebung einer Klage gegen eine Handlung eines Organs mit der Veröffentlichung der Handlung im Amtsblatt der Europäischen Union, so ist diese Frist im Sinne von Artikel 58 Absatz 1 Buchstabe a vom Ablauf des vierzehnten Tages nach dieser Veröffentlichung an zu berechnen.

Artikel 60 Entfernungsfrist
Die Verfahrensfristen werden um eine pauschale Entfernungsfrist von zehn Tagen verlängert.

Artikel 61 Fristsetzung und Fristverlängerung
(1) Aufgrund dieser Verfahrensordnung festgesetzte Fristen können von der fristsetzenden Stelle verlängert werden.

(2) Der Präsident kann dem Kanzler die Zeichnungsbefugnis übertragen, bestimmte Fristen, die er aufgrund dieser Verfahrensordnung anzuordnen hat, festzusetzen oder deren Verlängerung zu gewähren.

Artikel 62 Nicht fristgemäß eingereichte Verfahrensschriftstücke
Ein Verfahrensschriftstück, das bei der Kanzlei nach Ablauf der vom Präsidenten oder vom Kanzler gemäß dieser Verfahrensordnung gesetzten Frist eingeht, kann nur aufgrund einer entsprechenden Entscheidung des Präsidenten berücksichtigt werden.

Abschnitt 5
Verfahrensablauf und Behandlung der Rechtssachen

Artikel 63 Verfahrensablauf
Unbeschadet besonderer Bestimmungen der Satzung oder dieser Verfahrensordnung umfasst das Verfahren vor dem Gericht ein schriftliches und ein mündliches Verfahren.

Artikel 64 Kontradiktorisches Verfahren
Vorbehaltlich des Artikels 68 Absatz 4, des Artikels 104, des Artikels 105 Absatz 8 und des Artikels 144 Absatz 7 berücksichtigt das Gericht nur Verfahrensschriftstücke und Unterlagen, von denen die Vertreter der Parteien Kenntnis nehmen konnten und zu denen sie Stellung nehmen konnten.

Artikel 65 Zustellung der Verfahrensschriftstücke und der im Laufe des Verfahrens getroffenen Entscheidungen

(1) Vorbehaltlich des Artikels 68 Absatz 4, der Artikel 103 bis 105 und des Artikels 144 Absatz 7 werden zu den Akten der Rechtssache gegebene Verfahrensschriftstücke und Unterlagen den Parteien zugestellt.

(2) Entscheidungen, die im Laufe des Verfahrens getroffen und zu den Akten der Rechtssache gegeben werden, werden den Parteien auf Veranlassung des Kanzlers bekannt gegeben.

Artikel 66 Anonymität und Weglassen bestimmter Angaben gegenüber der Öffentlichkeit

Das Gericht kann auf mit gesondertem Schriftsatz gestellten begründeten Antrag einer Partei oder von Amts wegen den Namen einer Partei des Rechtsstreits oder sonstiger im Rahmen des Verfahrens erwähnter Personen sowie bestimmte Angaben in öffentlich zugänglichen Unterlagen der Rechtssache weglassen, wenn berechtigte Gründe es rechtfertigen, dass die Identität einer Person oder der Inhalt dieser Angaben vertraulich behandelt wird.

Artikel 67 Reihenfolge der Behandlung der Rechtssachen

(1) Das Gericht erledigt die bei ihm anhängigen Rechtssachen in der Reihenfolge, in der sie zur Entscheidung reif sind.

(2) Der Präsident kann in Anbetracht besonderer Umstände entscheiden, dass eine Rechtssache mit Vorrang entschieden wird.

Artikel 68 Verbindung

(1) Mehrere Rechtssachen, die den gleichen Gegenstand haben, können jederzeit von Amts wegen oder auf Antrag einer Hauptpartei wegen Zusammenhangs alternativ oder kumulativ zu gemeinsamem schriftlichen oder mündlichen Verfahren oder zu gemeinsamer das Verfahren beendender Entscheidung verbunden werden.

(2) Über die Verbindung entscheidet der Präsident. Vor dieser Entscheidung setzt der Präsident den Hauptparteien eine Frist zur Stellungnahme zu einer möglichen Verbindung, sofern sie sich hierzu nicht bereits geäußert haben.

(3) Die Verbindung von Rechtssachen kann nach Maßgabe des Absatzes 2 aufgehoben werden.

(4) Sämtliche Parteien der verbundenen Rechtssachen können bei der Kanzlei die Akten der von der Verbindung betroffenen Rechtssachen einsehen. Der Präsident kann jedoch auf Antrag einer Partei durch Beschluss bestimmte vertrauliche Angaben in den Akten der Rechtssache von der Einsichtnahme ausnehmen.

(5) Unbeschadet des Absatzes 4 werden die zu den Akten der von der Verbindung betroffenen Rechtssachen gegebenen Verfahrensschriftstücke den Parteien der verbundenen Rechtssachen zugestellt, soweit die Vertreter dieser Parteien dies beantragen und der Zustellungsart nach Artikel 57 Absatz 4 zugestimmt haben.

Artikel 69 Fälle der Aussetzung

Unbeschadet des Artikels 163 kann ein anhängiges Verfahren ausgesetzt werden:

a) in den in Artikel 54 Absatz 3 der Satzung vorgesehenen Fällen;

b) wenn beim Gerichtshof ein Rechtsmittel gegen eine Entscheidung des Gerichts eingelegt wird, die über einen Teil des Streitgegenstands ergangen ist, die einen Zwischenstreit über eine Einrede der Unzuständigkeit oder Unzulässigkeit beendet oder mit der ein Streitbeitritt abgelehnt wird;

c) auf Antrag einer Hauptpartei mit der Zustimmung der anderen Hauptpartei;

d) in sonstigen besonderen Fällen, wenn eine geordnete Rechtspflege es erfordert.

Artikel 70 Aussetzungsentscheidung und Entscheidung über die Fortsetzung des Verfahrens

(1) Die Entscheidung über die Aussetzung des Verfahrens trifft der Präsident. Vor dieser Entscheidung setzt der Präsident den Hauptparteien eine Frist zur Stellungnahme zu einer möglichen Aussetzung des Verfahrens, sofern sie sich hierzu nicht bereits geäußert haben.

(2) Die Entscheidung über die Fortsetzung des Verfahrens vor dem Ende der Aussetzung oder gemäß Artikel 71 Absatz 3 wird nach Maßgabe des Absatzes 1 getroffen.

Artikel 71 Dauer und Wirkungen der Aussetzung

(1) Die Aussetzung des Verfahrens wird zu dem in der Aussetzungsentscheidung angegebenen Zeitpunkt oder, wenn ein solcher nicht angegeben ist, zum Zeitpunkt dieser Entscheidung wirksam.

(2) Die Aussetzung unterbricht alle Verfahrensfristen; dies gilt nicht für die in Artikel 143 Absatz 1 vorgesehene Streithilfefrist.

(3) Ist in der Aussetzungsentscheidung das Ende der Aussetzung nicht festgelegt, so endet die Aussetzung zu dem in der Entscheidung über die Fortsetzung des Verfahrens angegebenen Zeitpunkt oder, wenn ein solcher nicht angegeben ist, zum Zeitpunkt der Entscheidung über die Fortsetzung.

(4) An die Stelle der unterbrochenen Verfahrensfristen treten ab dem Zeitpunkt der Fortsetzung des Verfahrens nach einer Aussetzung neue Fristen, die zu dem Zeitpunkt der Fortsetzung zu laufen beginnen.

Zweites Kapitel
Verfahrensschriftstücke

Artikel 72 Gemeinsame Regeln für die Einreichung von Verfahrensschriftstücken

(1) Verfahrensschriftstücke sind bei der Kanzlei entweder in Papierform, gegebenenfalls nach Übermittlung einer Kopie des Originals des jeweiligen Schriftstücks mittels Telefax gemäß Artikel 73 Absatz 3, oder auf die in dem aufgrund von Artikel 74 erlassenen Beschluss des Gerichts genannte Art einzureichen.

(2) Jedes Verfahrensschriftstück ist mit Datum zu versehen. Für die Berechnung der Verfahrensfristen sind ausschließlich Tag und Uhrzeit des Eingangs bei der Kanzlei nach der im Großherzogtum Luxemburg geltenden Zeit maßgebend.

(3) Den Verfahrensschriftstücken sind die zur Unterstützung herangezogenen Unterlagen und ein Verzeichnis dieser Unterlagen beizufügen.

(4) Werden dem Verfahrensschriftstück von einer Unterlage mit Rücksicht auf deren Umfang nur Auszüge beigefügt, so ist die gesamte Unterlage oder eine vollständige Kopie bei der Kanzlei einzureichen.

(5) Die Organe haben innerhalb der vom Präsidenten festgesetzten Fristen Übersetzungen sämtlicher Verfahrensschriftstücke in den anderen in Artikel 1 der Verordnung Nr. 1 genannten Sprachen vorzulegen.

Artikel 73 Einreichung eines Verfahrensschriftstücks in Papierform bei der Kanzlei

(1) Das Original eines Verfahrensschriftstücks in Papierform muss von dem Bevollmächtigten oder Anwalt der Partei handschriftlich unterzeichnet sein.

(2) Mit diesem Schriftstück und allen darin erwähnten Anlagen sind drei Kopien für das Gericht und je eine Kopie für jede andere am Rechtsstreit beteiligte Partei einzureichen. Die Kopien sind von der Partei, die sie einreicht, zu beglaubigen.

(3) Abweichend von Artikel 72 Absatz 2 Satz 2 sind für die Wahrung der Verfahrensfristen der Tag und die Uhrzeit des Eingangs einer vollständigen Kopie des unterzeichneten Originals eines Verfahrensschriftstücks einschließlich des in Artikel 72 Absatz 3 genannten Verzeichnisses der Unterlagen mittels Telefax bei der Kanzlei maßgebend, sofern das unterzeichnete Original des Schriftstücks zusammen mit den in Absatz 2 genannten Anlagen und Kopien spätestens zehn Tage danach bei der Kanzlei eingereicht wird. Artikel 60 findet auf diese Frist von zehn Tagen keine Anwendung.

Artikel 74 Elektronische Einreichung

Das Gericht kann durch Beschluss die Voraussetzungen festlegen, unter denen ein der Kanzlei elektronisch übermitteltes Verfahrensschriftstück als Original dieses Schriftstücks gilt. Der Beschluss wird im Amtsblatt der Europäischen Union veröffentlicht.

Artikel 75 Länge der Schriftsätze

(1) Das Gericht legt gemäß Artikel 224 die maximale Länge der Schriftsätze fest, die im Rahmen dieses Titels eingereicht werden.

(2) Eine Überschreitung der maximalen Länge der Schriftsätze kann der Präsident nur in Fällen genehmigen, die in rechtlicher oder tatsächlicher Hinsicht besonders komplex sind.

Drittes Kapitel
Schriftliches Verfahren

Artikel 76 Inhalt der Klageschrift

Die Klageschrift im Sinne von Artikel 21 der Satzung muss enthalten:

a) Namen und Wohnsitz des Klägers;

b) die Angabe der Stellung und der Anschrift des Vertreters des Klägers;

c) die Bezeichnung der Hauptpartei, gegen die sich die Klage richtet;

d) den Streitgegenstand, die geltend gemachten Klagegründe und Argumente sowie eine kurze Darstellung der Klagegründe;

e) die Anträge des Klägers;

f) gegebenenfalls die Beweise und Beweisangebote.

Artikel 77 Angaben für Zustellungen

(1) Für die Zwecke des Verfahrens ist in der Klageschrift anzugeben, ob der Vertreter des Klägers der in Artikel 57 Absatz 4 genannten Zustellungsart oder der Zustellung mittels Telefax zustimmt.

(2) Entspricht die Klageschrift nicht den Voraussetzungen des Absatzes 1, so erfolgen bis zur Behebung dieses Mangels alle Zustellungen an die betreffende Partei für die Zwecke des Verfahrens durch Einschreiben an den Vertreter der Partei. Die ordnungsgemäße Zustellung gilt dann mit der Aufgabe des Einschreibens zur Post am Ort des Sitzes des Gerichts als bewirkt.

Artikel 78 Anlagen zur Klageschrift

(1) Der Klageschrift sind gegebenenfalls die in Artikel 21 Absatz 2 der Satzung bezeichneten Unterlagen beizufügen.

(2) Klagen gemäß Artikel 270 AEUV ist gegebenenfalls die Beschwerde im Sinne von Artikel 90 Absatz 2 des Beamtensta-

tuts und die Entscheidung über die Beschwerde mit Angabe des Datums der Einreichung der Beschwerde und der Mitteilung der Entscheidung beizufügen.

(3) Wird gemäß Artikel 272 AEUV eine Klage aufgrund einer Schiedsklausel erhoben, die in einem von der Union oder für ihre Rechnung abgeschlossenen öffentlich-rechtlichen oder privatrechtlichen Vertrag enthalten ist, so ist mit der Klageschrift eine Ausfertigung des diese Klausel enthaltenden Vertrags einzureichen.

(4) Ist der Kläger eine juristische Person des Privatrechts, so hat er mit der Klageschrift einen Nachweis jüngeren Datums für seine Rechtspersönlichkeit einzureichen (Handelsregisterauszug, Vereinsregisterauszug oder eine andere amtliche Urkunde).

(5) Der Klageschrift sind die in Artikel 51 Absätze 2 und 3 genannten Papiere beizufügen.

(6) Entspricht die Klageschrift nicht den in den Absätzen 1 bis 5 genannten Voraussetzungen, so setzt der Kanzler dem Kläger eine angemessene Frist zur Beibringung der vorstehend genannten Unterlagen. Bei Ausbleiben einer fristgemäßen Mängelbehebung entscheidet das Gericht, ob die Nichtbeachtung dieser Voraussetzungen die formale Unzulässigkeit der Klageschrift zur Folge hat.

Artikel 79 Mitteilung im Amtsblatt der Europäischen Union

Im Amtsblatt der Europäischen Union wird eine Mitteilung veröffentlicht, die den Tag des Eingangs des verfahrenseinleitenden Schriftsatzes, die Namen der Hauptparteien, die Anträge und die Angabe der geltend gemachten Gründe und wesentlichen Argumente enthält.

Artikel 80 Zustellung der Klageschrift

(1) Die Klageschrift wird dem Beklagten durch Übersendung einer beglaubigten Kopie der Klageschrift per Einschreiben mit Rückschein oder durch Übergabe der Kopie gegen Empfangsbestätigung zugestellt. Hat der Beklagte im Voraus der Zustellung von Klageschriften mittels der in Artikel 57 Absatz 4 genannten Zustellungsart oder mittels Telefax zugestimmt, so kann die Zustellung der Klageschrift auf diese Arten vorgenommen werden.

(2) In den Fällen des Artikels 78 Absatz 6 erfolgt die Zustellung sogleich nach der Mängelbehebung oder nachdem das Gericht in Anbetracht der in dem genannten Artikel aufgeführten Voraussetzungen die Zulässigkeit bejaht hat.

Artikel 81 Klagebeantwortung

(1) Innerhalb von zwei Monaten nach Zustellung der Klageschrift hat der Beklagte eine Klagebeantwortung einzureichen. Diese muss enthalten:

a) Namen und Wohnsitz des Beklagten;

b) Angabe der Stellung und der Anschrift des Vertreters des Beklagten;

c) die geltend gemachten Verteidigungsgründe und -argumente;

d) die Anträge des Beklagten;

e) gegebenenfalls die Beweise und Beweisangebote.

(2) Artikel 77 und Artikel 78 Absätze 4 bis 6 finden auf die Klagebeantwortung Anwendung.

(3) Der Präsident kann die in Absatz 1 vorgesehene Frist bei Vorliegen außergewöhnlicher Umstände auf begründeten Antrag des Beklagten verlängern.

Artikel 82 Übermittlung von Schriftsätzen

Sind das Europäische Parlament, der Rat oder die Europäische Kommission nicht Partei einer Rechtssache, so übermittelt ihnen das Gericht eine Kopie der Klageschrift und der Klagebeantwortung mit Ausnahme der diesen Schriftsätzen beigefügten Anlagen, damit sie feststellen können, ob im Sinne des Artikels 277 AEUV die Unanwendbarkeit eines ihrer Rechtsakte geltend gemacht wird.

Artikel 83 Erwiderung und Gegenerwiderung

(1) Klageschrift und Klagebeantwortung können durch eine Erwiderung des Klägers und eine Gegenerwiderung des Beklagten ergänzt werden, es sei denn, das Gericht entscheidet, dass ein zweiter Schriftsatzwechsel nicht erforderlich ist, weil der Inhalt der Akten der Rechtssache hinreichend vollständig ist.

(2) Entscheidet das Gericht, dass ein zweiter Schriftsatzwechsel nicht erforderlich ist, so kann es den Hauptparteien noch ge-

statten, die Akten der Rechtssache zu ergänzen, wenn der Kläger innerhalb von zwei Wochen nach Zustellung dieser Entscheidung einen dahin gehenden begründeten Antrag stellt.

(3) Der Präsident bestimmt die Fristen für die Einreichung dieser Verfahrensschriftstücke. Er kann festlegen, auf welche Punkte sich die Erwiderung und die Gegenerwiderung beziehen sollten.

Viertes Kapitel
Klage- und Verteidigungsgründe, Beweise und Anpassung der Klageschrift

Artikel 84 Neue Klage- und Verteidigungsgründe

(1) Das Vorbringen neuer Klage- und Verteidigungsgründe im Laufe des Verfahrens ist unzulässig, es sei denn, dass sie auf rechtliche oder tatsächliche Gesichtspunkte gestützt werden, die erst während des Verfahrens zutage getreten sind.

(2) Neue Klage- und Verteidigungsgründe sind gegebenenfalls im zweiten Schriftsatzwechsel vorzubringen und als solche kenntlich zu machen. Werden die rechtlichen oder tatsächlichen Gesichtspunkte, die ein Vorbringen neuer Klage- und Verteidigungsgründe rechtfertigen, nach dem zweiten Schriftsatzwechsel oder nachdem entschieden wurde, dass ein solcher Schriftsatzwechsel nicht zugelassen wird, bekannt, so hat die betreffende Hauptpartei die neuen Klage- und Verteidigungsgründe vorzubringen, sobald sie von diesen Gesichtspunkten Kenntnis erlangt.

(3) Unbeschadet der späteren Entscheidung des Gerichts über die Zulässigkeit der neuen Klage- oder Verteidigungsgründe gibt der Präsident den anderen Parteien Gelegenheit, zu diesen Klage- oder Verteidigungsgründen Stellung zu nehmen.

Artikel 85 Beweise und Beweisangebote

(1) Beweise und Beweisangebote sind im Rahmen des ersten Schriftsatzwechsels vorzulegen.

(2) Die Hauptparteien können für ihr Vorbringen noch in der Erwiderung oder in der Gegenerwiderung Beweise oder Beweisangebote vorlegen, sofern die Verspätung der Vorlage gerechtfertigt ist.

(3) Sofern die Verspätung der Vorlage gerechtfertigt ist, können die Hauptparteien ausnahmsweise noch vor Abschluss des mündlichen Verfahrens oder vor einer Entscheidung des Gerichts, ohne mündliches Verfahren zu entscheiden, Beweise oder Beweisangebote vorlegen.

(4) Unbeschadet der späteren Entscheidung des Gerichts über die Zulässigkeit der gemäß den Absätzen 2 und 3 vorgebrachten Beweise oder Beweisangebote gibt der Präsident den anderen Parteien Gelegenheit, hierzu Stellung zu nehmen.

Artikel 86 Anpassung der Klageschrift

(1) Wird ein Rechtsakt, dessen Nichtigerklärung beantragt wird, durch einen anderen Rechtsakt mit demselben Gegenstand ersetzt oder geändert, so kann der Kläger vor Abschluss des mündlichen Verfahrens oder vor der Entscheidung des Gerichts, ohne mündliches Verfahren zu entscheiden, die Klageschrift anpassen, um diesem neuen Umstand Rechnung zu tragen.

(2) Die Anpassung der Klageschrift muss mit gesondertem Schriftsatz und innerhalb der in Artikel 263 Absatz 6 AEUV vorgesehenen Frist erfolgen, innerhalb deren die Nichtigerklärung des die Anpassung der Klageschrift rechtfertigenden Rechtsakts beantragt werden kann.

(3) Bei Rechtssachen, die aufgrund des Artikels 270 AEUV anhängig gemacht worden sind, muss die Anpassung der Klageschrift mit gesondertem Schriftsatz und, abweichend von Absatz 2, innerhalb der in Artikel 91 Absatz 3 des Beamtenstatuts vorgesehenen Frist erfolgen, innerhalb deren die Nichtigerklärung des die Anpassung der Klageschrift rechtfertigenden Rechtsakts beantragt werden kann.

(4) Der Anpassungsschriftsatz muss enthalten:

a) die angepassten Anträge;

b) erforderlichenfalls die angepassten Klagegründe und Argumente;

c) erforderlichenfalls die mit der Anpassung der Anträge in Zusammenhang stehenden Beweise und Beweisangebote.

(5) Dem Anpassungsschriftsatz ist der die Anpassung der Klageschrift rechtfertigende Rechtsakt beizufügen. Wird dieser Rechtsakt nicht vorgelegt, so setzt der Kanzler dem Kläger eine

angemessene Frist zur Vorlage. Bei Ausbleiben einer fristgemäßen Mängelbehebung entscheidet das Gericht, ob die Nichtbeachtung dieses Erfordernisses die Unzulässigkeit des Schriftsatzes zur Anpassung der Klageschrift zur Folge hat.

(6) Unbeschadet der späteren Entscheidung des Gerichts über die Zulässigkeit des Schriftsatzes zur Anpassung der Klageschrift setzt der Präsident dem Beklagten eine Frist zur Erwiderung auf den Anpassungsschriftsatz.

(7) Der Präsident setzt gegebenenfalls den Streithelfern eine Frist zur Ergänzung ihrer Streithilfeschriftsätze im Licht des Schriftsatzes zur Anpassung der Klageschrift und des Erwiderungsschriftsatzes. Zu diesem Zweck werden diese Schriftsätze den Streithelfern gleichzeitig zugestellt.

Fünftes Kapitel
Vorbericht

Artikel 87 Vorbericht

(1) Wenn das schriftliche Verfahren abgeschlossen ist, bestimmt der Präsident den Zeitpunkt, zu dem der Berichterstatter dem Gericht einen Vorbericht vorzulegen hat.

(2) Der Vorbericht enthält eine Prüfung der relevanten Tatsachen- und Rechtsfragen, die die Klage aufwirft, sowie Vorschläge zu der Frage, ob prozessleitende Maßnahmen oder eine Beweisaufnahme erforderlich sind, zur Durchführung des mündlichen Verfahrens sowie zu einer etwaigen Verweisung der Rechtssache an die Große Kammer oder an eine mit einer anderen Richterzahl tagende Kammer und zu einer möglichen Übertragung der Rechtssache auf den Einzelrichter.

(3) Das Gericht entscheidet über die Vorschläge des Berichterstatters und gegebenenfalls über die Eröffnung des mündlichen Verfahrens.

Sechstes Kapitel
Prozessleitende Massnahmen und Beweisaufnahme

Artikel 88 Allgemeines

(1) Prozessleitende Maßnahmen und Maßnahmen der Beweisaufnahme können in jedem Verfahrensstadium von Amts wegen oder auf Antrag einer Hauptpartei getroffen oder abgeändert werden.

(2) In dem Antrag nach Absatz 1 sind der Gegenstand der beantragten Maßnahmen und die sie rechtfertigenden Gründe genau zu bezeichnen. Wird der Antrag nach dem ersten Schriftsatzwechsel gestellt, so hat die antragstellende Partei die Gründe darzulegen, aus denen ihr eine frühere Antragstellung unmöglich war.

(3) Bei einem Antrag auf prozessleitende Maßnahmen oder Maßnahmen der Beweisaufnahme gibt der Präsident den anderen Parteien Gelegenheit, hierzu Stellung zu nehmen.

Abschnitt 1
Prozessleitende Maßnahmen

Artikel 89 Gegenstand

(1) Prozessleitende Maßnahmen sollen die Vorbereitung der Entscheidungen, den Ablauf der Verfahren und die Beilegung der Rechtsstreitigkeiten unter den bestmöglichen Bedingungen gewährleisten.

(2) Prozessleitende Maßnahmen haben insbesondere zum Ziel,

a) den ordnungsgemäßen Ablauf des schriftlichen oder des mündlichen Verfahrens zu gewährleisten und die Beweiserhebung zu erleichtern;

b) die Punkte zu bestimmen, zu denen die Parteien ihr Vorbringen ergänzen sollen oder die eine Beweisaufnahme erfordern;

c) die Tragweite der Anträge sowie der Gründe und Argumente der Parteien zu verdeutlichen und die zwischen den Parteien streitigen Punkte zu klären;

d) die gütliche Beilegung der Rechtsstreitigkeiten zu erleichtern.

(3) Zu den prozessleitenden Maßnahmen, die beschlossen werden können, gehören unter anderem:

a) Fragen an die Parteien;

b) die Aufforderung an die Parteien, schriftlich oder mündlich zu bestimmten Aspekten des Rechtsstreits Stellung zu nehmen;

c) Auskunftsverlangen an die Parteien oder Dritte gemäß Artikel 24 Absatz 2 der Satzung;

d) die Aufforderung an die Parteien, mit der Rechtssache im Zusammenhang stehende Unterlagen vorzulegen;

e) die Ladung der Parteien zu Sitzungen.

(4) Wenn eine mündliche Verhandlung durchgeführt wird, fordert das Gericht, wann immer möglich, die Parteien auf, ihre mündlichen Ausführungen auf eine oder mehrere festgelegte Fragen zu konzentrieren.

Artikel 90 Verfahren

(1) Prozessleitende Maßnahmen werden vom Gericht beschlossen.

(2) Beschließt das Gericht prozessleitende Maßnahmen, die es nicht selbst durchführt, so beauftragt es den Berichterstatter mit ihrer Durchführung.

Abschnitt 2
Beweisaufnahme

Artikel 91 Gegenstand

Unbeschadet der Artikel 24 und 25 der Satzung sind folgende Beweismittel zulässig:

a) persönliches Erscheinen der Parteien;

b) die Einholung von Auskünften bei einer Partei oder die Aufforderung an eine Partei, mit der Rechtssache im Zusammenhang stehende Unterlagen vorzulegen;

c) die Aufforderung zur Vorlage von Schriftstücken, in die ein Organ die Einsicht verweigert hat, in einem Verfahren zur Prüfung der Rechtmäßigkeit dieser Verweigerung;

d) Zeugenbeweis;

e) Sachverständigengutachten;

f) Einnahme des Augenscheins.

Artikel 92 Verfahren

(1) Das Gericht bestimmt die Beweismittel durch Beschluss, der die zu beweisenden Tatsachen bezeichnet.

(2) Bevor das Gericht die Beweiserhebungen nach Artikel 91 Buchstaben d bis f beschließt, werden die Parteien gehört.

(3) Eine Beweiserhebung nach Artikel 91 Buchstabe b kann erst beschlossen werden, wenn die von der Beweiserhebung betroffene Partei einer zuvor zu diesem Zweck erlassenen prozessleitenden Maßnahme nicht nachgekommen ist oder wenn die von der Beweiserhebung betroffene Partei eine solche Beweiserhebung ausdrücklich beantragt, wobei sie nachzuweisen hat, dass für diese Beweiserhebung ein Beweisbeschluss erforderlich ist. Der Beweisbeschluss kann vorsehen, dass die Vertreter der Parteien die Auskünfte und Unterlagen, die das Gericht aufgrund dieses Beschlusses erhält, ausschließlich bei der Kanzlei einsehen dürfen und dass keine Kopien angefertigt werden dürfen.

(4) Beschließt das Gericht eine Beweisaufnahme, die nicht vor ihm selbst stattfinden soll, so beauftragt es den Berichterstatter mit ihrer Durchführung.

(5) Der Generalanwalt nimmt an der Beweisaufnahme teil.

(6) Die Parteien können der Beweisaufnahme beiwohnen.

(7) Gegenbeweis und Erweiterung der Beweisangebote bleiben vorbehalten.

Artikel 93 Ladung von Zeugen

(1) Zeugen, deren Vernehmung für erforderlich erachtet wird, werden aufgrund eines Beschlusses nach Artikel 92 Absatz 1 geladen; der Beschluss muss enthalten:

a) Namen, Stellung und Anschrift der Zeugen;

b) Termin und Ort der Vernehmung;

c) die Benennung der Tatsachen, über die Beweis zu erheben ist, und der Zeugen, die zu den einzelnen Tatsachen vernommen werden sollen.

(2) Die Zeugen werden vom Gericht geladen, gegebenenfalls nach Hinterlegung des Vorschusses gemäß Artikel 100 Absatz 1.

Artikel 94 Zeugenvernehmung

(1) Der Präsident weist die Zeugen nach Feststellung ihrer Identität darauf hin, dass sie die Richtigkeit ihrer Aussagen nach den Bestimmungen des Absatzes 5 und des Artikels 97 zu versichern haben.

(2) Die Zeugen werden vom Gericht vernommen; die Parteien sind hierzu zu laden. Der Präsident kann nach Beendigung der Aussage auf Antrag der Parteien oder von Amts wegen Fragen an die Zeugen richten.

(3) Die gleiche Befugnis steht den einzelnen Richtern und dem Generalanwalt zu.

(4) Die Vertreter der Parteien können unter der Aufsicht des Präsidenten Fragen an die Zeugen richten.

(5) Vorbehaltlich des Artikels 97 leistet der Zeuge nach Beendigung seiner Aussage folgenden Eid:

„Ich schwöre, dass ich die Wahrheit, die ganze Wahrheit und nichts als die Wahrheit gesagt habe."

(6) Das Gericht kann nach Anhörung der Hauptparteien auf die Beeidigung des Zeugen verzichten.

Artikel 95 Pflichten der Zeugen

(1) Zeugen, die ordnungsgemäß geladen sind, haben der Ladung Folge zu leisten und zur Vernehmung zu erscheinen.

(2) Erscheint ein ordnungsgemäß geladener Zeuge ohne berechtigten Grund nicht vor dem Gericht, so kann dieses eine Geldbuße von bis zu 5 000 Euro gegen ihn verhängen und die erneute Ladung des Zeugen auf dessen Kosten beschließen.

(3) Die gleiche Sanktion kann gegen einen Zeugen verhängt werden, der ohne berechtigten Grund die Aussage oder die Eidesleistung verweigert.

Artikel 96 Sachverständigengutachten

(1) In dem Beschluss, der den Sachverständigen ernennt, ist dessen Auftrag genau zu umschreiben und eine Frist für die Abgabe des Gutachtens zu bestimmen.

(2) Nach Abgabe des Gutachtens und seiner Zustellung an die Parteien kann das Gericht die Anhörung des Sachverständigen beschließen; die Parteien werden hierzu geladen. Der Präsident

kann auf Antrag einer Partei oder von Amts wegen Fragen an den Sachverständigen richten.

(3) Die gleiche Befugnis steht den einzelnen Richtern und dem Generalanwalt zu.

(4) Die Vertreter der Parteien können unter der Aufsicht des Präsidenten Fragen an den Sachverständigen richten.

(5) Vorbehaltlich des Artikels 97 leistet der Sachverständige nach Abgabe des Gutachtens folgenden Eid:

„Ich schwöre, dass ich meinen Auftrag nach bestem Wissen und Gewissen und unparteiisch erfüllt habe."

(6) Das Gericht kann nach Anhörung der Hauptparteien auf die Beeidigung des Sachverständigen verzichten.

Artikel 97 Eidesleistung von Zeugen und Sachverständigen

(1) Wer als Zeuge oder Sachverständiger vor dem Gericht zur Eidesleistung aufgefordert wird, wird vom Präsidenten ermahnt, seine Aussage wahrheitsgemäß zu machen bzw. seinen Auftrag nach bestem Wissen und Gewissen und unparteiisch zu erfüllen, und wird von ihm über die nach dem Recht seines Heimatstaats vorgesehenen strafrechtlichen Folgen einer Verletzung dieser Pflicht belehrt.

(2) Zeugen und Sachverständige leisten den Eid entweder gemäß Artikel 94 Absatz 5 bzw. Artikel 96 Absatz 5 oder in den nach dem Recht ihres Heimatstaats vorgesehenen Formen.

Artikel 98 Eidesverletzung durch Zeugen und Sachverständige

(1) Hat ein Zeuge oder Sachverständiger vor dem Gericht unter Eid falsch ausgesagt, so kann das Gericht entscheiden, dies der in der Zusätzlichen Verfahrensordnung des Gerichtshofs genannten zuständigen Stelle des Mitgliedstaats anzuzeigen, dessen Gerichte für eine Strafverfolgung zuständig sind.

(2) Der Kanzler veranlasst die Zustellung der Entscheidung des Gerichts. In dieser Entscheidung sind die Tatsachen und Umstände anzugeben, auf denen die Anzeige beruht.

Artikel 99 Ablehnung von Zeugen oder Sachverständigen

(1) Lehnt eine Partei einen Zeugen oder Sachverständigen wegen Unfähigkeit, Unwürdigkeit oder aus sonstigen Gründen ab oder verweigert ein Zeuge oder Sachverständiger die Aussage, die Erstattung des Gutachtens oder die Eidesleistung, so entscheidet das Gericht.

(2) Die Ablehnung eines Zeugen oder Sachverständigen ist innerhalb von zwei Wochen nach Zustellung des Beschlusses, durch den der Zeuge geladen oder der Sachverständige ernannt worden ist, mit Schriftsatz zu erklären, der die Ablehnungsgründe und die Beweisangebote enthalten muss.

Artikel 100 Kosten der Zeugen und Sachverständigen

(1) Beschließt das Gericht die Vernehmung von Zeugen oder die Einholung eines Sachverständigengutachtens, so kann es von den Hauptparteien oder von einer Hauptpartei die Hinterlegung eines Vorschusses zur Deckung der Kosten der Zeugen und der Sachverständigen verlangen.

(2) Zeugen und Sachverständige haben Anspruch auf Erstattung ihrer Reise- und Aufenthaltskosten. Die Kasse des Gerichts kann ihnen einen Vorschuss auf diese Kosten gewähren.

(3) Zeugen haben Anspruch auf Entschädigung für Verdienstausfall, Sachverständige auf Vergütung ihrer Tätigkeit. Diese Leistungen werden den Zeugen und Sachverständigen von der Kasse des Gerichts nach Erfüllung ihrer Pflicht oder ihres Auftrags gezahlt.

Artikel 101 Rechtshilfeersuchen

(1) Das Gericht kann auf Antrag der Hauptparteien oder von Amts wegen Rechtshilfeersuchen zur Vernehmung von Zeugen oder Sachverständigen stellen.

(2) Das Rechtshilfeersuchen ergeht durch Beschluss. Dieser Beschluss muss enthalten: Namen, Stellung und Anschrift der Zeugen oder Sachverständigen, die Bezeichnung der Tatsachen, über die die Zeugen oder Sachverständigen zu vernehmen sind, die Bezeichnung der Parteien, ihrer Vertreter und ihrer Anschrift sowie eine kurze Darstellung des Streitgegenstands.

(3) Der Kanzler übermittelt den Beschluss der in der Zusätzlichen Verfahrensordnung des Gerichtshofs genannten zuständigen Stelle desjenigen Mitgliedstaats, in dessen Gebiet die Vernehmung der Zeugen oder Sachverständigen stattfinden soll. Er fügt dem Rechtshilfeersuchen gegebenenfalls eine Übersetzung in die Amtssprache oder -sprachen dieses Mitgliedstaats bei.

(4) Die in Absatz 3 bezeichnete Stelle leitet den Beschluss an das nach innerstaatlichem Recht zuständige Gericht weiter.

(5) Das ersuchte Gericht erledigt das Rechtshilfeersuchen nach den Vorschriften seines innerstaatlichen Rechts. Nach Erledigung des Rechtshilfeersuchens gibt das ersuchte Gericht das Rechtshilfeersuchen und die im Zuge der Erledigung angefallenen Vorgänge mit einer Aufstellung der entstandenen Kosten an die in Absatz 3 bezeichnete Stelle zurück. Diese Unterlagen werden dem Kanzler übermittelt.

(6) Der Kanzler veranlasst die Übersetzung der betreffenden Unterlagen in die Verfahrenssprache.

(7) Das Gericht übernimmt die anfallenden Auslagen; es erlegt sie gegebenenfalls den Hauptparteien auf.

Artikel 102 Protokoll der Beweistermine

(1) Der Kanzler nimmt über jeden Beweistermin ein Protokoll auf. Das Protokoll wird vom Präsidenten und vom Kanzler unterzeichnet. Es stellt eine öffentliche Urkunde dar.

(2) Handelt es sich um einen Termin zur Vernehmung von Zeugen oder Anhörung von Sachverständigen, wird das Protokoll vom Präsidenten oder von dem mit der Vernehmung oder Anhörung beauftragten Berichterstatter sowie vom Kanzler unterzeichnet. Vor dieser Unterzeichnung ist dem Zeugen oder Sachverständigen Gelegenheit zu geben, den Inhalt des Protokolls zu überprüfen und es zu unterzeichnen.

(3) Das Protokoll wird den Parteien zugestellt.

Abschnitt 3
Behandlung vertraulicher Auskünfte, Belegstücke und Unterlagen, die im Rahmen der Beweisaufnahme erteilt und vorgelegt werden

Artikel 103 Behandlung vertraulicher Auskünfte und Unterlagen

(1) Hat das Gericht auf der Grundlage rechtlicher und tatsächlicher Gesichtspunkte, die von einer Hauptpartei geltend gemacht werden, den gegenüber der anderen Hauptpartei vertraulichen Charakter bestimmter Auskünfte oder Unterlagen, die ihm im Rahmen einer Beweiserhebung nach Artikel 91 Buchstabe b vorgelegt worden sind und die für die Entscheidung über den Rechtsstreit erheblich sein können, zu prüfen, so werden diese Auskünfte oder Unterlagen dieser anderen Partei in der Phase dieser Prüfung nicht bekannt gegeben.

(2) Gelangt das Gericht bei der Prüfung nach Absatz 1 zu dem Ergebnis, dass bestimmte ihm vorgelegte Auskünfte oder Unterlagen für die Entscheidung über den Rechtsstreit erheblich sind und gegenüber der anderen Hauptpartei vertraulich zu behandeln sind, so wägt es den vertraulichen Charakter und die Erfordernisse, die mit dem Recht auf effektiven gerichtlichen Rechtsschutz, insbesondere der Einhaltung des Grundsatzes des kontradiktorischen Verfahrens, verbunden sind, gegeneinander ab.

(3) Nach der Abwägung gemäß Absatz 2 kann das Gericht entscheiden, der anderen Hauptpartei die vertraulichen Auskünfte oder Unterlagen zur Kenntnis zu bringen, gegebenenfalls indem es deren Offenlegung von der Unterzeichnung besonderer Verpflichtungen abhängig macht, oder entscheiden, sie nicht bekannt zu geben und durch mit Gründen versehenen Beschluss die Modalitäten klarzustellen, die es dieser anderen Hauptpartei ermöglichen, so weitgehend wie möglich Stellung zu nehmen, indem insbesondere die Vorlage einer nichtvertraulichen Fassung oder einer nichtvertraulichen Zusammenfassung der Auskünfte oder Unterlagen, die deren wesentlichen Inhalt wiedergibt, angeordnet wird.

(4) Die in diesem Artikel enthaltene Verfahrensregelung findet auf die in Artikel 105 bezeichneten Fälle keine Anwendung.

Artikel 104 Schriftstücke, in die ein Organ die Einsicht verweigert hat

Ist ein Schriftstück, in das ein Organ die Einsicht verweigert hat, dem Gericht infolge einer Beweiserhebung nach Artikel 91 Buchstabe c in einem Verfahren zur Prüfung der Rechtmäßigkeit dieser Verweigerung vorgelegt worden, so wird es den übrigen Parteien nicht bekannt gegeben.

Siebtes Kapitel
Auskünfte oder Unterlagen, die die Sicherheit der Union oder eines oder mehrerer ihrer Mitgliedstaaten oder die Gestaltung ihrer Internationalen Beziehungen berühren

Artikel 105 Behandlung von Auskünften oder Unterlagen, die die Sicherheit der Union oder eines oder mehrerer ihrer Mitgliedstaaten oder die Gestaltung ihrer internationalen Beziehungen berühren

(1) Möchte eine Hauptpartei ihre Ansprüche entgegen dem in Artikel 64 genannten Grundsatz des kontradiktorischen Verfahrens, aus dem sich ergibt, dass sämtliche Auskünfte und Unterlagen den Parteien in vollem Umfang bekannt zu geben sind, auf bestimmte Auskünfte oder Unterlagen stützen, bezüglich deren sie geltend macht, dass ihre Bekanntgabe die Sicherheit der Union oder eines oder mehrerer ihrer Mitgliedstaaten oder die Gestaltung ihrer internationalen Beziehungen verletzen würde, so legt sie diese Auskünfte oder Unterlagen mit gesondertem Schriftsatz vor. Mit dieser Vorlage ist ein Antrag auf vertrauliche Behandlung dieser Auskünfte oder Unterlagen einzureichen, in dem die zwingenden Gründe angeführt werden, die in dem Umfang, den die Situation unbedingt erfordert, die Wahrung ihres vertraulichen Charakters rechtfertigen und der Bekanntgabe an die andere Hauptpartei entgegenstehen. Der Antrag auf vertrauliche Behandlung ist ebenfalls mit gesondertem Schriftsatz einzureichen und darf keine vertraulichen Angaben enthalten. Wurden die Auskünfte oder Unterlagen, deren vertrauliche Behandlung beantragt wird, der Hauptpartei von einem oder von mehreren Mitgliedstaaten übermittelt, so können die von der Hauptpartei

zur Rechtfertigung ihrer vertraulichen Behandlung vorgetragenen zwingenden Gründe die von dem oder den betreffenden Mitgliedstaaten vorgebrachten zwingenden Gründe einschließen.

(2) Das Gericht kann die Vorlage von Auskünften oder Unterlagen, deren vertraulicher Charakter auf die in Absatz 1 genannten Erwägungen gestützt wird, durch eine Maßnahme der Beweisaufnahme verlangen. Im Fall einer Weigerung stellt das Gericht diese ausdrücklich fest. Abweichend von Artikel 103 gilt für diese infolge einer Maßnahme der Beweisaufnahme vorgelegten Auskünfte oder Unterlagen die Verfahrensregelung dieses Artikels.

(3) Im Stadium der Prüfung, ob die von einer Hauptpartei gemäß den Absätzen 1 oder 2 vorgelegten Auskünfte oder Unterlagen für die Entscheidung über den Rechtsstreit erheblich sind und ob sie vertraulichen Charakter gegenüber der anderen Hauptpartei haben, werden diese Auskünfte oder Unterlagen der anderen Hauptpartei nicht bekannt gegeben.

(4) Entscheidet das Gericht nach der Prüfung gemäß Absatz 3, dass die ihm vorgelegten Auskünfte oder Unterlagen für die Entscheidung über den Rechtsstreit erheblich sind und für das Verfahren vor dem Gericht keinen vertraulichen Charakter aufweisen, so ersucht es die betroffene Partei um die Genehmigung zur Bekanntgabe dieser Auskünfte oder Unterlagen an die andere Hauptpartei. Widerspricht die Partei innerhalb einer vom Präsidenten gesetzten Frist der Bekanntgabe oder antwortet sie bis zum Ende dieser Frist nicht, so werden diese Auskünfte oder Unterlagen bei der Entscheidung über die Rechtssache nicht berücksichtigt und an sie zurückgegeben.

(5) Entscheidet das Gericht nach der Prüfung gemäß Absatz 3, dass die ihm vorgelegten Auskünfte oder Unterlagen für die Entscheidung über den Rechtsstreit erheblich sind und gegenüber der anderen Hauptpartei einen vertraulichen Charakter aufweisen, so gibt es sie dieser Hauptpartei nicht bekannt. Sodann wägt es die Erfordernisse, die mit dem Recht auf effektiven gerichtlichen Rechtsschutz, insbesondere der Einhaltung des Grundsatzes des kontradiktorischen Verfahrens, verbunden sind, und die Erfordernisse der Sicherheit der Union oder eines oder mehrerer ihrer Mitgliedstaaten oder der Gestaltung ihrer internationalen Beziehungen gegeneinander ab.

(6) Nach der Abwägung gemäß Absatz 5 erlässt das Gericht einen mit Gründen versehenen Beschluss, in dem die Modalitäten eindeutig bezeichnet werden, nach denen die in Absatz 5 bezeichneten Erfordernisse miteinander in Einklang gebracht werden können, wie die Vorlage einer nichtvertraulichen Fassung oder einer nichtvertraulichen Zusammenfassung der Auskünfte oder Unterlagen – die deren wesentlichen Inhalt wiedergibt und es der anderen Hauptpartei ermöglicht, so weitgehend wie möglich Stellung zu nehmen – durch die betroffene Partei zur späteren Bekanntgabe an die andere Hauptpartei.

(7) Die Auskünfte oder Unterlagen, die gegenüber der anderen Hauptpartei einen vertraulichen Charakter aufweisen, können von der Hauptpartei, die sie nach den Absätzen 1 oder 2 vorgelegt hat, innerhalb von zwei Wochen nach Zustellung der Entscheidung nach Absatz 5 ganz oder teilweise zurückgezogen werden. Die zurückgezogenen Auskünfte oder Unterlagen werden bei der Entscheidung über die Rechtssache nicht berücksichtigt und an die betreffende Hauptpartei zurückgegeben.

(8) Hält das Gericht die Auskünfte oder Unterlagen, die aufgrund ihres vertraulichen Charakters der anderen Hauptpartei nicht gemäß den in Absatz 6 bezeichneten Modalitäten bekannt gegeben worden sind, für die Entscheidung über den Rechtsstreit für unerlässlich, so kann es abweichend von Artikel 64 und unter Beschränkung auf das unbedingt Erforderliche seine Entscheidung auf diese Auskünfte oder Unterlagen stützen. Bei der Würdigung dieser Auskünfte oder Unterlagen trägt das Gericht dem Umstand Rechnung, dass eine Hauptpartei zu diesen Auskünften oder Unterlagen nicht hat Stellung nehmen können.

(9) Das Gericht stellt sicher, dass die in den von einer Hauptpartei nach den Absätzen 1 oder 2 vorgelegten Auskünften oder Unterlagen enthaltenen vertraulichen Informationen, die der anderen Hauptpartei nicht bekannt gegeben wurden, weder in dem nach Absatz 6 erlassenen Beschluss noch in der das Verfahren beendenden Entscheidung offengelegt werden.

(10) Die Auskünfte oder Unterlagen im Sinne von Absatz 5, die von der Hauptpartei, die sie vorgelegt hat, nicht nach Absatz 7 zurückgezogen worden sind, werden der betroffenen Partei sogleich nach Ablauf der in Artikel 56 Absatz 1 der Satzung genannten

Frist zurückgegeben, es sei denn, innerhalb dieser Frist wurde ein Rechtsmittel gegen die Entscheidung des Gerichts eingelegt. Wurde ein Rechtsmittel eingelegt, so werden diese Auskünfte oder Unterlagen dem Gerichtshof nach Maßgabe des in Absatz 11 genannten Beschlusses zur Verfügung gestellt.

(11) Das Gericht legt durch Beschluss die Sicherheitsvorschriften für die Zwecke des Schutzes der je nach Fall gemäß Absatz 1 oder Absatz 2 vorgelegten Auskünfte oder Unterlagen fest. Der Beschluss wird im Amtsblatt der Europäischen Union veröffentlicht.

Achtes Kapitel
Mündliches Verfahren

Artikel 106 Mündliches Verfahren

(1) Das Verfahren vor dem Gericht umfasst im Rahmen des mündlichen Verfahrens eine mündliche Verhandlung, die entweder von Amts wegen oder auf Antrag einer Hauptpartei durchgeführt wird.

(2) In dem von einer Hauptpartei gestellten Antrag auf mündliche Verhandlung sind die Gründe anzugeben, aus denen diese Hauptpartei gehört werden möchte. Der Antrag ist innerhalb von drei Wochen, nachdem die Bekanntgabe des Abschlusses des schriftlichen Verfahrens an die Parteien erfolgt ist, zu stellen. Diese Frist kann vom Präsidenten verlängert werden.

(3) Wird kein Antrag nach Absatz 2 gestellt, so kann das Gericht, wenn es sich für durch die Aktenstücke der Rechtssache hinreichend unterrichtet hält, beschließen, über die Klage ohne mündliches Verfahren zu entscheiden. In diesem Fall kann es gleichwohl später beschließen, das mündliche Verfahren zu eröffnen.

Artikel 107 Termin der mündlichen Verhandlung

(1) Beschließt das Gericht die Eröffnung des mündlichen Verfahrens, so bestimmt der Präsident den Termin für die mündliche Verhandlung.

(2) Bei Vorliegen außergewöhnlicher Umstände kann der Präsident von Amts wegen oder auf begründeten Antrag einer Hauptpartei den Termin für die mündliche Verhandlung verschieben.

Artikel 108 Nichterscheinen der Parteien in der mündlichen Verhandlung

(1) Teilt eine Partei dem Gericht mit, dass sie an der mündlichen Verhandlung nicht teilnehmen werde, oder stellt das Gericht in der mündlichen Verhandlung das ungerechtfertigte Nichterscheinen einer ordnungsgemäß geladenen Partei fest, so wird die mündliche Verhandlung in Abwesenheit der betreffenden Partei durchgeführt.

(2) Teilen die Hauptparteien dem Gericht mit, dass sie an der mündlichen Verhandlung nicht teilnehmen werden, so entscheidet der Präsident, ob das mündliche Verfahren geschlossen werden kann.

Artikel 109 Ausschluss der Öffentlichkeit

(1) Nach Anhörung der Parteien kann das Gericht gemäß Artikel 31 der Satzung die Öffentlichkeit ausschließen.

(2) Ein von einer Partei eingereichter Antrag auf Ausschluss der Öffentlichkeit muss die Gründe angeben, auf die er gestützt wird, und die Angabe enthalten, ob er sich auf die Verhandlung insgesamt oder auf einen Teil derselben bezieht.

(3) Mit der Entscheidung über den Ausschluss der Öffentlichkeit geht das Verbot einer Veröffentlichung der Verhandlung einher.

Artikel 110 Ablauf der mündlichen Verhandlung

(1) Der Präsident eröffnet und leitet die Verhandlung; ihm obliegt die Aufrechterhaltung der Ordnung in der Sitzung.

(2) Die Parteien können nur durch ihren Vertreter verhandeln.

(3) Die Mitglieder des Spruchkörpers und der Generalanwalt können in der mündlichen Verhandlung Fragen an die Vertreter der Parteien richten.

(4) Bei Rechtssachen, die aufgrund des Artikels 270 AEUV anhängig gemacht worden sind, können die Mitglieder des Spruchkörpers und der Generalanwalt in der mündlichen Ver-

handlung die Parteien selbst auffordern, zu bestimmten Aspekten des Rechtsstreits Stellung zu nehmen.

Artikel 111 Schließung des mündlichen Verfahrens

Ist in einer Rechtssache kein Generalanwalt bestellt worden, so erklärt der Präsident am Ende der Verhandlung das mündliche Verfahren für abgeschlossen.

Artikel 112 Stellung der Schlussanträge des Generalanwalts

(1) Ist in einer Rechtssache ein Generalanwalt bestellt worden und stellt er seine Schlussanträge schriftlich, so übergibt er sie der Kanzlei, die sie den Parteien übermittelt.

(2) Der Präsident erklärt nach dem Vortrag oder dem Eingang der Schlussanträge des Generalanwalts das mündliche Verfahren für abgeschlossen.

Artikel 113 Wiedereröffnung des mündlichen Verfahrens

(1) Das Gericht beschließt die Wiedereröffnung des mündlichen Verfahrens, wenn die in Artikel 23 Absatz 3 oder in Artikel 24 Absatz 3 genannten Voraussetzungen vorliegen.

(2) Das Gericht kann die Wiedereröffnung des mündlichen Verfahrens beschließen,

a) wenn es sich für unzureichend unterrichtet hält;

b) wenn ein zwischen den Parteien nicht erörtertes Vorbringen entscheidungserheblich ist;

c) wenn eine Hauptpartei dies beantragt und sich dabei auf Tatsachen stützt, die für die Entscheidung des Gerichts von maßgeblicher Bedeutung sind und die sie vor Abschluss des mündlichen Verfahrens nicht geltend machen konnte.

Artikel 114 Protokoll der mündlichen Verhandlung

(1) Der Kanzler nimmt über jede mündliche Verhandlung ein Protokoll auf. Das Protokoll wird vom Präsidenten und vom Kanzler unterzeichnet. Es stellt eine öffentliche Urkunde dar.

(2) Das Protokoll wird den Parteien zugestellt.

Artikel 115 Aufzeichnung der mündlichen Verhandlung

Der Präsident des Gerichts kann den Parteien, die am schriftlichen oder mündlichen Verfahren teilgenommen haben, auf gebührend begründeten Antrag gestatten, die Tonaufzeichnung der mündlichen Verhandlung in der von den Vortragenden in der Verhandlung verwendeten Sprache in den Räumen des Gerichts anzuhören.

**Neuntes Kapitel
Urteile und Beschlüsse**

Artikel 116 Termin der Urteilsverkündung

Die Parteien werden vom Termin der Urteilsverkündung benachrichtigt.

Artikel 117 Inhalt der Urteile

Das Urteil enthält

a) die Angabe, dass es vom Gericht erlassen ist;

b) die Bezeichnung des Spruchkörpers;

c) das Datum der Verkündung;

d) die Namen des Präsidenten und der Richter, die bei der Beratung mitgewirkt haben, unter Bezeichnung des Berichterstatters;

e) gegebenenfalls den Namen des Generalanwalts;

f) den Namen des Kanzlers;

g) die Bezeichnung der Parteien;

h) die Namen ihrer Vertreter;

i) die Anträge der Parteien;

j) gegebenenfalls das Datum der mündlichen Verhandlung;

k) erforderlichenfalls den Hinweis, dass der Generalanwalt gehört worden ist, und gegebenenfalls das Datum seiner Schlussanträge;

l) eine kurze Darstellung des Sachverhalts;

m) die Entscheidungsgründe;

n) die Urteilsformel einschließlich der Entscheidung über die Kosten.

Artikel 118 Verkündung und Zustellung der Urteile

(1) Das Urteil wird in öffentlicher Sitzung verkündet.

(2) Der Präsident, die Richter, die an der Beratung mitgewirkt haben, und der Kanzler unterzeichnen die Urschrift des Urteils, die sodann mit einem Siegel versehen und in der Kanzlei hinterlegt wird. Den Parteien wird eine Kopie zugestellt.

Artikel 119 Inhalt der Beschlüsse

Jeder Beschluss, der mit einem Rechtsmittel nach Artikel 56 oder Artikel 57 der Satzung angefochten werden kann, enthält

a) die Angabe, dass er, je nach Fall, vom Gericht, vom Präsidenten oder von dem für die Gewährung vorläufigen Rechtsschutzes zuständigen Richter erlassen ist;

b) gegebenenfalls die Bezeichnung des Spruchkörpers;

c) das Datum des Erlasses;

d) die Angabe der Rechtsgrundlage, auf der er beruht;

e) den Namen des Präsidenten und gegebenenfalls die Namen der Richter, die bei der Beratung mitgewirkt haben, unter Bezeichnung des Berichterstatters;

f) gegebenenfalls den Namen des Generalanwalts;

g) den Namen des Kanzlers;

h) die Bezeichnung der Parteien;

i) die Namen ihrer Vertreter;

j) die Anträge der Parteien;

k) erforderlichenfalls den Hinweis, dass der Generalanwalt gehört worden ist;

l) eine kurze Darstellung des Sachverhalts;

m) die Entscheidungsgründe;

n) die Beschlussformel einschließlich der Entscheidung über die Kosten.

Artikel 120 Unterzeichnung und Zustellung der Beschlüsse

Der Präsident und der Kanzler unterzeichnen die Urschrift jedes Beschlusses, die sodann mit einem Siegel versehen und in der Kanzlei hinterlegt wird. Den Parteien und gegebenenfalls dem Gerichtshof wird eine Kopie zugestellt.

Artikel 121 Wirksamwerden der Urteile und der Beschlüsse

(1) Urteile werden vorbehaltlich des Artikels 60 der Satzung mit dem Tag ihrer Verkündung wirksam.

(2) Beschlüsse werden vorbehaltlich des Artikels 60 der Satzung mit dem Tag ihrer Zustellung wirksam.

Artikel 122 Veröffentlichung im Amtsblatt der Europäischen Union

Eine Mitteilung, die das Datum und die Urteils- oder Beschlussformel der Endurteile und der das Verfahren beendenden Beschlüsse des Gerichts enthält, wird im Amtsblatt der Europäischen Union veröffentlicht; dies gilt nicht in den Fällen, in denen die Entscheidung vor Zustellung der Klageschrift an den Beklagten erlassen wird.

Zehntes Kapitel
Versäumnisurteil

Artikel 123 Versäumnisurteil

(1) Stellt das Gericht fest, dass der Beklagte, gegen den ordnungsgemäß Klage erhoben ist, seine Klagebeantwortung nicht gemäß der in Artikel 81 vorgeschriebenen Form und Frist eingereicht hat, so kann der Kläger innerhalb einer vom Präsidenten gesetzten Frist beim Gericht Versäumnisurteil beantragen; Artikel 45 Absatz 2 der Satzung bleibt unberührt.

(2) Der säumige Beklagte ist am Versäumnisverfahren nicht beteiligt, und mit Ausnahme der das Verfahren beendenden Entscheidung werden ihm keine Verfahrensschriftstücke zugestellt.

(3) Das Gericht gibt den Anträgen des Klägers mit einem Versäumnisurteil statt, es sei denn, es ist für die Entscheidung über die Klage offensichtlich unzuständig oder die Klage ist offensichtlich unzulässig oder ihr fehlt offensichtlich jede rechtliche Grundlage.

(4) Das Versäumnisurteil ist vollstreckbar. Das Gericht kann jedoch die Vollstreckung aussetzen, bis es über einen gemäß Artikel 166 eingelegten Einspruch entschieden hat, oder sie von der

Leistung einer Sicherheit abhängig machen, deren Höhe und Art nach Maßgabe der Umstände festzusetzen sind. Wird kein Einspruch eingelegt oder wird der Einspruch zurückgewiesen, so ist die Sicherheit freizugeben.

Elftes Kapitel
Gütliche Einigung und Klagerücknahme

Artikel 124 Gütliche Einigung
(1) Einigen sich die Hauptparteien außergerichtlich auf eine Lösung zur Beilegung des Rechtsstreits, bevor das Gericht entschieden hat, und erklären sie gegenüber dem Gericht, dass sie auf die Geltendmachung ihrer Ansprüche verzichten, so beschließt der Präsident die Streichung der Rechtssache im Register und entscheidet gemäß den Artikeln 136 und 138 über die Kosten, gegebenenfalls unter Berücksichtigung der insoweit von den Parteien gemachten Vorschläge.

(2) Absatz 1 findet keine Anwendung auf Klagen im Sinne der Artikel 263 AEUV und 265 AEUV.

Artikel 125 Klagerücknahme
Erklärt der Kläger gegenüber dem Gericht schriftlich oder in der mündlichen Verhandlung die Rücknahme der Klage, so beschließt der Präsident die Streichung der Rechtssache im Register und entscheidet gemäß den Artikeln 136 und 138 über die Kosten.

Elftes Kapitel a
Vom Gericht in Rechtssachen, die aufgrund von Artikel 270 AEUV anhängig gemacht worden sind, initiiertes Verfahren zur gütlichen Beilegung

Artikel 125a Modalitäten
(1) Das Gericht kann in jedem Verfahrensstadium die Möglichkeiten für eine gütliche, auch teilweise Beilegung des Streites zwischen den Hauptparteien prüfen.

(2) Das Gericht beauftragt den Berichterstatter, sich um die gütliche Beilegung des Rechtsstreits zu bemühen, wobei ihm der Kanzler zur Seite steht.

(3) Der Berichterstatter kann eine oder mehrere Lösungen zur Beendigung des Rechtsstreits vorschlagen, die Maßnahmen treffen, die geeignet sind, seine gütliche Beilegung zu erleichtern, und die Maßnahmen durchführen, die er zu diesem Zweck beschlossen hat. Er kann insbesondere

a) die Hauptparteien auffordern, Informationen oder Auskünfte zu erteilen;

b) die Hauptparteien auffordern, Unterlagen vorzulegen;

c) die Vertreter der Hauptparteien, die Hauptparteien selbst oder Beamte oder Bedienstete des Organs, die zur Aushandlung einer etwaigen Vereinbarung ermächtigt sind, zu Güteverhandlungen laden;

d) anlässlich der in Buchstabe c genannten Güteverhandlungen mit jeder Hauptpartei getrennt in Kontakt treten, sofern die Hauptparteien damit einverstanden sind.

(4) Die Absätze 1 bis 3 finden auch im Rahmen von Verfahren des vorläufigen Rechtsschutzes Anwendung.

Artikel 125b Wirkung der Einigung zwischen den Hauptparteien

(1) Einigen sich die Hauptparteien vor dem Berichterstatter auf eine Lösung zur Beendigung des Rechtsstreits, können sie verlangen, dass der Inhalt dieser Einigung in einer Urkunde festgehalten wird, die vom Berichterstatter sowie vom Kanzler unterzeichnet wird. Diese Urkunde wird den Hauptparteien zugestellt und stellt eine öffentliche Urkunde dar.

(2) Die Streichung der Rechtssache im Register erfolgt durch mit Gründen versehenen Beschluss des Präsidenten. Der Inhalt der Einigung, zu der die Hauptparteien gelangt sind, wird auf Antrag einer Hauptpartei mit Zustimmung der anderen Hauptpartei im Streichungsbeschluss schriftlich niedergelegt.

(3) Der Präsident entscheidet über die Kosten nach Maßgabe der Einigung oder, in Ermangelung einer Einigung, nach freiem Ermessen. Gegebenenfalls entscheidet er gemäß Artikel 138 über die Kosten des Streithelfers.

Artikel 125c Gesondertes Register und gesonderte Akte

(1) Die im Rahmen des Verfahrens zur gütlichen Beilegung im Sinne von Artikel 125a vorgelegten Unterlagen

– werden in ein gesondertes Register eingetragen, das nicht der Regelung der Artikel 36 und 37 unterliegt;

– werden in einer von der Akte der Rechtssache gesonderten Akte abgelegt.

(2) Die im Rahmen des Verfahrens zur gütlichen Beilegung im Sinne von Artikel 125a vorgelegten Unterlagen werden den Hauptparteien bekannt gegeben, mit Ausnahme der Unterlagen, die eine von ihnen dem Berichterstatter anlässlich eines getrennten Kontakts nach Artikel 125a Absatz 3 Buchstabe d übermittelt hat.

(3) Die Hauptparteien erhalten Zugang zu den Unterlagen in der von der Akte der Rechtssache gesonderten Akte im Sinne von Absatz 1, mit Ausnahme der Unterlagen, die eine von ihnen dem Berichterstatter anlässlich eines getrennten Kontakts nach Artikel 125a Absatz 3 Buchstabe d übermittelt hat.

(4) Der Streithelfer erhält keinen Zugang zu den Unterlagen in der von der Akte der Rechtssache gesonderten Akte im Sinne von Absatz 1.

(5) Die Parteien können das gesonderte Register im Sinne von Absatz 1 bei der Kanzlei einsehen.

Artikel 125d Gütliche Beilegung und gerichtliches Verfahren

Das Gericht und die Hauptparteien dürfen die Ansichten, Vorschläge, Angebote, Zugeständnisse oder Unterlagen, die für die Zwecke der gütlichen Beilegung geäußert, gemacht oder erstellt worden sind, im gerichtlichen Verfahren nicht verwerten.

Zwölftes Kapitel
Klagen und verfahrensrelevante Vorkommnisse, über die Durch Beschluss Entschieden Wird

Artikel 126 Offensichtlich abzuweisende Klage

Ist das Gericht für die Entscheidung über eine Klage offensichtlich unzuständig oder ist eine Klage offensichtlich unzulässig oder fehlt ihr offensichtlich jede rechtliche Grundlage, so kann es auf Vorschlag des Berichterstatters jederzeit die Entscheidung treffen, durch mit Gründen versehenen Beschluss zu entscheiden, ohne das Verfahren fortzusetzen.

Artikel 127 Verweisung einer Rechtssache an den Gerichtshof

Über eine Verweisung nach Artikel 54 Absatz 2 der Satzung entscheidet das Gericht auf Vorschlag des Berichterstatters durch mit Gründen versehenen Beschluss.

Artikel 128 Abgabe

Abgabeentscheidungen gemäß Artikel 54 Absatz 3 der Satzung erlässt das Gericht auf Vorschlag des Berichterstatters durch mit Gründen versehenen Beschluss.

Artikel 129 Unverzichtbare Prozessvoraussetzungen

Das Gericht kann auf Vorschlag des Berichterstatters und nach Anhörung der Hauptparteien jederzeit von Amts wegen die Entscheidung treffen, durch mit Gründen versehenen Beschluss darüber zu entscheiden, ob unverzichtbare Prozessvoraussetzungen fehlen.

Artikel 130 Prozesshindernde Einreden und Zwischenstreit

(1) Will der Beklagte vorab eine Entscheidung des Gerichts über die Unzulässigkeit oder die Unzuständigkeit herbeiführen, so hat er dies mit gesondertem Schriftsatz innerhalb der in Artikel 81 genannten Frist zu beantragen.

(2) Der Antrag einer Partei auf Feststellung durch das Gericht, dass die Klage gegenstandslos geworden und die Hauptsache erledigt ist oder auf eine Entscheidung des Gerichts über einen anderen Zwischenstreit ist mit gesondertem Schriftsatz zu stellen.

(3) Die Antragsschriften nach den Absätzen 1 und 2 müssen eine Darstellung der sie tragenden Argumente, die Anträge und als Anlage die zur Unterstützung herangezogenen Unterlagen enthalten.

(4) Sogleich nach Eingang der Antragsschrift nach Absatz 1 setzt der Präsident dem Kläger eine Frist zur schriftlichen Einreichung seiner Gründe und Anträge.

(5) Sogleich nach Eingang der Antragsschrift nach Absatz 2 setzt der Präsident den anderen Parteien eine Frist für eine schriftliche Stellungnahme zu diesem Antrag.

(6) Das Gericht kann beschließen, das mündliche Verfahren über die Anträge nach den Absätzen 1 und 2 zu eröffnen. Artikel 106 findet keine Anwendung.

(7) Das Gericht entscheidet so bald wie möglich über den Antrag oder behält die Entscheidung dem Endurteil vor, wenn besondere Umstände dies rechtfertigen. Es verweist die Rechtssache an den Gerichtshof, wenn sie in dessen Zuständigkeit fällt.

(8) Weist das Gericht den Antrag zurück oder behält es die Entscheidung dem Endurteil vor, so bestimmt der Präsident neue Fristen für die Fortsetzung des Verfahrens.

Artikel 131 Feststellung der Erledigung der Hauptsache von Amts wegen

(1) Stellt das Gericht fest, dass die Klage gegenstandslos geworden und die Hauptsache erledigt ist, so kann es auf Vorschlag des Berichterstatters und nach Anhörung der Parteien jederzeit von Amts wegen die Entscheidung treffen, durch mit Gründen versehenen Beschluss zu entscheiden.

(2) Das Gericht kann, wenn der Kläger auf seine Ersuchen nicht mehr reagiert, auf Vorschlag des Berichterstatters nach Anhörung der Parteien von Amts wegen die Erledigung der Hauptsache feststellen.

Artikel 132 Offensichtlich begründete Klage

Hat der Gerichtshof oder das Gericht bereits über eine oder mehrere Rechtsfragen entschieden, die mit den durch die Klagegründe aufgeworfenen übereinstimmen, und stellt das Gericht fest, dass der Sachverhalt erwiesen ist, so kann es die Klage nach Abschluss des schriftlichen Verfahrens auf Vorschlag des Berichterstatters und nach Anhörung der Parteien durch mit Gründen versehenen Beschluss, der einen Verweis auf die einschlägige Rechtsprechung enthält, für offensichtlich begründet erklären.

Dreizehntes Kapitel
Parteikosten und Verfahrenskosten

Artikel 133 Entscheidung über die Kosten

Über die Kosten wird im Endurteil oder in dem das Verfahren beendenden Beschluss entschieden.

Artikel 134 Allgemeine Kostentragungsregeln

(1) Die unterliegende Partei ist auf Antrag zur Tragung der Kosten zu verurteilen.

(2) Unterliegen mehrere Parteien, so entscheidet das Gericht über die Verteilung der Kosten.

(3) Wenn jede Partei teils obsiegt, teils unterliegt, trägt jede Partei ihre eigenen Kosten. Das Gericht kann jedoch entscheiden, dass eine Partei außer ihren eigenen Kosten einen Teil der Kosten der Gegenpartei trägt, wenn dies in Anbetracht der Umstände des Einzelfalls gerechtfertigt erscheint.

Artikel 135 Billigkeit und ohne angemessenen Grund oder böswillig verursachte Kosten

(1) Das Gericht kann aus Gründen der Billigkeit entscheiden, dass eine unterliegende Partei neben ihren eigenen Kosten nur einen Teil der Kosten der Gegenpartei trägt oder gar nicht zur Tragung dieser Kosten zu verurteilen ist.

(2) Das Gericht kann auch eine obsiegende Partei zur Tragung eines Teils der Kosten oder sämtlicher Kosten verurteilen, wenn dies wegen ihres Verhaltens, auch vor Klageerhebung, gerechtfertigt erscheint; dies gilt insbesondere für Kosten, die sie der Gegenpartei nach Ansicht des Gerichts ohne angemessenen Grund oder böswillig verursacht hat.

Artikel 136 Kosten bei Klage- oder Antragsrücknahme

(1) Nimmt eine Partei die Klage oder einen Antrag zurück, so wird sie zur Tragung der Kosten verurteilt, wenn die Gegenpartei dies in ihrer Stellungnahme zu der Rücknahme beantragt.

(2) Die Kosten werden jedoch auf Antrag der Partei, die die Rücknahme erklärt, der Gegenpartei auferlegt, wenn dies wegen des Verhaltens dieser Partei gerechtfertigt erscheint.

(3) Einigen sich die Parteien über die Kosten, so wird gemäß der Vereinbarung entschieden.

(4) Werden keine Kostenanträge gestellt, so trägt jede Partei ihre eigenen Kosten.

Artikel 137 Kosten bei Erledigung der Hauptsache

Erklärt das Gericht die Hauptsache für erledigt, so entscheidet es über die Kosten nach freiem Ermessen.

Artikel 138 Kosten der Streithelfer

(1) Die Mitgliedstaaten und die Organe, die dem Rechtsstreit als Streithelfer beigetreten sind, tragen ihre eigenen Kosten.

(2) Die Vertragsstaaten des EWR-Abkommens, die nicht Mitgliedstaaten sind, und die EFTA-Überwachungsbehörde tragen ebenfalls ihre eigenen Kosten, wenn sie dem Rechtsstreit als Streithelfer beigetreten sind.

(3) Das Gericht kann entscheiden, dass ein anderer Streithelfer als die in den Absätzen 1 und 2 genannten seine eigenen Kosten trägt.

Artikel 139 Verfahrenskosten

Das Verfahren vor dem Gericht ist vorbehaltlich der nachstehenden Bestimmungen kostenfrei:

a) Das Gericht kann Kosten, die vermeidbar gewesen wären, insbesondere im Fall einer offensichtlich missbräuchlichen Klage, der Partei auferlegen, die sie veranlasst hat.

b) Kosten für Schreib- und Übersetzungsarbeiten, die nach Ansicht des Kanzlers das gewöhnliche Maß überschreiten, hat die Partei, die diese Arbeiten beantragt hat, nach Maßgabe der in Artikel 37 bezeichneten Gebührenordnung der Kanzlei zu erstatten.

c) Bei wiederholten, eine Aufforderung zur Mängelbehebung erfordernden Verstößen gegen die Bestimmungen dieser Verfahrensordnung oder der praktischen Durchführungsbestimmungen nach Artikel 224 sind die mit der erforderlichen Bearbeitung durch das Gericht verbundenen Kosten auf Verlangen des Kanzlers von der betreffenden Partei nach Maßgabe der in Artikel 37 bezeichneten Gebührenordnung der Kanzlei zu erstatten.

Artikel 140 Erstattungsfähige Kosten

Unbeschadet des Artikels 139 gelten als erstattungsfähige Kosten:

a) Leistungen an Zeugen und Sachverständige gemäß Artikel 100;

b) Aufwendungen der Parteien, die für das Verfahren notwendig waren, insbesondere Reise- und Aufenthaltskosten sowie die Vergütung der Bevollmächtigten, Beistände oder Anwälte.

Artikel 141 Zahlungsmodalitäten

(1) Die Kasse des Gerichts und dessen Schuldner leisten ihre Zahlungen in Euro.

(2) Sind die zu erstattenden Auslagen in einer anderen Währung als dem Euro entstanden oder sind die Handlungen, derentwegen die Zahlung geschuldet wird, in einem Land vorgenommen worden, dessen Währung nicht der Euro ist, so ist der Umrechnung der am Zahlungstag geltende Referenzwechselkurs der Europäischen Zentralbank zugrunde zu legen.

Vierzehntes Kapitel
Streithilfe

Artikel 142 Gegenstand und Wirkungen der Streithilfe

(1) Die Streithilfe kann nur die völlige oder teilweise Unterstützung der Anträge einer Hauptpartei zum Gegenstand haben. Sie verleiht nicht die gleichen Verfahrensrechte, wie sie den Hauptparteien zustehen, und insbesondere nicht das Recht, eine mündliche Verhandlung zu beantragen.

(2) Die Streithilfe ist akzessorisch zum Rechtsstreit zwischen den Hauptparteien. Sie wird gegenstandslos, wenn die Rechtssache im Register des Gerichts nach Klagerücknahme oder nach einer Vereinbarung zwischen diesen Hauptparteien gestrichen wird oder wenn die Klage für unzulässig erklärt wird.

(3) Der Streithelfer muss den Rechtsstreit in der Lage annehmen, in der dieser sich zum Zeitpunkt des Streitbeitritts befindet.

Artikel 143 Antrag auf Zulassung zur Streithilfe

(1) Anträge auf Zulassung zur Streithilfe müssen innerhalb von sechs Wochen nach der Veröffentlichung im Sinne des Artikels 79 gestellt werden.

(2) Der Antrag auf Zulassung zur Streithilfe muss enthalten:

a) die Bezeichnung der Rechtssache;

b) die Bezeichnung der Hauptparteien;

c) Namen und Wohnsitz des Antragstellers;

d) die Angabe der Stellung und der Anschrift des Vertreters des Antragstellers;

e) die Anträge, zu deren Unterstützung der Antragsteller beitreten möchte;

f) die Darstellung der Umstände, aus denen sich das Recht zum Streitbeitritt ergibt, wenn der Antrag gemäß Artikel 40 Absatz 2 oder 3 der Satzung gestellt wird.

(3) Der Antragsteller muss gemäß Artikel 19 der Satzung vertreten werden.

(4) Artikel 77, Artikel 78 Absätze 4 bis 6 und Artikel 139 finden auf den Antrag auf Zulassung zur Streithilfe Anwendung.

Artikel 144 Entscheidung über den Antrag auf Zulassung zur Streithilfe

(1) Der Antrag auf Zulassung zur Streithilfe wird den Hauptparteien zugestellt.

(2) Der Präsident gibt den Hauptparteien Gelegenheit, zu dem Antrag auf Zulassung zur Streithilfe schriftlich oder mündlich Stellung zu nehmen und erforderlichenfalls zu beantragen, dass bestimmte, in den Akten der Rechtssache enthaltene Angaben, die vertraulich sind, von der Übermittlung an einen Streithelfer ausgenommen sind.

(3) Erhebt der Beklagte nach Artikel 130 Absatz 1 eine Einrede der Unzulässigkeit oder der Unzuständigkeit, so wird über den Antrag auf Zulassung zur Streithilfe erst entschieden, nachdem die Einrede zurückgewiesen wurde oder die Entscheidung darüber dem Endurteil vorbehalten wurde.

(4) Wird der Antrag gemäß Artikel 40 Absatz 1 der Satzung gestellt und haben die Hauptparteien keine in den Akten der Rechtssache enthaltenen vertraulichen Angaben bezeichnet, deren

Übermittlung an den Streithelfer ihnen zum Nachteil gereichen kann, so wird die Streithilfe durch Entscheidung des Präsidenten zugelassen.

(5) In den übrigen Fällen entscheidet der Präsident so bald wie möglich durch Beschluss über den Antrag auf Zulassung zur Streithilfe und gegebenenfalls über die Übermittlung der Angaben, deren vertraulicher Charakter geltend gemacht wurde, an den Streithelfer.

(6) Wird der Antrag auf Zulassung zur Streithilfe zurückgewiesen, so ist der Beschluss nach Absatz 5 mit Gründen zu versehen und muss eine Entscheidung gemäß den Artikeln 134 und 135 über die im Zusammenhang mit dem Antrag auf Zulassung zur Streithilfe entstandenen Kosten, einschließlich der Kosten des Antragstellers, enthalten.

(7) Wird dem Antrag auf Zulassung zur Streithilfe stattgegeben, so sind dem Streithelfer alle den Hauptparteien zugestellten Verfahrensschriftstücke zu übermitteln, gegebenenfalls mit Ausnahme der vertraulichen Angaben, die nach Absatz 5 von der Übermittlung ausgenommen sind.

(8) Wird der Antrag auf Zulassung zur Streithilfe zurückgenommen, so beschließt der Präsident die Streichung des Antragstellers bezüglich der Rechtssache und entscheidet gemäß Artikel 136 über die Kosten, einschließlich der Kosten des Antragstellers.

(9) Wird der Streitbeitritt zurückgenommen, so beschließt der Präsident die Streichung des Streithelfers bezüglich der Rechtssache und entscheidet gemäß den Artikeln 136 und 138 über die Kosten.

(10) Wird das Verfahren in der Hauptsache beendet, bevor über den Antrag auf Zulassung zur Streithilfe entschieden wurde, so tragen der Antragsteller und die Hauptparteien jeweils ihre eigenen im Zusammenhang mit dem Antrag auf Zulassung zur Streithilfe entstandenen Kosten. Dem Antragsteller wird eine Kopie des das Verfahren beendenden Beschlusses übermittelt.

Artikel 145 Einreichung der Schriftsätze

(1) Der Streithelfer kann innerhalb der vom Präsidenten festgesetzten Frist einen Streithilfeschriftsatz einreichen.

(2) Der Streithilfeschriftsatz muss enthalten:

a) die Anträge des Streithelfers, die der vollständigen oder teilweisen Unterstützung der Anträge einer Hauptpartei zu dienen bestimmt sind;

b) die vom Streithelfer geltend gemachten Gründe und Argumente;

c) gegebenenfalls die Beweise und Beweisangebote.

(3) Nach Einreichung des Streithilfeschriftsatzes setzt der Präsident den Hauptparteien eine Frist, innerhalb deren sie sich zu diesem Schriftsatz äußern können.

Fünfzehntes Kapitel
Prozesskostenhilfe

Artikel 146 Allgemeines

(1) Personen, die aufgrund ihrer wirtschaftlichen Lage vollständig oder teilweise außerstande sind, die Kosten des Verfahrens zu tragen, haben Anspruch auf Prozesskostenhilfe.

(2) Die Bewilligung von Prozesskostenhilfe wird abgelehnt, wenn das Gericht für die Rechtsverfolgung, für die sie beantragt ist, offensichtlich unzuständig ist oder wenn diese Rechtsverfolgung offensichtlich unzulässig oder offensichtlich jeder rechtlichen Grundlage entbehrend erscheint.

Artikel 147 Antrag auf Bewilligung von Prozesskostenhilfe

(1) Die Bewilligung von Prozesskostenhilfe kann vor Erhebung der Klage beantragt werden oder solange diese anhängig ist.

(2) Der Antrag auf Bewilligung von Prozesskostenhilfe ist mittels eines im Amtsblatt der Europäischen Union veröffentlichten Formulars zu stellen, das auf der Internetseite des Gerichtshofs der Europäischen Union abrufbar ist. Unbeschadet des Artikels 74 ist dieses Formular vom Antragsteller oder, wenn dieser vertreten wird, von seinem Anwalt zu unterzeichnen. Ein nicht mittels dieses Formulars gestellter Antrag auf Bewilligung von Prozesskostenhilfe wird nicht berücksichtigt.

(3) Dem Antrag auf Bewilligung von Prozesskostenhilfe sind alle Auskünfte und Belege beizufügen, die eine Beurteilung der wirtschaftlichen Lage des Antragstellers ermöglichen, wie etwa eine Bescheinigung einer zuständigen nationalen Stelle über die wirtschaftliche Lage.

(4) Wird der Antrag auf Bewilligung von Prozesskostenhilfe vor Klageerhebung eingereicht, so hat der Antragsteller den Gegenstand der beabsichtigten Klage, den Sachverhalt und das Vorbringen zur Stützung der Klage kurz darzulegen. Mit dem Antrag sind entsprechende Belege einzureichen.

(5) Dem Antrag auf Bewilligung von Prozesskostenhilfe sind erforderlichenfalls die in Artikel 51 Absätze 2 und 3 und Artikel 78 Absatz 4 bezeichneten Unterlagen beizufügen. In diesem Fall finden Artikel 51 Absatz 4 und Artikel 78 Absatz 6 Anwendung.

(6) Wird der Antragsteller bei der Einreichung des Antrags auf Bewilligung von Prozesskostenhilfe von einem Anwalt vertreten, so findet Artikel 77 Anwendung.

(7) Die Einreichung eines Antrags auf Bewilligung von Prozesskostenhilfe hemmt für den Antragsteller den Lauf der Klagefrist bis zu dem Zeitpunkt, zu dem der Beschluss, mit dem über diesen Antrag entschieden wird, oder, in den Fällen des Artikels 148 Absatz 6, der Beschluss, in dem der mit der Vertretung des Antragstellers beauftragte Anwalt bestimmt wird, zugestellt wird.

Artikel 148 Entscheidung über die Bewilligung von Prozesskostenhilfe

(1) Bevor das Gericht über den Antrag auf Bewilligung von Prozesskostenhilfe entscheidet, setzt der Präsident der anderen Hauptpartei eine Frist zur schriftlichen Stellungnahme, sofern nicht bereits aus den gemachten Angaben hervorgeht, dass die Voraussetzungen nach Artikel 146 Absatz 1 nicht erfüllt oder die Voraussetzungen nach Artikel 146 Absatz 2 erfüllt sind.

(2) Der Präsident entscheidet durch Beschluss über den Antrag auf Bewilligung von Prozesskostenhilfe.

(3) Der Beschluss, mit dem die Bewilligung von Prozesskostenhilfe abgelehnt wird, ist mit Gründen zu versehen.

(4) In dem Beschluss, mit dem die Prozesskostenhilfe bewilligt wird, kann ein Anwalt zur Vertretung des Antragstellers bestimmt werden, wenn dieser Anwalt vom Antragsteller in seinem Antrag auf Bewilligung von Prozesskostenhilfe vorgeschlagen wurde und zugestimmt hat, den Antragsteller vor dem Gericht zu vertreten.

(5) Hat der Antragsteller in seinem Antrag auf Bewilligung von Prozesskostenhilfe oder infolge des Beschlusses, mit dem die Prozesskostenhilfe bewilligt wird, nicht selbst einen Anwalt vorgeschlagen oder ist es untunlich, seinem Vorschlag zu folgen, so übermittelt der Kanzler der in der Zusätzlichen Verfahrensordnung des Gerichtshofs bezeichneten zuständigen Stelle des betroffenen Staates den Beschluss, mit dem die Prozesskostenhilfe bewilligt wird, und eine Kopie des Antrags. Hat der Antragsteller keinen Wohnsitz oder Sitz in der Union, so übermittelt der Kanzler den Beschluss, mit dem die Prozesskostenhilfe bewilligt wird, der zuständigen Stelle des Staates, in dem der Gerichtshof der Europäischen Union seinen Sitz hat.

(6) Unbeschadet des Absatzes 4 wird der mit der Vertretung des Antragstellers beauftragte Anwalt durch Beschluss bestimmt, je nach Fall unter Berücksichtigung der Vorschläge des Antragstellers oder der Vorschläge der in Absatz 5 bezeichneten Stelle.

(7) In dem Beschluss, mit dem die Prozesskostenhilfe bewilligt wird, kann ein Betrag festgesetzt werden, der dem mit der Vertretung des Antragstellers beauftragten Anwalt zu zahlen ist, oder eine Obergrenze festgelegt werden, die die Auslagen und Gebühren des Anwalts grundsätzlich nicht überschreiten dürfen. Der Beschluss kann eine Beteiligung des Antragstellers an den in Artikel 149 Absatz 1 genannten Kosten unter Berücksichtigung seiner wirtschaftlichen Lage vorsehen.

(8) Die nach diesem Artikel erlassenen Beschlüsse sind unanfechtbar.

(9) Unbeschadet des Artikels 147 Absatz 6 erfolgen die Zustellungen an den Antragsteller und an die anderen Parteien auf die in Artikel 80 Absatz 1 vorgesehene Weise.

Artikel 149 Vorschüsse und Tragung der Kosten

(1) Wird die Prozesskostenhilfe bewilligt, so trägt die Kasse des Gerichts – gegebenenfalls in den festgesetzten Grenzen – die

Kosten der Unterstützung und der Vertretung des Antragstellers vor dem Gericht. Der Präsident kann auf Antrag des gemäß Artikel 148 bestimmten Anwalts entscheiden, dass diesem ein Vorschuss gewährt wird.

(2) Hat der Empfänger der Prozesskostenhilfe aufgrund der das Verfahren beendenden Entscheidung seine eigenen Kosten zu tragen, so setzt der Präsident durch mit Gründen versehenen, unanfechtbaren Beschluss diejenigen Auslagen und Gebühren des Anwalts fest, die von der Kasse des Gerichts getragen werden.

(3) Hat das Gericht in der das Verfahren beendenden Entscheidung die Kosten des Empfängers der Prozesskostenhilfe einer anderen Partei auferlegt, so hat diese andere Partei der Kasse des Gerichts die als Prozesskostenhilfe vorgestreckten Beträge zu erstatten.

(4) Der Kanzler veranlasst die Einziehung der in Absatz 3 genannten Beträge von der Partei, die zu ihrer Erstattung verurteilt worden ist.

(5) Unterliegt der Empfänger der Prozesskostenhilfe, so kann das Gericht in der das Verfahren beendenden Entscheidung im Rahmen der Kostenentscheidung aus Gründen der Billigkeit entscheiden, dass eine oder mehrere andere Parteien ihre eigenen Kosten tragen oder dass diese vollständig oder zum Teil von der Kasse des Gerichts als Prozesskostenhilfe getragen werden.

Artikel 150 Entziehung der Prozesskostenhilfe

(1) Ändern sich die Voraussetzungen, unter denen die Prozesskostenhilfe bewilligt wurde, im Laufe des Verfahrens, so kann der Präsident von Amts wegen oder auf Antrag nach Anhörung des Betroffenen die Prozesskostenhilfe entziehen.

(2) Der Beschluss, mit dem die Prozesskostenhilfe entzogen wird, ist mit Gründen zu versehen und ist unanfechtbar.

Sechzehntes Kapitel
Eilverfahren

Abschnitt 1
Beschleunigtes Verfahren

Artikel 151 Entscheidung über das beschleunigte Verfahren

(1) Das Gericht kann in Anbetracht der besonderen Dringlichkeit und der Umstände der Rechtssache auf Antrag des Klägers oder des Beklagten nach Anhörung der anderen Hauptpartei beschließen, im beschleunigten Verfahren zu entscheiden. Der Beschluss ergeht so bald wie möglich.

(2) Auf Vorschlag des Berichterstatters kann das Gericht bei Vorliegen außergewöhnlicher Umstände nach Anhörung der Hauptparteien von Amts wegen beschließen, im beschleunigten Verfahren zu entscheiden.

(3) Der Beschluss des Gerichts, im beschleunigten Verfahren zu entscheiden, kann mit Bedingungen hinsichtlich des Umfangs und der Präsentation der Schriftsätze der Hauptparteien, des weiteren Verfahrensablaufs oder der dem Gericht zur Entscheidung unterbreiteten Gründe und Argumente verbunden werden.

(4) Erfüllt eine der Hauptparteien eine der in Absatz 3 genannten Bedingungen nicht, so kann der Beschluss, im beschleunigten Verfahren zu entscheiden, aufgehoben werden. Das Verfahren wird dann als gewöhnliches Verfahren fortgesetzt.

Artikel 152 Antrag auf Durchführung des beschleunigten Verfahrens

(1) Der Antrag auf Durchführung des beschleunigten Verfahrens ist mit gesondertem Schriftsatz gleichzeitig mit der Klageschrift oder der Klagebeantwortung einzureichen und muss eine Begründung enthalten, in der die besondere Dringlichkeit der Rechtssache und die sonstigen relevanten Umstände dargelegt werden.

(2) In dem Antrag auf Durchführung des beschleunigten Verfahrens kann angegeben werden, dass bestimmte Gründe oder Argumente oder bestimmte Abschnitte der Klageschrift oder Kla-

gebeantwortung nur für den Fall vorgetragen werden, dass nicht im beschleunigten Verfahren entschieden wird, insbesondere, indem dem Antrag eine Kurzfassung der Klageschrift sowie ein Verzeichnis der Anlagen und die Anlagen beigefügt werden, die bei der Entscheidung im beschleunigten Verfahren allein zu berücksichtigen sind.

Artikel 153 Vorrangige Behandlung

Abweichend von Artikel 67 Absatz 1 werden Rechtssachen, in denen das Gericht eine Entscheidung im beschleunigten Verfahren beschlossen hat, mit Vorrang entschieden.

Artikel 154 Schriftliches Verfahren

(1) Hat der Kläger beantragt, im beschleunigten Verfahren zu entscheiden, so beträgt die Frist für die Einreichung der Klagebeantwortung abweichend von Artikel 81 Absatz 1 einen Monat. Diese Frist kann nach Artikel 81 Absatz 3 verlängert werden.

(2) Beschließt das Gericht, einem Antrag auf Durchführung des beschleunigten Verfahrens nicht stattzugeben, so wird dem Beklagten eine zusätzliche Frist von einem Monat für die Einreichung oder gegebenenfalls Ergänzung der Klagebeantwortung gewährt.

(3) Im beschleunigten Verfahren können die in den Artikeln 83 Absatz 1 und 145 Absätze 1 und 3 genannten Schriftsätze nur eingereicht werden, wenn das Gericht dies im Rahmen prozessleitender Maßnahmen gemäß den Artikeln 88 bis 90 gestattet.

(4) Im beschleunigten Verfahren berücksichtigt der Präsident bei der Festsetzung der in dieser Verfahrensordnung vorgesehenen Fristen die besondere Dringlichkeit der Entscheidung über die Klage.

Artikel 155 Mündliches Verfahren

(1) Wurde die Durchführung des beschleunigten Verfahrens beschlossen, so entscheidet das Gericht nach Abgabe des Vorberichts durch den Berichterstatter so bald wie möglich über die Eröffnung des mündlichen Verfahrens. Das Gericht kann jedoch beschließen, ohne mündliches Verfahren zu entscheiden, wenn die Hauptparteien auf eine Teilnahme an der mündlichen

Verhandlung verzichten und das Gericht sich für durch die Aktenstücke der Rechtssache hinreichend unterrichtet hält.

(2) Unbeschadet der Artikel 84 und 85 können die Hauptparteien ihr Vorbringen im mündlichen Verfahren ergänzen und Beweisangebote vorlegen, sofern die verspätete Vorlage dieser Beweisangebote gerechtfertigt ist.

Abschnitt 2
Vorläufiger Rechtsschutz: Aussetzung und sonstige einstweilige Anordnungen

Artikel 156 Anträge auf Aussetzung oder sonstige einstweilige Anordnungen

(1) Anträge auf Aussetzung der Vollziehung von Handlungen eines Organs im Sinne der Artikel 278 AEUV und 157 EAGV sind nur zulässig, wenn der Antragsteller die betreffende Handlung durch Klage beim Gericht angefochten hat.

(2) Anträge auf sonstige einstweilige Anordnungen im Sinne des Artikels 279 AEUV sind nur zulässig, wenn sie von einer Hauptpartei eines beim Gericht anhängigen Rechtsstreits gestellt werden und sich auf diesen beziehen.

(3) Bei Rechtssachen, die aufgrund des Artikels 270 AEUV anhängig gemacht worden sind, können die in den Absätzen 1 und 2 genannten Anträge ab Einreichung der Beschwerde nach Artikel 90 Absatz 2 des Beamtenstatuts unter den in Artikel 91 Absatz 4 des Beamtenstatuts festgelegten Voraussetzungen gestellt werden.

(4) Die in den Absätzen 1 und 2 genannten Anträge müssen den Streitgegenstand bezeichnen und die Umstände, aus denen sich die Dringlichkeit ergibt, sowie die den Erlass der beantragten einstweiligen Anordnung dem ersten Anschein nach rechtfertigenden Sach- und Rechtsgründe anführen. Sie müssen sämtliche verfügbaren Beweise und Beweisangebote enthalten, die dazu bestimmt sind, den Erlass dieser einstweiligen Anordnungen zu rechtfertigen.

(5) Der Antrag ist mit gesondertem Schriftsatz und nach Maßgabe der Artikel 76 bis 78 einzureichen.

Artikel 157 Verfahren

(1) Die Antragsschrift wird der Gegenpartei zugestellt, der vom Präsidenten des Gerichts eine kurze Frist zur schriftlichen oder mündlichen Stellungnahme gesetzt wird.

(2) Der Präsident des Gerichts kann dem Antrag stattgeben, bevor die Stellungnahme der Gegenpartei eingeht. Die betreffende Anordnung kann später, auch von Amts wegen, abgeändert oder wieder aufgehoben werden.

(3) Der Präsident des Gerichts entscheidet gegebenenfalls über prozessleitende Maßnahmen und Maßnahmen der Beweisaufnahme.

(4) Ist der Präsident des Gerichts verhindert, so finden die Artikel 11 und 12 Anwendung.

Artikel 158 Entscheidung über den Antrag

(1) Der Präsident des Gerichts entscheidet über den Antrag durch mit Gründen versehenen Beschluss. Der Beschluss wird den Parteien umgehend zugestellt.

(2) Die Vollstreckung des Beschlusses kann von der Leistung einer Sicherheit durch den Antragsteller abhängig gemacht werden, deren Höhe und Art nach Maßgabe der Umstände festzusetzen sind.

(3) In dem Beschluss kann ein Zeitpunkt festgesetzt werden, zu dem die Anordnung außer Kraft tritt. Geschieht dies nicht, tritt die Anordnung mit der Verkündung des Endurteils außer Kraft.

(4) Der Beschluss ist nur einstweiliger Natur und greift der Entscheidung des Gerichts zur Hauptsache nicht vor.

(5) In dem Beschluss, der das Verfahren der einstweiligen Anordnung beendet, wird bestimmt, dass die Kostenentscheidung der Entscheidung des Gerichts zur Hauptsache vorbehalten bleibt. Erscheint es jedoch in Anbetracht der Umstände des Einzelfalls gerechtfertigt, so wird in dem Beschluss gemäß den Artikeln 134 bis 138 über die Kosten des Verfahrens des vorläufigen Rechtsschutzes entschieden.

Artikel 159 Änderung der Umstände

Auf Antrag einer Partei kann der Beschluss jederzeit infolge einer Änderung der Umstände abgeändert oder wieder aufgehoben werden.

Artikel 160 Neuer Antrag

Die Zurückweisung eines Antrags auf einstweilige Anordnung hindert die antragstellende Hauptpartei nicht, einen weiteren, auf neue Tatsachen gestützten Antrag zu stellen.

Artikel 161 Anträge gemäß den Artikeln 280 AEUV, 299 AEUV und 164 EAGV

(1) Für Anträge gemäß den Artikeln 280 AEUV, 299 AEUV und 164 EAGV auf Aussetzung der Zwangsvollstreckung von Entscheidungen des Gerichts oder von Rechtsakten des Rates, der Kommission oder der Europäischen Zentralbank gelten die Bestimmungen dieses Abschnitts.

(2) In dem Beschluss, mit dem dem Antrag stattgegeben wird, wird gegebenenfalls der Zeitpunkt festgesetzt, zu dem die einstweilige Anordnung außer Kraft tritt.

Siebzehntes Kapitel
Anträge in Bezug auf Urteile und Beschlüsse

Artikel 162 Zuweisung der Anträge

(1) Anträge nach diesem Kapitel werden dem Spruchkörper zugewiesen, der die Entscheidung erlassen hat, auf die sich der Antrag bezieht.

(2) Ist ein Erreichen der gemäß den Artikeln 23 und 24 für die Beschlussfähigkeit erforderlichen Zahl von Richtern nicht mehr möglich, so wird der Antrag einem anderen, mit derselben Richterzahl tagenden Spruchkörper zugewiesen. Wurde die Entscheidung von einem Richter als Einzelrichter erlassen und ist dieser Richter verhindert, so wird der Antrag einem anderen Richter zugewiesen.

Artikel 163 Aussetzung des Verfahrens

Beziehen sich ein Rechtsmittel vor dem Gerichtshof und einer der in diesem Kapitel bezeichneten Anträge, mit Ausnahme der in den Artikeln 164 und 165 bezeichneten Anträge, auf dieselbe Entscheidung des Gerichts, so kann der Präsident nach Anhörung der Parteien beschließen, das Verfahren auszusetzen, bis der Gerichtshof über das Rechtsmittel entschieden hat.

Artikel 164 Berichtigung von Urteilen und Beschlüssen

(1) Unbeschadet der Bestimmungen über die Auslegung von Urteilen und Beschlüssen können Schreib- oder Rechenfehler und offenbare Unrichtigkeiten vom Gericht von Amts wegen oder auf Antrag einer Partei berichtigt werden.

(2) Der Berichtigungsantrag ist innerhalb von zwei Wochen nach Verkündung des Urteils oder Zustellung des Beschlusses zu stellen.

(3) Bezieht sich die Berichtigung auf die Entscheidungsformel oder einen sie tragenden Entscheidungsgrund, so können die Parteien innerhalb der vom Präsidenten festgesetzten Frist schriftlich Stellung nehmen.

(4) Das Gericht entscheidet durch Beschluss.

(5) Die Urschrift des Beschlusses, der die Berichtigung ausspricht, wird mit der Urschrift der berichtigten Entscheidung verbunden. Ein Hinweis auf den Beschluss ist am Rande der Urschrift der berichtigten Entscheidung anzubringen.

Artikel 165 Unterlassen einer Entscheidung

(1) Hat das Gericht eine Entscheidung über einen einzelnen Punkt der Anträge oder die Kostenentscheidung unterlassen, so hat die Partei, die dies geltend machen möchte, das Gericht durch Antragsschrift anzurufen.

(2) Der Antrag ist innerhalb eines Monats nach der Verkündung des Urteils oder der Zustellung des Beschlusses zu stellen.

(3) Der Antrag wird den anderen Parteien zugestellt, die innerhalb der vom Präsidenten festgesetzten Frist schriftlich Stellung nehmen können.

(4) Nachdem den Parteien Gelegenheit zur Stellungnahme gegeben wurde, entscheidet das Gericht durch Beschluss zugleich über die Zulässigkeit und die Begründetheit des Antrags.

Artikel 166 Einspruch gegen ein Versäumnisurteil

(1) Gegen das Versäumnisurteil kann gemäß Artikel 41 der Satzung Einspruch eingelegt werden.

(2) Der unterliegende Beklagte hat den Einspruch innerhalb eines Monats nach Zustellung des Versäumnisurteils einzulegen. Für den Einspruch gelten die Formvorschriften der Artikel 76 bis 78.

(3) Nach der Zustellung des Einspruchs setzt der Präsident der Gegenpartei eine Frist zur schriftlichen Stellungnahme.

(4) Auf das weitere Verfahren finden, je nach Fall, die Bestimmungen des Dritten Titels oder des Vierten Titels Anwendung.

(5) Das Gericht entscheidet durch Urteil, gegen das weiterer Einspruch nicht zulässig ist.

(6) Die Urschrift dieses Urteils wird mit der Urschrift des Versäumnisurteils verbunden. Ein Hinweis auf das Urteil über den Einspruch ist am Rande der Urschrift des Versäumnisurteils anzubringen.

Artikel 167 Drittwiderspruch

(1) Auf den Drittwiderspruch nach Artikel 42 der Satzung finden die Artikel 76 bis 78 Anwendung; er muss ferner enthalten:

a) die Bezeichnung des angefochtenen Urteils oder Beschlusses;

b) die Angabe, in welchen Punkten das angefochtene Urteil oder der angefochtene Beschluss die Rechte des Dritten beeinträchtigt;

c) die Gründe, aus denen der Dritte nicht in der Lage war, sich an dem Rechtsstreit vor dem Gericht zu beteiligen.

(2) Der Drittwiderspruch muss innerhalb von zwei Monaten nach der in Artikel 122 genannten Veröffentlichung eingelegt werden.

(3) Auf Antrag des Dritten kann die Aussetzung der Vollstreckung des angefochtenen Urteils oder Beschlusses beschlossen werden. Die Artikel 156 bis 161 finden Anwendung.

(4) Die Drittwiderspruchsschrift wird den Parteien zugestellt, die innerhalb der vom Präsidenten festgesetzten Frist schriftlich Stellung nehmen können.

(5) Nachdem den Parteien Gelegenheit zur Stellungnahme gegeben wurde, entscheidet das Gericht.

(6) Das angefochtene Urteil oder der angefochtene Beschluss wird insoweit geändert, als dem Drittwiderspruch stattgegeben wird.

(7) Die Urschrift der Entscheidung über den Drittwiderspruch wird mit der Urschrift des angefochtenen Urteils oder Beschlusses verbunden. Ein Hinweis auf die Entscheidung über den Drittwiderspruch ist am Rande der Urschrift des angefochtenen Urteils oder Beschlusses anzubringen.

Artikel 168 Auslegung von Urteilen und Beschlüssen

(1) Das Gericht ist nach Artikel 43 der Satzung bei Zweifeln über Sinn und Tragweite eines Urteils oder Beschlusses zuständig, das Urteil oder den Beschluss auf Antrag einer Partei oder eines Organs der Union auszulegen, wenn die Partei oder das Organ ein Interesse hieran glaubhaft macht.

(2) Der Auslegungsantrag ist innerhalb von zwei Jahren nach dem Tag der Verkündung des Urteils oder der Zustellung des Beschlusses zu stellen.

(3) Für den Auslegungsantrag gelten die Formvorschriften der Artikel 76 bis 78. Er muss ferner bezeichnen:

a) das auszulegende Urteil oder den auszulegenden Beschluss;
b) die Stellen, deren Auslegung beantragt wird.

(4) Der Auslegungsantrag wird den anderen Parteien zugestellt, die innerhalb der vom Präsidenten festgesetzten Frist schriftlich Stellung nehmen können.

(5) Nachdem den Parteien Gelegenheit zur Stellungnahme gegeben wurde, entscheidet das Gericht.

(6) Die Urschrift der auslegenden Entscheidung wird mit der Urschrift der ausgelegten Entscheidung verbunden. Ein Hinweis auf die auslegende Entscheidung ist am Rande der Urschrift der ausgelegten Entscheidung anzubringen.

Artikel 169 Wiederaufnahme

(1) Die Wiederaufnahme des Verfahrens kann nach Artikel 44 der Satzung beim Gericht nur beantragt werden, wenn eine Tatsache von entscheidender Bedeutung bekannt wird, die vor Verkündung des Urteils oder Zustellung des Beschlusses dem Gericht und der die Wiederaufnahme beantragenden Partei unbekannt war.

(2) Unbeschadet der in Artikel 44 Absatz 3 der Satzung vorgesehenen Frist von zehn Jahren ist die Wiederaufnahme innerhalb von drei Monaten nach dem Tag zu beantragen, an dem der Antragsteller Kenntnis von der Tatsache erhalten hat, auf die er seinen Wiederaufnahmeantrag stützt.

(3) Auf den Wiederaufnahmeantrag finden die Artikel 76 bis 78 Anwendung; er muss ferner enthalten:

a) die Bezeichnung des angefochtenen Urteils oder Beschlusses;

b) die Angabe der Punkte, in denen das Urteil oder der Beschluss angefochten wird;

c) die Bezeichnung der Tatsachen, auf die der Antrag gestützt wird;

d) die Benennung der Beweismittel für das Vorliegen der Tatsachen, die die Wiederaufnahme rechtfertigen, und für die Wahrung der in Absatz 2 genannten Fristen.

(4) Der Wiederaufnahmeantrag wird den anderen Parteien zugestellt, die innerhalb der vom Präsidenten festgesetzten Frist schriftlich Stellung nehmen können.

(5) Nachdem den Parteien Gelegenheit zur Stellungnahme gegeben wurde, entscheidet das Gericht durch Beschluss über die Zulässigkeit des Antrags, ohne der Entscheidung in der Sache vorzugreifen.

(6) Erklärt das Gericht den Antrag für zulässig, so entscheidet es in der Sache gemäß den Bestimmungen dieser Verfahrensordnung.

(7) Die Urschrift der abändernden Entscheidung wird mit der Urschrift der abgeänderten Entscheidung verbunden. Ein Hinweis auf die abändernde Entscheidung ist am Rande der Urschrift der abgeänderten Entscheidung anzubringen.

Artikel 170 Streitigkeiten über die erstattungsfähigen Kosten

(1) Bei Streitigkeiten über die erstattungsfähigen Kosten stellt die betroffene Partei beim Gericht einen Antrag. Für diesen Antrag gelten die Formvorschriften der Artikel 76 bis 78.

(2) Der Antrag wird der Partei, die von diesem Antrag betroffen ist, zugestellt, die innerhalb der vom Präsidenten festgesetzten Frist schriftlich Stellung nehmen kann.

(3) Nachdem der von dem Antrag betroffenen Partei Gelegenheit zur Stellungnahme gegeben wurde, entscheidet das Gericht durch unanfechtbaren Beschluss.

(4) Die Parteien können eine Ausfertigung des Beschlusses zum Zweck der Vollstreckung beantragen.

Vierter Titel
Rechtsstreitigkeiten betreffend die Rechte des geistigen Eigentums

Artikel 171 Anwendungsbereich

Die Bestimmungen dieses Titels gelten für Klagen gegen die Entscheidungen der Beschwerdekammern des in Artikel 1 bezeichneten Amtes, die die Anwendung der Vorschriften im Rahmen einer Regelung über das geistige Eigentum betreffen.

Erstes Kapitel
Parteien des Verfahrens

Artikel 172 Beklagter

Die Klage wird gegen das Amt als Beklagten erhoben, zu dem die Beschwerdekammer gehört, die die angefochtene Entscheidung erlassen hat.

Artikel 173 Stellung der anderen im Verfahren vor der Beschwerdekammer Beteiligten vor dem Gericht

(1) Ein Beteiligter im Verfahren vor der Beschwerdekammer mit Ausnahme des Klägers kann sich als Streithelfer am Verfahren

vor dem Gericht beteiligen, indem er form- und fristgerecht eine Klagebeantwortung einreicht.

(2) Ein Beteiligter im Verfahren vor der Beschwerdekammer mit Ausnahme des Klägers wird vor Ablauf der für die Einreichung der Klagebeantwortung vorgesehenen Frist mit der Einreichung eines Verfahrensschriftstücks als Streithelfer Partei des Verfahrens vor dem Gericht. Er verliert seine Stellung als Streithelfer vor dem Gericht, wenn er nicht form- und fristgerecht eine Klagebeantwortung einreicht. In diesem Fall trägt der Streithelfer seine eigenen, mit den von ihm eingereichten Verfahrensschriftstücken in Zusammenhang stehenden Kosten.

(3) Der in den Absätzen 1 und 2 bezeichnete Streithelfer verfügt über dieselben prozessualen Rechte wie die Hauptparteien. Er kann die Anträge einer Hauptpartei unterstützen sowie Anträge stellen und Gründe vorbringen, die gegenüber denen der Hauptparteien eigenständig sind.

(4) Ein Beteiligter im Verfahren vor der Beschwerdekammer – mit Ausnahme des Klägers –, der nach den Absätzen 1 und 2 die Eigenschaft als Partei vor dem Gericht erlangt, muss gemäß Artikel 19 der Satzung vertreten werden.

(5) Artikel 77 und Artikel 78 Absätze 4 bis 6 finden auf die in Absatz 2 bezeichneten Verfahrensschriftstücke Anwendung.

(6) Abweichend von Artikel 123 gelten die Bestimmungen über das Versäumnisverfahren nicht, wenn ein in den Absätzen 1 und 2 bezeichneter Streithelfer die Klageschrift form- und fristgerecht beantwortet hat.

Artikel 174 Ersetzung einer Partei

Ist das von dem Rechtsstreit betroffene Recht des geistigen Eigentums von einem im Verfahren vor der Beschwerdekammer des Amtes Beteiligten auf einen Dritten übertragen worden, so kann der Rechtsnachfolger beantragen, an die Stelle der ursprünglichen Partei im Verfahren vor dem Gericht zu treten.

Artikel 175 Ersetzungsantrag

(1) Der Ersetzungsantrag ist mit gesondertem Schriftsatz einzureichen. Er kann in jedem Verfahrensstadium gestellt werden.

(2) Der Antrag muss enthalten:

a) die Bezeichnung der Rechtssache;

b) die Bezeichnung der Parteien der Rechtssache und der Partei, an deren Stelle der Antragsteller treten möchte;

c) Namen und Wohnsitz des Antragstellers;

d) die Angabe der Stellung und der Anschrift des Vertreters des Antragstellers;

e) die Darstellung der die Ersetzung rechtfertigenden Umstände unter Beifügung von Nachweisen.

(3) Der Antragsteller muss gemäß Artikel 19 der Satzung vertreten werden.

(4) Artikel 77, Artikel 78 Absätze 4 bis 6 und Artikel 139 finden auf den Ersetzungsantrag Anwendung.

Artikel 176 Entscheidung über den Ersetzungsantrag

(1) Der Ersetzungsantrag wird den Parteien zugestellt.

(2) Der Präsident gibt den Parteien Gelegenheit, schriftlich oder mündlich zu dem Ersetzungsantrag Stellung zu nehmen.

(3) Die Entscheidung über den Ersetzungsantrag ergeht durch mit Gründen versehenen Beschluss des Präsidenten oder in der das Verfahren beendenden Entscheidung.

(4) Wird der Ersetzungsantrag zurückgewiesen, so ist gemäß den Artikeln 134 und 135 über die im Zusammenhang mit dem Antrag entstandenen Kosten einschließlich der Kosten des Antragstellers zu entscheiden.

(5) Wird dem Ersetzungsantrag stattgegeben, so muss der Rechtsnachfolger den Rechtsstreit in der Lage annehmen, in der dieser sich zum Zeitpunkt der Ersetzung befindet. Er ist an die Verfahrensschriftstücke gebunden, die von der Partei eingereicht wurden, an deren Stelle er tritt.

Zweites Kapitel
Klageschrift und Klagebeantwortungen

Artikel 177 Klageschrift

(1) Die Klageschrift muss enthalten:

a) Namen und Wohnsitz des Klägers;

b) die Angabe der Stellung und der Anschrift des Vertreters des Klägers;

c) die Bezeichnung des Amtes, gegen das die Klage erhoben wird;

d) den Streitgegenstand, die geltend gemachten Klagegründe und Argumente sowie eine kurze Darstellung der Klagegründe;

e) die Anträge des Klägers.

(2) War der Kläger nicht der einzige Beteiligte im Verfahren vor der Beschwerdekammer des Amtes, so muss die Klageschrift außerdem die Namen aller Beteiligten dieses Verfahrens und die Anschriften enthalten, die diese Beteiligten für Zustellungszwecke angegeben haben.

(3) Die angefochtene Entscheidung der Beschwerdekammer ist der Klageschrift beizufügen. Das Datum der Zustellung dieser Entscheidung an den Kläger ist anzugeben.

(4) Ist der Kläger eine juristische Person des Privatrechts, so hat er mit der Klageschrift einen Nachweis jüngeren Datums für seine Rechtspersönlichkeit einzureichen (Handelsregisterauszug, Vereinsregisterauszug oder eine andere amtliche Urkunde).

(5) Der Klageschrift sind die in Artikel 51 Absätze 2 und 3 genannten Schriftstücke beizufügen.

(6) Artikel 77 findet Anwendung.

(7) Entspricht die Klageschrift nicht den Absätzen 2 bis 5, so setzt der Kanzler dem Kläger eine angemessene Frist zur Behebung des Mangels. Bei Ausbleiben einer fristgemäßen Mängelbehebung entscheidet das Gericht, ob die Nichtbeachtung dieser Förmlichkeit die formale Unzulässigkeit der Klageschrift zur Folge hat.

Artikel 178 Zustellung der Klageschrift

(1) Der Kanzler benachrichtigt den Beklagten und alle im Verfahren vor der Beschwerdekammer Beteiligten in der in Artikel 80 Absatz 1 vorgesehenen Art und Weise von der Einreichung der Klageschrift. Nach Bestimmung der Verfahrenssprache gemäß Artikel 45 Absatz 4 stellt er die Klageschrift und gegebenenfalls die Übersetzung der Klageschrift in die Verfahrenssprache zu.

(2) Die Klageschrift wird dem Beklagten durch Übersendung einer beglaubigten Kopie der Klageschrift per Einschreiben mit

Rückschein oder durch Übergabe der Kopie gegen Empfangsbestätigung zugestellt. Hat der Beklagte im Voraus der Zustellung von Klageschriften mittels der in Artikel 57 Absatz 4 bezeichneten Zustellungsart oder mittels Telefax zugestimmt, so kann die Zustellung der Klageschrift auf diese Arten vorgenommen werden.

(3) Die Zustellung der Klageschrift an einen im Verfahren vor der Beschwerdekammer Beteiligten erfolgt in der Zustellungsart, der dieser bei Einreichung des in Artikel 173 Absatz 2 bezeichneten Verfahrensschriftstücks zugestimmt hat, oder, in Ermangelung eines solchen Schriftstücks, durch Übersendung eines Einschreibens mit Rückschein an die Anschrift, die der betroffene Beteiligte für die Zwecke der im Verfahren vor der Beschwerdekammer vorzunehmenden Zustellungen angegeben hat.

(4) In den Fällen des Artikels 177 Absatz 7 erfolgt die Zustellung sogleich nach der Mängelbehebung oder nachdem das Gericht in Anbetracht der in dem genannten Artikel aufgeführten Voraussetzungen die Zulässigkeit bejaht hat.

(5) Unmittelbar nach Zustellung der Klageschrift übermittelt der Beklagte dem Gericht die Akten des Verfahrens vor der Beschwerdekammer.

Artikel 179 Parteien, die eine Klagebeantwortung einreichen können

Der Beklagte und die Beteiligten im Verfahren vor der Beschwerdekammer mit Ausnahme des Klägers reichen innerhalb einer Frist von zwei Monaten nach Zustellung der Klageschrift Klagebeantwortungen ein. Der Präsident kann diese Frist bei Vorliegen außergewöhnlicher Umstände auf begründeten Antrag der betreffenden Partei verlängern.

Artikel 180 Klagebeantwortung

(1) Die Klagebeantwortung muss enthalten:

a) Namen und Wohnsitz der Partei, die die Klagebeantwortung einreicht;

b) Angabe der Stellung und der Anschrift des Vertreters der Partei;

c) die geltend gemachten Verteidigungsgründe und -argumente;

d) die Anträge der Partei, die die Klagebeantwortung einreicht.

(2) Artikel 177 Absätze 4 bis 7 findet auf die Klagebeantwortung Anwendung.

Artikel 181 Abschluss des schriftlichen Verfahrens
Unbeschadet der Bestimmungen des Dritten Kapitels wird das schriftliche Verfahren nach der Einreichung der Klagebeantwortung des Beklagten und, gegebenenfalls, des Streithelfers im Sinne des Artikels 173 abgeschlossen.

**Drittes Kapitel
Anschlussklage**

Artikel 182 Anschlussklage
(1) Die Beteiligten im Verfahren vor der Beschwerdekammer mit Ausnahme des Klägers können innerhalb der gleichen Frist, wie sie für die Einreichung der Klagebeantwortung gilt, Anschlussklage erheben.

(2) Die Anschlussklage ist mit gesondertem, von der Klagebeantwortung getrenntem Schriftsatz zu erheben.

Artikel 183 Inhalt der Anschlussklageschrift
Die Anschlussklageschrift muss enthalten:
a) Namen und Wohnsitz der Partei, die die Anschlussklage erhebt;
b) Angabe der Stellung und der Anschrift des Vertreters der Partei;
c) die geltend gemachten Klagegründe und -argumente;
d) die Anträge.

Artikel 184 Anschlussklageanträge, -gründe und -argumente
(1) Die Anschlussklageanträge müssen auf Aufhebung oder Abänderung der Entscheidung der Beschwerdekammer in einem in der Klageschrift nicht geltend gemachten Punkt gerichtet sein.

(2) Die geltend gemachten Gründe und Argumente müssen die beanstandeten Punkte der Begründung der angefochtenen Entscheidung genau bezeichnen.

Artikel 185 Anschlussklagebeantwortung

Wird eine Anschlussklage erhoben, so können die anderen Parteien innerhalb von zwei Monaten nach Zustellung der Anschlussklageschrift einen Schriftsatz einreichen, der auf die Beantwortung der mit der Anschlussklage geltend gemachten Anträge, Gründe und Argumente zu begrenzen ist. Der Präsident kann diese Frist bei Vorliegen außergewöhnlicher Umstände auf begründeten Antrag der betreffenden Partei verlängern.

Artikel 186 Abschluss des schriftlichen Verfahrens

Wurde Anschlussklage erhoben, so wird das schriftliche Verfahren nach der Einreichung der letzten Klagebeantwortung zu dieser Anschlussklage abgeschlossen.

Artikel 187 Verhältnis zwischen Klage und Anschlussklage

Die Anschlussklage gilt als gegenstandslos,
a) wenn der Kläger seine Klage zurücknimmt;
b) wenn die Klage für offensichtlich unzulässig erklärt wird.

Viertes Kapitel
Andere Aspekte des Verfahrens

Artikel 188 Gegenstand des Rechtsstreits vor dem Gericht

Die im Rahmen des Verfahrens vor dem Gericht eingereichten Schriftsätze der Parteien können den vor der Beschwerdekammer verhandelten Streitgegenstand nicht ändern.

Artikel 189 Länge der Schriftsätze

(1) Das Gericht legt gemäß Artikel 224 die maximale Länge der Schriftsätze fest, die im Rahmen dieses Titels eingereicht werden.

(2) Eine Überschreitung der maximalen Länge der Schriftsätze kann der Präsident nur in Fällen genehmigen, die in rechtlicher oder tatsächlicher Hinsicht besonders komplex sind.

Artikel 190 Kostenentscheidung

(1) Wird einer Klage gegen eine Entscheidung einer Beschwerdekammer stattgegeben, so kann das Gericht beschließen, dass der Beklagte nur seine eigenen Kosten trägt.

(2) Die Aufwendungen der Parteien, die für das Verfahren vor der Beschwerdekammer notwendig waren, gelten als erstattungsfähige Kosten.

Artikel 191 Sonstige anwendbare Vorschriften

Vorbehaltlich der besonderen Vorschriften dieses Titels finden auf die von diesem Titel erfassten Verfahren die Vorschriften des Dritten Titels Anwendung.

Fünfter Titel
Rechtsmittel gegen die Entscheidungen des Gerichts für den öffentlichen Dienst

Artikel 192 Anwendungsbereich

Die Bestimmungen dieses Titels finden auf die in den Artikeln 9 und 10 des Anhangs I der Satzung bezeichneten Rechtsmittel gegen die Entscheidungen des Gerichts für den öffentlichen Dienst Anwendung.

Erstes Kapitel
Rechtsmittelschrift

Artikel 193 Einreichung der Rechtsmittelschrift

Das Rechtsmittel wird durch Einreichung einer Rechtsmittelschrift bei der Kanzlei des Gerichts eingelegt.

Artikel 194 Inhalt der Rechtsmittelschrift

(1) Die Rechtsmittelschrift muss enthalten:
a) Namen und Wohnsitz des Rechtsmittelführers;
b) Stellung und Anschrift des Vertreters des Rechtsmittelführers;

c) die Bezeichnung der angefochtenen Entscheidung des Gerichts für den öffentlichen Dienst;

d) die Bezeichnung der anderen Parteien der betreffenden Rechtssache vor dem Gericht für den öffentlichen Dienst;

e) die geltend gemachten Rechtsgründe und -argumente sowie eine kurze Darstellung dieser Gründe;

f) die Anträge des Rechtsmittelführers.

(2) Es ist zu vermerken, an welchem Tag die angefochtene Entscheidung dem Rechtsmittelführer zugestellt worden ist.

(3) Ist der Rechtsmittelführer eine juristische Person des Privatrechts, so hat er mit der Rechtsmittelschrift einen Nachweis jüngeren Datums für seine Rechtspersönlichkeit einzureichen (Handelsregisterauszug, Vereinsregisterauszug oder eine andere amtliche Urkunde).

(4) Der Rechtsmittelschrift sind die in Artikel 51 Absätze 2 und 3 genannten Schriftstücke beizufügen.

(5) Artikel 77 findet Anwendung.

(6) Entspricht die Rechtsmittelschrift nicht den Absätzen 2 bis 4, so setzt der Kanzler dem Rechtsmittelführer eine angemessene Frist zur Mängelbehebung. Bei Ausbleiben einer fristgemäßen Mängelbehebung entscheidet das Gericht, ob die Nichtbeachtung dieser Förmlichkeit die formale Unzulässigkeit der Rechtsmittelschrift zur Folge hat.

Artikel 195 Rechtsmittelanträge, -gründe und -argumente

(1) Die Rechtsmittelanträge müssen auf die vollständige oder teilweise Aufhebung der Entscheidung des Gerichts für den öffentlichen Dienst in der Gestalt der Entscheidungsformel gerichtet sein.

(2) Die geltend gemachten Rechtsgründe und -argumente müssen die beanstandeten Punkte der Begründung der Entscheidung des Gerichts für den öffentlichen Dienst genau bezeichnen.

Artikel 196 Anträge für den Fall der Stattgabe des Rechtsmittels

(1) Die Rechtsmittelanträge müssen für den Fall, dass das Rechtsmittel für begründet erklärt werden sollte, darauf gerichtet

sein, dass den erstinstanzlichen Anträgen vollständig oder teilweise stattgegeben wird; neue Anträge sind nicht zulässig. Das Rechtsmittel kann den vor dem Gericht als erstinstanzliches Gericht verhandelten Streitgegenstand nicht verändern.

(2) Beantragt der Rechtsmittelführer für den Fall der Aufhebung der angefochtenen Entscheidung, dass die Rechtssache an das als Rechtsmittelgericht zurückverwiesen wird, so hat er die Gründe darzulegen, aus denen der Rechtsstreit nicht zur Entscheidung durch das Gericht als Rechtsmittelgericht reif ist.

Zweites Kapitel
Rechtsmittelbeantwortung, Erwiderung und Gegenerwiderung

Artikel 197 Zustellung der Rechtsmittelschrift

(1) Die Rechtsmittelschrift wird den anderen Parteien der betreffenden Rechtssache vor dem Gericht für den öffentlichen Dienst zugestellt. Artikel 80 Absatz 1 findet Anwendung.

(2) Im Fall des Artikels 194 Absatz 6 erfolgt die Zustellung sogleich nach der Mängelbehebung oder nachdem das Gericht in Anbetracht der in dem genannten Artikel bezeichneten formalen Voraussetzungen die Zulässigkeit bejaht hat.

Artikel 198 Parteien, die eine Rechtsmittelbeantwortung einreichen können

Jede Partei der betreffenden Rechtssache vor dem Gericht für den öffentlichen Dienst, die ein Interesse an der Stattgabe oder der Zurückweisung des Rechtsmittels hat, kann innerhalb von zwei Monaten nach Zustellung der Rechtsmittelschrift eine Rechtsmittelbeantwortung einreichen. Eine Verlängerung der Beantwortungsfrist ist nicht möglich.

Artikel 199 Inhalt der Rechtsmittelbeantwortung

(1) Die Rechtsmittelbeantwortung muss enthalten:
a) Namen und Wohnsitz der Partei, die sie einreicht;
b) Stellung und Anschrift des Vertreters der Partei;

c) das Datum, an dem der Partei die Rechtsmittelschrift zugestellt worden ist;
d) die geltend gemachten Rechtsgründe und -argumente;
e) die Anträge.
(2) Artikel 194 Absätze 3 bis 6 findet auf die Rechtsmittelbeantwortung Anwendung.

Artikel 200 Anträge der Rechtsmittelbeantwortung

Die Anträge der Rechtsmittelbeantwortung müssen auf die vollständige oder teilweise Stattgabe oder Zurückweisung des Rechtsmittels gerichtet sein.

Artikel 201 Erwiderung und Gegenerwiderung

(1) Die Rechtsmittelschrift und die Rechtsmittelbeantwortung können nur dann durch eine Erwiderung und eine Gegenerwiderung ergänzt werden, wenn der Präsident dies auf einen entsprechenden, innerhalb von sieben Tagen nach Zustellung der Rechtsmittelbeantwortung gestellten begründeten Antrag des Rechtsmittelführers für erforderlich hält, insbesondere damit der Rechtsmittelführer zu einer Unzulässigkeitseinrede oder zu in der Rechtsmittelbeantwortung geltend gemachten neuen Gesichtspunkten Stellung nehmen kann.

(2) Der Präsident bestimmt die Frist für die Einreichung der Erwiderung und anlässlich der Zustellung dieses Schriftsatzes die Frist für die Einreichung der Gegenerwiderung. Er kann die Seitenzahl und den Gegenstand der Schriftsätze begrenzen.

Drittes Kapitel
Anschlussrechtsmittel

Artikel 202 Anschlussrechtsmittel

(1) Die in Artikel 198 bezeichneten Parteien können innerhalb der gleichen Frist, wie sie für die Einreichung der Rechtsmittelbeantwortung gilt, Anschlussrechtsmittel einlegen.

(2) Das Anschlussrechtsmittel ist mit gesondertem, von der Rechtsmittelbeantwortung getrenntem Schriftsatz einzulegen.

Artikel 203 Inhalt der Anschlussrechtsmittelschrift

Die Anschlussrechtsmittelschrift muss enthalten:

a) Namen und Wohnsitz der Partei, die das Anschlussrechtsmittel einlegt;

b) Stellung und Anschrift des Vertreters der Partei;

c) das Datum, an dem der Partei die Rechtsmittelschrift zugestellt worden ist;

d) die geltend gemachten Rechtsgründe und -argumente;

e) die Anträge.

Artikel 204 Anschlussrechtsmittelanträge, -gründe und -argumente

(1) Die Anschlussrechtsmittelanträge müssen auf die vollständige oder teilweise Aufhebung der Entscheidung des Gerichts für den öffentlichen Dienst gerichtet sein.

(2) Sie können auch auf die Aufhebung einer ausdrücklichen oder stillschweigenden Entscheidung über die Zulässigkeit der Klage vor dem Gericht für den öffentlichen Dienst gerichtet sein.

(3) Die geltend gemachten Rechtsgründe und -argumente müssen die beanstandeten Punkte der Begründung der Entscheidung des Gerichts für den öffentlichen Dienst genau bezeichnen. Sie müssen sich von den in der Rechtsmittelbeantwortung geltend gemachten Gründen und Argumenten unterscheiden.

Viertes Kapitel
Auf das Anschlussrechtsmittel folgende Schriftsätze

Artikel 205 Anschlussrechtsmittelbeantwortung

Wird Anschlussrechtsmittel eingelegt, so kann der Rechtsmittelführer oder jede andere Partei der betreffenden Rechtssache vor dem Gericht für den öffentlichen Dienst, die ein Interesse an der Stattgabe oder der Zurückweisung des Anschlussrechtsmittels hat, innerhalb von zwei Monaten nach Zustellung der Anschlussrechtsmittelschrift eine Beantwortung einreichen, deren Gegenstand auf die mit dem Anschlussrechtsmittel geltend gemachten Gründe zu begrenzen ist. Eine Verlängerung der Frist ist nicht möglich.

Artikel 206 Erwiderung und Gegenerwiderung nach Anschlussrechtsmittel

(1) Die Anschlussrechtsmittelschrift und ihre Beantwortung können nur dann durch eine Erwiderung und eine Gegenerwiderung ergänzt werden, wenn der Präsident dies auf einen entsprechenden, innerhalb von sieben Tagen nach Zustellung der Anschlussrechtsmittelbeantwortung gestellten begründeten Antrag des Anschlussrechtsmittelführers für erforderlich hält, insbesondere damit der Anschlussrechtsmittelführer zu einer Unzulässigkeitseinrede oder zu in der Anschlussrechtsmittelbeantwortung geltend gemachten neuen Gesichtspunkten Stellung nehmen kann.

(2) Der Präsident bestimmt die Frist für die Einreichung der Erwiderung und anlässlich der Zustellung dieses Schriftsatzes die Frist für die Einreichung der Gegenerwiderung. Er kann die Seitenzahl und den Gegenstand der Schriftsätze begrenzen.

Fünftes Kapitel
Mündliches Verfahren

Artikel 207 Mündliches Verfahren

(1) Die Parteien des Rechtsmittelverfahrens können beantragen, im Rahmen einer mündlichen Verhandlung gehört zu werden. Der Antrag ist zu begründen und innerhalb von drei Wochen, nachdem die Bekanntgabe des Abschlusses des schriftlichen Verfahrens an die Parteien erfolgt ist, zu stellen. Diese Frist kann vom Präsidenten verlängert werden.

(2) Auf Vorschlag des Berichterstatters kann das Gericht, wenn es sich für durch die Aktenstücke der Rechtssache hinreichend unterrichtet hält, beschließen, über das Rechtsmittel ohne mündliches Verfahren zu entscheiden. Gleichwohl kann es später beschließen, das mündliche Verfahren zu eröffnen.

Sechstes Kapitel
Durch Beschluss erledigte Rechtsmittel

Artikel 208 Offensichtlich unzulässiges oder offensichtlich unbegründetes Rechtsmittel oder Anschlussrechtsmittel

Ist das Rechtsmittel oder Anschlussrechtsmittel ganz oder teilweise offensichtlich unzulässig oder offensichtlich unbegründet, so kann das Gericht es jederzeit auf Vorschlag des Berichterstatters ganz oder teilweise durch mit Gründen versehenen Beschluss zurückweisen.

Artikel 209 Offensichtlich begründetes Rechtsmittel oder Anschlussrechtsmittel

Hat der Gerichtshof oder das Gericht bereits über eine oder mehrere Rechtsfragen entschieden, die mit den durch die Rechtsmittel- oder Anschlussrechtsmittelgründe aufgeworfenen übereinstimmen, und hält das Gericht das Rechtsmittel oder Anschlussrechtsmittel für offensichtlich begründet, so kann er es auf Vorschlag des Berichterstatters und nach Anhörung der Parteien durch mit Gründen versehenen Beschluss, der einen Verweis auf die einschlägige Rechtsprechung enthält, für offensichtlich begründet erklären.

Siebtes Kapitel
Folgen der Streichung des Rechtsmittels für das Anschlussrechtsmittel

Artikel 210 Folgen einer Rücknahme oder offensichtlichen Unzulässigkeit des Rechtsmittels für das Anschlussrechtsmittel

Das Anschlussrechtsmittel gilt als gegenstandslos,

a) wenn der Rechtsmittelführer sein Rechtsmittel zurücknimmt;

b) wenn das Rechtsmittel wegen Nichteinhaltung der Rechtsmittelfrist für offensichtlich unzulässig erklärt wird;

c) wenn das Rechtsmittel allein deshalb für offensichtlich unzulässig erklärt wird, weil es nicht gegen eine Endentscheidung des Gerichts für den öffentlichen Dienst oder gegen eine Entscheidung im Sinne des Artikels 9 Absatz 1 des Anhangs I der Satzung gerichtet ist, die über einen Teil des Streitgegenstands ergangen ist oder die einen Zwischenstreit über eine Einrede der Unzuständigkeit oder Unzulässigkeit beendet.

Achtes Kapitel
Parteikosten und Verfahrenskosten in Rechtsmittelverfahren

Artikel 211 Kostenentscheidung in Rechtsmittelverfahren

(1) Vorbehaltlich der nachstehenden Bestimmungen finden die Artikel 133 bis 141 auf das Verfahren vor dem Gericht, das ein Rechtsmittel gegen eine Entscheidung des Gerichts für den öffentlichen Dienst zum Gegenstand hat, entsprechende Anwendung.

(2) Wenn das Rechtsmittel unbegründet ist oder wenn das Rechtsmittel begründet ist und das Gericht den Rechtsstreit selbst entscheidet, so entscheidet es über die Kosten.

(3) Legt ein Organ Rechtsmittel ein, so trägt es die ihm entstehenden Kosten unbeschadet der Bestimmungen des Artikels 135 Absatz 2 selbst.

(4) Abweichend von Artikel 134 Absätze 1 und 2 kann das Gericht bei Rechtsmitteln, die von Beamten oder sonstigen Bediensteten eines Organs eingelegt werden, die Kosten zwischen den Parteien teilen, sofern dies aus Gründen der Billigkeit geboten ist.

(5) Hat ein erstinstanzlicher Streithelfer das Rechtsmittel nicht selbst eingelegt, so können ihm im Rechtsmittelverfahren Kosten nur dann auferlegt werden, wenn er am schriftlichen oder mündlichen Verfahren vor dem Gericht teilgenommen hat. Nimmt eine solche Partei am Verfahren teil, so kann das Gericht ihr ihre eigenen Kosten auferlegen.

Neuntes Kapitel
Sonstige in Rechtsmittelverfahren Anwendbare Vorschriften

Artikel 212 Länge der Schriftsätze

(1) Das Gericht legt gemäß Artikel 224 die maximale Länge der Schriftsätze fest, die im Rahmen dieses Titels eingereicht werden können.

(2) Eine Überschreitung der maximalen Länge der Schriftsätze kann der Präsident nur in Fällen genehmigen, die besonders komplex sind.

Artikel 213 Sonstige in Rechtsmittelverfahren anwendbare Vorschriften

(1) Die Artikel 51 bis 58, 60 bis 74, 79, 84, 87, 89, 90, 107 bis 122, 124, 125, 129, 131, 142 bis 162, 164, 165 und 167 bis 170 finden auf das Verfahren vor dem Gericht, das ein Rechtsmittel gegen eine Entscheidung des Gerichts für den öffentlichen Dienst zum Gegenstand hat, Anwendung.

(2) Abweichend von Artikel 143 Absatz 1 müssen Anträge auf Zulassung zur Streithilfe innerhalb eines Monats nach der Veröffentlichung im Sinne des Artikels 79 gestellt werden.

(3) Entscheidungen nach Artikel 256 Absatz 2 AEUV werden dem Gerichtshof bekannt gegeben.

Zehntes Kapitel
Rechtsmittel gegen Entscheidungen, mit denen ein Antrag auf Zulassung zur Streithilfe zurückgewiesen wurde, und gegen Entscheidungen im Wege des vorläufigen Rechtsschutzes

Artikel 214 Rechtsmittel gegen Entscheidungen, mit denen ein Antrag auf Zulassung zur Streithilfe zurückgewiesen wurde, und gegen Entscheidungen im Wege des vorläufigen Rechtsschutzes

Abweichend von den Bestimmungen dieses Titels entscheidet der Präsident des Gerichts über die in Artikel 10 Absätze 1 und 2 des Anhangs I der Satzung bezeichneten Rechtsmittel gemäß dem in Artikel 157 Absätze 1 und 3 und in Artikel 158 Absatz 1 vorgesehenen Verfahren.

**Sechster Titel
Verfahren nach Zurückverweisung**

**Erstes Kapitel
Entscheidungen des Gerichts nach Aufhebung und Zurückverweisung**

Artikel 215 Aufhebung und Zurückverweisung durch den Gerichtshof

Hebt der Gerichtshof ein Urteil oder einen Beschluss des Gerichts auf und verweist er die Sache zur Entscheidung an das Gericht zurück, so wird die Sache durch die zurückverweisende Entscheidung beim Gericht anhängig.

Artikel 216 Zuweisung der Rechtssache

(1) Hebt der Gerichtshof ein Urteil oder einen Beschluss einer Kammer auf, so kann der Präsident des Gerichts die Sache einer anderen, mit der gleichen Richterzahl tagenden Kammer zuweisen.

(2) Hebt der Gerichtshof ein Urteil oder einen Beschluss der Großen Kammer des Gerichts auf, so wird die Sache diesem Spruchkörper zugewiesen.

(3) Hebt der Gerichtshof ein Urteil oder einen Beschluss eines Richters auf, der als Einzelrichter entschieden hat, so kann der Präsident des Gerichts die Sache dem Einzelrichter zuweisen; diesem bleibt es unbenommen, die Sache an die Kammer zu verweisen, der er angehört.

Artikel 217 Ablauf des Verfahrens

(1) Ist die später vom Gerichtshof aufgehobene Entscheidung ergangen, nachdem das schriftliche Verfahren zur Sache vor dem Gericht bereits abgeschlossen war, so können die am Verfahren vor dem Gericht beteiligten Parteien innerhalb einer Frist von zwei Monaten nach Zustellung der Entscheidung des Gerichts-

hofs schriftlich Stellung dazu nehmen, welche Schlussfolgerungen aus der Entscheidung des Gerichtshofs für die Entscheidung des Rechtsstreits zu ziehen sind. Diese Frist kann nicht verlängert werden.

(2) Ist die später vom Gerichtshof aufgehobene Entscheidung ergangen, als das schriftliche Verfahren zur Sache vor dem Gericht noch nicht abgeschlossen war, so wird es in dem Stadium fortgesetzt, in dem es sich befand.

(3) Wenn die Umstände es rechtfertigen, kann der Präsident die Einreichung zusätzlicher Schriftsätze gestatten.

Artikel 218 Anwendbare Verfahrensbestimmungen

Vorbehaltlich des Artikels 217 finden auf das Verfahren, je nach Fall, die Bestimmungen des Dritten Titels oder des Vierten Titels Anwendung.

Artikel 219 Kosten

Das Gericht entscheidet über die Kosten des Rechtsstreits vor dem Gericht und über die Kosten des Rechtsmittelverfahrens vor dem Gerichtshof.

Zweites Kapitel
Entscheidungen des Gerichts nach Überprüfung und Zurückverweisung

Artikel 220 Überprüfung und Zurückverweisung durch den Gerichtshof

Überprüft der Gerichtshof ein Urteil oder einen Beschluss des Gerichts und verweist er die Sache zur Entscheidung an das Gericht zurück, so wird die Sache durch das zurückverweisende Urteil beim Gericht anhängig.

Artikel 221 Zuweisung der Rechtssache

(1) Verweist der Gerichtshof eine Sache zurück, die ursprünglich von einer Kammer entschieden worden ist, so kann der Präsident des Gerichts die Sache einer anderen, mit der gleichen Richterzahl tagenden Kammer zuweisen.

(2) Verweist der Gerichtshof eine Sache zurück, die ursprünglich von der Großen Kammer des Gerichts entschieden worden ist, so wird die Sache diesem Spruchkörper zugewiesen.

Artikel 222 Ablauf des Verfahrens

(1) Die am Verfahren vor dem Gericht beteiligten Parteien können innerhalb einer Frist von einem Monat nach Zustellung des Urteils des Gerichtshofs schriftlich Stellung dazu nehmen, welche Schlussfolgerungen aus diesem Urteil für die Entscheidung des Rechtsstreits zu ziehen sind. Diese Frist kann nicht verlängert werden.

(2) Das Gericht kann im Rahmen prozessleitender Maßnahmen die am Verfahren vor ihm beteiligten Parteien zur Einreichung von Schriftsätzen auffordern und kann entscheiden, sie in einer mündlichen Verhandlung anzuhören.

Artikel 223 Kosten

Das Gericht entscheidet über die Kosten des nach der Überprüfung bei ihm anhängig gewordenen Rechtsstreits.

Schlussbestimmungen

Artikel 224 Durchführungsbestimmungen

Das Gericht erlässt durch gesonderten Rechtsakt praktische Durchführungsbestimmungen zu dieser Verfahrensordnung.

Artikel 225 Zwangsvollstreckung

Auf die Zwangsvollstreckung der nach dieser Verfahrensordnung verhängten Sanktionen oder sonstigen Maßnahmen finden die Artikel 280 AEUV, 299 AEUV und 164 EAGV entsprechende Anwendung.

Artikel 226 Aufhebung

Diese Verfahrensordnung tritt an die Stelle der Verfahrensordnung des Gerichts vom 2. Mai 1991 in ihrer zuletzt am 19. Juni 2013 geänderten Fassung.

Artikel 227 Veröffentlichung und Inkrafttreten dieser Verfahrensordnung

(1) Diese in den in Artikel 44 genannten Sprachen verbindliche Verfahrensordnung wird im Amtsblatt der Europäischen Union veröffentlicht.

(2) Diese Verfahrensordnung tritt am ersten Tag des dritten Monats nach ihrer Veröffentlichung in Kraft.

(3) Artikel 105 findet erst Anwendung, wenn der Beschluss nach Artikel 105 Absatz 11 in Kraft getreten ist.

(4) Artikel 45 Absatz 4, Artikel 139 Buchstabe c und Artikel 181 finden nur auf nach dem Inkrafttreten dieser Verfahrensordnung beim Gericht eingereichte Klagen Anwendung.

(5) Die Artikel 106 und 207 finden nur auf Rechtssachen Anwendung, in denen das schriftliche Verfahren im Zeitpunkt des Inkrafttretens dieser Verfahrensordnung noch nicht abgeschlossen ist.

(6) Artikel 115 Absatz 1, Artikel 116 Absatz 6, Artikel 131 und Artikel 135 Absatz 2 der Verfahrensordnung des Gerichts vom 2. Mai 1991 in ihrer zuletzt am 19. Juni 2013 geänderten Fassung finden auf vor dem Inkrafttreten dieser Verfahrensordnung beim Gericht eingereichte Klagen weiterhin Anwendung.

(7) Die Artikel 135a und 146 der Verfahrensordnung des Gerichts vom 2. Mai 1991 in ihrer zuletzt am 19. Juni 2013 geänderten Fassung finden auf beim Gericht anhängige Klagen, bei denen das schriftliche Verfahren vor dem Inkrafttreten dieser Verfahrensordnung abgeschlossen wurde, weiterhin Anwendung.

[19] Konvention zum Schutz der Menschenrechte und Grundfreiheiten

vom 4. November 1950 (BGBl. 1952 II S. 685, 953); zuletzt geändert durch das Protokoll Nr. 14 vom 13. Mai 2004 (BGBl. 2006 I S. 138); in der Bekanntmachung der Neufassung vom 22. Oktober 2010 (BGBl. II S. 1198).

Inhaltsübersicht[1]

Artikel 1 Verpflichtung zur Achtung der Menschenrechte

Abschnitt I
Rechte und Freiheiten

Artikel 2 Recht auf Leben
Artikel 3 Verbot der Folter
Artikel 4 Verbot der Sklaverei und der Zwangsarbeit
Artikel 5 Recht auf Freiheit und Sicherheit
Artikel 6 Recht auf ein faires Verfahren
Artikel 7 Keine Strafe ohne Gesetz
Artikel 8 Recht auf Achtung des Privat- und Familienlebens
Artikel 9 Gedanken-, Gewissens- und Religionsfreiheit
Artikel 10 Freiheit der Meinungsäußerung
Artikel 11 Versammlungs- und Vereinigungsfreiheit
Artikel 12 Recht auf Eheschließung
Artikel 13 Recht auf wirksame Beschwerde
Artikel 14 Diskriminierungsverbot
Artikel 15 Abweichen im Notstandsfall
Artikel 16 Beschränkungen der politischen Tätigkeit ausländischer Personen
Artikel 17 Verbot des Missbrauchs der Rechte
Artikel 18 Begrenzung der Rechtseinschränkungen

Abschnitt II
Europäischer Gerichtshof für Menschenrechte

Artikel 19 Errichtung des Gerichtshofs
Artikel 20 Zahl der Richter
Artikel 21 Voraussetzungen für das Amt

---

[1] Die Inhaltsübersicht ist nicht amtlich; die Artikelüberschriften sind amtlich.

Artikel 22 Wahl der Richter
Artikel 23 Amtszeit und Entlassung
Artikel 24 Kanzlei und Berichterstatter
Artikel 25 Plenum
Artikel 26 Einzelrichterbesetzung, Ausschüsse, Kammern und Große Kammer
Artikel 27 Befugnisse des Einzelrichters
Artikel 28 Befugnisse der Ausschüsse
Artikel 29 Entscheidungen der Kammern über die Zulässigkeit und Begründetheit
Artikel 30 Abgabe der Rechtssache an die Große Kammer
Artikel 31 Befugnisse der Großen Kammer
Artikel 32 Zuständigkeit des Gerichtshofs
Artikel 33 Staatenbeschwerden
Artikel 34 Individualbeschwerden
Artikel 35 Zulässigkeitsvoraussetzungen
Artikel 36 Beteiligung Dritter
Artikel 37 Streichung von Beschwerden
Artikel 38 Prüfung der Rechtssache
Artikel 39 Gütliche Einigung
Artikel 40 Öffentliche Verhandlung und Akteneinsicht
Artikel 41 Gerechte Entschädigung
Artikel 42 Urteile der Kammern
Artikel 43 Verweisung an die Große Kammer
Artikel 44 Endgültige Urteile
Artikel 45 Begründung der Urteile und Entscheidungen
Artikel 46 Verbindlichkeit und Durchführung der Urteile
Artikel 47 Gutachten
Artikel 48 Gutachterliche Zuständigkeit des Gerichtshofs
Artikel 49 Begründung der Gutachten
Artikel 50 Kosten des Gerichtshofs
Artikel 51 Vorrechte und Immunitäten der Richter

Abschnitt III
Verschiedene Bestimmungen

Artikel 52 Anfragen des Generalsekretärs
Artikel 53 Wahrung anerkannter Menschenrechte
Artikel 54 Befugnisse des Ministerkomitees
Artikel 55 Ausschluss anderer Verfahren zur Streitbeilegung
Artikel 56 Räumlicher Geltungsbereich
Artikel 57 Vorbehalte
Artikel 58 Kündigung
Artikel 59 Unterzeichnung und Ratifikation

Die Unterzeichnerregierungen, Mitglieder des Europarats –
in Anbetracht der Allgemeinen Erklärung der Menschenrechte, die am 10. Dezember 1948 von der Generalversammlung der Vereinten Nationen verkündet worden ist;

in der Erwägung, dass diese Erklärung bezweckt, die universelle und wirksame Anerkennung und Einhaltung der in ihr aufgeführten Rechte zu gewährleisten;

in der Erwägung, dass es das Ziel des Europarats ist, eine engere Verbindung zwischen seinen Mitgliedern herzustellen, und dass eines der Mittel zur Erreichung dieses Zieles die Wahrung und Fortentwicklung der Menschenrechte und Grundfreiheiten ist;

in Bekräftigung ihres tiefen Glaubens an diese Grundfreiheiten, welche die Grundlage von Gerechtigkeit und Frieden in der Welt bilden und die am besten durch eine wahrhaft demokratische politische Ordnung sowie durch ein gemeinsames Verständnis und eine gemeinsame Achtung der diesen Grundfreiheiten zugrunde liegenden Menschenrechte gesichert werden;

entschlossen, als Regierungen europäischer Staaten, die vom gleichen Geist beseelt sind und ein gemeinsames Erbe an politischen Überlieferungen, Idealen, Achtung der Freiheit und Rechtsstaatlichkeit besitzen, die ersten Schritte auf dem Weg zu einer kollektiven Garantie bestimmter in der Allgemeinen Erklärung aufgeführter Rechte zu unternehmen –

haben Folgendes vereinbart:

Artikel 1 Verpflichtung zur Achtung der Menschenrechte

Die Hohen Vertragsparteien sichern allen ihrer Hoheitsgewalt unterstehenden Personen die in Abschnitt I bestimmten Rechte und Freiheiten zu.

Abschnitt I
Rechte und Freiheiten

Artikel 2 Recht auf Leben

(1) [1]Das Recht jedes Menschen auf Leben wird gesetzlich geschützt. [2]Niemand darf absichtlich getötet werden, außer durch

Vollstreckung eines Todesurteils, das ein Gericht wegen eines Verbrechens verhängt hat, für das die Todesstrafe gesetzlich vorgesehen ist.

(2) Eine Tötung wird nicht als Verletzung dieses Artikels betrachtet, wenn sie durch eine Gewaltanwendung verursacht wird, die unbedingt erforderlich ist, um

a) jemanden gegen rechtswidrige Gewalt zu verteidigen;

b) jemanden rechtmäßig festzunehmen oder jemanden, dem die Freiheit rechtmäßig entzogen ist, an der Flucht zu hindern;

c) einen Aufruhr oder Aufstand rechtmäßig niederzuschlagen.

Artikel 3 Verbot der Folter
Niemand darf der Folter oder unmenschlicher oder erniedrigender Behandlung oder Strafe unterworfen werden.

Artikel 4 Verbot der Sklaverei und der Zwangsarbeit
(1) Niemand darf in Sklaverei oder Leibeigenschaft gehalten werden.

(2) Niemand darf gezwungen werden, Zwangs- oder Pflichtarbeit zu verrichten.

(3) Nicht als Zwangs- oder Pflichtarbeit im Sinne dieses Artikels gilt

a) eine Arbeit, die üblicherweise von einer Person verlangt wird, der unter den Voraussetzungen des Artikels 5 die Freiheit entzogen oder die bedingt entlassen worden ist;

b) eine Dienstleistung militärischer Art oder eine Dienstleistung, die an die Stelle des im Rahmen der Wehrpflicht zu leistenden Dienstes tritt, in Ländern, wo die Dienstverweigerung aus Gewissensgründen anerkannt ist;

c) eine Dienstleistung, die verlangt wird, wenn Notstände oder Katastrophen das Leben oder das Wohl der Gemeinschaft bedrohen;

d) eine Arbeit oder Dienstleistung, die zu den üblichen Bürgerpflichten gehört.

Artikel 5 Recht auf Freiheit und Sicherheit

(1) ¹Jede Person hat das Recht auf Freiheit und Sicherheit. ²Die Freiheit darf nur in den folgenden Fällen und nur auf die gesetzlich vorgeschriebene Weise entzogen werden:

a) rechtmäßige Freiheitsentziehung nach Verurteilung durch ein zuständiges Gericht;

b) rechtmäßige Festnahme oder Freiheitsentziehung wegen Nichtbefolgung einer rechtmäßigen gerichtlichen Anordnung oder zur Erzwingung der Erfüllung einer gesetzlichen Verpflichtung;

c) rechtmäßige Festnahme oder Freiheitsentziehung zur Vorführung vor die zuständige Gerichtsbehörde, wenn hinreichender Verdacht besteht, dass die betreffende Person eine Straftat begangen hat, oder wenn begründeter Anlass zu der Annahme besteht, dass es notwendig ist, sie an der Begehung einer Straftat oder an der Flucht nach Begehung einer solchen zu hindern;

d) rechtmäßige Freiheitsentziehung bei Minderjährigen zum Zweck überwachter Erziehung oder zur Vorführung vor die zuständige Behörde;

e) rechtmäßige Freiheitsentziehung mit dem Ziel, eine Verbreitung ansteckender Krankheiten zu verhindern, sowie bei psychisch Kranken, Alkohol- oder Rauschgiftsüchtigen und Landstreichern;

f) rechtmäßige Festnahme oder Freiheitsentziehung zur Verhinderung der unerlaubten Einreise sowie bei Personen, gegen die ein Ausweisungs- oder Auslieferungsverfahren im Gange ist.

(2) Jeder festgenommenen Person muss unverzüglich in einer ihr verständlichen Sprache mitgeteilt werden, welches die Gründe für ihre Festnahme sind und welche Beschuldigungen gegen sie erhoben werden.

(3) ¹Jede Person, die nach Absatz 1 Buchstabe c von Festnahme oder Freiheitsentziehung betroffen ist, muss innerhalb möglichst kurzer Frist einem Richter oder einer anderen gesetzlich zur Wahrnehmung richterlicher Aufgaben ermächtigten Person vorgeführt werden; sie hat Anspruch auf ein Urteil innerhalb angemessener Frist oder auf Entlassung während des Verfahrens. ²Die Entlassung kann von der Leistung einer Sicherheit für das Erscheinen vor Gericht abhängig gemacht werden.

(4) Jede Person, die festgenommen oder der die Freiheit entzogen ist, hat das Recht zu beantragen, dass ein Gericht innerhalb kurzer Frist über die Rechtmäßigkeit der Freiheitsentziehung entscheidet und ihre Entlassung anordnet, wenn die Freiheitsentziehung nicht rechtmäßig ist.

(5) Jede Person, die unter Verletzung dieses Artikels von Festnahme oder Freiheitsentziehung betroffen ist, hat Anspruch auf Schadensersatz.

Artikel 6 Recht auf ein faires Verfahren

(1) ¹Jede Person hat ein Recht darauf, dass über Streitigkeiten in Bezug auf ihre zivilrechtlichen Ansprüche und Verpflichtungen oder über eine gegen sie erhobene strafrechtliche Anklage von einem unabhängigen und unparteiischen, auf Gesetz beruhenden Gericht in einem fairen Verfahren, öffentlich und innerhalb angemessener Frist verhandelt wird. ²Das Urteil muss öffentlich verkündet werden; Presse und Öffentlichkeit können jedoch während des ganzen oder eines Teiles des Verfahrens ausgeschlossen werden, wenn dies im Interesse der Moral, der öffentlichen Ordnung oder der nationalen Sicherheit in einer demokratischen Gesellschaft liegt, wenn die Interessen von Jugendlichen oder der Schutz des Privatlebens der Prozessparteien es verlangen oder – soweit das Gericht es für unbedingt erforderlich hält – wenn unter besonderen Umständen eine öffentliche Verhandlung die Interessen der Rechtspflege beeinträchtigen würde.

(2) Jede Person, die einer Straftat angeklagt ist, gilt bis zum gesetzlichen Beweis ihrer Schuld als unschuldig.

(3) Jede angeklagte Person hat mindestens folgende Rechte:

a) innerhalb möglichst kurzer Frist in einer ihr verständlichen Sprache in allen Einzelheiten über Art und Grund der gegen sie erhobenen Beschuldigung unterrichtet zu werden;

b) ausreichende Zeit und Gelegenheit zur Vorbereitung ihrer Verteidigung zu haben;

c) sich selbst zu verteidigen, sich durch einen Verteidiger ihrer Wahl verteidigen zu lassen oder, falls ihr die Mittel zur Bezahlung fehlen, unentgeltlich den Beistand eines Verteidigers zu erhalten, wenn dies im Interesse der Rechtspflege erforderlich ist;

d) Fragen an Belastungszeugen zu stellen oder stellen zu lassen und die Ladung und Vernehmung von Entlastungszeugen unter denselben Bedingungen zu erwirken, wie sie für Belastungszeugen gelten;

e) unentgeltliche Unterstützung durch einen Dolmetscher zu erhalten, wenn sie die Verhandlungssprache des Gerichts nicht versteht oder spricht.

Artikel 7 Keine Strafe ohne Gesetz

(1) [1]Niemand darf wegen einer Handlung oder Unterlassung verurteilt werden, die zur Zeit ihrer Begehung nach innerstaatlichem oder internationalem Recht nicht strafbar war. [2]Es darf auch keine schwerere als die zur Zeit der Begehung angedrohte Strafe verhängt werden.

(2) Dieser Artikel schließt nicht aus, dass jemand wegen einer Handlung oder Unterlassung verurteilt oder bestraft wird, die zur Zeit ihrer Begehung nach den von den zivilisierten Völkern anerkannten allgemeinen Rechtsgrundsätzen strafbar war.

Artikel 8 Recht auf Achtung des Privat- und Familienlebens

(1) Jede Person hat das Recht auf Achtung ihres Privat- und Familienlebens, ihrer Wohnung und ihrer Korrespondenz.

(2) Eine Behörde darf in die Ausübung dieses Rechts nur eingreifen, soweit der Eingriff gesetzlich vorgesehen und in einer demokratischen Gesellschaft notwendig ist für die nationale oder öffentliche Sicherheit, für das wirtschaftliche Wohl des Landes, zur Aufrechterhaltung der Ordnung, zur Verhütung von Straftaten, zum Schutz der Gesundheit oder der Moral oder zum Schutz der Rechte und Freiheiten anderer.

Artikel 9 Gedanken-, Gewissens- und Religionsfreiheit

(1) Jede Person hat das Recht auf Gedanken-, Gewissens- und Religionsfreiheit; dieses Recht umfasst die Freiheit, seine Religion oder Weltanschauung zu wechseln, und die Freiheit, seine Religion oder Weltanschauung einzeln oder gemeinsam mit anderen öffentlich oder privat durch Gottesdienst, Unterricht oder Praktizieren von Bräuchen und Riten zu bekennen.

(2) Die Freiheit, seine Religion oder Weltanschauung zu bekennen, darf nur Einschränkungen unterworfen werden, die gesetzlich vorgesehen und in einer demokratischen Gesellschaft notwendig sind für die öffentliche Sicherheit, zum Schutz der öffentlichen Ordnung, Gesundheit oder Moral oder zum Schutz der Rechte und Freiheiten anderer.

Artikel 10 Freiheit der Meinungsäußerung

(1) ¹Jede Person hat das Recht auf freie Meinungsäußerung. ²Dieses Recht schließt die Meinungsfreiheit und die Freiheit ein, Informationen und Ideen ohne behördliche Eingriffe und ohne Rücksicht auf Staatsgrenzen zu empfangen und weiterzugeben. ³Dieser Artikel hindert die Staaten nicht, für Radio-, Fernseh- oder Kinounternehmen eine Genehmigung vorzuschreiben.

(2) Die Ausübung dieser Freiheiten ist mit Pflichten und Verantwortung verbunden; sie kann daher Formvorschriften, Bedingungen, Einschränkungen oder Strafdrohungen unterworfen werden, die gesetzlich vorgesehen und in einer demokratischen Gesellschaft notwendig sind für die nationale Sicherheit, die territoriale Unversehrtheit oder die öffentliche Sicherheit, zur Aufrechterhaltung der Ordnung oder zur Verhütung von Straftaten, zum Schutz der Gesundheit oder der Moral, zum Schutz des guten Rufes oder der Rechte anderer, zur Verhinderung der Verbreitung vertraulicher Informationen oder zur Wahrung der Autorität und der Unparteilichkeit der Rechtsprechung.

Artikel 11 Versammlungs- und Vereinigungsfreiheit

(1) Jede Person hat das Recht, sich frei und friedlich mit anderen zu versammeln und sich frei mit anderen zusammenzuschließen; dazu gehört auch das Recht, zum Schutz seiner Interessen Gewerkschaften zu gründen und Gewerkschaften beizutreten.

(2) ¹Die Ausübung dieser Rechte darf nur Einschränkungen unterworfen werden, die gesetzlich vorgesehen und in einer demokratischen Gesellschaft notwendig sind für die nationale oder öffentliche Sicherheit, zur Aufrechterhaltung der Ordnung oder zur Verhütung von Straftaten, zum Schutz der Gesundheit oder der Moral oder zum Schutz der Rechte und Freiheiten anderer. ²Dieser Artikel steht rechtmäßigen Einschränkungen der Aus-

übung dieser Rechte für Angehörige der Streitkräfte, der Polizei oder der Staatsverwaltung nicht entgegen.

Artikel 12 Recht auf Eheschließung
Männer und Frauen im heiratsfähigen Alter haben das Recht, nach den innerstaatlichen Gesetzen, welche die Ausübung dieses Rechts regeln, eine Ehe einzugehen und eine Familie zu gründen.

Artikel 13 Recht auf wirksame Beschwerde
Jede Person, die in ihren in dieser Konvention anerkannten Rechten oder Freiheiten verletzt worden ist, hat das Recht, bei einer innerstaatlichen Instanz eine wirksame Beschwerde zu erheben, auch wenn die Verletzung von Personen begangen worden ist, die in amtlicher Eigenschaft gehandelt haben.

Artikel 14 Diskriminierungsverbot
Der Genuss der in dieser Konvention anerkannten Rechte und Freiheiten ist ohne Diskriminierung insbesondere wegen des Geschlechts, der Rasse, der Hautfarbe, der Sprache, der Religion, der politischen oder sonstigen Anschauung, der nationalen oder sozialen Herkunft, der Zugehörigkeit zu einer nationalen Minderheit, des Vermögens, der Geburt oder eines sonstigen Status zu gewährleisten.

Artikel 15 Abweichen im Notstandsfall
(1) Wird das Leben der Nation durch Krieg oder einen anderen öffentlichen Notstand bedroht, so kann jede Hohe Vertragspartei Maßnahmen treffen, die von den in dieser Konvention vorgesehenen Verpflichtungen abweichen, jedoch nur, soweit es die Lage unbedingt erfordert und wenn die Maßnahmen nicht im Widerspruch zu den sonstigen völkerrechtlichen Verpflichtungen der Vertragspartei stehen.

(2) Aufgrund des Absatzes 1 darf von Artikel 2 nur bei Todesfällen infolge rechtmäßiger Kriegshandlungen und von Artikel 3, Artikel 4 Absatz 1 und Artikel 7 in keinem Fall abgewichen werden.

(3) [1]Jede Hohe Vertragspartei, die dieses Recht auf Abweichung ausübt, unterrichtet den Generalsekretär des Europarats umfas-

send über die getroffenen Maßnahmen und deren Gründe. ²Sie unterrichtet den Generalsekretär des Europarats auch über den Zeitpunkt, zu dem diese Maßnahmen außer Kraft getreten sind und die Konvention wieder volle Anwendung findet.

Artikel 16 Beschränkungen der politischen Tätigkeit ausländischer Personen

Die Artikel 10, 11 und 14 sind nicht so auszulegen, als untersagten sie den Hohen Vertragsparteien, die politische Tätigkeit ausländischer Personen zu beschränken.

Artikel 17 Verbot des Missbrauchs der Rechte

Diese Konvention ist nicht so auszulegen, als begründe sie für einen Staat, eine Gruppe oder eine Person das Recht, eine Tätigkeit auszuüben oder eine Handlung vorzunehmen, die darauf abzielt, die in der Konvention festgelegten Rechte und Freiheiten abzuschaffen oder sie stärker einzuschränken, als es in der Konvention vorgesehen ist.

Artikel 18 Begrenzung der Rechtseinschränkungen

Die nach dieser Konvention zulässigen Einschränkungen der genannten Rechte und Freiheiten dürfen nur zu den vorgesehenen Zwecken erfolgen.

Abschnitt II
Europäischer Gerichtshof für Menschenrechte

Artikel 19 Errichtung des Gerichtshofs

¹Um die Einhaltung der Verpflichtungen sicherzustellen, welche die Hohen Vertragsparteien in dieser Konvention und den Protokollen dazu übernommen haben, wird ein Europäischer Gerichtshof für Menschenrechte, im Folgenden als „Gerichtshof" bezeichnet, errichtet. ²Er nimmt seine Aufgaben als ständiger Gerichtshof wahr.

Artikel 20 Zahl der Richter
Die Zahl der Richter des Gerichtshofs entspricht derjenigen der Hohen Vertragsparteien.

Artikel 21 Voraussetzungen für das Amt
(1) Die Richter müssen hohes sittliches Ansehen genießen und entweder die für die Ausübung hoher richterlicher Ämter erforderlichen Voraussetzungen erfüllen oder Rechtsgelehrte von anerkanntem Ruf sein.

(2) Die Richter gehören dem Gerichtshof in ihrer persönlichen Eigenschaft an.

(3) Während ihrer Amtszeit dürfen die Richter keine Tätigkeit ausüben, die mit ihrer Unabhängigkeit, ihrer Unparteilichkeit oder mit den Erfordernissen der Vollzeitbeschäftigung in diesem Amt unvereinbar ist; alle Fragen, die sich aus der Anwendung dieses Absatzes ergeben, werden vom Gerichtshof entschieden.

Artikel 22 Wahl der Richter
Die Richter werden von der Parlamentarischen Versammlung für jede Hohe Vertragspartei mit der Mehrheit der abgegebenen Stimmen aus einer Liste von drei Kandidaten gewählt, die von der Hohen Vertragspartei vorgeschlagen werden.

Artikel 23 Amtszeit und Entlassung
(1) [1]Die Richter werden für neun Jahre gewählt. [2]Ihre Wiederwahl ist nicht zulässig.

(2) Die Amtszeit der Richter endet mit Vollendung des 70. Lebensjahrs.

(3) [1]Die Richter bleiben bis zum Amtsantritt ihrer Nachfolger im Amt. [2]Sie bleiben jedoch in den Rechtssachen tätig, mit denen sie bereits befasst sind.

(4) Ein Richter kann nur entlassen werden, wenn die anderen Richter mit Zweidrittelmehrheit entscheiden, dass er die erforderlichen Voraussetzungen nicht mehr erfüllt.

Artikel 24 Kanzlei und Berichterstatter

(1) Der Gerichtshof hat eine Kanzlei, deren Aufgaben und Organisation in der Verfahrensordnung des Gerichtshofs festgelegt werden.

(2) ¹Wenn der Gerichtshof in Einzelrichterbesetzung tagt, wird er von Berichterstattern unterstützt, die ihre Aufgaben unter der Aufsicht des Präsidenten des Gerichtshofs ausüben. ²Sie gehören der Kanzlei des Gerichtshofs an.

Artikel 25 Plenum

Das Plenum des Gerichtshofs

a) wählt seinen Präsidenten und einen oder zwei Vizepräsidenten für drei Jahre; ihre Wiederwahl ist zulässig;

b) bildet Kammern für einen bestimmten Zeitraum;

c) wählt die Präsidenten der Kammern des Gerichtshofs; ihre Wiederwahl ist zulässig;

d) beschließt die Verfahrensordnung des Gerichtshofs;

e) wählt den Kanzler und einen oder mehrere stellvertretende Kanzler;

f) stellt Anträge nach Artikel 26 Absatz 2.

Artikel 26 Einzelrichterbesetzung, Ausschüsse, Kammern und Große Kammer

(1) ¹Zur Prüfung der Rechtssachen, die bei ihm anhängig gemacht werden, tagt der Gerichtshof in Einzelrichterbesetzung, in Ausschüssen mit drei Richtern, in Kammern mit sieben Richtern und in einer Großen Kammer mit siebzehn Richtern. ²Die Kammern des Gerichtshofs bilden die Ausschüsse für einen bestimmten Zeitraum.

(2) Auf Antrag des Plenums des Gerichtshofs kann die Anzahl Richter je Kammer für einen bestimmten Zeitraum durch einstimmigen Beschluss des Ministerkomitees auf fünf herabgesetzt werden.

(3) Ein Richter, der als Einzelrichter tagt, prüft keine Beschwerde gegen die Hohe Vertragspartei, für die er gewählt worden ist.

(4) ¹Der Kammer und der Großen Kammer gehört von Amts wegen der für eine als Partei beteiligte Hohe Vertragspartei ge-

wählte Richter an. ²Wenn ein solcher nicht vorhanden ist oder er an den Sitzungen nicht teilnehmen kann, nimmt eine Person in der Eigenschaft eines Richters an den Sitzungen teil, die der Präsident des Gerichtshofs aus einer Liste auswählt, welche ihm die betreffende Vertragspartei vorab unterbreitet hat.

(5) ¹Der Großen Kammer gehören ferner der Präsident des Gerichtshofs, die Vizepräsidenten, die Präsidenten der Kammern und andere nach der Verfahrensordnung des Gerichtshofs ausgewählte Richter an. ²Wird eine Rechtssache nach Artikel 43 an die Große Kammer verwiesen, so dürfen Richter der Kammer, die das Urteil gefällt hat, der Großen Kammer nicht angehören; das gilt nicht für den Präsidenten der Kammer und den Richter, welcher in der Kammer für die als Partei beteiligte Hohe Vertragspartei mitgewirkt hat.

Artikel 27 Befugnisse des Einzelrichters

(1) Ein Einzelrichter kann eine nach Artikel 34 erhobene Beschwerde für unzulässig erklären oder im Register streichen, wenn eine solche Entscheidung ohne weitere Prüfung getroffen werden kann.

(2) Die Entscheidung ist endgültig.

(3) Erklärt der Einzelrichter eine Beschwerde nicht für unzulässig und streicht er sie auch nicht im Register des Gerichtshofs, so übermittelt er sie zur weiteren Prüfung an einen Ausschuss oder eine Kammer.

Artikel 28 Befugnisse der Ausschüsse

(1) Ein Ausschuss, der mit einer nach Artikel 34 erhobenen Beschwerde befasst wird, kann diese durch einstimmigen Beschluss

a) für unzulässig erklären oder im Register streichen, wenn eine solche Entscheidung ohne weitere Prüfung getroffen werden kann; oder

b) für zulässig erklären und zugleich ein Urteil über die Begründetheit fällen, sofern die der Rechtssache zugrunde liegende Frage der Auslegung oder Anwendung dieser Konvention oder der Protokolle dazu Gegenstand einer gefestigten Rechtsprechung des Gerichtshofs ist.

(2) Die Entscheidungen und Urteile nach Absatz 1 sind endgültig.

(3) Ist der für die als Partei beteiligte Hohe Vertragspartei gewählte Richter nicht Mitglied des Ausschusses, so kann er von Letzterem jederzeit während des Verfahrens eingeladen werden, den Sitz eines Mitglieds im Ausschuss einzunehmen; der Ausschuss hat dabei alle erheblichen Umstände einschließlich der Frage, ob diese Vertragspartei der Anwendung des Verfahrens nach Absatz 1 Buchstabe b entgegengetreten ist, zu berücksichtigen.

Artikel 29 Entscheidungen der Kammern über die Zulässigkeit und Begründetheit

(1) ¹Ergeht weder eine Entscheidung nach Artikel 27 oder 28 noch ein Urteil nach Artikel 28, so entscheidet eine Kammer über die Zulässigkeit und Begründetheit der nach Artikel 34 erhobenen Beschwerden. ²Die Entscheidung über die Zulässigkeit kann gesondert ergehen.

(2) ¹Eine Kammer entscheidet über die Zulässigkeit und Begründetheit der nach Artikel 33 erhobenen Staatenbeschwerden. ²Die Entscheidung über die Zulässigkeit ergeht gesondert, sofern der Gerichtshof in Ausnahmefällen nicht anders entscheidet.

Artikel 30 Abgabe der Rechtssache an die Große Kammer

Wirft eine bei einer Kammer anhängige Rechtssache eine schwerwiegende Frage der Auslegung dieser Konvention oder der Protokolle dazu auf oder kann die Entscheidung einer ihr vorliegenden Frage zu einer Abweichung von einem früheren Urteil des Gerichtshofs führen, so kann die Kammer diese Sache jederzeit, bevor sie ihr Urteil gefällt hat, an die Große Kammer abgeben, sofern nicht eine Partei widerspricht.

Artikel 31 Befugnisse der Großen Kammer

Die Große Kammer

a) entscheidet über nach Artikel 33 oder Artikel 34 erhobene Beschwerden, wenn eine Kammer die Rechtssache nach Artikel 30 an sie abgegeben hat oder wenn die Sache nach Artikel 43 an sie verwiesen worden ist,

b) entscheidet über Fragen, mit denen der Gerichtshof durch das Ministerkomitee nach Artikel 46 Absatz 4 befasst wird, und

c) behandelt Anträge nach Artikel 47 auf Erstattung von Gutachten.

Artikel 32 Zuständigkeit des Gerichtshofs

(1) Die Zuständigkeit des Gerichtshofs umfasst alle die Auslegung und Anwendung dieser Konvention und der Protokolle dazu betreffenden Angelegenheiten, mit denen er nach den Artikeln 33, 34, 46 und 47 befasst wird.

(2) Besteht Streit über die Zuständigkeit des Gerichtshofs, so entscheidet der Gerichtshof.

Artikel 33 Staatenbeschwerden

Jede Hohe Vertragspartei kann den Gerichtshof wegen jeder behaupteten Verletzung dieser Konvention und der Protokolle dazu durch eine andere Hohe Vertragspartei anrufen.

Artikel 34 Individualbeschwerden

[1]Der Gerichtshof kann von jeder natürlichen Person, nichtstaatlichen Organisation oder Personengruppe, die behauptet, durch eine der Hohen Vertragsparteien in einem der in dieser Konvention oder den Protokollen dazu anerkannten Rechte verletzt zu sein, mit einer Beschwerde befasst werden. [2]Die Hohen Vertragsparteien verpflichten sich, die wirksame Ausübung dieses Rechts nicht zu behindern.

Artikel 35 Zulässigkeitsvoraussetzungen

(1) Der Gerichtshof kann sich mit einer Angelegenheit erst nach Erschöpfung aller innerstaatlichen Rechtsbehelfe in Übereinstimmung mit den allgemein anerkannten Grundsätzen des Völkerrechts und nur innerhalb einer Frist von sechs Monaten nach der endgültigen innerstaatlichen Entscheidung befassen.

(2) Der Gerichtshof befasst sich nicht mit einer nach Artikel 34 erhobenen Individualbeschwerde, die

a) anonym ist oder

b) im Wesentlichen mit einer schon vorher vom Gerichtshof geprüften Beschwerde übereinstimmt oder schon einer anderen internationalen Untersuchungs- oder Vergleichsinstanz unterbreitet worden ist und keine neuen Tatsachen enthält.

(3) Der Gerichtshof erklärt eine nach Artikel 34 erhobene Individualbeschwerde für unzulässig,

a) wenn er sie für unvereinbar mit dieser Konvention oder den Protokollen dazu, für offensichtlich unbegründet oder für missbräuchlich hält oder

b) wenn er der Ansicht ist, dass dem Beschwerdeführer kein erheblicher Nachteil entstanden ist, es sei denn, die Achtung der Menschenrechte, wie sie in dieser Konvention und den Protokollen dazu anerkannt sind, erfordert eine Prüfung der Begründetheit der Beschwerde, und vorausgesetzt, es wird aus diesem Grund nicht eine Rechtssache zurückgewiesen, die noch von keinem innerstaatlichen Gericht gebührend geprüft worden ist.

(4) [1]Der Gerichtshof weist eine Beschwerde zurück, die er nach diesem Artikel für unzulässig hält. [2]Er kann dies in jedem Stadium des Verfahrens tun.

Artikel 36 **Beteiligung Dritter**

(1) In allen bei einer Kammer oder der Großen Kammer anhängigen Rechtssachen ist die Hohe Vertragspartei, deren Staatsangehörigkeit der Beschwerdeführer besitzt, berechtigt, schriftliche Stellungnahmen abzugeben und an den mündlichen Verhandlungen teilzunehmen.

(2) Im Interesse der Rechtspflege kann der Präsident des Gerichtshofs jeder Hohen Vertragspartei, die in dem Verfahren nicht Partei ist, oder jeder betroffenen Person, die nicht Beschwerdeführer ist, Gelegenheit geben, schriftlich Stellung zu nehmen oder an den mündlichen Verhandlungen teilzunehmen.

(3) In allen bei einer Kammer oder der Großen Kammer anhängigen Rechtssachen kann der Kommissar für Menschenrechte des Europarats schriftliche Stellungnahmen abgeben und an den mündlichen Verhandlungen teilnehmen.

Artikel 37 Streichung von Beschwerden

(1) Der Gerichtshof kann jederzeit während des Verfahrens entscheiden, eine Beschwerde in seinem Register zu streichen, wenn die Umstände Grund zur Annahme geben, dass

a) der Beschwerdeführer seine Beschwerde nicht weiterzuverfolgen beabsichtigt;

b) die Streitigkeit einer Lösung zugeführt worden ist oder

c) eine weitere Prüfung der Beschwerde aus anderen vom Gerichtshof festgestellten Gründen nicht gerechtfertigt ist.

Der Gerichtshof setzt jedoch die Prüfung der Beschwerde fort, wenn die Achtung der Menschenrechte, wie sie in dieser Konvention und den Protokollen dazu anerkannt sind, dies erfordert.

(2) Der Gerichtshof kann die Wiedereintragung einer Beschwerde in sein Register anordnen, wenn er dies den Umständen nach für gerechtfertigt hält.

Artikel 38 Prüfung der Rechtssache

Der Gerichtshof prüft die Rechtssache mit den Vertretern der Parteien und nimmt, falls erforderlich, Ermittlungen vor; die betreffenden Hohen Vertragsparteien haben alle zur wirksamen Durchführung der Ermittlungen erforderlichen Erleichterungen zu gewähren

Artikel 39 Gütliche Einigung

(1) Der Gerichtshof kann sich jederzeit während des Verfahrens zur Verfügung der Parteien halten mit dem Ziel, eine gütliche Einigung auf der Grundlage der Achtung der Menschenrechte, wie sie in dieser Konvention und den Protokollen dazu anerkannt sind, zu erreichen.

(2) Das Verfahren nach Absatz 1 ist vertraulich.

(3) Im Fall einer gütlichen Einigung streicht der Gerichtshof durch eine Entscheidung, die sich auf eine kurze Angabe des Sachverhalts und der erzielten Lösung beschränkt, die Rechtssache in seinem Register.

(4) Diese Entscheidung ist dem Ministerkomitee zuzuleiten; dieses überwacht die Durchführung der gütlichen Einigung, wie sie in der Entscheidung festgehalten wird.

Artikel 40   Öffentliche Verhandlung und Akteneinsicht

(1) Die Verhandlung ist öffentlich, soweit nicht der Gerichtshof auf Grund besonderer Umstände anders entscheidet.

(2) Die beim Kanzler verwahrten Schriftstücke sind der Öffentlichkeit zugänglich, soweit nicht der Präsident des Gerichtshofs anders entscheidet.

Artikel 41   Gerechte Entschädigung

Stellt der Gerichtshof fest, dass diese Konvention oder die Protokolle dazu verletzt worden sind, und gestattet das innerstaatliche Recht der Hohen Vertragspartei nur eine unvollkommene Wiedergutmachung für die Folgen dieser Verletzung, so spricht der Gerichtshof der verletzten Partei eine gerechte Entschädigung zu, wenn dies notwendig ist.

Artikel 42   Urteile der Kammern

Urteile der Kammern werden nach Maßgabe des Artikels 44 Absatz 2 endgültig.

Artikel 43   Verweisung an die Große Kammer

(1) Innerhalb von drei Monaten nach dem Datum des Urteils der Kammer kann jede Partei in Ausnahmefällen die Verweisung der Rechtssache an die Große Kammer beantragen.

(2) Ein Ausschuss von fünf Richtern der Großen Kammer nimmt den Antrag an, wenn die Rechtssache eine schwerwiegende Frage der Auslegung oder Anwendung dieser Konvention oder der Protokolle dazu oder eine schwerwiegende Frage von allgemeiner Bedeutung aufwirft.

(3) Nimmt der Ausschuss den Antrag an, so entscheidet die Große Kammer die Sache durch Urteil.

Artikel 44   Endgültige Urteile

(1) Das Urteil der Großen Kammer ist endgültig.

(2) Das Urteil einer Kammer wird endgültig,

a) wenn die Parteien erklären, dass sie die Verweisung der Rechtssache an die Große Kammer nicht beantragen werden;

b) drei Monate nach dem Datum des Urteils, wenn nicht die Verweisung der Rechtssache an die Große Kammer beantragt worden ist; oder

c) wenn der Ausschuss der Großen Kammer den Antrag auf Verweisung nach Artikel 43 abgelehnt hat.

(3) Das endgültige Urteil wird veröffentlicht.

Artikel 45 Begründung der Urteile und Entscheidungen

(1) Urteile sowie Entscheidungen, mit denen Beschwerden für zulässig oder für unzulässig erklärt werden, werden begründet.

(2) Bringt ein Urteil ganz oder teilweise nicht die übereinstimmende Meinung der Richter zum Ausdruck, so ist jeder Richter berechtigt, seine abweichende Meinung darzulegen.

Artikel 46 Verbindlichkeit und Durchführung der Urteile

(1) Die Hohen Vertragsparteien verpflichten sich, in allen Rechtssachen, in denen sie Partei sind, das endgültige Urteil des Gerichtshofs zu befolgen.

(2) Das endgültige Urteil des Gerichtshofs ist dem Ministerkomitee zuzuleiten; dieses überwacht seine Durchführung.

(3) [1]Wird die Überwachung der Durchführung eines endgültigen Urteils nach Auffassung des Ministerkomitees durch eine Frage betreffend die Auslegung dieses Urteils behindert, so kann das Ministerkomitee den Gerichtshof anrufen, damit er über diese Auslegungsfrage entscheidet. [2]Der Beschluss des Ministerkomitees, den Gerichtshof anzurufen, bedarf der Zweidrittelmehrheit der Stimmen der zur Teilnahme an den Sitzungen des Komitees berechtigten Mitglieder.

(4) Weigert sich eine Hohe Vertragspartei nach Auffassung des Ministerkomitees, in einer Rechtssache, in der sie Partei ist, ein endgültiges Urteil des Gerichtshofs zu befolgen, so kann das Ministerkomitee, nachdem es die betreffende Partei gemahnt hat, durch einen mit Zweidrittelmehrheit der Stimmen der zur Teilnahme an den Sitzungen des Komitees berechtigten Mitglieder gefassten Beschluss den Gerichtshof mit der Frage befassen, ob diese Partei ihrer Verpflichtung nach Absatz 1 nachgekommen ist.

(5) ¹Stellt der Gerichtshof eine Verletzung des Absatzes 1 fest, so weist er die Rechtssache zur Prüfung der zu treffenden Maßnahmen an das Ministerkomitee zurück. ²Stellt der Gerichtshof fest, dass keine Verletzung des Absatzes 1 vorliegt, so weist er die Rechtssache an das Ministerkomitee zurück; dieses beschließt die Einstellung seiner Prüfung.

Artikel 47 Gutachten

(1) Der Gerichtshof kann auf Antrag des Ministerkomitees Gutachten über Rechtsfragen erstatten, welche die Auslegung dieser Konvention und der Protokolle dazu betreffen.

(2) Diese Gutachten dürfen keine Fragen zum Gegenstand haben, die sich auf den Inhalt oder das Ausmaß der in Abschnitt I dieser Konvention und in den Protokollen dazu anerkannten Rechte und Freiheiten beziehen, noch andere Fragen, über die der Gerichtshof oder das Ministerkomitee auf Grund eines nach dieser Konvention eingeleiteten Verfahrens zu entscheiden haben könnte.

(3) Der Beschluss des Ministerkomitees, ein Gutachten beim Gerichtshof zu beantragen, bedarf der Mehrheit der Stimmen der zur Teilnahme an den Sitzungen des Komitees berechtigten Mitglieder.

Artikel 48 Gutachterliche Zuständigkeit des Gerichtshofs

Der Gerichtshof entscheidet, ob ein vom Ministerkomitee gestellter Antrag auf Erstattung eines Gutachtens in seine Zuständigkeit nach Artikel 47 fällt.

Artikel 49 Begründung der Gutachten

(1) Die Gutachten des Gerichtshofs werden begründet.

(2) Bringt das Gutachten ganz oder teilweise nicht die übereinstimmende Meinung der Richter zum Ausdruck, so ist jeder Richter berechtigt, seine abweichende Meinung darzulegen.

(3) Die Gutachten des Gerichtshofs werden dem Ministerkomitee übermittelt.

Artikel 50 Kosten des Gerichtshofs
Die Kosten des Gerichtshofs werden vom Europarat getragen.

Artikel 51 Vorrechte und Immunitäten der Richter
Die Richter genießen bei der Ausübung ihres Amtes die Vorrechte und Immunitäten, die in Artikel 40 der Satzung des Europarats und den aufgrund jenes Artikels geschlossenen Übereinkünften vorgesehen sind.

Abschnitt III
Verschiedene Bestimmungen

Artikel 52 Anfragen des Generalsekretärs
Auf Anfrage des Generalsekretärs des Europarats erläutert jede Hohe Vertragspartei, auf welche Weise die wirksame Anwendung aller Bestimmungen dieser Konvention in ihrem innerstaatlichen Recht gewährleistet wird.

Artikel 53 Wahrung anerkannter Menschenrechte
Diese Konvention ist nicht so auszulegen, als beschränke oder beeinträchtige sie Menschenrechte und Grundfreiheiten, die in den Gesetzen einer Hohen Vertragspartei oder in einer anderen Übereinkunft, deren Vertragspartei sie ist, anerkannt werden.

Artikel 54 Befugnisse des Ministerkomitees
Diese Konvention berührt nicht die dem Ministerkomitee durch die Satzung des Europarats übertragenen Befugnisse.

Artikel 55 Ausschluss anderer Verfahren zur Streitbeilegung
Die Hohen Vertragsparteien kommen überein, dass sie sich vorbehaltlich besonderer Vereinbarung nicht auf die zwischen ihnen geltenden Verträge, sonstigen Übereinkünfte oder Erklärungen berufen werden, um eine Streitigkeit über die Auslegung oder Anwendung dieser Konvention einem anderen als den in der Konvention vorgesehenen Beschwerdeverfahren zur Beilegung zu unterstellen.

Artikel 56 Räumlicher Geltungsbereich

(1) Jeder Staat kann bei der Ratifikation oder jederzeit danach durch eine an den Generalsekretär des Europarats gerichtete Notifikation erklären, dass diese Konvention vorbehaltlich des Absatzes 4 auf alle oder einzelne Hoheitsgebiete Anwendung findet, für deren internationale Beziehungen er verantwortlich ist.

(2) Die Konvention findet auf jedes in der Erklärung bezeichnete Hoheitsgebiet ab dem dreißigsten Tag nach Eingang der Notifikation beim Generalsekretär des Europarats Anwendung.

(3) In den genannten Hoheitsgebieten wird diese Konvention unter Berücksichtigung der örtlichen Notwendigkeiten angewendet.

(4) Jeder Staat, der eine Erklärung nach Absatz 1 abgegeben hat, kann jederzeit danach für eines oder mehrere der in der Erklärung bezeichneten Hoheitsgebiete erklären, dass er die Zuständigkeit des Gerichtshofs für die Entgegennahme von Beschwerden von natürlichen Personen, nichtstaatlichen Organisationen oder Personengruppen nach Artikel 34 anerkennt.

Artikel 57 Vorbehalte

(1) ¹Jeder Staat kann bei der Unterzeichnung dieser Konvention oder bei der Hinterlegung seiner Ratifikationsurkunde einen Vorbehalt zu einzelnen Bestimmungen der Konvention anbringen, soweit ein zu dieser Zeit in seinem Hoheitsgebiet geltendes Gesetz mit der betreffenden Bestimmung nicht übereinstimmt. ²Vorbehalte allgemeiner Art sind nach diesem Artikel nicht zulässig.

(2) Jeder nach diesem Artikel angebrachte Vorbehalt muss mit einer kurzen Darstellung des betreffenden Gesetzes verbunden sein.

Artikel 58 Kündigung

(1) Eine Hohe Vertragspartei kann diese Konvention frühestens fünf Jahre nach dem Tag, an dem sie Vertragspartei geworden ist, unter Einhaltung einer Kündigungsfrist von sechs Monaten durch eine an den Generalsekretär des Europarats gerichtete Notifikation kündigen; dieser unterrichtet die anderen Hohen Vertragsparteien.

(2) Die Kündigung befreit die Hohe Vertragspartei nicht von ihren Verpflichtungen aus dieser Konvention in Bezug auf Hand-

lungen, die sie vor dem Wirksamwerden der Kündigung vorgenommen hat und die möglicherweise eine Verletzung dieser Verpflichtungen darstellen.

(3) Mit derselben Maßgabe scheidet eine Hohe Vertragspartei, deren Mitgliedschaft im Europarat endet, als Vertragspartei dieser Konvention aus.

(4) Die Konvention kann in Bezug auf jedes Hoheitsgebiet, auf das sie durch eine Erklärung nach Artikel 56 anwendbar geworden ist, nach den Absätzen 1 bis 3 gekündigt werden.

Artikel 59 Unterzeichnung und Ratifikation

(1) [1]Diese Konvention liegt für die Mitglieder des Europarats zur Unterzeichnung auf. [2]Sie bedarf der Ratifikation. [3]Die Ratifikationsurkunden werden beim Generalsekretär des Europarats hinterlegt.

(2) Die Europäische Union kann dieser Konvention beitreten.

(3) Diese Konvention tritt nach Hinterlegung von zehn Ratifikationsurkunden in Kraft.

(4) Für jeden Unterzeichner, der die Konvention später ratifiziert, tritt sie mit der Hinterlegung seiner Ratifikationsurkunde in Kraft.

(5) Der Generalsekretär des Europarats notifiziert allen Mitgliedern des Europarats das Inkrafttreten der Konvention, die Namen der Hohen Vertragsparteien, die sie ratifiziert haben, und jede spätere Hinterlegung einer Ratifikationsurkunde.

[1]Geschehen zu Rom am 4. November 1950 in englischer und französischer Sprache, wobei jeder Wortlaut gleichermaßen verbindlich ist, in einer Urschrift, die im Archiv des Europarats hinterlegt wird. [2]Der Generalsekretär übermittelt allen Unterzeichnern beglaubigte Abschriften.

[20] Zusatzprotokoll zur Konvention zum Schutz der Menschenrechte und Grundfreiheiten

vom 20. März 1952 (BGBl. 1956 II S. 1880); in der Fassung der Bekanntmachung vom 17. Mai 2002 (BGBl. II S. 1072).

Inhaltsübersicht[1]

Artikel 1 Schutz des Eigentums
Artikel 2 Recht auf Bildung
Artikel 3 Recht auf freie Wahlen
Artikel 4 Räumlicher Geltungsbereich
Artikel 5 Verhältnis zur Konvention
Artikel 6 Unterzeichnung und Ratifikation

Die Unterzeichnerregierungen, Mitglieder des Europarats –
entschlossen, Maßnahmen zur kollektiven Gewährleistung gewisser Rechte und Freiheiten zu treffen, die in Abschnitt I der am 4. November 1950 in Rom unterzeichneten Konvention zum Schutz der Menschenrechte und Grundfreiheiten (im Folgenden als „Konvention" bezeichnet) noch nicht enthalten sind –
haben Folgendes vereinbart:

Artikel 1 Schutz des Eigentums

¹Jede natürliche oder juristische Person hat das Recht auf Achtung ihres Eigentums. ²Niemandem darf sein Eigentum entzogen werden, es sei denn, dass das öffentliche Interesse es verlangt, und nur unter den durch Gesetz und durch die allgemeinen Grundsätze des Völkerrechts vorgesehenen Bedingungen.

Absatz 1 beeinträchtigt jedoch nicht das Recht des Staates, diejenigen Gesetze anzuwenden, die er für die Regelung der Benutzung des Eigentums im Einklang mit dem Allgemeininteresse oder zur Sicherung der Zahlung der Steuern oder sonstigen Abgaben oder von Geldstrafen für erforderlich hält.

---

[1] Die Inhaltsübersicht ist nicht amtlich; die Artikelüberschriften sind amtlich.

Artikel 2 Recht auf Bildung

[1]Niemandem darf das Recht auf Bildung verwehrt werden. [2]Der Staat hat bei Ausübung der von ihm auf dem Gebiet der Erziehung und des Unterrichts übernommenen Aufgaben das Recht der Eltern zu achten, die Erziehung und den Unterricht entsprechend ihren eigenen religiösen und weltanschaulichen Überzeugungen sicherzustellen.

Artikel 3 Recht auf freie Wahlen

Die Hohen Vertragsparteien verpflichten sich, in angemessenen Zeitabständen freie und geheime Wahlen unter Bedingungen abzuhalten, welche die freie Äußerung der Meinung des Volkes bei der Wahl der gesetzgebenden Körperschaften gewährleisten.

Artikel 4 Räumlicher Geltungsbereich

Jede Hohe Vertragspartei kann im Zeitpunkt der Unterzeichnung oder Ratifikation dieses Protokolls oder zu jedem späteren Zeitpunkt an den Generalsekretär des Europarats eine Erklärung darüber richten, in welchem Umfang sie sich zur Anwendung dieses Protokolls auf die in der Erklärung angegebenen Hoheitsgebiete verpflichtet, für deren internationale Beziehungen sie verantwortlich ist.

Jede Hohe Vertragspartei, die eine Erklärung nach Absatz 1 abgegeben hat, kann jederzeit eine weitere Erklärung abgeben, die den Inhalt einer früheren Erklärung ändert oder die Anwendung der Bestimmungen dieses Protokolls auf irgendein Hoheitsgebiet beendet.

Eine nach diesem Artikel abgegebene Erklärung gilt als eine Erklärung im Sinne des Artikels 56 Absatz 1 der Konvention.

Artikel 5 Verhältnis zur Konvention

Die Hohen Vertragsparteien betrachten die Artikel 1, 2, 3 und 4 dieses Protokolls als Zusatzartikel zur Konvention; alle Bestimmungen der Konvention sind dementsprechend anzuwenden.

Artikel 6 Unterzeichnung und Ratifikation

[1]Dieses Protokoll liegt für die Mitglieder des Europarats, die Unterzeichner der Konvention sind, zur Unterzeichnung auf; es

wird gleichzeitig mit der Konvention oder zu einem späteren Zeitpunkt ratifiziert. [2]Es tritt nach Hinterlegung von zehn Ratifikationsurkunden in Kraft. [3]Für jeden Unterzeichner, der das Protokoll später ratifiziert, tritt es mit der Hinterlegung seiner Ratifikationsurkunde in Kraft.

Die Ratifikationsurkunden werden beim Generalsekretär des Europarats hinterlegt, der allen Mitgliedern die Namen derjenigen Staaten, die das Protokoll ratifiziert haben, notifiziert.

[1]Geschehen zu Paris am 20. März 1952 in englischer und französischer Sprache, wobei jeder Wortlaut gleichermaßen verbindlich ist, in einer Urschrift, die im Archiv des Europarats hinterlegt wird. [2]Der Generalsekretär übermittelt allen Unterzeichnerregierungen beglaubigte Abschriften.

[21] Grundgesetz (Auszug)

vom 23. Mai 1949 (BGBl. S. 1; BGBl. III 100–1); zuletzt geändert durch Gesetz vom 13. Juli 2017 (BGBl. I S. 2347).

II. Der Bund und die Länder

Artikel 23 [Europäische Union]

(1) [1]Zur Verwirklichung eines vereinten Europas wirkt die Bundesrepublik Deutschland bei der Entwicklung der Europäischen Union mit, die demokratischen, rechtsstaatlichen, sozialen und föderativen Grundsätzen und dem Grundsatz der Subsidiarität verpflichtet ist und einen diesem Grundgesetz im wesentlichen vergleichbaren Grundrechtsschutz gewährleistet. [2]Der Bund kann hierzu durch Gesetz mit Zustimmung des Bundesrates Hoheitsrechte übertragen. [3]Für die Begründung der Europäischen Union sowie für Änderungen ihrer vertraglichen Grundlagen und vergleichbare Regelungen, durch die dieses Grundgesetz seinem Inhalt nach geändert oder ergänzt wird oder solche Änderungen oder Ergänzungen ermöglicht werden, gilt Artikel 79 Abs. 2 und 3.

(1a) [1]Der Bundestag und der Bundesrat haben das Recht, wegen Verstoßes eines Gesetzgebungsakts der Europäischen Union gegen das Subsidiaritätsprinzip vor dem Gerichtshof der Europäischen Union Klage zu erheben. [2]Der Bundestag ist hierzu auf Antrag eines Viertels seiner Mitglieder verpflichtet. [3]Durch Gesetz, das der Zustimmung des Bundesrates bedarf, können für die Wahrnehmung der Rechte, die dem Bundestag und dem Bundesrat in den vertraglichen Grundlagen der Europäischen Union eingeräumt sind, Ausnahmen von Artikel 42 Abs. 2 Satz 1 und Artikel 52 Abs. 3 Satz 1 zugelassen werden.

(2) [1]In Angelegenheiten der Europäischen Union wirken der Bundestag und durch den Bundesrat die Länder mit. [2]Die Bundesregierung hat den Bundestag und den Bundesrat umfassend und zum frühestmöglichen Zeitpunkt zu unterrichten.

(3) [1]Die Bundesregierung gibt dem Bundestag Gelegenheit zur Stellungnahme vor ihrer Mitwirkung an Rechtsetzungsakten der Europäischen Union. [2]Die Bundesregierung berücksichtigt die

Stellungnahme des Bundestages bei den Verhandlungen. ³Das Nähere regelt ein Gesetz.

(4) Der Bundesrat ist an der Willensbildung des Bundes zu beteiligen, soweit er an einer entsprechenden innerstaatlichen Maßnahme mitzuwirken hätte oder soweit die Länder innerstaatlich zuständig wären.

(5) ¹Soweit in einem Bereich ausschließlicher Zuständigkeiten des Bundes Interessen der Länder berührt sind oder soweit im übrigen der Bund das Recht zur Gesetzgebung hat, berücksichtigt die Bundesregierung die Stellungnahme des Bundesrates. ²Wenn im Schwerpunkt Gesetzgebungsbefugnisse der Länder, die Einrichtung ihrer Behörden oder ihre Verwaltungsverfahren betroffen sind, ist bei der Willensbildung des Bundes insoweit die Auffassung des Bundesrates maßgeblich zu berücksichtigen; dabei ist die gesamtstaatliche Verantwortung des Bundes zu wahren. ³In Angelegenheiten, die zu Ausgabenerhöhungen oder Einnahmeminderungen für den Bund führen können, ist die Zustimmung der Bundesregierung erforderlich.

(6) ¹Wenn im Schwerpunkt ausschließliche Gesetzgebungsbefugnisse der Länder auf den Gebieten der schulischen Bildung, der Kultur oder des Rundfunks betroffen sind, wird die Wahrnehmung der Rechte, die der Bundesrepublik Deutschland als Mitgliedstaat der Europäischen Union zustehen, vom Bund auf einen vom Bundesrat benannten Vertreter der Länder übertragen. ²Die Wahrnehmung der Rechte erfolgt unter Beteiligung und in Abstimmung mit der Bundesregierung; dabei ist die gesamtstaatliche Verantwortung des Bundes zu wahren.

(7) Das Nähere zu den Absätzen 4 bis 6 regelt ein Gesetz, das der Zustimmung des Bundesrates bedarf.

Artikel 24 [Übertragung und Einschränkung von Hoheitsrechten]

(1) Der Bund kann durch Gesetz Hoheitsrechte auf zwischenstaatliche Einrichtungen übertragen.

(1a) Soweit die Länder für die Ausübung der staatlichen Befugnisse und die Erfüllung der staatlichen Aufgaben zuständig sind, können sie mit Zustimmung der Bundesregierung Hoheitsrechte auf grenznachbarschaftliche Einrichtungen übertragen.

(2) Der Bund kann sich zur Wahrung des Friedens einem System gegenseitiger kollektiver Sicherheit einordnen; er wird hierbei in die Beschränkungen seiner Hoheitsrechte einwilligen, die eine friedliche und dauerhafte Ordnung in Europa und zwischen den Völkern der Welt herbeiführen und sichern.

(3) Zur Regelung zwischenstaatlicher Streitigkeiten wird der Bund Vereinbarungen über eine allgemeine, umfassende, obligatorische, internationale Schiedsgerichtsbarkeit beitreten.

III. Der Bundestag

Artikel 45 [Ausschuss für Angelegenheiten der Europäischen Union]

[1]Der Bundestag bestellt einen Ausschuß für die Angelegenheiten der Europäischen Union. [2]Er kann ihn ermächtigen, die Rechte des Bundestages gemäß Artikel 23 gegenüber der Bundesregierung wahrzunehmen. [3]Er kann ihn auch ermächtigen, die Rechte wahrzunehmen, die dem Bundestag in den vertraglichen Grundlagen der Europäischen Union eingeräumt sind.

IV. Der Bundesrat

Artikel 50 [Aufgaben]

Durch den Bundesrat wirken die Länder bei der Gesetzgebung und Verwaltung des Bundes und in Angelegenheiten der Europäischen Union mit.

Artikel 52 [Organisation und Verfahren]

[…]

(3a) Für Angelegenheiten der Europäischen Union kann der Bundesrat eine Europakammer bilden, deren Beschlüsse als Beschlüsse des Bundesrates gelten; die Anzahl der einheitlich abzugebenden Stimmen der Länder bestimmt sich nach Artikel 51 Abs. 2.

VII. Die Gesetzgebung des Bundes

Artikel 79 [Änderung des Grundgesetzes]

(1) ¹Das Grundgesetz kann nur durch ein Gesetz geändert werden, das den Wortlaut des Grundgesetzes ausdrücklich ändert oder ergänzt. ²Bei völkerrechtlichen Verträgen, die eine Friedensregelung, die Vorbereitung einer Friedensregelung oder den Abbau einer besatzungsrechtlichen Ordnung zum Gegenstand haben oder der Verteidigung der Bundesrepublik zu dienen bestimmt sind, genügt zur Klarstellung, daß die Bestimmungen des Grundgesetzes dem Abschluß und dem Inkraftsetzen der Verträge nicht entgegenstehen, eine Ergänzung des Wortlautes des Grundgesetzes, die sich auf diese Klarstellung beschränkt.

(2) Ein solches Gesetz bedarf der Zustimmung von zwei Dritteln der Mitglieder des Bundestages und zwei Dritteln der Stimmen des Bundesrates.

(3) Eine Änderung dieses Grundgesetzes, durch welche die Gliederung des Bundes in Länder, die grundsätzliche Mitwirkung der Länder bei der Gesetzgebung oder die in den Artikeln 1 und 20 niedergelegten Grundsätze berührt werden, ist unzulässig.

X. Das Finanzwesen

Artikel 104a [Ausgabenzuständigkeit, Finanzwesen, Haftung]

(1) Der Bund und die Länder tragen gesondert die Ausgaben, die sich aus der Wahrnehmung ihrer Aufgaben ergeben, soweit dieses Grundgesetz nichts anderes bestimmt.

[…]

(6) ¹Bund und Länder tragen nach der innerstaatlichen Zuständigkeits- und Aufgabenverteilung die Lasten einer Verletzung von supranationalen oder völkerrechtlichen Verpflichtungen Deutschlands. ²In Fällen länderübergreifender Finanzkorrekturen der Europäischen Union tragen Bund und Länder diese Lasten im Verhältnis 15 zu 85. ³Die Ländergesamtheit trägt in diesen Fällen solidarisch 35 vom Hundert der Gesamtlasten entsprechend einem allgemeinen Schlüssel; 50 vom Hundert der Gesamtlasten

tragen die Länder, die die Lasten verursacht haben, anteilig entsprechend der Höhe der erhaltenen Mittel. ⁴Das Nähere regelt ein Bundesgesetz, das der Zustimmung des Bundesrates bedarf.

[22] **Gesetz über die Wahrnehmung der Integrationsverantwortung des Bundestages und des Bundesrates in Angelegenheiten der Europäischen Union (Integrationsverantwortungsgesetz – IntVG)**

vom 22. September 2009 (BGBl. I S. 3022); zuletzt geändert durch Artikel 1 des Gesetzes vom 1. Dezember 2009 (BGBl. I S. 3822).

Inhaltsübersicht[1]

§ 1 Integrationsverantwortung
§ 2 Vereinfachtes Vertragsänderungsverfahren
§ 3 Besondere Vertragsänderungsverfahren
§ 4 Brückenklauseln
§ 5 Zustimmung im Europäischen Rat bei besonderen Brückenklauseln
§ 6 Zustimmung im Rat bei besonderen Brückenklauseln
§ 7 Kompetenzerweiterungsklauseln
§ 8 Flexibilitätsklausel
§ 9 Notbremsemechanismus
§ 10 Ablehnungsrecht bei Brückenklauseln
§ 11 Subsidiaritätsrüge
§ 12 Subsidiaritätsklage
§ 13 Unterrichtung

§ 1 Integrationsverantwortung

(1) Der Bundestag und der Bundesrat nehmen in Angelegenheiten der Europäischen Union ihre Integrationsverantwortung insbesondere nach Maßgabe der folgenden Bestimmungen wahr.

(2) Der Bundestag und der Bundesrat sollen über Vorlagen nach diesem Gesetz in angemessener Frist beraten und Beschluss fassen und dabei die für die Beschlussfassung auf der Ebene der Europäischen Union maßgeblichen Fristvorgaben berücksichtigen.

---

[1] Die Inhaltsübersicht ist nicht amtlich; die Paragraphenüberschriften sind amtlich.

§ 2 Vereinfachtes Vertragsänderungsverfahren

Eine Zustimmung der Bundesrepublik Deutschland zu einem Beschluss des Europäischen Rates gemäß Artikel 48 Absatz 6 Unterabsatz 2 und 3 des Vertrags über die Europäische Union erfolgt durch ein Gesetz gemäß Artikel 23 Absatz 1 des Grundgesetzes.

§ 3 Besondere Vertragsänderungsverfahren

(1) Eine Zustimmung der Bundesrepublik Deutschland zu einem Beschluss des Rates gemäß Artikel 218 Absatz 8 Unterabsatz 2 Satz 2 oder gemäß Artikel 311 Absatz 3 des Vertrags über die Arbeitsweise der Europäischen Union erfolgt durch ein Gesetz gemäß Artikel 23 Absatz 1 des Grundgesetzes.

(2) Absatz 1 gilt auch für Bestimmungen, die der Rat gemäß Artikel 25 Absatz 2, Artikel 223 Absatz 1 Unterabsatz 2 oder Artikel 262 des Vertrags über die Arbeitsweise der Europäischen Union erlässt.

(3) [1]Der deutsche Vertreter im Europäischen Rat darf einem Beschlussvorschlag gemäß Artikel 42 Absatz 2 Unterabsatz 1 Satz 2 des Vertrags über die Europäische Union nur zustimmen oder sich bei einer Beschlussfassung enthalten, nachdem der Bundestag hierzu einen Beschluss gefasst hat. [2]Einen entsprechenden Antrag im Bundestag kann auch die Bundesregierung stellen. [3]Ohne einen solchen Beschluss des Bundestages muss der deutsche Vertreter im Europäischen Rat den Beschlussvorschlag ablehnen. [4]Nachdem ein Beschluss des Europäischen Rates gemäß Artikel 42 Absatz 2 Unterabsatz 1 Satz 2 des Vertrags über die Europäische Union gefasst worden ist, erfolgt eine Zustimmung der Bundesrepublik Deutschland durch ein Gesetz gemäß Artikel 23 Absatz 1 des Grundgesetzes.

§ 4 Brückenklauseln

(1) [1]Der deutsche Vertreter im Europäischen Rat darf einem Beschlussvorschlag gemäß Artikel 48 Absatz 7 Unterabsatz 1 Satz 1 oder Unterabsatz 2 des Vertrags über die Europäische Union nur zustimmen oder sich bei einer Beschlussfassung enthalten, nachdem hierzu ein Gesetz gemäß Artikel 23 Absatz 1 des Grundgesetzes in Kraft getreten ist. [2]Ohne ein solches Gesetz

muss der deutsche Vertreter im Europäischen Rat den Beschlussvorschlag ablehnen.

(2) ¹Der deutsche Vertreter im Rat darf einem Beschlussvorschlag gemäß Artikel 81 Absatz 3 Unterabsatz 2 des Vertrags über die Arbeitsweise der Europäischen Union nur zustimmen oder sich bei einer Beschlussfassung enthalten, nachdem hierzu ein Gesetz gemäß Artikel 23 Absatz 1 des Grundgesetzes in Kraft getreten ist. ²Ohne ein solches Gesetz muss der deutsche Vertreter im Rat den Beschlussvorschlag ablehnen.

§ 5 Zustimmung im Europäischen Rat bei besonderen Brückenklauseln

(1) ¹Der deutsche Vertreter im Europäischen Rat darf einem Beschlussvorschlag gemäß Artikel 31 Absatz 3 des Vertrags über die Europäische Union oder gemäß Artikel 312 Absatz 2 Unterabsatz 2 des Vertrags über die Arbeitsweise der Europäischen Union nur zustimmen oder sich bei einer Beschlussfassung enthalten, nachdem der Bundestag hierzu einen Beschluss gefasst hat. ²Einen entsprechenden Antrag im Bundestag kann auch die Bundesregierung stellen. ³Ohne einen solchen Beschluss des Bundestages muss der deutsche Vertreter im Europäischen Rat den Beschlussvorschlag ablehnen.

(2) Zusätzlich zu dem Beschluss des Bundestages muss der Bundesrat einen entsprechenden Beschluss gefasst haben, wenn Gebiete betroffen sind,

1. für welche eine Gesetzgebungszuständigkeit des Bundes nicht besteht,

2. für welche die Länder gemäß Artikel 72 Absatz 2 des Grundgesetzes das Recht zur Gesetzgebung haben,

3. für welche die Länder gemäß Artikel 72 Absatz 3 oder Artikel 84 Absatz 1 des Grundgesetzes abweichende Regelungen treffen können oder

4. deren Regelung durch ein Bundesgesetz der Zustimmung des Bundesrates bedarf.

§ 6 Zustimmung im Rat bei besonderen Brückenklauseln

(1) ¹Der deutsche Vertreter im Rat darf einem Beschlussvorschlag gemäß Artikel 153 Absatz 2 Unterabsatz 4, Artikel 192 Ab-

satz 2 Unterabsatz 2 oder Artikel 333 Absatz 1 oder Absatz 2 des Vertrags über die Arbeitsweise der Europäischen Union nur zustimmen oder sich bei einer Beschlussfassung enthalten, nachdem der Bundestag hierzu einen Beschluss gefasst hat. ²§ 5 Absatz 1 Satz 2 und 3 gilt entsprechend.

(2) § 5 Absatz 2 gilt entsprechend.

§ 7 Kompetenzerweiterungsklauseln

(1) ¹Der deutsche Vertreter im Rat darf einem Beschlussvorschlag gemäß Artikel 83 Absatz 1 Unterabsatz 3 oder Artikel 86 Absatz 4 des Vertrags über die Arbeitsweise der Europäischen Union nur zustimmen oder sich bei einer Beschlussfassung enthalten, nachdem hierzu ein Gesetz gemäß Artikel 23 Absatz 1 des Grundgesetzes in Kraft getreten ist. ²Ohne ein solches Gesetz muss der deutsche Vertreter im Rat den Beschlussvorschlag ablehnen.

(2) Absatz 1 gilt entsprechend für Satzungsänderungen gemäß Artikel 308 Absatz 3 des Vertrags über die Arbeitsweise der Europäischen Union.

§ 8 Flexibilitätsklausel

¹Der deutsche Vertreter im Rat darf einem Vorschlag zum Erlass von Vorschriften gemäß Artikel 352 des Vertrags über die Arbeitsweise der Europäischen Union nur zustimmen oder sich bei einer Beschlussfassung enthalten, nachdem hierzu ein Gesetz gemäß Artikel 23 Absatz 1 des Grundgesetzes in Kraft getreten ist. ²Ohne ein solches Gesetz muss der deutsche Vertreter im Rat den Vorschlag zum Erlass von Vorschriften ablehnen.

§ 9 Notbremsemechanismus

(1) Der deutsche Vertreter im Rat muss in den Fällen des Artikels 48 Absatz 2 Satz 1, des Artikels 82 Absatz 3 Unterabsatz 1 Satz 1 und des Artikels 83 Absatz 3 Unterabsatz 1 Satz 1 des Vertrags über die Arbeitsweise der Europäischen Union beantragen, den Europäischen Rat zu befassen, wenn der Bundestag ihn hierzu durch einen Beschluss angewiesen hat.

(2) Wenn im Schwerpunkt Gebiete im Sinne des § 5 Absatz 2 betroffen sind, muss der deutsche Vertreter im Rat einen Antrag

nach Absatz 1 auch dann stellen, wenn ein entsprechender Beschluss des Bundesrates vorliegt.

§ 10 Ablehnungsrecht bei Brückenklauseln
(1) Für die Ablehnung einer Initiative des Europäischen Rates gemäß Artikel 48 Absatz 7 Unterabsatz 3 des Vertrags über die Europäische Union gilt:

1. Wenn bei einer Initiative im Schwerpunkt ausschließliche Gesetzgebungszuständigkeiten des Bundes betroffen sind, kann der Bundestag die Ablehnung der Initiative beschließen.

2. In allen anderen Fällen kann der Bundestag oder der Bundesrat die Ablehnung der Initiative beschließen.

(2) Der Präsident des Bundestages oder der Präsident des Bundesrates unterrichtet die Präsidenten der zuständigen Organe der Europäischen Union über die Ablehnung der Initiative und setzt die Bundesregierung darüber in Kenntnis.

(3) Die Absätze 1 und 2 gelten entsprechend für einen Vorschlag der Europäischen Kommission für einen Beschluss des Rates gemäß Artikel 81 Absatz 3 Unterabsatz 3 des Vertrags über die Arbeitsweise der Europäischen Union.

§ 11 Subsidiaritätsrüge
(1) Der Bundestag und der Bundesrat können in ihren Geschäftsordnungen regeln, wie eine Entscheidung über die Abgabe einer begründeten Stellungnahme gemäß Artikel 6 des Protokolls über die Anwendung der Grundsätze der Subsidiarität und der Verhältnismäßigkeit herbeizuführen ist.

(2) Der Präsident des Bundestages oder der Präsident des Bundesrates übermittelt die begründete Stellungnahme an die Präsidenten der zuständigen Organe der Europäischen Union und setzt die Bundesregierung darüber in Kenntnis.

§ 12 Subsidiaritätsklage
(1) [1]Auf Antrag eines Viertels seiner Mitglieder ist der Bundestag verpflichtet, eine Klage gemäß Artikel 8 des Protokolls über die Anwendung der Grundsätze der Subsidiarität und der Verhältnismäßigkeit zu erheben. [2]Auf Antrag eines Viertels seiner

Mitglieder, die die Erhebung der Klage nicht stützen, ist deren Auffassung in der Klageschrift deutlich zu machen.

(2) Der Bundesrat kann in seiner Geschäftsordnung regeln, wie ein Beschluss über die Erhebung einer Klage gemäß Absatz 1 herbeizuführen ist.

(3) Die Bundesregierung übermittelt die Klage im Namen des Organs, das über ihre Erhebung gemäß Absatz 1 oder gemäß Absatz 2 beschlossen hat, unverzüglich an den Gerichtshof der Europäischen Union.

(4) Das Organ, das die Erhebung der Klage gemäß Absatz 1 oder gemäß Absatz 2 beschlossen hat, übernimmt die Prozessführung vor dem Gerichtshof der Europäischen Union.

(5) Wird im Bundestag oder im Bundesrat ein Antrag zur Erhebung einer Klage gemäß Absatz 1 oder gemäß Absatz 2 gestellt, so kann das andere Organ eine Stellungnahme abgeben.

§ 13 Unterrichtung

(1) [1]Die Bundesregierung hat den Bundestag und den Bundesrat in Angelegenheiten dieses Gesetzes umfassend, zum frühestmöglichen Zeitpunkt, fortlaufend und in der Regel schriftlich zu unterrichten. [2]Einzelheiten der Unterrichtungspflichten aufgrund des Gesetzes über die Zusammenarbeit von Bundesregierung und Deutschem Bundestag in Angelegenheiten der Europäischen Union vom 12. März 1993 (BGBl. I S. 311), das durch Artikel 2 Absatz 1 des Gesetzes vom 17. November 2005 (BGBl. I S. 3178) geändert worden ist, des Gesetzes über die Zusammenarbeit von Bund und Ländern in Angelegenheiten der Europäischen Union vom 12. März 1993 (BGBl. I S. 313, 1780), das zuletzt durch Artikel 2 des Gesetzes vom 5. September 2006 (BGBl. I S. 2098) geändert worden ist, und anderer Regelungen bleiben unberührt.

(2) [1]Die Bundesregierung unterrichtet den Bundestag und den Bundesrat, wenn der Rat in Vorbereitung einer Initiative des Europäischen Rates nach Artikel 48 Absatz 7 des Vertrags über die Europäische Union befasst wird. [2]Das Gleiche gilt, wenn der Europäische Rat eine derartige Initiative ergriffen hat. [3]Die Bundesregierung unterrichtet den Bundestag und den Bundesrat über einen Vorschlag der Europäischen Kommission nach Ar-

tikel 81 Absatz 3 Unterabsatz 2 des Vertrags über die Arbeitsweise der Europäischen Union.

(3) ¹Die Bundesregierung übermittelt dem Bundestag und dem Bundesrat binnen zwei Wochen nach Zuleitung von Initiativen, Vorschlägen oder Beschlüssen, auf die sich die vorstehenden Bestimmungen beziehen, eine ausführliche Erläuterung der Folgen für die vertraglichen Grundlagen der Europäischen Union sowie eine Bewertung der integrationspolitischen Notwendigkeit und Auswirkungen. ²Ferner erläutert die Bundesregierung,

1. ob es zur Mitwirkung des Bundestages und des Bundesrates eines Gesetzes gemäß Artikel 23 Absatz 1 Satz 2 oder 3 des Grundgesetzes bedarf;

2. wenn das Verfahren nach § 9 in Betracht kommt, ob Entwürfe zu Gesetzgebungsakten gemäß

a) Artikel 48 Absatz 1 des Vertrags über die Arbeitsweise der Europäischen Union wichtige Aspekte des deutschen Systems der sozialen Sicherheit, insbesondere dessen Geltungsbereich, Kosten oder Finanzstruktur, verletzen oder dessen finanzielles Gleichgewicht beeinträchtigen würden,

b) Artikel 82 Absatz 2 oder Artikel 83 Absatz 1 oder 2 des Vertrags über die Arbeitsweise der Europäischen Union grundlegende Aspekte der deutschen Strafrechtsordnung berühren würden.

(4) ¹Bei eilbedürftigen Vorlagen verkürzt sich die Frist des Absatzes 3 so, dass eine der Integrationsverantwortung angemessene Behandlung in Bundestag und Bundesrat gewährleistet ist. ²Ist eine besonders umfangreiche Bewertung erforderlich, kann die Frist verlängert werden.

(5) ¹Über einen Antrag eines anderen Mitgliedstaates im Rat gemäß Artikel 48 Absatz 2 Satz 1, Artikel 82 Absatz 3 Unterabsatz 1 Satz 1 oder Artikel 83 Absatz 3 Unterabsatz 1 Satz 1 des Vertrags über die Arbeitsweise der Europäischen Union unterrichtet die Bundesregierung den Bundestag und den Bundesrat unverzüglich schriftlich. ²Diese Unterrichtung umfasst die Gründe des Antragstellers.

(6) ¹Zu Vorschlägen für Gesetzgebungsakte der Europäischen Union übermittelt die Bundesregierung binnen zwei Wochen nach Überweisung an die Ausschüsse des Bundestages, spätestens

jedoch zu Beginn der Beratungen in den Ratsgremien, eine umfassende Bewertung. ²Sie enthält Angaben zur Zuständigkeit der Europäischen Union zum Erlass des vorgeschlagenen Gesetzgebungsaktes und zu dessen Vereinbarkeit mit den Grundsätzen der Subsidiarität und Verhältnismäßigkeit.

(7) ¹Die Bundesregierung unterrichtet Bundestag und Bundesrat zum frühestmöglichen Zeitpunkt über den Abschluss eines Gesetzgebungsverfahrens der Europäischen Union. ²Diese Unterrichtung enthält auch eine Bewertung, ob die Bundesregierung den Gesetzgebungsakt mit den Grundsätzen der Subsidiarität und der Verhältnismäßigkeit für vereinbar hält.

[23] Gesetz über die Zusammenarbeit von Bundesregierung und Deutschem Bundestag in Angelegenheiten der Europäischen Union

vom 4. Juli 2013 (BGBl. I S. 2170).

Inhaltsübersicht[1]

§ 1 Mitwirkung des Bundestages
§ 2 Ausschuss für die Angelegenheiten der Europäischen Union
§ 3 Grundsätze der Unterrichtung
§ 4 Übersendung von Dokumenten und Berichtspflichten
§ 5 Vorhaben der Europäischen Union
§ 6 Förmliche Zuleitung, Berichtsbogen und Umfassende Bewertung, Abschluss von EU-Gesetzgebungsverfahren
§ 7 Gemeinsame Außen- und Sicherheitspolitik und Gemeinsame Sicherheits- und Verteidigungspolitik
§ 8 Stellungnahmen des Bundestages
§ 9 Aufnahme von Verhandlungen über Beitritte und Vertragsänderungen
§ 9a Einführung des Euro in einem Mitgliedstaat
§ 10 Zugang zu Datenbanken, vertrauliche Behandlung von Dokumenten
§ 11 Verbindungsbüro des Bundestages
§ 12 Inkrafttreten, Außerkrafttreten

§ 1 Mitwirkung des Bundestages

(1) ¹In Angelegenheiten der Europäischen Union wirkt der Bundestag an der Willensbildung des Bundes mit und hat das Recht zur Stellungnahme. ²Die Bundesregierung hat ihn umfassend und zum frühestmöglichen Zeitpunkt zu unterrichten.

(2) ¹Angelegenheiten der Europäischen Union im Sinne von Artikel 23 des Grundgesetzes sind insbesondere Vertragsänderungen und entsprechende Änderungen auf der Ebene des Primärrechts sowie Rechtssetzungsakte der Europäischen Union. ²Um eine Angelegenheit der Europäischen Union handelt es sich

---

[1] Die Inhaltsübersicht ist nicht amtlich; die Paragraphenüberschriften sind amtlich.

auch bei völkerrechtlichen Verträgen und intergouvernementalen Vereinbarungen, wenn sie in einem Ergänzungs- oder sonstigen besonderen Näheverhältnis zum Recht der Europäischen Union stehen.

§ 2 Ausschuss für die Angelegenheiten der Europäischen Union

[1]Der Bundestag bestellt einen Ausschuss für die Angelegenheiten der Europäischen Union. [2]Der Bundestag kann den Ausschuss ermächtigen, für ihn Stellungnahmen abzugeben. [3]Er kann ihn ermächtigen, die Rechte des Bundestages gemäß Artikel 23 des Grundgesetzes gegenüber der Bundesregierung wahrzunehmen. [4]Er kann ihn auch ermächtigen, die Rechte wahrzunehmen, die dem Bundestag in den vertraglichen Grundlagen der Europäischen Union eingeräumt sind.

§ 3 Grundsätze der Unterrichtung

(1) [1]Die Bundesregierung unterrichtet den Bundestag in Angelegenheiten der Europäischen Union umfassend, zum frühestmöglichen Zeitpunkt und fortlaufend. [2]Diese Unterrichtung erfolgt grundsätzlich schriftlich durch die Weiterleitung von Dokumenten oder die Abgabe von eigenen Berichten der Bundesregierung, darüber hinaus mündlich. [3]Der mündlichen Unterrichtung kommt lediglich eine ergänzende und erläuternde Funktion zu. [4]Die Bundesregierung stellt sicher, dass diese Unterrichtung die Befassung des Bundestages ermöglicht.

(2) [1]Die Unterrichtung erstreckt sich insbesondere auf die Willensbildung der Bundesregierung, die Vorbereitung und den Verlauf der Beratungen innerhalb der Organe der Europäischen Union, die Stellungnahmen des Europäischen Parlaments, der Europäischen Kommission und der anderen Mitgliedstaaten der Europäischen Union sowie die getroffenen Entscheidungen. [2]Dies gilt auch für alle vorbereitenden Gremien und Arbeitsgruppen.

(3) [1]Die Pflicht zur Unterrichtung umfasst auch die Vorbereitung und den Verlauf der Beratungen der informellen Ministertreffen, des Eurogipfels, der Eurogruppe sowie vergleichbarer Institutionen, die auf Grund völkerrechtlicher Verträge und sonstiger Vereinbarungen, die in einem Ergänzungs- oder sonstigen

besonderen Näheverhältnis zum Recht der Europäischen Union stehen, zusammentreten. ²Dies gilt auch für alle vorbereitenden Gremien und Arbeitsgruppen.

(4) Der Kernbereich exekutiver Eigenverantwortung der Bundesregierung bleibt von den Unterrichtungspflichten unberührt.

(5) Der Bundestag kann auf einzelne Unterrichtungen verzichten, es sei denn, dass eine Fraktion oder fünf Prozent der Mitglieder des Bundestages widersprechen.

§ 4 Übersendung von Dokumenten und Berichtspflichten

(1) ¹Die Unterrichtung des Bundestages nach § 3 erfolgt insbesondere durch Übersendung von allen bei der Bundesregierung eingehenden

1. Dokumenten

a) der Organe der Europäischen Union, der informellen Ministertreffen, des Ausschusses der Ständigen Vertreter und sonstiger Ausschüsse und Arbeitsgruppen des Rates,

b) des Eurogipfels, der Eurogruppe und vergleichbarer Institutionen, die auf der Grundlage von völkerrechtlichen Verträgen und sonstigen Vereinbarungen, die in einem Ergänzungs- oder sonstigen besonderen Näheverhältnis zum Recht der Europäischen Union stehen, zusammentreten,

c) aller die Institutionen nach den Buchstaben a und b vorbereitenden Gremien und Arbeitsgruppen;

2. Berichten der Ständigen Vertretung der Bundesrepublik Deutschland bei der Europäischen Union beziehungsweise der Bundesregierung zu

a) Sitzungen der in Nummer 1 genannten Institutionen,

b) Sitzungen des Europäischen Parlaments und seiner Ausschüsse,

c) Einberufungen, Verhandlungen und Ergebnissen von Trilogen,

d) Beschlüssen der Europäischen Kommission.

²Der Bundestag muss bereits im Voraus und so rechtzeitig informiert werden, dass er sich über den Gegenstand der Sitzungen sowie die Position der Bundesregierung eine Meinung bilden und auf die Verhandlungslinie und das Abstimmungsverhalten der Bundesregierung Einfluss nehmen kann. ³Berichte über

Sitzungen müssen zumindest die von der Bundesregierung und von anderen Staaten vertretenen Positionen, den Verlauf der Verhandlungen und Zwischen- und Endergebnisse darstellen sowie über eingelegte Parlamentsvorbehalte unterrichten.

(2) ¹Die Bundesregierung übersendet dem Bundestag zudem

1. Dokumente und Informationen über Initiativen, Stellungnahmen, Konsultationsbeiträge, Programmentwürfe und Erläuterungen der Bundesregierung für Organe der Europäischen Union, informelle Ministertreffen sowie den Eurogipfel, die Eurogruppe und vergleichbare Institutionen auf der Grundlage von völkerrechtlichen Verträgen und sonstigen Vereinbarungen, die in einem Ergänzungs- oder sonstigen besonderen Näheverhältnis zum Recht der Europäischen Union stehen,

2. entsprechende Initiativen, Stellungnahmen, Konsultationsbeiträge und Erläuterungen der Regierungen von Mitgliedstaaten der Europäischen Union,

3. entsprechende Initiativen, Stellungnahmen, Konsultationsbeiträge und Erläuterungen des Bundesrates und der Länder sowie

4. Sammelweisungen für den deutschen Vertreter im Ausschuss der Ständigen Vertreter.

²Dies gilt auch für alle vorbereitenden Gremien und Arbeitsgruppen.

(3) Die Bundesregierung gibt Auskunft über ihr vorliegende inoffizielle Dokumente zu Angelegenheiten der Europäischen Union und stellt diese auf Anforderung frühestmöglich zur Verfügung.

(4) ¹Vor Tagungen des Europäischen Rates, des Rates, der informellen Ministertreffen, des Eurogipfels, der Eurogruppe und vergleichbarer Institutionen auf der Grundlage von völkerrechtlichen Verträgen und sonstigen Vereinbarungen, die in einem Ergänzungs- oder sonstigen besonderen Näheverhältnis zum Recht der Europäischen Union stehen, unterrichtet die Bundesregierung den Bundestag schriftlich und mündlich zu jedem Beratungsgegenstand. ²Diese Unterrichtung umfasst die Grundzüge des Sach- und Verhandlungsstandes sowie die Verhandlungslinie der Bundesregierung sowie deren Initiativen. ³Nach den Tagungen unterrichtet die Bundesregierung schriftlich und mündlich über die Ergebnisse.

(5) Die Bundesregierung übersendet dem Bundestag regelmäßig, mindestens vierteljährlich, Frühwarnberichte über aktuelle politische Entwicklungen in Angelegenheiten der Europäischen Union.

(6) Die Bundesregierung unterrichtet den Bundestag ferner

1. über die Einleitung von Vertragsverletzungsverfahren nach den Artikeln 258 und 260 des Vertrags über die Arbeitsweise der Europäischen Union durch Übermittlung von Mahnschreiben und mit Gründen versehenen Stellungnahmen sowie erläuternden Informationen und Dokumenten, insbesondere der Antwortschreiben der Bundesregierung, soweit diese Verfahren die ausgebliebene, unvollständige oder fehlerhafte Umsetzung von Richtlinien durch den Bund betreffen,

2. über Verfahren vor dem Gerichtshof der Europäischen Union, bei denen die Bundesrepublik Deutschland Verfahrensbeteiligte ist. Zu Verfahren, an denen sich die Bundesregierung beteiligt, übermittelt sie die entsprechenden Dokumente, und

3. auf Anforderung über weitere Verfahren vor dem Gerichtshof der Europäischen Union und übermittelt die entsprechenden Dokumente, soweit sie ihr vorliegen.

§ 5 Vorhaben der Europäischen Union

(1) Vorhaben der Europäischen Union (Vorhaben) im Sinne dieses Gesetzes sind insbesondere

1. Vorschläge und Initiativen für Beschlüsse zur Aufnahme von Verhandlungen zu Änderungen der vertraglichen Grundlagen der Europäischen Union,

2. Vorschläge und Initiativen für Beschlüsse zur Aufnahme von Verhandlungen zur Vorbereitung von Beitritten zur Europäischen Union,

3. Vorschläge und Initiativen für Beschlüsse gemäß Artikel 140 Absatz 2 des Vertrages über die Arbeitsweise der Europäischen Union zur Einführung des Euro,

4. Vorschläge für Gesetzgebungsakte der Europäischen Union,

5. Verhandlungsmandate für die Europäische Kommission zu Verhandlungen über völkerrechtliche Verträge der Europäischen Union,

6. Beratungsgegenstände, Initiativen sowie Verhandlungsmandate und Verhandlungsrichtlinien für die Europäische Kommission im Rahmen der gemeinsamen Handelspolitik und der Welthandelsrunden,

7. Mitteilungen, Stellungnahmen, Grün- und Weißbücher sowie Empfehlungen der Europäischen Kommission,

8. Berichte, Aktionspläne und Politische Programme der Organe der Europäischen Union,

9. Interinstitutionelle Vereinbarungen der Organe der Europäischen Union,

10. Haushalts- und Finanzplanung der Europäischen Union,

11. Entwürfe zu völkerrechtlichen Verträgen und sonstigen Vereinbarungen, wenn sie in einem Ergänzungsoder sonstigen besonderen Näheverhältnis zum Recht der Europäischen Union stehen,

12. Beratungsgegenstände, Vorschläge und Initiativen, die im Rahmen von völkerrechtlichen Verträgen und Vereinbarungen im Sinne von Nummer 11 behandelt werden.

(2) Vorhaben im Sinne dieses Gesetzes sind auch Vorschläge und Initiativen der Europäischen Union, bei denen eine Mitwirkung des Bundestages nach dem Integrationsverantwortungsgesetz vom 22. September 2009 (BGBl. I S. 3022) in der jeweils geltenden Fassung erforderlich ist.

(3) Für Angelegenheiten

1. des Europäischen Stabilitätsmechanismus gelten unbeschadet der §§ 1 bis 4 die Bestimmungen des ESMFinanzierungsgesetzes vom 13. September 2012 (BGBl. I S. 1918) in der jeweils geltenden Fassung,

2. der Europäischen Finanzstabilisierungsfazilität gelten unbeschadet der §§ 1 bis 4 die Bestimmungen des Stabilisierungsmechanismusgesetzes vom 22. Mai 2010 (BGBl. I S. 627) in der jeweils geltenden Fassung,

3. der Gemeinsamen Außen- und Sicherheitspolitik und der Gemeinsamen Sicherheits- und Verteidigungspolitik gilt § 7.

§ 6 Förmliche Zuleitung, Berichtsbogen und Umfassende Bewertung, Abschluss von EU-Gesetzgebungsverfahren

(1) ¹Die Bundesregierung übersendet dem Bundestag alle Vorhaben mit einem Zuleitungsschreiben (förmliche Zuleitung). ²Das Zuleitungsschreiben enthält auf der Grundlage des zuzuleitenden Dokuments die folgenden

Hinweise:

1. den wesentlichen Inhalt und die Zielsetzung des Vorhabens,
2. das Datum des Erscheinens des betreffenden Dokuments in deutscher Sprache,
3. die Rechtsgrundlage,
4. das anzuwendende Verfahren und
5. die Benennung des federführenden Bundesministeriums.

(2) ¹Die Bundesregierung übermittelt binnen zwei Wochen nach förmlicher Zuleitung eines Vorhabens einen Bericht gemäß der Anlage (Berichtsbogen). ²Dieser enthält insbesondere die Bewertung des Vorhabens hinsichtlich seiner Vereinbarkeit mit den Grundsätzen der Subsidiarität und der Verhältnismäßigkeit.

(3) ¹Zu Vorschlägen für Gesetzgebungsakte der Europäischen Union übermittelt die Bundesregierung zudem binnen zwei Wochen nach Überweisung an die Ausschüsse des Bundestages, spätestens jedoch zu Beginn der Beratungen in den Ratsgremien, eine Umfassende Bewertung. ²Neben Angaben zur Zuständigkeit der Europäischen Union zum Erlass des vorgeschlagenen Gesetzgebungsaktes und zu dessen Vereinbarkeit mit den Grundsätzen der Subsidiarität und Verhältnismäßigkeit enthält diese Bewertung im Rahmen einer umfassenden Abschätzung der Folgen für die Bundesrepublik Deutschland Aussagen insbesondere in rechtlicher, wirtschaftlicher, finanzieller, sozialer und ökologischer Hinsicht zu Regelungsinhalt, Alternativen, Kosten, Verwaltungsaufwand und Umsetzungsbedarf. ³Zu anderen Vorhaben im Sinne von § 5 Absatz 1 erfolgt die Erstellung einer entsprechenden Umfassenden Bewertung nur auf Anforderung.

(4) ¹Bei eilbedürftigen Vorhaben verkürzen sich die Fristen der Absätze 2 und 3 so, dass eine rechtzeitige Unterrichtung und die Gelegenheit zur Stellungnahme nach § 8 Absatz 1 Satz 1 für den Bundestag gewährleistet sind. ²Ist eine besonders umfangreiche Bewertung erforderlich, kann die Frist verlängert werden.

(5) Darüber hinaus erstellt die Bundesregierung zu besonders komplexen oder bedeutsamen Vorhaben auf Anforderung vertiefende Berichte.

(6) Die Bundesregierung unterrichtet den Bundestag über den Abschluss eines Gesetzgebungsverfahrens der Europäischen Union; diese Unterrichtung enthält auch eine Bewertung, ob die Bundesregierung den Gesetzgebungsakt mit den Grundsätzen der Subsidiarität und Verhältnismäßigkeit für vereinbar hält; bei Richtlinien informiert die Bundesregierung über die zu berücksichtigenden Fristen für die innerstaatliche Umsetzung und den Umsetzungsbedarf.

§ 7 Gemeinsame Außen- und Sicherheitspolitik und Gemeinsame Sicherheits- und Verteidigungspolitik

(1) ¹Im Bereich der Gemeinsamen Außen- und Sicherheitspolitik und der Gemeinsamen Sicherheits- und Verteidigungspolitik unterrichtet die Bundesregierung umfassend, fortlaufend und zum frühestmöglichen Zeitpunkt. ²Die Unterrichtung erfolgt in der Regel schriftlich. Sie umfasst die Zuleitung einer Übersicht der absehbar zur Beratung anstehenden Rechtsakte, deren Bewertung und eine Einschätzung über den weiteren Beratungsverlauf. ³Über Tagungen des Europäischen Rates und des Rates, die Beschlüsse und Schlussfolgerungen im Bereich der Gemeinsamen Außen- und Sicherheitspolitik und der Gemeinsamen Sicherheits- und Verteidigungspolitik zum Gegenstand haben, gilt § 4 Absatz 4 entsprechend.

(2) Ergänzend leitet die Bundesregierung dem Bundestag auf Anforderung Dokumente von grundsätzlicher Bedeutung nach Maßgabe des § 6 Absatz 1 zu. § 6 Absatz 2 gilt entsprechend.

(3) Zudem unterrichtet die Bundesregierung fortlaufend und zeitnah mündlich über alle relevanten Entwicklungen im Bereich der Gemeinsamen Außen- und Sicherheitspolitik und der Gemeinsamen Sicherheits- und Verteidigungspolitik.

(4) Über die Sitzungen des Politischen und Sicherheitspolitischen Komitees unterrichtet die Bundesregierung die zuständigen Ausschüsse des Bundestages mündlich.

§ 8 Stellungnahmen des Bundestages

(1) ¹Vor ihrer Mitwirkung an Vorhaben gibt die Bundesregierung dem Bundestag Gelegenheit zur Stellungnahme. ²Hierzu übermittelt die Bundesregierung dem Bundestag fortlaufend aktualisierte Informationen über den Beratungsablauf, die es ermöglichen, den für eine Stellungnahme geeigneten Zeitpunkt zu bestimmen, und teilt mit, bis zu welchem Zeitpunkt auf Grund des Beratungsverlaufs eine Stellungnahme angemessen erscheint.

(2) ¹Gibt der Bundestag eine Stellungnahme ab, legt die Bundesregierung diese ihren Verhandlungen zugrunde. ²Die Bundesregierung unterrichtet fortlaufend über die Berücksichtigung der Stellungnahme in den Verhandlungen.

(3) Der Bundestag kann seine Stellungnahme im Verlauf der Beratung des Vorhabens anpassen und ergänzen.

Absatz 2 Satz 1 gilt entsprechend.

(4) ¹Macht der Bundestag von der Gelegenheit zur Stellungnahme gemäß Artikel 23 Absatz 3 Satz 1 des Grundgesetzes Gebrauch, legt die Bundesregierung in den Verhandlungen einen Parlamentsvorbehalt ein, wenn der Beschluss des Bundestages in einem seiner wesentlichen Belange nicht durchsetzbar ist. ²Die Bundesregierung unterrichtet den Bundestag in einem gesonderten Bericht unverzüglich darüber. ³Dieser Bericht muss der Form und dem Inhalt nach angemessen sein, um eine Beratung in den Gremien des Bundestages zu ermöglichen. ⁴Vor der abschließenden Entscheidung bemüht sich die Bundesregierung, Einvernehmen mit dem Bundestag herzustellen. ⁵Dies gilt auch dann, wenn der Bundestag bei Vorhaben der Europäischen Union zu Fragen der kommunalen Daseinsvorsorge Stellung nimmt. ⁶Das Recht der Bundesregierung, in Kenntnis der Stellungnahme des Bundestages aus wichtigen außen- oder integrationspolitischen Gründen abweichende Entscheidungen zu treffen, bleibt unberührt.

(5) ¹Nach der abschließenden Beschlussfassung unterrichtet die Bundesregierung den Bundestag unverzüglich schriftlich, insbesondere über die Durchsetzung seiner Stellungnahme. ²Sollten nicht alle Belange der Stellungnahme berücksichtigt worden sein, benennt die Bundesregierung auch die Gründe hierfür. ³Auf Verlangen eines Viertels der Mitglieder des Bundestages erläutert die Bundesregierung diese Gründe im Rahmen einer Plenardebatte.

§ 9 Aufnahme von Verhandlungen über Beitritte und Vertragsänderungen

(1) Mit der Unterrichtung über Vorschläge und Initiativen für Beschlüsse zur Aufnahme von Verhandlungen

1. zur Vorbereitung eines Beitritts zur Europäischen Union oder

2. zu Änderungen der vertraglichen Grundlagen der Europäischen Union

weist die Bundesregierung den Bundestag auf sein Recht zur Stellungnahme nach § 8 hin.

(2) ¹Vor der abschließenden Entscheidung im Rat oder im Europäischen Rat soll die Bundesregierung Einvernehmen mit dem Bundestag herstellen. ²Das Recht der Bundesregierung, in Kenntnis der Stellungnahme des Bundestages aus wichtigen außen- oder integrationspolitischen Gründen abweichende Entscheidungen zu treffen, bleibt unberührt.

§ 9a Einführung des Euro in einem Mitgliedstaat

(1) Mit der Unterrichtung über Vorschläge und Initiativen für Beschlüsse des Rates gemäß Artikel 140 Absatz 2 des Vertrages über die Arbeitsweise der Europäischen Union zur Einführung des Euro in einem weiteren Mitgliedstaat weist die Bundesregierung den Bundestag auf sein Recht zur Stellungnahme nach § 8 hin.

(2) ¹Vor der abschließenden Entscheidung im Rat soll die Bundesregierung mit dem Bundestag Einvernehmen herstellen. ²Das Recht der Bundesregierung, in Kenntnis der Stellungnahme des Bundestages aus wichtigen außen- oder integrationspolitischen Gründen abweichende Entscheidungen zu treffen, bleibt unberührt.

§ 10 Zugang zu Datenbanken, vertrauliche Behandlung von Dokumenten

(1) Die Bundesregierung eröffnet dem Bundestag im Rahmen der Datenschutzvorschriften Zugang zu Dokumentendatenbanken der Europäischen Union, die ihr zugänglich sind.

(2) ¹Die Dokumente der Europäischen Union werden grundsätzlich offen weitergegeben. ²Die Sicherheitseinstufung der Organe der Europäischen Union über eine besondere Vertraulich-

keit wird vom Bundestag beachtet. [3]Eine für diese Dokumente oder für andere im Rahmen dieses Gesetzes an den Bundestag zu übermittelnden Informationen, Berichte und Mitteilungen eventuell erforderliche nationale Einstufung als vertraulich wird vor Versendung von der Bundesregierung vorgenommen und vom Bundestag beachtet. [4]Die Gründe für die Einstufung sind auf Anforderung zu erläutern.

(3) Dem besonderen Schutzbedürfnis laufender vertraulicher Verhandlungen trägt der Bundestag durch eine vertrauliche Behandlung Rechnung.

§ 11 Verbindungsbüro des Bundestages

(1) [1]Der Bundestag kann über ein Verbindungsbüro unmittelbare Kontakte zu Einrichtungen der Europäischen Union pflegen, soweit dies der Wahrnehmung seiner Mitwirkungsrechte in Angelegenheiten der Europäischen Union dient. [2]Die Fraktionen des Bundestages entsenden Vertreter in das Verbindungsbüro.

(2) Die Bundesregierung unterstützt über die Ständige Vertretung der Bundesrepublik Deutschland bei der Europäischen Union und die bilaterale Botschaft der Bundesrepublik Deutschland beim Königreich Belgien das Verbindungsbüro des Bundestages im Hinblick auf seine fachlichen Aufgaben.

§ 12 Inkrafttreten, Außerkrafttreten

Dieses Gesetz tritt am Tag nach der Verkündung in Kraft. Gleichzeitig tritt das Gesetz über die Zusammenarbeit von Bundesregierung und Deutschem Bundestag in Angelegenheiten der Europäischen Union vom 12. März 1993 (BGBl. I S. 311, 1780), das zuletzt durch Artikel 2 des Gesetzes vom 13. September 2012 (BGBl. 2012 II S. 1006) geändert worden ist, außer Kraft.

Anlage (zu § 6 Absatz 2) – Berichtsbogen

Thema:
Sachgebiet:
Ratsdok.-Nummer:
KOM-Nummer:
Nummer des interinstitutionellen Dossiers:
Nummer der Bundesratsdrucksache:

Nachweis der Zulässigkeit für europäische Regelungen (Prüfung der Rechtsgrundlage):
Subsidiaritätsprüfung:
Verhältnismäßigkeitsprüfung:
Zielsetzung:
Inhaltliche Schwerpunkte:
Politische Bedeutung:
Was ist das besondere deutsche Interesse?
Bisherige Position des Deutschen Bundestages:
Position des Bundesrates:
Position des Europäischen Parlaments:
Meinungsstand im Rat:
Verfahrensstand (Stand der Befassung):
Finanzielle Auswirkungen:
Zeitplan für die Behandlung im
a) Bundesrat:
b) Europäischen Parlament:
c) Rat:

[24] Gesetz über die Zusammenarbeit von Bund und Ländern in Angelegenheiten der Europäischen Union

vom 12. März 1993 (BGBl. I S. 313); zuletzt geändert durch das Gesetz vom 22. September 2009 (BGBl. I S. 3031).

Inhaltsübersicht[1]

- § 1 [Mitwirkung des Bundesrates in Angelegenheiten der Europäischen Union]
- § 2 [Unterrichtung des Bundesrates durch die Bundesregierung]
- § 3 [Stellungnahme des Bundesrates zur Verhandlungsposition der Bundesregierung]
- § 4 [Beteiligung von Ländervertretern an der Festlegung der Verhandlungsposition]
- § 5 [Berücksichtigung der Stellungnahme des Bundesrates]
- § 6 Ländervertreter in den Beratungsgremien von Kommission und Rat]
- § 7 [Klage auf Verlangen des Bundesrates]
- § 8 [Länderbüros bei der Europäischen Union]
- § 9 [Anlage]
- § 10 [Belange der Gemeinden und Gemeindeverbände]
- § 11 [Gemeinsame Außen- und Sicherheitspolitik]
- § 12 [Beschlüsse des Rates]
- § 13 [Weitere Fälle der Mitwirkung der Länder]
- § 14 [Bestellung der Mitglieder des Ausschusses der Regionen]
- § 15 —
- § 16 [Inkrafttreten]

Anlage (zu § 9)

§ 1 [Mitwirkung des Bundesrates in Angelegenheiten der Europäischen Union]

In Angelegenheiten der Europäischen Union wirken die Länder durch den Bundesrat mit.

---

[1] Die Inhaltsübersicht und die Paragraphenüberschriften sind nicht amtlich.

§ 2 [Unterrichtung des Bundesrates durch die Bundesregierung]

Die Bundesregierung unterrichtet den Bundesrat unbeschadet des Artikels 2 des Gesetzes zu den Verträgen vom 25. März 1957 zur Gründung der Europäischen Wirtschaftsgemeinschaft und der Europäischen Atomgemeinschaft vom 27. Juli 1957 (BGBl.II S. 753) umfassend und zum frühestmöglichen Zeitpunkt über alle Vorhaben im Rahmen der Europäischen Union, die für die Länder von Interesse sein könnten.

§ 3 [Stellungnahme des Bundesrates zur Verhandlungsposition der Bundesregierung]

Vor der Festlegung der Verhandlungsposition zu einem Vorhaben der Europäischen Union gibt die Bundesregierung dem Bundesrat rechtzeitig Gelegenheit zur Stellungnahme binnen angemessener Frist, soweit Interessen der Länder berührt sind.

§ 4 [Beteiligung von Ländervertretern an der Festlegung der Verhandlungsposition]

(1) Soweit der Bundesrat an einer entsprechenden innerstaatlichen Maßnahme mitzuwirken hätte oder soweit die Länder innerstaatlich zuständig wären, beteiligt die Bundesregierung vom Bundesrat benannte Vertreter der Länder an Beratungen zur Festlegung der Verhandlungsposition zu dem Vorhaben.

(2) ¹Gegenstand der Beratungen nach Absatz 1 ist auch die Anwendung der §§ 5 und 6 auf das Vorhaben. ²Dabei ist zwischen Bund und Ländern ein Einvernehmen anzustreben.

§ 5 [Berücksichtigung der Stellungnahme des Bundesrates]

(1) Soweit in einem Bereich ausschließlicher Zuständigkeiten des Bundes Interessen der Länder berührt sind oder soweit im übrigen der Bund das Recht zur Gesetzgebung hat, berücksichtigt die Bundesregierung die Stellungnahme des Bundesrates bei der Festlegung der Verhandlungsposition zu dem Vorhaben.

(2) ¹Wenn bei einem Vorhaben im Schwerpunkt Gesetzgebungsbefugnisse der Länder betroffen sind und der Bund kein Recht zur Gesetzgebung hat oder ein Vorhaben im Schwerpunkt

die Einrichtung der Behörden der Länder oder ihre Verwaltungsverfahren betrifft, ist insoweit bei Festlegung der Verhandlungsposition durch die Bundesregierung die Stellungnahme des Bundesrates maßgeblich zu berücksichtigen; im übrigen gilt Absatz 1. ²Die gesamtstaatliche Verantwortung des Bundes, einschließlich außen-, verteidigungs- und integrationspolitisch zu bewertender Fragen, ist zu wahren. ³Stimmt die Auffassung der Bundesregierung nicht mit der Stellungnahme des Bundesrates überein, ist ein Einvernehmen anzustreben. ⁴Zur Herbeiführung dieses Einvernehmens erfolgt erneute Beratung der Bundesregierung mit Vertretern der Länder. ⁵Kommt ein Einvernehmen nicht zustande und bestätigt der Bundesrat daraufhin seine Auffassung mit einem mit zwei Dritteln seiner Stimmen gefaßten Beschluß, so ist die Auffassung des Bundesrates maßgebend. ⁶Die Zustimmung der Bundesregierung ist erforderlich, wenn Entscheidungen zu Ausgabenerhöhungen oder Einnahmeminderungen für den Bund führen können.

(3) (weggefallen)

§ 6 [Ländervertreter in den Beratungsgremien von Kommission und Rat]

(1) ¹Bei einem Vorhaben, bei dem der Bundesrat an einer entsprechenden innerstaatlichen Maßnahme mitzuwirken hätte oder bei dem die Länder innerstaatlich zuständig wären oder das sonst wesentliche Interessen der Länder berührt, zieht die Bundesregierung auf Verlangen Vertreter der Länder zu den Verhandlungen in den Beratungsgremien der Kommission und des Rates hinzu, soweit ihr dies möglich ist. ²Die Verhandlungsführung liegt bei der Bundesregierung; Vertreter der Länder können mit Zustimmung der Verhandlungsführung Erklärungen abgeben.

(2) ¹Wenn im Schwerpunkt ausschließliche Gesetzgebungsbefugnisse der Länder auf den Gebieten der schulischen Bildung, der Kultur oder des Rundfunks betroffen sind, überträgt die Bundesregierung die Verhandlungsführung in den Beratungsgremien der Kommission und des Rates und bei Ratstagungen in der Zusammensetzung der Minister auf einen Vertreter der Länder. ²Für diese Ratstagungen kann vom Bundesrat nur ein Mitglied einer Landesregierung im Ministerrang benannt werden.

³Die Ausübung der Rechte durch den Vertreter der Länder erfolgt unter Teilnahme von und in Abstimmung mit dem Vertreter der Bundesregierung. ⁴Die Abstimmung der Verhandlungsposition mit dem Vertreter der Bundesregierung im Hinblick auf eine sich ändernde Verhandlungslage erfolgt entsprechend den für die interne Willensbildung geltenden Regeln und Kriterien. ⁵Der Bundesrat kann für Ratstagungen in der Zusammensetzung der Minister, bei denen Vorhaben behandelt werden, die nicht im Schwerpunkt ausschließliche Gesetzgebungsbefugnisse der Länder in den Bereichen schulische Bildung, Kultur oder Rundfunk, jedoch sonstige ausschließliche Gesetzgebungsbefugnisse der Länder betreffen, als Vertreter der Länder Mitglieder von Landesregierungen im Ministerrang benennen, die berechtigt sind, in Abstimmung mit dem Vertreter der Bundesregierung Erklärungen abzugeben. ⁶Betrifft ein Vorhaben ausschließliche Gesetzgebungsbefugnisse der Länder, jedoch nicht im Schwerpunkt die Bereiche schulische Bildung, Kultur oder Rundfunk, so übt die Bundesregierung die Verhandlungsführung in den Beratungsgremien der Kommission und des Rates und bei Ratstagungen in der Zusammensetzung der Minister in Abstimmung mit dem Vertreter der Länder aus.

(3) ¹Absatz 2 gilt nicht für die Rechte, die der Bundesrepublik Deutschland als Vorsitz im Rat zustehen. ²Bei der Ausübung dieser Rechte setzt sich die Bundesregierung, soweit Vorhaben im Sinne des Absatzes 2 Satz 1 betroffen sind, mit dem Vertreter der Länder ins Benehmen.

(4) Auf Tagesordnungspunkte der Ratstagungen, die der Rat ohne Aussprache genehmigt, findet Absatz 2 keine Anwendung, wenn diese Behandlung mit dem Vertreter der Länder abgestimmt worden ist.

§ 7 [Klage auf Verlangen des Bundesrates]

(1) ¹Die Bundesregierung macht auf Verlangen des Bundesrates unbeschadet eigener Klagerechte der Länder von dem im Vertrag über die Europäische Union vorgesehenen Klagemöglichkeiten Gebrauch, soweit die Länder durch ein Handeln oder Unterlassen von Organen der Union in Bereichen ihrer Gesetzgebungsbefugnisse betroffen sind und der Bund kein Recht zur Gesetzgebung

hat. ²Dabei ist die gesamtstaatliche Verantwortung des Bundes, einschließlich außen-, verteidigungs- und integrationspolitisch zu bewertender Fragen, zu wahren.

(2) Absatz 1 gilt entsprechend, wenn die Bundesregierung im Verfahren vor dem Europäischen Gerichtshof Gelegenheit zur Stellungnahme hat.

(3) Hinsichtlich der Prozeßführung vor dem Europäischen Gerichtshof stellt die Bundesregierung in den in den Absätzen 1 und 2 genannten Fällen sowie für Vertragsverletzungsverfahren, in denen die Bundesrepublik Deutschland Partei ist, mit dem Bundesrat Einvernehmen her, soweit Gesetzgebungsbefugnisse der Länder betroffen sind und der Bund kein Recht zur Gesetzgebung hat.

(4) ¹Über die Einlegung des zulässigen Rechtsmittels beim Europäischen Gerichtshof gegen eine länderübergreifende Finanzkorrektur der Europäischen Gemeinschaften stellt die Bundesregierung mit den betroffenen Ländern Einvernehmen her. ²Wird das Einvernehmen nicht erzielt, ist die Bundesregierung auf ausdrückliches Verlangen betroffener Länder zur Einlegung des Rechtsmittels verpflichtet. ³In diesem Fall werden die Kosten des Rechtsmittelverfahrens von den Ländern getragen, welche die Einlegung des Rechtsmittels verlangt haben.

§ 8 [Länderbüros bei der Europäischen Union]

¹Die Länder können unmittelbar zu Einrichtungen der Europäischen Union ständige Verbindungen unterhalten, soweit dies zur Erfüllung ihrer staatlichen Befugnisse und Aufgaben nach dem Grundgesetz dient. ²Die Länderbüros erhalten keinen diplomatischen Status. ³Stellung und Aufgaben der Ständigen Vertretung in Brüssel als Vertretung der Bundesrepublik Deutschland bei den Europäischen Gemeinschaften gelten uneingeschränkt auch in den Fällen, in denen die Wahrnehmung der Rechte, die der Bundesrepublik Deutschland als Mitgliedstaat der Europäischen Union zustehen, auf einen Vertreter der Länder übertragen wird.

§ 9 [Anlage]

¹Einzelheiten der Unterrichtung und Beteiligung der Länder nach diesem Gesetz sowie nach dem Integrationsverantwortungs-

gesetz vom 22. September 2009 (BGBl. I S. 3022) sind in der Anlage geregelt. ²Weitere Einzelheiten bleiben einer Vereinbarung zwischen Bund und Ländern vorbehalten.

§ 10 [Belange der Gemeinden und Gemeindeverbände]
(1) Bei Vorhaben der Europäischen Union ist das Recht der Gemeinden und Gemeindeverbände zur Regelung der Angelegenheiten der örtlichen Gemeinschaft zu wahren und sind ihre Belange zu schützen.

(2) ¹Nimmt der Bundesrat bei Vorhaben der Europäischen Union zu Fragen der kommunalen Daseinsvorsorge Stellung, ist die Stellungnahme von der Bundesregierung unter den Voraussetzungen des § 5 zu berücksichtigen. ²Die Beteiligungsrechte des Bundesrates gemäß § 5 Absatz 2 bleiben unberührt.

§ 11 [Gemeinsame Außen- und Sicherheitspolitik]
Dieses Gesetz gilt nicht für den Bereich der Gemeinsamen Außen- und Sicherheitspolitik der Europäischen Union.

§ 12 [Beschlüsse des Rates]
Dieses Gesetz gilt auch für Vorhaben, die auf Beschlüsse des Rates und der im Rat vereinigten Vertreter der Regierungen der Mitgliedstaaten gerichtet sind.

§ 13 [Weitere Fälle der Mitwirkung der Länder]
Die in § 9 genannte Vereinbarung kann weitere Fälle vorsehen, in denen die Länder entsprechend diesem Gesetz mitwirken.

§ 14 [Bestellung der Mitglieder des Ausschusses der Regionen]
(1) ¹Vor der Zustimmung zu einem Beschluss über die Zusammensetzung des Ausschusses der Regionen nach Artikel 305 Absatz 2 des Vertrags über die Arbeitsweise der Europäischen Union stellt die Bundesregierung das Einvernehmen mit dem Bundesrat her. ²Die gesamtstaatliche Verantwortung des Bundes ist zu wahren.

(2) ¹Die Bundesregierung schlägt dem Rat als Mitglieder des Ausschusses der Regionen und deren Stellvertreter die von den

Ländern benannten Vertreter vor. ²Die Länder regeln ein Beteiligungsverfahren für die Gemeinden und Gemeindeverbände, das sichert, dass diese auf Vorschlag der kommunalen Spitzenverbände mit drei gewählten Vertretern im Regionalausschuß vertreten sind.

§ 15
—

§ 16 [Inkrafttreten]
¹Dieses Gesetz tritt mit dem Tage der Gründung der Europäischen Union in Kraft. ²Dieser Tag ist im Bundesgesetzblatt bekanntzugeben. ³Abweichend von Satz 1 tritt § 5 Abs. 3 am 1. Januar 1993 in Kraft.

Anlage (zu § 9)
I) Allgemeine Bestimmungen

1. Die Regierungen von Bund und Ländern stellen durch geeignete institutionelle und organisatorische Vorkehrungen sicher, dass die Handlungsfähigkeit der Bundesrepublik Deutschland und eine flexible Verhandlungsführung in Angelegenheiten der Europäischen Union gewährleistet sind. Bund und Länder setzen sich bei Gesprächen auf Ebene der Europäischen Union nicht in Widerspruch zu abgestimmten Positionen. Im Sinne einer Frühwarnung unterrichten Bund und Länder einander über Entwicklungen in Angelegenheiten der Europäischen Union, die in beidseitigem Interesse liegen.

2. Die Informations- und Mitwirkungsrechte der Länder im Hinblick auf Vorhaben der Europäischen Union beschränken sich nicht auf rechtsverbindliche Handlungsinstrumente der Europäischen Union, sondern erstrecken sich auch auf Grünbücher, Weißbücher, Aktionsprogramme, Mitteilungen und Empfehlungen. Vorhaben sind auch so genannte Gemischte Beschlüsse und die Vorbereitung und der Abschluss völkerrechtlicher Abkommen.

3. Unterrichtet die Bundesregierung den Bundestag oder die deutschen Mitglieder des Europäischen Parlaments schriftlich über Vorhaben der Europäischen Union in Bereichen, in denen

die Länder die Verhandlungsführung haben, erfolgt diese Unterrichtung in Absprache mit den vom Bundesrat benannten Vertretern der Länder.

II) Unterrichtung des Bundesrates

1. Die Bundesregierung unterrichtet den Bundesrat nach Maßgabe dieses Gesetzes umfassend, zum frühestmöglichen Zeitpunkt, fortlaufend und in der Regel schriftlich über alle Vorhaben, die für die Länder von Interesse sein könnten. Dies geschieht insbesondere durch Übersendung von der Bundesregierung vorliegenden

a) Dokumenten

aa) der Europäischen Kommission, soweit sie an den Rat gerichtet oder der Bundesregierung auf sonstige Weise offiziell zugänglich gemacht worden sind. Die Bundesregierung trägt dafür Sorge, dass bei Vorhaben, die ausschließliche Gesetzgebungsmaterien der Länder betreffen oder deren wesentliche Interessen berühren, dem Bundesrat auch der Bundesregierung vorliegende vorbereitende Papiere der Kommission zur Verfügung gestellt werden, die für die Meinungsbildung des Bundesrates von Bedeutung sein können. Dies gilt auch für inoffizielle Dokumente (so genannte „non papers");

bb) des Europäischen Rates, des Rates, der informellen Ministertreffen und der Ratsgremien.

b) Berichten und Mitteilungen von Organen der Europäischen Union über Sitzungen

aa) des Europäischen Rates, des Rates und der informellen Ministertreffen;

bb) des Ausschusses der Ständigen Vertreter und sonstiger Ausschüsse oder Arbeitsgruppen des Rates;

cc) der Beratungsgremien bei der Europäischen Kommission.

c) Berichten der Ständigen Vertretung der Bundesrepublik Deutschland bei der Europäischen Union über

aa) Sitzungen des Rates und der Ratsgruppen (einschließlich der Berichte über Sitzungen der Freunde der Präsidentschaft sowie der Antici-Gruppe), der informellen Ministertreffen und des Ausschusses der Ständigen Vertreter;

bb) Sitzungen des Europäischen Parlaments und seiner Ausschüsse;

cc) Entscheidungen der Europäischen Kommission;
dd) geplante Rechtsakte.

Die Empfänger haben dafür Sorge zu tragen, dass diese Berichte nur an einen begrenzten Personenkreis in den jeweils zuständigen obersten Landesbehörden weitergeleitet werden.

d) Dokumenten und Informationen über Initiativen, Stellungnahmen und Erläuterungen der Bundesregierung für Organe der Europäischen Union, einschließlich der Sammelweisung für den deutschen Vertreter im Ausschuss der Ständigen Vertreter sowie Initiativen der Regierungen von Mitgliedstaaten der Europäischen Union gegenüber Rat und Europäischer Kommission, die der Bundesregierung offiziell zugänglich gemacht werden und die für die Meinungsbildung der Länder von Bedeutung sind. Die Unterrichtung umfasst auch Vorhaben, die auf Beschlüsse der im Rat vereinigten Vertreter der Regierungen der Mitgliedstaaten gerichtet sind. Im Übrigen erfolgt die Unterrichtung mündlich.

2. Mit der Unterrichtung nach § 2 und nach dieser Anlage übermittelt die Bundesregierung dem Bundesrat die Angaben der Europäischen Kommission und die ihr vorliegenden Angaben der Mitgliedstaaten im Rahmen der Gesetzesfolgenabschätzung zu den Folgen des Vorhabens insbesondere in rechtlicher, wirtschaftlicher, finanzieller, sozialer und ökologischer Hinsicht.

3. Die Berichtsbögen zu Vorhaben der Europäischen Union und die Umfassenden Bewertungen zu Gesetzgebungsakten, die dem Bundestag nach § 7 des Gesetzes über die Zusammenarbeit von Bundesregierung und Deutschem Bundestag in Angelegenheiten der Europäischen Union übermittelt werden, lässt die Bundesregierung dem Bundesrat gleichzeitig zukommen.

4. Die Ministerien des Bundes und der Länder eröffnen sich untereinander und dem Bundesrat im Rahmen der geltenden Datenschutzvorschriften Zugang zu ressortübergreifenden Dokumentendatenbanken zu Vorhaben im Rahmen der Europäischen Union. Die Bundesregierung wird sich bemühen, dass Dokumentendatenbanken der Europäischen Union, die den Regierungen der Mitgliedstaaten zugänglich sind, auch dem Bundesrat und den Regierungen der Länder zugänglich gemacht werden. Einzelheiten müssen gesondert geregelt werden.

5. Die Dokumente der Europäischen Union werden grundsätzlich offen weitergegeben. Die Sicherheitseinstufung der Organe der Europäischen Union über eine besondere Vertraulichkeit wird vom Bundesrat beachtet. Eine für diese Dokumente oder für andere im Rahmen dieses Gesetzes an den Bundesrat zu übermittelnde Informationen, Berichte und Mitteilungen eventuell erforderliche nationale Einstufung als vertraulich wird vor Versendung von der Bundesregierung vorgenommen und vom Bundesrat beachtet. Die Gründe für die Einstufung sind auf Anforderung zu erläutern.

III) Vorbereitende Beratungen

1. Die Bundesregierung lädt die Ländervertreter zu Beratungen zur Festlegung der Verhandlungsposition zu Vorhaben ein, soweit der Bundesrat an einer entsprechenden innerstaatlichen Maßnahme mitzuwirken hätte oder soweit die Länder innerstaatlich zuständig wären. Dabei soll auch Einvernehmen über die Anwendung von den §§ 5 und 6 auf ein Vorhaben angestrebt werden.

2. Bei der Einordnung eines Vorhabens unter die Regelungen dieses Gesetzes ist auf den konkreten Inhalt der Vorlage der Europäischen Union abzustellen. Die Zuordnung der Zuständigkeit des Bundes oder der Länder folgt aus der innerstaatlichen Kompetenzordnung. Bei Beurteilung der Frage, ob bei einem Vorhaben der Bund im nationalen Bereich das Recht zur Gesetzgebung hat, ist in den in Artikel 72 Absatz 2 des Grundgesetzes genannten Gebieten der konkurrierenden Gesetzgebung auch darauf abzustellen, ob eine Erforderlichkeit bundesgesetzlicher Regelung im Sinne von Artikel 72 Absatz 2 des Grundgesetzes bestehen würde. In den Bereichen, in denen die Länder das Recht der Abweichungsgesetzgebung nach Artikel 72 Absatz 3 des Grundgesetzes haben, berücksichtigt die Bundesregierung die Stellungnahme des Bundesrates bei der Festlegung der Verhandlungsposition. Stimmt die Auffassung der Bundesregierung nicht mit der Stellungnahme des Bundesrates überein, unterrichtet die Bundesregierung den Bundesrat und lädt die vom Bundesrat benannten Ländervertreter zur Beratung ein, um eine übereinstimmende Haltung anzustreben. Hinsichtlich des Regelungsschwerpunkts des Vorhabens ist darauf abzustellen, ob eine Materie im Mittelpunkt des Vorhabens steht oder ganz über-

wiegend Regelungsgegenstand ist. Das ist nicht nur quantitativ bestimmbar, sondern auch das Ergebnis einer qualitativen Beurteilung. Stimmt die Auffassung der Bundesregierung darüber, ob bei einem Vorhaben der Europäischen Union im Schwerpunkt Gesetzgebungsbefugnisse der Länder, die Einrichtung ihrer Behörden oder ihre Verwaltungsverfahren betroffen sind, nicht mit der Haltung des Bundesrates überein, unterrichtet die Bundesregierung den Bundesrat und lädt unverzüglich die vom Bundesrat benannten Ländervertreter zur Beratung ein, um eine übereinstimmende Haltung zu erzielen.

3. In den Fällen, in denen innerstaatlich eine Zusammenarbeit von Bund und Ländern vorgesehen ist, ist bei der Festlegung der Verhandlungsposition – auch auf Ebene der Europäischen Union – ein gemeinsames Vorgehen anzustreben; Bund und Länder streben im Bereich der Forschungspolitik entsprechend der Regelung des Artikels 91b des Grundgesetzes auch im Rahmen der Europäischen Union ein gemeinsames Vorgehen an. Entsprechend wird bei Festlegung der Verhandlungsposition verfahren, wenn der Regelungsschwerpunkt des Vorhabens nur schwer feststellbar ist.

4. Bund und Länder nutzen regelmäßige Sitzungen des Ausschusses für Fragen der Europäischen Union des Bundesrates – bei Bedarf beziehungsweise Verlangen einer Seite auch in politischer Besetzung – zu einem frühzeitigen Austausch über aktuelle Entwicklungen auf Ebene der Europäischen Union. Die Willensbildung der Länder bleibt dem Bundesratsverfahren vorbehalten. Ein neuer Sachstand auf Ebene der Europäischen Union kann eine erneute Befassung erforderlich machen.

IV) Stellungnahme des Bundesrates

1. Um die rechtzeitige Abgabe einer Stellungnahme zu ermöglichen, informiert die Bundesregierung den Bundesrat bei allen Vorhaben, die Interessen der Länder berühren, über den zeitlichen Rahmen der Behandlung in den Ratsgremien. Je nach Verhandlungslage teilt die Bundesregierung dem Bundesrat auch mit, bis zu welchem Zeitpunkt eine Stellungnahme wegen der sich aus dem Verfahrensablauf der Europäischen Union ergebenden zeitlichen Vorgaben noch berücksichtigt werden kann. Ist aus Sicht der Bundesregierung bereits im Vorfeld von Vorhaben der

Europäischen Union die Einbringung einer deutschen Position angezeigt, fordert die Bundesregierung den Bundesrat auf, Stellung zu nehmen.

2. Der Bundesrat kann seine Stellungnahme im Verlauf der Beratung des Vorhabens in den Gremien der Europäischen Union anpassen und ergänzen. Zu diesem Zweck unterrichtet die Bundesregierung den Bundesrat durch ständige Kontakte – in einer der Sache jeweils angemessenen Form – und weist darauf hin, wenn sich die Beschlussgrundlage wesentlich geändert hat und deshalb eine aktualisierte Stellungnahme des Bundesrates erforderlich ist.

3. Stimmt in den Fällen von § 5 Absatz 2 die Auffassung der Bundesregierung nicht mit der Stellungnahme des Bundesrates überein, unterrichtet sie den Bundesrat und lädt unverzüglich die vom Bundesrat benannten Ländervertreter zur erneuten Beratung ein, um möglichst Einvernehmen zu erzielen. Die Länder weisen darauf hin, dass das Einvernehmen gegebenenfalls unter den Vorbehalt einer Beschlussfassung des Bundesrates zu stellen ist. Kommt dieses Einvernehmen nicht zustande, beschließt der Bundesrat unverzüglich darüber, ob seine Stellungnahme aufrechterhalten wird.

4. Weicht die Bundesregierung von einer Stellungnahme des Bundesrates ab, so teilt sie auf Verlangen des Bundesrates nach Abschluss eines Vorhabens die maßgeblichen Gründe mit.

V) Umsetzung von Recht der Europäischen Union

1. Die Bundesregierung nimmt im Interesse einer rechtzeitigen Ergreifung der erforderlichen Verfahrensschritte für Rechtsakte der Europäischen Union, für deren Umsetzung ausschließlich die Länder zuständig sind, sowie für Rechtsakte der Europäischen Union, die von Bund und Ländern durch jeweils eigene Umsetzungsmaßnahmen gemeinsam umzusetzen sind, frühzeitig Kontakt mit den Ländern auf. Die Bundesregierung lässt die Listen mit dem aktuellen Stand der umzusetzenden Rechtsakte, die sie dem Bundestag übermittelt, dem Bundesrat gleichzeitig zukommen.

2. Die Bundesregierung unterrichtet den Bundesrat über die Einleitung von Vertragsverletzungsverfahren nach den Artikeln 258, 260 des Vertrags über die Arbeitsweise der Europäischen Union durch Übermittlung von Mahnschreiben und mit

Gründen versehenen Stellungnahmen, soweit diese Verfahren die Nichtumsetzung von Richtlinien durch ein Land oder mehrere Länder betreffen. In diesen Fällen fertigt die Bundesregierung ihre Stellungnahmen in Abstimmung mit den betroffenen Ländern.

VI) Verfahren vor den Europäischen Gerichten

1. Im Hinblick auf die hier zu wahrenden Verfahrensfristen unterrichtet die Bundesregierung den Bundesrat unverzüglich von allen Dokumenten und Informationen über Verfahren vor dem Europäischen Gerichtshof und dem Gericht erster Instanz, an denen die Bundesregierung beteiligt ist. Dies gilt auch für Urteile zu Verfahren, an denen sich die Bundesregierung beteiligt.

2. Macht die Bundesregierung bei Vorliegen der Voraussetzungen von § 7 Absatz 1 auf Beschluss des Bundesrates von den im Vertrag über die Europäische Union und im Vertrag über die Arbeitsweise der Europäischen Union vorgesehenen Klagemöglichkeiten Gebrauch, so fertigt sie die Klageschrift in Abstimmung mit den Ländern. Von den Ländern wird hierfür rechtzeitig eine ausführliche Stellungnahme zur Sache zur Verfügung gestellt. Die Prozessführung erfolgt in Abstimmung mit den Ländern. Entsprechendes gilt, wenn die Bundesregierung das zulässige Rechtsmittel beim Europäischen Gerichtshof gegen eine länderübergreifende Finanzkorrektur der Europäischen Union im Einvernehmen mit den betroffenen Ländern oder auf ausdrückliches Verlangen betroffener Länder nach § 7 Absatz 4 einlegt. Bei Vertragsverletzungsverfahren gegen die Bundesrepublik Deutschland, bei denen eine Haftung eines oder mehrerer Länder gegenüber dem Bund nach Artikel 104a Absatz 6 Satz 1 des Grundgesetzes in Betracht kommt, erfolgt die Prozessführung insoweit ebenfalls in Abstimmung mit den Ländern.

3. Nummer 2 gilt entsprechend, wenn die Bundesregierung in Verfahren vor dem Europäischen Gerichtshof Gelegenheit zur Stellungnahme hat.

VII) Vertragsrevision, Beitritt und Assoziierungsverhandlungen der Europäischen Union

1. Hinsichtlich des Artikels 48 des Vertrags über die Europäische Union gilt: Beabsichtigt der Rat, einen Beschluss zur Aufnahme von Verhandlungen zu Änderungen der vertraglichen Grundlagen der Europäischen Union zu fassen, informiert die

Bundesregierung den Bundesrat und unterrichtet über ihre Willensbildung. Der Bundesrat wird über die Verhandlungen unterrichtet, soweit Länderinteressen betroffen sein könnten. Das gilt auch für den Fall, dass die Verhandlungen wiederum von Persönlichen Beauftragten geführt werden sollten. Die Bundesregierung berücksichtigt die Stellungnahme des Bundesrates bei den Verhandlungen in entsprechender Anwendung von § 5. Die Länder können mit einem Beobachter – maximal zwei Beobachtern, falls ausschließliche Länderkompetenzen betroffen sind – an Ressortgesprächen zur Vorbereitung der Regierungskonferenzen sowie – soweit möglich von Fall zu Fall – an den Regierungskonferenzen selbst teilnehmen.

2. Hinsichtlich des Artikels 49 des Vertrags über die Europäische Union gilt: Beabsichtigt der Rat, einen Beschluss zur Aufnahme von Verhandlungen zur Vorbereitung von Beitritten zur Europäischen Union zu fassen, informiert die Bundesregierung den Bundesrat und unterrichtet über ihre Willensbildung. Der Bundesrat wird über die Verhandlungen unterrichtet, soweit Länderinteressen betroffen sein könnten. Die Bundesregierung informiert auf Wunsch den Ausschuss für Fragen der Europäischen Union des Bundesrates über die Entwicklung von Beitrittsverhandlungen. Die Bundesregierung berücksichtigt die Stellungnahme des Bundesrates bei den Verhandlungen in entsprechender Anwendung von § 5. Die Länder können mit einem Ländervertreter an Ressortabstimmungen der Verhandlungsposition sowie – soweit möglich – an der Ratsarbeitsgruppe „Erweiterung" teilnehmen, wenn der konkret zu behandelnde Fragenbereich die ausschließliche Gesetzgebungskompetenz der Länder oder deren wesentliche Interessen berührt.

3. Hinsichtlich des Artikels 217 des Vertrags über die Arbeitsweise der Europäischen Union sowie für die Abkommen nach Artikel 207 Absatz 3 des Vertrags über die Arbeitsweise der Europäischen Union gelten die Regelungen dieses Gesetzes mit der Ausnahme, dass sich die Teilnahme des Ländervertreters auf die Verhandlungen in der Ratsgruppe zur Aushandlung des Mandats für die Kommission beschränkt.

[25] Gesetz zur Lastentragung im Bund-Länder-Verhältnis bei Verletzung von supranationalen oder völkerrechtlichen Verpflichtungen (Lastentragungsgesetz)

vom 5. September 2006 (BGBl. I S. 2098, 2105).

Inhaltsübersicht[1]

§ 1 Grundsätze der Lastentragung
§ 2 Länderübergreifende Finanzkorrekturen der Europäischen Gemeinschaften
§ 3 Sanktionen auf Grund von Artikel 228 des Vertrags zur Gründung der Europäischen Gemeinschaft
§ 4 Verletzungen von Verpflichtungen durch die Gerichte
§ 5 Erstattung durch die Länder

§ 1 Grundsätze der Lastentragung

(1) Verpflichtungen der Bundesrepublik Deutschland zu finanzwirksamen Leistungen wegen der Verletzung supranationaler oder völkerrechtlicher Verpflichtungen im Bereich der Gesetzgebung, der Verwaltung oder der Rechtsprechung werden im Verhältnis von Bund und Ländern von derjenigen staatlichen Ebene getragen, in deren innerstaatlichen Zuständigkeits- und Aufgabenbereich die lastenbegründende Pflichtverletzung erfolgt ist.

(2) Bei festgestellten Pflichtverletzungen im innerstaatlichen Zuständigkeits- und Aufgabenbereich sowohl des Bundes als auch der Länder, tragen Bund und Länder die Lasten in dem Verhältnis des Umfangs, in dem ihre Pflichtverletzungen zur Entstehung der Leistungspflicht beigetragen haben, soweit dieses Gesetz nicht etwas anderes bestimmt.

---

[1] Die Inhaltsübersicht ist nicht amtlich; die Paragraphenüberschriften sind amtlich.

§ 2 Länderübergreifende Finanzkorrekturen der Europäischen Gemeinschaften

(1) Eine Finanzkorrektur der Europäischen Gemeinschaften liegt vor, wenn die Europäische Kommission entscheidet, dass Ausgaben der Gemeinschaften von der gemeinschaftlichen Finanzierung auszuschließen sind, weil diese nicht in Übereinstimmung mit den Gemeinschaftsvorschriften durch den Mitgliedstaat getätigt worden sind (fehlerhafte Ausgaben).

(2) ¹Liegt der Entscheidung über die Finanzkorrektur die Feststellung der Europäischen Kommission zugrunde, dass die in einem Land oder in mehreren Ländern festgestellte fehlerhafte Verausgabung von Gemeinschaftsmitteln gleichermaßen in den übrigen Ländern aufgetreten ist (länderübergreifende Finanzkorrektur), werden die Lasten wie folgt verteilt:

1. 15 Prozent des Korrekturbetrages werden vom Bund getragen;
2. 35 Prozent des Korrekturbetrages werden von der Ländergesamtheit getragen;
3. 50 Prozent des Korrekturbetrages werden im Verhältnis der Höhe der erhaltenen Mittel von den Ländern getragen, die im Verfahren zur Festsetzung der Finanzkorrektur gegenüber den Organen der Europäischen Gemeinschaften nicht den Nachweis der ordnungsgemäßen Verausgabung der Gemeinschaftsmittel erbringen konnten.

²Der auf die Ländergesamtheit entfallende Anteil nach Satz 1 Nr. 2 wird auf die einzelnen Länder nach dem Königsteiner Schlüssel verteilt. ³Eine weitergehende Lastentragung des Bundes ist ausgeschlossen.

§ 3 Sanktionen auf Grund von Artikel 228 des Vertrags zur Gründung der Europäischen Gemeinschaft

Verurteilt der Gerichtshof der Europäischen Gemeinschaften die Bundesrepublik Deutschland zur Zahlung eines Pauschalbetrages oder Zwangsgeldes wegen gleichartiger Verstöße im Zuständigkeits- und Aufgabenbereich mehrerer Länder, so bemisst sich der Anteil der Lastentragung der betroffenen Länder nach deren Verhältnis zueinander im Königsteiner Schlüssel.

§ 4 Verletzungen von Verpflichtungen durch die Gerichte

(1) ¹Erfolgt die Verurteilung wegen einer Verletzung von Verpflichtungen durch die Gerichte, ist für die Lastenzuordnung nach § 1 das Gericht der Instanz maßgeblich, das die beanstandete Entscheidung getroffen hat. ²Hat ein Gericht des Bundes die Entscheidung des Gerichts eines Landes bestätigt, tragen der Bund und das betroffene Land die Lasten je zur Hälfte.

(2) Bei Verurteilungen wegen überlanger Verfahrensdauer und Anhängigkeit sowohl bei Gerichten des Bundes als auch eines Landes werden die Lasten im Verhältnis der Anteile der beteiligten Gerichte an der Verfahrensdauer getragen.

§ 5 Erstattung durch die Länder

(1) Soweit der Bund die Leistungspflichten im Außenverhältnis zu der zwischenstaatlichen Einrichtung erfüllt oder die finanziellen Lasten aus anderen Gründen unmittelbar beim Bund eintreten, erstatten die Länder dem Bund die aufgewendeten Beträge im Verhältnis der jeweiligen Lastentragung.

(2) ¹Der Erstattungsanspruch entsteht im Zeitpunkt der Erfüllung der Leistungspflicht durch den Bund. ²Soweit die Bundesregierung auf Verlangen eines Landes zur Einlegung eines Rechtsmittels verpflichtet ist, ist der Zeitpunkt der Einlegung maßgeblich.

(3) Für den Fall der Rückabwicklung des Vollzugs von Finanzkorrekturen durch die Kommission auf der Grundlage einer Entscheidung des Gerichtshofes der Europäischen Gemeinschaften fließen den Ländern die insoweit von der Kommission zurückerstatteten Mittel in dem Verhältnis zu, in dem die Länder diese Mittel aufgebracht oder erstattet haben.